Dagmar Reindl

Effektivität des vergaberechtlichen Rechtsschutzes in Ungarn

disserta
Verlag

Reindl, Dagmar: Effektivität des vergaberechtlichen Rechtsschutzes in Ungarn,
Hamburg, disserta Verlag, 2010

ISBN: 978-3-942109-32-1
Druck: disserta Verlag, ein Imprint der Diplomica® Verlag GmbH, Hamburg, 2010

Bibliografische Information der Deutschen Nationalbibliothek
Die Deutsche Nationalbibliothek verzeichnet diese Publikation in der Deutschen
Nationalbibliografie; detaillierte bibliografische Daten sind im Internet über
http://dnb.d-nb.de abrufbar.

Die digitale Ausgabe (eBook-Ausgabe) dieses Titels trägt die ISBN 978-3-942109-33-8
und kann über den Handel oder den Verlag bezogen werden.

Dissertation, 2010
Universität Osnabrück
Fachbereich Rechtswissenschaften
Institut für Europäische Rechtswissenschaft

Dieses Werk ist urheberrechtlich geschützt. Die dadurch begründeten Rechte,
insbesondere die der Übersetzung, des Nachdrucks, des Vortrags, der Entnahme von
Abbildungen und Tabellen, der Funksendung, der Mikroverfilmung oder der
Vervielfältigung auf anderen Wegen und der Speicherung in Datenverarbeitungsanlagen,
bleiben, auch bei nur auszugsweiser Verwertung, vorbehalten. Eine Vervielfältigung dieses
Werkes oder von Teilen dieses Werkes ist auch im Einzelfall nur in den Grenzen der
gesetzlichen Bestimmungen des Urheberrechtsgesetzes der Bundesrepublik Deutschland
in der jeweils geltenden Fassung zulässig. Sie ist grundsätzlich vergütungspflichtig.
Zuwiderhandlungen unterliegen den Strafbestimmungen des Urheberrechtes.

Die Wiedergabe von Gebrauchsnamen, Handelsnamen, Warenbezeichnungen usw. in
diesem Werk berechtigt auch ohne besondere Kennzeichnung nicht zu der Annahme, dass
solche Namen im Sinne der Warenzeichen- und Markenschutz-Gesetzgebung als frei zu
betrachten wären und daher von jedermann benutzt werden dürften.

Die Informationen in diesem Werk wurden mit Sorgfalt erarbeitet. Dennoch können Fehler
nicht vollständig ausgeschlossen werden und der Verlag, die Autoren oder Übersetzer
übernehmen keine juristische Verantwortung oder irgendeine Haftung für evtl. verbliebene
fehlerhafte Angaben und deren Folgen.

© disserta Verlag, ein Imprint der Diplomica Verlag GmbH
http://www.disserta-verlag.de, Hamburg 2010
Hergestellt in Deutschland

Meinem Vater, der es immer wußte

Meiner Mutter, die es ermöglichte

Vorwort und Danksagung

Die vorliegende Arbeit wurde im Juni 2010 vom Fachbereich Rechtswissenschaften der Universität Osnabrück als Dissertation angenommen. Sie berücksichtigt die rechtliche Entwicklung bis 2010 und stellt auf den letzten Umsetzungsstichtag (01.07.2010) des geänderten ungarischen Gesetzes über die öffentliche Auftragsvergabe ab.

Ganz herzlich möchte ich mich bei all denen bedanken, die mich bei der Anfertigung dieser Dissertation auf unterschiedliche Weise unterstützt haben.

In erster Linie richtet sich mein Dank an meinen Doktorvater Herrn Professor Dr. Oliver Dörr, LL.M. für die freundliche grenzüberschreitende Betreuung und seine Mühe, sich durch mein Werk zu kämpfen. Herzlichen Dank für die vielen konstruktiven Anregungen, den großen Gestaltungsfreiraum und nicht zuletzt für das in mich gesetzte Vertrauen.

Auch Herrn Professor Dr. Ulrich Hufeld spreche ich an dieser Stelle meinen Dank aus, der mir den Weg für die Promotion geebnet hat.

Hálás elismeréssel tartozom a magyarországi kolleganőimnek és kollegáimnak azért a korlátlan és türelmes segitőkészségükért, amellyel bevezettek engem a magyar jogtudományok és a jogi nyelvezet rejtelmeibe.

Köszönettel tartozom dr. Hevesi Zsófiának, egyben a mély és őszinte barátságáért is, valamint dr. Csepregi Szilviának, Dr. Kollár Ádámnak és az Andrássy Gyula Budapesti Német Nyelvű Egyetemnek továbbá volt kollegáimnak a budapesti bpv Jádi Németh Ügyvédi Irodánál.

Köszönöm számos kérdésem készséges és bürokrácia mentes megválaszolását és a jó néhány - még részben kiadatlan- iratanyag rendelkezésemre való bocsájtását Dr. Jakab Andrásnak, dr. Patay Gézának, Dr. Somssich Rékának és az Igazságügyi és Rendészeti Minisztérium munkatársainak valamint a Közbeszerzési Döntőbizottság Jogi Osztályának, különösen dr. Monory Bulcsnak.

Magyarország jogrendje elötti legmélyebb tiszteletemet kifejezve remélem, hogy a magyar nyelvi alapismereteim megfelelően és gyümölcsözően tették lehetővé a magyar jog helyes ábrázolását és értelmezését.

Besonders bedanken möchte ich mich beim Präsidium der Dualen Hochschule Baden Württemberg, vor allen Dingen bei Herrn Präsident Professor Dr. Hans Wolff und Frau Kanzlerin Julia Henke für ihr herzliches Entgegenkommen und den Freiraum, den sie mir während meiner Tätigkeit gewährt haben, um diese Arbeit zu einem guten Ende führen zu können.

Großen Dank möchte ich an dieser Stelle Herrn Dr. Günter Bensinger entgegen bringen, der mir während der Promotion außerordentlich sachkundige, erfahrene und tatkräftige Unterstützung zuteilwerden ließ.

Mein größter Dank gebührt aber denen, die mir die Anfertigung der vorliegenden Arbeit erst ermöglicht haben:

Meine Familie, die mir nicht nur das Studium der Rechtswissenschaften und meinen Aufenthalt in Budapest ermöglicht hat, sondern mich auch in den Höhen und Tiefen der Promotion sowie in allen Umbrüchen und Veränderungen des Lebens gestärkt und stets nachsichtig und liebevoll zur Seite gestanden hat. Dafür, dass sie immer das Beste für uns wollten und unbeirrt alles Erdenkliche dafür gegeben haben, empfinde ich tiefe Dankbarkeit.

Tiszta szívből köszönöm!

Viel mehr als nur Dank geht schließlich an Dr. Marcell Baumann. Ihm danke ich für die besonders wertvolle Unterstützung und Geduld sowie den liebevollen Rückhalt, den er jederzeit zu geben bereit war und ist.

Inhaltsübersicht

Abkürzungsverzeichnis 28

Literaturverzeichnis 34

1. Kapitel: Einleitung und Untersuchungsgang 63

2. Kapitel: Rechtsstaatliche Grundlagen in Ungarn 67

3. Kapitel: Unionsrechtlicher Rahmen für den ungarischen Vergaberechtsschutz 125

4. Kapitel: Die Entwicklung des ungarischen Vergabewesens ... 215

5. Kapitel: Erstinstanzlicher Primärrechtsschutz gegen vergaberechtliche Entscheidungen 233

6. Kapitel: Rechtsmittel gegen die Entscheidung der Schiedsstelle und gegen die Revisions- bzw. Berufungsentscheidung 389

7. Kapitel: Das Einheitsverfahren gemäß § 350 Abs. 1 Kbt 411

8. Kapitel: Sekundärrechtsschutz und Rücktritt bei vergaberechtlichen Verstößen 417

9. Kapitel: Der Rat der öffentlichen Beschaffungen 437

10. Kapitel: Rechtsschutz unterhalb der Schwellenwerte 443

11. Kapitel: Übersicht über die gefundenen Ergebnisse und Effektivität des ungarischen Vergaberechtsschutzes aus rechtspolitischer Sicht 455

Inhaltsverzeichnis

Abkürzungsverzeichnis 28

Literaturverzeichnis 34

1. Kapitel: Einleitung und Untersuchungsgang 63

2. Kapitel: Rechtsstaatliche Grundlagen in Ungarn 67

   I. Der ungarische Gerichtsaufbau 67

      1. Die Gerichtsebenen in Ungarn 67

      2. Das Verfassungsgericht 69

      3. Rechtsmittel und Instanzenzug 70

      4. Verwaltungsrechtsstreitigkeiten 72

   II. Die ungarische Gesetzgebung 76

   III. Die ungarische Verfassung 77

      1. Die grundlegenden Rechte bzw. Grundrechte der Verfassung 79

      2. Die Rechtsquellen der grundlegenden Rechte bzw. Grundrechte 82

      3. Die Grundrechtsschranken und Schrankenschranken 85

      4. Der Rechtsschutz in der ungarischen Verfassung 88

         a) Rechtsstaatliche Anforderungen an den Rechtsschutz 88

            aa) Verfahrensgarantien aufgrund des Rechtsstaatsprinzips 88

(1) Grundsatz der Rechtssicherheit..................................89

(2) Rechtsstaatsprinzip und Verfahrensgarantien........90

(3) Rechtsstaatsprinzip und Verfahrensfristen............91

(4) Rechtsstaatsprinzip und verfahrensrechtliche Selbstbestimmung...92

(5) Rechtsstaatsprinzip und Vollstreckbarkeit............92

(6) Rechtsstaatsprinzip und sonstige Verfahrensgarantien..93

(7) Fazit..93

bb) Besondere Anforderungen an das Verwaltungsverfahren 94

(1) Die Verpflichtung zur Entscheidungsfindung.........94

(2) Die Gesetzmäßigkeit der Verwaltung......................94

b) Die Grundrechte und Grundsätze aus § 57 Abs. 1 Alk. ...95

aa) Das Grundrecht auf ein faires Verfahren.....................96

(1) Der Zusammenhang mit internationalen Verträgen 96

(2) Die Elemente des fairen Verfahrens.........................97

(3) Das Grundrecht auf Zugang zu Gericht...................99

(4) Zugang zu einem unabhängigen und unparteiischen Gericht 101

(5) Der Rechtsgrundsatz der gerechten Verhandlung 104

(6) Der Grundsatz der Waffengleichheit und das Grundrecht auf Akteneinsicht 106

(7) Der Grundsatz der öffentlichen Verhandlung 108

(8) Grundsatz der angemessenen Verfahrensdauer ... 110

(9) Das Grundrecht auf Gleichheit vor Gericht 111

bb) Die Grundrechte und Grundsätze des § 57 Abs. 5 Alk. 112

(1) Rechtsmittel/Rechtsbehelf 113

(2) Rechtsmittelinstanz 116

(3) Schranken 117

c) Die gerichtliche Revision von Verwaltungsbeschlüssen gemäß § 50 Abs. 2 Alk. 118

d) Zusammenfassung 120

e) Die verfassungsrechtlichen Anforderungen an das Kbt. 121

3. Kapitel: Unionsrechtlicher Rahmen für den ungarischen Vergaberechtsschutz 125

I. Die Wirkungen des Unionsrechts 125

1. Die unmittelbare Wirkung des Unionsrechts 125

2. Der Vorrang des Unionsrechts 130

3. Die mitgliedstaatliche Pflicht zur Umsetzung der Richtlinien 132

4. Das Verhältnis zwischen Unionsrecht und der ungarischen Rechtsordnung 134

   a) Der Vorrang des Unionsrechts 135

   b) Grenzen des Vorrangs im Verfassungstext 140

   aa) Die Integrationsklausel 141

   bb) Die Vorbehalte der Integrationsklausel 142

   c) Vorrang durch den Beitrittsvertrag 149

5. Zusammenfassung und Bedeutung für die Beurteilung des Kbt. 150

II. Unionsrechtliches Vergaberecht 151

1. Der primärrechtliche Rahmen für das materielle Vergaberecht 151

2. Der sekundärrechtliche Rahmen für das materielle Vergaberecht 156

3. Die Bedeutung und Festlegung der Schwellenwerte 159

4. Die subjektiven Rechte aus materiellem Vergaberecht 162

5. Übersicht über das Vergabeverfahren 164

   a) Die Pflichten zur Veröffentlichung 164

   b) Die Verfahrensarten 164

   c) Die Eignung und der Zuschlag 167

III. Unionsrechtlicher Vergaberechtsschutz 168

   1. Der primärrechtliche Rahmen für den Vergaberechtsschutz 169

     a) Allgemeine Rechtgrundsätze und Verfahrensgarantien. 171

     b) Das Recht auf Zugang zu Gericht und die Wirksamkeit des Rechtsbehelfs 174

     c) Das Recht auf ein gleichwertiges und effektives Verfahren 179

     d) Das Recht auf vorläufigen Rechtsschutz 181

     e) Das Recht auf Schadensersatz 181

     f) Die primärrechtlichen Anforderungen speziell an das Verwaltungsverfahren 183

        aa) Pflicht zur Begründung verbindlicher Rechtsakte 184

        bb) Bekanntgabe und Form 186

        cc) Grundsatz des rechtlichen Gehörs 186

           (1) Das Recht auf Anhörung 187

(2) Das Recht auf Akteneinsicht 187

dd) Amtsermittlungsgrundsatz und Beweisregelungen ... 189

ee) Grundsatz der Rechtmäßigkeit der Verwaltung 189

ff) Grundsatz der Rechtssicherheit 190

gg) Grundsatz des Vertrauensschutzes 191

hh) Grundsatz der Gleichbehandlung 193

ii) Ermessen 194

jj) Verhältnismäßigkeitsgrundsatz 194

kk) Grundsatz ordnungsgemäßer bzw. fairer Verwaltung 195

2. Der sekundärrechtliche Rahmen für den Vergaberechtsschutz 196

a) Die Rechtsmittelrichtlinie 89/665/EWG 198

aa) Das Nachprüfungsverfahren und sein Anwendungsbereich 198

bb) Die Antragsbefugnis 198

cc) Die Rechtsausschlussfrist 200

dd) Die Nachprüfungsinstanzen 200

ee) Das Parteiverfahren und Verfahren von Amts wegen 201

ff) Die Stillhaltefrist 201

gg) Die aufschiebende Wirkung des
Nachprüfungsverfahrens 203

hh) Die Entscheidung der Nachprüfungsinstanzen 203

(1) Der einstweiliger Rechtsschutz 204

(2) Die Aufhebung rechtswidriger Entscheidungen 205

(3) Die Auswirkung auf rechtswidrig geschlossene
Verträge 206

(aa) Die Aufhebung rechtswidriger Verträge 206

(bb) Die sonstigen Auswirkungen auf rechtswidrige
Verträge 207

(cc) Die Rückabwicklung rechtswidriger Verträge 208

(4) Die Verhängung alternativer Sanktionen 209

(5) Der Schadensersatz 209

b) Die Rechtsmittelrichtlinie 92/13/EWG 210

3. Inhalt des unionsrechtlichen Vergaberechtsschutzes 212

4. Kapitel: Die Entwicklung des ungarischen Vergabewesens ... 215

I. Die Situation bis zur Schaffung des ersten Kbt. 1995 215

II. Das Gesetz Nr. CXXIX von 2003 über die Vergabe
öffentlicher Aufträge und erfolgte Änderungen 219

1. Der systematische Aufbau des Kbt. 222

2. Das Nachprüfungsverfahren 225

3. Sonstige für das Vergaberecht maßgebliche
Rechtsvorschriften 226

4. Zusammenfassung 230

5. Kapitel: Erstinstanzlicher Primärrechtsschutz gegen
vergaberechtliche Entscheidungen 233

I. Der Instanzenzug im ungarischen Vergaberecht 234

II. Vom Rechtsschutz umfasste Vergabegegenstände 236

III. Die Schiedsstelle für öffentliche Auftragsvergaben als
Nachprüfungsstelle im Sinne der Rechtsmittelrichtlinien.........238

   1. Zuständigkeit der Schiedsstelle für öffentliche
Auftragsvergabe 238

      a) Sachliche Zuständigkeit 239

      b) Örtliche Zuständigkeit 244

   2. Verfahrensregeln vor der Schiedsstelle für öffentliche
Auftragsvergabe 245

   3. Die Zusammensetzung der Schiedsstelle für öffentliche
Auftragsvergabe 247

   4. Das öffentliche Dienstverhältnis der Vergabebeauftragten
....250

   5. Der Ausschluss von Vergabebeauftragten........................252

6. Die Qualifikation der Schiedsstelle als gerichtsähnliches Verwaltungsorgan 254

   a) Die Qualifikation der Schiedsstelle i.S.d. Unionsrechts..255

   b) Die Qualifikation der Schiedsstelle nach ungarischem Rechtsverständnis 259

   c) Konsequenzen für die Beurteilung des Vergaberechtsschutzes 260

7. Effektivität des Instituts der Schiedsstelle als Eingangsinstanz 261

IV. Die Verfahrenseinleitung 262

   1. Die Verfahrenseinleitung auf Antrag 263

      a) Antragsberechtigung 263

      b) Die Antragsfrist 270

         aa) Verfahrensabschließende Entscheidung bei Anwesenheit der Bieter 272

         bb) Verfahrensabschließende Entscheidung bei Abwesenheit der Bieter 273

         cc) Sonstige Entscheidungen des Auftraggebers, sofern eine Mitteilungspflicht besteht 274

         dd) Sonstige Entscheidung des Auftraggebers, sofern keine Mitteilungspflicht besteht 274

ee) Umgehung des Vergabeverfahrens 275

ff) Einklang der Antragsfrist mit der Stillhaltefrist 277

c) Vorherige Streitbeilegung beim Auftraggeber und Stillhaltefrist 278

d) Antragsvoraussetzungen und Mängelbeseitigung 281

e) Gebührenpflicht 283

f) Verfahrenseröffnung 286

2. Verfahrenseinleitung von Amts wegen 287

a) Anregungsberechtigung 287

b) Die Anregungsvoraussetzungen 289

c) Die Anregungsfrist 289

d) Vorteile und Probleme der Nachprüfungsanregung von Amts wegen 291

3. Vergleich mit der Verfahrenseinleitung vor den deutschen Vergabekammern 294

4. Effektivität der Vorschriften zur Verfahrenseinleitung 295

V. Auswirkungen der Verfahrenseinleitung auf das laufende Vergabeverfahren und den Vertragsschluss 299

1. Suspensiveffekt auf das Vergabeverfahren 299

2. Suspensiveffekt auf den Vertragsschluss 301

a) Vertragsschlussverbot gemäß § 323 Abs. 5 Kbt. (Art. 2 Abs. 3 RL 89/665/EWG bzw. RL 92/13/EWG) 301

b) Vertragsschlussverbot gemäß § 96/B Abs. 4 Kbt. (Art. 1 Abs. 5 RL 89/665/EWG bzw. RL 92/13/EWG) 303

3. Effektivität des Suspensiveffektes und der Stillhaltefristen 303

VI. Der Ablauf des Nachprüfungsverfahrens 304

1. Der Prüfungsumfang der Schiedsstelle für öffentliche Auftragsvergabe 305

a) Keine Antragsbindung und Amtsermittlungsgrundsatz 305

b) Keine Beschränkung des effektiven Rechtsschutzes 308

2. Die Durchführung der Verhandlungen 310

a) Verhandlung und rechtliches Gehör 311

b) Teilnahmerechte an der Verhandlung 312

c) Öffentlichkeitsgrundsatz 313

d) Gleichbehandlung der Parteien 314

3. Das Recht auf Akteneinsicht 315

4. Die Auferlegung von Ordnungsgeld 317

5. Die Erledigungs- bzw. Verfahrensfrist 318

6. Die Begründungspflicht 320

7. Bekanntgabe und Veröffentlichung der Beschlüsse 323

8. Vergleich mit dem Nachprüfungsverfahren vor den deutschen Vergabekammern 324

9. Effektivität des Ablaufs des Nachprüfungsverfahrens 327

VII. Entscheidungsbefugnisse der Schiedsstelle 330

1. Die Verfahrensentscheidung 331

2. Die Anordnung einer einstweiligen Verfügung 333

   a) Antragsvoraussetzungen 334

   b) Interessenabwägung 335

   c) Begrenzung möglicher Verfügungen 338

   d) Die Ermessensentscheidung und ihre Überprüfbarkeit 340

   e) Die Gestattung des Vertragsschlusses im Wege der einstweiligen Verfügung 342

   f) Der Zusammenhang zwischen einstweiligem und Hauptverfahren 345

3. Der Beschluss der Schiedsstelle in der Sache 346

   a) Überblick über die einzelnen Rechtsfolgen 347

   b) Auferlegung einer Geldbuße 349

      aa) Adressat der Geldbuße 350

      bb) Geldbuße als Ermessensentscheidung 351

cc) Geldbuße ohne Ermessungsentschließung..................352

dd) Höhe der Geldbuße..................353

c) Ausschluss des Bieters von künftigen Vergabeverfahren 356

d) Kein Ersatzverfahren bei Sektorenauftraggebern..........357

4. Effektivität der Entscheidungsbefugnisse..................358

a) Effektivität des Verfahrensbescheids..................358

b) Effektivität der einstweiligen Verfügung..................358

c) Effektivität der Sachbeschlüsse..................360

aa) Effektivität der Vorschriften zur Auferlegung von Geldbußen..................361

bb) Effektivität der Vorschriften zur Aufhebung von Entscheidungen..................364

cc) Effektivität der Vorschriften zum Schadensersatz.....369

d) Gesamtzusammenfassung der Effektivität der Entscheidungsbefugnisse..................369

VIII. Die Verpflichtung zur Veranlassung des Feststellungsverfahrens..................370

1. Einzelne Sachentscheidungsvoraussetzungen..................371

2. Prüfungsumfang..................372

3. Mögliche Rechtsfolgen 376

4. Das Verhältnis zwischen Revisions- und
Feststellungsverfahren 377

5. Effektivität der Einleitungspflicht und des
Feststellungsverfahrens 379

IX. Wirksame Durchsetzbarkeit der Entscheidungen 381

X. Vergleich mit den Entscheidungsbefugnissen der
Vergabekammern 383

XI. Effektivität des erstinstanzlichen Primärrechtsschutzes
gegen vergaberechtliche Entscheidungen 384

6. Kapitel: Rechtsmittel gegen die Entscheidung der Schiedsstelle
und gegen die Revisions- bzw. Berufungsentscheidung 389

I. Gerichtsqualität des Hauptstädtischen Gerichts Budapest
i.S.d. Rechtsmittelrichtlinien 389

II. Rechtsmittelgegenstände 392

1. Rechtsmittel gegen Verfahrensentscheidungen der
Schiedsstelle 392

a) Selbständige Revision von Verfahrensentscheidungen ... 392

b) Nachprüfung im Rahmen der Revision von
Sachentscheidungen 395

2. Rechtsmittel gegen Sachentscheidungen der Schiedsstelle 398

23

a) Entscheidungen in der Sache 398

b) Ablauf des Rechtsmittelverfahrens 398

aa) Klagebefugnis 398

bb) Klagefrist 400

cc) Beschleunigungsgrundsatz 400

dd) Verfahrensgrundsätze 401

ee) Keine automatische aufschiebende Wirkung 402

ff) Prüfungsumfang 403

gg) Mögliche Rechtsfolgen 404

III. Effektivität der Rechtsmittel gegen die Entscheidung der Schiedsstelle 405

IV. Rechtsmittel gegen die Revisions- und Berufungsentscheidung 407

1. Rechtsmittel gegen die Revisionsentscheidung 407

2. Rechtmittel gegen die Berufungsentscheidung 408

7. Kapitel: Das Einheitsverfahren gemäß § 350 Abs. 1 Kbt 411

I. Abgrenzung zum Feststellungsverfahren i.S.d. § 340/A Kbt. 411

II. Ablauf des Einheitsverfahrens 412

III. Mögliche Rechtsfolgen 413

IV. Effektivität des Einheitsverfahrens 414

8. Kapitel: Sekundärrechtsschutz und Rücktritt bei vergaberechtlichen Verstößen 417

I. Der Instanzenzug im Sekundärrechtsschutz 418

II. Schadensersatzanspruch des Bieters auf Ersatz seiner Kosten für die Angebotsanfertigung und die Teilnahme am Vergabeverfahren 418

III. Vergaberechtlicher Schadensersatzanspruch im ungarischen Zivilrecht 421

   1. Schadensersatzanspruch aufgrund vorvertraglicher Pflichtverletzung 421

      a) Entstehung und Verletzung einer vorvertraglicher Pflicht 422

      b) Rechtswidrigkeit 424

      c) Schadensbegriff 424

      d) Kausalität 425

      e) Verschulden 426

      f) Umfang des zu ersetzenden Schadens 427

   2. Deliktischer Schadensersatz 430

IV. Rücktritt vom Vergabevertrag 430

V. Schadensersatz bei Rechtsmissbrauch 432

VI. Effektivität des Sekundärrechtsschutzes — auch im Vergleich zum deutschen Recht 432

9. Kapitel: Der Rat der öffentlichen Beschaffungen 437

I. Rechtsstellung und Zweck des Rates 437

II. Zusammensetzung des Rates 438

III. Kompetenzbereich des Rates 439

IV. Effektiver Rechtsschutz durch das Institut des Rates 441

10. Kapitel: Rechtsschutz unterhalb der Schwellenwerte 443

I. Die grundsätzliche Problematik des Rechtsschutzes im Unterschwellenbereich 443

II. Die Grundsätze des EuGH 444

III. Umsetzung unionsrechtlicher Vorgaben im ungarischen Recht 448

   1. Rechtsschutz über den nationalen Schwellenwerten 448

   2. Kein Rechtsschutz unter den nationalen Schwellenwerten 449

IV. Effektiver Rechtsschutz unterhalb der Schwellenwerte 452

11. Kapitel: Übersicht über die gefundenen Ergebnisse und Effektivität des ungarischen Vergaberechtsschutzes aus rechtspolitischer Sicht 455

I. Einklang des ungarischen Vergaberechtsschutzes mit dem rechtlichen Rahmen 455

1. Die ungarische Verfassung 455

2. Das Verhältnis zwischen der ungarischen Verfassung und dem Unionsrecht 456

3. Primärrechtlicher Vergaberechtsschutz 456

4. Sekundärrechtlicher Vergaberechtsschutz 456

5. Das Gesetz über die öffentliche Auftragsvergabe (Kbt.) ... 457

6. Der Primärrechtsschutz 458

7. Die Rechtsmittel gegen die Nachprüfungsentscheidung 459

8. Der Sekundärrechtsschutz und Rücktritt 460

9. Der Rat der öffentlichen Beschaffungen 460

10. Rechtsschutz unterhalb der Schwellenwerte 460

II. Effektivität aus rechtspolitischer Sicht 461

Abkürzungsverzeichnis

a.A.	anderer Ansicht
AB	ungarisches Verfassungsgericht (Alkotmánybíróság)
AB Közlöny	Amtsblatt des ungarischen Verfassungsgerichts (Alkotmánybírósági Közlöny)
ABH	Sammlung der Entscheidungen des ungarischen Verfassungsgerichts (Alkotmánybírósági Határozatok)
ABlEG	Amtsblatt der Europäischen Gemeinschaften
ABlEU	Amtsblatt der Europäischen Union
Abs.	Absatz
Áe.	ungarisches Staatsverwaltungsverfahrensgesetz (törvény az államigazgatási eljárás általános szabályairól)
AEB	Parlamentsausschuss für die Vorbereitung der Verfassung (Az Országgyűlés Alkotmány- előkézítő Bizottsága)
a.F.	alte Fassung
Áht.	Gesetz über den Staatshaushalt (Az államháztartásról szóló törvény)
Alk.	ungarische Verfassung (Alkotmány)
Anm.	Anmerkung
Art.	Artikel
Ász.	Gesetz über den staatlichen Rechnungshof (törvény az Állami Számvevőszékről
BGB	Bürgerliches Gesetzbuch
BGBl.	Bundesgesetzblatt
BGH	Bundesgerichtshof
BGHZ	Sammlung der Entscheidungen des Bundesgerichtshofs in Zivilsachen

BH	Sammlung ungarischer Gerichtsbeschlüsse (Bírósági Hatrozatok)
Bjt.	ungarisches Gesetz LXVII von 1997 über die Rechtsstellung und Vergütung der Richter (A bírák jogállásáról és javadalmázásáról szóló 1997. évi LXVII. törvény)
bspw.	beispielsweise
Bsz.	ungarisches Gesetz über die Organisation und Verwaltung der Gerichte (A bíróságok szervezetéről és igazgatásáról szóló 1997. évi LXVI. Törvény)
BTD.	Sammlung ungarischer Gerichtsentscheidungen (Bírósági Döntések Tára)
Btk.	ungarisches Gesetz IV von 1978 über das Strafgesetzbuch (A Büntető Törvénykönyvről szóló 1978. évi IV. törvény)
BVerfG	Bundesverfassungsgericht
BVerwG	Bundesverwaltungsgericht
BVerwGE	Sammlung der Entscheidungen des Bundesverwaltungsgerichts
bzw.	beziehungsweise
DB	Der Betrieb
DDR	Deutsche Demokratische Republik
d.h.	das heißt
Drucks.	Drucksache
DStR	Deutsches Steuerrecht
EBH	Sammlung der Grundsatzentscheidungen des Obersten Gerichts der Republik Ungarn (Elvi Bírósági Határozatok)
EG	Europäische Gemeinschaften
EGMR	Europäischer Gerichtshof für Menschenrechte
EGV	Vertrag zur Gründung der Europäischen Gemeinschaft
EMRK	Europäische Menschenrechtskonvention

EU	Europäische Union
EuGH	Gerichtshof der Europäischen Gemeinschaften
EuZW	Europäische Zeitschrift für Wirtschaftsrecht
EWG	Europäische Wirtschaftsgemeinschaft
EWS	Europäisches Wirtschafts- und Steuerrecht
f.	folgende (singular)
ff.	folgende (plural)
Fn.	Fußnote
Főv. Bír.	Hauptstädtisches Gericht Budapest (Fővárosi Bíróság)
Főv. Ítélőtábla	Hauptstädtisches Tafelgericht (Fővárosi Ítélőtábla)
GATT	General Agreement on Tarifs and Trade
gem.	gemäß
GG	Grundgesetz
GPA	Government Procurement Agreement
Gt.	ungarisches Gesetz IV von 2006 über die Wirtschaftsgesellschaften (A gazdasági társaságokról szóló 2006. évi IV. törvény)
GWB	Gesetz gegen Wettbewerbsbeschränkungen
Hrsg.	Herausgeber
Hs.	Halbsatz
insbes.	insbesondere
IME	Fachzeitschrift für Gesundheitsmanager (Az egészségügyi vezetők szaklapja)
i.V.m.	in Verbindung mit
ÍH	Sammlung der ungarischen Tafelgerichtsbeschlüsse (Ítélőtáblai Határozatok)
Jat.	ungarisches Gesetz XI von 1987 über die Gesetzgebung (1987. évi XI. törvény a jogalkotásról)
JZ	Juristenzeitung

Kbt.	ungarisches Gesetz CXXIX von 2003 über die öffentliche Auftragsvergabe (2003 évi CXXIX. törvény a közbeszerzésekről)
Ket.	ungarisches Verwaltungsverfahrensgesetz CXL von 2004 (2004. évi CXL. törvény a közigazgatási hatósági eljárás és szolgáltatás általános szabályairól)
K.É.	Vergabeanzeiger (Közbeszerzési Értesítő)
KOM	Dokument der Europäischen Kommission
Konctv.	ungarisches Konzessionsgesetz XVI von 1991 (1991. évi XVI. törvény a koncesszióról)
Korm. rendelet	Parlamentsverordnung (kormányrendelet)
Ktv.	ungarisches Beamtengesetz XXIII von 1992 (A köztisztviselők jogállásáról szóló 1992. évi XXIII. törvény)
KGD	Sammlung der Verwaltungs-und Wirtschaftsentscheidungen des Verwaltungssenats am Obersten Gerichts der Republik Ungarn (Közigazgatási Kollégiumának a Közigazgatási-Gazdasági Döntvény)
lit.	litera
lt.	laut
Legf. Bír.	Oberstes Gericht der Republik Ungarn (Legfelsőbb Bíróság)
m.E.	meines Erachtens
m.w.N.	mit weiteren Nachweisen
NJW	Neue Juristische Wochenschrift
Nr./No.	Nummer(n)
NVwZ	Neue Zeitschrift für Verwaltungsrecht
NZBau	Neue Zeitschrift für Baurecht und Vergaberecht
Ötv.	ungarisches Gesetz über die örtlichen Selbstverwaltungen (törvény. a helyi önkormányzatokról)
para.	Absatz (engl. paragraph)

Pp.	ungarisches Gesetz über die Zivilprozessordnung (törvény a polgári perrendtartásról)
P P L R.	Public Procurement Law Review
Ptk.	ungarisches Zivilgesetzbuch IV von 1959 (1959. évi IV. törvény a Polgári Törvénykönyvről)
PK.	Zivilsenat des Obersten Gerichts der Republik Ungarn (polgári kollégium)
Reports	Sammlung der Entscheidungen des EGMR (eng. Decisions and Reports)
RdW	Recht der Wirtschaft
RL	Richtlinie
Rn.	Randnummer(n)
Rs.	Rechtssache(n)
S.	Seite(n)/ Satz
s.	siehe
Slg.	Amtliche Sammlung des Gerichtshofs der Europäischen Gemeinschaften
s.o.	siehe oben
sog.	sogenannte
s.u.	siehe unten
TafelgerichtsG	ungarisches Gesetz über die Tafelgerichte
TI.	Transcarency International
tv.	ungarisches Gesetz (törvény)
u.a.	unter anderem
UAbs.	Unterabsatz
ung.	ungarisch(e)/(es)/(en)
v.	versus
verb.	verbundene
VerfGH	österreichischer Verfassungsgerichtshof

VergR	Vergaberecht
VfSlg.	Sammlung der Entscheidungen des österreichischen Verfassungsgerichtshof
VGH	Verwaltungsgerichtshof
vgl.	vergleiche
VgV	Vergabeverordnung
Vht.	ungarisches Vollstreckungsgesetz der Gerichte LIII von 1994 (1994. évi LIII. törvény a bírósági végrehajtásról)
VO	Verordnung
VOB	Verdingungsordnung für Bauleistungen
VwGO	Verwaltungsgerichtsordnung
WTO	World Trade Organisation
WuW	Wirtschaft und Wettbewerb
z.B.	zum Beispiel
ZEuP	Zeitschrift für Europäisches Privatrecht
Ziff.	Ziffer(n)
ZHR	Zeitschrift für das gesamte Handelsrecht und Wirtschaftsrecht
ZIP	Zeitschrift für Wirtschaftsrecht
ZPO	Zivilprozessordnung

Literaturverzeichnis
(deutsche Übersetzung ungarischer Titel in Klammern)

Ackermann, Thomas,	Die Haftung des Auftraggebers bei Vergabeverstößen, ZHR 2000, Band 164, 394 ff.

zitiert: *Ackermann*, Die Haftung des Auftraggebers bei Vergabeverstößen, ZHR 2000, S.

Althaus, Stefan,	Öffentlich-rechtliche Verträge als öffentliche Aufträge gem. § 99 GWB, NZBau 2000, 277-279.
Antal, Ádám,	Alkotmányfejlődés és jogállami gyakorlat *(Verfassungsentwicklung und rechtsstaatliche Praxis)*, Hans Seidel Alapitvány, Budapest, 1994.

zitiert: *Verfasser/in*, Titel in: Antal, Alkotmányfejlődés és jogállami gyakorlat, S.

Antal, Ádám,	Alkotmányi értékek és alkotmánybíráskodás *(Verfassungswerte und Verfassungsgerichtsbarkeit)*, Osiris Kiadó, Budapest, 1998.

zitiert: *Antal*, Alkotmányi értékek és alkotmánybíráskodás, S.

Antweiler, Clemens,	Europarechtliche Rechtsbehelfe gegen fehlerhafte Auftragsvergaben, VergabeR 2002/2, 109.

zitiert: *Antweiler*, Europarechtliche Rechtsbehelfe gegen fehlerhafte Auftragsvergaben, VergabeR 2002, S.

Bacsa György,	A polgári jogi felelősség alapelveinek újragondolása különös tekintettel a szerződésszegésért való kártérítési felelősségre *(Erneute Betrachtung zivilrechtlicher Haftungsgrundsätze unter besonderer Berücksichtigung der Schadensersatzverpflichtung wegen Vertragsverletzung)*, Studia Collegii de Stephano Bibó Nominati 3, Budapest, 2001.

zitiert: *Bacsa*, A polgári jogi felelősség alapelveinek, S.

Balogh, Zsolt,	Alapjogi tesztek az Alkotmánybíróság gyakorlatában *(Grundrechtstests in der Praxis des Verfassungsgerichts)*, in: Halmai, Gábor: A megtalált alkotmány? A magyar alapjogi bíráskodás első kilenc év *(Die entdeckte Verfassung? Die ersten neun Jahre ungarischer Grundrechtsgerichtsbarkeit)*, Indok Kiadó, Budapest, 2000, S. 122 ff.

zitiert: *Balogh*, Alapjogi tesztek az Alkotmánybíróság gyakorlatában, S.

Balogh, Zsolt/ Holló, András/ Kukorelli, István/ Sári, János,	Az alkotmány magyarázata *(Die Erklärung der Verfassung)*, CompLex Kiadó és Üzleti Tartalomszolgáltató Kft., Budapest, 2003. zitiert: *Verfasser/in* in: Balogh/Holló/Kukorelli/Sári, Az alkotmány magyarázata, S.
Benedek, Károly/ Kemenes, Béla/ Szilágyi, Dénes,	A polgári törvénykönyv magyarázata *(Die Erklärung des Zivilgesetzbuches)*, CompLex Kiadó és Üzleti Tartalomszolgáltató Kft., Budapest, 2007. zitiert: *Verfasser/in* in: Benedek/Kemenes/Szilágyi, A polgári törvénykönyv magyarázata, S.
Berényi, Lajos,	A korrupció kérdése a közbeszerzésekben, Korrupció Magyarországon III *(Die Frage der Korruption bei den öffentlichen Auftragsvergaben, Korruption in Ungarn III)*, Transparency International, Magyarország Tagozata Egyesület, Budapest, 2003. zitiert: *Berényi*, A korrupció kérdése a közbeszerzésekben, S.
Berényi, Lajos,	EU-kompatibilis közbeszerzési rendszer *(EU-kompatible Vergabeordnung)*, IME 2004/4, 52-54.
Berényi, Sándor,	Magyar közigazgatási jog, Általános rész *(Ungarisches Verwaltungsrecht, Allgemeiner Teil)*, Osiris Kiadó, Budapest, 1998. zitiert: *Berényi*, Magyar közigazgatási jog, S.
Berke, Barna,	Az európai közösségi jogrend strukturális elveiről *(Über die strukturellen Grundsätze der Europäischen Gemeinschaftsrechtsordnung)*, Ius privatum ius commune Europae Liber Amicorum, Studia Ferenc Mádl Dedicata, ELTE ÁJK, Budapest, 2001. zitiert: *Berke*, Az európai közösségi jogrend strukturális elveiről, S.
Berke, Barna,	Az európai közösségi jog alkotmányos korlátai *(Die Verfassungsschranken des Europäischen Gemeinschaftsrechts)*, in Mádl Ferenc (Hrsg.), Európajogi tanulmányok 2 *(Europarechtliche Studien 2)*, Budapest, ELTE ÁJK 1996. zitiert: *Berke*, Az európai közösségi jog alkotmányos korlátai, 1996, S.

Bitterich, Klaus,	Das grenzüberschreitende Interesse am Auftrag im primären Gemeinschaftsvergaberecht - Anm. zu EuGH, Urt. v. 13. 11. 2007 - C-507/03 - Kommission/Irland („An Post"), EuZW 2008/1, 14 ff.
	zitiert: *Bitterich,* Das grenzüberschreitende Interesse am Auftrag, EuZW 2008, S.
Bitterich, Klaus,	Rechtsschutz bei Verletzung abgeleiteter „Grundanforderungen", NVwZ 2007, 890 ff.
	zitiert: *Bitterich,* Rechtsschutz bei Verletzung abgeleiteter „Grundanforderungen", NVwZ 2007, S.
Blutman, László/ Chronowski, Nóra,	Az Alkotmánybíróság és a közösségi jog: alkotmányjogi paradoxon csapdájában I. *(Das Verfassungsgericht und das Gemeinschaftsrecht: Fallstrick des verfassungsrechtlichen Paradoxons I.),* Európai Jog 2007/2, 3 ff.
	zitiert: *Blutman/Chronowski,* Az Alkotmánybíróság és a közösségi jog, S.
Boesen, Arnold,	Rechtsschutz bei der Vergabe öffentlicher Aufträge aus Sicht der Europäischen Kommission, in: Gormley, Laurence (Hrsg.), Gordische Knoten im Europäischen Vergaberecht, Bundesanzeiger Verlag, Köln, 1997.
	zitiert: *Boesen,* Rechtsschutz bei der Vergabe, S.
Boesen, Arnold,	Der Rechtsschutz des Bieters bei der Vergabe öffentlicher Aufträge, NJW 1997, 345 ff.
	zitiert: *Boesen,* Rechtsschutz des Bieters, NJW 1997, S.
Boesen, Arnold,	Vergaberecht, Kommentar zum 4. Teil des GWB, Bundesanzeiger Verlag, Köln, 2000.
	zitiert: *Boesen,* Vergaberecht, Kapitel, Rn.
Bogdandy von, Armin/ Nettesheim, Martin,	Die Verschmelzung der Europäischen Gemeinschaften in der Europäischen Union, NJW 1995, 2326 ff.
	zitiert: *von Bogdandy/Nettesheim,* Die Verschmelzung der Europäischen Gemeinschaften in der Europäischen Union, NJW 1995, S.

Bragyova, András,	Az Európai Unióhoz való csatlakozás alkotmányjogi kérdései *(Die verfassungsrechtlichen Fragen zum Beitritt zur Europäischen Union)*, in: EU-tanulmányok I. kötet, Inotai András (Hrsg.), Nemzeti Fejlesztési Hivatal, Budapest, 2005, 1091 ff.
	zitiert: *Bargyova*, Az Európai Unióhoz való csatlakozás alkotmányjogi kérdései, S.
Braun, Christian/ Hauswaldt, Christian	Vergaberechtliche Wirkung der Grundfreiheiten und das Ende der Inländerdiskriminierung? - Zugleich eine Anmerkung zum EuGH-Urteil Coname, EuZW 2006, 176 ff.
	zitiert: *Braun/Hauswaldt*, Vergaberechtliche Wirkung der Grundfreiheiten und das Ende der Inländerdiskriminierung?, EuZW 2006, S.
Brinker, Ingo,	Die unmittelbare Anwendbarkeit von EG-Richtlinien bei der Vergabe öffentlicher Aufträge, EWS 1995, 255 ff.
	zitiert: *Brinker*, Die unmittelbare Anwendbarkeit von EG-Richtlinien, EWS 1995, S.
Brinker, Ingo,	Vorabinformation der Bieter über den Zuschlag oder Zwei-Stufen-Theorie im Vergaberecht?, NZBau 2000, 174 ff.
	zitiert: Brinker Vorabinformation der Bieter über den Zuschlag oder Zwei-Stufen-Theorie im Vergaberecht?, NZBau 2000, S.
Brown, Adrian,	Seeing Through Transparency: the Requirement to Advertise Public Contracts and Concessions Under the EC Treaty, Public Procurement Law Review (P.P.L.R), 2007, 1 ff.
Brunner, Georg/ Sólyom, László,	Verfassungsgerichtsbarkeit in Ungarn, Analysen und Entscheidungssammlung 1990 - 1993, Nomos-Verlag, Baden-Baden, 1995.
	zitiert: *Brunner/Sólyom*, Verfassungsgerichtsbarkeit in Ungarn, S.
Brunner, Georg,	Einführung in das Recht der DDR, C.H. Beck Verlag, 1. Aufl., München, 1975.
	zitiert: *Brunner*, Einführung in das Recht der DDR, S.
Bungenberg, Marc,	Primärrechtsschutz im gesamten öffentlichen Beschaffungswesen?, WuW 2005, 900 ff.
	zitiert: *Bungenberg*, Primärrechtsschutz im gesamten

	öffentlichen Beschaffungswesen?, WuW 2005, S.
Burgi, Martin,	Rechtsschutz ohne Vergabeverfahren, NZBau 2003, 16 ff.
	zitiert: *Burgi*, Rechtsschutz ohne Vergabeverfahren, NZBau 2003, S.
Burgi, Martin,	Die Beleihung als kartellvergaberechtlicher Ausnahmetatbestand, NVwZ 2007, 383 ff.
	zitiert: *Burgi*, Die Beleihung als kartellvergaberechtlicher Ausnahmetatbestand, NVwZ 2007, S.
Burgi, Martin,	Die Vergabe von Dienstleistungskonzessionen: Verfahren, Vergabekriterien, Rechtsschutz, NZBau 2005, 610 ff.
	zitiert: *Burgi*, Die Vergabe von Dienstleistungskonzessionen, NZBau 2005, S.
Burgi, Martin,	Warum die „kommunale Zusammenarbeit" kein vergaberechtspflichtiger Beschaffungsvorgang ist, NZBau 2005, 208 ff.
	zitiert: *Burgi*, Warum die „kommunale Zusammenarbeit" kein vergaberechtspflichtiger Beschaffungsvorgang ist, NZBau 2005, 208, S.
Burgi, Martin,	Kommunales Privatisierungsfolgenrecht: Vergabe, Regulierung und Finanzierung, NVwZ 2001, 601 ff.
	zitiert: *Burgi*, Kommunales Privatisierungsfolgenrecht: Vergabe, Regulierung und Finanzierung, NVwZ 2001, S.
Byok, Jan/ Jäger, Wolfgang,	Kommentar zum Vergaberecht, Verlag Recht und Wirtschaft, 2. Auflage, Frankfurt a.M., 2005.
	zitiert: *Verfasser/in* in: Byok/Jaeger, Vergaberecht, §, Rn.
Byok, Jan,	Die Entwicklung des Vergaberechts seit 2004, NJW 2006, 2076 ff.
	zitiert: *Byok*, Die Entwicklung des Vergaberechts seit 2004, NJW 2006, S.
Byok, Jan,	Die Vollstreckung von Entscheidungen der Vergabekammern, NJW 2003, 2642 ff.
	zitiert: *Byok*, Die Vollstreckung von Entscheidungen der Vergabekammern, NJW 2003, S.
Chronowski,	Integrálódó Alkotmányjog *(Integrierendes Verfassungsrecht),*

Nóra,	Dialóg Campus Kiadó, Budapest/Pécs, 2005.
	zitiert: *Chronowski*, Integrálódó Alkotmányjog, S.
Chronowski, Nóra/ Nemessányi, Zoltán,	Európai Bíróság – Alkotmánybíróság: felületi feszültség *(Europäischer Gerichtshof - Verfassungsgericht: Oberflächenspannung)*, Európai Jog 2004/3, 19 ff.
	zitiert: *Chronowski/Nemessányi*, Európai Bíróság – Alkotmánybíróság, Európai Jog, 2004/3, S.
Chronowski, Nóra,	Európai Alkotmányra szóló felhatalmazás *(Bevollmächtigung zu einer Europäischen Verfassung)*, Európai Tükör, A Magyar Köztársaság Külügyminisztériumának folyóirata, 2005/5, 60 ff.
	zitiert: *Chronowski*, Európai Alkotmányra szóló felhatalmazás, S.
Chronowski, Nóra/ Rózsás, Eszter,	Alkotmányjog és közigazgatási jog *(Verfassungsrecht und Verwaltungsrecht)*, Dialóg Campus Kiadó, Budapest/Pécs, 2007.
Classen, Claus Dieter,	Strukturunterschiede zwischen deutschem und eruopäischem Verwaltungsrecht – Konflikt oder Bereicherung?, NJW 1995, 2457 ff.
	zitiert: *Classen*, Strukturunterschiede, NJW 1995, S.
Costa-Zahn, Karen/ Lutz, Martin,	Die Reform der Rechtsmittelrichtlinien, NZBau 2008/1, 22 ff.
	zitiert: *Costa-Zahn/Lutz,* Die Reform der Rechtsmittelrichtlinien, NZBau 2008, S.
Csányi, István (Hrsg.),	Közbeszerzési kéziköny *(Handbuch der öffentlichen Auftragsvergabe)*, Terc Kiadó, Budapest, 2006.
	zitiert: *Csányi*, Közbeszerzési kézikönyv, S.
Csépai, Balázs/ Újvári, Ákos,	A versenyt korlátozó megállapodás közbeszerzési és koncessziós eljárásban való büntethetöségének kérdéskör *(Die Fragen der Strafbarkeit wettbewerbsbeschränkender Absprachen in Vergabe- und Konzessionsverfahren)*, Jogtudományi Közlöny 2006/6, 221-231.
Czuczai, Jenő,	Kritikai meglátások a kormánynak a Magyar Köztársaság Alkotmányról szóló 1949. évi XX. tv.-nek az EU-csatlakozást érintően szükséges módósításáról szóló T/1114 számú törvényjavaslatáról *(Kritische Ansichten der Regierung zum Gesetzesentwurf T/1114 über die aufgrund des EU-Beitritts*

	notwendigen Änderung des Gesetzes Nr. XX aus 1949 über die Verfassung der Republik Ungarn), Európa 2002, 2002/4, 24 ff.
	zitiert: *Csuczai*, Kritikai meglátások a módósításáról szóló T/1114 számú törvényjavaslatáról, Európa 2002, 2002/4, S.
Czuczai, Jenő,	Gondolatok Magyarországnak az Európai Unióhoz történő csatlakozási folyamatáról *(Gedanken Ungarns über den Verlauf des Beitritts zur Europäischen Union)*, Magyar Jog 1999/7, 390 ff.
Czuczai, Jenő /Dósa, Ágnes/ Kapa, Mátyás/ Méhes, Tamás/ Sárközy, Szabolcs/ Újlaki, Tamás,	A Polgári törvénykönyv magyarázata, III. kötet *(Die Erklärung des Zivilgesetzbuches, III. Band)*, Magyar Közlöny Lap- és Könyvkiadó Kft., Budapest, 2006. zitiert: *Verfasser/in* in: Czucszai/Dósa/Kapa/Méhes/Sárközy/Ujlaki, A Polgári törvénykönyv magyarázata, S.
Czuczai, Jenő,	Az Európai Unió követelményrendszere és a magyar közbeszerzési jog (Das System der Anforderungen der Europäischen Union und das ungarische Recht der öffentlichen Beschaffungen), Jogtudományi közlöny, 2000/2, 53 -63.
Danwitz, Thomas von/ Honsell, Heinrich/ Lerche, Peter (Hrsg.),	Europäisches Verwaltungsrecht, Springer Verlag, Berlin, 2008. zitiert: *von Danwitz,* Europäisches Verwaltungsrecht, S.
Dauses, Manfred A.,	Handbuch des EU-Wirtschaftsrechts, C.H. Beck Verlag, München, 2008. zitiert: *Verfasser/in* in: Dauses, Handbuch des EU-Wirtschaftsrechts, Abschnitt, Rn.
Deli, Betty,	Változóban a közbeszerzési szabályozás *(Vorschriften der öffentlichen Auftragsvergabe im Wandel)*, IME 2004/3, 8-10.
Dessewffy, Anna,	A Közbeszerzés és a korrupció összefüggései, Korrupció Magyarországon I. *(Die Zusammenhänge zwischen der öffentlichen Auftragsvergabe und der Korruption, Korruption in Ungarn I.)*, Transparency International, Magyarország Tagozata Egyesület, Budapest, 2000. zitiert: *Dessewffy,* A Közbeszerzés és a korrupció

	összefüggései, S.
Dezső, Márta/ Vincsze, Attila,	Magyar Alkotmányosság az Európai integrációban *(Ungarische Verfassungsmäßigkeit in der Europäischen Integration)*, HVG orac lap- és könyvkiadó Kft., Budapest, 2006.
	zitiert: *Dezső/Vincsze*, Magyar Alkotmányosság az Európai integrációban, S.
Dörr, Oliver,	Der europäisierte Rechtsschutzauftrag deutscher Gerichte, 1. Auflage, Mohr Siebeck Verlag, Tübingen, 2003.
	zitiert: *Dörr*, Der europäisierte Rechtsschutzauftrag deutscher Gerichte, S.
Dörr, Oliver,	Das europäisierte Vergaberecht in Deutschland, JZ 14/2004, 703 ff.
	zitiert: *Dörr*, Das europäisierte Vergaberecht in Deutschland, JZ 14/2004, S.
Dörr, Oliver,	Noch einmal: Die Europäische Union und die Europäischen Gemeinschaften, NJW 1995, 3162 ff
	zitiert: *Dörr*, Die Europäische Union, NJW 1995, 3162, S.
Dörr, Oliver/ Lenz, Christofer,	Europäischer Verwaltungsrechtsschutz, 1. Auflage, Nomos Verlagsgesellschaft Baden-Baden, 2006.
	zitiert: *Dörr/Lenz*, Europäischer Verwaltungsrechtsschutz, S.
Dreher, Meinrad,	Öffentlich-rechtliche Anstalten und Körperschaften im Kartellvergaberecht, NZBau 2005, 297 ff.
	zitiert :*Dreher*, Öffentlich-rechtliche Anstalten und Körperschaften im Kartellvergaberecht, NZBau 2005, S.
Dreher, Meinrad,	Thesenpapier des Referenten Prof. Dr. Meinrad Dreher, LL.M. des Arbeitskreises II (Vergaberecht) der Deutschen Gesellschaft für Baurecht e.V. zum Thema „Empfehlen sich gesetzliche Regelungen zum Rechtsschutz bei der Vergabe von Bauleistungen unterhalb der Schwellenwerte?",
	abrufbar unter: http://www.baurechtsverein.de/vergabezirk/15_sitzung/thesenbaugerichtstag.pdf.
	zitiert: *Dreher*, Baurecht, S.
Dreher,	Vergaberecht unterhalb der Schwellenwerte, NZBau 2002, 419.

Meinrad,	zitiert: *Dreher*, Vergaberecht, NZBau 2002, S.
Dreher, Meinrad,	Die Kontrolle der Anwendung des Vergaberechts in Europa - Perspektiven und Leitlinien der Sicherstellung des Vergabebinnenmarkts, EuZW 1998/7, 197 ff.
	zitiert: *Dreher*, Die Kontrolle der Anwendung des Vergaberechts in Europa, EuZW 1998, S.
Dudás, Gabór,	A bírói jogértelmezés lehetőségei a magyar közigazgatási bíráskodásban *(Die Möglichkeiten richterlicher Rechtsauslegung in der ungarischen Verwaltungsgerichtsbarkeit)*, Magyar Közigazgatás 1997, 599-604.
Egger, Alexander,	Europäisches Vergaberecht, 1. Auflage, Nomos Verlagsgesellschaft Baden-Baden, 2008.
	zitiert: *Egger*, Europäisches Vergaberecht, S.
Egger, Alexander,	Nicht alles ist vergabefremd, NZBau 2002/11, 601 ff.
	zitiert: *Egger*, Nicht alles ist vergabefremd, NZBau 2002, S.
Ehlers, Dirk (Hrsg.),	Europäische Grundrechte und Grundfreiheiten, Walter de Gruyter Verlag, Berlin/New York, 2. Auflage, 2005.
	zitiert: *Verfasser/in* in: Ehlers, Europäische Grundrechte und Grundfreiheiten, §, Rn.
Eilmansberger, Thomas,	Rechtsfolgen und subjektives Recht im Gemeinschaftsrecht, Zugleich ein Beitrag zur Dogmatik der Staatshaftungsdoktrin des EuGH, Nomos Verlagsgesellschaft, Baden-Baden, 1997.
	zitiert: *Eilmansberger,* Rechtsfolgen und subjektives Recht im Gemeinschaftsrecht, S.
Ennuschat, Ulrich,	Keine Anwendung der Zwei-Stufen-Lehre im Vergaberecht, NJW 2007, 2224 ff.
	zitiert: *Ennuschat*, Keine Anwendung der Zwei-Stufen-Lehre im Vergaberecht, NJW 2007, S.
Epping, Volker,	Grundrechte, Springer Verlag, Berlin/Heidelberg, 2. Auflage, 2005.
	zitiert: *Epping*, Grundrechte, Rn.
Erdl, Cornelia,	Anmerkung zu EuGH Rs. C-249/01, VergabeR 2003, 545 ff.
	zitiert: *Erdl*, Anmerkung zu EuGH Rs. C-249/01, VergabeR

	2003, S.
Erdl, Cornelia,	Der neue Vergaberechtsschutz -Das deutsche Recht im europäischen Kontext - in: Baurechtliche Schriften, Band 49, Korbion/Locher(Hrsg.), Werner Verlag, Neuwied, 1999.
	zitiert: *Erdl*, Der Neue Vergaberechtsschutz, S., Rn.
Fejes, Gábor,	Attól, hogy kézenfekvő, még igaz: a közbeszerzés ajánlatkérője nincs felmentve versenyjogból *(Nicht nur plausibel, sondern auch richtig: Keine Befreiung des öffentlichen Auftraggebers vom Wettbewerbsrecht)*, Gazdaság és Jog, 2007/2, 9 - 16.
Forsthoff, Ulrich	Die eigenständige Bedeutung des sekundären Gemeinschaftsrechts, IStR 2006, 698 ff.
	zitiert: *Forsthoff*, Die eigenständige Bedeutung des sekundären Gemeinschaftsrechts, IStR 2006, S.
Fuglinszky, Ádám,	Mangelfolgeschäden im deutschen und ungarischen Recht, Mohr Siebeck Verlag, Tübingen, 2007.
	zitiert: *Fuglinszky*, Mangelfolgeschäden im deutschen und ungarischen Recht, S.
Fribiczer, Gabriella,	A közbeszerzések szabályozása Magyarországon - II. rész *(Die Bestimmungen der öffentlichen Auftragsvergabe in Ungarn)*, Külgazdaság 2005/10, 109 ff.
Frenz, Walter,	Auftragsvergabe nach Umweltschutzkriterien und Gemeinschaftsrecht, WuW 2002, 352 ff.
	zitiert: *Frenz*, Auftragsvergabe nach Umweltschutzkriterien, WuW 2002, S.
Frenz, Walter,	Grundrechte und Vergaberecht, EuZW 2006, 748 ff.
	zitiert: *Frenz*, Grundrechte und Vergaberecht, EuZW 2006, S.
Frenz, Walter,	Handbuch Europarecht, Band 3: Beihilfe- und Vergaberecht, Springer Verlag, Berlin/Heidelberg, 1. Auflage, 2006.
	zitiert: *Frenz*, Beihilfe- und Vergaberecht, Rn.
Glahs, Heike,	Die Antragsbefugnis im Vergabenachprüfungsverfahren, NZBau 2004/10, 544 ff.
	zitiert: *Glahs*, Die Antragsbefugnis im Vergabenachprüfungsverfahren, NZBau 2004, S.

Gellért, György,	Ptk. Nagykommentár *(BGB Großkommentar)*, Complex Kiadó, Budapest, 2008.
	zitiert: Gellért, Complex Nagykommentár, §, Ziff.
Gönczöl, Katalin/ Korinek, László/ Lévay, Miklós,	Kriminológiai ismeretek – Bűnözés – Bűnözéskontroll *(Kriminologie - Kriminalität - Kriminalitätskontrolle)*, Corvina Kiadó, Budapest, 1998.
	zitiert: *Verfasser/in, Titel* in: Gönczöl/Korinek/Lévay, Kriminológiai ismeretek, S.
Gornig, Gilbert/ Trüe, Christiane,	Die Rechtsprechung des EuGH und des EuG zum europäischen Verwaltungsrecht, Teil 2, JZ 2000, 395 ff.
	zitiert: Gornig/Trüe, Die Rechtsprechung des EuGH und des EuG zum europäischen Verwaltungsrecht, JZ 2000, S.
Grabitz, Eberhard/ Hilf, Meinhardt/Hailbronner, Kay,	Das Recht der Europäischen Union, Band IV, Sekundärrecht, Öffentliches Auftragswesen, C.H. Beck Verlag, München, 2008.
	zitiert: *Verfasser/in*, in: Grabitz/Hilf/Hailbronner, Das Recht der Europäischen Union, Abschnitt, Rn.
Grabitz, Eberhard/ Hilf, Meinhardt/Krenzler, Horst Günter,	Das Recht der Europäischen Union, Band IV, Sekundärrecht, Außenwirtschaftsrecht, C.H. Beck Verlag, München, 2008.
	zitiert: *Verfasser/in*, in: Grabitz/Hilf/Krenzler, Das Recht der Europäischen Union, Abschnitt, Rn.
Grabitz, Eberhard/ Hilf, Meinhardt,	Das Recht der Europäischen Union, Band I und II, EUV, EGV, C.H. Beck Verlag, München, 2008.
	zitiert: *Verfasser/in*, in: Grabitz/Hilf, EGV, Art., Rn.
Grabitz, Eberhard,	Europäisches Verwaltungsrecht - Gemeinschaftsrechtliche Grundsätze des Verwaltungsverfahrens, NJW 1989, 1776 ff.
	zitiert: *Grabitz*, Gemeinschaftsrechtliche Grundsätze des Verwaltungsverfahrens, NJW 1989, S.
Groeben, Hans von der/ Schwarze, Jürgen,	Kommentar zum Vertrag über die Europäische Union und zur Gründung der Europäischen Gemeinschaft, Nomos Verlagsgesellschaft Baden-Baden, 6. Auflage, 2003.
	zitiert: *Verfasser/in*, in von der Groeben/Schwarze, Kommentar zum EU/EG-Vertrag, Art., Rn.

Haibach, Georg,	Die Rechtsprechung des EuGH zu den Grundsätzen des Verwaltungsverfahrens, NVWZ 1998, 456 ff.
	zitiert: *Haibach*, Die Rechtsprechung des EuGH zu den Grundsätzen des Verwaltungsverfahrens, NVWZ 1998, S.
Heitmann, Steffen,	Auch die Justiz muss rechnen, Wie ohne Einschränkung des Rechtsstaats gespart werden kann, Frankfurter Allgemeine Zeitung vom 4. 6. 1996, Nr. 128.
	zitiert: *Heitmann*, Auch die Justiz muss rechnen, FAZ Nr. 128, S.
Heinze, Christian Andreas	Einstweiliger Rechtsschutz im europäischen Immaterialgüterrecht, Mohr Siebeck Verlag, Tübingen, 2007.
	zitiert: *Heinze,* Einstweiliger Rechtsschutz im europäischen Immaterialgüterrecht, S.
Jebens, Philipp,	Schadensersatzansprüche bei Vergabeverstößen - Rechtslage nach Inkrafttreten des Vergaberechtsänderungsgesetzes, DB 1999, 1741 ff.
	zitiert: *Jebens*, Schadensersatzansprüche bei Vergabeverstößen, DB 1999, S.
Jennert, Carsten,	Das Urteil „Parking Brixen": Übernahme des Betriebsrisikos als rechtssicheres Abgrenzungsmerkmal für die Dienstleistungskonzession?- Der EuGH stellt die Kommunen vor die Entscheidung für In-house-Privilegierung oder Beteiligung am Wettbewerb, NZBau 2005, 623 ff.
	zitiert: *Jennert*, Das Urteil „Parking Brixen, NZBau 2005, S.
Kallerhoff, Dieter,	Zur Begründetheit von Rechtsschutzbegehren unterhalb der vergaberechtlichen Schwellenwerte, NZBau 2008, 97 ff.
	zitiert: *Kallerhoff*, Zur Begründetheit von Rechtsschutzbegehren unterhalb der vergaberechtlichen Schwellenwerte, NZBau 2008, S.
Kemper, Rolf,	Wirksamer gerichtlicher Rechtsschutz als Frage der Zeit, in: NJ 2003, 393 ff.
	zitiert: *Kemper*, Wirksamer gerichtlicher Rechtsschutz als Frage der Zeit, NJ 2003, S.

Kengyel, Miklós,	Magyar polgári eljárásjog *(Ungarisches Zivilprozessrecht)*, Osiris Kiadó, Budapest 2003.
	zitiert: *Kengyel*, Magyar polgári eljárásjog, S.
Kilényi, Géza,	Általános közigazgatási ismeretek *(Allgemeine Verwaltungskenntnisse)*, Magyar Közigazgatási Intézet, Budapest, 2002.
	zitiert: *Kilényi*, Általános közigazgatási ismeretek, S.
Kischel, Uwe,	Die Kontrolle der Verhältnismäßigkeit durch den Europäischen Gerichtshof, EuR 2000, Heft 3, S. 380 ff.
	zitiert: *Kischel*, Die Kontrolle der Verhältnismäßigkeit durch den Europäischen Gerichtshof, EuR 2000, Heft 3, S.
Kőhalmi, László,	A korrupció egyes különösen veszélyes alakzatai *(Einzelne besonders gefährliche Formen der Korruption)*, Ügyészek lapja 2006/5, 15 ff.
	zitiert: *Kőhalmi*, A korrupció egyes különösen veszélyes alakzatai, S.
Köster, Bernd,	Primärrechtsschutzschwellen und Rechtswirrwarr, NZBau 2006,540 ff.
	zitiert: *Köster*, Primärrechtsschutzschwellen und Rechtswirrwarr, NZBau 2006, S.
Kramer, Johannes,	Gleichbehandlung im Verhandlungsverfahren nach der VOL/A, NZBau 2005/5, 138 ff.
	zitiert: *Kramer*, Gleichbehandlung im Verhandlungsverfahren, NZBau 2005, S.
Kukorelli, István,	Alkotmánytan I., Alapfogalmak, alkotmányos intézmények *(Verfassungslehre I, Grundbegriffe, verfassungsrechtliche Institute)*, Dialóg Campus Kiadó, Budapest/Pécs, 2002.
	zitiert: *Verfasser/in*, in: Kukorelli, Alkotmánytan I., S.
Lőrincz, Lajos,	Közigazgatási eljárásjog *(Verwaltungsverfahrensrecht)*, HVG orac lap- és könyvkiadó Kft., Budapest, 2005.
Lütz, Susanne (Hrsg.),	Governance in der politischen Ökonomie, Struktur und Wandel des modernen Kapitalismus, VS Verlag, Wiesbaden, 2006.
	zitiert: *Verfasser/in*: Lütz, Governance in der politischen Ökonomie, S.

Mayer, Franz C.,	Die Rückkehr der Europäischen Verfassung? Ein Leitfaden zum Vertrag von Lissabon, ZaöRV 67 (2007), 1141 ff.
	zitiert: *Mayer*, Die Rückkehr der Europäischen Verfassung?, ZaöRV 67, S.
Monory, Bulcs,	Közérthető közbeszerzés közösségi keretek között *(Allgemeinverständliche öffentliche Auftragsvergabe im Gemeinschaftsrahmen)*, Duna Palota Kiadó, Budapest, 2006.
	zitiert: *Monory*, Közérthető közbeszerzés közösségi keretek között, S.
Hailbronner, Kay,	Europarechtliche Aspekte der Vergabe öffentlicher Aufträge, RIW 1992, 553 ff.
	zitiert: *Hailbronner*, Europarechtliche Aspekte, RIW 1992, S.
Hailbronner, Kay/Weber, Claus,	Die Neugestaltung des Vergabewesens durch die Europäische Gemeinschaft, EWS, 1997, 73 ff.
Halmai, Gábor/Tóth, Gábor Attila,	Emberi Jogok *(Menschenrechte)*, Osiris Kiadó, Budapest, 2003. zitiert: *Halmai/Toth*, Emberi Jogok, S.
Herber, Rolf,	Direktwirkung sogenannter horizontaler EG-Richtlinien, Anmerkung zum Urteil des OLG Celle, (EuZW 1990, 550), EuZW 1991, 401 ff.
	zitiert: *Herber*, Direktwirkung, EuZW 1991, S.
Hirsch, Günter,	Europäischer Gerichtshof und Bundesverfassungsgericht - Kooperation oder Konfrontation?, NJW 1996, 2457 ff.
	zitiert: *Hirsch*, Europäischer Gerichtshof und Bundesverfassungsgericht, NJW 1996, S.
Holló, András/Balogh, Zsolt,	Az értelmezett alkotmány *(Die interpretierte Verfassung)*, Magyar Hivatalos Közlönykiadó, Budapest, 2005. zitiert: *Verfasser/in* in: Holló/Balogh, Az értelmezett alkotmány, S.
Holló, András,	Az Alkotmánybíróság viszonya az Alkotmányhoz *(Das Verhältnis des Verfassungsgerichts zur Verfassung)* in: Petrétei József (Hrsg.): Emlékkönyv Ádám Antal egyetemi tanár születésének 70. évfordulójára, Dialóg Campus Kiadó, Budapest/Pécs, 2000, S. 93 ff.

	zitiert: *Hollo*, Az Alkotmánybíróság viszonya az Alkotmányhoz, S.
Horn, Lutz/ Graef, Andreas,	Vergaberechtliche Sekundäransprüche- Die Ansprüche aus §§ 125, 126 GWB und dem BGB, NZBau 2005, 505 ff.
	zitiert: *Horn/Graef,* Vergaberechtliche Sekundäransprüche, NZBau 2005, S.
Hufeld, Ulrich,	Der staatliche Souveränitätsvorbehalt in der EU, Polen als Paradigma, 1. Auflage, Verlag für Sozialwissenschaften, 2008.
	zitiert: *Hufeld*, Der staatliche Souveränitätsvorbehalt in der EU, S.
Immenga, Ulrich/ Mestmäcker, Ernst-Joachim,	EG-Wettbewerbsrecht, C.H. Beck Verlag, München, 4. Auflage,2007.
	zitiert: *Verfasser/in* in: Immenga/Mestmäcker, Wettbewerbsrecht, Art./§, Rn.
Ingenstau, Heinz/ Korbion, Herrmann/ Locher, Horst/Vygen, Klaus,	VOB – Teil A und B – Kommentar, Werner Verlag, Neuwied, 15. Auflage, 2003.
	zitiert: *Verfasser/in* in: Ingenstau/Korbion, VOB-Kommentar, §, Rn.
Jakab, András,	Az Alkotmány kommentárja *(Der Kommentar der Verfassung)*, Századvég Kiadó, Budapest, vss. 2009.
	zitiert: *Verfasser/in* in: Jakab, Az Alkotmány kommentárja, §, S.
Jakab, András,	A magyar jogrendszer szerkezete *(Der Aufbau der ungarischen Rechtsordnung)*, Dialóg Campus Kiadó, Budapest/Pécs, 2007.
	zitiert: *Jakab*, A magyar jogrendszer szerkezete, S.
Kaiser, Christoph,	Der EuGH und der Anspruch auf rechtliches Gehör, NZBau 2004/3, 139 ff.
	zitiert: *Kaiser*, Der EuGH und der Anspruch auf rechtliches Gehör, NZBau 2004, S.
Kecskés, László,	Indító tézisek a Magyar Köztársasag Alkotmánya EU-vonatkozású szabályainak továbbfejlesztéséhez *(Ausgangsthesen zur Weiterentwicklung von EU-bezogenen Normen der Verfassung der Republik Ungarn)*, Európai Jog

2004/3, 6 ff.

zitiert: *Kecskés*, Indító tézisek a Magyar Köztársasag Alkotmánya EU-vonatkozású szabályainak továbbfejlesztéséhez, S.

Kecskés, László, Quo vadis, Európa? Az EU-csatlakozás magyar alkotmányjogi problémái, *(Quo vadis, Europa? Die verfassungsrechtlichen Probleme Ungarns aufgrund des EU-Beitritts)*, Magyar Tudomány 2006/9, 1081 ff.

zitiert: *Kecskés*, Quo vadis, Europa?, Magyar Tudomány 2006/9, S.

Kiss, Mária, A Közbeszerzés polgári jogi kérdései *(Die zivilrechtlichen Fragen der öffentlichen Auftragsvergabes*, Gazdaság és Jog 2005/2, 3 ff.

zitiert: *Kiss*, A Közbeszerzés polgári jogi kérdései, Gazdaság és Jog 2005/2, S.

Kiss, Gábor/ Sándor, István, A szerződések érvénytelensége *(Die Vertragsunwirksamkeit)*, HVG orac lap- és könyvkiadó Kft., Budapest, 2008.

Pechstein, Matthias/ König, Christian, Die Europäische Union, die Verträge von Maastricht und Amsterdam, Mohr Siebeck Verlag, Tübingen, 2000.

zitiert: *Pechstein/König*, Die Europäische Union, Rn.

Kokott, Juliane, Der Grundrechtsschutz im Europäischen Gemeinschaftsrecht, Archiv des öffentlichen Rechts, 1996, Band 121, 599 ff.

zitiert: *Kokott*, Der Grundrechtsschutz im Europäischen Gemeinschaftsrecht, S.

Kósa, Eszter/ Alexa, Noémi, Korrupciós kockázatok Magyarországon *(Korruptionsrisiken in Ungarn)*, Nemzeti integritás tanulmány, Első rész, Összefoglaló, Transparency International Magyarország, 2007.

zitiert: *Kósa/Alexa,* Korrupciós kockázatok Magyarországon, S.

Küpper, Herbert, Justizreform in Ungarn, Forschungsverbund Ost- und Südosteuropa, Arbeitspapier Nr. 23, München, 2004.

zitiert: *Küpper*, Justizreform in Ungarn, S.

Küpper, Herbert, Die Vollstreckung von Gerichtsurteilen in Ungarn, Unter besonderer Berücksichtigung der Vollstreckung ausländischer Urteile, Forschungsverbund Ost- und Südosteuropa,

Arbeitspapier Nr. 28, München, 2005.

zitiert: *Küpper*, Die Vollstreckung von Gerichtsurteilen in Ungarn, S.

Krohn, Wolfram,	Umweltschutz als Zuschlagskriterium: Grünes Licht für „Ökostrom", NZBau 2004/2, 92 ff.

zitiert: *Krohn*, Umweltschutz als Zuschlagskriterium, NZBau 2004, S.

Lomnici, Zoltán/Vörös, Imre,	Erste Bilanz aus der Sicht der ungarischen Gerichtsbarkeit, EIF Working Paper Series, Working Paper Nr. 16, Österreichische Akademie für Wissenschaften, Institut für Europäische Integrationsforschung, Wien, 2006.

zitiert: *Vörös*, Einige Probleme der Anwendung des EG-Rechts in Ungarn, S.

Lutter, Marcus,	Die Auslegung angeglichenen Rechts, JZ 1992, 593 ff.

zitiert: *Lutter*, Die Auslegung angeglichenen Rechts, JZ 1992, S.

Mádl, Ferenc,	Az Európai Unió Alkotmányos szerződése és a magyar Alkotmány, in: Hetedik Magyar Jogászgyűlés (Balatonfüred, 2004. május 20-22.) szerk. Benisné Györffy Ilona, Magyar Jogászegylet, Bp. 2004. 11-19. oldal) *(Der Verfassungsvertrag der Europäischen Union und die ungarische Verfassung, Rede des Präsidenten der Republik Ungarn a.D. vor dem Siebten Ungarischen Juristentag, Balatonfüred, 20.05.2004.).*

zitiert: *Mádl*, Az Európai Unió Alktományszerződése és a Magyar Alkotmány, Rede des Präsidenten der Republik Ungarn a.D. vor dem Siebten Ungarischen Juristentag, Balatonfüred, 20.05.2004.

Makki, Marie-Rose,	Kenőpénz és visszosztás in: Korrupció magyarországon *(Schmiergeld und Zurückverteilung: Korruption in Ungarn)*, Budapest, 2008, *abrufbar unter:* http://www.epa.hu/00800/00804/00552/69711.html *[zuletzt abgerufen Mai 2009].*

zitiert: *Makki*, Kenőpénz és visszosztás, S.

Mestmäcker, Ernst-Joachim/ Schweitzer,	Europäisches Wettbewerbsrecht, C.H. Beck Verlag, München, 2. Auflage, 2004.

zitiert: *Mestmäcker/Schweitzer*, Europäisches

Heike,	Wettbewerbsrecht, §, Rn.
Motzke, Gerd/ Pietzcker, Jost/ Prieß, Hans-Joachim,	VOB-Kommentar, Verdingungsordnung für Bauleistungen Teil A, C.H. Beck Verlag, München, 2001. zitiert: *Verfasser/in:* Motzke/Pietzcker/Prieß, Beck'scher VOB-Kommentar, §, Rn.
Mudráné Láng Erzsébet,	A közbeszerzési eljárás a bírósági jogorvoslatok tükrében *(Das Verfahren der öffentlichen Auftragsvergabe im Spiegel gerichtlicher Rechtsmittel)*, Magyar Közigazgatás, 2004/4, 226 - 234.
Müller-Wrede, Malte (Hrsg.),	Kompendium des Vergaberechts, Bundesanzeiger Verlag, Berlin 2008.
Nagy, Adrienn,	Az Alkotmányban deklarált jogorvoslathoz való jog és a közigazgatási perek összefüggései *(Das in der Verfassung deklarierte Recht auf ein Rechtsmittel im Zusammenhang mit den Verwaltungsrechtsprozessen)*, Miskolci Doktoranduszok Jogtudományi Tanulmányai, 2005/6/2, 27 ff. zitiert: *Nagy*, Az Alkotmányban deklarált jogorvoslathoz való jog, S.
Németh, Janos/Kiss, Daisy,	A polgári perrendtartás magyarázata *(Die Erklärung der Zivilprozessordnung)*, Második kötet, Közgazdasági és Jogi Könyvkiadó, Budapest, 1999. zitiert: *Verfasser/in* in: Németh/Kiss, A polgári perrendtartás magyarázata, S.
Niebuhr, Frank/ Kulartz, Hans-Peter/ Kus, Alexander/ Portz, Norbert,	Kommentar zum Vergaberecht, Werner Verlag, Neuwied, 2000 zitiert: *Verfasser/in* in: Niebuhr/Kulartz/Kus/Portz, Vergaberecht, §, Rn.
N.N.,	Rechtsdatenbank Complex, CompLex Kiadó Jogi és Üzleti Tartalomszolgáltató Kft., Budapest, 2008/2009 zitiert: Complex Kommentar, §, ggf. Ziff./Absatz.
Noch, Rainer,	Vergaberecht und subjektiver Rechtsschutz, 1. Auflage, Nomos Verlagsgesellschaft Baden-Baden, 1998. zitiert: *Noch*, Vergaberecht und subjektiver Rechtsschutz, S.
Öhler, Matthias,	Rechtsschutz bei der Vergabe öffentlicher Aufträge in der

Europäischen Union: Zugleich ein Beitrag zur Durchsetzung des europäischen Gemeinschaftsrechts, 1. Auflage, Verlag Österreich, 1997.

zitiert: *Öhler*, Rechtsschutz bei der Vergabe öffentlicher Aufträge, S.

Öhler, Matthias, Vergaberecht: Anfechtbarkeit der Zuschlagsentscheidung und Aufhebung bereits erteilter Verträge, RdW 1999, 774.

zitiert: *Öhler*, Anfechtbarkeit der Zuschlagsentscheidung und Aufhebung bereits erteilter Verträge, RdW 1999, S.

Paczola,y Péter, Magyarország az Európai Unióban *(Ungarn in der Europäischen Union),* Politikatudományi szemle, 2004/1, Nr. 2, 34 ff.

zitiert: *Paczolay,* Magyarország az Európai Unióban, Politikatudományi szemle, 2004/1, Nr. 2, S.

Paczolay, Péter, A magyar alkotmány jövője és az uniós csatlakozás *(Die Zukunft der ungarischen Verfassung und der Unionsbeitritt),* Politikatudományi szemle 2004/1-2, 31-47.

Paksi, Gábor, A közbeszerzési eljárások jogorvoslati rendszere, különös tekintettel a résztvevőkre, a határidőkre és a jogkövetkezmények alkalmazására *(Die Rechtsmittelordnung der öffentlichen Auftragsvergabe unter besonderer Berücksichtigung der Beteiligten, der Fristen und der Anwendung der Rechtsfolgen),* Jogi Fórum publikációk, Budapest, 2005.

zitiert: *Paksi,* A közbeszerzési eljárások jogorvoslati rendszere, S.

Patay, Géza/ Cser-Palkovics, Tamás, Közbeszerzési jogi-polgári jogi összefüggések *(Vergaberechtliche - zivilrechtliche Zusammenhänge),* Magyar Jog 2006/12, 723 ff.

zitiert: *Patay/Cser-Palkovics,* Közbeszerzési jogi-polgári jogi összefüggések, S.

Patay, Géza (Hrsg.), A közbeszerzés Joga, Kommentár a gyakorlat számára *(Das Recht der öffentlichen Auftragsvergabe, Kommentar für die Praxis),* 4. Auflage, *HVG orac* lap- és könyvkiadó Kft., Budapest, 2008.

zitiert: *Verfasser/in* in: Patay, A közbeszerzés joga, S.

Patay, Géza (Hrsg.),	Útmutató a kedvezményezettek részére a Strukturális Alapokból és a Kohéziós Alapból származó támogatásokból megvalósított közbeszerzésekre vonatkozó szabályokról *(Wegweiser für die Begünstigten über die Vorschriften der öffentlichen Auftragsvergaben, die aus Mittel des Struktur- bzw. Kohäsionsfonds gefördert wurden)*, Budapest, 21.04.2004. abrufbar unter: http://www.kpi.gov.hu/index.php?WG_NODE=WebDownload&WG_OID=DSDfe5448eb52c08d26c [zuletzt abgerufen am 19.12.2007]. zitiert: *Patay*, Útmutató a kedvezményezettek részére, S.
Patyi, András,	A magyar közigazgatási bíráskodás a hatályos magyar alkotmányos rendszerben, az Alkotmánybíróság határozatai tükrében *(Die ungarische Verwaltungsgerichtsbarkeit im geltenden ungarischen Verfassungsordnung und im Spiegel der Verfassungsgerichtsbeschlüsse)*, Jogtudományi Közlöny 2001/10, 422 ff. zitiert: *Patyi*, A magyar közigazgatási bíráskodás, Jogtudományi Közlöny 2001, S.
Pechstein, Matthias,	Die Anerkennung der rein unmittelbaren objektiven Richtlinienwirkung, EWS 1996, 261 ff. zitiert: *Pechstein*, Die Anerkennung der rein unmittelbaren objektiven Richtlinienwirkung, EWS 1996, S.
Pernice, Ingolf,	Pernice, Das Verhältnis europäischer zu nationalen Gerichten im europäischen Verfassungsverbund, de Gruyter Verlag, Berlin, 2006. zitiert: *Pernice*, Das Verhältnis europäischer zu nationalen Gerichten im europäischen Verfassungsverbund, S.
Petrétei, József,	Magyar Alkotmányjog II, Államszervezet, *(Ungarisches Verfassungsrecht II, Staatsorganisation)*, Dialóg Campus Kiadó, Budapest/Pécs, 2001. zitiert: *Petrétei*, Magyar Alkotmányjog II, S.
Petrétei, József/ Chronowski, Nóra/ Drinóczi, Tímea/ Tilk, Péter/Zeller,	Magyar Alkotmányjog III., Alapvető Jogok, *(Ungarisches Verfassungsrecht III., Grundlegende Rechte)*, Dialóg Campus Kiadó, Budapest/Pécs, 2006. zitiert: *Verfasser/in* in: Petrétei/Chronowski/Drinóczi/Tilk/Zeller, Magyar

Judit,	Alkotmányjog III., S.
Petrik, Ferenc (Hrsg.),	Polgári eljárásjog, Kommentár a gyakorlat számára *(Zivilprozessrecht, Kommentar für die Praxis)*, HVG orac lap- és könyvkiadó Kft., Budapest, 2007
	zitiert: *Verfasser/in* in: Petrik, Polgári eljárásjog, S.
Petrik, Ferenc,	Kártérítési jog *(Schadensersatzrecht)*, HVG orac lap- és könyvkiadó Kft., Budapest, 2002.
Prieß, Hans-Joachim,	Handbuch des europäischen Vergaberechts, Carl Heymanns Verlag, Köln, 3. Auflage, 2005.
	zitiert: *Prieß*, Handbuch des europäischen Vergaberechts, S.
Prieß, Hans-Joachim/ Niestedt, Marian,	Rechtsschutz im Vergabeverfahren, Carl Heymanns Verlag, Köln, 2006.
Prieß, Hans-Joachim/ Gabriel, Marc,	Beendigung des Dogmas durch Kündigung: Keine Bestandsgarantie für vergaberechtswidrige Verträge, NZBau 2006/4, 219 ff.
	zitiert: *Prieß/Gabriel*, Keine Bestandsgarantie für vergaberechtswidrige Verträge, NZBau 2006, S.
Rengeling, Hans-Werner,	Brauchen wir die Verfassungsbeschwerde auf Gemeinschaftsebene?, in: Festschrift für Ulrich Everling, Nomos Verlagsgesellschaft, Baden-Baden, 1995, 1187 ff.
	zitiert: *Rengeling*, Brauchen wir die Verfassungsbeschwerde auf Gemeinschaftsebene, S.
Rengeling, Hans-Werner /Middeke, Andreas/ Gellermann, Martin,	Handbuch des Rechtsschutzes in der Europäischen Union, C.H. Beck Verlag, München, 2. Auflage, 2003.
	zitiert: *Verfasser/in* in: Rengeling/Middeke/Gellermann, Handbuch des Rechtsschutzes in der Europäischen Union, §, Rn.
Riesenhuber, Karl (Hrsg.),	Europäische Methodenlehre, Handbuch für Ausbildung und Praxis, Walter de Gruyter Verlag, Berlin, 2006.
	zitiert: *Verfasser/in* in: Riesenhuber, Europäische Methodenlehre, S.
Rittner, Fritz,	Das deutsche öffentliche Auftragswesen im europäischen

Kontext, NVwZ 1995, 313 ff.

zitiert: *Rittner*, Das deutsche öffentliche Auftragswesen, NVwZ 1995, S.

Röben, Volker, Die Einwirkungen der Rechtsprechung des Europäischen Gerichtshofs auf das Mitgliedsstaatliche Verfahren in öffentlich-rechtlichen Streitigkeiten, Springer Verlag, Berlin, 1998.

zitiert: *Röben*, Die Einwirkungen der Rechtsprechung des Europäischen Gerichtshofs, S.

Roth, Frank, Änderung der Zusammensetzung der Bietergemeinschaft und Austausch von Nachunternehmen im laufenden Vergabeverfahren, NZBau 2005, 316 ff.

zitiert: *Roth*, Änderung der Zusammensetzung der Bietergemeinschaft, NZBau 2005, S.

Roth, Wolfgang, Der Anspruch auf öffentliche Verhandlung nach Art. 6 Abs. 1 EMRK im verwaltungsgerichtlichen Rechtsmittelverfahren, EuGRZ 1998, 495 ff.

zitiert: *Roth*, Anspruch auf eine öffentliche Verhandlung im verwaltungsgerichtlichen Verfahren, EuGRZ 1998, S.

Rust, Ursula, Die sozialen Kriterien im Vergaberecht-eine Duplik auf Rittner, EuZW 2000, 205.

zitiert: *Rust*, Die sozialen Kriterien im Vergaberecht-eine Duplik auf Rittner, EuZW 2000, S.

Sári, János, Alkotmánytan II., Alapjogok *(Verfassungslehre II, Grundrechte)*, Dialóg Campus Kiadó, Budapest/Pécs, 2002.

zitiert: *Sári*, Alkotmánytan II., S.

Sacksofsky, Ute, Europarechtliche Antworten auf Defizite bei der Umsetzung von Richtlinien, in: *v. Danwitz, Thomas*, (Hrsg.): Auf dem Wege zu einer Europäischen Staatlichkeit. 33. Tagung der Wissenschaftlichen Mitarbeiterinnen und Mitarbeiter der Fachrichtung „Öffentliches Recht" Bonn, 1993, Stuttgart u.a., 1993, 91 ff.

zitiert: *Sacksofsky*, Europarechtliche Antworten, S.

Schiffer, András, A korlátlan jogkorlátozás vége? *(Das Ende der unbeschränkten Rechtsbeschänkung)*, Fundamentum, Az emberi jogok

	folyóirata, Emberi Jogi Információs és Dokumentációs Központ, Budapest, 2000/2, 97-99.
Schmittmann, Michael,	Die EG-Rechtmittelrichtlinie zur Vergabe öffentlicher Liefer- und Bauaufträge, EuZW 1990, 536 ff.
	zitiert: *Schmittmann*, EuZW 1990, S.
Schwarze, Jürgen,	Grundrechte der Person im Europäischen Gemeinschaftsrecht, Neue Justiz 1994, 53 ff.
	zitiert: *Schwarze*, Grundrechte der Person im Europäischen Gemeinschaftsrecht, Neue Justiz 1994, S.
Schweitzer, Michael (Hrsg.),	Europäisches Verwaltungsrecht, Verlag der Österreichischen Akademie der Wissenschaften, Wien, 1991.
	zitiert: *Verfasser/in* in: Schweitzer, Europäisches Verwaltungsrecht, S.
Schwegler, Regina,	Moralisches Handeln von Unternehmen, Gabler Verlag, Wiesbaden, 2008.
	zitiert: *Schwegler*, Moralisches Handeln von Unternehmen, S.
Sodan, Helge/ Ziekow, Jan,	Verwaltungsgerichtsordnung, Kommentar, Nomos Verlagsgesellschaft, Baden-Baden, 2006.
	zitiert: *Verfasser/in* in: Sodan/Ziekow, VwGO, Rn.
Sólyom, László,	Az alkotmánybíráskodás kezdetei Magyarországon *(Die Anfänge der Verfassungsgerichtsbarkeit in Ungarn)*, Osiris Kiadó, Budapest, 2001.
	zitiert: *Sólyom*, Az alkotmánybíráskodás kezdetei Magyarországon, S.
Sólyom, László,	„Ungarische Verfassungsgerichtsbarkeit und deutsche Grundrechtsdogmatik", Vortrag von László Sólyóm aus Anlass seiner Ehrendoktortitelverleihung der Universität Köln am 09.02.1999.
	zitiert: *Sólyom*, Ungarische Verfassungsgerichtsbarkeit und deutsche Grundrechtsdogmatik, Ziff.
Sonnevend, Pál,	Eigentumsschutz und Sozialversicherung, Eine rechtsvergleichende Analyse anhand der Rechtsprechung des Bundesverfassungsgerichts und des ungarischen Verfassungsgerichts, Springer Verlag, Berlin/Heidelberg, 2008.

zitiert: *Sonnevend,* Eigentumsschutz und Sozialversicherung, S.

Sonnevend, Pál,	Alapvetö jogaink a csatlakozás után *(Unsere grundlegenden Rechte nach dem Beitritt),* Fundamentum, Az emberi jogok folyóirata, Emberi Jogi Információs és Dokumentációs Központ, Budapest, 2003/2, 27 ff.

zitiert: *Sonnenvend,* Alapvető jogaink a csatlakozás után, S.

Steiff, Jakob,	EU-Osterweiterung, Grundfreiheiten und Vergaberecht, NZBau 2004/2, 75 ff.

zitiert: *Steiff,* EU-Osterweiterung, NZBau 2004, S.

Steelkens, Ulrich,	Primärrechtsschutz trotz Zuschlagserteilung? - oder: Warum nach wirksamer Zuschlagserteilung trotz § 114 II 1 GWB ein Nachprüfungsverfahren möglich sein kann, NZBau 2003, 654 ff.

zitiert: *Steelkens,* Primärrechtsschutz trotz Zuschlagserteilung?, NZBau 2003, S.

Sterner, Frank,	Rechtsbindung und Rechtsschutz bei der Vergabe öffentlicher Aufträge, Richard Boorberg Verlag, Stuttgart, 1996.

zitiert: *Sterner,* Rechtsbindung und Rechtsschutz bei der Vergabe öffentlicher Aufträge, S.

Stolz, Kathrin,	Das öffentliche Auftragswesen in der EG: Möglichkeiten und Grenzen einer Liberalisierung, Nomos Verlagsgesellschaft Baden-Baden, 1. Auflage, 1991.

zitiert: *Stolz,* Öffentliches Auftragswesen in der EG, S.

Storr, Stefan,	„De-facto-Vergabe" und „ In-House-Geschäfte" erneut vor dem EuGH: das Urteil „Stadt Halle" setzt neue Maßstäbe, WuW 2005, 400.

zitiert: *Storr,* De-facto-Vergabe und In-House-Geschäfte, WuW 2005, S.

Streinz, Rudolf,	Europarecht, C.F. Müller Verlag, Heidelberg, 2005.

zitiert*: Streinz,* Europarecht, Rn.

Streinz Rudolf,	Staatshaftung für Verletzungen primären Gemeinschaftsrechts durch die BRD, EuZW, 1993, 599 ff.

zitiert*: Streinz* , Staatshaftung, EuZW, 1993, S.

Szakács, Gabór,	Közigazgatási szakvizsga általános közigazgatási ismeretek *(Allgemeines Verwaltungswissen für die Staatsprüfung im Verwaltungsrechts)*, Kormányzati személyügyi szolgáltató és közigazgatási képzési központ, Budapest 2007.
	zitiert: *Verfasser/in* in: Szakács, Közigazgatási szakvizsga általános közigazgatási ismeretek, S.
Szabó, Győző,	A felülvizsgálati eljárás, tapasztalatok, jogértelmezési anomáliák *(Das Revisionsverfahren, Erfahrungen, Anomalien der Rechtsauslegung,* Magyar Jog 1997/4, 386 ff.
	zitiert: *Szabó,* A felülvizsgálati eljárás, MJ 1997/4, S.
Török, Ádám/ Győrffy, Ágnes/ Hernádi, Ilona,	Közbeszerzés, piacműködés és az állami pénzügyi érdekek védelme *(Öffentliche Auftragsvergabe, das Funktionieren des Marktes und der Schutz staatlicher Finanzinteressen),* Pénzügyi szemle - közpénzügyi szakfolyóirat, Budapest, 2007/1.
	zitiert: *Török/Győrffy/Hernádi,* Közbeszerzés, piacműködés és az állami pénzügyi érdekek védelme, Pénzügyi szemle 2007/1, S.
Triantafyllou, Dimitris,	Europäisierungsprobleme des Verwaltungsprivatrechts, NVwZ 1994, 943 ff.
	zitiert: *Triantafyllou, Europäisierungsprobleme des Verwaltungsprivatrechts, NVwZ 1994, S.*
Triantafyllou, Dimitris,	Zur Europäisierung des vorläufigen Rechtsschutzes, NVwZ 1992, 436 ff.
	zitiert: *Triantafyllou,* Zur Europäisierung des vorläufigen Rechtsschutzes, NVwZ 1992, S.
Trócsányi, László/ Csink, Lóránt,	Alkotmány v. közösségi jog: Az Alkotmánybíróság helye az Európai Unióban *(Verfassung oder Gemeinschaftsrecht: Das Verfassungsgericht in der Europäischen Union),* Jogtudomány Közlöny, 2007/2, 63 ff.
	zitiert: *Trócsányi/Csink,* Alkotmány v. közösségi jog, Jogtudomány Közlöny, 2007/2, S.
Újváriné Antal, Edit,	*Felelősségtan (Haftungslehre), Novotni Kiadó, Miskolc, 1999.*
	zitiert: *Újváriné Antal, Felelősségtan, S.*
Várnay, Ernő,	Az Alkotmánybíróság és az európai unió joga *(Das Verfassungsgericht und das Recht der Europäischen Union,*

	Jogtudományi Közlöny, 2007/9, 424 ff.
	zitiert: *Várnay*, Az Alkotmánybíróság, Jogtudományi közlöny, S.
Várnay, Ernő / *Tatham, Allan F.,*	A New Step on the Long Way - How to Find the Proper Place for Community Law in the Hungarian Legal Order, Miskolc Journal of International Law 3 (2006), 76 ff.
	zitiert: *Várnay/Tatham*, A New Step on the Long Way, Ziff.
Varga, Mihály,	PPP Magyarországon - Árt nekünk vagy hasznáal?, Pénzügyi szemle 2005, összevont szám, 56 - 70.
Wollenschläger, Ferdinand,	Das EU-Vergaberegime für Aufträge unterhalb der Schwellenwerte, NVwZ 2007, 388 ff.
	zitiert: *Wollenschläger*, Das EU-Vergaberegime für Aufträge unterhalb der Schwellenwerte, NVwZ 2007, S.
Zorn, Nikolaus/ Twardosz, Benjamin,	Gemeinschaftsgrundrechte und Verfassungsgrundrechte im Steuerrecht, DStR 2007, 2185
	zitiert: *Zorn/Twardosz*, Gemeinschaftsgrundrechte und Verfassungsgrundrechte im Steuerrecht, DStR 2007, S.
Zuleeg, Manfred,	Öffentliche Aufträge nach europäischem und deutschem Recht, ZEuP 2004, 636 ff.
	zitiert: *Zuleeg*, Öffentliche Aufträge nach europäischem und deutschem Recht, ZEuP 2004, S.

Sonstige Quellen

Közbeszerzések Tanácsa,	J/743 beszámóló az Országgy_lés részére a Közbeszerzések Tanácsának a közbeszerzések tisztaságával és átláthatóságával kapcsolatos tapasztalatairól, valamint a 2001. január 1.- december 31. közötti időszakban végzett tevékenységéről *(Bericht J/743 an das Parlament über die Erkenntnisse des Rates über die Lauterbarkeit und Transparenz der öffentlichen Beschaffungen und die zwischen dem 01.01. und 31.12.2001 verrichteten Tätigkeiten)*
	zitiert: *Közbeszerzések Tanácsa*, J/743 beszamóló, 2001, S.
Közbeszerzések Tanácsa,	J/2607 beszámóló az Országgy_lés részére a Közbeszerzések Tanácsának a közbeszerzések tisztaságával és átláthatóságával kapcsolatos tapasztalatairól, valamint a 2002. január 1.-

december 31. közötti időszakban végzett tevékenységéről
(Bericht J/2607 an das Parlament über die Erkenntnisse des Rates über die Lauterbarkeit und Transparenz der öffentlichen Beschaffungen und die zwischen dem 01.01. und 31.12.2002 verrichteten Tätigkeiten)

zitiert: *Közbeszerzések Tanácsa*, J/2607 beszamóló, 2002, S.

Közbeszerzések Tanácsa,
J/9477 beszámóló az Országgy_lés részére a Közbeszerzések Tanácsának a közbeszerzések tisztaságával és átláthatóságával kapcsolatos tapasztalatairól, valamint a 2003. január 1.- december 31. közötti időszakban végzett tevékenységéről
(Bericht J/9477 an das Parlament über die Erkenntnisse des Rates über die Lauterbarkeit und Transparenz der öffentlichen Beschaffungen und die zwischen dem 01.01. und 31.12.2003 verrichteten Tätigkeiten)

zitiert: *Közbeszerzések Tanácsa*, J/9477 beszamóló, 2003, S.

Közbeszerzések Tanácsa,
J/14661 beszámóló az Országgy_lés részére a Közbeszerzések Tanácsának a közbeszerzések tisztaságával és átláthatóságával kapcsolatos tapasztalatairól, valamint a 2004. január 1.- december 31. közötti időszakban végzett tevékenységéről
(Bericht J/14661 an das Parlament über die Erkenntnisse des Rates über die Lauterbarkeit und Transparenz der öffentlichen Beschaffungen und die zwischen dem 01.01. und 31.12.2004 verrichteten Tätigkeiten)

zitiert: *Közbeszerzések Tanácsa*, J/14661 beszamóló, 2004, S.

Közbeszerzések Tanácsa,
J/55 beszámóló az Országgy_lés részére a Közbeszerzések Tanácsának a közbeszerzések tisztaságával és átláthatóságával kapcsolatos tapasztalatairól, valamint a 2005. január 1.- december 31. közötti időszakban végzett tevékenységéről
(Bericht J/55 an das Parlament über die Erkenntnisse des Rates über die Lauterbarkeit und Transparenz der öffentlichen Beschaffungen und die zwischen dem 01.01. und 31.12.2005 verrichteten Tätigkeiten)

zitiert: *Közbeszerzések Tanácsa*, J/55 beszamóló, 2005, S.

Közbeszerzések Tanácsa,
J/3359 beszámóló az Országgy_lés részére a Közbeszerzések Tanácsának a közbeszerzések tisztaságával és átláthatóságával kapcsolatos tapasztalatairól, valamint a 2006. január 1.- december 31. közötti időszakban végzett tevékenységéről
(Bericht J/3359 an das Parlament über die Erkenntnisse des Rates über die Lauterbarkeit und Transparenz der öffentlichen

	Beschaffungen und die zwischen dem 01.01. und 31.12.2006 verrichteten Tätigkeiten)
	zitiert: *Közbeszerzések Tanácsa*, J/3359 beszámoló, 2006, S.
Közbeszerzések Tanácsa,	J/6000 beszámóló az Országgy_lés részére a Közbeszerzések Tanácsának a közbeszerzések tisztaságával és átláthatóságával kapcsolatos tapasztalatairól, valamint a 2007. január 1.-december 31. közötti időszakban végzett tevékenységéről *(Bericht J/6000 an das Parlament über die Erkenntnisse des Rates über die Lauterbarkeit und Transparenz der öffentlichen Beschaffungen und die zwischen dem 01.01. und 31.12.2007 verrichteten Tätigkeiten)*
	zitiert: *Közbeszerzések Tanácsa*, J/6000 beszámóló, 2007, S.
Közbeszerzések Tanácsa,	Tájékoztató a közbeszerzések 2008. évi alakulásáról, Budapest, 2009.01.12. *(Mitteilung über die Entwicklung der öffentlichen Auftragsvergabe im Jahr 2008 vom 12.01.2009)*
	zitiert: *Közbeszerzések Tanácsa*, Tájékoztató 2008, S.

1. Kapitel: Einleitung und Untersuchungsgang

Das Vergaberecht bzw. das Recht der öffentlichen Auftragsvergabe umfasst alle (nationalen und internationalen) Normen, die den Einkauf des Staates bestimmen[1]. Nach ungarischem Rechtsverständnis meint der Begriff der Vergabe öffentlicher Aufträge vor allem die Beschaffung bestimmter Gegenstände und Dienstleistungen mit festen Auftragswerten durch öffentliche Auftraggeber (Vergabestellen), die durch den Abschluss entgeltlicher Verträge realisiert werden[2].

Die wirtschaftliche Bedeutung des Rechtsgebietes wird durch die Zahlen deutlich, welche die Europäische Kommission in ihrer Pressemitteilung vom 03.02.2004 veröffentlicht hat[3]: Danach schätzte sie das Marktvolumen der öffentlichen Auftragsvergabe auf 16 Prozent des Bruttoinlandproduktes der EU. Auch wenn nur etwa drei Prozent aller Beschaffungsvorgänge auf direkte grenzüberschreitende Vergaben entfielen, betrug doch die Anzahl von öffentlichen Auftragsvergaben, die an ausländische Auftraggeber mit inländischer Niederlassung vergeben worden sind, ca. 30 Prozent. Die Kommission geht dabei davon aus, dass die Verrechtlichung des Vergaberechts dazu geführt hat, dass nationale Behörden für Liefer-, Dienst- und Bauaufträge etwa 30 Prozent weniger bezahlen mussten. Diese Verbesserung der Leistungsfähigkeit der Beschaffungsmärkte entlastet nicht nur die Staatshaushalte, sondern auch den einzelnen Steuerzahler.

Das Recht der öffentlichen Auftragsvergabe bezweckt zum einen, dass hoheitliche Vergabestellen ihren Bedarf durch das wirtschaftlich günstigste Angebot decken, und zum anderen die Förderung des grenzüberschreitenden Wettbewerbs, indem sich Unternehmen europaweit um Aufträge bewerben.

Die Wahrung der materiell-rechtlichen Vergaberechtsvorschriften durch die Vergabestellen kann aber nur dann gewährleistet werden, wenn ihre tatsächliche Anwendung und Einhaltung also wirksam überprüft werden kann. Daher muss demjenigen, der sich durch den Vergaberechtsverstoß in seinen Rechten verletzt fühlt, die Möglichkeit eingeräumt werden, vor einer Nachprüfungsinstanz seine Rechte geltend zu machen. Effektiver Rechtsschutz gegen womöglich rechtswidrige Entscheidungen öffentlicher Auftraggeber ist daher die Voraussetzung für die Durchsetzung des materiellen Vergaberechts. An diesem

---

[1] *Frenz*, Beihilfe- und Vergaberecht, Rn. 1695.
[2] § 2 Abs. 1 Kbt.
[3] Europäische Kommission, *Öffentliches Beschaffungswesen: EU-Rechtsvorschriften entlasten Steuerzahler erheblich, aber es bleibt noch Spielraum für weitere Einsparungen*, Brüssel, Pressemitteilung vom 03.02.2004 (im Folgenden: *Kommission*, IP/04/149).

Punkt setzt die vorliegende Arbeit an: Gegenstand der folgenden Ausführungen ist die systematische Darstellung und Bewertung der Rechtsschutzmöglichkeiten auf dem Gebiet des Vergaberechts in der Republik Ungarn.

Der Anteil der öffentlichen Auftragsvergabe am Bruttoinlandsprodukt Ungarns hat sich seit dem EU-Beitritt fast verfünffacht. Als führendes Investitionsland und wichtigster Handelspartner Ungarns ist es auch für Deutschland und seine Unternehmen von besonderem Interesse, an einem fairen Wettbewerb öffentlicher Auftragsvergabe in Ungarn teilzunehmen. Fairness bedeutet in erster Linie die Rechtmäßigkeit der Auftragsvergabe. Materielle Rechtmäßigkeit reicht allerdings nur so weit, wie ihre tatsächliche Durchsetzbarkeit gewährleistet wird. Hier entsteht schließlich das Bedürfnis nach effektiven Rechtsschutzmöglichkeiten gegen rechtswidrige Vergabepraktiken. Damit gewinnt das Thema neben seiner wirtschaftlichen Aktualität auch besondere rechtliche Relevanz.

Das heute geltende, wenn auch zahlreichen Änderungen unterworfene ungarische Gesetz über die Vergabe öffentlicher Aufträge[4] (im Folgenden auch: Kbt.) trat mit wenigen Ausnahmen am 01.05.2004 in Kraft. Gemäß § 407 Kbt. dient es in erster Linie der Umsetzung der materiellen Vergaberichtlinien sowie der beiden Rechtsmittelrichtlinien der Europäischen Union[5].

Das aktuell 407 Paragraphen umfassende ungarische Gesetz soll in nur einem Regelwerk nahezu alle im Zusammenhang mit der öffentlichen Auftragsvergabe bestehenden Regelungen in Einklang mit den europäischen Vorgaben bringen. Die wenigen erlaubten Abweichungen sind ausdrücklich im Gesetzestext geregelt, sodass z.B. auch anders lautende vertragliche Vereinbarungen rechtswidrig sind.

---

[4] Gesetz Nr. CXXIX von 2003 über die Vergabe öffentlicher Aufträge (ung. *2003. évi CXXIX. törvény a közbeszerzésekről*, Magyar Közlöny 2003/157, (XII.28.))
[5] Im Einzelnen: Richtlinie 2004/18/EG des europäischen Parlaments und des Rates vom 31.03.2004 über die Koordinierung der Verfahren zur Vergabe öffentlicher Bauaufträge, Lieferaufträge und Dienstleistungsaufträge, ABlEG 2004, L 134, S. 114 (im Folgenden auch: RL 2004/18/EG); Richtlinie 2004/17/EG zur Koordinierung der Zuschlagserteilung durch öffentliche Auftraggeber im Bereich der Wasser-, Energie- und Verkehrsversorgung sowie der Postdienste, ABlEU 2004, L 134, S. 1 (im Folgenden auch: RL 2004/17/EG); Richtlinie RL 89/665/EWG des Rates zur Koordinierung der Rechts- und Verwaltungsvorschriften für die Anwendung der Nachprüfungsverfahren im Rahmen der Vergabe öffentlicher Liefer- und Bauaufträge, ABlEG 1989, L 395, S. 33-35 (im Folgenden auch: RL 89/665/EWG); Richtlinie 92/13/EWG des Rates zur Koordinierung der Rechts- und Verwaltungsvorschriften für die Anwendung der Gemeinschaftsvorschriften über die Auftragsvergabe durch Auftraggeber im Bereich der Wasser-, Energie- und Verkehrsversorgung sowie im Telekommunikationssektor, ABlEG 1992, L 076, S. 14-20 (im Folgenden auch: RL 92/13/EWG).

Zum Verständnis des ungarischen Vergaberechtsschutzes müssen zunächst die rechtsstaatlichen Grundlagen in Ungarn definiert werden. Daher werden im 2. Kapitel die Grundzüge des ungarischen Rechtsschutzsystems und die Gesetzgebung in Ungarn dargelegt. Dem folgen schwerpunktmäßig die Aussagen der ungarischen Verfassung zum Rechtsschutz, die gleichzeitig den nationalen Teil des rechtlichen Rahmens bilden. Der zweite Teil des Rechtsrahmens setzt sich aus dem primären und sekundären Unionsvergaberecht zusammen. Für dessen genaue Bestimmung wird im 3. Kapitel zunächst auf die Wirkungen des Unionsrechts auf das ungarische Recht eingegangen, das Verhältnis der beiden Rechtsordnungen zueinander beleuchtet und im Anschluss daran die Inhalte des Unionsvergaberechts veranschaulicht. Da der Vergaberechtsschutz den Schwerpunkt der vorliegenden Ausführungen bildet, muss auf die Vorgaben des Primärrechts und der Rechtsmittelrichtlinien für den ungarischen Vergaberechtsschutz — im Vergleich zum materiellen Vergaberecht — detaillierter eingegangen werden. Nach dem 2. und 3. Kapitel steht der rechtliche Rahmen zur Beurteilung des ungarischen Vergaberechtsschutzes fest, sodass zum weiteren Verständnis des geltenden ungarischen Vergabegesetzes im 4. Kapitel die Entwicklung der öffentlichen Auftragsvergabe skizziert wird. Das 5. Kapitel beschäftigt sich mit dem erstinstanzlichen Primärrechtsschutz und stellt gleichzeitig den Kern der vorliegenden Arbeit dar. Das Ziel des Primärrechtsschutzes ist es, den behaupteten Verstoß zu beseitigen und weitergehende Schäden zu verhindern, indem einstweilige Maßnahmen ergriffen sowie rechtswidrige Entscheidungen aufgehoben werden können. Neben der Darstellung des Nachprüfungsverfahrens und seiner Auswirkungen auf die laufende Auftragsvergabe werden auch die Entscheidungen bzw. Maßnahmen, zu denen die Nachprüfungsinstanz ermächtigt bzw. verpflichtet ist, im Einzelnen veranschaulicht und anschließend auf ihre Konformität mit dem rechtlichen Rahmen und damit auf ihre Effektivität hin überprüft. Das 6. und 7. Kapitel beschäftigen sich jeweils mit den unterschiedlichen Rechtsmittelmöglichkeiten gegen die Nachprüfungsentscheidungen und deren Konformität mit den vorgegebenen unions- und verfassungsrechtlichen Maßstäben. Sofern ein Primärrechtsschutz nicht mehr möglich ist, weil bspw. der Vergabevertrag bereits geschlossen wurde, muss zumindest die Möglichkeit bestehen, den Ersatz des erlittenen Schadens einzufordern. Mit diesem und weiteren Sekundäransprüchen sowie der Beurteilung der jeweiligen Wirksamkeit setzt sich das 8. Kapitel auseinander. Die effektive Durchsetzung des materiellen Gemeinschaftsvergaberechts erfordert ein wirksames und rasches Nachprüfungsverfahren. Zur nachhaltigen Wahrung der Rechtsvorschriften müssen neben repressiven Maßnahmen aber auch präventive treten. Die Aufgabe, diese zu koordinieren, fällt in den Zuständigkeitsbereich des Rates der öffentlichen Beschaffungen. Seine Organisation und Kompetenzen sind dem 9. Kapitel zu entnehmen. Die Anforderungen der Gemeinschaft an den Rechtsschutz enden nicht mit dem Anwendungsbereich der Richtlinien. Aufträge, deren Wert die

Gemeinschaftsschwellenwerte nicht erreichen oder überschreiten, müssen bis zu einem gewissen Grad auch europäischen Ansprüchen entsprechen. Wie das ungarische Vergaberecht diesen Ansprüchen genügen möchte, beantwortet das 10. Kapitel. Zum Abschluss der Ausführungen werden die gefundenen Ergebnisse zusammengestellt und abseits der juristischen Betrachtungsweise einer rechtspolitischen Prüfung unterzogen.

Das relativ junge Kbt. lässt trotz seiner zahllosen Änderungen seit seinem Inkrafttreten nach wie vor einige Auslegungs- und Anwendungsfragen offen. Dies gilt umso mehr für ausländische Mitbewerber, die sich am Wortlaut der ungarischen Bestimmungen orientieren müssen, die aber meist nicht über die notwendigen ungarischen Sprachkenntnisse verfügen. Die nachfolgenden Ausführungen sollen daher dem Mitbewerber aus anderen EU-Staaten an einem öffentlichen Auftragsvergabeverfahren nicht nur einen Überblick über das ungarische Vergaberecht und seinen Rechtsschutz verschaffen. Vielmehr ist es das wissenschaftliche Ziel aufzuzeigen, inwieweit der ungarische Gesetzgeber die Rahmenvorgaben zum vergaberechtlichen Rechtsschutz ausgeschöpft bzw. unter- oder gar überschritten hat. Schließlich soll untersucht werden, unter welchen Voraussetzungen und mit welchen rechtlichen Schwierigkeiten — bspw. die unionskonforme Einbettung des Rechtsschutzes in das ungarische Gerichtssystem — das unionsrechtliche Ziel effektiven Rechtsschutzes in Ungarn verwirklicht werden konnte.

2. Kapitel: Rechtsstaatliche Grundlagen in Ungarn

Das folgende Kapitel gibt zunächst einen kurzen Überblick über das Gerichtssystem (I.) und die Gesetzgebung in Ungarn (II.). Dem folgt die Darstellung des nationalen Rechtsrahmens, an dem der ungarische Vergaberechtsschutz gemessen werden soll: Die Verfassung der Republik Ungarn und die sich aus ihr ergebenden verfassungsrechtlichen Anforderungen an die Ausgestaltung des Rechtsschutzes (III.).

I. Der ungarische Gerichtsaufbau

Zur Beurteilung des Vergaberechtsschutzes bedarf es zunächst einiger grundlegenden Kenntnisse über die Ausgestaltung der Gerichtsinstanzen, die Einordnung des Verfassungsgerichts sowie der Verwaltungsgerichtsbarkeit in Ungarn.

1. Die Gerichtsebenen in Ungarn

Heute besteht in Ungarn ein einheitliches Justizwesen aus vier Gerichtsebenen. Die Rechtsprechung wird durch 111 örtliche Gerichte[6] (ung. *helyi bíróság*) und zwanzig Arbeitsgerichte, neunzehn Komitatsgerichte (ung. *megyei bíróság*), fünf Tafelgerichte[7] (ung. *ítélőtábla*) und das Oberste Gericht der Republik Ungarn[8] (ung. *Magyar Köztársaság Legfelsőbb Bírósága*) ausgeübt, vgl. § 45 Abs. 1[9] des Gesetzes Nr. XX von 1949 über die Verfassung der Republik Ungarn[10].

Unterste Ebene sind die örtlichen Gerichte, die Nachfolger der aufgelösten Kreisgerichte sind. Größtenteils entsprechen die Gerichtsbezirke der

---

[6] Diese sind mit den deutschen Amtsgerichten vergleichbar.
[7] Durch das Gesetz Nr. XXII von 2002 über die Festlegung der Sitze und Bezirke der Tafelgerichte und der staatsanwaltschaftlichen Rechtsmittelorgane (ung. *2002. évi XXII. törvény az ítélőtáblák és a fellebbviteli ügyészi szervek székhelyének és illetékességi területének megállapításáról*), Magyar Közlöny 2002/99 (VII.17.), (im Folgenden auch: TafelgerichtsG), wurden schrittweise die Tafelgerichte auf der Ebene zwischen den Komitatsgerichten und dem Obersten Gericht wieder eingeführt. Am 01.07.2003 nahmen die ersten drei Tafelgerichte in Budapest, Pécs und Szeged, am 01.01.2005 schließlich auch in Debrecen und Győr ihre Arbeit auf.
[8] Im Folgenden auch nur: *Das Oberste Gericht*.
[9] In Ungarn werden auch die einzelnen Bestimmungen der Verfassung — im Gegensatz zum deutschen GG — als Paragraphen (§) und nicht als Artikel (ung. *cikk*) bezeichnet.
[10] Ung. *1949. évi XX. törvény a Magyar Köztársaság Alkotmányáról*, letzte einheitliche Fassung in Magyar Közlöny 2002/161 (XII. 23.), im Folgenden auch: (*ungarische*) *Verfassung* oder *Alk*.

verwaltungsrechtlichen Gebietsaufteilung[11]. Da ein örtliches Gericht aber auch für das Gebiet von mehr als einer Gemeinde zuständig sein kann[12], gibt es in Ungarn insgesamt 111 örtliche bzw. Amtsgerichte. In größeren Städten werden die örtlichen Gerichte als Stadtgerichte (ung. *Városi Bíróság*), in den einzelnen Hauptstadtbezirken Budapests als Bezirksgerichte (ung. *Kerületi Bíróság*) bezeichnet[13]. Obwohl Budapest in 23 Verwaltungsbezirke eingeteilt ist[14] und das Bsz. es gestattet, ebenso viele Bezirksgerichte einzurichten, gibt es wegen haushaltsbedingter Zusammenschlüsse mehrerer Bezirke insgesamt nur sechs. Beispielsweise hat das Budaer Zentrale Bezirksgericht (ung. *Budai Központi Kerületi Bíróság*) die Zuständigkeit für alle vier innenstädtischen Bezirke auf der Budaer Stadtseite, das Pester Bezirksgericht (ung. *Pesti Központi Kerületi Bíróság*) umfasst sogar zehn Bezirke rechts der Donau (Pest)[15]. Die örtliche Zuständigkeit richtet sich nach den §§ 29 ff. der ungarischen Zivilprozessordnung[16].

Auf nächsthöherer Ebene üben die Komitatsgerichte die Rechtsprechung aus, vgl. § 20 Bsz. Sie sind am ehesten mit den deutschen Landgerichten vergleichbar. Verwaltungstechnisch aufgegliedert ist die ungarische Republik in neunzehn Komitate[17]. Die Hauptstadt Budapest gehört allerdings keinem Komitat an, sondern hat das sog. *Hauptstädtische Gericht* (ung. *Fővárosi*

---

[11] § 18 Abs. 1 des Gesetzes Nr. LXVI von 1997 über die Organisation und die Verwaltung der Gerichte (ung. *1997. évi LXVI. törvény a bíróságok szervezetékről és igazgatásáról*), Magyar Közlöny 1997/66 (VII. 23.), im Folgenden: Bsz.
[12] Das betrifft vorwiegend die ländlichen Gemeinden, die früher unter dem verwaltungstechnischen Begriff Kreis zusammengefasst wurden.
[13] Vgl. § 16 d) Bsz.
[14] § 2 Abs. 1 des Gesetzes Nr. XLIII von 1994 über die Verwaltungsgebiete und Bezirkseinteilung, (ung. 1994. évi XLIII. *törvény a Budapest Főváros közigazgatási területéről és kerületi beosztásáról*), Magyar Közlöny 1994/44 (IV.26.).
[15] Anlage zum Bsz., Teil I: Gebiete der sachlichen Zuständigkeit des Hauptstädtischen Gerichts, der Komitatsgerichte, der örtliche Gerichte und der Arbeitsgerichte (ung: *I. Rész: A Fővárosi Bíróság, a megyei bíróságok, a helyi bíróságok és a munkaügyi bíróságok illetékességi területe*).
[16] Gesetz Nr. III von 1952 über die Zivilprozessordnung (ung. *1952. évi III. törvény a polgári perrendtartásról*), Magyar Közlöny, 1952/28 (VI.06.),im Folgenden auch: Pp.
[17] Das deutsche Wort *Komitat* (ung. *megye*) hat seinen Ursprung im lateinischen *comitatus* und mittellateinischen *comes* (Bezeichnung für diverse Adelstitel) und wurde in der Vergangenheit oft als Grafschaft übersetzt. Nach *Küpper*, Justizreform in Ungarn, S. 7, 25 sind die Komitate ein Produkt der „*sozialistischen Justizreform*" aus dem Jahre 1950. Bis 1945 waren diese Regionen Ungarns ständische Selbstverwaltungseinheiten, bis 1990 mittlere staatliche Verwaltungseinheiten. Seither kommt ihnen ein demokratisches Selbstverwaltungsrecht zu.

Bíróság) geschaffen, das auf gleicher Gerichtsebene[18] wie die übrigen 19 Komitatsgerichte steht.

Auf der dritten Gerichtsebene sind fünf Tafelgerichte eingerichtet. Sie üben ihre Zuständigkeit auf interregionaler Ebene aus und korrespondieren mit den deutschen Oberlandesgerichten. Ihre gesetzliche Einrichtung erfolgte im Jahr 2005 durch das TafelgerichtsG zur Entlastung des Obersten Gerichts[19].

Auf der höchsten Hierarchieebene der ordentlichen Gerichte ist schließlich das Oberste Gericht tätig. Sein Sitz befindet sich in Budapest. Durch die Einrichtung der Tafelgerichte konnte es sich wieder[20] der Aufgabe zuwenden, über Rechtseinheitlichkeits- und Grundsatzfragen (ung. *jogegységi határozat*) bei widersprüchlicher Rechtsprechung der unteren Instanzen zu entscheiden.

2. Das Verfassungsgericht

Der strukturelle Aufbau der ungarischen Verfassung macht deutlich, dass das Verfassungsgericht[21] institutionell nicht den Gerichten[22], sondern den Verfassungsorganen i.S.d. § 32/A Alk. zuzuordnen ist. Nach Aussage des derzeitigen Staatspräsidenten Ungarns László Sólyom[23] zählen die Kompetenzen des Verfassungsgerichts zu den „(...) *weitesten der Welt (...)*"[24], da sie sehr abstrakt ausgestaltet sind. Aus § 32/A Abs. 1 der ungarischen Verfassung lässt sich entnehmen, dass das Verfassungsgericht in erster Linie für die Kontrolle der Verfassungsmäßigkeit von Rechtsnormen zuständig ist, die es im Falle der Verfassungswidrigkeit — grundsätzlich mit ex-nunc-Wirkung[25] — ganz oder zum Teil annullieren kann. So beschäftigen das Verfassungsgericht am meisten die abstrakte Normenkontrolle, die von jedem beantragt werden kann, die abstrakte Verfassungsauslegung sowie die Klage auf Feststellung einer verfassungswidrigen Unterlassung der Rechtssetzung. Im Gegensatz zur deutschen Verfassungsbeschwerde, mit der die Grundrechtswidrigkeit jeglicher Akte öffentlicher Gewalt gerügt werden kann, sieht die ungarische

---

[18] Siehe hierzu auch § 10 Abs. 4 Pp.
[19] Zu den Einzelheiten siehe hierzu *2. Kapitel, I.3. Rechtsmittel und Instanzenzug*.
[20] Der Gesetzartikel Nr. 1 von 1911 über die Einhaltung der Zivilprozessordnung (ung. *1911. évi I. törvénycikk a polgári perrendtartásról*), CompLex Verlag, Internetdatenbank der Gesetze von 1000 Jahren (ung. *CompLex Kiadó Kft., 1000 év törvényei internettes adatbázis*), abrufbar unter http://www.1000ev.hu/index.php?a=3&param=7101 [zuletzt abgerufen im Mai 2009]), sah diese bereits vor.
[21] Zu den Einzelheiten siehe hierzu *2. Kapitel, I.3. Rechtsmittel und Instanzenzug*.
[22] Ihre Ordnung regelt Kapitel X. der ungarischen Verfassung.
[23] Vorsitzender des Verfassungsgerichts von 1990 — 1998.
[24] *Brunner/Sólyom*, Verfassungsgerichtsbarkeit in Ungarn, S. 25 ff, 58.
[25] *Papp* in: Kukorelli, Alkotmánytan I., S. 394.

Verfassungsbeschwerde nur die Überprüfung von Rechtsnormen vor[26]. Nach deutschem Verständnis gibt es in Ungarn keine echte Verfassungsbeschwerde, sondern lediglich eine nachträgliche Normenkontrolle[27].

3. Rechtsmittel und Instanzenzug

Oberste Instanz ist auf Landesebene das Oberste Gericht der Republik Ungarn.

Das Gesetz unterscheidet drei Instanzen: Die erste bzw. die Eingangsinstanz, die Berufungsinstanz und die Revisionsinstanz. Interessant ist[28], dass seit der Neufassung des Bsz. 1997 neben der Berufung (ung. *fellebbezés*) nunmehr auch die Revision (ung. *felülvizsgálat*) zu den ordentlichen Rechtsmitteln zählt, die Berufungsentscheidung aber immer erst rechtskräftig werden muss. Gemäß § 270 Abs. 2 Pp. wird die Revision also stets gegen ein rechtskräftiges Berufungsurteil erhoben, sodass es sich eigentlich dogmatisch um ein „*außerordentliches Rechtsmittel*" handelt. Als ausdrücklich außerordentliches Rechtsmittel ist daneben die Wiederaufnahme[29] (ung. *perújítás*) gemäß § 260 Pp. vorgesehen.

Erstinstanzlich sind die örtlichen Gerichte für diejenigen Fälle zuständig, die nicht in den Zuständigkeitsbereich der Komitatsgerichte bzw. des Hauptstädtischen Gerichts fallen, vgl. §§ 10 Abs. 1, 22 Abs. 1 Pp. § 23 Pp. listet all die Rechtsfälle auf, für die die Komitatsgerichte sachlich zuständig sind, wie z.B. bei einem vermögensrechtlichen Streit im Wert von über fünf Millionen HUF[30] (§ 23 Abs. 1 a) Pp.), Schadensersatz im Wege eines Staatshaftungsprozesses (§ 23 Abs. 1 a) Pp.) und nicht zuletzt Verwaltungsrechtsstreitigkeiten i.S.d. Abschnitts XX der Pp. — Einsprüche gegen die öffentliche Verwaltungsentscheidungen — (§ 23 Abs. 1 i) Pp.) sowie bei Streitigkeiten, die ein anderes Gesetz gemäß § 23 Abs. 1 o) Pp. in seine sachliche Zuständigkeit verweist. § 11 Abs. 1 Pp. sieht zur Besetzung des erstinstanzlichen Gerichts grundsätzlich einen Berufsrichter vor.

---

[26] § 48 Abs. 1 des Gesetzes Nr. XXXII von 1989 über das Verfassungsgericht (ung. *1989. évi XXXII. törvény az Alkotmánybíróságról*), Magyar Közlöny 1989/77 (X.30.).
[27] *Brunner/Sólyom*, Verfassungsgerichtsbarkeit in Ungarn, S. 35. Eine vorherige Normenkontrolle ist aber auch bei Gesetzen vorgesehen, die bspw. einen internationalen Vertrag umsetzen, jedoch nur bis zu dem Zeitpunkt, zu dem das Gesetz noch nicht verkündet worden ist, vgl. *Papp* in: Kukorelli, Alkotmánytan I, S. 392.
[28] *Szabó*, A felülvizsgálati eljárás, MJ 1997/4, S. 386 ff.
[29] Die Wiederaufnahme eines rechtskräftig abgeschlossenen Verfahrens kann nur unter strengen gesetzlichen Anforderungen erfolgen, wie z.B., wenn die unterlegene Partei sich auf eine Tatsache, ein Beweismittel stützt, die/das ohne sein Verschulden nicht im Verfahren berücksichtigt wurde.
[30] Ca. 20.000 EUR (sofern kein Zusammenhang mit einem Scheidungsantrag besteht).

Zweitinstanzlich sind gemäß § 10 Abs. 2 a) Pp. die Komitatsgerichte bzw. das Hauptstädtische Gericht für die Berufung gegen amtsgerichtliche Entscheidungen (ung. *határozat*)[31] zuständig. Sie sind Rechtmittelinstanzen in Zivil- und Strafangelegenheiten, wobei in Verwaltungssachen ausschließlich das Hauptstädtische Tafelgericht angerufen werden kann[32]. Den Tafelgerichten obliegen wiederum die Berufungsentscheidungen über Beschlüsse der Komitatsgerichte bzw. des Hauptstädtischen Gerichts, § 10 Abs. 2 b) Pp. Die Bestimmungen über die Berufung sind in Abschnitt XII der Pp. (§§ 233 ff. Pp.) zu finden. Eine Berufungsschwelle gibt es nicht, wobei bei geringem Berufungswert ein vereinfachtes Verfahren durchgeführt wird[33]. Besetzt sind die Gerichte zweiter Instanz sowie das Revisionsgericht mit jeweils drei Berufsrichtern (§ 11 Abs. 4 bzw. 5 Pp.)[34].

Ausschließliche Revisionsinstanz ist das Oberste Gericht der Republik Ungarn gemäß §§ 10 Abs. 3, 24 Pp. Fünf Berufsrichter entscheiden über rechtskräftige Entscheidungen in der Sache, indem sie diese bei Zulässigkeit des Revisionsantrages bestätigen oder abändern, vgl. Abschnitt XIV bzw. §§ 270 ff. Pp. Außerdem hat das Oberste Gericht die Aufgabe, die Einheitlichkeit der Rechtsprechung zu sichern, indem es eine Rechtsvorschrift dem Sinn und Zweck nach auslegt und vorgibt, wie diese von den Gerichten anzuwenden ist. Rechtseinheitlichkeitsverfahren selbst sind keine Rechtsmittelverfahren, da sie gemäß § 28 Abs. 1 Bsz. von Amts wegen durchgeführt werden[35]. Trotzdem kann

---

[31] Die Verwendung der Begriffe *Urteil*, *Beschlüsse* oder *Bescheide* bzw. *Entscheidungen* (ung. *ítélet*, *határozat*, *végzés*) sind in den ungarischen Gesetzen nicht einheitlich. Aus § 212 Abs. 2 Pp. geht hervor, dass unter *ítélet* und *határozat* Entscheidungen in der Sache verstanden werden. *Végzes* meint alle übrigen Entscheidungen, auch den Einstellungsbescheid. *Határozat* wird teilweise auch als Überbegriff für Beschluss und Urteil verwendet. Teilweise ist aber auch von einem Bescheid in der Sache die Rede, vgl. z.B. § 270 Abs. 2 Pp.: „(...) in der Sache ergangener Bescheid(...)" (ung. „(...) *az ügy érdemében hozott jogerős végzés (...)*"). Im Folgenden meint die Übersetzung „*Beschluss*" eine Entscheidung in der Sache, die kein Urteil ist und „*Bescheid*" eine im Laufe des Verfahrens gefällte Entscheidung.
[32] § 326 Abs. 9 Pp.
[33] Vgl. hierzu die §§ 256/B bis 256/D Pp., wobei gemäß § 256/B Abs. 1 Pp. grds. auf 200.000 HUF (ca. EUR 800 abgestellt wird.
[34] Dass die Gerichte grundsätzlich als Kammer bzw. Senat vorgehen müssen, bestimmt bereits § 46 Abs. 1 der ungarischen Verfassung.
[35] Das Verhältnis zwischen dem Verfassungsgericht und dem Obersten Gericht ist in diesem Zusammenhang umstritten. Die Rechtseinheitlichkeitsentscheidungen gelten nicht als Rechtsnormen i.S.d. Abschnitts III des Gesetzes Nr. XI von 1987 über die Gesetzgebung (ung. *1987. évi XI. törvény a jogalkotásról*), Magyar Közlöny 1987/65 (XII. 29.), (im Folgenden: Jat.), s. § 61 Abs. 3 Jat. Da das Verfassungsgericht aber im Rahmen der abstrakten Normenkontrolle auch die Anwendung und Auslegung der Normen in seine Beurteilung mit einbeziht, erstreckt es im Ergebnis seine Prüfungskompetenz auch auf die

natürlich im Ergebnis die Entscheidung zu einer Urteilsaufhebung führen, da das vorlegende Gericht die Entscheidung auch befolgen muss[36]. Das Oberste Gericht kann auch Beschlüsse mit grundsätzlicher Bedeutung (Grundsatzbeschlüsse) gemäß § 27 Abs. 2 Bsz., ebenso wie Rechtseinheitlichkeitsentscheidungen in der amtlichen Entscheidungssammlung des Obersten Gerichts (ung. *Legfelsőbb Bíróság Hivatalos Gyűjteménye*) veröffentlichen.

4. Verwaltungsrechtsstreitigkeiten

Da das Kbt. sowohl auf die Anwendbarkeit von verwaltungsrechtlichen als auch auf die prozessualen[37] Vorschriften, insb. auf den Abschnitt XX über die Vorschriften über das verwaltungsgerichtliche Verfahren Bezug nimmt, soll im Folgenden kurz auf die Besonderheiten der ungarischen Verwaltungsgerichtsbarkeit eingegangen werden.

Wie in anderen sowjetisch besetzten Ländern[38] kam es 1949 auch in Ungarn zur Auflösung der Verwaltungsgerichte[39], was eine gerichtliche Kontrolle verwaltungsrechtlicher Akte in den 50er Jahren fast unmöglich machte[40]. Die ordentliche Gerichtsbarkeit übernahm die Überprüfung der politisch bedingt geringen Anzahl an Verwaltungsrechtsstreitigkeiten. Erst 1957 wurde wieder die Frage der Rechtsmittel gegen staatsverwaltungsrechtliche Beschlüsse aufgegriffen und das Gesetz über die allgemeinen Verfahrungsregeln der Staatsverwaltung[41] (im Folgenden: Áe.) geschaffen. Im Laufe der Jahre wurden die gerichtlichen Rechtsmittelmöglichkeiten stetig erweitert, und 1973 wurde der Abschnitt XX. über die Anfechtung von Staatsverwaltungsbeschlüssen[42] in die Pp. eingefügt[43]. In der Verfassung von 1989 erhielt die

---

Rechtseinheitlichkeitsentscheidungen des Obersten Gerichts (AB Beschluss 57/1991 (XI.8.), ABH 1991, 272, 276; *Holló*, in: Balogh/Holló/Kukorelli/Sári, Az alkotmány magyarázata, S. 403, 507), da es nicht nur den Wortlaut der Normen zu überprüfen hat, sondern das „lebendige Recht" (AB Beschluss 57/1991 (XI.8.), ABH 1991, 272, 277).
[36] Dies sieht neben § 28 Abs. 2 Bsz. und § 274 Abs. 5 Pp. auch § 47 Abs. 2 der ungarischen Verfassung vor: Rechtseinheitlichkeitsentscheidungen sind nur für die Gerichte (nicht also die Parteien oder Behörden) verbindlich.
[37] S. hierzu z.B. § 345 Abs. 4 Kbt., § 346 Abs. 2 Kbt.
[38] *Brunner*, Einführung in das Recht der DDR, S. 102.
[39] Gesetz Nr. II von 1949 über die Auflösung der Verwaltungsgerichte (ung. *1949. évi II. törvény a közigazgatási bíróság megszüntetéséről*), CompLex Verlag, Internetdatenbank der Gesetze von 1000 Jahren, (ung. *CompLex Kiadó Kft., 1000 év törvényei internetes adatbázis*), http://www.1000ev.hu/index.php?a=3&param=8347 [zuletzt abgerufen im Mai 2009].
[40] *Kengyel*, Magyar polgári eljárásjog, S. 424 f.
[41] Ung. *1957. évi IV. törvény az államigazgatási eljárás általános szabályairól*, Magyar Közlöny, 1957/64 (VI.09.).
[42] Ung. *Az államigazgatási határozat megtámadásairánti perek*.
[43] *Kiss* in: Németh/Kiss, A polgári perrendtartás magyarázata, S. 1356.

Verwaltungsgerichtsbarkeit eine neue verfassungsrechtliche Grundlage. § 50 Abs. 2 Alk. sah die Möglichkeit einer gerichtlichen Kontrolle des Verwaltungshandelns vor. § 57 Abs. 5 Alk. berechtigte jeden unter bestimmten Voraussetzungen zu einem Rechtsbehelf bzw. Rechtsmittel gegen gerichtliche, Staatsverwaltungs- und sonstige behördliche Entscheidungen. Auf ausdrückliche Aufforderung des Verfassungsgerichts hin wurden dann auch das Áe., das Bsz. und die Pp. in Einklang mit den verfassungsrechtlichen Vorgaben gebracht. Im Jahre 2004 wurde schließlich das Áe. durch das Gesetz Nr. CXL von 2004 über die allgemeinen Regeln der Verfahren und Leistungen von Verwaltungsbehörden[44] (im Folgenden: Ket.) abgelöst, das bis heute gilt und für das vergaberechtliche Rechtsschutzverfahren von zentraler Bedeutung ist.

Gegen verwaltungsbehördliche Entscheidungen können gemäß § 97 Abs. 1 Ket. ein Berufungs- und Revisionsverfahren sowie ein Wiederaufnahme- und ein Billigkeitsverfahren durchgeführt werden. Dabei kann der Begriff der Berufung — anders als in Deutschland — sowohl ein behördlicher Rechtsbehelf als auch ein gerichtliches Rechtsmittel bedeuten. Sofern es ein Gesetz vorsieht, wird das Berufungsverfahren gegen eine Verwaltungsentscheidung von der nächsthöheren Behörde durchgeführt[45]. In allen anderen Fällen wird die Berufung von einem Gericht entschieden. Von Amts wegen kann eine Verwaltungsentscheidung im Rahmen eines Verfahrens, das von der entscheidenden Behörde in ihrer eigenen sachlichen Zuständigkeit eingeleitet wurde, im Rahmen eines Aufsichtsverfahrens, auf Beschluss des Verfassungsgerichts sowie bei einem Einspruch des Staatsanwalts überprüft werden.

Die Berufung gemäß §§ 98 — 108 Ket. kann zu einer Bestätigung, Änderung oder Annullierung der angefochtenen Entscheidung führen. Die Berufung kann sowohl aus Gründen der formellen wie auch materiellen Rechtswidrigkeit eingeleitet werden. Grundsätzlich ist eine Berufung nur gegen einen Beschluss statthaft, der eine Sachentscheidung enthält. Das Gesetz sieht in § 98 Abs. 2 S. 2

---

[44] Ung. *2004. évi CXL. törvény a közigazgatási hatósági eljárás és szolgáltatás általános szabályairól*), Magyar Közlöny 2004/203 (XII. 28.). Bis zum Inkrafttreten des Ket. gab es nur die sog. *Staatsverwaltung*. Heute wird in § 12 Abs. 3 Ket. u.a. unterschieden zwischen Staatsverwaltungsorganen und anderen Verwaltungsorganen, wie den örtlichen Selbstverwaltungsbehörden. Welche Behörden der Staatsverwaltung zuzuordnen sind, ergibt sich aus dem Gesetz Nr. LVII von 2006 über die zentralen Staatsverwaltungsorgane und die Rechtsstellung der Regierungsmitglieder und Staatssekretäre (ung. *2006. évi LVII. törvény a központi állomigazgatási szervekről, valamint a Kormány tagjai és az államtitkárok jogállásáról*).
[45] Ist der Berufungsgegenstand aber eine (verwaltungs-)gerichtliche Entscheidung, kann die Berufung aus Gründen der Unabhängigkeit der Gerichte und dem Grundsatz der Gewaltenteilung nur bei einem Gericht eingelegt werden.

Ket. jedoch auch eine sog. *eigenständige Berufung* (ung. *önálló fellebbezés*) vor, die sich gegen einen (Verfahrens-) Bescheid, der das Verfahren aussetzt oder einstellt, den Antrag ohne sachliche Prüfung ablehnt, der ein Bußgeld auferlegt oder sich gegen einen Kostenfestsetzungsbescheid richtet, vgl. § 98 Abs. 3 Ket. Die Berufungsinstanz ist insoweit eine neue Tatsacheninstanz, als im Rahmen der Berufung neue Tatsachen vorgebracht und Beweise erhoben werden können oder die Ausgangsbehörde zu letzterem angewiesen wird. Im Gegensatz zur Revision hat die Einlegung der Berufung gemäß § 101 Abs. 1 Ket. grundsätzlich aufschiebende Wirkung

Im Verwaltungsrecht ist nur das Revisionsverfahren stets ein gerichtliches Verfahren, §§ 109 — 111 Ket. Ist eine Berufung z.b. gesetzlich ausgeschlossen, so ist die Revision immer statthaftes Rechtsmittel, vgl. § 100 Abs. 1 lit. a), Abs. 2 Ket. Eine aufschiebende Wirkung ist gemäß § 110 Abs. 1 Ket. nicht automatisch vorgesehen, kann aber beantragt oder von Amts wegen angeordnet werden. Stellt das Gericht eine Rechtsverletzung fest, verpflichtet es die vorgehende Behörde zum Erlass einer erneuten Entscheidung. Nur wenn ein Gesetz dies ausdrücklich gestattet[46], kann das Revisionsgericht die Verwaltungsentscheidung auch inhaltlich abändern.

Das Wiederaufnahmeverfahren gemäß § 112 Ket. wird von der Ausgangsbehörde entschieden. Eine Wiederaufnahme ist statthaft, wenn nach Rechtskrafterlangung des Beschlusses Tatsachen oder Beweise, die zum Zeitpunkt der Beschlussfassung zwar vorhanden aber nicht bekannt waren, bekannt geworden sind.

Tritt nach der Beschlussfassung ein Umstand ein, der im Fall der Vollstreckung nach Rechtskraft des Beschlusses zu einem unangemessenen Nachteil beim Antragsteller führen würde, ist ein Billigkeitsverfahren statthaft, wenn im Vollstreckungsverfahren Billigkeitsgesichtspunkte nicht mehr berücksichtigt werden können, vgl. § 113 Ket.

Gemäß § 114 Ket. kann unter bestimmten Voraussetzungen auch die Behörde ihre eigene Entscheidung widerrufen oder ändern. Hierzu ist auch die übergeordnete Behörde in einem Aufsichtsverfahrens gemäß den Bestimmungen des §§ 115, 116 Ket. berechtigt. Sofern das Verfassungsgericht eine Rechtsnorm mit Rückwirkung aufhebt, weist sie die Aufsichtsbehörde zur Neuverbescheidung an.

Interessant ist die Berechtigung i.S.d. § 118 bis § 120 Ket., die der Staatsanwaltschaft in verwaltungsrechtlichen Streitigkeiten zukommt. Sie kann

---

[46] So auch § 348/A Abs. 3 Kbt.

bei der entscheidenden Behörde oder deren Aufsicht einen Einspruch gegen einen vermeintlich rechtswidrigen Beschluss einlegen, der bereits rechtskräftig bzw. vollstreckbar ist und vom Verwaltungsgericht nicht revidiert wurde. Auch die Aussetzung der Vollstreckung kann die Staatsanwaltschaft mit dem Einspruch erzwingen.

In den abschließend in den §§ 121 ff. Ket. aufgeführten Fallgruppen kann die Entscheidung annulliert, korrigiert, ersetzt oder ergänzt werden.

Wie soeben ausgeführt, gibt es in Ungarn an sich keine formelle Verwaltungsgerichtsbarkeit. Aus verfassungsrechtlichen[47], finanziellen und praktischen Gründen wurde den ordentlichen Gerichten mittels gesetzlicher Zuständigkeitserweiterung auch die Verwaltungsgerichtsbarkeit übertragen[48]. Vor diesem Hintergrund wird auch verständlich, weshalb die Vorschriften über die Verwaltungsgerichtsordnung in einem eigenen Abschnitt der ungarischen Zivilprozessordnung zu finden sind. Der Abschnitt XX der Pp. bildet keine abschließende Rechtsgrundlage, da die allgemeinen Regelungen der Pp. dann anwendbar sind, wenn die besonderen verwaltungsgerichtlichen Vorschriften in den §§ 324 bis 341 Pp. nicht greifen. Für verwaltungsgerichtliche Streitigkeiten[49] ist stets das Komitatsgericht bzw. das Hauptstädtische Gericht erstinstanzlich zuständig, § 23 Abs. 1 i) Pp.[50]. Inhalt der Entscheidungen können gemäß § 339 Abs. 1 Pp. die Aufhebung von Verwaltungsakten bzw., sofern nötig, die Verpflichtung der Behörde sein, eine neue Entscheidung zu treffen. Nur in den in § 339 Abs. 2 a) bis q) Pp. abschließend aufgelisteten Fällen trifft das Gericht eine eigene Sachentscheidung. Gegen diese Entscheidungen ist die Berufung zulässig, vgl. §§ 324 Abs. 1 i.V.m. 233 ff. Pp. Sie ist gemäß § 23 Abs. 1 Bsz. an das örtlich und sachlich ausschließlich hierfür zuständige Hauptstädtische Tafelgericht zu richten. Zwar ist dem Gesetzeswortlaut zufolge die Berufung nur gegen Entscheidungen von Behörden mit landesweiter Zuständigkeit gemäß § 340 Abs. 2 Bsz. statthaft. Da der Kreis dieser Behörden aber weit ist – hierzu zählt auch die Schiedsstelle für öffentliche

---

[47] Unter Bezugnahme auf § 57 Abs. 5 der ungarischen Verfassung, der das Recht auf Rechtsmittel gegen Akte öffentlicher Gewalt gewährleistet, forderte das Verfassungsgericht AB Beschluss vom 22.12.1990, AB 32/1990, Magyar Közlöny 1990/2549 (XII.22.), die Einrichtung einer Verwaltungsgerichtsbarkeit.
[48] Gesetz Nr. XXVI von 1991 über die Erweiterung zur gerichtlichen Überprüfung verwaltungsrechtlicher Beschlüsse (ung. *1991. évi XXVI. törvény a közigazgatási határozatok bírósági felülvizsgálatának kiterjesztéséről*), Magyar Közlöny 1991/78 (VII.12).
[49] Ung. *a közigazgatási perek*.
[50] Zum einen liegt der Grund hierfür darin, dass bereits zu Zeiten des Sozialismus die Zuständigkeit für die wenigen Verwaltungsrechtssachen bei den Komitatsgerichten lag. Zum anderen wurde es eher den Komitatsrichtern zugetraut, sich in das neue Rechtsgebiet einzuarbeiten, vgl. *Küpper*, Justizreform in Ungarn, S. 30.

Auftragsvergabe, § 318 Abs. 4 Kbt. —, ist darin keine Rechtsmittelbeschränkung zu sehen. Hinsichtlich der Zulässigkeitsvoraussetzungen für die Revision gilt wiederum der genannte § 270 Pp. Zuständig ist hierfür gemäß § 25 lit. b) Bsz. das Oberste Gericht.

II. Die ungarische Gesetzgebung

Ungarn ist eine parlamentarische Republik, ihr oberstes Gesetzgebungsorgan ist also das Parlament. Die Organe, die zur Rechtssetzung ermächtigt sind, sowie die Arten der Rechtsvorschriften, die jeweils erlassen werden können, sind im bereits erwähnten Jat.[51] zu finden. Nach dessen § 1 sind das Parlament (ung. *az országgyűlés*[52]), der Präsident der Republik (ung. *a Köztársasági Elnök*), die Regierung (ung. *a kormány),* der Ministerpräsident (ung. *a miniszterelnök),* sein Stellvertreter (ung. *az Elnök helyettese),* die Minister (ung. *a miniszter tagja*), der mit landesweiter Leitungskompetenz ausgestatteter Staatssekretär[53] (ung. *az országos hatáskörű szerv vezetésével megbízott államtitkár*) und der Rat (ung. *a tanács*) rechtsetzungsberechtigt. Diese Organe schaffen verbindliche Rechtsvorschriften, die generell und für alle gelten. Sie werden nach § 14 Abs. 1 Jat. im Ungarischen Gesetzblatt (ung. *Magyar Közlöny*) veröffentlicht.

Das erwähnte Jat. gestattet, dass die folgenden Arten von Rechtsvorschriften erlassen werden können, die in dieser Reihenfolge auch normhierarchisch angeordnet sind: Gesetze, Gesetzesverordnungen, sonstige Verordnungen, Verfügungen und Ratsverordnungen. Das rangmäßig untere darf der höherrangigeren Norm nicht widersprechen, vgl. § 1 Abs. 2 Jat.

Das Gesetz (ung. *törvény*) wird gemäß § 2 Jat. vom Parlament, Gesetzesverordnungen werden gemäß § 6 Abs. 1 (ung. *törvényerejű rendelet*) vom Präsidenten erlassen.

In der Hierarchie darunter befinden sich die Verordnungen. Die Kompetenz zum Erlass von Regierungsverordnungen im eigenen Aufgabenbereich beruht auf § 35 Abs. 2 der ungarischen Verfassung oder auf einer entsprechenden gesetzlichen Bevollmächtigung. Die Regierung kann ebenfalls Durchführungsverordnungen erlassen, vgl. § 15 Abs. 1 Jat. So findet man im Falle des Vergaberechts in § 404 Kbt. Rechtsgrundlagen für den Erlass von Verordnungen: Bevollmächtigt wird hier bspw. in Abs. 1 die Regierung, in Abs. 2 der Justizminister oder in Abs. 5 der für Informatik verantwortliche Minister. Die Ministerverordnungen stehen gemäß § 8 Jat. (ung. *miniszter rendelet*) hierarchisch unter den Regierungsverordnungen. Zu deren Erlass muss das

---

[51] Vgl. Fn. 35.
[52] Wortwörtlich: *Landesversammlung, Volksversammlung.*
[53] Im Folgenden: Staatssekretär (ung. *államtitkár*).

Ministerium sowohl auf dem maßgeblichen Rechtsgebiet zuständig, als auch durch ein Gesetz oder eine Regierungsverordnung hierzu ermächtigt worden sein.

Wiederum hierarchisch darunter stehen die Verfügungen des Staatssekretärs (ung. *államtitkár rendelkezés*) und die Ratsverordnungen (ung. a *tanács rendelet)*. Der Vollständigkeit halber seien noch Zentralbankverordnungen v.a. für Finanzdienstleister und Verordnungen der örtlichen Selbstverwaltungen erwähnt, die nach deutscher Terminologie den Satzungen am nächsten kommen[54].

Daneben erkennt das Gesetz in § 46 ff. Jat. noch folgende, die untergeordneten Stellen intern leitende Rechtsinstrumente an: Beschlüsse der Regierung, ihrer Ausschüsse, der örtlichen Selbstverwaltungen und des Parlaments (ung. *határozat*), Anweisungen (ung. *utasítás*) gemäß § 49, die Statistische Mitteilung (ung. *statisztkai közlemény*) vom Präsidenten des Statistischen Zentralamtes nach § 52 und schließlich die rechtlichen Direktiven (ung. *irányelv*) bzw. Grundsatzstellungsnahmen *(*ung. *elvi állásfoglalás) gemäß* § 53 bzw. § 54 des Parlaments und der Regierung. Zur Herausgabe von Direktiven und Informationen (ung. *tájékoztató*) sind die Minister befugt.

III. Die ungarische Verfassung

Um den ungarischen Vergaberechtsschutz beurteilen zu können, wird als nationaler Rechtsrahmen die ungarische Verfassung zugrunde gelegt. Nicht nur der ungarische Gesetzgeber, sondern auch die ordentlichen Gerichte haben die verfassungsrechtlichen Vorgaben bei Ihrer richterlichen Tätigkeit anzuwenden[55] und sind — obwohl die Verfassung hierzu keine ausdrückliche Bestimmung enthält — zur verfassungskonformen Auslegung der Gesetze verpflichtet[56]. Sie können aber Gesetze, die ihrer Ansicht nach verfassungswidrig sind, — in erster Linie aus Gründen der Rechtssicherheit und Einheitlichkeit der Verfassungsauslegung[57] — , nicht einfach unangewendet lassen und an deren Stelle das Verfassungsrecht anwenden[58]. Sie setzen vielmehr das Verfahren aus und legen die Frage nach der Verfassungsmäßigkeit dem ausschließlich dafür

---

[54] Vgl. hierzu § 44/A der ungarischen Verfassung und § 16 Abs. 1 des Gesetzes Nr. LXV von 1990 über örtliche Selbstverwaltungen (ung. *1990. évi LXV. törvény. a helyi önkormányzatokról*), Magyar Közlöny 1990/80 (VIII. 14.).
[55] *Várnay*, Az Alkotmánybíróság és az európai unió joga, Jogtudományi közlöny, S. 424.
[56] *Jakab*, A magyar jogrendszer szerkezete, S. 125; AB Beschluss 38/1993, (VI.11.), ABH 993, 256, 267 f.
[57] *Sólyom*, Az alkotmánybíráskodás kezdetei Magyarországon, S. 261.
[58] Zum rechtstheoretischen Streit hierzu, siehe Nachweise in: *Jakab*, A magyar jogrendszer szerkezete, S. 125; Die ungarischen Gerichte haben von dieser Möglichkeit bisher keinen Gebrauch gemacht.

zuständigen Verfassungsgericht vor. Dies ergibt sich aus § 32/A Alk., § 38 des Gesetzes Nr. XXXII aus dem Jahre 1989 über das Verfassungsgericht[59] und wird schließlich in zahlreichen Beschlüssen des Verfassungsgerichtes bestätigt[60].

Der geschriebene Verfassungstext ist aber nicht alleiniger innerstaatlicher Verfassungsmaßstab für das Vergabegesetz. *László Sólyom* prägte als erster Vorsitzender des ungarischen Verfassungsgerichts den in diesem Zusammenhang bis heute geläufigen Begriff der sog. *unsichtbare(n) Verfassung*[61]. Die Beschlüsse des Verfassungsgerichts sind nicht nur Teil seines Aufgabenbereiches, sie haben auch normativen Charakter[62]: Dies ergibt sich aus dem Umstand, dass das Verfassungsgericht im Zuge seiner beabsichtigten Rezeption v.a. deutscher Rechtsprechungsgrundsätze den Unterschied zwischen Leitsatz und Tenor verwischte[63]. So enthalten die Leitsätze oftmals abstrakte normartige Bestimmungen, die allgemein verbindlich sind und daher vom Gesetzgeber und von den ordentlichen Gerichten als Zusätze zum Verfassungsrecht zu beachten sind[64]. Demnach setzt sich der verfassungsrechtliche Rahmen zusammen aus erstens: Dem geschriebenen Verfassungstext und aus zweitens: Der Gesamtheit kohärenter (also sich nicht widersprechender) Beschlüsse des Verfassungsgerichts und drittens: Aus den abgeleiteten Vorgaben des Verfassungstextes (mittels Verfassungsgerichtsbeschlüssen) und ergänzenden Grundsätzen (z.B. die Tests zur Grundrechtsbeschränkung)[65]. Diese Elemente dienen der verpflichtenden Auslegung der Verfassung, wobei die „*unsichtbare Verfassung*" als Rechtsquelle

„*(...) mit jedem neuen Beschluss einen weiteren Baustein erhält.*"[66]
[Übers. d. Verf.]

---

[59] Ung. *1989. évi XXXII. törvény az Alkotmánybíróságról,* Magyar Közlöny 1989/77 (X.30.), im Folgenden: Abtv.
[60] Z.B. AB Beschluss 38/1993, (VI.11.), ABH 993, 256, 267 f.
[61] AB Beschluss 23/1990, ABH 1990, 88, 97 f.
[62] *Jakab*, A magyar jogrendszer szerkezete, S. 133.
[63] *Sólyóm*, Ungarische Verfassungsgerichtsbarkeit und deutsche Grundrechtsdogmatik, Ziff. II.2.
[64] *Sólyóm*, Ungarische Verfassungsgerichtsbarkeit und deutsche Grundrechtsdogmatik, Ziff. II.2.
[65] Als Bsp. hierzu AB Beschluss 30/1997 (IV.29.), ABH 1997, 130, 140; AB Beschluss 37/2002. (IX.4.) ABH 230, 241; *Balogh*, Alapjogi tesztek az Alkotmánybíróság gyakorlatában, S. 122 ff.
[66] *Jakab*, A magyar jogrendszer szerkezete, S. 138.

Die Beschlüsse stehen daher in der Normenhierarchie über den ungarischen Gesetzen (einschließlich der Zweidrittelmehrheitsgesetze und der die internationalen Verträge verkündenden Gesetze). Denn letztgenannte können durch Verfassungsgerichtsbeschlüsse außer Kraft gesetzt werden. Wenn also im Folgenden der verfassungsrechtliche Rahmen für das Kbt. beleuchtet wird, muss dies stets im Zusammenhang mit der auslegenden und ergänzenden Rechtsprechung des Verfassungsgerichts einhergehen.

1. Die grundlegenden Rechte bzw. Grundrechte der Verfassung

Als sog. *grundlegende Rechte* bzw. *Grundrechte*[67] (ung. *alapvető jogok* bzw. *alapjogok*) sind die Rechte zu bezeichnen, die der Verfassung zugrunde liegen bzw. die das Grundgesetz selbst oder die staatlich anerkannten internationalen Verträge enthalten bzw. die das Verfassungsgericht aus diesen Rechtsquellen abgeleitet hat[68]. Die Grundrechte bzw. -pflichten werden in sechs Kategorien eingeteilt[69]: Die Gleichheitsrechte (Gleichbehandlung der Geschlechter, Chancengleichheit, Diskriminierungsverbot), die Freiheits- bzw. Persönlichkeitsrechte (wie das Recht auf Leben, Menschenwürde, persönliche Freiheit), die politischen Rechte (z.B. Versammlungs- und Pressefreiheit), wirtschaftlich/soziale/kulturelle Rechte (wie das Eigentumsrecht, Recht auf Arbeit und soziale Sicherheit oder das Recht auf Bildung), die sog. Rechte dritter Generation (betrifft v.a. die Umwelt und den Krankheitsfall, bioethische und biomedizinische Rechte) und schließlich die grundrechtlichen Pflichten der Staatsbürger (z.B. zur Verteidigung der Heimat, zur Beteiligung an öffentlichen Ausgaben). Sie befinden sich sowohl in Kapitel I. (§§ 1 bis 18 Alk.) als auch in Kapitel XII. (§§ 54 bis 70/K Alk.) der Verfassung. Letztgenanntes ist mit „*Grundrechte und Grundpflichten*" überschrieben und unterscheidet zwischen allgemeinen Menschenrechten — unabhängig von der Staatsbürgerschaft — und staatsbürgerlichen Rechten.

Die grundlegenden Rechte bzw. Grundrechte sind für alle staatlichen Einrichtungen verpflichtend[70]. Sie sind eher deklaratorischer Natur, da sie

---

[67] Obwohl streng genommen nur im Kapitel XII. von „Grundrechten" die Rede ist, werden die Begriffe „*grundlegendes Recht*" und „*Grundrecht*" sowohl vom Verfassungsgericht auch in der einschlägigen Literatur vermischt. Die fehlende konsequente Unterscheidung gilt auch für die Worte „*Verfassung*" und „*Grundgesetz*".
[68] Chronowski in: Petrétei/Chronowski/Drinóczi/Tilk/Zeller, Magyar Alkotmányjog III., S. 18.
[69] *Sári*, Alkotmanytan II., S. 37 f., *Chronowski* in: Petrétei/Chronowski/Drinóczi/Tilk/Zeller, Magyar Alkotmányjog III., S. 45.
[70] AB Beschluss 38/1993, (VI.11.), ABH 993, 256, 267 f.

vielerorts zu allgemein formuliert sind[71]. Grund dafür war wohl eine zu rasche Implementierung von Rechtsinstituten, die sich aus internationalen Vertragsverpflichtungen ergeben haben. In § 7 Abs. 1 Alk. heißt es:

> *„Die Rechtsordnung der Republik Ungarn erkennt die allgemein anerkannten Regeln des internationalen Rechts an und stellt ferner den Einklang zwischen internationalen Rechtsverpflichtungen und dem innerstaatlichen Recht sicher." [Übers. d. Verf.]*

Die Grundrechte, die aufgrund internationaler rechtlicher Pflichten gewährleistet werden müssen, entfalten ihre Wirkung im ungarischen Recht durch deren Ratifikation und durch den Einklang mit innerstaatlichem Recht[72]. Die Umsetzung hat unter Berücksichtigung der Vorschriften des Gesetzes Nr. L von 2005 über die Verfahren im Zusammenhang mit internationalen Verträgen[73] zu erfolgen. Diese Umsetzung internationaler Vertragspflichten geschah nicht immer sorgfältig und einheitlich. Einige Rechte wurden völlig ausgelassen, andere Grundrechte wurden mit nicht eindeutigem Inhalt implementiert[74]. Eine genaue Ordnung nach Menschen- und Staatsbürgerrechten ist nicht erfolgt, einzelne Menschenrechte sind sogar (nur) als Staatsbürgerrechte formuliert[75]. Zudem bestimmt der Verfassungstext nicht in allen Fällen den wesentlichen Inhalt und die Schranken der Rechte, sondern überlässt diese Aufgabe dem jeweiligen Gesetzgeber[76].

Hinzu kommt, dass einzelne Grundrechte auf den *allgemein anerkannten Regeln des internationalen Rechts* beruhen, deren gesetzliche Transformation nach Ansicht des Verfassungsgerichts nicht erforderlich ist, um auf dem innerstaatlichen ungarischen Rechtsgebiet Wirkung zu entfalten[77]. § 7 Abs. 1 Alk. ist selbst das hierfür erforderliche *„Umsetzungsgesetz"*[78]. Welche Grundrechte nun auf anerkannten Regeln des internationalen Rechts oder aber

---

[71] *Takács,* Az Alkotmánybíróság Magyarországon in: *Antal,* Alkotmányfejlődés és jogállami gyakorlat, S. 119.
[72] *Antal,* Alkotmányi értékek és alkotmánybíráskodás, S. 30; *Chronowski* in: Petrétei/Chronowski/Drinóczi/Tilk/Zeller, Magyar Alkotmányjog III., S. 18.
[73] Ung. *2005. évi L. törvény a nemzetközi szerződésekkel kapcsolatos eljárásról,* Magyar Közlöny 2005/80 (VI.16).
[74] *Antal,* Alkotmányi értékek és alkotmánybíráskodás, S. 53.
[75] So gesteht die Verfassung die Rechte auf Bildung (§ 70/F Alk.) oder auf soziale Sicherheit (§ 70/E Alk.) nicht jedem, sondern nur dem ungarischen Staatsbürger zu.
[76] Siehe hierzu die Begründung zum Beschluss des Parlaments 119/1996. (XII.21.) über die Normierungsgrundsätze der Verfassung der Republik Ungarn, ung. a *Magyar Köztársaság alkotmányának szabályozási elveiről szóló 1996. (XII.21.) OGY határozathoz fűzött indoklás,* z.B. 5. Kapitel, Ziff. 4, Magyar Közlöny 1996/115 (XII. 21.).
[77] AB Beschluss 53/1993 (X.13.), ABH 1993, 323, 327.
[78] *Balogh* in: Holló/Balogh, Az értelmezett alkotmány, S. 151.

auf eine internationale Verpflichtung zurückzuführen sind, klärt die Rechtsprechung des Verfassungsgerichts nicht eindeutig. So zählt es bspw. die Charta der Vereinten Nationen zwar im Allgemeinen zu den anerkannten internationalen Regeln, die dort enthaltenen einzelnen Bestimmungen können aber trotzdem einer Umsetzung bedürfen[79].

§ 7 Abs. 1 Alk. gebietet also den Einklang des innerstaatlichen Rechts sowohl mit umsetzungsbedürftigen als auch mit nicht umsetzungsbedürftigen internationalen Vorgaben[80]. Dieser Einklang wird so hergestellt, dass die Verfassung — auch wenn sie normhierarchisch über dem internationalem Recht steht — ebenso wie einfaches ungarisches Recht ausgelegt wird, damit internationale Vorgaben i.S.d. § 7 Abs. 1 Alk. ihre Wirkung auf ungarischem Rechtsgebiet entfalten können[81]. Entsteht ein Widerspruch, so erklärt das Verfassungsgericht das innerstaatliche Recht entweder für nichtig oder fordert den Gesetzgeber dazu auf, den Widerspruch zu beseitigen[82].Das dadurch entstehende Konkretisierungs- und Auslegungsbedürfnis, für dessen Befriedigung das Verfassungsgericht wiederum zuständig ist, vergrößert sich laufend durch die Verpflichtung der Republik Ungarn, ihr innerstaatliches Recht stets in Einklang mit den für sie geltenden internationalen Vorgaben zu bringen. So sind die aufgezählten grundlegenden Rechte bzw. Grundrechte stets im Wandel und in der Entwicklung begriffen, wodurch eine gewisse Rechtsunsicherheit entsteht hinsichtlich des tatsächlichen Grundrechtegehalts sowie ihren eigenen und der sich aus der Gegenüberstellung mit anderen Grundrechten ergebenden Grenzen[83].

Die Quellen, aus denen das Verfassungsgericht seine Maßstäbe schöpft, sind sehr unterschiedlich. Neben eigener Argumentation werden zur Begründung auch Rechtsausführungen von internationalen Gerichten, Gerichten anderer EU-Mitglied — [84] oder Drittstaaten[85] — teilweise sogar in der wortwörtlichen Fremdsprache[86] — zitiert. Dies erfolgt zum Teil mittels Angabe samt

---

[79] AB Beschluss 53/1993 (X.13.), ABH 1993, 323, 327.
[80] *Balogh* in: Holló/Balogh, Az értelmezett alkotmány, S. 151.
[81] AB Beschluss 53/1993 (X.13.), ABH 1993, 323, 327.
[82] AB Beschluss 53/1993 (X.13.), ABH 1993, 323, 334; AB Beschluss 15/2004 (V.14.), ABH 2004, 269, 273.
[83] *Chronowski* in: Petrétei/Chronowski/Drinóczi/Tilk/Zeller, Magyar Alkotmányjog III., S. 20.
[84] *Sólyóm*, Ungarische Verfassungsgerichtsbarkeit und deutsche Grundrechtsdogmatik, Ziff. II.4.
[85] AB Beschluss 43/2005 (XI.14.), ABH 2005, 536, 539 f.
[86] AB Beschluss 6/1998 (III.11.) ABH 91, 94.

Fundstelle[87] oder indem ganz allgemein auf Rechtsordnungen oder die Spruchpraxis anderer Länder[88] — bisweilen weder mit genauer Bezeichnung von Nationalität bzw. Spruchkörper[89] noch der Fundstelle[90]- verwiesen wird. Schließlich zitiert das Gericht gerne seine eigene Spruchpraxis, anstatt in Bezug auf den aktuellen Sachverhalt neu zu argumentieren — entweder unter bloßem Hinweis auf seine ständige Auslegungspraxis[91], der Angabe des jeweiligen Aktenzeichens[92] oder unter wörtlicher Wiedergabe des damaligen Entscheidungsabschnitts[93]. So beruhen die Entscheidungen zum Grundrechtsschutz sowie zur Reichweite möglicher Beschränkungen im Sinne des § 8 Alk. zum Großteil auf den in den ersten vier bis fünf Jahren ergangenen Verfassungsgerichtsbeschlüssen[94]. Zum umfassenden Verständnis der jüngeren Grundrechtsrechtsprechung ist daher insbesondere auch die Kenntnis bzw. Lektüre der Judikatur aus den ersten postsozialistischen Jahren erforderlich.

2. Die Rechtsquellen der grundlegenden Rechte bzw. Grundrechte

Zu den Rechtsquellen der Verfassung müssen vor allem im Hinblick auf § 7 Abs. 1 Alk. die internationalen Rechtsverpflichtungen und Verträge gezählt werden. Sie haben wesentlich zur Entwicklung der verfassungsrechtlichen Rechtsprechungsgrundsätze und zur inhaltlichen Bestimmung der Grundrechte beigetragen[95]. Zu ihnen zählen insbesondere[96] die Allgemeine Erklärung der Menschenrechte (im Folgenden auch: AEMR) vom 10.12.1948, in Ungarn verkündet am 16.02.1956 durch das Gesetz Nr. I von 1956[97]; der Internationale

---

[87] AB Beschluss 15/1991 (IV.13.), ABH 1991, 40, 53; AB Beschluss 4/1997 (I.22.), ABH 1997, 41, 51 f.; AB Beschluss 57/2001 (XII.5.), ABH 2001, 484, 503 f.; AB Beschluss 43/2005 (XI.14.), ABH 2005, 536, 541.
[88] AB Beschluss 4/1997 (I.22.), ABH 1997, 41, 51 f.
[89] Statt vieler AB Beschluss 935/B/1997, ABH 1998, 765, 774.
[90] AB Beschluss 57/2001 (XII.5.), ABH 2001, 484, 503 f. im Hinblick auf die angegebene französische und schweizerische Rechtsprechung.
[91] Bspw. AB Beschluss 17/1994 (III.29.), ABH 1994, 84, 86; AB Beschluss 45/1994 (X.26), ABH 1994, 254, 255.
[92] Bspw. AB Beschluss 14/2004 (V.7.), ABH 2004, 241, 256; AB Beschluss 19/1999 (VI.25.), ABH 1999, 150, 153, AB Beschluss 59/2003 (XI.26.), ABH 2003, 607, 613 ff.
[93] Bspw. AB Beschluss 54/2001 (XI.29.), ABH 2001, 421, 426, 428, 429; AB Beschluss 53/2002 (XI.28.), ABH 2002, 327, 331.
[94] *Holló* in: Holló/Balogh, Az értelmezett alkotmány, S. 204, 700.
[95] *Fűrész* in: Kukorelli, Alkotmanytan I., S. 451.
[96] *Chronowski* in: Petrétei/Chronowski/Drinóczi/Tilk/Zeller, Magyar Alkotmányjog III., S. 21.
[97] Ung. *1956. évi I. törvény az Egyesült Nemzetek Alapokmányának törvénybe iktatásáról*, verkündet am 16.02.1956, CompLex Verlag, Internetdatenbank der Gesetze von 1000 Jahren, (ung. *CompLex Kiadó Kft., 1000 év törvényei internetes adatbázis*), abrufbar unter http://www.1000ev.hu/index.php?a=3&param=8410 [zuletzt abgerufen im Mai 2009].

Pakt über bürgerliche und politische Rechte vom 16.12.1966 (im Folgenden auch: Zivilpakt), verkündet mit der Gesetzesverordnung Nr. 8 von 1976[98]; der Internationale Pakt über wirtschaftliche, soziale und kulturelle Rechte vom 16.12.1966, in Ungarn in Kraft getreten mittels der Gesetzesverordnung Nr. 9 von 1976[99]; die Konvention zum Schutze der Menschenrechte und Grundfreiheiten (im Weiteren auch: EMRK) vom 04.11.1950, die in Ungarn durch das Gesetz Nr. XXXI von 1993[100] verkündet wurde, das ergänzende Protokoll und die Europäische Sozialcharta vom 26.02.1956, die in Ungarn mit der Verkündung des Gesetzes Nr. C von 1999[101] in Kraft trat, sowie der Vertrag von Nizza vom 11.12.2000[102]. Als internationale Vertragspartei hat die Republik Ungarn auch einzelne internationale Gerichtsinstitutionen, wie den Europäischen Gerichtshof für Menschenrechte (im Folgenden: EGMR) und dessen Rechtsprechung anerkannt[103]. Da der Gerichtshof in seiner Urteilsfindung auch zur Rechtsentwicklung beiträgt und in seinen Auslegungen regelmäßig solche Rechtsgrundsätze entwickelt, die grundlegende Bedeutung für die Ausarbeitung der EU- Grundrechtsordnung haben, hat seine Rechtsprechung auch für Ungarn zunehmende Bedeutung[104]. Wie im Folgenden im Einzelnen gezeigt wird, berücksichtigt und übernimmt das Verfassungsgericht bei seiner Urteilsfindung die internationalen Vorgaben und damit auch die Rechtsprechung des EGMR[105].

Als weitere Rechtsquelle für einige grundlegende Rechte der ungarischen Verfassung sind die Bestimmungen des Europäischen Primär- und Sekundärrechts zu nennen, die zunächst im Umfang des

---

[98] Ung. 1976. évi 8. törvényerejű rendelet az Egyesült Nemzetközgyűlése XXI. ülésszakán, 1966. december 16-án elfogadott Polgári és politikai Jogok Nemzetközi Egyezségokmánya kihirdetéséről, Magyar Közlöny 1976/32 (IV.22.).
[99] Ung. *1976. évi 9. törvényerejű rendelet az Egyesült Nemzetek Közgyűlése XXI. ülésszakán, 1966. december 16-án elfogadott Gazdasági, Szociális és Kulturális Jogok Nemzetközi Egyezségokmánya kihirdetéséről*, Magyar Közlöny 1976/32 (IV.22.).
[100] Ung. *1993. évi XXXI. törvény az emberi jogok és az alapvető szabadságok védelméről szóló, Rómában, 1950. november 4-én kelt Egyezmény és az ahhoz tartozó nyolc kiegészítő jegyzőkönyv kihirdetéséről*, Magyar Közlöny 1993/41 (IV. 7.).
[101] Ung. *1999. évi C. törvény az Európai Szociális Karta kihirdetéséről*, Magyar Közlöny 1999/102 (XI. 14.).
[102] Vertrag von Nizza zur Änderung des Vertrages über die Europäische Union, der Verträge zur Gründung der Europäischen Gemeinschaften sowie einiger damit zusammenhängender Rechtsakte, ABlEG 2001, C 80, S. 1 - 86.
[103] Siehe z.B. AB Beschluss 42/1993 (VI.30.), ABH 1993, 300, 303; AB Beschluss 36/1994 (VI.24.), ABH 1994, 219, 224 f.
[104] *Halmai/Toth*, Emberi Jogok, S. 157 f.; *Chronowski* in: Petrétei/Chronowski/Drinóczi/Tilk/Zeller, Magyar Alkotmányjog III., S. 22.
[105] AB Beschluss 37/2000 (X.31.), ABH 2000, 293, 300 f.; AB Beschluss 14/2004 (V.7.), ABH 2004, 241, 250 ff; AB Beschluss 2/2007, Magyar Közlöny 2007/7 (I.24.), 515, 520.

Assoziierungsabkommens[106] und seit dem Beitritt zur Europäischen Union vollumfänglich in Ungarn Einzug gefunden haben. Dementsprechend ist für die in Ungarn geltenden grundlegenden Rechte auch die Rechtsprechung des Europäischen Gerichtshofs (im Folgenden: EuGH) zu den Menschen- bzw. Grundrechten und -freiheiten sowie zur Erforderlichkeit ihrer Verteidigung auch auf Unionsebene von erheblicher Relevanz[107].

Als Rechtsquelle der grundlegenden Rechte der ungarischen Verfassung gilt schließlich auch die Rechtsprechung des Verfassungsgerichtes selbst[108]. Es erachtet die in der Verfassung aufgelisteten Grundrechte nicht als abschließend und bestimmt im Zuge seiner Kompetenz zur Normenkontrolle und zur Verfassungsauslegung den wesentlichen Gehalt eines Grundrechtes, seine Funktion, das Verhältnis zu anderen Grundrechten, seine Schranken und die gewährleistete Garantie. In diesem Zusammenhang hat das Verfassungsgericht die Grundrechtskategorie des sog. *Mutterrechts* (ung. *anyajog*) entwickelt[109]: Von den als solche qualifizierten Grundrechten können weitere Grundrechte mehrstufig abgeleitet werden[110]. Auch seine Doktrin zur Grundrechtsbeschränkung trägt zur steten Bereicherung und Erweiterung des Grundrechtskataloges bei.

---

[106] Oder auch „Europa-Abkommen", vgl. hierzu das ung. Ratifizierungsgesetz *1994. évi I. törvény a Magyar Köztársaság és az Európai Közösségek és azok tagállamai között társulás létesítéséről szóló, Brüsszelben, 1991. december 16-án aláírt Európai Megállapodás kihirdetéséről*, Magyar Közlöny 1994/1 (I.4.).

[107] *Chronowski* in: Petrétei/Chronowski/Drinóczi/Tilk/Zeller, Magyar Alkotmányjog III., S. 22; AB Beschluss 2/2007, Magyar Közlöny 2007/7 (I.24.), 515, 520. Bereits vor der EU-Mitgliedschaft Ungarns berücksichtigte das Verfassungsgericht aufgrund des Assoziierungsvertrages die Rechtsprechung des EuGH: vgl. AB Beschluss 37/2000 (X.31.), ABH 2000, 293, 301.

[108] *Sári*, Alkotmánytan II., S. 33; s.a. im *2. Kapitel, III. Die ungarische Verfassung*.

[109] Z.B. AB Beschluss 8/1990 (IV.23.), ABH 1990, 42, 44 f.; *Kilényi*, Az alkotmány egyes (alapveti, alapjogi) rendelkezéseinek jogi jellege, Társadalmi szemle 1995, Kapitel 11, S. 44.

[110] Bspw. entnimmt das Gericht aus dem Persönlichkeitsrecht als Teil der menschlichen Würde (*Holló* in: Holló/Balogh, Az értelmezett alkotmány, S. 701; AB Beschluss 8/1990 (IV.23.), ABH 1990, 42, 44) das Selbstbestimmungsrecht, aus dem wiederum das Recht auf Eheschließung fließt, AB Beschluss 22/1992 (IV.10.), ABH 1992, 122; 123; AB Beschluss 57/1991 (XI.8.), ABH 1991, 272, 278 f.: Ebenso leitet das Verfassungsgericht vom Selbstbestimmungsrecht das Recht auf verfahrensrechtliche Selbstbestimmung im Hinblick auf die Verfahrensteilnahme (AB Beschluss 1/1994 (I.7.), ABH 1994, 29) und aufgrund des Obsiegens eines Rechtsstreits (AB Beschluss 4/1998 (III.1.), ABH 1998, 71) ab; AB Beschluss 36/1994 (VI.24), ABH 1994, 219, 222, wonach die Meinungsfreiheit als Mutterrecht auch die Pressefreiheit umfasst; *Sólyóm*, Ungarische Verfassungsgerichtsbarkeit und deutsche Grundrechtsdogmatik, Ziff. II.3.

3. Die Grundrechtsschranken und Schrankenschranken

Obwohl § 8 Abs. 2 Alk.

„*In der Republik Ungarn begründet das Gesetz die Vorschriften, die sich auf die grundrechtlichen Rechte und Pflichten beziehen, wobei es den Wesensgehalt des Grundrechts nicht beschränken darf.*" *[Übers. d. Verf.]* vorsieht, dass die Gesetze die Grundrechte begründen, sind sie eigentlich nicht als Grundrechtsquellen[111], sondern viel eher als Grundrechtsschranken einzuordnen. Soweit sie nicht den Wesensgehalt eines Grundrechts betreffen, legen die Gesetze jedenfalls die Rechtweite der verfassungsrechtlich garantierten Grundrechte fest. Zur Schaffung eines grundrechteinschränkenden Gesetzes ist eine Zweidrittelmehrheit der Parlamentsabgeordneten notwendig, wobei dies nur in den Fällen gilt, in denen der Verfassungsparagraph dies ausdrücklich vorsieht[112]. Die Grenze der Beschränkung gemäß § 8 Abs. 2 Alk. ist der Wesensgehalt des Grundrechts, der von Fall zu Fall einzeln beurteilt werden muss[113]. Es ist daher Aufgabe des Verfassungsgerichts, diesen verfassungsgemäß und umfassend zu bestimmen. So wurde das Verfassungsrecht mit der Doktrin des Verfassungsgerichts über den Umfang der Beschränkbarkeit, den sog. *Grundrechts-Beschränkungs-Tests* (ung. *alapjogkorlátozási tesztek*) bereichert. In Anlehnung an die in Deutschland entwickelten Maßstäbe der Erforderlichkeit und Verhältnismäßigkeit durch das Bundesverfassungsgericht[114] sind folgende Tests zu unterscheiden[115]:

Der erste, der sog. *allgemeine* oder auch sog. *Erforderlichkeits- und Verhältnismäßigkeitstest* (ung. *általános teszt, szükségességi-arányossági teszt*)[116], gestattet dann eine gesetzliche Beschränkung im hierzu erforderlichen

---

[111] Als Grundrechtsquelle werden die Gesetze von *Chronowski* in: Petrétei/Chronowski/Drinóczi/Tilk/Zeller, Magyar Alkotmányjog III., S. 22, sowie *Sári*, Alkotmánytan II., S. 31 f. eingeordnet.
[112] Zu der Aufzählung der Grundrechte in Kapitel XII., für deren Beschränkung eine Zweidrittelmehrheit erforderlich ist, s. *Chronowski* in: Petrétei/Chronowski/Drinóczi/Tilk/Zeller, Magyar Alkotmányjog III., S. 42, dort Fn. 75.
[113] AB Beschluss 6/1998 (III.11.), ABH 1998, 91, 98 f.
[114] *Sólyom*, Ungarische Verfassungsgerichtsbarkeit und deutsche Grundrechtsdogmatik, Ziff. II. 1 a); von einer kongruenten deutsch-ungarischen Rechtsprechungsdogmatik sprechen *Brunner/Sólyom*, Verfassungsgerichtsbarkeit in Ungarn, S. 54 f; *Gardós-Orosz* in: Jakab, Az Alkotmány kommentárja, §8, Rn. 72.
[115] *Chronowski* in: Petrétei/Chronowski/Drinóczi/Tilk/Zeller, Magyar Alkotmányjog III., S. 29; s. z.B. aktuell AB Beschluss 2/2007 (I.24.), AB Közlöny 2007/1, 12, 17 oder auch AB Beschluss 30/1992, ABH 1992, 167, 171; AB Beschluss 56/1994, ABH 1994, 312 f.; AB Beschluss 12/1999, ABH 1999,106, 112; AB Beschluss 18/2000, ABH 2000, 117, 129.
[116] *Chronowski* in: Petrétei/Chronowski/Drinóczi/Tilk/Zeller, Magyar Alkotmányjog III., S. 29.

Maße, wenn der Schutz oder die Geltendmachung eines anderen Grundrechtes oder ein sonstiges verfassungsrechtliches Ziel auf andere Weise nicht erreicht werden kann[117]. In einem dritten Schritt muss geprüft werden, ob die Beschränkung und das verfassungsmäßige Ziel bzw. verfassungsmäßige Schutz im Verhältnis zueinander stehen[118]. Nur dann wird der Wesensgehalt eines Grundrechtes durch die Beschränkung nicht verfassungswidrig berührt[119]. Die Verhältnismäßigkeitsprüfung erfolgt dabei nicht so konsequent, wie die des Bundesverfassungsgerichts[120]. So werden zwar gelegentlich Grundsätze wie die Erforderlichkeit und Angemessenheit einer Beschränkung in einigen Entscheidungen untersucht[121]. Meist beschränkt es sich jedoch lediglich auf die Prüfung, ob die Beschränkung des Grundrechts aus zwingendem Grund erfolgt ist und im Verhältnis zum bezweckten Ziel steht[122].

Als zwingenden Grund anerkennt das Verfassungsgericht nur den Schutz von Grundrechten Dritter[123] und anderen abstrakten Verfassungswerten[124], wobei letztgenannte einer sehr großzügigen Auslegungspraxis unterliegen[125]. Anders als in Deutschland versteht sowohl die Rechtsprechung als auch die Literatur unter dem Begriff des zwingenden Grundes[126] zugleich die Erforderlichkeit, weshalb auch der Test als *„Erforderlichkeits- und Verhältnismäßigkeitstest"*

---

[117] AB Beschluss 13/2001 (V.14.), ABH 2001, 177, 193.
[118] *Gardós-Orosz* in: Jakab, Az Alkotmány kommentárja, §8, Rn. 93.
[119] AB Beschluss 6/1998 (III.11.), ABH 1998, 91, 98.
[120] Gardós-Orosz in: Jakab, Az Alkotmány kommentárja, §8, Rn. 109.
[121] AB Beschluss 20/1990 (X.4.), ABH 1990, 69, 71; AB Beschluss 7/1991 (II.28.), ABH 1991, 22, 25; AB Beschluss 30/1992 (V.26.), ABH 167, 171.
[122] AB Beschluss 8/1991 (III.5.), ABH 1991, 30, 32; AB Beschluss 41/2000 (XI.8.), ABH 2000, 318, 323; AB Beschluss 44/2004 (XI.23.), ABH 2004, 618, 634 f.; AB Beschluss 21/2005 (VI.2.), ABH 2005, 239, 243; AB Beschluss 29/2005 (VII.14.), ABH 2005, 316, 320; AB Beschluss 20/1990 (X.4.), ABH 1990, 69, 71.
[123] AB Beschluss 2/1990 (II.18.), ABH 1990, 19, 20.
[124] AB Beschluss 6/1998 (III.11.), ABH 1998, 91, 98.
[125] Wie ganz allgemein schwerwiegende öffentliche Interessen (AB Beschluss 56/1994 (XI.10.), ABH 1994, 312, 313), die Moral der Öffentlichkeit (AB Beschluss 20/1997 (III.19.), ABH 1997, 85, 92 f.), der öffentliche Frieden (AB Beschluss 30/1992 (V.26.), ABH 1992, 167, 178), die Rechtsstaatlichkeit bzw. Rechtssicherheit oder auch die Gewaltenteilung, vgl. AB Beschluss 58/1994, ABH 1994, 334, 33.), sofern sie auf keine andere Weise erreicht werden können (AB Beschluss 30/1992 (V.26.), ABH 1992, 167, 171, 178.).
[126] Wie bspw. der Schutz eines anderen Grundrechts, eines verfassungsrechtlichen Ziels oder eines abstrakten Verfassungswerts (wie schwerwiegende öffentliche Interessen, öffentlicher Frieden, Rechtsstaatlichkeit bzw. Rechtssicherheit oder die Gewaltenteilung, vgl. AB Beschluss 58/1994, ABH 1994, 334, 338; AB Beschluss 30/1992, ABH 1992, 167, 171.), der auf keine andere Weise erreicht werden kann (AB Beschluss 30/1992 (V.26.), ABH 1992, 167, 178.).

bezeichnet wird[127]. Im Rahmen der Verhältnismäßigkeitsprüfung ist der Gesetzgeber verpflichtet, die zur Erreichung des Ziels geeigneten, aber mildesten Beschränkungsmittel zu kodifizieren[128]. Der allgemeine Test findet auf alle Grundrechtsbeschränkungen Anwendung, sofern er von einem der beiden folgenden Tests nicht modifiziert wird.

Der sog. *akzessorische Vernunftstest* (ung. *járulékos ésszerűségi teszt*)[129] oder auch *Sekundärtest* (ung. *másodlagos teszt*)[130], findet bei der Beurteilung von Diskriminierungen statt. Das Verfassungsgericht entwickelte den Test im Zusammenhang mit der Auslegung von § 70/A Abs. 1

> *„Jeder Person, die sich auf ihrem Gebiet aufhält, sichert die Republik Ungarn die Menschen- und Staatsbürgerrechte ohne jede Unterscheidung (...) zu." [Übers. d. Verf.]*

und § 54 Abs. 1 Alk.

> *„In der Republik Ungarn hat jeder Mensch ein angeborenes Recht auf Leben und menschliche Würde, das niemandem willkürlich entzogen werden kann." [Übers. d. Verf.],*

die zu der Feststellung eines Grundrechts auf Rechtsgleichheit führte[131]. Demnach muss jeder vor dem Recht (dem Gesetz) gleich (-würdig) behandelt werden[132]. Das Diskriminierungsverbot des § 70/A Abs. 1 Alk. erstreckt sich in erster Linie auf Ungleichbehandlungen im Zusammenhang mit verfassungsmäßigen Grundrechten. Sofern eine Unterscheidung nicht hinsichtlich Menschen- oder Staatsbürgerrechten geschieht, ist die abweichende Vorschrift dann verfassungswidrig, wenn dadurch das Recht auf menschliche Würde verletzt wird. Unter Anwendung des sog. *akzessorischen Vernunftstests* hat das Verfassungsgericht in den Fällen eine Verfassungswidrigkeit (d.h. eine Verletzung der menschlichen Würde) festgestellt, in denen die Ungleichbehandlung zwischen Rechtssubjekten innerhalb eines homogenen

---

[127] *Sonnevend*, Eigentumsschutz und Sozialversicherung, S. 159 m.w.N.
[128] AB Beschluss 2/1990 (II.18.), ABH 1990, 19, 23; AB Beschluss 879/B/1992, ABH 1996, 397, 401; AB Beschluss 30/1992 (V.26.), ABH 1992, 167, 171.
[129] *Chronowski* in: Petrétei/Chronowski/Drinóczi/Tilk/Zeller, Magyar Alkotmányjog III., S. 29.
[130] *Balogh* in: Holló/Balogh, Az értelmezett alkotmány, S. 205, 207.
[131] *Balogh* in: Holló/Balogh, Az értelmezett alkotmány, S. 207.
[132] AB Beschluss 9/1990 (IV.25.), ABH 1990, 46, 48; AB Beschluss 20/1999, (VI.25.), ABH 1999, 159, 161.

Regelungskreises durch den Gesetzgeber willkürlich bzw. ohne sachlich-vernünftigen Grund erfolgt[133].

Mit Hilfe des Rechts auf Menschenwürde und des Diskriminierungsverbotes werden also auch Rechte[134], die an sich keinen Grundrechtsstatus haben, in den Schutzbereich der Verfassung einbezogen[135].

4. Der Rechtsschutz in der ungarischen Verfassung

Die ungarische Verfassung enthält in mehreren Paragraphen Bestimmungen, die entweder unmittelbare Vorgaben für den Rechtsschutz und dessen Verfahren darstellen oder aus denen das Verfassungsgericht Anforderungen an einen verfassungsmäßigen Rechtsschutz abgeleitet hat. Diese wurden in erster Linie dem Rechtsstaatsprinzip des § 2 Abs. 1 Alk. entnommen, die in den §§ 50, 57 und 70/k Alk. ihre Konkretisierung gefunden haben. Für die Beurteilung der Verfassungskonformität des Kbt.-Rechtsschutzes sind vor allen Dingen die rechtsstaatlichen Verfahrensgarantien (a) , das Recht auf ein faires Verfahren (b)aa)) einschließlich auf einen Zugang zu Gericht sowie auf die gerichtliche Überprüfung von Verwaltungsbeschlüssen (c) von Bedeutung.

a) Rechtsstaatliche Anforderungen an den Rechtsschutz

Sowohl für das gerichtliche Rechtsmittelverfahren (aa) als auch für das Verwaltungsverfahren (bb) ergeben sich aus dem Grundsatz der Rechtsstaatlichkeit umfassende Anforderungen.

aa) Verfahrensgarantien aufgrund des Rechtsstaatsprinzips

Eine der wichtigsten Bedingungen, die der Grundsatz der Rechtsstaatlichkeit i.S.d. § 2 Abs. 1 Alk.

> „Die Republik Ungarn ist ein unabhängiger, demokratischer Rechtsstaat." [Übers. d. Verf.]

---

[133] AB Beschluss 9/1990 (IV.25.); ABH 1990, 47, 48; AB Beschluss 21/1990 (X.4.) ABH 1990, 73, 77 f.; AB Beschluss 191/B/1992, ABH 1992, 592, 593 f.; AB Beschluss 61/1992 (XI.20.), ABH 1992, 280, 281 f.; AB Beschluss 35/1994 (VI. 24.), ABH 1994, 197, 203 f.; AB Beschluss 30/1997 (IV. 29.), ABH 1997, 130, 138 ff.
[134] Bspw. beurteilte das Verfassungsgericht im AB Beschluss 61/1992 (XI.20.), ABH 1992, 280, 281 f., die Verfassungsmäßigkeit der Ungleichbehandlung beim Recht auf eine Steuervergünstigung; der AB Beschluss 9/1990 (IV.25.), ABH 1990, 46, 47 bezog sich auf das Recht der Kinder auf elterliche und staatliche Fürsorge.
[135] Holló in: Holló/Balogh, Az értelmezett alkotmány, S. 709, 889; AB Beschluss 20/1999 (VI.25.), ABH 1999, 159, 161; AB Beschluss 35/1994 (VI.24), ABH 1994, 197, 200.

fordert, ist der Schutz ganz bestimmter Verfahrensgarantien. Nur durch die Einhaltung formalisierter Verfahrensvorschriften können Rechtsinstitute überhaupt verfassungsgemäß funktionieren[136].

(1) Grundsatz der Rechtssicherheit

Das Verfassungsgericht hat in seinen Beschlüssen 9/1992[137] bzw. 11/1992[138] den Zusammenhang hergestellt zwischen der verfassungsmäßigen Deklaration der Rechtsstaatlichkeit und dem Recht auf Rechtssicherheit: Die Rechtssicherheit ist ein untrennbarer Bestandteil der Rechtsstaatlichkeit. Diese Rechtssicherheit muss der Gesetzgeber nicht nur bei der Normsetzung beachten, indem er klare, verständliche und hinreichend auslegbare Vorschriften schafft[139], deren Rechtsfolgen von den Adressaten berechenbar sein müssen und vorausgesehen werden können[140], sondern auch, indem er die Kenntnisnahme der Rechte und Pflichten der Bürger durch gesetzgemäße Veröffentlichung sicherstellt[141]. Nur wenn der Betroffene seine Rechte und Pflichten genau kennt, kann er sich für oder gegen die Einlegung eines Rechtsmittels entscheiden bzw. seine Rechte geltend machen.

In diesem Zusammenhang spielt auch der vom Verfassungsgericht gebrauchte Begriff des sog. *Salatgesetzes* (ung. *salatatörvény*) eine Rolle[142]. Darunter versteht das Gericht ein Gesetz, dessen Vorschriften ohne inhaltlich-logischen Zusammenhang zahlreiche andere Gesetze ändern[143]. Die mangelnde Nachvollziehbarkeit und Übersichtlichkeit der geänderten Bestimmungen solcher „*Salatgesetze*" gefährden für den Rechtsanwender den Grundsatz der Rechtssicherheit[144]. Der Gesetzgeber hat daher bei der Schaffung und Modifikation ebenso wie bei der Außerkraftsetzung oder Ergänzung von Gesetzen übersichtlich, logisch und sinnvoll vorzugehen[145].

---

[136] *Balogh* in: Balogh/Holló/Kukorelli/Sári, Az alkotmány magyarázata, S. 16, 48.
[137] AB Beschluss 9/1992 (I.30.), ABH 1992, 59, 65.
[138] AB Beschluss 11/1992 (III.5.), ABH 1992, 77, 85.
[139] AB Beschluss 11/1992 (III.5.), ABH 1992, 77, 84; AB Beschluss 26/1992 (IV.30.), ABH 1992, 135, 142.
[140] Ebenso AB Beschluss 26/1992 (IV.30.), ABH 1992, 135, 142; AB Beschluss 42/1997 (VII.1.), ABH 1997, 299, 301.
[141] AB Beschluss 25/1992 (IV.30.), ABH 1992, 131, 132.
[142] AB Beschluss 4/2006 (II.15.), ABH 2006, 101, 102; AB Beschluss 155/2008 (XII.17.), Magyar Közlöny 180/2008 (XII.17.), 24097, 24107.
[143] AB Beschluss 155/2008 (XII.17.), Magyar Közlöny 2008/180 (XII.17.), 24097, 24107.
[144] AB Beschluss 155/2008 (XII.17.), Magyar Közlöny 2008/180 (XII.17.), 24097, 24107.
[145] AB Beschluss 8/2004 (III.25.), ABH 2004, 144, 159; AB Beschluss 155/2008 (XII.17.), Magyar Közlöny 2008/180 (XII.17.), 24097, 24107; AB Beschluss 108/B/2000, ABH 2004, 1414, 1418 f.

Der Grundsatz der Rechtssicherheit fordert weiterhin den Schutz wohlerworbener Rechte sowie den Bestandsschutz erfüllter oder endgültig abgeschlossener Rechtsverhältnisse. Dies bezieht sich sowohl auf den Zeitpunkt der Außerkraftsetzung verfassungswidriger Gesetze, vor allem jedoch auf die auf solchen Gesetzen gegründeten Rechtsverpflichtungen[146]. Daher können grundsätzlich bestehende Rechtsbeziehungen nicht durch neue Gesetze oder durch die Aufhebung von Gesetzen außer Kraft gesetzt werden. Ausnahmen hiervon sind im Einzelfall[147] möglich[148], wenn ein anderer Verfassungsgrundsatz es unvermeidbar erfordert und die Verletzung der Rechtssicherheit nicht in einem Missverhältnis zum angestrebten Ziel steht[149] oder das Recht rechtsgrundlos erworben wurde[150]. Das Verfassungsgericht fordert aber im Rahmen des sog. *Erforderlichkeits- und Verhältnismäßigkeitstesst* bspw. Übergangsfristen bis zur endgültigen Aufhebung des bestehenden Rechtsverhältnisses[151], deren Länge auch von der Dauer einer staatlichen Zusage abhängig gemacht werden kann[152].

(2) Rechtsstaatsprinzip und Verfahrensgarantien

Der Rechtsstaat fordert, dass das Handeln der einzelnen Rechtsinstitute, d.h. der Rechtsträger, der Gerichte und der Verwaltung, voraussehbar und nicht willkürlich geschieht[153]. So funktionieren die Rechtsinstitute samt der Rechtspflege nur dann verfassungsgemäß und nicht willkürlich, wenn die formalen Verfahrensvorschriften eingehalten werden bzw. deren Einhaltung wirksam gewährleistet werden kann[154]. Daher sind die Verfahrensgarantien aus Sicht der Rechtssicherheit von ganz essentieller Bedeutung.

---

[146] AB Beschluss 11/1992 (III.5.), ABH 1992, 77, 81.
[147] AB Beschluss 43/1995 (VI.30.), ABH 1995, 188, 192.
[148] AB Beschluss 515/B/1997, ABH 1998, 976, 977; AB Beschluss 27/1999 (IX.15.), ABH 1999, 281, 286.
[149] AB Beschluss 11/1992 (III.5.), ABH 1992, 77, 82 ff.; zu den Beschränkungsmöglichkeiten der sich aus der Verfassung ergebenden Rechte, s. *2. Kapitel, III.3. Die Grundrechtsschranken und Schrankenschranken.*
[150] AB Beschluss 62/1993 (XI.29.), ABH 1993, 364, 367.
[151] AB Beschluss 44/1995 (VI.30.), ABH 1995, 203, 209.
[152] AB Beschluss 16/1996 (V.3.), ABH 1996, 61, 86 ff.
[153] AB Beschluss 9/1992 (I.30.), ABH 1992, 59, 65.
[154] *Balogh* in: Balogh/Holló/Kukorelli/Sári, Az alkotmány magyarázata, S. 49.

„*Die vom Rechtsstreit betroffene Person hat ein verfassungsmäßiges Recht darauf, dass das Gericht in ihrer Sache unter Einhaltung der gewährleisteten Verfahrensgarantien vorgeht und entscheidet. (...) Die Gewährleistung der den subjektiven Rechten und Pflichten dienenden Verfahrensgarantien ergibt sich aus dem verfassungsrechtlichen Rechtssicherheitsgrundsatz. Ein ohne entsprechende Verfahrensgarantien durchgeführtes Verfahren verletzt die Rechtssicherheit.*"[155] *[*Übers. d. Verf.]

Im Zusammenhang mit gerichtlichen Verfahren hat das Verfassungsgericht hervorgehoben, dass der Grundsatz der Rechtsstaatlichkeit kein subjektives Recht auf die materielle Wahrheit gewähre und ebenso wenig zusichere, dass jede einzelne Gerichtsentscheidung rechtmäßig sei. Dafür fordert es aber vom Gesetzgeber, Rechtsinstitute zu schaffen, welche in erster Linie die Verfahrensgarantien, die zur Durchsetzung subjektiver Rechte und zur Feststellung der materiellen Wahrheit erforderlich sind, gewährleisten[156].

(3) Rechtsstaatsprinzip und Verfahrensfristen

Den Einklang zwischen der materiellen Wahrheit und dem Rechtssicherheitserfordernis stellt das Institut prozessualer Verfahrensfristen her[157].

Das Rechtsstaatsprinzip fordert u.a. Rechtssicherheit in Form der Beendigung schwebender Rechtszustände[158], die durch die Schaffung prozessualer Fristen geschaffen werden kann. Da mit dieser Rechtskraft aber regelmäßig auch ein Rechtsausschluss einhergeht, muss dieser wiederum mit dem Erfordernis der Rechtsstaatlichkeit in Einklang gebracht werden. Das Verfassungsgericht hat in zahlreichen Entscheidungen erklärt, dass Verfahrensfristen grundsätzlich nicht gegen das Rechtsstaatsprinzip verstoßen, sondern es vielmehr der gesamten Rechtsordnung dienlich ist, wenn die Gesetzgebung die Geltendmachung subjektiver Rechte einer zeitlichen Beschränkung unterwirft[159].

Was die Festlegung der Fristdauer betrifft, so steht dem Gesetzgeber grundsätzlich ein weiter Spielraum zu, in dem er nicht nur den Grundsatz der

---

[155] AB Beschluss 75/1995 (XII.21.), ABH 1995, 376, 381.
[156] *Balogh* in: Balogh/Holló/Kukorelli/Sári, Az alkotmány magyarázata, S. 17; AB Beschluss 9/1992 (I.30.), ABH 1992, 59, 65 f.
[157] *Balogh* in: Balogh/Holló/Kukorelli/Sári, Az alkotmány magyarázata, S. 17.
[158] AB Beschluss 54/1992 (X.29.), ABH 1992, 266, 267; AB Beschluss 479/E/1997, ABH 1998, 967, 968 f.; Beschluss 1080/D/1997, ABH 1998, 1043, 1046; AB Beschluss 10/2001 (IV.12.), ABH 2001, 123, 131.
[159] Z.B. AB Beschluss 11/1992 (III.5.), ABH 1992, 77, 85; Im Zusammenhang mit der Befristung i.R.d. § 50 Abs. 2 Alk. vgl. AB Beschluss 2218/B/1991, ABH 1993, 580, 583.

Rechtssicherheit, sondern auch andere, gegebenenfalls der Rechtssicherheit widersprechende Forderungen anderer Grundrechte[160] oder des Rechtsstaates berücksichtigen muss[161]. Letzterer fordert wiederum, dass das Gesetz eindeutig und klar festlegen muss, unter welchen Voraussetzungen eine gerichtliche Entscheidung (außer-) ordentlich angegriffen werden kann und unter welchen Bedingungen eine materiell und prozessual rechtskräftige Entscheidung — unabhängig von ihrer inhaltlichen Richtigkeit — für die Beteiligten, für zukünftig angerufene Gerichte und Behörden maßgeblich wird[162].

(4) Rechtsstaatsprinzip und verfahrensrechtliche Selbstbestimmung

Ebenfalls aus dem Rechtsstaatsprinzip und der Menschenwürde i.S.d. § 54 Abs. 1 Alk. hat das Verfassungsgericht das Grundrecht auf verfahrensrechtliche Selbstbestimmung abgeleitet[163]. Die Partei im Zivilrechts- (sowie im Verwaltungsrechts-) verfahren hat demnach ein verfassungsmäßiges Recht, selbst zu entscheiden, ob und in welchem Umfang sie einen Rechtsstreit vor Gericht bringen oder ihr Recht etwa gar nicht geltend machen möchte.

„Eine gesetzliche Bestimmung[164], die allgemein und vom parteilichen Willen unabhängig die Inanspruchnahme des Gerichts ermöglicht, kann nicht als erforderliche, unabwendbare und verhältnismäßige Beschränkung des verfassungsmäßig garantierten Selbstbestimmungsrechts erachtet werden"[165]. [Übers. d. Verf.]

(5) Rechtsstaatsprinzip und Vollstreckbarkeit

Die Rechtsstaatlichkeit gebietet nach Ansicht des Verfassungsgerichtes auch eine konsequente Befolgung und Vollstreckung der gefällten Urteile, da sonst jeglicher Rechtsschutz unterlaufen werden könnte[166]. Zur Achtung gerichtlicher Entscheidungen müssen diese bei Rechtskraft, notfalls mittels rechtmäßigen

---

[160] AB Beschluss 935/B/1997, ABH 1998, 765, 771 zur Abwägung zwischen Rechtssicherheit und Eigentumsschutz.
[161] AB Beschluss 9/1992 (I.30.), ABH 1992, 59, 65.
[162] AB Beschluss 9/1992 (I.30.), ABH 1992, 59, 66.
[163] *Balogh* in: Balogh/Holló/Kukorelli/Sári, Az alkotmány magyarázata, S. 59; *Holló* in: Holló, Balogh, Az értelmezett alkotmány, S. 703; AB Beschluss 8/1990 (IV.23.), ABH 1990, 42, 44 f.
[164] Hier ging es um das Rechtsmittel der Gesetzmäßigkeitsaufsicht, die der Staatsanwaltschaft selbst nach Eintritt der Rechtskraft bereits ergangener Urteile ermöglichte, zivilrechtliche Streitigkeiten vor Gericht erneut aufrollen zu lassen.
[165] AB Beschluss 9/1992 (I.30.), ABH 1992, 59, 65 und AB Beschluss 1/1994 (I.7.), ABH 1994, 29, 36.
[166] *Balogh* in: Balogh/Holló/Kukorelli/Sári, Az alkotmány magyarázata, S. 60.

Zwangs, durchgesetzt werden. Dies gebietet das von der Rechtsstaatlichkeit abgeleitete Gebot der Rechtssicherheit[167].

„Wenn nämlich die Vollstreckungsordnung schwach und einfach zu umgehen ist, führt dies unmittelbar zur Schwächung, zu Rechtsunsicherheit, zum Verderben der Rechtslehre und zur Verletzung des Rechtsstaatlichkeitsgebotes."[168] *[Übers. d. Verf.]*

(6) Rechtsstaatsprinzip und sonstige Verfahrensgarantien

Aus § 70/A Abs. 1 Alk. und dem Rechtsstaatsgebot sowie den Forderungen des Art. 6 und 13 EMRK hat das Verfassungsgericht das Gebot der verfahrensrechtlichen Gleichbehandlung im Zivil- und Verwaltungsrechtsverfahren abgeleitet[169]. Aus diesem wiederum ergibt sich das Recht auf Nutzung der Muttersprache[170], auf beiderseitige Anhörung[171] sowie auf einen prozessualen Beistand[172] im Prozess.

(7) Fazit

Zusammenfassend lässt sich feststellen, dass das ungarische Verfassungsgericht aus dem Rechtsstaatsprinzip den Grundsatz der Rechtssicherheit ableitet, der wiederum klare und eindeutige Gesetzesbestimmungen, einschließlich Verfahrensvorschriften sowie den Bestandsschutz bestehender Rechtsverhältnisse fordert. Ebenso sind die Befristung von Rechtsmitteln, das verfahrensrechtliche Selbstbestimmungsrecht, die wirksame Durchsetzung ergangener Urteile und der Grundsatz der Gleichbehandlung vor Gericht vom Grundsatz der Rechtsstaatlichkeit umfasst.

Abschließend sei noch bemerkt, dass sich weder die Verfassung noch die bisherige Rechtsprechung des Verfassungsgerichtes zur verfassungsrechtlichen Gewährung einstweiligen Rechtsschutzes geäußert hat[173].

---

[167] AB Beschluss 46/1991 (IX.10.), ABH 1991, 211, 212.
[168] AB Beschluss 46/1991(IX.10.), ABH 1991, 211, 212.
[169] AB Beschluss 18/B/1994, ABH 1998, 570, 572, AB Beschluss 45/2000 (XII.8.), ABH 2000, 344, 349 f. mit Verweis auf AB Beschluss 191/B/1996, ABH 1997, 629, 631.
[170] *Fűrez* in: Kukorelli, Alkotmánytan I., S. 481; AB Beschluss 35/2002 (VII.19.), ABH 2002, 199, 215.
[171] AB Beschluss 836/D/2003, AB Közlöny 2008, 1120, 1124 f.; AB Beschluss 75/1995 (XII. 21.), ABH 1995, 376, 382.
[172] *Balogh* in: Balogh/Holló/Kukorelli/Sári, Az alkotmány magyarázata, S. 59 mit Verweis auf AB Beschluss 75/1995 (XII.21.), ABH 1995, 376, 381 f.
[173] Zum Fehlen einstweiligen Rechtsschutzes vor dem Verfassungsgericht vgl. *Sólyóm*, Ungarische Verfassungsgerichtsbarkeit und deutsche Grundrechtsdogmatik, Ziff. II.2.

bb) Besondere Anforderungen an das Verwaltungsverfahren

Aus dem Rechtsstaatsgebot des § 2 Abs. 1 Alk. werden auch spezifische Anforderungen an den Ablauf des Verwaltungsverfahrens abgeleitet, die auch für die Schiedsstelle für öffentliche Auftragsvergabe, als für die Nachprüfung von Vergabesachen zuständiges gerichtsähnliches Verwaltungsorgan[174], maßgeblich sein können.

(1) Die Verpflichtung zur Entscheidungsfindung

Zur Wahrung des Rechtsstaatsprinzips ist es nach Ansicht des Verfassungsgerichts notwendig, dass gegen das Unterlassen einer Behörde, eine Entscheidung zu fällen, die in ihrem Zuständigkeitsbereich liegt, ein Rechtsmittel statthaft ist[175]. Der Rechtssicherheitsgrundsatz setzt voraus, dass das Handeln der Verwaltungsbehörde für den Betroffenen vorhersehbar sein muss. Deshalb ist die Behörde verpflichtet, auch in einer ganz bestimmten Zeit eine Entscheidung zu treffen[176]. Die Ausübung ihrer Kompetenz ist nicht nur ein Recht, sondern auch eine verfassungsgemäße Pflicht der Verwaltung. Die Verwaltungsbehörde ist verfassungsrechtlich verpflichtet, ihre Befugnis im Rahmen ihrer Zuständigkeit auszuüben und in einer bestimmten angemessenen Zeit eine Entscheidung in der Sache zu treffen. Das behördliche Unterlassen muss von einem Gericht überprüfbar sein. Hierzu hat der Gesetzgeber dem Bürger ein effektives Rechtsschutzmittel an die Hand zu geben[177].

(2) Die Gesetzmäßigkeit der Verwaltung

Die Verfahrensordnung muss im Hinblick auf die verwaltungsrechtliche Beschlussfassung beide aus der Rechtsstaatlichkeit fließenden Bedingungen — die Gesetzmäßigkeit und die Rechtssicherheit — gewährleisten[178]. Dabei darf die Sicherung des gesetzmäßigen Funktionierens der Verwaltung aber nicht dazu führen, dass die Ausübung der durch die Verfassung eingeräumten subjektiven Rechte untergraben wird[179]. Die Behörden handeln i.S.d. § 2 Abs. 1 Alk. dann gesetz- und rechtmäßig, wenn sie sich dem Gesetz unterordnen und den Vorrang des Gesetzes wahren[180]:

---

[174] Vgl. *5. Kapitel, III.6 Die Qualifikation der Schiedsstelle als gerichtsähnliches Verwaltungsorgan.*
[175] AB Beschluss 72/1995 (XII.15.), ABH 1995, 351, 354 f.
[176] *Balogh* in: Balogh/Holló/Kukorelli/Sári, Az alkotmány magyarázata, S. 62.
[177] AB Beschluss 72/1995 (XII.15.), ABH 1995, 351, 354, 355.
[178] *Balogh* in: Balogh/Holló/Kukorelli/Sári, Az alkotmány magyarázata, S. 63.
[179] *Balogh* in: Balogh/Holló/Kukorelli/Sári, Az alkotmány magyarázata, S. 43.
[180] So bereits unter Geltung des Áe.: AB Beschluss 2/2000 (II.25.), ABH 2000, 25, 32 und ganz aktuell: AB Beschluss 83/2009 (IX.3.), Magyar Közlöny 2009/124 (IX.3.), Ziff. III.

„Der Grundsatz der Rechtsstaatlichkeit fordert, dass die über Staatsgewalt verfügenden Organe innerhalb des gesetzlich bestimmten Verfahrens, aufgrund gesetzlich eröffneter Zuständigkeit und innerhalb eines materiell-rechtlichen Rahmens ihre Tätigkeit gegenüber dem Bürger in erkennbarer und innerhalb der gesetzlichen Schranken in einer voraussehbaren Weise ausüben[181]."[Übers. d. Verf.]

Auch aus dieser Formulierung, die in § 1 Abs. 1 Ket. ihren Niederschlag gefunden hat, wird deutlich, dass die Einhaltung des Grundsatzes des sog. *fairen Verfahrens* und seiner einzelnen Elemente[182] nicht nur von den Gerichten, sondern von allen *„über Staatsgewalt verfügenden Organe"*, gefordert wird. Das Verfassungsgericht hat daher die Geltung des Grundsatzes des fairen Verfahrens auch auf das Verwaltungsverfahren ausgedehnt[183].

In der Rechtsprechung wurden außerdem das Recht auf Gleichheit[184], auf Gebrauch der Muttersprache[185] und auf eindeutige Begründung einer ablehnenden Entscheidung[186] im Verfahren vor den Verwaltungsbehörden ausdrücklich bestätigt. Zur Erfüllung der verfassungsmäßigen Aufgaben haben sich die Behörden außerdem im Rahmen der Amtshilfe zu unterstützen und nach Treu und Glauben vorzugehen[187].

b) Die Grundrechte und Grundsätze aus § 57 Abs. 1 Alk.

§ 57 Abs. 1 Alk. lautet wie folgt:

„In der Republik Ungarn ist jeder vor dem Gericht gleich und jeder hat das Recht, dass ein gesetzlich eingerichtetes, unabhängiges und unparteiisches Gericht in einer gerechten[188] und öffentlichen Verhandlung seine Rechte und Pflichten im Rahmen jedweder gegen ihn erhobene Anklage oder im Rahmen jedes Verfahrens überprüft." [Übers. d. Verf.]

Die Verfassungsnorm erstreckt sich damit nicht nur auf das Grundrecht auf ein Rechtsmittel gegen Entscheidungen der öffentlichen Gewalt, sondern auch

---

[181] AB Beschluss 56/1991 (XI.8.) ABH 1991, 454, 456; Beschluss 6/1999 (II.21.), ABH 1999, 90, 94; AB Beschluss 2099/E/1992, ABH 1992, 550, 553.
[182] Im Einzelnen *2. Kapitel, III.4.b)aa)(2) Die Elemente des fairen Verfahrens.*
[183] AB Beschluss 19/2009 (II.25), ABH 2009, 134, 135.
[184] AB Beschluss 45/2000 (XII.8.), ABH 2000, 344, 348 f.
[185] AB Beschluss 35/2002 (VII.19.), ABH 2002, 199, 215.
[186] AB Beschluss 21/1997 (III.26.), ABH 1997, 103, 106, im Hinblick auf eine abweisende Entscheidung oder auf die Ablehnung einer Argumentation des Bürgers.
[187] AB Beschluss 8/1992 (I.30.), ABH 1992, 51, 54.
[188] Ung. *igazságo*, kann mit „*wahr*", „*gerecht*" und „*rechtmäßig*" übersetzt werden.

auf mehrere positiv formulierte Grundrechte, die auf die Art und Weise des Rechtsschutzverfahrens abzielen[189].

§ 57 Abs. 1 Alk. umfasst einerseits das Grundrecht auf den Zugang zur Justiz und ist andererseits — in Verbindung mit den folgenden aus § 57 Alk. abgeleiteten Grundsätzen sowie mit Bestimmungen aus internationalen Verträgen (insb. der EMRK und dem Zivilpakt) — ein Element des Grundrechts auf ein faires Verfahren[190]. So tragen die einzelnen Grundrechtselemente in ihrer Gesamtheit zu einem Grundrecht auf effektiven Rechtsschutz bei[191].

aa) Das Grundrecht auf ein faires Verfahren

Die Voraussetzungen des fairen Verfahrens erstrecken sich auf alle Verfahren, in denen eine natürliche oder juristische Person von der Rechtsanwendung des Staates bzw. von Organen, die durch den Staat hierzu beauftragt worden sind, betroffen ist[192].

(1) Der Zusammenhang mit internationalen Verträgen

Bei der Entwicklung und Auslegung des Rechts auf ein faires Verfahren ist die Orientierung des ungarischen Verfassungsgerichts an internationalen Verträgen sowie an der diesbezüglichen Rechtsprechung der internationalen Gerichte ganz offensichtlich[193]. Im Beschluss 6/1998 vom 11.03.1998 hat das Verfassungsgericht ausdrücklich erklärt, dass sich die Anforderungen an ein faires Verfahren nicht nur aus den Grundsätzen des § 57 Abs. 1 und Abs. 5 Alk., sondern darüber hinaus auch aus den abgeschlossenen internationalen Abkommen ergeben[194]. Hierzu zählen vor allem Art. 6 Abs. 1 EMRK und der internationaler Pakt über bürgerliche und politische Rechte vom 19.12.1966 (im Folgenden auch: Zivilpakt), insbesondere Art. 2 Abs. 3 des Zivilpaktes über den effektiven Rechtsschutz und Art. 14 des Zivilpaktes über das Recht auf ein zuständiges, unabhängiges, unparteiisches Gericht und eine öffentliche Verhandlung[195], die für den Inhalt und die Formulierung des § 57 Alk. sogar als Vorlage dienten[196]. Das Verfassungsgericht nimmt bei der Prüfung des

---

[189] AB Beschluss 38/1993 (VI.11.), ABH 1993, 353, 355; *Balogh* in: Balogh/Holló/Kukorelli/Sári, Az alkotmány magyarázata, S. 48 f.
[190] AB Beschluss 20/2005 (V.26.), ABH 2005, 202, 217 f.; AB Beschluss 6/1998. (III. 11.) ABH 1998, 91, 95.
[191] AB Beschluss 6/1998 (III.11.), ABH 1998, 91, 98.
[192] *Tilk* in: Petrétei/Chronowski/Drinóczi/Tilk/Zeller, Magyar Alkotmányjog III., S. 270.
[193] Siehe anstatt vieler die Aufarbeitung der Rechtsprechung des EGMR zu Art. 6 EMRK in AB Beschluss 20/2005 (V.26.), ABH 2005, 202, 212.
[194] AB Beschluss 6/1998 (III.11.), ABH 1998, 91, 95; AB Beschluss 11/2007 (III.7.), ABK 2007/3 (III. 31.), 218, 219.
[195] *Sári* in: Balogh/Holló/Kukorelli/Sári, Az alkotmány magyarázata, S. 561.
[196] AB Beschluss 19/2009 (II.25.), AB Közlöny 2009/2, 134, 136.

Grundsatzes des fairen Verfahrens also nicht nur auf seine eigene Auslegungspraxis Bezug, sondern verpflichtet sich auch zur Berücksichtigung der Konventionstexte und der dazu ergangenen Rechtsprechung des EGMR[197] sowie des EuGH und macht sich diese oftmals zu Eigen[198]. Dieses Vorgehen ist schließlich auch durch die Aufgabe des Verfassungsgerichtes zur Überprüfung der Verfassungsmäßigkeit von Rechtsvorschriften gemäß § 32/A Abs. 1 Alk. bedingt. Denn verfassungsmäßig ist ein Gesetz nur dann, wenn es auch den Anforderungen des § 7 Abs. 1 Alk. genügt, der die Übereinstimmung mit internationalen Rechtsverpflichtungen fordert.

Dabei darf das Verfassungsgericht nicht in allen Fällen überprüfen, ob ungarisches Recht mit diesen im Widerspruch steht. Nur die durch § 21 Abs. 3 a) bis f) Abtv. Berechtigten (u.a. das Parlament, die Regierung oder der Präsident) können eine solche Kontrolle veranlassen — nicht aber eine (Privat-)Person im Rahmen einer Verfassungsbeschwerde[199].

(2) Die Elemente des fairen Verfahrens

Das Grundrecht auf ein faires Verfahren wird in § 57 Abs. 1 Alk. nicht ausdrücklich genannt[200]. Das Verfassungsgericht leitet es aber dem in Art. 6 EMRK, § 57 Abs. 1 Alk. verankerten Recht auf ein unabhängiges und unparteiisches Gericht sowie aus Verfahrensgarantien des § 2 Abs. 1 Alk. ab und fordert vom Gesetzgeber den umfassenden Schutz[201].

Zur Bestimmung seiner Elemente zieht das Verfassungsgericht § 57 Abs. 1, 3 und 5 Alk. sowie die Anforderungen der Art. 6 EMRK, Art. 2 Abs. 3 und Art. 14 des Zivilpaktes heran[202]. Dabei ist das Recht auf ein faires Verfahren inhaltlich nicht abschließend bestimmt, sondern muss stets aus rechtlichen und

---

[197] AB Beschluss 18/2004 (V.25.), ABH 2004, 303, 306.
[198] So auch der aktuelle AB Beschluss 11/2007 (III.7.), AB Közlöny 2007/3, 218, 220 oder AB Beschluss 20/2005 (V.26.), ABH 2005, 202; Vgl. auch die abweichende Meinung des Verfassungsrichters Dr. Péter *Kovács* im Anschluss an den AB Beschluss 01/2008 (I.11.), AB Közlöny 2008/1 (I.31.), 4, 24 f.
[199] AB Beschluss 45/2000 (XII.8.), ABH 2000, 344, 352.
[200] *Sári* in: Balogh/Holló/Kukorelli/Sári, Az alkotmány magyarázata, S. 560.
[201] AB Beschluss 75/1995 (XII.21.), ABH 1995, 376, 382 f.; AB Beschluss 43/1998 (X.9.), ABH 1998, 313, 318; AB Beschluss 315/E/2003, ABH 2003, 1590, 1592; AB Beschluss 14/2004 (V.7.), ABH 2005, 241, 256.
[202] AB Beschluss 75/1995 (XII.21.), ABH 1995, 376, 382, wobei die Bezugnahmen auf die genannten Vorschriften nicht immer einheitlich erfolgen, vgl. AB Beschluss 1/2008 (I.11.), AB Közlöny 2008/1, 4, 10.

nichtrechtlichen sowie aus geschriebenen und ungeschriebenen Verfassungselementen weiter entwickelt werden[203].

Zur Beurteilung, ob ein Verfahren tatsächlich fair durchgeführt wird, sind stets alle Umstände des jeweiligen Verfahrens zu berücksichtigen[204]. Dabei kann bereits die Nichteinhaltung nur einer einzelnen Vorschrift dazu führen, dass das gesamte Verfahren als „unbillig" oder „nicht fair" zu beurteilen ist[205]. Denn alle Elemente sind stets in ihrer Gesamtheit zu beurteilen und zu bewerten, weshalb sich die abstrakte Betrachtung einzelner Verfahrenselemente verbietet[206].

Zu den einzelnen Elementen des effektiven Rechtsschutzes zählen vor allem das Grundrecht auf Zugang zu einem unabhängigen und unparteiischen Gericht, der Grundsatz der gerechten Verhandlung, der Waffengleichheit und das Grundrecht auf Akteneinsicht, der Grundsatz der Öffentlichkeit der Verhandlung und der angemessenen Verfahrensdauer, das Grundrecht auf Gleichheit vor Gesetz und Gericht sowie die Verpflichtung zur Begründung der gefällten Entscheidung[207].

Nach Ansicht des Verfassungsgerichtes ist das Recht auf ein faires Verfahren an sich ein absolutes Recht, dem gegenüber es kein anderes mit ihm abwägbares grundlegendes Recht oder verfassungsrechtliches Ziel geben kann. Insbesondere darf das Grundrecht nicht aus Gründen der Wirtschaftlichkeit oder Zweckmäßigkeit, zur Vereinfachung oder Verkürzung des Verfahrens beschränkt werden[208]. Denn das Recht auf ein faires Verfahren ist selbst das Ergebnis einer bereits erfolgten Abwägung[209].

Wohl aber dürfen die einzelnen Grundrechtselemente des fairen Verfahrens beschränkt werden bzw. sich gegenseitig beschränken. Hierzu sind vor allem Einschränkungen aufgrund von Datenschutzbestimmungen, staatlichen Geheimhaltungsvorschriften oder zum Schutz von Persönlichkeitsrechten zu zählen[210]. Gleichwohl erwartet die Verfassung, dass die Beschränkung der

---

[203] *Fűrész* in: Kukorelli, Alkotmánytan I., S. 489; *Sári*, in: Balogh/Holló/Kukorelli/Sári, Az alkotmány magyarázata, S. 560.
[204] AB Beschluss 6/1998 (III.11.), ABH 1998, 98 ff.
[205] AB Beschluss 6/1998 (III.11.), ABH 1998, 91, 95.
[206] AB Beschluss 20/2005 (V.26.), ABH 2005, 202, 213.
[207] *Tilk* in: Petrétei/Chronowski/Drinóczi/Tilk/Zeller, Magyar Alkotmányjog III., S. 272, wobei auf die für das Strafverfahren relevanten Elemente des fairen Verfahrens nicht besonders eingegangen werden soll.
[208] AB Beschluss 11/1992 (III.5.), ABH 1992, 77, 84 f; AB Beschluss 49/1998 (XI.27.), ABH 1998, 372, 376 f; AB Beschluss 5/1999 (III.31.), ABH 1999, 75, 88 f.; AB Beschluss 422/B/1999, ABH 2004, 1316, 1320, 1322.
[209] *Tilk* in: Petrétei/Chronowski/Drinóczi/Tilk/Zeller, Magyar Alkotmányjog III., S 271.
[210] AB Beschluss 58/1995 (IX.15.), ABH 1995, 289, 292.

einzelnen Elemente des fairen Verfahrens nicht dazu führt, dass sich auch nur ein Abschnitt des Verfahrens als nicht fair erweist[211]: Die Beschränkung eines einzelnen Elements muss gleichzeitig durch die verstärkte Wirkung der übrigen Grundrechtselemente kompensiert werden.

(3) Das Grundrecht auf Zugang zu Gericht

Das Recht auf Zugang zu Gericht gemäß § 57 Abs. 1 Alk. ist zum einen ein ausdrücklich formuliertes Grundrecht und zum anderen ein Teilelement des Grundrechts auf ein faires Verfahren[212]. Es verpflichtet den Staat, einen gerichtlichen Weg zur Beurteilung der Rechte und Pflichten zu eröffnen und zu sichern[213]. Erforderlich ist hierfür, dass den Betroffenen die Tatsachen, über die das Gericht urteilen wird, bekannt gegeben werden und es ihnen ermöglicht wird, zu den rechtlichen Fragen Stellung zu nehmen[214].

Die Normen, die sich auf die ungarischen Gerichte beziehen, befinden sich in zwei unterschiedlichen Verfassungskapiteln[215]: Zum einen in Kapitel X. über die Gerichtsorganisation, § 45 bis § 50 Alk., die über die Institution, Aufgaben und Zuständigkeiten der Gerichte befinden, und zum anderen im Kapitel XII. über die grundlegenden Rechte und Pflichten. Dort bestimmt § 57 Abs. 1 Alk. das Recht eines jeden auf Zugang zu Gericht. Die Verfassung garantiert, dass für die Gewährleistung dieses Rechts ausschließlich die in § 45 Alk. genannten Gerichte zuständig und verpflichtet sind[216]. Damit wurden die entsprechenden Anforderungen der AEMR, der EMRK und des Zivilpaktes erfüllt:

> *„Das Recht auf Zugang zu Gericht ist in der Suche nach Rechtmäßigkeit begründet. Die Verfassung gewährt zur Geltendmachung der materiellen Wahrheit das Recht auf ein hierfür notwendiges und in den meisten Fällen angemessenes Verfahren[217]".* *[Übers. d. Verf.]*

Das Verfassungsgericht erstreckt das Recht auf Zugang zu Gericht nicht nur auf das bloße Recht, Schriftstücke zur Beurteilung einzureichen, sondern auch

---

[211] *Tilk* in: Petrétei/Chronowski/Drinóczi/Tilk/Zeller, Magyar Alkotmányjog III., S 273; AB Beschluss 6/1998 (III.11.), ABH 1998, 91, 95, 98 f.
[212] AB Beschluss 1282/B/1993, ABH 1994, 675, 678 f. *Holló* in: Holló/Balogh, Az értelmezett alkotmány, S. 742 mit Verweis auf AB Beschluss 53/1993 (XI.29), ABH 1993, 323, 353, 355 und AB Beschluss 32/2002 (VII.4.), ABH 2002, 158, 159 f.
[213] AB Beschluss 9/1992 (I.30.), ABH 1992, 59, 67; AB Beschluss 59/1993 (XI.29.), ABH 1993, 353, 355; AB Beschluss 1/1994 (I.7.), ABH 1994, 29, 35; AB Beschluss 46/2007 (VI.27.), AB Közlöny 2007, 574, 580.
[214] AB Beschluss 59/1993 (XI. 29.), ABH 1993, 353.
[215] *Fürész* in: Kukorelli: Alkotmánytan I., S. 450.
[216] AB Beschluss 35/2002 (VII.19.), ABH 2002, 212.
[217] AB Beschluss 9/1992 (I.30.), ABH 1992, 59, 65.

eine sich erst im Laufe des Verfahrens ergebende Rechtsposition der Parteien zu sichern: Im Beschluss 59/1993[218] erkläre es eine Vorschrift für nichtig, die es dem Gericht ermöglichte, ohne Ladung der Parteien eine Klage abzuweisen, selbst wenn feststellbar war, dass der Anspruch des Klägers offensichtlich unbegründet oder nicht durchsetzbar bzw. nicht feststellbar ist. Das Gericht führte aus, dass die Parteien ein verfassungsmäßiges Recht auf die Möglichkeit hätten, sich zum Sachverhalt und den rechtlichen Fragen zu erklären, da sie keine „(...) *nur zu duldende(n) Objekte"* des Zivilrechtsprozesses seien[219].

Die genaue Ausgestaltung des subjektiven Rechts auf den Zugang zu Gericht überlässt die Verfassung dem Gesetzgeber. Ihm steht hierfür ein weiter Ermessensspielraum zu, den das Verfassungsgericht nur insoweit überprüfen kann, als andere Grundrechte oder Verfassungsgrundsätze hierdurch betroffen werden[220]. Zwar muss er den Zugang nicht unbeschränkt gewähren[221], jedoch ist es die Pflicht des Staates, dafür Sorge zu tragen, dass die Anrufung des Gerichts auch tatsächlich möglich ist[222]. Der Rahmen, in dem er den Gerichtszugang gewähren muss, legt § 8 Abs. 2 der ungarischen Verfassung fest[223]. Damit gelten der Wesensgehalt des Zugangsrechts und die übrigen Verfassungsnormen als gesetzgeberische Grenze[224].

In Betracht kommen insbesondere die Beschränkung durch entgegenstehende öffentliche Interessen[225], durch die Bestimmung angemessener Fristen zur Klageerhebung[226] — selbst wenn sie zu einem Rechtsverlust führen[227] — oder zwecks kurzfristiger Durchsetzung einzelner nicht unmittelbar aus der Verfassung abzuleitender wirtschaftspolitischer, lebensstandard- und sozialpolitischer Zielsetzungen[228]. Ebenfalls kann die Inanspruchnahme durch

---

[218] AB Beschluss 59/1993 (XI.29.), ABH 1993, 353, 355.
[219] AB Beschluss 59/1993 (XI.29.), ABH 1993, 353, 355.
[220] AB Beschluss 902/B/2006; AB Közlöny 2008, 1430.
[221] AB Beschluss 42/1993 (VI.30.), ABH 1993, 300, 303.
[222] AB Beschluss 1074/B/1994, ABH 1996, 452, 453.
[223] AB Beschluss 59/1993 (XI.29.), ABH 1993, 353, 355.
[224] AB Beschluss 574/B/1996; ABH 1996, 628, 629.; AB Beschluss 1106/B/1997, ABH 2003, 1018, 1021.
[225] *Holló in:* Holló/Balogh, Az értelmezett alkotmány, S. 735.
[226] Zuletzt in AB Beschluss 3/2006, ABH 2006, 65, 94; AB Beschluss 30/1992, ABH 1992, 167, 171; AB Beschluss 935/B/1997, ABH 1998, 765, 771; AB Beschluss 6/1998 (III.11.), ABH 1998, 91, 98 f.; AB Beschluss 44/2004, ABH 2004, 648.
[227] AB Beschluss 3/2006 (II.8.), Magyar Közlöny (II.8.), 2006/14, 1066, 1080; AB Beschluss 1018/B/1998, ABH 2002, 887, 892.
[228] AB Beschluss 61/1992 (XI.20.), ABH 1992, 280, 281.

die Bestimmung eines Vorschaltverfahrens[229] sowie durch die Verpflichtung zur Zahlung erforderlicher Gerichtskosten eingeschränkt werden[230].

Bei der Festsetzung der Schranken hat der Gesetzgeber aber stets darauf zu achten, dass diese unvermeidbar erforderlich sind sowie zum angestrebten Ziel im Verhältnis stehen[231]. Die Beschränkungen dürfen den Zugang jedenfalls nicht so sehr erschweren, dass der Wesensgehalt des Grundrechts i.S.d. § 8 Abs. 2 Alk. betroffen wird. So endet die gesetzgeberische Freiheit im Anwendungsbereich des § 57 Abs. 1 Alk. bspw. dort, wo einem bestimmten Personenkreis das Zugangsrecht praktisch verwehrt wird. Zwar gewährt § 57 Abs. 1 Alk. keinen Anspruch auf eine „*kostenlose*" Justiz, der Gesetzgeber hat jedoch zum Zwecke der Verwirklichung seiner Verpflichtung, eine Inanspruchnahme des Gerichts tatsächlich zu ermöglichen, eine entsprechende Prozesskostenhilfeordnung zu schaffen[232].

§ 57 Abs. 1 Alk. gewährt an sich keinen Anspruch auf einen Instanzenzug. In Verbindung mit § 57 Abs. 5 Alk. jedoch eröffnet die ungarische Verfassung — sogar über die Forderung des Art. 6 EMRK[233] hinaus — ein Rechtsmittel gegen gerichtliche Entscheidungen[234].

(4) Zugang zu einem unabhängigen und unparteiischen Gericht

§ 57 Abs. 1 Alk. gewährt das Recht auf den Zugang zu einem unabhängigen und unparteiischen Gericht.

Der sich aus § 2 Abs. 1 Alk. ergebende Grundsatz der Gewaltenteilung ist Voraussetzung für die erforderliche richterliche Unabhängigkeit[235]. Zur Ausübung der richterlichen Gewalt sind nach § 45 Alk. nur die folgenden Gerichte befugt:

---

[229] *Holló* in: Holló/Balogh, Az értelmezett alkotmány, S. 735, 745; AB Beschluss 71/2002 (XII.17.), ABH 2002, 417, 423 f.; vgl. hierzu die Ausführungen zu § 57 Abs. 5 Alk.
[230] AB Beschluss 64/1991 (XII.17.), ABH 1991, 297, 302.
[231] AB Beschluss 467/B/1997, ABH 2001, 907, 908; AB Beschluss 930/B/1994, ABH 1996, 502, 505;
[232] AB Beschluss 902/B/2006; AB Közlöny 2008, 1430; AB Beschluss 181/B/1993, ABH 1994, 588, 589; AB Beschluss 1074/B/1994, ABH 1996, 452, 453 f.
[233] EGMR, No. 2689/65, *Delcourt v. Belgium*, Series A 11, para. 25.
[234] Vgl. hierzu die Ausführungen zu § 57 Abs. 5 Alk.
[235] AB Beschluss 56/1991, ABH 1991, 454, 456 sowie aktuell AB Beschluss 62/2006, ABH 2006, 697, 708, 713.

„(1) Die Rechtsprechung wird in der Republik Ungarn durch das Oberste Gericht der Republik Ungarn, die Tafelgerichte, das Hauptstädtische Gericht und die Komitatsgerichte, sowie die örtlichen Gerichte und die Arbeitsgerichte ausgeübt." [Übers. d. Verf.]

Der Unabhängigkeitsgrundsatz fordert aber nicht nur, dass die Gerichte gegenüber den anderen beiden Staatsgewalten formal selbständig sind, sondern auch, dass sie ihre Rechtsprechung ohne jeden äußeren Einfluss ausüben[236]. Den verfassungsrechtlichen Schutz dieses Grundsatzes gebietet § 50 Abs. 3 S. 1 Alk.:

„Die Richter sind unabhängig und nur dem Gesetz unterworfen." [Übers. d. Verf.]

Die Unterordnung unter das Gesetz umfasst sowohl eine negative als auch eine positive Komponente[237]: Als Teil der gerichtlichen Gewalt sind die Richter nichts und niemandem, sondern ausschließlich und abschließend dem Gesetz unterworfen. In positiver Hinsicht meint § 50 Abs. 3 S. 1 Alk., dass die richterliche Gewalt in uneingeschränktem Umfang dem Gesetz unterstellt wird. Damit ist das Gesetz die einzige, aber auch absolute Schranke der judikativen Gewalt.

Darüber hinaus umfasst der Unabhängigkeitsgrundsatz auch die persönliche Unabhängigkeit des betreffenden Richters, die in der ungarischen Verfassung zum einen durch Bestimmungen über die Ernennung und Abberufung der Richter und zum anderen durch die Immunitätsgewährung verwirklicht wird[238].

„§ 48 (1) Das Parlament wählt den Präsidenten des Obersten Gerichts auf Vorschlag des Präsidenten der Republik Ungarn, dieser ernennt auf Vorschlag des Präsidenten des Obersten Gerichts hin seine Stellvertreter. Zur Wahl des Präsidenten des Obersten Gerichts ist eine Zweidrittelmehrheit der Abgeordneten des Parlaments erforderlich.

(2) Die Berufsrichter werden durch den Präsidenten der Republik auf gesetzliche Art und Weise ernannt.

(3) Die Abberufung der Richter aus ihrem Amt ist nur aus gesetzlich festgelegten Gründen und in einem gesetzlichen Verfahren möglich." [Übers. d. Verf.]

Die vorgenannten Verfassungsbestimmungen sind Bestandteile einer verfassungsrechtlichen Organisationsgarantie im Hinblick auf den ungarischen Justizapparat. Die Bedingung einer gesetzlichen Grundlage dient der

---

[236] AB Beschluss 17/1994 (III.29.), ABH 1994, 84, 86.
[237] AB Beschluss 38/1993 (VI.11.), ABH 1993, 256, 280 f.
[238] *Petrétei*, Magyar Alkotmányjog II., S. 208 f.

Vermeidung des Zugriffs der exekutiven Gewalt auf das Gerichtswesen und auf den gerichtlichen Zuständigkeitsbereich. Darüber hinaus wird die Unabhängigkeit durch die Weisungsungebundenheit und die grundsätzliche Unabsetzbarkeit des Richters sichergestellt.

Abgerundet werden die Anforderungen durch die politische Unabhängigkeit der Gerichte, die in § 50 Abs. 3 S. 2 Alk.

„*Die Richter dürfen kein Mitglied einer Partei oder politisch tätig sein.*"
[Übers. d. Verf.]

nicht nur als Tatsachenfeststellung formuliert, sondern auch ein verfassungsrechtliches Gebot sind[239].

Die Unabhängigkeit ist zugleich auch Voraussetzung der von § 57 Abs. 1 Alk. geforderten Unparteilichkeit. Diese erstreckt sich sowohl auf ein objektives als auch auf ein subjektives Element: In subjektiver Hinsicht wird die Unvoreingenommenheit und Unbefangenheit gegenüber den Verfahrensbeteiligten gefordert und zwar vom Richter selbst, von seinem Verhalten und von seiner Auffassung[240]. In objektiver Hinsicht müssen die gerichtlichen Verfahrens- und Organisationsvorschriften unabhängig von den beteiligten Personen solche Situationen vermeiden, die berechtigte Zweifel an der Unparteilichkeit des Richters erwecken könnten[241].

Darüber hinaus bedarf es nach Ansicht des Verfassungsgerichts auch der gerichtlichen Kompetenz, wirksam über den Rechts- und Sachstreit entscheiden zu können. Das Gericht muss tatsächlich über Entscheidungsgewalt verfügen. Nicht ausreichend ist ein Rechtsmittel, das wegen formalen oder rechtlichen Vorschriften keine Aussicht auf Erfolg haben kann[242].

Gleichzeitig bedeutet die richterliche Unabhängigkeit natürlich keine grenzenlose Entscheidungsgewalt des Richters. Die verfassungsmäßigen Gesetze, denen die Richter unterstellt sind, setzen ihnen die Grenzen im Hinblick auf ihre Zuständigkeit[243]: Das Gesetz LXVII von 1997 über die

---

[239] AB Beschluss 38/1993 (VI.11.), ABH 1993, 256, 262.
[240] AB Beschluss 67/1995, (XII.7.), ABH 1995, 346, 347.
[241] AB Beschluss 67/1995, (XII.7.), ABH 1995, 346, 347.
[242] AB Beschluss 22/1995 (III.31.), ABH 108, 110; AB Beschluss 22/1991 (IV.26.), ABH 1991, 408, 411.
[243] AB Beschluss 19/1999, ABH 1999, 150, 153.

Rechtsstellung und Vergütung der Richter[244] sowie das Gesetz LXVI von 1997 über die Gerichtsorganisation[245].

Ersteres regelt in erster Linie Amtszeit, Ernennung und Weisungsungebundenheit. Die Unparteilichkeit wird etwa durch Vorschriften zum Ausschluss eines Richters bei persönlicher Betroffenheit oder die Durchführung eines Disziplinarverfahrens (insb. §§ 21 ff Bjt.) sichergestellt. Auch das Bsz., das den objektiven Aufbau und die Zusammensetzung der Gerichte regelt sowie die immer wiederkehrende Betonung der Unabhängigkeit und Unparteilichkeit der Gerichte in den einzelnen Gesetzen sollen das öffentliche Vertrauen in die ungarische Gerichtsbarkeit stärken.

(5) Der Rechtsgrundsatz der gerechten Verhandlung

Als wesentlicher Bestandteil des Rechts auf ein faires Verfahren nennt das Verfassungsgericht die Durchführung einer gerechten Verhandlung[246]. Das allgemeine Verständnis von einerseits einer *gerechten* und andererseits einer *rechtmäßigen* Verhandlung stimmt inhaltlich nicht immer überein. Daher wird im ungarischen Schrifttum die Frage aufgeworfen, ob die Rechtsprechung nun verfassungsrechtlich dazu verpflichtet ist, Recht zusprechen oder auch Gerechtigkeit zu bewirken[247]. Das Verfassungsgericht hat zu dieser Frage mehrfach Stellung genommen. Unter der Formulierung in § 57 Alk. versteht es kein Grundrecht auf eine materielle Wahrheitsfindung.

„Die Verfassung ist für die Geltendmachung der materiellen Gerechtigkeit notwendig und bereitet in den meisten Fällen den Weg für ein angemessenes Verfahren. § 57 Alk. gewährt das Recht auf ein gerichtliches Verfahren, garantiert aber nicht, dass dessen Ergebnis in jedem Fall auch gerecht ist (...)."[248] [Übers. d. Verf.]

---

[244] Ung. *A bírák jogállásáról és javadalmazásáról szóló 1997. évi LXVII. törvény*, Magyar Közlöny 1997/66 (VII. 23.), im Folgenden: Bjt.
[245] Ung. *1997. évi LXVI. törvény a bíróságok szervezetéről és igazgatásáról*, Magyar Közlöny 1997/66 (VII. 23.), im Folgenden: Bsz.
[246] AB Beschluss 6/1998 (III.11.), ABH 1998 91, 95.
[247] Sári in: Balogh/Holló/Kukorelli/Sári, Az alkotmány magyarázata, S. 561; *Fűrész* in: Kukorelli: Alkotmánytan I., S. 49: 1952 wurde die Anforderung der Wahrheitsfindung in die Pp. aufgenommen und im Zuge einer Gesetzesänderung mit der Begründung, die Pp. müsse (nun doch) nicht die materielle Wahrheitsfindung garantieren, wieder gestrichen. Stattdessen sollen den verfassungsrechtlichen Grundsätzen in Zukunft ungeteilte Geltung verschafft, indem Rechtsstreitigkeiten unabhängig und fair beurteilt werden.
[248] AB Beschluss 9/1992 (I.30.), ABH 1992, 59, 65.

„*Das beste Mittel zur Feststellung der materiellen Wahrheit ist, wenn die (...) Tatsachen aufgrund einer unmittelbaren und freien Beweiswürdigung im Verfahren eines unabhängigen und unparteiischen Gerichts in einer öffentlichen Verhandlung unter der aktiven Mitwirkung gleichberechtigter Parteien zur Beweisaufnahme festgestellt werden (...)*"[249] *[Übers. d. Verf.]*
Wurden die formellen Verfahrensvorschriften eingehalten, ist also auch ein inhaltliches Abweichen zwischen rechtmäßiger Rechtsprechung und materieller Gerechtigkeit verfassungskonform.

Die materielle Wahrheitsfindung darf gesetzlich aber nicht unmöglich sein. Im Beschluss 4/1998 betonte das Verfassungsgericht, dass

„*(...) die Verfassung zwar tatsächlich nicht gewährleistet, dass das Ergebnis eines Verfahrens gerecht sein muss (...). (...) es garantiert aber, dass ein Gesetz, das dies grundsätzlich ausschließt, nicht erlassen werden darf. Ist aufgrund einer Vorschrift die Geltendmachung materieller Gerechtigkeit unmöglich, so verletzt dies den in § 2 Abs. 1 bestimmten Grundsatz der Rechtsstaatlichkeit genauso wie das Fehlen von Verfahrensgarantien.*"[250] *[Übers. d. Verf.]*

Diese Auslegung spiegelt sich auch im verfassungsrechtlich garantierten Selbstbestimmungsrecht der Verfahrensbeteiligten wider[251]. Das Verfassungsgericht hat diese Autonomie für das Zivil- und Verwaltungsverfahren aus der Rechtstaatlichkeit (§ 2 Abs. 1 Alk.) und der Menschenwürde gemäß § 54 Abs. 1 Alk. abgeleitet[252]. Will eine Partei ein ihr zustehendes Recht nicht geltend machen, mag das zwar nicht der Wiederherstellung der „*gerechten*" Rechtslage dienen. Trotzdem haben dies auch die staatlichen Organe zu akzeptieren: Streitgegenstand des genannten Beschlusses war eine Vorschrift der Pp. aus Zeiten vor dem Systemwechsel. Sie sprach der Staatsanwaltschaft das Recht zu, das Verfahren im Wege der sog. *Gesetzmäßigkeitsaufsicht* auch unabhängig vom Parteiwillen wieder aufrollen zu lassen. Da es aber der Partei obliege, darüber zu entscheiden, ob sie einen Rechtsstreit vor Gericht bringen will oder nicht, erklärte das Gericht die Vorschrift für verfassungswidrig. Bei Eintritt der Rechtskraft oder bei Verjährung gelte dies umso mehr[253].

---

[249] AB Beschluss 422/B/1999 (IX.28.), ABH 2004, 1316, 1320.
[250] AB Beschluss 4/1998 (III.1.), ABH 1998, 71, 77.
[251] Siehe hierzu näher unter 2. *Kapitel, III.4.a)aa)(4) Rechtsstaatsprinzip und verfahrensrechtliche Selbstbestimmung.*
[252] AB Beschluss 9/1992 (I.30.), ABH 1992, 59, 65 und AB Beschluss 1/1994 (I.7.), ABH 1994, 29, 36.
[253] *Balogh* in: Balogh/Holló/Kukorelli/Sári, Az alkotmány magyarázata, S. 59.

Ebenso hat die materielle Gerechtigkeit dort seine verfassungsrechtliche Grenze, wo das Recht bzw. das schützenswerte Interesse der Verfahrensbeteiligten beginnt. So

„(...) *kann die materielle Wahrheit zweifellos nicht das jederzeitige und mit allen Mitteln zu erreichende Ziel (der Verfahrensvorschriften) sein, da gerade aufgrund der Bedingungen des fairen Verfahrens eine solche Garantie der Beteiligtenrechte und -interessen[254] erforderlich ist, welche die Möglichkeit zur Feststellung der tatsächlichen Wahrheit (...) einschränken kann.(...)* "[255] *[Übers. d. Verf.]*

Diese Beschlüsse zeigen, dass die ungarische Verfassung kein absolutes Recht auf materielle Gerechtigkeit gewährt, sondern auf die Einhaltung von Verfahrensvorschriften, die auf die Wiederherstellung der materiellen Gerechtigkeit abzielen.

(6) Der Grundsatz der Waffengleichheit und das Grundrecht auf Akteneinsicht

Das Grundrecht auf ein faires Verfahren erfordert die Gewährung des *sog. Grundsatzes der Waffengleichheit*, der für den Strafprozess seinen ausdrücklichen Niederschlag in § 57 Abs. 3 Alk. gefunden hat[256].

„*In jeder Phase des Verfahrens steht den Personen, die einem Strafverfahren unterzogen werden, das Recht auf Verteidigung zu. Der Verteidiger kann wegen seiner geäußerten Meinung im Rahmen der Verteidigung nicht zur Verantwortung gezogen werden.*" *[Übers. d. Verf.]*

Den Inhalt und die Auslegung dieser ausdrücklich für das Strafverfahren geltenden Bestimmung erstreckte das Verfassungsgericht unter Heranziehung des Rechtsstaatsprinzips und des § 57 Abs. 1 Alk. entsprechend auch auf das Zivil- bzw. Verwaltungsgerichtsverfahren[257].

Der Grundsatz der Waffengleichheit fordert, dass sich beide Seiten gleichberechtigt zur Sache äußern können. Ebenfalls umfasst ist das Recht auf einen Rechtsbeistand vor Gericht und die grundsätzliche Möglichkeit, zur

---

[254] Wie etwa Aussageverweigerungsrechte und Beweisverwertungsverbote, vgl. AB Beschluss 422/B/1999 (IX.28.), ABH 2004, 1316, 1320.
[255] AB Beschluss 422/B/1999 (IX.28.), ABH 2004, 1316, 1320.
[256] Wobei das Verfassungsgericht zur Begründung z.T. ergänzend auf § 57 Abs. 1 Alk. Bezug nimmt, vgl. AB Beschluss 6/1998 (III.11.), ABH 1998, 91, 95; AB Beschluss 25/1991 (V.18.), ABH 1991, 414, 417.
[257] AB Beschluss 15/2002 (III.29.), ABH 2002, 118.; *Balogh* in: Balogh/Holló/Kukorelli/Sári, Az alkotmány magyarázata, S. 59 mit Verweis auf AB Beschluss 75/1995 (XII.21.), ABH 1995, 376, 381.

Vornahme von Verfahrenshandlungen persönlich anwesend zu sein[258]. Schließlich müssen beide Seiten von den in der Sache relevanten Daten und Fakten in gleichem Umfang und gleicher Weise Kenntnis nehmen können[259], um damit den nächsten Verfahrensschritt begründet erwägen zu können[260]. Nach Ansicht des Verfassungsgerichts muss dies sogar so weit gehen, dass jede Partei zum jeweils gegnerischen Vortrag Stellung nehmen und die vorgelegten Beweismittel einsehen bzw. zur Kenntnis nehmen können muss[261]. Dieses Erfordernis erstreckt sich sowohl auf alle Dokumente, die einer Partei zur Verfügung stehen[262], als auch auf die Möglichkeit, diese zu kopieren und mitzunehmen bzw. außerhalb des Gerichtsgebäudes zu verwenden[263]:

„Die Effektivität des Rechts auf Verteidigung erfordert nicht nur, dass die Anklageschrift, sondern alle dem Gericht und dem Staatsanwalt zur Verfügung stehenden Schriftstücke dem Angeklagten und dem Verteidiger — nicht nur im Gericht oder nur zur Einsichtnahme der von der Behörde genutzten Abschrift — zur Verfügung gestellt werden, sondern auch, dass sie eine für den ausschließlichen Eigengebrauch dienende Kopie erhalten, die mitgenommen werden kann."[264] [Übers. d. Verf.]

Die Waffengleichheit bedeutet aber nicht in jedem Fall die völlige Deckungsgleichheit der Berechtigungen beider Seiten, wohl aber deren vergleichbares Gewicht[265]. So ist es bspw. verfassungswidrig, wenn dem Ankläger und dem Angeklagten zwar die Akteneinsicht gewährt wird, dies aber unter unterschiedlichen Voraussetzungen — wie z.B. gegen Zahlung unterschiedlich hoher Gebühren — geschieht[266].

---

[258] AB Beschluss 398/E/2000, ABH 2004, 1441, 1445 f.; AB Beschluss 17/2005 (IV.28.), ABH 2005, 175, 186 f.; AB Beschluss 6/1998 (III.11.), ABH 1998, 91, 95 f.
[259] *Sári*: in: Balogh/Holló/Kukorelli/Sári, Az alkotmány magyarázata, S. 562.
[260] AB Beschluss 17/2005, Ziff. 4 mit Bezugnahme auf die Rechtsprechung des EGMR, No. 17358/90, *Bulut v. Austria*, Reports 1996-II, para. 47; EGMR, No. 22209/93, *Foucher v. France*, Reports 1997-II, para. 34, 36; EGMR, No. 27752/95, *Kuopila v. Finland*; EGMR, No. 33382/96, *Josef Fischer v. Austria*, para. 18, 19.
[261] Diese ist von Verfahrensbeginn an zu achten, vgl. AB Beschluss 8/1990, ABH 1990, 42, 44 f.
[262] AB Beschluss 6/1998 (III.11.), ABH 1998, 91, 100; AB Beschluss 36/2005 (X.5.), ABH 2005, 390, 408; AB Beschluss 5/2005, ABH 2005, 613; AB Beschluss 17/2005, ABH 2005, 175.
[263] *Sári*: in: Balogh/Holló/Kukorelli/Sári, Az alkotmány magyarázata, S. 563.
[264] AB Beschluss 6/1998 (III.11.) ABH 1998, 91, 95.
[265] *Tilk* in: Petrétei/Chronowski/Drinóczi/Tilk/Zeller, Magyar Alkotmányjog III., S. 276; *Sári* in: Balogh/Holló/Kukorelli/Sári, Az alkotmány magyarázata, S. 561 f.
[266] *Tilk* in: Petrétei/Chronowski/Drinóczi/Tilk/Zeller, Magyar Alkotmányjog III., S. 276.

Das Recht auf Akteneinsicht und die Inbesitznahme von Dokumenten (um sich bspw. hiervon Notizen zu machen) erachtet das Verfassungsgericht aber nicht als unbeschränkt: Entgegenstehende Sicherheitsinteressen des Staates und die Wahrung von Staatsgeheimnissen können als ein überlieferter international anerkannter Rechtsgrund dieses Recht auch in einer demokratischen Gesellschaft in dem dafür erforderlichen Umfang beschränken[267].

Als mögliche weitere Beschränkung des allgemeinen Grundsatzes der Waffengleichheit hat das Verfassungsgericht in mehreren Entscheidungen die Verfahrensvereinfachung anerkannt und insoweit die Wichtigkeit des zeitlichen Moments eines Verfahrens betont. Das Verfassungsgericht berief sich bei der Beschränkungsprüfung darauf, dass

> „(...) im Laufe eines solchen Verfahrens, besonders bei der Beurteilung der unmittelbaren Verfassungsgarantie auch die Grundsätze der Wirtschaftlichkeit und Zweckmäßigkeit bei den Betroffenen zu berücksichtigen sind."[268].

(7) Der Grundsatz der öffentlichen Verhandlung

Das Recht auf Zugang zu Gericht richtet sich nach dem Wortlaut des § 57 Abs. 1 Alk. auf eine öffentliche Gerichtsverhandlung. Die Öffentlichkeit der Verhandlung und die öffentliche Verkündung des Urteils stellen die Kontrolle der Justizfunktion durch die Staatsbürger sicher[269]. Sie dienen der Überwachung der richterlichen Tätigkeit sowie der Unparteilichkeit der Richter[270], sie schützen die Verfahrensbeteiligten vor verdeckten Verfahren und Urteilen und verstärken gleichzeitig das öffentliche Vertrauen in die Gerichte[271].

Unter Bezugnahme auf die Gewährleistung einer öffentlichen Verhandlung und Anhörung, eines sog. *public hearing* durch den EGMR[272], stellte das Verfassungsgericht fest, dass der Öffentlichkeitsgrundsatz in allen

---

[267] AB Beschluss 6/1998 (III.11.), ABH 1998, 98.
[268] AB Beschluss 5/1999 (III.31.), ABH 1999, 75, 88 f; AB Beschluss 422/B/1999, ABH 2004, 1316, 1320, 1322.
[269] AB Beschluss 58/1995 (IX.15.), ABH 1995, 289, 292 f.
[270] *Holló*: in: Balogh/Holló/Kukorelli/Sári, Az alkotmány magyarázata, S. 497.
[271] AB Beschluss 20/2005 (V.26.), ABH 2005, 202, 212.
[272] Hinter dem Begriff verbirgt sich der Anspruch auf mindestens eine Gelegenheit, den Streitgegenstand in der Sache mündlich zu verhandeln, vgl. hierzu EGMR, No. 16922/90, *Fischer v. Austria*, Series A 312, para. 44; EGMR, No. 16970/90, *Allan Jacobsson v. Sweden*, No. 2, Reports 1998-I, para. 46; EGMR, No. 44925/98, 01.06.2004, *Valová, Slezák and Slezák v. Slovakia*, 2004, para. 63.

Rechtssachen, in allen Instanzen und allen Arten von Verfahrensordnungen eine außergewöhnlich wichtige Bedingung eines fairen Verfahrens darstellt[273].

Der Öffentlichkeitsgrundsatz, zu dem nach Ansicht des Verfassungsgerichts der Verhandlungsgrundsatz, der Mündlichkeitsgrundsatz und die Unmittelbarkeit zählen[274], gilt zwar nicht absolut. Eine Beschränkung ist jedoch nur in einem sehr begrenzten Rahmen möglich[275]. Das Verfassungsgericht zieht hierzu die gesetzlichen Bestimmungen sowie die Rechtsprechung der internationalen Gerichte zur EMRK und zum Zivilpakt heran. Es gestattet eine Ausnahme vom Öffentlichkeitsgrundsatz nur aus Gründen der staatlichen Sicherheit, der öffentlichen Ordnung und Sittlichkeit und der schützenswerten Interessen Privater sowie in einzelnen Fällen, in denen der Schutz von Verfassungsgrundsätzen oder Grundrechten anderer Betroffener in die Abwägung einzubeziehen ist[276].

So kann zur Wahrung von Staats- oder Dienstgeheimnissen, aus moralischen oder Jugendschutzgründen, der (teilweise) Ausschluss der Öffentlichkeit von (Teilen) der Verhandlung erforderlich sein[277]. Auch aufgrund des persönlichen Zustandes eines Verfahrensbeteiligten oder in Verfahren im Zusammenhang mit Patent- und Markenrechten kann auf Wunsch der Parteien die Öffentlichkeit ausgeschlossen werden[278]. Eine Einschränkung des Öffentlichkeitsgrundsatzes ist durch den Grundsatz der Angemessenheit der Verfahrensdauer als weiteres Element des fairen Verfahrens möglich[279]. Daher kann ein verfassungskonformes Ergebnis der Beschränkung des Öffentlichkeitsgrundsatzes auch eine Urteilsfindung außerhalb der Verhandlung sein[280], solange in zumindest einer Instanz die Möglichkeit einer öffentlichen mündlichen Erörterung der Streitsache bestand oder es nur um eine prozessuale Frage wie die Zuständigkeit oder Zulässigkeit geht oder der Sachverhalt unstreitig feststeht[281]. In jeder Instanz den Verhandlungsgrundsatz aufrecht zu erhalten, wäre nach Auffassung des Verfassungsgerichts reiner Formalismus[282]. So genügt es nach der vom Verfassungsgericht anerkannten EGMR-

---

[273] AB Beschluss 20/2005 (V.26.), ABH 2005, 202, 212.
[274] AB Beschluss 26/1990 (XI.8.), ABH 1990, 120, 121.
[275] AB Beschluss 20/2005 (V.26.), ABH 2005, 202, 212.
[276] AB Beschluss 58/1995 (IX.15.), ABH 1995, 289, 292 f.
[277] *Sári* in: Balogh/Holló/Kukorelli/Sári, Az alkotmány magyarázata, S. 572.
[278] *Sári* in: Balogh/Holló/Kukorelli/Sári, Az alkotmány magyarázata, S. 572.
[279] Siehe hierzu die Ausführungen zum Grundsatz der angemessenen Verfahrensdauer unter *2. Kapitel, III. 4.b)aa)(8) Der Grundsatz der angemessenen Verfahrensdauer.*
[280] *Tilk* in: Petrétei/Chronowski/Drinóczi/Tilk/Zeller, Magyar Alkotmányjog III., S. 271.
[281] AB Beschluss 38/1991 (VIII.2.), ABH 1991, 183, 184 f.; AB Beschluss 20/2005 (V.26.), ABH 2005, 202, 213.
[282] AB Beschluss 38/1991 (VIII.2.), ABH 1991, 183, 185.

Rechtsprechung zu Art. 6 Abs. 1 EMRK[283], wenn im Rahmen eines Rechtsmittelsystems zumindest in einer Tatsacheninstanz mündlich verhandelt wird[284].

In Übereinstimmung mit der Rechtsprechung des EGMR[285] fordert das Verfassungsgericht für den Verzicht auf eine öffentliche Verhandlung eine besondere Begründung — nicht nur vom Gesetzgeber, sondern auch vom jeweiligen Rechtsanwender[286]. Die Erklärung der Betroffenen, auf eine öffentliche Verhandlung verzichten zu wollen, hat daher bestimmt und eindeutig zu sein. Sie müssen zum Zeitpunkt der Erklärung in umfassender Kenntnis über die Rechtsfolgen ihres Verzichts sein und die Entscheidung aus freien Stücken und ohne jeglichen Zwang getroffen haben[287]. Dann kann das Absehen von der Verhandlung

> „ (...) ein zweckdienliches Mittel für eine (...) Entscheidungsfällung innerhalb angemessener Zeit und gleichzeitig ein Beitrag zu einer effektiven Justiztätigkeit sein, was nicht nur den jeweiligen Einzelfällen, sondern der Allgemeinheit dienlich ist."[288]. [Übers. d. Verf.]

Schließlich muss aber selbst dann, wenn die Verhandlung unter rechtmäßigem Ausschluss der Öffentlichkeit abgehalten wurde, zumindest die Entscheidungsverkündung öffentlich erfolgen[289].

(8) Grundsatz der angemessenen Verfahrensdauer

Das Verfassungsgericht zieht zur Bestimmung der einzelnen Elemente des fairen Verfahrens nicht nur § 57 Abs. 1 Alk., sondern den gesamten § 57 Alk. heran[290].

Demnach hat das angerufene Gericht den Grundsatz zu wahren, innerhalb angemessener und verhältnismäßiger Zeit eine Entscheidung zu fällen. Obwohl der Grundsatz selbst Bestandteil des fairen Verfahrens ist, steht er den übrigen Elementen in der Eigenschaft als Schranke gegenüber. Denn je weiter die

---

[283] Beschluss 39/1997 (VII.1.), ABH 1997, 263; AB Beschluss 38/1997 (VII.1.) 249; AB Beschluss 1283/B/1995, ABH 1997, 619.
[284] EGMR, No. 18160/91, *Diennet v. France*, Series A 325-A, para. 34.
[285] EGMR, No. 13800/88, 01.07.1991, *K. v. Sweden*; EGMR, No. 23196/94, *Rolf Gustafson v. Sweden*, Reports 1997-IV, para. 45; EGMR, No. 7984/77, *Pretto and others v. Italy*, Series A 71, para. 21; EGMR, No. 18160/91, *Diennet v. France*, Series A 325-A, para. 33.
[286] AB Beschluss 20/2005 (V.26.), ABH 2005, 202, 212 f.
[287] AB Beschluss 422/B/1999, ABH 2004, 1316, 1318, 1320.
[288] AB Beschluss 422/B/1999, ABH 2004, 1316, 1323.
[289] AB Beschluss 58/1995, ABH 1995, 289, 292 f.; AB Beschluss 20/2005 (V.26.), ABH 2005, 202, 222.
[290] AB Beschluss 6/1998 (III.1.), ABH 1998, 91, 95.

einzelnen Rechte und Grundsätze des Verfahrens gewährleistet werden, umso länger dauert auch das Verfahren[291]. Für die Bewertung der Angemessenheit der Verfahrensdauer hat das Verfassungsgericht keine eigenen Kriterien aufgestellt. Vor dem Hintergrund der Selbstbindung an die Rechtsprechung des EGMR kann davon ausgegangen werden, dass zumindest bei zivilrechtlichen Klagen die Zeitspanne zwischen der Klageerhebung[292] (bei verwaltungsrechtlichen Verfahren bereits das etwaige Verwaltungsvorverfahren[293]) und der letztinstanzlichen Entscheidung maßgeblich ist[294].

Ob die Verfahrenslänge tatsächlich angemessen ist, muss stets unter Betrachtung des vorliegenden Einzelfalles geprüft werden[295]. Dabei müssen laut EGMR vor allem die besondere Bedeutung des Verfahrens für den Rechtssuchenden[296], sein eigenes[297] und das Verhalten der Behörde bzw. des Gerichts[298] sowie die Schwierigkeit des Falles[299] berücksichtigt werden.

(9) Das Grundrecht auf Gleichheit vor Gericht

Fair ist das Verfahren nach § 57 Abs. 1 Alk. nur dann, wenn auch das Gleichheitsgrundrecht gewahrt wird. Das Grundrecht auf Gleichheit vor Gericht erfordert, dass

„(...) jeder zur Durchsetzung der Rechte vor dem Gericht über die gleichen Chancen verfügt (...)"[300] *[Übers. d. Verf.]*

aber auch den gleichen Beschränkungen unterworfen ist, und das Beweisführungsverfahren für jeden gleich abläuft[301]. Die Gerichte haben gegenüber allen Verfahrensbeteiligten die gleichen materiellen und

---

[291] AB Beschluss 38/1991 (VIII.2.), ABH 1991, 183, 184.
[292] EGMR, No. 11760/85, *Editions Périscope v. France*, Series A 234/B, para. 43.
[293] EGMR, No. 19005/91, 19006/91, *Schouten and Meldrum v. the Netherlands*, Series A 304, para. 62; EGMR, No. 6232/73; *König v. Germany*, Series A 27, para. 98.
[294] *Dörr/Lenz*, Europäischer Verwaltungsrechtsschutz, Rn. 655; *Grabenwarter*, in: Ehlers, Europäische Grundrechte und Grundfreiheiten, § 6 II 1, Rn. 53.
[295] EGMR, No. 9384/81, *Deumeland v. Germany*, Series A 100, para. 78 ff.
[296] EGMR, No. 20024/92, *Süssmann v. Germany*, Reports 1996-IV, para. 61; EGMR, No. 53084/99, *Kormacheva v. Russia* vom 29.01.2004, para. 56; EGMR, No. 50222/99, 30.09.2004, *Krastanov v. Bulgaria*, para. 70.
[297] *Grabenwarter*, in: Ehlers, Europäische Grundrechte und Grundfreiheiten, § 6 II 1, Rn. 56
[298] EGMR, No. 47877/99, *Rachevi v. Bulgaria*, 23.09.2004, para. 90; EGMR, No. 20077/02, *Wohlmeyer Bau GmbH v. Austria*, 08.07.2004, para. 52.
[299] EGMR, No. 37761/97, *Lislawska v. Poland*, 13.07.2004, para. 47; EGMR, No. 46133/99; 48183/99, *Smirnova v. Russia*, 24.07.2003, para. 86.
[300] AB Beschluss 18/B/1994, ABH 1998, 570, 572.
[301] AB Beschluss 53/1992, (X.29.), ABH 1992, 261, 264.

verfahrensrechtlichen Vorschriften auf gleiche Weise anzuwenden[302]. Sowohl der Anspruchsteller als auch der Anspruchsgegner müssen über identische Rechte und Pflichten verfügen, auch wenn der Anspruchssteller seine Verfahrensposition freiwillig, der Anspruchsgegner dagegen *ex lege* eingenommen hat[303].

Zur Verwirklichung der Gleichheitsanforderung muss auch die gesetzliche Gerichtsorganisation einheitliche Bestimmungen im Hinblick auf die sachliche und örtliche Zuständigkeit enthalten, die das Recht auf den gesetzlichen Richter verwirklichen[304].

bb) Die Grundrechte und Grundsätze des § 57 Abs. 5 Alk.

Nicht nur die einzelnen Bestandteile des § 57 Abs. 5 Alk., sondern auch das eigenständige Grundrecht auf ein Rechtsmittel zählen zu den Elementen des fairen Verfahrens.

Im Unterschied zu § 57 Abs. 1 Alk., das das Grundrecht auf Zugang zu Gericht umfasst, gewährt § 57 Abs. 5 Alk. das Recht auf ein Rechtsmittel, das aber nicht zwingend vor einem Gericht eingelegt werden muss. Denn — wie bereits erwähnt — der ungarische Rechtsmittelbegriff ist nicht deckungsgleich mit dem deutschen, sondern umfasst auch den deutschen Rechtsbehelfsbegriff.

„In der Republik Ungarn kann jeder im Rahmen der Gesetze gegen Entscheidungen der Gerichte, der Verwaltung oder einer sonstigen Behörde ein Rechtsmittel einlegen, sofern durch die Entscheidung seine Rechte oder rechtlichen Interessen verletzt worden sind. Das Recht auf ein Rechtsmittel kann — zum Zwecke der Beurteilung von Rechtsstreitigkeiten innerhalb eines angemessenen und verhältnismäßigen Zeitraumes — von einem Gesetz beschränkt werden, das von einer Zweidrittelmehrheit der anwesenden Parlamentsabgeordneten angenommen worden ist." [Übers. d. Verf.]

Um ein Rechtsmittel wirksam einlegen zu können, muss nach Auffassung des Verfassungsgerichts der Berechtigte Kenntnis des streitgegenständlichen Entscheidungsinhaltes erlangt haben[305]. Dass diese seine Rechte bzw. seine

---

[302] *Petrétei*, Magyar Alkotmányjog II., S. 210.
[303] AB Beschluss 75/1995 (XII.21.), ABH 1995, 376, 382.
[304] *Petrétei*, Magyar Alkotmányjog II., S. 210.
[305] AB Beschluss 20/2005 (V.26.), ABH 2005, 205, 211; AB Beschluss 23/1998 (VI.9.), ABH 1998, 192, 186; AB Beschluss 22/1995 (III.31.), ABH 1995, 108, 110; AB Beschluss 49/1998 (XI.27.), ABH 1998, 372, 382; AB Beschluss 19/1999 (VI.25.), ABH 1999, 150, 156; AB Beschluss 46/2003 (X.16.), ABH 2003, 488, 502 f; AB Beschluss 24/1999 (VI.30.), ABH 1999. 237, 244.

rechtlichen Interessen tatsächlich verletzen, muss er für die Zulässigkeit allerdings nur behaupten[306].

(1) Rechtsmittel/Rechtsbehelf

§ 57 Abs. 5 Alk. hat seinen Ursprung in Art. 2 Ziff. 3 des Zivilpaktes bzw. Art. 13 EMRK[307] und bezieht sich abschließend auf Entscheidungen der Gerichte, der Verwaltung oder sonstiger Behörden. Das Verfassungsgericht betonte, dass sich das Grundrecht auf ein Rechtsmittel gegen Verwaltungsentscheidungen nur auf sog. *behördliche* Entscheidungen (ung. *hatósági döntésekre*) und nicht auf Entscheidungen „*nichtstaatsverwaltungsrechtlicher*" (bzw. *nichtverwaltungsrechtlicher*[308]) Art erstreckt. So fällt die Entscheidung einer Behörde, die sie in der Person als Arbeitgeber[309] oder als Eigentümer[310] trifft, unter den Begriff der nicht-(staats-) verwaltungsrechtlichen Entscheidung. Ebenso wenig umfasst das Grundrecht Entscheidungen, die zwar von einem (Staats-) Verwaltungsorgan getroffen worden, aber nicht behördlicher Natur sind (ung. *állami, de nem hatósági döntés*), wie die Entscheidung eines Dienstvorgesetzten[311].

Leider hat das Verfassungsgericht in seinen Beschlüssen weder begründet, warum die jeweils genannten Entscheidungen nicht als verwaltungsrechtliche bzw. nicht als behördliche Entscheidungen zu qualifizieren sind, noch hat es allgemeine Kriterien entwickelt, an denen das jeweils fragliche Verwaltungshandeln gemessen werden könnte. In einer seiner jüngeren Entscheidungen setzte es für das Vorliegen einer behördlichen Entscheidung eines Verwaltungsorgans voraus, dass zwischen ihm und der Partei ein Verwaltungsrechtsverhältnis zustande kommt[312]. Hierzu nahm das Verfassungsgericht auf die Definition in einem einfachen Gesetz (§ 12 Abs. 1 und 2 Ket.) Bezug, die den Anwendungsbereich und die sog. *behördliche Sache*

---

[306] AB Beschluss 22/1995 (III.31.), ABH 1995, 108, 110.
[307] *Tilk* in: Petrétei/Chronowski/Drinóczi/Tilk/Zeller, Magyar Alkotmányjog III., S. 278.
[308] Zum Zeitpunkt der Entscheidung des Verfassungsgerichts lag dem verwaltungsrechtlichen Handeln noch das Áe. zugrunde, das sich nur auf Staatsverwaltungsorgane erstreckte. Erst mit Einführung des Ket. wurde zwischen den Organen der Staatsverwaltung und sonstigen Verwaltungsorganen, wie den örtlichen Selbstverwaltungen unterschieden. Daher muss die Aussage des Verfassungsgerichts m.E. für alle öffentlichen Verwaltungsorgane i.S.d. § 12 Ket. gelten.
[309] AB Beschluss 1129/B/1992, ABH 1993, 604, 605; AB Beschluss 22/1995 (III.31.), ABH 1995, 108, 109.
[310] AB Beschluss 1534/B/1990/7, ABH 1991, 602, 603; AB Beschluss 22/1995 (III.31.), ABH 1995, 108, 109.
[311] AB Beschluss 485/D/92, ABH 1992, 611, 613; AB Beschluss 578/B/1992, ABH 1993, 590, 591; AB Beschluss 57/1993, ABH 1993, 349, 351.
[312] AB Beschluss 120/B/2001, AB Közlöny 2007/3, 265, 267.

bestimmt. Da das Ket. im vorliegenden Fall keine Anwendung fand, erklärte es, dass auch § 50 Abs. 2 Alk. und § 57 Abs. 5 Alk. nicht gelten könnten[313]. Damit liegt der Schluss nahe, dass der Gesetzgeber den Rechtsschutz i.S.d. § 57 Abs. 5 Alk. nur dann gewähren muss, wenn eine behördliche Verwaltungsentscheidung i.S.d. § 12 Ket. vorliegt. Ob das Verfassungsgericht an dieser Rechtsprechung, die m.E. rechtssystematisch bedenklich ist, festhalten wird, bleibt abzuwarten.

Eindeutiger können die gerichtlichen Entscheidungen in der Sache qualifiziert werden: Umfasst sind ausschließlich Sachentscheidungen von Gerichten i.S.d. § 45 Alk., also der Amts- und Arbeitsgerichte, der Komitatsgerichte bzw. des Hauptstädtischen Gerichts, der Tafelgerichte und des Obersten Gerichts[314]. Da die Verfassung nicht garantieren kann, dass das Ergebnis eines gerichtlichen Verfahrens stets rechtmäßig ist[315], aber das Recht auf ein Verfahren gewährt, das zur Geltendmachung der materiellen Wahrheit erforderlich und in den meisten Fällen auch geeignet ist[316], muss es in den gesetzlich festgelegten Fällen die Möglichkeit eines Rechtsmittels geben.

---

[313] AB Beschluss 120/B/2001, AB Közlöny 2007/3, 265, 268.
[314] Obwohl die abschließende Auslegungskompetenz beim Verfassungsgericht liegt (§ 1 Ziff. g) Abtv.), vgl. hierzu die Entscheidung des Obersten Gerichts 489/1997, BH 1997/19, wonach die Schiedsgerichte vom Anwendungsbereich des § 45 Abs. 2 Alk. umfasst sind.
[315] AB Beschluss 5/1992 (I.30.), ABH 1992, 27, 31.
[316] AB Beschluss 9/1992 (I.30.), ABH 1992, 59, 65.

„*Es wird stets vermutet, dass sachentscheidende Beschlussfassungen über einzelne Rechtsstreitigkeiten formal und inhaltlich den Rechtsvorschriften entsprechen. Wenn sich aber herausstellt, dass die Entscheidung — der gerichtliche Beschluss (...) — nicht den Rechtsvorschriften entspricht, bedeutet dies, dass die Gerichtsgewalt ihre Grenze innerhalb der verfassungsmäßig geforderten Gewaltenteilung überschritten hat und sich damit auch — auf eine nicht durch die ungarische Verfassung ermächtigte Art und Weise — (...) in den Bereich verirrt hat, auf dem die zur Schaffung der Rechtsvorschrift bevollmächtigte Gewalt ihre Funktion ausübt. Aus verfassungsrechtlicher Sicht ist eine „Verirrung" aus der Gerichtsgewalt streng zu sanktionieren. (...) Solche verfassungswidrigen Urteile dürfen nicht vollstreckt werden, sondern sind für nichtig zu erklären. § 57 Abs. 5 Alk. und der Gewaltenteilungsgrundsatz fordern daher den Rechtsschutz gegen gerichtliche Entscheidungen* [317]. *(...) Dies muss auch im Hinblick auf Verwaltungsentscheidungen gelten*"[318] *[Übers. d. Verf.]*

Mit der Erstreckung des Rechts auf ein Rechtsmittel auch auf Gerichtsentscheidungen, geht die ungarische Verfassung wesentlich weiter, als die zitierte Rechtsprechung des EGMR zu Art. 6 EMRK[319], da sie praktisch einen Anspruch auf einen Instanzenzug gewährt, wenn es um gerichtliche Entscheidungen in der Sache geht. Auch Art. 13 EMRK fordert bei Verletzung der Konventionsrechte (insb. Art. 6 EMRK[320]) zwar eine wirksame Anfechtungsmöglichkeit, nicht aber gerichtlichen Rechtsschutz[321].

Weiter entschied das Verfassungsgericht, dass unter dem Begriff der Entscheidung i.S.d. § 57 Abs. 5 Alk. nur Entscheidungen in der Sache[322] zu verstehen seien, also Beschlüsse, die auf die beurteilte Lage und die Rechte des Betroffenen einen wesentlichen Einfluss haben[323]. Dabei ist neben dem Streitgegenstand auch die Auswirkung zu berücksichtigen, die die Entscheidung

---

[317] Vgl. i.R.d abweichenden Meinung von Verfassungsrichter Dr. Imre *Vörös* im Anschluss an den AB Beschluss 38/1993 (VI.11.), ABH 1993, 256, 280.
[318] Vgl. i.R.d abweichenden Meinung von Verfassungsrichter Dr. Imre *Vörös* im Anschluss an den AB Beschluss 38/1993 (VI.11.), ABH 1993, 256, 281.
[319] EGMR, No. 2689/65, *Delcourt v. Belgium*, Series A 11, para. 25.
[320] EGMR, No. 47863/99, 09.05.2003, Šoć v. Croatia (2003), para. 114; EGMR, No. 13886/02, 22.12.2005, *Atanasovic a.o. v. the former Jugoslav Republic of Macedonia*, para. 44.
[321] *Dörr/Lenz*, Europäischer Verwaltungsrechtsschutz, Rn. 660.
[322] AB Beschluss 1437/B/1990, ABH 1992, 453, 454, wobei es dem Gesetzgeber freisteht, auch ein Rechtsmittel gegen Verfahrensentscheidungen vorzusehen.
[323] AB Beschluss 5/1992 (I.30.), ABH 1992, 27, 31.

auf die Personen hat[324]. Gegen den Bescheid, der im Zuge des Verfahrens erlassen wird und auf den Gang oder die Lenkung des Verfahrens gerichtet ist (sog. *Prozessbescheid*), muss der Gesetzgeber die Garantie des § 57 Abs. 5 Alk. nicht gewähren[325].

(2) Rechtsmittelinstanz

Der Begriff des Rechtsmittels, auf den das Grundrecht gerichtet ist, ist — wie bereits ausgeführt — nach Ansicht des Verfassungsgerichts nicht identisch mit dem rechtswissenschaftlichen Rechtsmittelbegriff[326], sondern umfasst auch den behördlichen Rechtsbehelf. Dieser bezieht sich nur auf sog. *ordentliche* Rechtsmittel[327], namentlich die gerichtliche Berufung[328]. Daher ist unter der Rechtsmittelinstanz i.S.d. § 57 Alk. nicht zwingend ein Gericht zu verstehen. Auch eine behördliche Überprüfung kann der Rechtsverletzung verfassungskonform Abhilfe schaffen. Hierin liegt der Unterschied zu § 57 Abs. 1 Alk., der das Recht auf Zugang zu einem Gericht formuliert. § 57 Abs. 5 Alk. gewährt dieses Recht auf Zugang zu Gericht nicht in jedem Fall[329]. Es muss aber die Möglichkeit sichergestellt werden, dass sich der Betroffene an ein anderes Rechtspflegeorgan als das, welches die verletzende Entscheidung erlassen hat, oder innerhalb desselben Rechtspflegeorgans (bzw. derselben Organstruktur) an eine übergeordnete Instanz wenden kann[330]. Aus verfassungsrechtlicher Sicht können beiden Formen — das gerichtliche Rechtsmittel und der behördliche Rechtsbehelf — auch miteinander kombiniert werden, solange die genaue Reihenfolge gesetzlich bestimmt wird[331]. Ist die angegriffene Entscheidung aber ein gerichtlicher Beschluss, besteht lediglich die Möglichkeit, innerhalb

---

[324] AB Beschluss 1636/D/1991, ABH 1992, 515, 516; AB Beschluss 4/1993, (II.12.), ABH 1993, 48, 74 f.
[325] AB Beschluss 702/D/2004 (IX.5.), AB közlöny 2007, 1139, 1151; AB Beschluss 1636/D/1991, ABH 1992, 515, 516; AB Beschluss 5/1992 (I.30.), ABH 1992, 27, 31; AB Beschluss 4/1993 (II.12.), ABH 1993, 48, 74; AB Beschluss 46/2003 (X.16.), ABH 2003, 488, 502.
[326] AB Beschluss 22/1995 (III.31.), ABH 1995, 108, 109.
[327] AB Beschluss 1319/B/1993, ABH 1994, 690, 691; AB Beschluss 787/D/1999, ABH 2001, 1090, 1094.
[328] Vgl. § 98 Ket. über die Berufung und § 109 Abs. 1 Ket., nach dem die Revision gegen rechtskräftige Entscheidungen statthaft ist und daher als außerordentliches Rechtsmittel verstanden wird. Ausdrücklich schließt der AB Beschluss 1319/B/1993, ABH 1994, 690, 691 einen Anspruch auf ein Rechtsmittel gegen rechtkräftige Gerichtsentscheidungen aus, vgl. *Holló* in: Holló/Balogh, Az értelmezett alkotmány, S. 772.
[329] *Sári* in: Balogh/Holló/Kukorelli/Sári, Az alkotmány magyarázata, S. 567, sowie AB Beschluss 5/1992 (I.30.), ABH 1992, 27, 31; AB Beschluss 1437/B/1990, ABH 1992, 453, 454.
[330] AB Beschluss 5/1992 (I.30.), ABH 1992, 27, 31.
[331] *Tilk* in: Petrétei/Chronowski/Drinóczi/Tilk/Zeller, Magyar Alkotmányjog III., S 280.

derselben Organstruktur (Gerichtsbarkeit) eine hierarchisch übergeordnete Instanz anzurufen. Denn der Grundsatz der richterlichen Unabhängigkeit schließt eine Überprüfung durch ein anderes nichtgerichtliches Organ aus. Hier ergibt sich das Recht auf Zugang zu Gericht aus der Verbindung zwischen § 57 Abs. 5 und § 50 Abs. 3 Alk.

(3) Schranken

Aus der Formulierung des § 57 Abs. 5 Alk. „*im Rahmen der Gesetze*" leitet das Verfassungsgericht die Möglichkeit des Gesetzgebers ab, das Grundrecht an Bedingungen zu knüpfen und es unter Umständen sogar ganz auszuschließen[332]. Ebenso umfasst die recht große gesetzgeberische Freiheit[333] die Möglichkeit, die genaue Form, sowie die Schaffung von Instanzen einschließlich deren Anzahl festzusetzen[334]. Die Rechtsmittelinstanzen können so zwar unterschiedliche Formen annehmen[335]. Ihre Entscheidungen müssen aber Wirkung gegenüber den Betroffenen entfalten[336], und eine Abhilfe der Rechtsverletzung muss tatsächlich möglich sein[337]. Zu diesem Zweck muss die Instanz befähigt sein, die angefochtene Entscheidung auf dem Rechtsmittelweg in der Sache tatsächlich zu prüfen und diese ggf. aufzuheben[338]. Bloße Vorschläge oder Empfehlungen reichen hierfür nicht aus. Im Hinblick auf die Bestimmung der Instanzenzahl kann bereits ein eininstanzliches Rechtsmittel verfassungskonform sein[339]. Andererseits ist eine dritte gerichtliche Rechtsmittelinstanz dann verfassungsrechtlich geboten, wenn die zweite Instanz zur Beurteilung neuer Tatsachen befugt ist und damit im Prinzip ein neues Sachurteil fällt. Dies ist dann wie ein erstes Sachurteil zu werten, gegen das erneut ein Rechtsmittel statthaft sein muss[340].

Eine Beschränkung des Rechts auf ein Rechtsmittel aus zeitlichen Gründen wird ausdrücklich von § 57 Abs. 5 S. 2 Alk. gestattet, solange die Frist im

---

[332] AB Beschluss 5/1992 (I.30.), ABH 1992, 27, 31.
[333] *Tilk* in: Petrétei/Chronowski/Drinóczi/Tilk/Zeller, Magyar Alkotmányjog III., S. 279.
[334] AB Beschluss 9/1992. (I.30.), ABH 1992, 59., 68; AB Beschluss 22/1995, ABH 1995, 108, 110; AB Beschluss 1437/B/1990, ABH 1992, 453, 454; AB Beschluss 1437/B/1990, ABH 1992, 453, 454.
[335] *Petrétei*, Magyar Alkotmányjog II, S. 221.
[336] AB Beschluss 930/B/1994, ABH 1996, 502, 505.
[337] AB Beschluss 23/1998 (VI.9.), ABH 1998, 182, 186; AB Beschluss 49/1998 (XI.27.), ABH 1998, 372, 382; AB Beschluss 19/1999. (VI.25.), ABH 1999, 150, 156.; AB Beschluss 286/B/1995, ABH 2001, 795, 797.
[338] AB Beschluss 47/2003 (X.27.), ABH 2003, 525, 544; AB Beschluss 1/2008, (I.11.), Magyar Közlöny 2008/4, 117, 125 f.; AB Beschluss 22/1995, ABH 1995, 108, 110.
[339] AB Beschluss 9/1992. (I.30.), ABH 1992, 59., 68; AB Beschluss 22/1995, ABH 1995, 108, 110; AB Beschluss 1437/B/1990, ABH 1992, 453, 454.
[340] *Sári* in: Balogh/Holló/Kukorelli/Sári, Az alkotmány magyarázata, S. 571.

Interesse der Rechtsmittelprüfung im Rahmen einer angemessen Zeit und verhältnismäßig ist[341]. Dieses Korrektiv i.S.d. § 8 Abs. 2 Alk. gilt gleichermaßen für alle anderen gesetzlichen Schranken[342]. Der Gesetzgeber muss sich dabei immer vor Augen halten, dass das Grundrecht auf ein Rechtsmittel der Verwirklichung der Aufgaben und Ziele des Rechtsstaates dient[343]. Es ist deshalb die Pflicht des Staates, Vorschriften zu schaffen, welche die Verfahrensgarantien gewährleisten, die zur Verwirklichung der subjektiven Rechte erforderlich sind[344].

c) Die gerichtliche Revision von Verwaltungsbeschlüssen gemäß § 50 Abs. 2 Alk.

Als von der Verwaltung unabhängige judikative Gewalt ist das Gericht gemäß § 50 Abs. 2 Alk. zur Überprüfung der verwaltungsrechtlichen Beschlüsse zuständig[345]. Diese verfassungsrechtlich verliehene Kompetenz stellt aber gleichzeitig auch eine Beschränkung der Prüfungsbefugnis dar. So erstreckt sich die Überprüfung der Gesetzmäßigkeit darauf, ob die Verwaltungsbehörde ihre Zuständigkeit unter Einhaltung der für sie geltenden Rechtsvorschriften ausgeübt hat, nicht jedoch darauf, ob das verwaltungsrechtliche Handeln auch zweckmäßig war[346]. Die Prüfung der formellen Rechtmäßigkeit allein genügt hierfür allerdings nicht[347]. Das Gericht darf nicht an den behördlich festgestellten Sachverhalt, das Ermessen oder den Antrag gebunden werden[348]. Infolgedessen ergibt sich auch die Forderung an den Gesetzgeber, das behördliche Ermessen an Kriterien zu binden, da ohne gesetzlichen Maßstab eine gerichtliche Überprüfung der Ermessensausübung nicht wirksam ausgeübt werden kann[349]. Dass § 57 Abs. 1 Alk. zur eigenen Entscheidung in der Sache befugt, steht der gesetzlichen Möglichkeit des Gerichts, die Behörde zur Neuverbescheidung zu veranlassen, nicht entgegen[350].

---

[341] AB Beschluss 38/2002 (IX.25.), ABH 2002, 266, 270 f.
[342] AB Beschluss 22/1995 (III.31.), ABH 1995, 108, 109.
[343] AB Beschluss 696/D/2000, ABH 2003, 1244, 1246.
[344] AB Beschluss 602/D/1999, ABH 2004, 1353, 1356; AB Beschluss 9/1992 (I.30.), ABH 1992, 59, 65.
[345] AB Beschluss 953/B/1993, ABH 1996, 432, 434.
[346] AB Beschluss 4/1993 (II.12), ABH 1993, 48, 74; Beschluss 935/D/1993, ABH 1996, 432, 434.
[347] *Sári* in: Balogh/Holló/Kukorelli/Sári, Az alkotmány magyarázata, S. 511.
[348] AB Beschluss 39/1997 (VII.1.), ABH 1997, 263, 271 f; *Holló* in: Balogh/Holló/Kukorelli/Sári, Az alkotmány magyarázata, S. 510.
[349] AB Beschluss 39/1997 (VII.1.), ABH 1997, 263, 272.
[350] AB Beschluss 39/1997 (VII.1.), ABH 1997, 263, 272.

Das Recht, das in Verbindung mit § 57 Abs. 5 Alk. zum Grundrecht qualifiziert wird[351], bezieht sich jedoch nicht auf Verfahrensbescheide, sondern nur auf verwaltungsrechtliche Beschlüsse der Verwaltungsbehörde, die diese in der Sache gefällt hat[352]. Sofern es sich um die Entscheidung einer Staatsverwaltungsbehörde handelt, zieht das Verfassungsgericht § 70/k Alk.

„Einsprüche gegen staatliche Entscheidungen über die Erfüllung von Ansprüchen oder Verpflichtungen, die aufgrund der Verletzung grundlegender Rechte entstanden sind, können vor Gericht geltend gemacht werden." [Übers. d. Verf.]

ergänzend heran, ohne hierbei weitere Voraussetzungen an das Grundrecht zu stellen[353].

Wie in den Verfahren des § 57 Abs. 5 Alk. müssen auch im Rahmen der gerichtlichen Revision verwaltungsrechtlicher Entscheidungen alle verfassungsrechtlichen Verfahrensgarantien gewährleistet werden[354], wie bspw. die Unterstellung des Gerichts unter das Gesetz, seine Unabhängigkeit und Unparteilichkeit sowie das Gebot, die Verhandlung öffentlich und fair durchzuführen[355]. Außerdem muss das Gericht bei der Vorlage verwaltungsrechtlicher Beschlüsse in der Lage sein, den durch sie ggf. verursachten Rechtsverletzungen abzuhelfen[356].

Ebenso wie das Recht auf Zugang zur Justiz gilt die Gewährleistung des § 50 Abs. 2 Alk. nicht absolut. Dies ergibt sich aus § 57 Abs. 5 S. 2 Alk. Danach kann das Recht durch ein Zweidrittelmehrheitsgesetz, das eine Entscheidung über das Rechtsmittel innerhalb einer angemessenen und verhältnismäßigen Frist vorschreibt, beschränkt werden[357]. Bspw. hat das Verfassungsgericht anerkannt, dass eine Frist zur Einlegung des Rechtmittels, die zwischen 30 Tagen[358] und 6 Monate beträgt, im Einklang mit dem Wesensgehalt des § 50 Abs. 2 Alk. steht sowie zur Erreichung der bezweckten Rechtssicherheit gemäß

---

[351] AB Beschluss 70/2006 (XII.13.), Magyar Közlöny 2006/153 (XII.13.), 12104, 12108 f
[352] *Holló* in: Balogh/Holló/Kukorelli/Sári, Az alkotmány magyarázata, S. 510; AB Beschluss 4/1993, ABH 1993, 48, 74; AB Beschluss 953/B/1993, ABH 1996, 432, 434.
[353] AB Beschluss 15/1993 (III.12.), ABH 1993, 112, 119; AB Beschluss 935/B/1993, ABH 1996, 432, 434.
[354] AB Beschluss 19/2009 (II.25), ABH 2009, 134, 137.
[355] AB Beschluss 39/1997 (VII.1.), ABH 1997, 263, 272.
[356] AB Beschluss 39/2007 (VI. 20.), Magyar Közlöny 2007/77, 5451, 5467 mit Verweis auf AB Beschluss 23/1998 (VI.9.), ABH 1998, 182, 186; AB Beschluss 49/1998 (XI.27.), ABH 1998, 372, 382; AB Beschluss 19/1999 (VI. 25.), ABH 1999, 150, 156; AB Beschluss 286/B/1995, ABH 2001, 795, 797.
[357] AB Beschluss 19/2001 (VI.11.), ABH 2001, 123, 125.
[358] AB Beschluss 2218/B/1991, ABH 1993, 583 (§ 330 Abs. 1 Pp.)

§ 2 Abs. 1 Alk. geeignet und verhältnismäßig ist[359]. Darüber hinausgehende Schranken sind durch einfachgesetzliche Bestimmungen in den Grenzen des § 8 Abs. 2 Alk. möglich.

Die vom Gesetzgeber ausgestalteten Verfahrensregeln in §§ 109 — 111 Ket. sowie im Abschnitt XX. der Pp. stehen nach Ansicht des Verfassungsgerichts im Einklang mit den verfassungsrechtlichen Forderungen aus § 50 Abs. 2 bzw. § 57 Alk.[360].

d) Zusammenfassung

Die ungarische Verfassung gewährt in der Summe der Grundrechte und Grundsätze aus §§ 57 Abs. 1 und 5 sowie 50 Abs. 2 Alk. ein Recht auf effektiven Rechtsschutz, bestehend aus dem Zugang zu Gericht (vgl. b) aa) (3) und (4)) und der Möglichkeit eines wirksamen Rechtsmittels (gewährleistet durch die Elemente in b) aa) (5) bis (9)), dessen Inhalt vorwiegend an Art. 6 EMRK und die diesbezüglichen Rechtsprechung des EGMR angelehnt ist[361].

Der Unterschied zwischen § 57 Abs. 1 und Abs. 5 Alk. liegt darin, dass Abs. 1 das Recht auf Zugang zu einem Gericht gewährleistet, wohingegen Abs. 5 ganz allgemein das Recht auf ein Rechtsmittel bzw. Rechtsbehelf gegen bestimmte Entscheidungen sichert, das nicht zwingend bei einem Gericht, sondern auch bei einer übergeordneten Verwaltungsinstanz eingelegt werden kann. Im Laufe der Rechtsprechungspraxis des Verfassungsgerichtes haben sich in aller Regel die folgenden Rechtsgrundlagen herausgebildet: Für zivilrechtliche bzw. verwaltungsgerichtliche Streitigkeiten ergibt sich das Grundrecht zur Anrufung eines Gerichts aus § 57 Abs. 1, § 2 Abs. 1 Alk., für Entscheidungen der Gerichte in der Sache aus § 57 Abs. 5, § 50 Abs. 2 Alk. Sofern die verwaltungsrechtliche Berufung gesetzlich ausgeschlossen wurde, eröffnet § 57 Abs. 5, § 50 Abs. 2 Alk. bei Entscheidungen der Verwaltung bzw. der Staatsverwaltung in der Sache (§ 57 Abs. 5, § 50 Abs. 2, § 70/K. Alk.) ein Zugangsrecht zu Gericht. In allen Verfahren sind die Grundsätze des § 57 Alk. anzuwenden[362], auf deren Auslegung die Spruchpraxis des EGMR zu Art. 6 und 13 EMRK großen Einfluss nimmt.

---

[359] AB Beschluss 70/2006 (XII.13.), Magyar Közlöny 2007, 12104, 12108 f.; AB Beschluss 2218/B/1991, ABH 1993, 580, 585.
[360] AB Beschluss 272/B/2006, AB Közlöny 2007, 361, 362; AB Beschluss 66/1991 (XII.21.) ABH 1991, 342, 350; AB Beschluss 138/B/1992, ABH 1992, 729.
[361] So nehmen bspw. die AB Beschlüsse 993/B/2008, 39/2007 (VI.20), 20/2005 (V.26.), 33/2002 (VII.4.), 15/2002 (III.29.), 14/2002(III.20.), 17/2001 (VI.1.), 5/1999 (III.31.), 6/1998 (III.11.), 993/B/2008 auf Art. 6 EMRK Bezug.
[362] Gesetzesbegründung zu § 50 Alk., Ziff. 3, Abs. 1; AB Beschluss 39/1997, ABH 1997, 263, 272.

e) Die verfassungsrechtlichen Anforderungen an das Kbt.

§ 8 Abs. 1 Alk. erklärt die Wahrung und den Schutz der Grundrechte zur obersten Pflicht des Staates. Diese erschöpft sich aber nicht darin, die Verletzung von Grundrechten zu vermeiden, sondern fordert vielmehr, dass der Staat für die Schaffung der erforderlichen Bedingungen zur Durchsetzung der Grundrechte sorgt[363].

Aus den einzelnen Grundrechten und Grundsätzen des § 57, § 50 Abs. 2 bzw. § 2 Alk. und der damit im Zusammenhang stehenden Rechtsprechung des Verfassungsgerichtes ergibt sich der Rechtsrahmen für den effektiven Rechtsschutz, den das Kbt. gewährleisten muss. Bei der Überprüfung dieser Effektivität werden die Bestimmungen insbesondere an diesen verfassungsrechtlich begründeten Anforderungen gemessen: Diese sind vor allem das Rechtsstaatsprinzip und die abgeleiteten Verfahrensgarantien, das Grundrecht auf Zugang zu einem unabhängigen und unparteiischen Gericht, der Grundsatz der gerechten und öffentlichen Verhandlung, der Waffengleichheit sowie das Grundrecht auf Akteneinsicht und Gleichheit vor Gericht. Die Übertragung der vorbezeichneten Grundsätze auch auf das Verwaltungsverfahren wird sich dann auswirken, wenn die Instanz, die für die Durchführung der Nachprüfungen zuständig ist, nicht als Gericht, sondern als Verwaltungsorgan qualifiziert wird[364].

Ob die Anforderungen des auch § 57 Abs. 5 Alk. auch auf Entscheidungen des Auftraggebers übertragbar sind, ist fraglich. Jedenfalls erstreckt sich das Grundrecht auf ein Rechtsmittel nur auf behördliche Entscheidungen. Ausgeschlossen sind Entscheidungen nichtverwaltungsrechtlicher Art oder Entscheidungen, die zwar (staats-) verwaltungsrechtlicher Art, aber nicht behördlicher Natur sind[365]. Mangels allgemeiner verfassungsgerichtlicher Maßstäbe ist es schwer zu beurteilen, ob die vergaberechtlich relevanten Entscheidungen unter den Begriff einer behördlichen Entscheidung i.S.d. § 57 Abs. 5 Alk.zu subsumieren sind. Das Verfassungsgericht hat sich bisher nicht ausdrücklich dazu geäußert.

Obgleich es dogmatisch angreifbar sein mag, zieht das Verfassungsgericht zur Definition des Verfassungsbegriffs „*behördlich*" das Ket. als einfaches Gesetz heran[366]. § 12 Ket. bestimmt die Angelegenheiten der Verwaltungsbehörde (sog. *behördliche Sache*). Demnach ist eine solche Sache u.a. dann gegeben, wenn die

---

[363] AB Beschluss 64/1991 (XII.17.), ABH 1991, 297, 302.
[364] Vgl. *5. Kapitel,III.6. Die Qualifikation der Schiedsstelle als gerichtsähnliches Verwaltungsorgan.*
[365] Siehe hierzu im Einzelnen im *2. Kapitel, III.4.b)bb)(1) Rechtsmittel/Rechtsbehelf.*
[366] AB Beschluss 120/B/2001, ABH 2007, 265, 267.

Verwaltungsbehörde Rechte und Pflichten festlegt, die den Bürger berührt. Das verwaltungsrechtliche Kollegium des Obersten Gerichts hat in seiner 6. Stellungnahme hierzu ausgeführt:

„(...) Ein solches Handeln (Verhalten) eines öffentlichen Verwaltungsorgans, durch das es ein zivilrechtliches Rechtsverhältnis eingeht (z.B. verkauft, kauft, vermietet, verwahrt), kann nicht als eine im behördlichen Wirkungskreis getätigte charakteristische Verwaltungsmaßnahme betrachtet werden (...). Die Entscheidung, dass die konkrete Maßnahme einer Behörde einen öffentlich-verwaltungsrechtlichen Charakter hat, setzt voraus, dass durch die durchgeführte Maßnahme ein verwaltungsrechtliches Rechtsverhältnis zwischen den Parteien zustande gekommen ist. Ein solches Rechtsverhältnis liegt dann nicht vor, wenn die Parteien nicht in einem Ober-Unterordnungsverhältnis, sondern in einem zivilrechtlichen Gleichordnungsverhältnis zueinander stehen. Nichtsdestotrotz kann dann nicht von einer Maßnahme in einer behördlichen Sache gesprochen werden, wenn die Verwaltungsbehörde Maßnahmen — in qualitativer Hinsicht — im Rahmen eines Arbeits- oder Dienstverhältnisses mit ihm trifft."[367] *[Übers. d. Verf.]*

Auch das Verfassungsgericht kommt im Rahmen seiner Prüfung zu dem Ergebnis, dass zwar das handelnde behördliche Organ (im Fall: der sog. Notär)[368] ein Verwaltungsorgan sei. Da seine Entscheidung auf einer zivilrechtlichen Rechtsgrundlage beruhte und zivilrechtliche Rechtsfolgen auslöste, konnte es kein verwaltungsrechtliches Rechtsverhältnis mit dem Bürger begründen[369].

Überträgt man diese Argumentation auf Beschaffungsentscheidungen, so schafft die Behörde bei der Ausübung des Haushaltsrechts kein Über-Unterordnungsverhältnis. Es hat vielmehr ein zivilrechtliches Vertragsverhältnis zum Ergebnis, in dem die öffentliche Behörde als Auftraggeber dem Auftragnehmer gleichrangig gegenüber steht. Daher sind haushaltsrechtlich relevante Beschaffungsentscheidungen wohl nicht unter den Begriff der behördlichen Entscheidung i.S.d. § 57 Abs. 5 Alk. zu subsumieren. Dafür spricht auch, dass das Verfassungsgericht für das Recht auf ein Rechtsmittel

---

[367] *Petrik* in: Petrik, Polgári eljárásjog, S. 670 f.
[368] Ung. *Jegyző*; der Notär ist ein über eine juristische bzw. verwaltungsrechtliche Ausbildung und über mindestens zweijährige Verwaltungspraxis verfügender Beamter und übernimmt in der Selbstverwaltungsbehörde bzw. dem Kreis leitende Aufgaben, vgl. insb. § 8 des ungarischen Beamtengesetz XXIII von 1992 (ung. *A köztisztviselők jogállásáról szóló 1992. évi XXIII. törvény*, Magyar Közlöny 1992/46 (V. 5.).
[369] AB Beschluss 120/B/2001, ABH 2007, 265, 267.

voraussetzt, dass der Betroffene überhaupt über ein Recht oder das rechtliche (durch das Recht geschützte oder anerkannte) Interesse verfügt, dessen Verletzung er behaupten kann[370]. Denn § 57 Abs. 5 Alk. begründet kein subjektives Recht, sondern setzt dieses voraus. Die Begründung sowie die Art und Weise der Rechtswegeröffnung wird dem ungarischen Gesetzgeber überlassen[371].

Auch § 50 Abs. 2 Alk., der die gerichtliche Revision gegen Sachbeschlüsse der Verwaltung sichert, kann ein Rechtsschutzanspruch nicht entnommen werden, da es sich bei den haushaltsinternen Entscheidungen aus den o.g. Gründen nicht um Beschlüsse in der Sache handelt[372].

---

[370] AB Beschluss 22/1995 (III.31.), ABH 1995, 108, 109; AB Beschluss 38/1993 (VI.11.), ABH 1993, 256, 270 f.
[371] *Holló*, in: Balogh/Holló/Kukorelli/Sári, Az alkotmány magyarázata, S. 564; AB Beschluss 30/1992, ABH 1992, 27, 31.
[372] *Petrik* in: Petrik, Polgári eljárásjog, S. 671.

3. Kapitel: Unionsrechtlicher Rahmen für den ungarischen Vergaberechtsschutz

Zur Beurteilung des effektiven Rechtsschutzes muss neben dem verfassungsrechtlichen auch der unionsrechtliche Rahmen bestimmt werden. Die Bedeutung des Unionsrechts für die Beurteilung des Kbt. (I.5.) hängt zunächst von den allgemeinen Wirkungen des Unionsrechts auf die nationale Rechtsordnung (I.1 bis I.3.) und vom Verhältnis zwischen Unions- und ungarischem Recht (I.4.) ab. In einem weiteren Schritt wird ein Überblick über den unionsrechtlichen Rahmen für das materielle Vergaberecht (II.) gegeben. Dem folgt die Darstellung der primärrechtlichen (III.1.) sowie der richtlinienrechtlichen Vorgaben (III.2.) an den Vergaberechtsschutz. Anhand des sich daraus ergebenden Rechtsrahmens soll schließlich die unionsrechtlich relevante Effektivität des ungarischen Vergaberechtsschutzes bestimmt werden.

I. Die Wirkungen des Unionsrechts

Aus unionsrechtlicher Sicht lässt sich die Wirkung des Unionsrechts in den nationalen Rechtsordnungen in die unmittelbare Wirkung und die Vorrangwirkung gegenüber nationalem Recht unterteilen.

1. Die unmittelbare Wirkung des Unionsrechts

Unmittelbare Wirkung von unionsrechtlichen Vorschriften bedeutet, dass diese ohne einen weiteren Umsetzungsakt wie andere nationale Rechtsakte in den innerstaatlichen Rechtsordnungen ihre Wirkung entfalten[373].

Die Wirkung zeigt sich durch Verpflichtung und Berechtigung: Zu den Verpflichteten zählen sämtliche mitgliedstaatliche Behörden und Gerichte, die die betreffenden Vorschriften wie nationales Recht vollziehen müssen[374]. Zu den Berechtigten zählen aber auch die einzelnen Bürger, also Privatleute und Unternehmen, die sich gegenüber dem behördlichen Handeln auf unmittelbar geltende Unionsrechtsbestimmungen zu ihren Gunsten berufen (sog. *vertikale Direktwirkung)* und deren Vollzug fordern können[375].

---

[373] *Dörr/Lenz*, Europäischer Verwaltungsrechtsschutz, Rn. 365.
[374] EuGH, Rs. 103/88, *Fratelli Costanzo*, Slg. 1989, 1839, Rn. 30.
[375] Nur in ganz bestimmten Fällen kann unmittelbar geltendes Unionsrecht auch zwischen privaten (juristischen) Personen berufungsfähige Rechte begründen (sog. *horizontale Direktwirkung*); Direktwirkung der sich aus den Personenverkehrsfreiheiten ergebende Diskriminierungsverbote bejahend: EuGH, Rs. C-36/74, *Walrave*, Slg. 1974, 1405 ff., Rn. 17; EuGH, Rs. C-415/93, *Bosman*, Slg. 1995, I-4921 ff., Rn. 82, 85; EuGH, Rs. C-1 76/96, *Lehtonen*, Slg. 2000, I-2681 ff., Rn. 35 ff.; EuGH, Rs. C-281/98, *Angonese*, Slg. 2000, I-4139 ff. Rn. 30 ff.; bei Richtlinien lehnt der EuGH die horizontale Direktwirkung zwischen

Damit die staatlichen Behörden ihrer Pflicht zum Vollzug überhaupt nachkommen können, muss die unmittelbar geltende Norm auch zur Durchsetzung geeignet sein, also zumindest die Adressaten und den Regelungsinhalt unbedingt und hinreichend genau bezeichnen[376]. Diese beiden Voraussetzungen hat der EuGH in seiner Rechtsprechung unter Zugrundelegung des Effektivitätsgebotes aus Art. 10[377] EGV[378] (im Wesentlichen ersetzt durch Art. 4 Abs 3 EUV-Liss.) weiter konkretisiert[379]: Der Inhalt der Unionsvorschrift gilt dann als unbedingt, wenn die Norm nicht unter einer Bedingung steht und kein weiterer Umsetzungsakt zur Ausführung erforderlich ist. Wenn aus der Bestimmung der verpflichtete und berechtigte Adressat sowie die auferlegte Pflicht klar hervorgehen, kann sie als hinreichend genau qualifiziert werden[380].

Da die Verleihung individueller Rechte gegenüber dem Mitgliedstaat weder Voraussetzung[381] noch zwingende Rechtsfolge der unmittelbaren Wirksamkeit eines Rechtsaktes ist, muss dies in jedem Fall einzeln durch Auslegung der Unionsvorschrift beurteilt werden[382].

Sowohl auf der Ebene des Primär- als auch der des Sekundärrechts können unionsrechtliche Vorschriften unmittelbare Geltung in den Mitgliedstaaten entfalten.

Privaten grds. ab, vgl. EuGH, Rs. C-91/92, *Faccini Dori*, Slg. 1994, I-3325 ff., Rn. 24 f., EuGH, Rs. C-192/94, *El Corte Inglés*, Slg. 1996, I-1281 ff., Rn. 17, 21.
[376] *Dörr/Lenz*, Europäischer Verwaltungsrechtsschutz, Rn. 367.
[377] EuGH, Rs. 26/62, *van Gend & Loos,* Slg. 1963, 1.
[378] Die vorliegenden Ausführungen berücksichtigen die konsolidierte Fassung des Vertrages zur Gründung der Europäischen Gemeinschaft (ABlEG 2002, C 325, S. 33 ff., im Folgenden auch: EGV) bzw. die konsolidierte Fassung des Vertrages über die Europäische Union (ABlEG 2002, C 325, S. 5 ff., im Folgenden auch: EUV). Auf die geänderte Artikelnummerierung bzw. wesentliche Ersetzung durch den Vertrag von Lissabon zur Änderung des Vertrages über die Europäische Union und des Vertrages zur Gründung der Europäischen Gemeinschaft in den konsolidierten Fassungen des Vertrags über die Europäische Union (im Folgenden auch: EUV-Liss.) und des Vertrags über die Arbeitsweise der Europäischen Union (im Folgenden auch: AEUV), ABlEU 2008, C 115, S. 13 ff. bzw. 47 ff., wird an den jeweiligen Stellen hingewiesen. Die Verweise haben lediglich hinweisenden Charakter. Zur Vertiefung vgl. auch die Übereinstimmungstabellen für die Entsprechung zwischen bisheriger und neuer Nummerierung der Verträge (ABlEU 2008, C 115, S. 361 ff.)
[379] EuGH, Rs. C-389/95, *Klattner*, Slg. 1997, I-2719, Rn. 33; EuGH, verb. Rs. C-246/94, C-247/94, C-248/94 und C-249/94, *S. Antonio*, Slg. 1996, I-4373 , Rn. 18 bzw. 19; EuGH, Rs. C-319/97, *Kortas*, Slg. 1999, I-3143, Rn. 22.
[380] *Dörr/Lenz*, Europäischer Verwaltungsrechtsschutz, Rn. 368.
[381] EuGH, Rs. C-431/02, *Großkrotzenburg*, Slg. 1995, I-2189, Rn. 26, 39 f.
[382] *Gellermann* in: Rengeling/Middeke/Gellermann, Handbuch des Rechtsschutzes in der Europäischen Union, § 33, Rn. 15 mit Bezugnahme auf EuGH, Rs. 26/62, *van Gend & Loos,* Slg. 1963, 1, 24; *Dörr/Lenz*, Europäischer Verwaltungsrechtsschutz, Rn. 369.

Unter den primärrechtlichen Normen hat der EuGH bisher positiv die unmittelbare Wirkung des allgemeinen bzw. speziellen Diskriminierungsverbotes[383], der Grundfreiheiten[384] sowie des Rechts auf Freizügigkeit[385], das mitgliedstaatliche Durchführungsverbot bei unionswidrigen Beihilfen[386], die Verpflichtung zur Lohngleichheit[387] sowie die ungeschriebenen Unionsgrundrechte[388] bejaht[389]. Zur unmittelbaren Wirksamkeit der Art. 81 und 82 EGV (vgl. Art. 101 und 102 AEUV) gegenüber den betroffenen Unternehmen war eine Unionsrechtsprechung nicht notwendig, da sich die Wirkungsweise bereits aus dem Wortlaut der Normen entnehmen lässt.

Die unmittelbare Vollzugs- und Berufungsfähigkeit von sekundärrechtlichen Verordnungen ergibt sich bereits aus dem Vertragstext des Art. 249 Abs. 2 EGV[390] (vgl. Art. 288 Abs. 2 AEUV). Gleiches gilt für die Adressaten von Entscheidungen gemäß Art. 249 Abs. 4 EGV (vgl. Art. 288 Abs. 4 AEUV, der von „Beschlüssen" spricht). Ist die Entscheidung, die an sich keinen Rechtssatzcharakter hat, an den Mitgliedstaat gerichtet, entfaltet sie eine Rechtswirkung wie eine Richtlinie. Der Einzelne kann sich auf etwaige subjektive Rechte gegenüber den staatlichen Einrichtungen berufen. Ist ein Privater der Entscheidungsadressat, so sind die nationalen Instanzen wie bei innerstaatlichem Recht zur deren Durchsetzung verpflichtet[391].

Auch den Richtlinien i.S.d. Art. 249 Abs. 3 EGV[392] (vgl. Art. 288 Abs. 3 AEUV) kann unmittelbare Wirkung zukommen, obwohl diese als zweistufiger Rechtsangleichungsakt konzipiert sind, und einer weiteren Umsetzung bedürfen. Um aber eine Nichtbeachtung der mitgliedstaatlichen Umsetzungspflicht sanktionieren zu können, hat der EuGH die unmittelbare innerstaatliche Geltung

---

[383] Art. 12 Abs. 1 bzw. 90 EGV (vgl. Art. 18 Abs. 1 bzw. 110 AEUV).
[384] Vgl. Art. 25, 28, 29, 39, 43, 49, 50 und 56 EGV (vgl. Art. 30, 34, 35, 45, 49, 56, 57 und 63 AEUV).
[385] Art. 18 Abs. 1 EGV (vgl. Art. 21 Abs. 1 bzw. 110 AEUV).
[386] Art. 88 Abs. 3, S. 3 EGV (vgl. Art. 108 Abs. 3, S. 3 AEUV).
[387] Art. 141 EGV (vgl. Art. 157 AEUV).
[388] *Dreher*, Vergaberechtsschutz unterhalb der Schwellenwerte, NZBau 2002, 419, 422.
[389] Vgl. die Zusammenstellung bei *Grabitz*, in: Grabitz/Hilf, EGV, Art. 189, Rn. 13; zur anerkannten horizontalen Direktwirkung, vgl. die Auswahl bei *Dörr*, in: Sodan/Ziekow, VwGO, Rn. 373, Fn. 4.
[390] EuGH, Rs. C-379/04, *Richard Dahms*, Slg. 2005, I-8723, Rn. 13; EuGH, Rs. C-253/00, *Muñoz und Superior Fruiticola*, Slg. 2002, I-7289, Rn. 27 mit Bezugnahme auf EuGH, Rs. 34/73, *Variola*, Slg. 1973, 981, Rn. 8.
[391] EuGH, Rs. 9/79, *Grad*, Slg. 1970, 825, Rn. 5, 9; EuGH, Rs. 23/70, *Haselhorst*, Slg. 1970, 881, 893.
[392] Zur Umsetzungspflicht der Mitgliedstaaten näher unter *3. Kapitel, I.3. Die mitgliedstaatliche Pflicht zur Umsetzung der Richtlinien.*

von Richtlinien anerkannt, wenn die folgenden Voraussetzungen gegeben sind: Bis zum Ablauf der Umsetzungsfrist wurde die inhaltlich hinreichend bestimmte und unbedingte Richtlinie nicht oder in inhaltlich nicht ausreichender Weise in die nationale Rechtsordnung umgesetzt oder nach dem Ablauf der Frist nicht richtlinienkonform angewendet[393]. Die Reichweite unmittelbar geltender Richtlinien erstreckt sich nur auf die mitgliedstaatlichen Verpflichtungen[394], nicht aber auf ihre Berechtigungen. Setzt ein Staat eine Richtlinie nicht um, sollen ihm auch nicht die Vorteile zustehen. Auf der Grundlage der Richtlinie können sich Private zwar auf ihre Rechte gegenüber den staatlichen Behörden berufen, nicht aber verpflichtet werden — weder durch den Staat[395] noch durch andere private (juristische) Personen[396], weder in ihrem Verhältnis zum Staat, noch zu einer anderen Privatperson[397].

In diesem Zusammenhang wird die genaue Abgrenzung zwischen dem Staat und seinen zurechenbaren Instanzen auf der einen Seite und Privaten auf der anderen Seite relevant. Dass öffentliche Einrichtungen auch im Rahmen ihres privatrechtlichen Handelns unter den weiten Staatsbegriff des EuGH fallen, hat dieser mehrfach mit dem Argument bestätigt, dass es unerheblich sei, ob der Staat oder die unter seiner Aufsicht stehenden Organisationen in privater oder hoheitlicher Eigenschaft auftreten[398]. Auf dem Gebiet des Vergaberechts betrifft

---

[393] EuGH, Rs. C-319/97, *Kortas*, Slg. 1999, I-3143, Rn. 21; EuGH, Rs. C-157/02, *Rieser*, Slg. 2004, I-1477, Rn. 34; EuGH, verb. Rs. C-397/01 bis C-403/01, *Pfeiffer u.a.*, Slg. 2004, I-8835, Rn. 103; EuGH, verb. Rs. C-152/07 bis C-154/07, *Arcor AG*, Urt. v. 17.07.2008, Rn. 40.
[394] EuGH, Rs. C-188/98, *Foster*, Slg. 1990, I-3313, Rn. 16; EuGH, Rs. C-106/89, *Marleasing*, Slg. 1990, I-4135, 4159, Rn. 6; EuGH, Rs. C-72/95, *Kraaijeveld BV*, Slg. 1996, I-5403, 5451 f., Rn. 62; EuGH, verb. Rs. C-253/96, C-254/96, C-255/96, C-256/96, C-257/96 und C-258/96, *Kampelmann*, Slg. 1997, I-6907, 6939, Rn. 46.
[395] EuGH, Rs. 80/86, *Kolpinghuis Nijmegen*, Slg. 1987, 3969, Rn. 9, 13; EuGH, Rs. C-387/02, *Berlusconi*, Slg. 2005, I-3565, Rn. 74, 78.
[396] Gegen eine horizontale Direktwirkung, vgl. EuGH, Rs. C-168/95, *Luciano Arcaro*, Slg. 1996, I-4705, Rn. 36; EuGH, Rs. 97/96, *Daihatsu*, Slg. 1997, I-6843, Rn. 25; EuGH, Rs. C-456/98, *Centrosteel Srl*, Slg. 2000, I-6007, Rn. 9; für eine Direktwirkung zwecks einheitlicher Richtliniendurchsetzung: *Herber*, Direktwirkung, EuZW 1991, S. 401; *Pechstein*, Die Anerkennung der rein unmittelbaren objektiven Richtlinienwirkung, EWS 1996, 261; *Sacksofsky*, Europarechtliche Antworten, S. 105; *Pieper*, Die Direktwirkung von Richtlinien in der Europäischen Gemeinschaft, S. 686.
[397] EuGH, Rs. C-91/92, *Faccini Dori*, Slg. 1994, I-3325, Rn. 24 f., 30; EuGH, Rs. 148/78, *Ratti*, Slg. 79, 1642, Rn. 22.
[398] EuGH, Rs. C-188/80, *Foster*, Slg. 1990, I-3313, Rn. 17-19; EuGH, Rs. C-356/05, *Elaine Farrell*, Slg. 2007, I-3067, Rn. 40, EuGH, Rs. C-297/03, *Sozialhilfeverband Rohrbach*, Slg. 2005, I-4305, Rn 27.

dies die privaten sog. *Sektorenauftraggeber*[399], die unter bestimmten Voraussetzungen[400] zum Kreis der Verpflichteten zu zählen sind. Da diese Voraussetzungen mit denen zur Einbeziehung privater Unternehmer in den Anwendungsbereich der RL 2004/17/EG im Wesentlichen übereinstimmen[401], kann man sagen, dass es eine Unterscheidung im Sektorenbereich zwischen öffentlichem und privatem Auftraggeber praktisch nicht gibt: Alle Sektorenauftraggeber haben die Richtlinie unmittelbar anzuwenden[402]. Maßgeblich ist, ob der Staat den Rechtsträger mit besonderen Rechten ausgestattet hat, die über das hinausgehen, was für den Rechtsverkehr zwischen Privaten üblich ist[403].

Neben der Problematik des Staatsbegriffes ist in diesem Zusammenhang auch die Uneinigkeit in Bezug auf die sog. *mittelbare horizontaler Richtlinienwirkung* zu erwähnen. Beruft sich eine Privatperson gegenüber dem Staat zu Recht auf eine unmittelbar geltende Richtlinienvorschrift und wendet ein Gericht deshalb ein richtlinienwidriges Gesetz nicht an, kann sich dies belastend auf die — in diesem Fall — private Gegenpartei auswirken. Man spricht hier von *Staatsakten mit Doppelwirkung*[404]. Gerade das Vergaberecht ist für diese Fallkonstellation ein ganz typisches Rechtsgebiet[405]. Da es hier aber nicht um gegenseitige Pflichten geht, die Privatpersonen auf der Grundlage der unmittelbar anwendbaren Richtlinie gegeneinander geltend machen können, hat der EuGH die sog. *mittelbar horizontale Richtlinienwirkung* anerkannt. Die sog. *mittelbare vertikale Richtlinienwirkung* lehnt der EuGH allerdings ab. So kann ein Privater

---

[399] Auftraggeber, die im Bereich der Wasser-, Energie- und Verkehrsversorgung sowie im Telekommunikationssektor tätig sind, vgl. RL 2004/17/EG.
[400] EuGH, Rs. C-6/05, *Medipac-Kazantzidis AE*, Slg. 2007, I-4557, Rn. 43 mit Verweis auf EuGH, Rs. 152/84, *Marshall*, Slg. 1986, 723, Rn. 49; EuGH, Rs. 103/88, *Fratelli Costanzo*, Slg. 1989, 1839, Rn. 30 f.; EuGH, Rs. C-188/89, *Foster*, Slg. 1990, I-3313, Rn. 18; EuGH, Rs. C-297/03, *Sozialhilfeverband Rohrbach*, Slg. 2005, I-4305, Rn. 27; zu den Voraussetzungen v.a. der *Foster*-Rechtsprechung des EuGH, vgl. *Egger*, Europäisches Vergaberecht, S. 112 f.
[401] Im Ergebnis auch *Prieß*, Handbuch des europäischen Vergaberechts, S. 77 f., der sich auch auf die weite EuGH-Definition des Begriffes „Staat" stützt.
[402] *Prieß*, Handbuch des europäischen Vergaberechts, S. 77; *Egger*, Europäisches Verwaltungsrecht, S. 113.
[403] EuGH, Rs. 188/89, *Forster/British Gas*, Slg. 1990, I-3313, Rn. 18; *Egger*, Europäisches Verwaltungsrecht, S. 113.
[404] *Gellermann* in: Rengeling/Middeke/Gellermann, Handbuch des Rechtsschutzes in der Europäischen Union, § 33, Rn. 37.
[405] EuGH, Rs. C-76/97, *Tögel*, Slg. 1998, I-5537, Rn. 52; EuGH, Rs. 103/88, *Fratelli Costanzo*, Slg. 1989, 1839, 1871, Rn. 30 ff.

nicht die staatliche Durchsetzung unmittelbar geltender Richtliniennormen zulasten eines anderen beanspruchen[406].

Einigkeit besteht allerdings dahingehend, dass infolge einer konformen Auslegung einer nationalen Vorschrift anhand einer nicht (ordnungsgemäß) umgesetzten Richtlinie zwischen Staat und Privatem ebenfalls keine Belastung des Privaten erfolgen darf[407]; im horizontalen Verhältnis zwischen Privaten ist dies dagegen sehr wohl möglich[408]. Schließlich kann ein Privater auch dann durch die unmittelbare Wirkung einer Richtlinie belastet werden, wenn sie gar keine individuellen Rechte begründet, sondern nur Anweisungen an die mitgliedstaatlichen Stellen enthält, wie bspw. die Einhaltung von bestimmten Verfahrensvorschriften durch die nationale Verwaltung, unabhängig davon, ob sich ein Privater darauf beruft oder nicht[409].

Damit lässt sich feststellen, dass nur mittelbare Belastungen keinen Grund darstellen, um von der Anwendung einer sonst hierzu geeigneten Richtlinie abzusehen.

2. Der Vorrang des Unionsrechts

Nationales Recht wird nicht nur durch die unmittelbare Wirksamkeit von Unionsrecht beeinflusst, sondern auch durch seinen Vorrang gegenüber mitgliedstaatlichem Recht.

Obgleich es an einer ausdrücklichen primärrechtlichen Verankerung fehlt[410], legt der EuGH diesen Grundsatz, nach dem das Unionsrecht früheren wie

---

[406] EuGH, Rs. C-201/02, *Wells*, Slg. 2004, I-723, Rn. 57 f.; EuGH, verb. Rs. C-152/07 bis C-154/07, *Arcor AG*, Urt. v. 17.07.2008, Rn. 35.
[407] EuGH, Rs. C-168/95, *Arcaro*, Slg, 1996, I-4705, Rn. 42; EuGH, Rs. C-91/92, *Faccini Dori*, Slg. 1994, I-3325, Rn. 26.
[408] EuGH, Rs. C-355/96, *Silhouette*, Slg. 1998, I-4799, Rn. 36; EuGH, verb. Rs. C-397/01 bis C-403/01, *Pfeiffer*, Slg. I-8835, Rn. 110 -120; EuGH, Rs. C-350/03, *Schulte*, Slg. 2005, I-09215, Rn. 71.
[409] EuGH, Rs. C-431/02, *Großkrotzenburg*, Slg.1995, I-2189, Rn. 26, 39.
[410] Auch der Vertrag von Lissabon (Vertrag von Lissabon zur Änderung des Vertrages über die Europäische Union und des Vertrages zur Gründung der Europäischen Gemeinschaft, AblEU 2007, C 306, S. 202 ff) enthält keine solche ausdrückliche Verankerung. Die Regierungskonferenz weist zwar in der 17. Erklärung zu den Bestimmungen der Verträge „Erklärung zum Vorrang", dass die Verträge und das von der Union auf der Grundlage der Verträge gesetzte Recht im Einklang mit der ständigen Rechtsprechung des Gerichtshofs der Europäischen Union unter den in dieser Rechtsprechung festgelegten Bedingungen Vorrang vor dem Recht der Mitgliedstaaten haben. Der Beschluss der Konferenz, das Gutachten des Juristischen Dienstes des Rates zum Vorrang vom 22.07.2007 der Schlussakte vom 13.12.2007, ABlEU 2008, C 335, S. 344 beizufügen, ändert daran jedoch nichts, da darin wiederum auf die diesbezügliche Rechtsprechung des EuGH verwiesen wird.

späterem innerstaatlichem Recht — auch dem Verfassungsrecht — vorgeht, bereits seit über vierzig Jahren in seiner Rechtsprechung zugrunde[411]. Begründet wird dies u.a. mit der Notwendigkeit der einheitlichen Geltung des Unionsrechts: Würden sich nationale Normen gegenüber Unionsrecht durchsetzen, könnte seine einheitliche Geltung in allen Mitgliedstaaten nicht gewährleistet werden, wie sie eine europäische Rechtsgemeinschaft aber gerade voraussetzt[412]. Dem Vorrang des Unionsrechts wird durch zwei Mechanismen Geltung verschafft: Erstens durch die die primär- wie sekundärrechtskonforme Auslegung[413] und zweitens — sofern eine Auslegung nicht möglich ist oder diese ihr Ziel nicht erreichen kann — durch den Anwendungsvorrang des Unionsrechts[414]. Die Durchführung der unionsrechtskonformen Auslegung und die Anwendung der unionsrechtlichen Norm unter Nichtanwendung der nationalen Norm sind nicht nur Rechte, sondern wegen Art. 10 EGV (im Wesentlichen ersetzt durch Art. 4 Abs 3 EUV-Liss.) auch Pflichten, die alle mitgliedstaatlichen Träger öffentlicher Gewalt auszuüben und zu erfüllen haben[415].

Um die Übereinstimmung zwischen nationaler und Unionsvorschrift am Maßstab des Unionsrechts herzustellen, muss jede staatliche Behörde versuchen, eine Normkollision durch Auslegung und entsprechende Anwendung zu verhindern[416]. Wie die Auslegung zu erfolgen hat, richtet sich nach nationalem Recht, wobei der wesentliche Norminhalt jedenfalls aufrechterhalten bleiben muss. Mangelt es an einem Auslegungsspielraum oder können die mitgliedstaatlichen Organe mittels Auslegung des nationalen Rechts die Normkollision mit dem Unionsrecht nicht auflösen, dürfen und müssen sie von der — zwar gültig bleibenden — innerstaatlichen Vorschrift keinen Gebrauch machen. An ihre Stelle tritt dann aber die Bestimmung des Unionsrechts, die in diesem Kollisionsfall Anwendung findet[417]. Damit geht — wie auch in Deutschland[418] — die Kompetenz der ungarischen Gerichte bei der Beurteilung

---

[411] Erstmals in EuGH, Rs. 6/64, *Costa/E.N.E.L.*, Slg. 1964, 1251, 1269, seither in ständiger Rechtsprechung, vgl. EuGH, Rs. 14-68, *Wilhelm*, Slg. 1969, 1, 15; EuGH, Rs. 11-70, *Internationale Handelsgesellschaft*, Slg. 1970, 1125, 1135; EuGH, Rs. 34/73, *Variola*, 1973, 981, 991; EuGH, Rs. 106/77, *Simmenthal*, 1978, 629, 643 f., Rn. 17 f.; EuGH, Rs. 44/79, *Hauer*, 1979, 3727, 3728; EuGH, Rs. C-213/89, *Factortame*, 1990, I-2433, 2473.
[412] *Dörr/Lenz*, Europäischer Verwaltungsrechtsschutz, Rn. 381.
[413] Z.B. EuGH, verb. Rs. 430/92 und Rs. 431/93, *van Schijndel und van Veen*, Slg. 1995, I-4705, Rn. 13.
[414] EuGH, Rs. 106/77, *Simmenthal*, Slg. 1978, 629, Rn. 17 f.
[415] *Dörr/Lenz*, Europäischer Verwaltungsrechtsschutz, Rn. 383, 385.
[416] EuGH, Rs. C-462/99, *Connect Austria*, Slg. 2003, I-05197, Rn. 38; EuGH, Rs. C-327/00, *Santex*, Slg. 2003, I-1877, Rn. 63.
[417] *Dörr/Lenz*, Europäischer Verwaltungsrechtsschutz, Rn. 389 f.
[418] *Dörr/Lenz*, Europäischer Verwaltungsrechtsschutz, Rn. 390.

von Rechtsvorschriften am Maßstab des Unionsrechts weiter als beim Maßstab der Verfassung. Im letztgenannten Fall sind die Gerichte nicht zur Verwerfung berechtigt, sondern zur Vorlage der Rechtsvorschrift beim Verfassungsgericht verpflichtet, das die alleinige Kompetenz zur verfassungsmäßigen Beurteilung hat, §§ 1 b), 38 Abs. 1 des Gesetzes Nr. XXXII von 1989 über das Verfassungsgericht[419]. Vermuten Gerichte hingegen die Unionsrechtswidrigkeit, legen sie die Rechtsvorschrift eigenständig aus bzw. verneinen deren Anwendbarkeit zugunsten des Unionsrechts. Ob zumindest aus mitgliedstaatlicher Sicht die Vorrangwirkung — im Gegensatz zur Auffassung des EuGH — durch nationales Verfassungsrecht beschränkt wird[420], hängt in erster Linie vom Wortlaut der Verfassung und der Rechtsprechung des Verfassungsgerichtes ab[421].

3. Die mitgliedstaatliche Pflicht zur Umsetzung der Richtlinien

Die Richtlinien sind an die Mitgliedstaaten gerichtet, die zu ihrer Umsetzung verpflichtet sind. Von der Anpassungspflicht des nationalen Rechts ist nur dann eine Ausnahme zu machen, wenn die nationalen Regelungen bereits vollumfänglich und zweifelsfrei richtlinienkonform in Kraft sind, wobei der EuGH strenge Voraussetzungen an diese Ausnahme knüpft[422]. Aus dem Umsetzungsbefehl des Art. 249 Abs. 3 EGV (vgl. Art. 288 Abs. 3 AEUV) sowie der ergänzenden und konkretisierenden Rechtsprechung des EuGH haben sich folgende Kriterien entwickelt, um die volle Wirksamkeit und Zielerreichung des Sekundärrechts zu gewährleisten:

Die Umsetzung der Richtlinie in innerstaatliches Recht hat innerhalb der in der Richtlinie festgesetzten Zeit bzw. innerhalb einer sekundärrechtlichen Fristverlängerung[423] zu erfolgen. In der Regel sind Verspätungen, weder mit parlamentarischer Langsamkeit oder der föderalen Struktur des Landes, noch mit sonstigen internen politischen Schwierigkeiten zu rechtfertigen[424].

Da die inhaltliche Forderung ein wirksames Funktionieren der Richtlinienvorgaben ist, stellt der EuGH auch an die Rechtsform genaue

---

[419] Ung. *1989. évi XXXII. törvény az Alkotmánybíróságról*, Magyar Közlöny 1989/77 (X.30.), im Folgenden: Abtv.
[420] Zu den verfassungsrechtlichen Grenzen der Integration in Deutschland, vgl. Dörr, Der europäisierte Rechtsschutzauftrag deutscher Gerichte, S. 109 ff.
[421] Dazu näher unter *3. Kapitel, I.5. Zusammenfassung und Bedeutung für die Beurteilung des Kbt.*
[422] EuGH, Rs. 29/84, *Kommission/Deutschland*, Slg. 1985, 1161, Rn. 23.
[423] EuGH, Rs. 70/83, *Kloppenburg*, Slg. 1984, 1075, Rn. 12.
[424] EuGH, Rs. 68/81, *Kommission/Belgien*, Slg. 1981, 153, Rn. 5; EuGH, verb. Rs. C-106, C-207 und C-225/94, *Kommission/Griechenland*, Slg. 1995, I-1791, Rn. 11; EuGH, Rs. C-253/95, *Kommission/Deutschland*, Slg. 1996, I-2423, Rn. 12.

Anforderungen[425]. Ein nicht-förmliches Gesetz kommt nur dann in Betracht, wenn es eindeutig die Verwirklichung des Zieles der Richtlinie sicherstellt[426]. Daher sind auch die Vergaberichtlinien so umzusetzen, dass sie rechtlich verbindlich sind[427], unmittelbare Außenwirkung haben und geeignet sind, die dem Bürger durch die Richtlinie verliehenen Rechte tatsächlich zu gewährleisten[428]. Der Bürger muss aus der nationalen Vorschrift seine eigenen Rechts erkennen und ableiten können[429], wobei eine Verleihung subjektiv-öffentlicher Rechte[430] nicht erforderlich ist, um die Einhaltung des materiellen Unionsrechts sicherzustellen[431]. So muss der nationale Gesetzgeber im Rahmen des Vergaberechts insbesondere die Vorschriften über die Wahl des Auftraggebers zwischen den einzelnen Vergabeverfahren[432], über die technischen Spezifikationen[433], über die Bekanntmachungspflichten[434] und über die Eignungs- wie Zuschlagskriterien[435] so konkret formulieren, dass der Einzelne sich vor der Vergabekontrollinstanz auf diese berufen kann[436].

An der gebotenen rechtlichen Verbindlichkeit und der entsprechenden Öffentlichkeit mangelt es jedenfalls bei behördeninternen

---

[425] EuGH, Rs. C-236/95, *Kommission/Griechenland*, Slg. 1996, I-4459, Rn. 10 ff.; EuGH, Rs. C-433/93, *Kommission/Deutschland*, Slg. 1995, I-2303, Rn. 18.
[426] EuGH, Rs. C-361/88, *Kommission/Deutschland*, Slg. 1991, I-2567, Rn. 20 f.; EuGH, Rs. C-131/88, *Kommission/Deutschland*, Slg. 1991, I-825, Rn. 8.
[427] Vgl. zu den einzelnen Anforderungen: *Egger*, Europäisches Vergaberecht, S. 116 f.
[428] EuGH, Rs. C-236/95, *Kommission/Griechenland*, Slg. 1996, I-4459, Rn. 13; EuGH, Rs. 29/84, *Kommission/Deutschland*, Slg. 1985, 1661, Rn. 23; EuGH, Rs. 363/85, *Kommission/Italien*, Slg. 1987, 1733, Rn. 7; EuGH, Rs. C-59/89, *Kommission/Deutschland*, Slg. 1991, I-2607, Rn. 18.
[429] EuGH, Rs. C-433/93, *Kommission/Deutschland*, Slg. 1995, I-2303, Rn. 18.
[430] Zur These des prozessualen Gleichlaufs zwischen unmittelbarer Anwendbarkeit von Gemeinschaftsrecht und der Verleihung subjektiv-öffentlicher Rechte, *Triantafyllou*, Europäisierungsprobleme des Verwaltungsprivatrechts, NVwZ 1994, 944.
[431] EuGH, Rs. C-433/93, *Kommission/Deutschland*, Slg. 1995, I-2303, Rn. 18.
[432] Hierunter fallen grds. das offene, das nichtoffene Verfahren, das Verhandlungsverfahren und der wettbewerbliche Dialog, vgl. hierzu näher die Kapitel V der RL 2004/18/EG bzw. RL 2004/17/EG sowie im Folgenden im *3. Kapitel, II.5 b) Die Verfahrensarten*.
[433] Unter dem Begriff sind Vorschriften zu verstehen, die in den Ausschreibungsunterlagen die Merkmale des Auftragsgegenstandes, wie bspw. im Hinblick auf Qualitätsstufen, Gebrauchstauglichkeit, Sicherheiten, Abmessungen, Prüfungen, Kennzeichnungen, Beschriftungen oder auch Produktionsprozesse konkretisieren; Vgl. die Legaldefinitionen in Anhang XXI der RL 2004/17/EG und in Anhang VI der RL 2004/18/EG.
[434] EuGH, Rs. 31/87, *Beentjes*, Slg. 1988, 4635, Rn. 42; EuGH, Rs. C-433/93, *Kommission/Deutschland*, Slg. 1995, I-2317, Rn. 19.
[435] EuGH, Rs. C-433/93, *Kommission/Deutschland*, Slg. 1995, I-2303, Rn. 19; Vgl. hierzu näher die Kapitel VII der RL 2004/17/EG bzw. RL 2004/18/EG.
[436] *Egger*, Europäisches Vergaberecht, S. 116.

Vergabeentscheidungen. Selbst wenn die Behörde das Vergabesekundärrecht unmittelbar anwendet[437], kann die Anwendungspraxis jederzeit geändert werden. Hingegen soll es ausreichend sein, wenn der nationale Gesetzgeber lediglich auf die Gültigkeit der Richtlinienbestimmung verweist[438].

Inhaltliche Anforderungen an die Umsetzungen sind weiter, dass sich die Pflicht auch auf jede folgende Änderung der Richtlinien bezieht[439]. Trotz mitgliedstaatlicher Form- und Mittelfreiheit müssen die sekundärrechtlichen Vorgaben zwar nicht wortwörtlich, aber vollständig und genau umgesetzt werden[440]. So hat der EuGH auf dem Gebiet des Vergaberechts mitgliedstaatliche Umsetzungsvorschriften für nicht richtlinienkonform angesehen, die die Inanspruchnahme von Ausnahmen von den Richtlinien unter erleichterte Bedingungen ermöglichte wie bspw. beim freihändigen Kauf von Arzneimitteln[441]. So waren die Implementierung von kumulativ vorgesehenen Kriterien in alternative Kriterien rechtswidrig[442], ebenso die Umsetzung begrenzter Ausnahmen in vollständige Ausnahmen von den Richtlinien[443] oder die Schaffung einer nationalen Übergangsfrist für noch nicht abgeschlossene Vergabeverfahren[444].

4. Das Verhältnis zwischen Unionsrecht und der ungarischen Rechtsordnung

Für die Beurteilung des Kbt.-Rechtsschutzes ist letztendlich auch das Verhältnis zwischen Unionsrecht und nationalem ungarischen Recht (insbesondere der Verfassung) von Bedeutung. Beide bilden einen Teil des normativen Rahmens und beschränken damit die Kompetenz des ungarischen Gesetzgebers. Widersprechen sich aber die Bestimmungen von Unions- und ungarischem Verfassungsrecht in Bezug auf einen bestimmten Sachverhalt, ist der Rahmen, an den sich der nationale Gesetzgeber halten muss, nicht eindeutig. Im Falle eines solchen materiellen Konfliktfalles ist zu entscheiden, welche der beiden Rechtsquellen nun anzuwenden ist und wie dies zu erfolgen hat. Daher soll im

---

[437] EuGH, Rs. C-433/93, *Kommission/Deutschland*, Slg. 1995, I-2303, Rn. 24; EuGH, Rs. C-253/95, *Kommission/Deutschland,* Slg. 1996, I-2423, Rn. 12.
[438] *Egger*, Europäisches Vergaberecht, S. 116.
[439] *Egger*, Europäisches Vergaberecht, S. 115.
[440] EuGH, C-295/89, *Alfonso*, Slg. 1991, I-2967; EuGH, C-71/92, *Kommission/Spanien*, Slg. 1993, I-5923, Rn.37.
[441] EuGH, Rs. C-328/92, *Kommission/Spanien,* Slg. 1994, I-1589, Rn. 17.
[442] EuGH, Rs. 274/83, *Kommission/Italien,* Slg. 1985, 1077, Rn 34.
[443] EuGH, Rs. C-71/92, *Kommission/Spanien*, Slg. 1993, I-5923, Rn. 17.
[444] EuGH, Rs. C-396/92, *Bund Naturschutz*, Slg. 1994, I-3717, Rn. 19; weitere richtlinienwidrige Umsetzungsakte, vgl. *Egger*, Europäisches Vergaberecht, S. 117.

Folgenden das Verhältnis zwischen europäischem Unionsrecht und der ungarischen Verfassung aufgezeigt werden.

a) Der Vorrang des Unionsrechts

Der Anwendungsvorrang des Unionsrechts vor innerstaatlichem Recht findet aus Sicht der Union selbst vor nationalen Verfassungen keine Grenze[445]. Insbesondere dürfen sich die Mitgliedstaaten gegenüber der Union nicht darauf berufen, dass sekundäres Unionsrecht wegen Unvereinbarkeit mit der Verfassung innerstaatlich nicht umgesetzt werden kann[446]. Nach Auffassung des EuGH dürfen die nationalen Verfassungsgerichte daher auch sekundäres Unionsrecht nicht am Maßstab der Verfassung prüfen[447]. Zum Schutz der Einheit der Unionsrechtsordnung[448] werden Rechtsakte der Union ausschließlich durch den EuGH mittels des Vorabentscheidungsverfahrens gemäß Art. 234 EGV (vgl. Art. 267 AEUV) bzw. der Nichtigkeitsklage gemäß Art. 230 EGV (vgl. Art. 263 AEUV) beurteilt[449].

In der Absolutheit, wie sie der EuGH fordert, wird der Vorrang aber nicht von allen mitgliedstaatlichen Verfassungsgerichten akzeptiert[450].

Ausdrücklich hat sich das ungarische Verfassungsgericht bisher nicht zum Verhältnis zwischen Unionsrecht und ungarischem Verfassungsrecht geäußert[451]. Aus seiner Rechtsprechung können aber durchaus

---

[445] EuGH, Rs. 11/70, *Internationale Handelsgesellschaft*, Slg. 1970, 1125, 1135; EuGH, Rs. 106/77, *Simmenthal*, Slg. 1978, 629, 643 ff.
[446] EuGH, Rs. 42/80, *Kommission/Italien*, Slg. 1980, 3635, 3640; EuGH, Rs. 140/78, *Kommission/Italien*, Slg. 1980, 3687, 3699; EuGH, Rs. 145/82, *Komission/Italien*, Slg, 1983, 711, 718.
[447] EuGH, Rs. 11/70, *Internationale Handelsgesellschaft*, Slg. 1970, 1125; EuGH, Rs. 314/85, *Foto-Frost,* Slg. 1987, 4199, Rn. 14 ff.; eine Ausnahme besteht unter bestimmten Voraussetzungen für vorläufigen Rechtsschutz vgl. EuGH, verb. Rs. C-143/88 und C-92/89, *Zuckerfabrik Süderdithmarschen*, Slg. 1991, I-415, Rn. 18.
[448] EuGH, Rs. 314/85, *Foto-Frost,* Slg. 1987, 4199, Rn. 15.
[449] EuGH, Rs. 314/85, *Foto-Frost,* Slg. 1987, 4199, Rn. 17.
[450] *Berke, Az európai közösségi jog alkotmányos korlátai*, S. 9 ff.; *Pernice, Das Verhältnis europäischer zu nationalen Gerichten im europäischen Verfassungsverbund*, S. 22; So hat das deutsche Bundesverfassungsgericht trotz seines sog. *Kooperationsverhältnisses* mit dem EuGH (vgl. BVerfGE 73, 339, 387) seine Zuständigkeit, Unionsrecht am Maßstab der Verfassung zu prüfen, nicht vollends aufgegeben; von „*negativer Evidenzkontrolle*" spricht *Streinz*, Europarecht, Rn. 247; ähnlich der österreichische VerfGH, vgl. *Zorn/Twardosz*, Gemeinschaftsgrundrechte und Verfassungsgrundrechte im Steuerrecht, DStR 2007, 2185, 2194.
[451] *Várnay/Tatham*, A New Step on the Long Way, Ziff. 5.3.; *Várnay, Az Alkotmánybíróság*, S. 423.

Schlussfolgerungen zum Vorrangverhältnis zwischen Unionsrecht und Verfassungsrecht gezogen werden:

Seit dem Beitritt Ungarns zur Europäischen Union wurden dem Verfassungsgericht mehrmals Anträge vorgelegt, die auf die Prüfung der Vereinbarkeit ungarischer Rechtsakte mit entweder primärem oder sekundärem Unionsrecht gerichtet waren[452].

Im Rahmen seiner Ausführungen schloss das Verfassungsgericht seine Kompetenz zur Beurteilung des Unionsrechts — sowohl als Prüfungsgegenstand als auch als Prüfungsmaßstab — ausdrücklich aus und beschränkte sich — trotz teilweise anders lautender Anträge — auf die Prüfung der nationalen Umsetzungsvorschrift.

Es beurteilte also lediglich, ob der ungarische Gesetzgeber bei der Ausfüllung seines vom Unionsrecht zugelassenen Umsetzungsspielraumes die verfassungsrechtlichen Besonderheiten Ungarns beachtet hatte[453]. Maßstab war also stets die ungarische Verfassung und nicht das Unionsrecht[454]. Im Beschluss 744/B/2004 erklärte es, dass es weder die Richtlinie selbst zu überprüfen gedenke noch die Frage, ob das Umsetzungsgesetz dem Richtlinienmaßstab entspreche[455]. Seiner Ansicht nach ist es nicht seine Aufgabe, Bestimmungen der Richtlinie auszulegen. Deshalb prüft es auch nicht, ob der ungarische Gesetzgeber das innerstaatliche Recht richtlinienkonform geschaffen hat, sondern lediglich, ob das nationale Umsetzungsgesetz dem Maßstab der Verfassung entspricht[456]. Dies gilt für die Prüfung des Primärrechts, nach Auffassung einzelner Verfassungsrichter aber auch für bereits umgesetztes Sekundärrecht[457] bzw. für nicht ordnungsgemäß oder gar nicht umgesetztes und

---

[452] AB Beschluss 1053/E/2005, ABH 2006, 1824, 1828, 1830; ähnlich AB Beschluss 72/2006 (XII.15.), ABH 2006, 819, 861, AB Beschluss 12/2007 (III.9.), AB Közlöny 2007/3, 221, 225.
[453] AB Beschluss 775/B/2006, AB Közlöny 2008/4, 629, 630 f.
[454] Nach *Csuhány/Sonnevend* in: Jakab, Az Alkotmány kommentárja, §2/A, S. 37 f., der auf den AB Beschluss 72/2006 (XII.15.), ABH 2006, 819 verweist, würde dies wiederum eine inzidente Kontrolle des Primärrechts bedeuten. Aus Gründen der Rechtssicherheit befürwortet *Várnay* Ernö, Az Alkotmánybíróság és az Európai Unió joga, S. 426, 428 das Vorgehen des Verfassungsgerichts.
[455] AB Beschluss 744/B/2004, ABH 2005, 1281, 1283.
[456] AB Beschluss 9/2007 (III.7.) AB Közlöny 2007/3, 196, 200 f.; AB Beschluss 744/B/2004, ABH 2005, 1281, 1284; AB Beschluss 17/2004 (V.25.), ABH 2004, 291, 297; AB Beschluss 66/2006 (XI.29.), AB Közlöny 2006/11, 915, 921; so auch *Petrétei*, Magyar Alkotmányjog II, S. 149.
[457] AB Beschluss 744/B/2004, ABH 2005, 1281, 1283; Vgl. die Anschlussbegründung des Verfassungsrichters Dr. Péter *Kovács* und Dr. László *Kiss* zum AB Beschluss 72/2006 (XII.15.), ABH 2006, 819, 861.

deshalb unmittelbar geltendes Sekundärrecht[458]. In einem späteren Beschluss berief das Gericht sich zur Untermauerung seiner Begründung zusätzlich auf § 1 Abtv.[459].

Das Verfassungsgericht lehnt ausdrücklich die Ableitung einer solchen Prüfungskompetenz aus § 7 Abs. 1 Alk. ab[460]. Diese Bestimmung fordert den Einklang zwischen internationalen Rechtsverpflichtungen und innerstaatlichem Recht. Zur Wahrung dieses Einklangs ist das Verfassungsgericht gemäß § 1 lit. c), § 30 Abs. 1 lit. d) Abtv. zur Überprüfung von ungarischen Rechtsakten am Maßstab des jeweiligen internationalen Vertrages zuständig und hat bei kumulativer Feststellung der gesetzgeberischen Unterlassung sowie der verfassungswidrigen Rechtslage den Gesetzgeber fristgebunden zur Nachbesserung i.S.d. § 49 Abtv. anzuhalten. In seinem „*obiter-dictum*"-Beschluss[461] nahm es zwar wieder nicht ausdrücklich zum Verhältnis zwischen Unionsrecht und der Verfassung Stellung[462], machte aber zumindest deutlich, dass es

„*(...) trotz ihrer (...) vertraglichen Qualität, die Gründungsverträge der Europäischen Union und ihre Änderungsverträge nicht als internationale Verträge behandeln möchte (...)*" *[Übers. der Verf.]*

---

[458] AB Beschluss 17/2004, ABH 2004, 291, 297.
[459] AB Beschluss 61/B/2005, AB Közlöny 2008/9, 1252, 1255.
[460] AB Beschluss 72/2006 (XII.15.), ABH 2006, 819, 859, 861.
[461] *Várnay*, Az Alkotmánybíróság, S. 433.
[462] AB Beschluss 1053/E/2005, ABH 2006, 1824, 1828: Dass das Verfassungsgericht den Antrag mit dem Prüfungsmaßstab des EGV (vgl. jetzt AEUV bzw. EUV-Liss.) nicht als unzulässig abgewiesen hatte, spricht dafür, dass es bereits zu diesem Zeitpunkt davon ausgegangen ist, dass der EGV (vgl. jetzt AEUV bzw. EUV-Liss.) nicht als internationaler Vertrag zu handhaben ist. Denn für die Veranlassung der Prüfung eines internationalen Vertrages sind nur die in § 21 Abs. 3 Abtv. aufgezählten Personen berechtigt, zu dem der Antragsteller aber nicht zählte (S. 860 f.). Von der aus diesem Grunde vorliegende Unzulässigkeit des Antrags und der Qualifizierung der „Römischen Verträge" als internationale Verträge i.S.d. § 7 Alk. ging der Verfassungsrichter Dr. *Bihary* Mihaly in seiner angefügten abweichenden Meinung aus (S. 1831). Im Rahmen der Beschlussbegründung wies das Verfassungsgericht den Antrag aber als unbegründet ab, da das alleinige Berufen auf einen Verstoß gegen das Rechtsstaatsprinzip noch nicht zur Verfassungswidrigkeit führen könne und § 2/A Alk. keine konkrete gesetzgeberische Verpflichtung enthalten würde. In der Parallelbegründung durch Verfassungsrichter Dr. Péter *Kovács* bemängelte dieser, dass das Verfassungsgericht keine Stellung zum Gemeinschaftsrechtsverhältnis und der Maßgeblichkeit von § 2/A bzw. § 7 Alk. genommen hätte, obwohl es an der Zeit gewesen wäre (S. 1830 f).

Diese Rechtsprechung wurde in weiteren Beschlüssen bestätigt[463]. Damit entzog das Verfassungsgericht sich praktisch selbst die Kompetenz, das Unionsrecht mittels § 7 Abs. 1 Alk., § 1 lit. c), 30 Abs. 1 lit. d) Abtv. am Maßstab der Verfassung zu prüfen. In diesem Zusammenhang führte es aus, dass es das primäre und sekundäre Unionsrecht trotz seines vertraglichen Ursprungs als eine Rechtsordnung *sui generis* betrachte, die aufgrund der Mitgliedschaft Ungarns in der EU Teil des innerstaatlichen Rechts geworden sei[464]. Über § 2/A Abs. 1 Alk. sei es genauso anwendbar wie das durch den ungarischen Gesetzgeber geschaffene ungarische Gesetz[465].

Zur Klärung der Frage des absoluten Vorrangs hilft die Aussage jedenfalls deshalb nicht weiter, weil das Gericht ebenso wenig klargestellt hat, ob das Verfassungsrecht auch zum innerstaatlichen Recht zählt oder nicht. Nur wenn dem so wäre, könnte man innerhalb einer Rechtsordnung überhaupt zu einer normenhierarchischen Einordnung des Unionsrechts auch über der Verfassung kommen.

Für eine solche Argumentation spricht, dass die Formulierung des § 7 Abs. 1 Alk. im Zuge der Verfassungsänderung zum EU-Beitritt nicht geändert bzw. nicht auf die rechtlichen Verpflichtungen aus dem Unionsrecht erstreckt wurde, was in der ungarischen Rechtsliteratur auch kritisiert wird[466]. Damit ist auch die bisher zu § 7 Alk. ergangene Rechtsprechung über die internationalen Vertragsverpflichtungen auf das Unionsrecht nicht übertragbar. Hierbei äußerte sich das Verfassungsgericht zur Einordnung des internationalen Rechts in die ungarische Normenhierarchie[467], zur tatsächlichen Geltungsverschaffung auf ungarischem Rechtsgebiet, namentlich durch vertragskonforme Auslegung sowohl der Verfassung als auch des innerstaatlichen Rechts[468] bzw. durch die

---

[463] AB Beschluss 12/2007 (III.9.), AB Közlöny 2007/3, 221, 225; AB Beschluss 72/2006 (XII.15.), ABH 2006, 819, 861; AB Bescheid 946/C/2005, AB Közlöny 2007/6, 656, 660; AB Beschluss 61/B/2005, AB Közlöny 2008/9, 1252, 1255; AB Beschluss 483/B/2006, AB Közlöny 2007/12, 1290, 1292 f.
[464] Aktuell AB Beschluss 32/2008 (III.12.), AB Közlöny 2008/3, 319, 323 f.; AB Beschluss 72/2006 (XII.15.), ABH 2006, 819, 861; Vgl. auch die Parallelbegründung durch Verfassungsrichter Dr. Péter *Kovács* im Anschluss an den AB Beschluss 1053/E/2005, ABH 2006, 1824, 1830 f., der das Gemeinschaftsrecht zwar auch als Rechtsordnung *sui generis* einordnet, aber nicht davon ausgeht, dass es Bestandteil der ungarischen Rechtsordnung ist, sondern aufgrund seiner Vorrangwirkung und seiner unmittelbaren Anwendbarkeit innerstaatlichem Recht *näher* steht, als dem internationalen Recht.
[465] AB Beschluss 61/B/2005, AB Közlöny 2008/9, 1252, 1255.
[466] *Chronowski*, „Integralódó" alkotmányjog, S. 198; *Bodnár László*, Alkotmányfejlődés és EU-csatlakozásunk, S. 5 ff.
[467] AB Beschluss 53/1993 (X.13.), ABH 1993, 323, 327.
[468] AB Beschluss 53/1993 (X.13.), ABH 1993, 323, 327 f.

Änderung des Verfassung, sofern nur dadurch der Einklang zwischen dem ungarischem Recht, der Verfassung und der internationalen Verpflichtung hergestellt werden kann[469]. M.E. muss aus der Herausnahme des Unionsrechts aus dem Begriff des internationalen Vertrages i.S.d. § 7 Abs. 1 Alk. aber nicht zwingend der Schluss gezogen werden, dass das Verfassungsgericht den Anwendungsvorrang vor der Verfassung nur im Hinblick auf internationale Verträge gestatten wollte. M.E. könnte es einen solchen Vorrang auch durch Auslegung des § 2/A Abs. 1 Alk. ausdrücklich bestätigen: Denn § 2/A Abs. 2 Alk. meint mit dem Begriff „*internationaler Vertrag*" den Beitrittsvertrag[470] i.S.d. Abs. 1. Aus ihm ergibt sich die internationale Rechtsverpflichtung i.S.d. § 7 Alk., Unionsrecht vorrangig anzuwenden[471]. Diese vorrangige Anwendungspflicht muss gemäß § 7 Abs. 2 Alk. in Einklang mit innerstaatlichem Recht gebracht werden. Zur Herstellung dieses Einklangs wäre auch das Verfassungsgericht berufen.

Indem das Verfassungsgericht weder primäres noch sekundäres Unionsrecht als Gegenstand oder als Prüfungsmaßstab heranzieht und auch die verfassungsrechtlich normierte Aufgabe aus § 7 Abs. 1 Alk. nicht auf den Einklang zwischen dem Unions- und innerstaatlichem Recht überträgt, fehlt es an der Voraussetzung für die Feststellung einer etwaigen Normenkollision. Praktisch hat das Verfassungsgericht damit den Vorrang des Unionsrechts auch vor der Verfassung sichergestellt. Indem es im Beschluss 61/B/2005[472] die Letztentscheidungskompetenz des EuGH bestätigte und ihm die ausschließliche Überprüfung des Unionsrechts überließ[473], kann im Endeffekt nur seine

---

[469] AB Beschluss 4/1997 (I.22.), ABH 1997, 41, 44, 52 f.; AB Beschluss 15/2004 (V.14.), ABH 2004, 269, 273 f.
[470] Der Beitrittsvertrag (AB1EU 2003, L 236) wurde durch das Gesetz Nr. XXX von 2004 (ung. *2004. évi XXX. törvény a Belga Királyság, a Dán Királyság, a Németországi Szövetségi Köztársaság, a Görög Köztársaság, a Spanyol Királyság, a Francia Köztársaság, Írország, az Olasz Köztársaság, a Luxemburgi Nagyhercegség, a Holland Királyság, az Osztrák Köztársaság, a Portugál Köztársaság, a Finn Köztársaság, a Svéd Királyság, Nagy-Britannia és Észak-Írország Egyesült Királysága (az Európai Unió tagállamai) és a Cseh Köztársaság, az Észt Köztársaság, a Ciprusi Köztársaság, a Lett Köztársaság, a Litván Köztársaság, a Magyar Köztársaság, a Máltai Köztársaság, a Lengyel Köztársaság, a Szlovén Köztársaság és a Szlovák Köztársaság között, a Cseh Köztársaságnak, az Észt Köztársaságnak, a Ciprusi Köztársaságnak, a Lett Köztársaságnak, a Litván Köztársaságnak, a Magyar Köztársaságnak, a Máltai Köztársaságnak, a Lengyel Köztársaságnak, a Szlovén Köztársaságnak és a Szlovák Köztársaságnak az Európai Unióhoz történő csatlakozásáról szóló szerződés kihirdetéséről*, Magyar Közlöny 2004/60 (IV.30)) ratifiziert.
[471] Vgl. Art. 2 der Akte zum Beitrittsvertrag, AB1EU 2003, L 236, S. 33.
[472] AB Beschluss 61/B/2005, AB Közlöny 2008/9, 1252, 1255.
[473] *Várnay/Tatham*, A New Step on the Long Way, How to Find the Proper Place for Community Law in the Hungarian Legal Order, Ziff. 5.1.

Rechtsprechung eine etwaige Grenze der Integration auf ungarischem Rechtsgebiet bestimmen[474]. Eine Begründung seiner Kompetenzverweigerung lässt das Verfassungsgericht offiziell vermissen. In seiner Parallelbegründung zum AB Beschluss 1053/E/2005, ABH 2006, 1824, äußerte sich Verfassungsrichter Dr. Péter *Kovács* indes etwas deutlicher:

> *„Selbst ein noch so kleiner zurückbehaltender Zuständigkeitsbereich der Verfassungsgerichte verschwindet angesichts der Entwicklung der Union, des Grundrechtsschutzes und der Rechtsprechung des EuGH. Selbst wenn die Prüfung der Verfassungsmäßigkeit eines Rechtsaktes, der auf Unionsrecht beruht, auch nur bei einer begründeten Grundrechtsgefährdung zulässig wäre, würde das Verfassungsgericht seine Zuständigkeit überschreiten, wenn es prüfen würde, ob die gemeinschaftsrechtlich begründeten Pflichten nicht auch so ausgelegt werden können, dass eine Unterlassung einer Unionsrechtsverpflichtung durch den Staat durch das zuständige Verfassungsgericht festgestellt werden könnte, da im Rahmen der europäischen Integration für die Auslegung und Anwendbarkeit des Unionsrechts ausschließlich der EuGH zuständig ist."* *[Übers. der Verf.]*

Hätte das Verfassungsgericht, anstatt den Mangel seiner gesetzlichen Kompetenz (bzw. der Antragsberechtigung) zu begründen, das Fehlen des Überprüfungsmaßstabs festgestellt, hätte dies nach Ansicht von *Chronowski* zumindest einen Schritt zur Lösung der sich im Zusammenhang mit der Integration ergebenden verfassungsrechtlichen Probleme bedeutet[475].

b) Grenzen des Vorrangs im Verfassungstext

Was aus dem Blickwinkel der grenzüberschreitenden Rechtseinheit zu begrüßen ist, bedeutet allerdings eine Gefahr für die in § 2 Abs. 1 Alk. deklarierte Souveränität des Mitgliedstaates Ungarn. Deshalb ist die Rechtsgrundlage für den Souveränitätstransfer[476] und zur Anwendung des Unionsrechts in § 2/A Alk. nicht bedingungslos formuliert.

---

[474] Wegen seiner Forderung des absoluten Vorrangs wird dies allerdings nicht erfolgen.
[475] *Chronowski*, „Integralódó" Alkotmányjog, S. 193.
[476] *Balogh* in: Balogh/Holló, Az értelmezett alkotmány, S. 129.

aa) Die Integrationsklausel

Mit dem Beschluss 30/1998 vom 25.06.1998[477] stellte das ungarische Verfassungsgericht fest, dass die Republik Ungarn zum Beschlusszeitpunkt verfassungsrechtlich nicht in der Lage sei, Teile ihrer staatlichen Souveränität aufzugeben und an die Union zu übertragen. Mit dem am 23.12.2002 in Kraft getretenen Gesetz Nr. LXI von 2002 über die Verfassungsänderung[478] erfolgte daher die aus verfassungsrechtlicher Sicht für den Beitritt Ungarns zur Europäischen Union erforderliche Änderung und Verabschiedung einer Reihe von Verfassungsnormen. Der Beitritt und die damit einhergehende Kompetenzübertragung gingen mit einer doppelten Mehrheitslegitimation einher: § 79 Alk. ordnete zunächst einen Volksentscheid zur Beitrittsfrage selbst an. Der daraufhin geschaffene § 2/A Abs. 2 der Verfassung

> *„Zur Ratifizierung und Verkündung des internationalen Vertrages gemäß Absatz 1 ist eine Zweidrittelmehrheit der Parlamentsabgeordneten notwendig." [Übers. der Verf.]*

sieht vor, dass anschließend zur Ratifizierung und Verkündung des Gesetzes über den Beitritt sogar eine Zweidrittelmehrheit der Parlamentsabgeordneten notwendig ist. Durch diese Gesetzesverkündung wurde gleichzeitig der Inhalt des Beitrittsvertrages (insbesondere die Rechte und Pflichten aus den Gründungs- und Änderungsverträgen und deren Auslegung durch den EuGH) anerkannt[479].

Die sog. *Integrationsklausel* § 2/A Abs. 1 Alk. deklariert die verfassungsrechtliche Legitimationsgrundlage für die Integration von Unionsrecht und für die Kompetenzübertragung auf Unionsebene. Auch sie trat am 23.12.2002 in Kraft und lautet wie folgt:

> *„Die Republik Ungarn kann im Interesse ihres Beitritts zur Europäischen Union als Mitgliedstaat auf der Grundlage eines internationalen Vertrages zur Ausübung der sich aus den Gründungsverträgen der Europäischen Gemeinschaften bzw. Europäischen Union (im Folgenden: Europäische Union) ergebenden Rechte und zur Erfüllung der Pflichten im erforderlichen Maße — einzelne ihrer Kompetenzen, die sie aus der Verfassung ableitet — zusammen mit anderen Mitgliedstaaten ausüben; diese Kompetenzausübung kann auch selbständig durch die Institutionen der Europäischen Union realisiert werden." [Übers. der Verf.]*

---

[477] AB Beschluss 30/1998 (VI.25.), ABH 1998, 220, 232.
[478] Ung. 2002. évi LXI. törvény a Magyar Köztársaság Alkotmányáról szóló 1949. évi XX. törvény módósításáról, Magyar Közlöny 2002/161. (XII. 23.).
[479] Vgl. Art. 2 der Akte zum Beitrittsvertrag, ABlEU 2003, L 236, S. 33.

bb) Die Vorbehalte der Integrationsklausel

Der EuGH fordert den absoluten Vorrang des Unionsrechts vor den mitgliedstaatlichen Verfassungen und lehnt bei diesen die Existenz eines integrationsfesten Kerns ausdrücklich ab[480]. Jedoch teilen nicht alle nationalen Verfassungstexte bzw. Verfassungsgerichte diese Ansicht[481]. Eine eindeutig als solche formulierte Grenze der Integration, die sich in der deutschen Verfassung in der sog. *Ewigkeitsklausel* des Art. 79 Abs. 3 GG äußert und gemäß Art. 23 Abs. 1 S. 2 GG nicht überschritten werden darf, gibt es in der ungarischen Verfassung nicht. Aus dem Wortlaut der Integrationsklausel selbst, die die einzelnen Bedingungen der Kompetenzübertragung bestimmt, können aber bestimmte Integrationsbeschränkungen entnommen werden.

Unter Berücksichtigung der Wortwahl des § 2/A Abs. 1 Alk. kann die Republik Ungarn ihre *„(...) Kompetenzen (...) zusammen mit anderen Mitgliedstaaten ausüben; diese Kompetenzübertragung kann auch selbständig durch die Institutionen der EU realisiert werden"*[482]. Durch die Zustimmung zum Beitrittsvertrag hat Ungarn seine Staatssouveränität erstmals selbst beschränkt. Die Integrationsklausel stellt hierfür nicht nur eine einmalige Rechtsgrundlage dar, sondern kann für eine laufende Kompetenzübertragung herangezogen werden. Sie gestattet diese Übertragung allerdings nur an die *Organe der EU*, was auch aus der Formulierung *„im Interesse ihres Beitritts zur Europäischen Union"* hervorgeht. Dabei geht die Republik davon aus (*„Beitritt als Mitgliedstaat"*), dass die gemeinsame Ausübung nur im Falle ihrer tatsächlichen Mitgliedschaft in der Europäischen Union erfolgen soll. Eine Grenze kann bereits im Wort *„Mitgliedstaat"* gesehen werden: Dieser setzt zum einen voraus, dass Ungarn stets seine Eigenschaft als *Staat* (vgl. auch Art. 6 Abs. 3 EUV, vgl. Art. 6 EUV-Liss.) bewahren, zum anderen als vollwertiges *Mitglied* dauerhaft auf europäische Entscheidungsprozesse Einfluss nehmen können muss. Die Kompetenzübertragung kann weiterhin nur auf der Grundlage *eines internationalen Vertrages* erfolgen, zu dessen Abschluss eine qualifizierte Mehrheit der Abgeordneten notwendig ist (§ 2/A Abs. 2 Alk.), soweit er als Grundlage für die gemeinsame Kompetenzausübung mit anderen Mitgliedstaaten dient. Gemeint sind der EUV (bzw. EUV-Liss.), der EGV (bzw. EAUV) sowie der Beitrittsvertrag (im Folgenden: Gründungsverträge)[483].

---

[480] EuGH, Rs. C-81/05, *Cordero Alonso*, Slg. 2006, I-7569, Rn. 25, 44-47.
[481] *Berke*, Az európai közösségi jog alkotmányos korlátai, S. 9 ff.
[482] Dass hier nur die Rede von der Ausübung der Kompetenz und nicht von der Kompetenz selbst die Rede ist, mag zwar theoretisch dem ungarischen Souveränitätsgedanken dienen, hat aber m.E. praktisch keine Auswirkungen.
[483] *Csuhány/Sonnevend* in: Jakab, Az Alkotmány kommentárja, § 2/A, S. 20 f.

Die sog. *Grenze des Übertragbaren*[484] könnte aus Sicht des Gesetzgebers[485] darin bestehen, dass die einzelnen Kompetenzen „*aus der Verfassung*" ableitbar sind. Welche Kompetenzen sich aber aus der Verfassung ergeben und übertragbar sind, wird nicht eindeutig festgelegt und gibt daher auch keinen Aufschluss über die abschließende Rechtsbeziehung zwischen ungarischem Recht und Unionsrecht[486]. Auch das Verfassungsgericht hat sich mangels eines diesbezüglichen Antrags bis heute nicht zur Auslegung eines der Merkmale des § 2/A Alk. geäußert[487]. Aus dem Grundsatz „*nemo plus juris transferre potest, quam ipse habet*" und der Formulierung, dass nur Kompetenzen, die sich „*aus der Verfassung ableiten*" lassen, legitim übertragen werden können, ist zu schließen, dass mit der Kompetenzübertragung gleichzeitig auch die für den ungarischen Staat und seine Organe selbst geltenden Beschränkungen auf die EU-Organe übergehen. Das heißt, dass die (gemeinsame) Kompetenzausübung nur in dem Umfang und in der Art und Weise erfolgen kann, wie sie auch die Republik Ungarn ausübt[488]. Anders als im deutschen Verfassungsrecht, in dem es einen geschützten Verfassungskern gemäß Art. 79 Abs. 3 GG gibt, der nach Art. 23 Abs. 1 S. 2 GG auch nicht integrationsfähig ist, sehen weder der ungarische Verfassungstext noch die Verfassungsrechtsprechung einen solchen Kern vor[489]. Eine diesbezügliche Aussage des ungarischen Verfassungsgerichts liegt derzeit nicht vor. Die Vermutung des Fehlens eines solchen Kerns kann damit untermauert werden, dass die Verfassung zur ihrer eigenen Änderung nur formelle Anforderungen stellt und keiner ausdrücklichen materiellen Beschränkung unterliegt. Das Verfassungsgericht bestätigte, dass die Vorschriften der Verfassung abänderbar sind und auch außer Kraft gesetzt werden können[490]. Nach § 24 Abs. 3 Alk. ist für eine Änderung lediglich eine Zweidrittelmehrheit der Parlamentsabgeordneten erforderlich[491] — ein Quorum,

---

[484] Für diese Terminologie vgl. *Dörr/Lenz*, Europäischer Verwaltungsrechtsschutz, Rn. 391 ff. m.w.N.; *Lorenz*, Verwaltungsprozessrecht, Springer Verlag 2000, Rn. 10 dort Fn. 19 m.w.N. sowie *Zuck/Lenz*, Verfassungsrechtlicher Rechtsschutz gegen Europa — Prozessuale Möglichkeiten vor den Fachgerichten und dem BVerfG gegen Rechtsakte der Europäischen Gemeinschaft, NJW 1997, 1193, 1194, 1196.
[485] Begründung des Gesetzes Nr. LXI aus dem Jahre 2002 über die Änderung der Verfassung, zu § 1, 9. Absatz.
[486] *Jakab*, A magyar jogrendszer szerkezete, S. 248.
[487] *Balogh* in: Holló/Balogh, Az értelmezett alkotmány, S. 129.
[488] *Chronowski*, Integrálódó Alkotmányjog, S. 253.
[489] *Kecskés*, Quo vadis, Europa?, Magyar Tudomány 2006/9, S. 1086; *Berke*, Az európai közösségi jog alkotmányos korlátai, S. 9 ff.; *Jakab*, A magyar jogrendszer szerkezete, S. 243; *Chronowski*, Európai Alkotmányra szóló felhatalmazás, S. 73.
[490] AB Beschluss 39/1996 (IX.25.), ABH 1996, 134, 137 f., der sich zwar noch auf die Verfassung a.F. bezieht, mangels diesbezüglicher Neuregelungen m.E. aber noch heute gelten muss.
[491] AB Beschluss 1260/B/1997, ABH 1998, 816, 819.

das auch nur für bestimmte „*einfache*" Gesetze eingehalten werden muss. Ebenso spricht für eine solche Annahme, dass die Formulierung einer Art „*Ewigkeitsklausel*" nach deutschem Muster bereits in den Vorschlägen[492] des parlamentarischen Verfassungsausschusses[493] zur Verfassungsänderung in den Jahren 1996 bis 1998 vorgesehen war, jedoch nicht in das endgültige Änderungsgesetz Einzug gefunden hat[494]. Auch der Umkehrschluss aus § 1 des eingereichten Gesetzesentwurfs des Justizministeriums T/1114[495], welcher in der Formulierung des § 2/A Alk. Beschränkungen der Kompetenzübertragung vorsah, spricht für eine solche Vermutung. Eine Begründung für die Ablehnung dieser Vorschläge blieb der Gesetzgeber in seiner Gesetzesbegründung allerdings schuldig, weshalb die Rechtsliteratur nach wie vor eine taxative Aufzählung der „*einzelnen*" Kompetenzen fordert[496]. *Chronowski* schlägt unter Bezugnahme auf das deutsche Grundgesetz folgende Formulierung vor:

„Wenn in Folge der Übertragung von Kompetenzen, die sich aus der Verfassung ergeben, auch die Verfassung geändert werden muss, darf sich die Änderung nicht auf die Bestimmungen in den §§ 1, 2, 8 und 56 Alk. erstrecken."[497] *[Übers. der Verf.]*

Damit wären die Anerkennung und Achtung der Eckpfeiler der Verfassung, nämlich der Staatsform der Republik, der Demokratie, der Rechtsstaatlichkeit, der Volkssouveränität, der Volksvertretung und der grundlegenden Rechte, insbesondere des Rechts auf Leben und Menschenwürde garantiert[498].

---

[492] AEB 17/2/1998 vom 10.03.1998.
[493] Ung. *Az Országgyűlés Alkotmány- előkézítő Bizottsága* (AEB).
[494] Was auch daran gelegen haben kann, dass die Vorschläge als nicht mehr aktuell betrachtet worden sind, als sich das Parlament, nachdem die parlamentarische Debatte über die Verfassungsänderung es von 1998 bis 2002 nicht einmal an die Tagesordnung geschafft hatte, mit dem Änderungsgesetz zu beschäftigen begann, vgl. *Chronowski*, „Integrálódó" Alkotmányjog, S. 169, m.w.N.
[495] Der Vorschlag T/1114 vom 15.10.2002, abrufbar unter http://www.parlament.hu/irom37/1114/1114.htm [zuletzt abgerufen im Mai 2009] wurde vom Parlament zurückgewiesen, angenommen wurde der Vorschlag T/1270 der Regierung (Justizminister) vom 05.11.2002, Magyar Közlöny 2002/161 (XII.12.).
[496] *Kecskés*, Quo vadis, Europa?, Magyar Tudomány 2006/9, S. 1086; *Várnay/Tatham*, A New Step on the Long Way, Ziff. 5.2.; *Bérke*, Az európai közösségi jogrend strukturális elveiről, S. 47, 54, erachtet bspw. den staatlichen Schutz der Menschenrechte oder die Demokratiegarantie durch die Volksvertretung als nicht derogierbare Grundsätze; Ebenfalls von Begrenzung der verfassungsrechtlichen Kompetenzübertragung durch diese Elemente, vgl. *Bargyova*, Az Európai Unióhoz való csatlakozás alkotmányjogi kérdései, S. 1103 f.
[497] *Chronowski*, „Integrálódó" Alkotmanyjog, S. 192, *Chronowski*, Európai Alkotmányra szóló felhatalmazás, S. 73.
[498] *Chronowski*, „Integrálódó" Alkotmanyjog, S. 192, dort Fn. 100.

Aufgrund des Mangels eines integrationsfesten Kerns und der leichten Änderbarkeit ist die verfassungsrechtliche Grundlage der übertragbaren Kompetenzen recht flexibel und stellt nur eine zeitweilige — bis zur Änderung der Verfassung — „*Grenze des Übertragbaren*" dar[499].

So kann auch ein etwaiger Widerspruch zwischen der „*Grenze des Übertragbaren*" und der Anforderung des „*erforderlichen Maßes*", das sich auf die gründungsvertraglichen Pflichten bezieht, gelöst werden: Erfordert die Union zu Recht[500] die Übertragung einer Kompetenz, die die Republik selbst nicht aus der Verfassung ableiten kann, kann die Verfassung entweder dahingehend geändert werden, dass eine Norm geschaffen wird, die dem ungarischen Staat diese Kompetenz (zur Übertragung) verleiht oder die die Kompetenzausübung der Union gestattet[501].

Eine Beschränkung soll aber in der Formulierung der „*einzelne(n) (...) Kompetenzen*" liegen. Sie spiegelt die Besorgnis vor einem endgültigen Verlust der nationalen Souveränität wider[502], auf die die Republik Ungarn nicht vollständig verzichten will[503]. Nach dem Wortlaut müssen die verbleibenden Kompetenzen inhaltlich genau bezeichnet werden, damit eine allgemeine oder gar ausnahmslose Übertragung nicht erfolgen kann. Diese Auslegung entspräche dem Prinzip der begrenzten Einzelermächtigung i.S.d. Art. 5 EUV (im Wesentlichen ersetzt durch Art. 13 Abs. 2 EUV-Liss.) bzw. Art. 5 EGV (vgl. Art. 5 EUV-Liss.). Auch wird vertreten, dass zumindest die Aufgaben als ungarischer Staat und die Einflussnahme auf Unionsentscheidungen gewährleistet bleiben müssen, da diese Vorbehalte selbst in § 2/A Alk. formuliert werden[504]. Ob das Verfassungsgericht einer solchen Auslegung folgen wird, bleibt abzuwarten.

---

[499] Grund für die relativ einfache Änderbarkeit der Verfassung könnte mitunter die Tatsache sein, dass die Verfassung im Jahre 1989 aus Gründen der Praktikabilität nicht neu formuliert, sondern nur — wenn auch umfassend — durch ein Änderungsgesetz modifiziert wurde und nur vorübergehend in der Fassung gelten sollte. Dies kann aus dem Untertitel des Verfassungsgesetzes „ (...) *bis zur Annahme der neuen Verfassung unseres Landes (...)*" geschlossen werden.
[500] Verlangt die Union die Kompetenzübertragung zu Unrecht, liegt ein *ultra vires Fall*, der im Folgenden (S. 92) erörtert wird.
[501] Als denkbar erachten dies *Blutman/Chronowski*, Az Alkotmánybíróság és a közösségi jog, S. 5.
[502] *Kecskés*, Indító tézisek a Magyar Köztársaság Alkotmánya EU-vonatkozású szabályainak továbbfejlesztéséhez, S. 6.
[503] Begründung des Gesetzes Nr. LXI aus dem Jahre 2002 über die Änderung der Verfassung, zu § 1, 9. Absatz.
[504] *Vörös*, Az EU-csatlakozás alkotmányjogi, jogdogmatikai és jogpolitikai aspektusai, S. 35; *Csuhány/Sonnevend* in: Jakab, Az Alkotmány kommentárja, § 2/A, S. 22.

Im Hinblick auf die Adressaten der Kompetenzübertragung besteht ebenfalls eine verfassungsrechtliche Vorgabe: Einen Teil der Kompetenzen übt die Republik Ungarn gemeinsam mit den anderen Mitgliedstaaten[505], einen Teil üben die Organe der Europäischen Union aus, der „Rest" fällt in den ausschließlichen Kompetenzbereich der Republik Ungarn. Auch hierin ist das Anliegen Ungarns erkennbar, sich nicht gänzlich aller Kompetenzen zu entledigen. Die Art der Kompetenzaufteilung und deren Umfang[506] werden durch den Vorbehalt des „erforderlichen Maßes" konkretisiert.

Die ungarische Verfassung enthält keine „Grenze des Übertragbaren" im Sinne einer Gewährleistung verfassungsrechtlicher Mindeststandards da solche im Verfassungstext nicht verankert sind.

Auf die „Grenze des Übertragenen"[507] nimmt der Vorbehalt des „erforderlichen Maßes" Bezug. Kompetenzen dürfen nur in dem Maß übertragen werden, als dies zur Ausübung der sich aus dem Gründungsvertrag ergebenden Rechte und Pflichten „erforderlich" ist. Über das „erforderliche Maß" hinaus sollen also keine Kompetenzen übertragen werden können. Was aber unter „Erforderlichkeit" und damit dem Ausmaß der Kompetenzübertragung zu verstehen ist, ergibt sich aus den Verträgen der Union. Für deren Überprüfung gemäß Art. 220 EGV (im Wesentlichen ersetzt durch Art. 19 EUV-Liss.) ist ausschließlich[508] der EuGH als Auslegungsorgan der Verträge zuständig[509].

Ein typischer Fall für die Überschreitung der Erforderlichkeit ist der sog. *ausbrechende Rechtsakt*[510], der auch als *ultra vires* Rechtsakt, der den unionsrechtlichen Kompetenzrahmen überschreitet, bezeichnet wird. Mangels Erforderlichkeit würde ein solcher Rechtsakt gegen § 2/A Alk. verstoßen. Als Rechtsgrundlage für das Wirksamwerden und den Vorrang des Rechtsaktes in

---

[505] Wobei nach *Jakab*, A magyar jogrendszer szerkezete, S. 248, zu Kompetenzausübung auch die Schaffung des anzuwendenden Rechts gehört.
[506] Allgemein zur Kompetenzverteilung vgl. *Streinz*, Europarecht, Rn. 147 ff.
[507] Zum Begriff im deutschen Recht, vgl. *Dörr/Lenz*, Europäischer Verwaltungsrechtsschutz, Rn. 391, 394.
[508] Gegen eine Ausschließlichkeit und für eine parallele Überprüfungskompetenz durch das Verfassungsgericht sprechen sich u.a. aus: *Chronowski/Nemessányi*, Európai Bíróság — Alkotmánybíróság, S. 27; *Bragyova*, Az Európai Unióhoz való csatlakozás alkotmányjogi kérdései, S. 1104.
[509] Zu den diesbezüglichen kritischen Stimmen der ungarischen Rechtsliteratur über die Formulierung der Europaklausel vgl. *Chronowski*, „Integrálódó" Alkotmányjog, S. 192; *Czuczai*, Jogalkotás, jogalkalmazás hazánk EU-csatlakozása küszöbén, S. 139.
[510] *Dörr/Lenz*, Europäischer Verwaltungsrechtsschutz, Rn. 394.

der ungarischen Rechtsordnung könnte § 2/A Alk. jedenfalls nicht herangezogen werden[511].

Zur Feststellung eines Verstoßes gegen ungarisches Verfassungsrecht ist zwar grundsätzlich ausschließlich das Verfassungsgericht befugt[512]. Als Prüfungsgegenstand kommt jedoch nur das ungarische Umsetzungsgesetz in Frage, das am Maßstab der Integrationsklausel zu messen ist[513]. Bei einer etwaigen Auslegung der Erforderlichkeit im Rahmen des § 2/A Alk. — die bis dato noch nicht geschehen ist[514] — müsste das Verfassungsgericht die Integrationsrechtsprechung des EuGH berücksichtigen[515]. Denn im Gegensatz zum deutschen Bundesverfassungsgericht, das sich zur Beurteilung, ob ein *ultra-vires-Akt* vorliegt, zuständig sieht[516], bestätigt das ungarische Verfassungsgericht die Letztentscheidungsbefugnis des EuGH über das Unionsrecht und damit wohl auch für das, was unionsrechtlich erforderlich ist bzw. sich im Rahmen der Verträge bewegt[517]. Dass das Verfassungsgericht seine Auslegungspraxis an dem orientieren muss, was aus unionsrechtlicher Sicht gilt, könnte nicht zuletzt auch aus § 6 Abs. 4 Alk. gefolgert werden[518]:

„Zur Entfaltung der Freiheit, des Wohlstandes und der Sicherheit der Völker Europas wirkt die Republik Ungarn an der Verwirklichung der europäischen Einheit mit." [Übers. der Verf.]

Da § 6 Abs. 4 Alk. die mit der Mitgliedschaft in der EU verbundenen Aufgaben als ausdrückliches Staatsziel formuliert[519], müsste das Ziel bei der

---

[511] *Mádl* Ferenc, Az Európai Unió Alktománysyerződése és a Magyar Alkotmány, Rede des Präsidenten der Republik Ungarn a.D. vor dem Siebten Ungarischen Juristentag, Balatonfüred, 20.05.2004.
[512] So lehnt auch der EuGH seine Kompetenz zur Erklärung der Nichtigkeit nationalen Rechts ab: EuGH, Rs. 273/82, *Jongeneel Kaas/Niederlande*, Slg. 1984, 483, Rn. 6.
[513] Das Verfassungsgericht hat sich zwar bereits mit nationalen Umsetzungsgesetzen als Prüfungsgegenstand befasst, eine Prüfung am Maßstab des § 2/A Alk. erfolgte bis dato nicht.
[514] *Balogh* in: Balogh/Holló, Az értelmezet alkotmány, S. 129.
[515] So auch *Jakab*, A magyar jogrendszer szerkezete, S. 202, der nur in der Orientierung des Verfassungsgerichts an der Auslegungspraxis des EuGH eine Möglichkeit sieht, einen etwaigen Widerspruch und dem zufolge eine Änderung der Verfassung bzw. den Austritts aus der EU zu vermeiden. A.A. *Csuczai*, Kritikai meglátások a módósításáról szóló T/1114 számú törvényjavaslatáról, Európa 2002, 2002/4, S. 24.
[516] Vgl. zuletzt BVerfG vom 30.06.2009 – 2 BvE 2/08, Rn. 207-243, insbesondere 240, 331-343, abrufbar unter http://www.bverfg.de/entscheidungen/es20090630_2bve000208.html [zuletzt abgerufen im August 2009] – Lissabon; BVerfG vom 12.10.1993 – 2 BvR 2134/92, 2 BvR 2159/92 – BVerfGE 89, 155, 188 – Maastricht.
[517] So auch AB Beschluss 61/B/2005, AB Közlöny 2008/9, 1252, 1255.
[518] A.A. *Csuczai*, Kritikai meglátások a módósításáról szóló T/1114 számú törvényjavaslatáról, Európa 2002, 2002/4, S. 24.
[519] CompLex, Kommentar zur Verfassung § 6, Ziff. 2, 6. Absatz.

Auslegung der Verfassungsnormen, so auch des § 2/A Alk. besonders berücksichtigt werden[520]. Die Vorbehalte des § 2/A Alk. dürften also nicht mit dem Ziel ausgelegt werden, der Verfassung eine Geltung zu verschaffen, die über das Staatsziel hinausgeht. Daher wären die Verfassungsnormen auch im Lichte des § 6 Abs. 4 Alk. auszulegen. Was aber der Verwirklichung der europäischen Einheit dient, legt nicht das nationale Verfassungsgericht, sondern die Organe der Union und damit letztendlich der EuGH fest. Ob das Verfassungsgericht § 6 Abs. 4 Alk. bei seiner Auslegungspraxis ergänzend heranziehen wird, bleibt abzuwarten.

Selbst wenn es unter Berücksichtigung unionsrechtlicher Vorgaben zu einer Feststellung[521] der Überschreitung von Unionskompetenzen käme, könnte das Verfassungsgericht den ausbrechenden Rechtsakt nicht als nichtig behandeln und außer Acht lassen. Denn das Verwerfungsmonopol zum Schutz der Unionsrechtseinheit liegt beim EuGH[522].

Damit relativiert sich der Vorbehalt des erforderlichen Maßes in § 2/A Alk., indem nicht das Verfassungsgericht die Grenze des Übertragenen zieht, sondern diese der — nicht zuletzt auf Art. 10 EGV (im Wesentlichen ersetzt durch Art. 4 Abs 3 EUV-Liss.) beruhenden — fortbildenden Rechtsprechung des EuGH anpasst[523].

Die Frage des Vorranges des Unionsrechts stellt sich nur in dem Fall, in dem Unionsrecht und nationales (Verfassungs-) Recht nicht im Einklang miteinander stehen und nationales Recht entweder entsprechend auszulegen oder unangewendet zu lassen ist. Es ist davon auszugehen, dass die Wahrscheinlichkeit für den Eintritt eines solchen Falles als tatsächlich gering anzusehen ist[524]. Hinsichtlich zukünftiger Konflikte sind die verfassungsmäßigen Organe verpflichtet, bei Schaffung der Gesetze bereits die unionsrechtlichen Anforderungen unter Einhaltung der Verfassungsvorbehalte zu beachten[525]. Hinsichtlich bereits bestehender Rechtsakte der Union ist die

---

[520] *Csuhány/Sonnevend* in: Jakab, Az Alkotmány kommentárja, §2/A, S. 28.
[521] Sofern sich das Verfassungsgericht doch eine Überprüfungskompetenz von Unionsrecht anhand der Verfassung ableiten würde.
[522] EuGH, Rs. 314/85, *Foto-Frost*, Slg. 1987, 4199, Rn. 15; EuGH, Rs. C-465/93, *Atlanta Fruchthandelsgesellschaft*, Slg. 1995, I-3761, Rn. 21; EuGH, Rs. C-461/03, *Gaston Schul Douane-expediteur BV,* Slg. 2005, I-10513, Rn. 17.
[523] Zur Rechtsfortbildung des EuGH, vgl. *Streinz*, Europarecht, Rn. 567 ff.
[524] *Mádl* Ferenc, Az Európai Unió Alktományszerződése és a Magyar Alkotmány, Rede des Präsidenten der Republik Ungarn a.D. vor dem Siebten Ungarischen Juristentag, Balatonfüred, 20.05.2004.
[525] So hat bspw. der Regierungsvertreter bei der Beschlussfassung des Rates der EU bzw. in der auf eine Änderung der Gründungsverträge abzielende Verhandlung stets die

Wahrscheinlichkeit eines Konfliktes zwischen beiden Rechtsordnungen ebenfalls gering, da sich der auf europäischer Ebene bestehende Schutz der EU-Grundrechte-Charta[526] durch den EuGH und der Beitritt der EG zur EMRK inhaltlich auch auf die ungarischen grundlegenden Rechte erstreckt[527]. Es besteht nur eine äußerst geringe Wahrscheinlichkeit dafür, dass der Verstoß gegen ein grundlegendes Recht nicht gleichzeitig als ein Verstoß gegen ein Grundrecht auf europäischer Ebene qualifiziert werden kann[528]. In einem solchen Fall muss das diese Unvereinbarkeit vermutende Gericht unter Aussetzung des Verfahrens ein Vorabentscheidungsverfahren vor dem EuGH einleiten. Diese Pflicht ergibt sich nicht nur aus Art. 234 EGV (vgl. Art. 267 AEUV), sondern auch aus § 2/A der ungarischen Verfassung.

c) Vorrang durch den Beitrittsvertrag

Neben der bisher recht unionsrechtsfreundlichen Rechtsprechung des Verfassungsgerichts gründet sich der Vorrang des Unionsrechts — auch gegenüber der ungarischen Verfassung — auf den Beitrittsvertrag. Im Zuge ihres Beitritts als neuer Mitgliedstaat hat sich die Republik Ungarn zur Anerkennung des gesamten „*acquis communautaire*" verpflichtet, inklusive der Doktrin des absoluten Vorranges des Unionsrechts[529], zu dem auch der „*acquis jurisprudentiel*"[530] zu zählen ist, nach dem „(...) *die vom Gerichtshof aufgestellten Grundsätze für das Verhältnis zwischen einzelstaatlichem Recht und Unionsrecht nicht berührt (...)*" werden.

So geht auch die Begründung des Verfassungsänderungsgesetzes davon aus, dass sich Ungarn sowohl bei der Gesetzgebung wie auch bei der Anwendung innerstaatlichen Rechts stets seiner Treuepflicht bewusst sein müsse und den Anwendungsvorrang des Unionsrechts zu beachten habe[531]. Das macht auch eine eindeutige Aussage der Verfassung bzw. des Verfassungsgerichts über das

---

Verfassungsinteressen zu vertreten, da er das Parlament nicht zu einem verfassungswidrigen Vertragsschluss ermächtigen kann. Sollte dies dennoch geschehen, kann der Präsident der Republik Ungarn eine vorherige Normenkontrolle beim Verfassungsgericht beantragen (so bspw. AB Beschluss 30/98, ABH 1998, 220, 234 oder auch AB Beschluss 32/2008, ABK 2008/3, 319, 322.
[526] Charta der Grundrechte der Europäischen Union (im Folgenden auch: GrCh), ABlEG 2000, C 364, S. 1-22.
[527] *Sonnenvend*, Alapvetö jogaink a csatlakozás után, S. 28 ff.
[528] *Csuhány/Sonnenvend* in: Jakab, Az Alkotmány kommentárja, §2/A, S. 28.
[529] Begründung des Gesetzes Nr. LXI aus dem Jahre 2002 über die Änderung der Verfassung (ung. *2002. LXI. törvény a Magyar Köztársaság Alkotmányáról szóló 1949. évi XX. törvény módosításáról*, Magyar Közlöny 2002/161 (XII.23.), zu § 1, 6. Absatz.
[530] *Schwarze* in Schwarze, EU-Kommentar, Art. 220, Rn. 42.
[531] Begründung des Gesetzes Nr. LXI aus dem Jahre 2002 über die Änderung der Verfassung, zu § 1, 4.-6. Absatz.

Verhältnis zwischen Unions- und Verfassungsrecht überflüssig, da sich der Anwendungsvorrang auf dem Gebiet der Republik Ungarn nicht aus nationalem (Verfassungs-)Recht, sondern aus der vertraglich anerkannten Rechtsprechung des EuGH ergibt. Daher wäre ihre Feststellung im innerstaatlichen Recht nur dogmatischer Natur und nicht für den Vorrang des Unionsrechts gegenüber dem innerstaatlichen Recht erforderlich[532].

Es ist es also in erster Linie Art. 2 des Beitrittsvertrages, der den unionsrechtlichen Vorschriften zur vorrangigen Anwendung[533] bzw. den ungarischen Bestimmungen zur unionsrechtskonformen Auslegung verhilft[534].

5. Zusammenfassung und Bedeutung für die Beurteilung des Kbt.

Das Verfassungsgericht zieht das Unionsrecht weder als Prüfungsgegenstand noch als Prüfungsmaßstab heran. Dies überlässt es dem EuGH und beschränkt sich in unionsrechtlich relevanten Fragen auf seine ureigentliche Aufgabe: Die Beurteilung des nationalen Rechts am Maßstab der Verfassung[535].

Obwohl der Verfassungstext als Grundlage für die Beschränkung der Integration dienen könnte, macht das Verfassungsgericht keinen Gebrauch davon. Durch seine bisherige restriktive Rechtsprechung gewährt es praktisch den Anwendungsvorrang des Unionsrechts auch vor der ungarischen Verfassung, ohne dies ausdrücklich zu bestätigen. Möglicherweise liegt dies daran, dass selbst eine theoretisch zurückbehaltene Prüfungskompetenz vor dem Hintergrund der Treueverpflichtungen aus dem Beitrittsvertrag den absoluten Vorrang des Unionsrechts — auch vor der Verfassung — praktisch nicht verhindern könnte.

Damit geben die soeben getroffenen Feststellungen den folgenden Prüfungsmaßstab für die Beurteilung des Kbt.-Rechtsschutzes vor:

Sofern die Rechtsmittelrichtlinien eine abschließende Regelung treffen, ist diese ohne inhaltliche Abweichung aufgrund der mitgliedstaatlichen Umsetzungspflicht in das Kbt. bzw. in sonstige entsprechende ungarische Rechtsnormen[536] zu integrieren. Werden einzelne zwingende Anforderungen an

---

[532] *Berke*, Az európai közösségi jogrend strukturális elveiről, S. 48.
[533] Nicht der Geltungsvorrang, *Trócsányi/Csink*, Alkotmány v. közösségi jog, Jogtudomány Közlöny, 2007/2, S. 65; *Jakab*, A magyar jogrendszer szerkezete, S. 230, 252
[534] *Vörös*, Einige Probleme der Anwendung des EG-Rechts in Ungarn, S. 12.
[535] *Dezső/Vincze*, Magyar Alkotmányosság az Európai integrációban, S. 188.
[536] Vgl. die dann zu beachtende Rechtsprechung des EuGH zu seinen Anforderungen an die Rechtsformen der mitgliedstaatlichen Umsetzungsmaßnahmen: EuGH, Rs. C-236/95, *Kommission/Griechenland*, Slg. 1996, I-4459, 4471; EuGH, Rs. C-433/93, *Kommission/Deutschland*, Slg. 1995, I-2303, 2317 f.

den Rechtsschutz nicht umgesetzt, kommt es zur unmittelbaren Anwendbarkeit des sekundären Unionsrechts.

Gewähren die Rechtsmittelrichtlinien dem Gesetzgeber für bestimmte Maßnahmen einen inhaltlichen Umsetzungsspielraum, hat er in diesem Rahmen die Anforderungen der ungarischen Verfassung und des Primärrechts bei der Formulierung des Vergaberechtsschutzes zu beachten. Sofern sich Verfassung und Primärrecht in einzelnen Punkten widersprechen sollten, wären die primärrechtlichen Vorgaben für die Gesetzgebung maßgeblich.

II. Unionsrechtliches Vergaberecht

Der folgende Teil ist den unionsrechtlichen Vorschriften für das nationale Vergaberecht gewidmet. Zunächst sollen auf den primär- und sekundärrechtlichen Rahmen des materiellen Vergaberechts, sodann auf den Einfluss des primären und sekundären Unionsrechts auf den Vergaberechtsschutz eingegangen werden.

1. Der primärrechtliche Rahmen für das materielle Vergaberecht

Neben dem EG-Vertrag und den enthaltenen Binnenmarktfreiheiten selbst gehören auch die jeweiligen Beitrittsakte und die ungeschriebenen Allgemeinen Rechtsgrundsätze des EuGH zum primärrechtlichen Rahmen des Vergaberechts. Die Kommission hat die Rechtsprechung des EuGH zum primärrechtlichen Vergaberegime insbesondere im Hinblick auf Vergaben mit Werten unter den Unionsschwellenwerten[537] und Dienstleistungen nach Teil B der Anhänge II und XVII der RL 2004/18/EG und 2004/17/zusammengefasst und konkretisiert[538]. Vor Darlegung der inhaltlichen Anforderungen soll der sachliche und persönliche Anwendungsbereich des Primärrechts dargestellt werden.

Die negative Integrationswirkung der Art. 28, 39 ff., 43 ff. und 49 ff. EGV (vgl. Art. 34, 45 ff., 49 ff. und 56 ff. AEUV) verbieten zwar die Beschränkungen der Binnenmarktfreiheiten ausländischer Mitbieter. Sie enthalten aber keine positiven Bestimmungen für die konkrete Abwicklung eines Vergabeverfahrens[539]. Trotzdem bildeten sie bis zum Erlass der zahlreichen sekundärrechtlichen EG-Vergaberechtsnormen denjenigen Teil des rechtlichen Rahmens, in dem sich die Vergabestellen bewegt und der durch den EuGH in seiner Rechtsprechung herangezogen werden konnte, um diskriminierende

---

[537] Vgl. hierzu im *3. Kapitel, II.3. Die Bedeutung und Festlegung der Schwellenwerte*.
[538] Mitteilung der Kommission zu Auslegungsfragen in Bezug auf das Unionsrecht, das für die Vergabe öffentlicher Aufträge gilt, die nicht oder nur teilweise unter die Vergaberichtlinien fallen, ABlEU 2006, C 179, S. 2-7, im Folgenden auch: Kommissionsmitteilung.
[539] *Stolz*, Öffentliches Auftragswesen in der EG, S. 61.

Vergabetechniken der Mitgliedstaaten zu sanktionieren[540]. Aber auch nach Inkrafttreten der Vergaberichtlinien entfaltet das EG-Primärrecht nach wie vor seine Wirkung.

Das Primärrecht findet im Bereich des materiellen Vergaberechts dann unmittelbare sachliche Anwendung, wenn und soweit der Unionsgesetzgeber bestimmte Bereiche der Auftragsvergabe nicht oder nur rudimentär sekundärrechtlich regeln wollte, wie bei geplanten oder nicht geplanten Regelungslücken oder gewährten Spielräumen zur Umsetzung in das nationale Recht[541]. Zu diesen sind die Bau- und Dienstleistungskonzessionen[542] im Sektorenbereich, die Vergaben unterhalb der Unionsschwellenwerte[543] sowie eine Reihe von sog. *nicht prioritären Dienstleistungen*[544] zu zählen. Ist der Auftrag unter Abwägung der Umstände des Einzelfalls[545] von grenzüberschreitender Bedeutung[546], sind auch hier die Anforderungen des Primärrechts zu berücksichtigen. Mit seiner In-House-Rechtsprechung[547] hat der EuGH In-House-Aufträge nicht nur vom Anwendungsbereich der Richtlinien, sondern auch vom primärrechtlichen Unionsrecht ausgenommen, wenn es sich nicht um eine Beauftragung eines außenstehenden Dritten i.S.d. Richtlinien

---

[540] *Prieß*, Handbuch des Europäischen Vergaberechts, S. 8.
[541] EuGH, Rs. 359/93, *UNIX*, Slg. 1995, I-157, Rn. 27; EuGH, Rs. C-21/88, *Du Pont de Nemours (Mezzogiorno)*, Slg. 1990, 889, Rn. 13; EuGH, Rs. C-225/98, *Kommission/Frankreich*, Slg. 2000, I-7445, Rn. 83; EuGH, Rs. C-234/03, *Contse*, Slg. 2005, I-9315, Rn. 49.
[542] EuGH, Rs. C-231/03, *Coname*, Slg. 2005, I-7287, Rn. 16; EuGH, Rs. C-458/03, *Parking Brixen*, Slg. 2005, I-8585, Rn. 46; EuGH, Rs. C-410/04, *Anav*, Slg. 2006, I-3303, Rn. 18.
[543] EuGH, Rs. C-59/00, *Bent Mousten Vestergaard*, Slg. 2001, I-9505, Rn. 20; EuGH, Rs. C-6/05, *Medipac*, Slg. 2007, I-04557, Rn. 33.
[544] Gemeint sind Art. 21 RL 2004/18/EG über Bestimmungen für öffentliche Dienstleistungsaufträge gemäß Anhang II Teil B und Art. 32 RL 2004/18/EG über Bestimmungen für Dienstleistungsaufträge gemäß Anhang XVII Teil B, vgl. Kommissionsmitteilung, S. 2, Einleitung; vgl. EuGH, Rs. C-234/03, *Contse*, Slg. 2005, I-9315, Rn. 47 ff.
[545] Nach Auffassung der Kommission hat der Auftraggeber Umstände, wie den Auftragsgegenstand, den der geschätzten Auftragswert, die Besonderheiten des betreffenden Sektors (Größe und Struktur des Marktes, wirtschaftliche Gepflogenheiten usw.) und auch die geographische Lage des Orts der Leistungserbringung zu berücksichtigen, vgl. Kommissionsmitteilung, S. 3, Ziff. 1.3.
[546] Vgl. Kommissionsmitteilung, S. 3, Ziff. 1.3 mit Verweis auf ; EuGH, Rs. C-231/03, *Coname*, Slg. 2005, I-7287, Rn. 20.
[547] EuGH, Rs. C-107/98, *Teckal*, Slg. 1999, I-8121, Rn. 50 f.; EuGH, Rs. C-26/03, *Stadt Halle*, Slg. 2005, I-01, Rn. 49f.; EuGH, Rs. C-231/03, *Coname*, Slg. 2005, I-7287, Rn. 23f.; EuGH, Rs. C-458/03, *Parking Brixen*, Slg. 2005 I-8585, Rn. 62 ff.; EuGH, Rs. C-410/04, *Anav*, Slg. 2006, I-03303, Rn. 24-31; EuGH, Rs. C-340/04, *Carbotermo*, Slg. 2006, I-04137, Rn. 31-47; EuGH, Rs. C-295/05, *Asemfo*, Slg. 2007, I-02999, Rn. 57-65.

handelt. Der Auftrag wird dann nicht von einem außenstehenden dritten Unternehmen ausgeführt bzw. ist dann zur Sphäre des Auftraggebers zu zählen, wenn die Auftragsvergabe zur Wahrnehmung staatlicher Aufgaben gegenüber einer eigenen Dienststelle erfolgt und nur einen verwaltungsorganisatorischen Vorgang darstellt[548]. Dies ist insbesondere dann gegeben, wenn der Auftraggeber das Unternehmen „wie eine eigene Dienststelle" behandelt, an ihm (auch nur Minderheits-) Beteiligungen hält und es „im Wesentlichen nur für den Auftraggeber" tätig ist[549].

Der persönliche Anwendungsbereich des primärrechtlichen Vergaberegimes erstreckt sich unter Berücksichtigung der EuGH Rechtsprechung auf die Adressaten der Grundfreiheiten, mithin auf die Mitgliedstaaten und deren Untergliederungen[550]. Welche einzelnen Untergliederungen umfasst sind, hat der EuGH in einer Reihe von Urteilen entschieden[551], wobei stets die Möglichkeit der staatlichen Einflussnahme auf die Vergabeentscheidung maßgeblich war[552]. Der zweite Erwägungsgrund der RL 2004/18/EG erklärt die Grundrechtsbindung aller öffentlich-rechtlichen Einrichtungen, weshalb im Zweifel vom Auftraggeberbegriff i.S.d. Art. 1 Abs. 9 RL 2004/18/EG ausgegangen werden kann[553].

Da aus den sekundärrechtlichen Bestimmungen der Harmonisierungswille des Rates und des Parlaments im Hinblick nicht nur auf den Inhalt, sondern auch im Hinblick auf die Grenzen der Harmonisierung zum Ausdruck kommt, entfaltet das Sekundärrecht gegenüber den Grundfreiheiten eine Sperrwirkung. So ist das Richtlinienrecht auch nicht am Primärrecht zu messen[554], wohl aber im Lichte

---

[548] *Burgi*, Warum die „kommunale Zusammenarbeit" kein vergaberechtspflichtiger Beschaffungsvorgang ist, NZBau 2005, 208, 209.

[549] Zum Verständnis der Kriterien „*wie eigene Dienststelle*" und „*im Wesentlichen nur für den Auftraggeber*", s. *Hailbronner* in: Grabitz/Hilf/Hailbronner, Das Recht der Europäischen Union, B 5., Rn. 59-61, m.w.N.

[550] *Frenz*, Beihilfe- und Vergaberecht, Rn. 2565; *Wollenschläger*, Das EU-Vergaberegime für Aufträge unterhalb der Schwellenwerte, NVwZ 2007, S. 389.

[551] *Frenz*, Europäische Grundfreiheiten, Rn. 292 ff.; EuGH, Rs. 197/84, *Steinhauser*, Slg. 1985, 1819, Rn. 14; EuGH, verb. Rs. 266 und 267/87, *Royal Pharmaceutical Society*, Slg. 1989, 1295, Rn. 14 ff; EuGH, Rs. C-302/88, *Hennen Olie*, Slg. 1990, I-4625, Rn. 14 ff.; EuGH, Rs. C-292/92, *Hünermund*, Slg. 1993, I-6787, Rn. 13 ff.; EuGH, Rs. C-325/00, *Kommission/Deutschland*, Slg. 2002, I-9977, Rn. 18.

[552] *Dreher*, Öffentlich-rechtliche Anstalten und Körperschaften im Kartellvergaberecht, NZBau 2005, S. 299.

[553] *Wollenschläger*, Das EU-Vergaberegime für Aufträge unterhalb der Schwellenwerte, NVwZ 2007, S. 390.

[554] *Harke* in: Riesenhuber, Europäische Methodenlehre, Rn. 22; zur gegenseitigen Verschränkung von Primär- und Sekundärrecht vgl. auch *Forsthoff*, Die eigenständige Bedeutung des sekundären Gemeinschaftsrechts, IStR 2006, S. 700.

der vertraglichen Bestimmungen und Ziele auszulegen[555]. Aus diesem Rangverhältnis folgt aber auch, dass aus dem Primärrecht keine strengeren Anforderungen an das Vergabeverfahren gestellt werden dürfen, als sie die Richtlinien für die in ihren Anwendungsbereich fallenden Auftragsvergaben stellen[556]. Üben die Auftraggeber allerdings Tätigkeiten aus, die als solche eine unmittelbare und spezifische Teilnahme an der Ausübung der öffentlichen Gewalt darstellen[557], wird die primärrechtliche Bereichsausnahme des Art. 45, 55 EGV (vgl. Art. 51, 62 AEUV) relevant, die jedoch nur sehr begrenzt einschlägig ist[558].

Der EuGH leitet aus dem Primärrecht, insbesondere den Grundfreiheiten, eine Reihe von Grundanforderungen für den Ablauf des Vergabeverfahrens ab[559]. Sie setzen zunächst einen grenzüberschreitenden Sachverhalt voraus[560]. Die Prüfung der Grundfreiheiten im Rahmen des Vergaberechts erfolgt zumeist nach dem allgemeinen, vom Unionsgericht entwickelten Prüfungsmuster[561]: Beschränkungen der Freiheiten sind möglich durch geschriebene wie ungeschriebene Schranken, die wiederum dem Erfordernis der Verhältnismäßigkeit genügen müssen[562]. Nicht zu vernachlässigen sind jedoch auch die Rechtsquellen der Unionsgrundrechte, die nicht nur im Hinblick auf den Rechtsschutz[563], sondern auch für die materielle Auftragsvergabe vom EuGH herangezogen werden. So gewährt er unter Berufung auf das

---

[555] *Prieß*, Handbuch des europäischen Vergaberechts, S. 24 mit Verweis auf EuGH, Rs. C-44/96, *Mannesmann Anlagenbau Austria*, Slg. 1998, I-73, 119.
[556] Vgl. hierzu auch *Egger*, Europäisches Vergaberecht, S. 56.
[557] Zur diesbezüglichen Entscheidungssammlung vgl. Fn. 35 bei *Burgi*, Die Beleihung als kartellvergaberechtlicher Ausnahmetatbestand, NVwZ 2007, S. 386.
[558] *Burgi*, Die Beleihung als kartellvergaberechtlicher Ausnahmetatbestand, NVwZ 2007, S. 386; EuGH, Rs. C-458/03, *Parking Brixen*, Slg. 2005, I-8585, Rn. 61 ff.
[559] Siehe Erwägungsgrund 2 der RL 2004/18/EG, vgl. auch die Mitteilung der Europäischen Kommission, Kommissionsmitteilung, S. 2.
[560] EuGH, Rs. C-108/98, *RI.SAN*, Slg. 1999, I-5219, Rn. 19 ff., wobei die Möglichkeit der Betroffenheit eines ausländischen Unternehmens allerdings ausreicht, vgl. *Generalanwältin Stix-Hackl*, in: EuGH, Rs. C-231/03, *Coname*, Slg. 2005, I-7287, Rn. 27.
[561] EuGH, Rs. C-243/01, *Gambelli u. a.*, Slg. 2003, I-13031, Rn. 60; EuGH, verb. Rs. C-338/04, C-359/04 und C-360/04, *Placanica u. a.*, 2007, I-01891, Rn. 45; EuGH, Rs. C-260/04, *Kommission/Italien*, Slg. 2007, I-07083, Rn. 26 ff.
[562] EuGH, Rs. C-243/01, *Gambelli u. a.*, Slg. 2003, I-13031, Rn. 74; EuGH, verb. Rs. C-338/04, C-359/04 und C-360/04, *Placanica u. a.*, 2007, I-01891, Rn. 58; EuGH, Rs. C-260/04, *Kommission/Italien*, Slg. 2007, I-07083, Rn. 28, 33.
[563] Näher hierzu *3. Kapitel, II. 1. Der primärrechtliche Rahmen für das Vergaberecht*.

Gleichbehandlungsgebot einen inhaltlich weiter gehenden Schutz der Unternehmer, als es aus dem Diskriminierungsverbot abgeleitet werden kann[564].

Aus den Grundfreiheiten bzw. Grundrechten hat der EuGH insbesondere die Anforderungen der Nichtdiskriminierung, der Gleichbehandlung und der Transparenz[565] abgeleitet. Er erklärt alle Bedingungen für unionsrechtswidrig, die von inländischen Unternehmen tatsächlich einfacher zu erfüllen sind als von ausländischen. Dies ist bereits bei der Aufstellung der Zulassungs-, Eignungs- und Bewertungskriterien durch den Auftraggeber zu beachten[566]. Ohne das für den Anwendungsbereich der Grundfreiheiten erforderliche grenzüberschreitende Moment vorauszusetzen, leitet der EuGH für alle, also sowohl aus- wie inländische Bieter bzw. Bewerber, aus dem Transparenz- und Gleichheitsgebot ab, dass diese nicht ausgeschlossen werden dürfen, wenn sie Kriterien nicht erfüllen, die zuvor nicht festgelegt und bekannt gegeben worden sind[567]. Neben den fest bestimmten Zuschlagskriterien müssen aber auch der gesamte Ablauf des Verfahrens sowie sein Abschluss im Rahmen bereits geregelter Vorschriften durchgeführt werden. Diese Vorschriften müssen dafür sorgen, dass die Bieter und Bewerber bei der Auftragsvergabe nicht diskriminiert werden, das Verfahren nachvollziehbar gestaltet ist und befangene öffentliche Auftraggeber ausgeschlossen werden[568]. Das Transparenzgebot dient dabei auch der Durchsetzung des Diskriminierungsverbotes. Deshalb verpflichten die Grundsätze, dass die Aufträge mit einem angemessenen Grad an Öffentlichkeit zugunsten potentieller Bieter vergeben werden[569]. Nur durch den Abbau von Informationsdefiziten ausländischer Unternehmer kann ein echter unionsweiter Wettbewerb ermöglicht werden[570]. Die Angemessenheit ist zu bejahen, wenn vor der Vergabe einem ausländischen Unternehmen ein Zugang zu angemessenen Informationen über den jeweiligen Auftrag gewährt wird, so dass es gegebenenfalls Interesse an der Auftragsvergabe bekunden kann[571]. So muss zur Erreichung eines echten Wettbewerbs dem Unternehmer ein hinreichender

---

[564] EuGH, Rs. C-410/04, *Bari*, Slg. 2006, I-03303, Rn. 21; EuGH, Rs. 810/79, *Überschär*, Slg. 1980, Rn. 16.
[565] So z.B. EuGH, Rs. C-275/98, *Unitron*, Slg. 1999, I-8291, Rn. 31; EuGH, Rs. C-324/98, *Telaustria*, Slg. 2000, I-10745, Rn. 91.
[566] EuGH, Rs. C-243/01, *Gambelli u.a.*, Slg. 2003, I-13031, Rn. 71; EuGH, Rs. C-234/03, *Contse*, Slg. 2005, I-9315, Rn. 37, 60;
[567] *Frenz*, Grundrechte und Vergaberecht, EuZW 2006, S. 750.
[568] Kommissionsmitteilung, Ziff. 2.2.3.
[569] EuGH, Rs. C-410/04, *Anav*, Slg. 2006, I-3303, Rn. 21
[570] EuGH, Rs. C-231/03, *Coname*, Slg. 2005, I-7287, Rn. 21, sowie Kommissionsmitteilung, S. 3, Ziff. 2.1.1 unter Bezugnahme auf EuGH, Rs. C-324/98, *Telaustria*, Slg. 2000, I-10745, Rn. 62 und EuGH, Rs. C-458/03, *Parking Brixen*, Slg. 2005, I-8585, Rn. 49.
[571] EuGH, Rs. C-231/03, *Coname*, Slg. 2005, I-7287, Rn. 21.

Zugang zur Bekanntmachung gesichert werden[572]. Aufgrund der dargestellten Sperrwirkung des Sekundärrechts müssen die dort vorgesehenen Befreiungen von der Bekanntmachungspflicht auch für primärrechtliche Vergaben gelten[573].

Schließlich ist der Verhältnismäßigkeitsgrundsatz im Vergaberecht dann gewahrt[574], wenn ein angemessenes Verhältnis besteht zwischen der wirtschaftlichen Bedeutung des Vergabegegenstandes und den fachlichen, technischen oder auch finanziellen Bieter- bzw. Bewerberanforderungen, die zusätzlich in einem objektiven Zusammenhang zum Vergabegegenstand stehen müssen[575].

All diese inhaltlichen Mindestanforderungen müssen die ungarischen Sektorenauftraggeber bei der Vergabe von Bau- und Dienstleistungskonzessionen sowie alle öffentlichen Auftraggeber, die Aufträge unterhalb der Unionsschwellenwerte oder für sog. *nicht prioritären Dienstleistungen* vergeben möchten, auf jeden Fall beachten. Ob die betroffenen Auftraggeber in Ungarn noch strengeren Vorgaben unterworfen sind, hängt davon ab, ob und inwieweit der ungarische Gesetzgeber den Anwendungsbereich des Kbt. auf die genannten Aufträge erstreckt hat.

2. Der sekundärrechtliche Rahmen für das materielle Vergaberecht

Die Vergaberichtlinien stellen den Dreh- und Angelpunkt des vergaberechtlichen Unionsrechts dar, wobei zwischen den *„materiellen"* Vergaberichtlinien und den Rechtsmittelrichtlinien zu unterscheiden ist: Die *„materiellen"* Richtlinien dienen der Koordinierung der Vergabeverfahren, die Rechtsmittelrichtlinien befassen sich — wie der Name schon sagt — mit der Koordinierung des Rechtsschutzes im Zusammenhang mit den Vergabeverfahren[576] und sollen unter III. 2. Der sekundärrechtliche Rahmen für en Vergaberechtsschutz näher beschrieben werden.

---

[572] Kommissionsmitteilung, S. 4, Ziff. 2.1.1.
[573] Kommissionsmitteilung, S. 4, Ziff. 2.1.4.
[574] EuGH, Rs. C-59/00, *Bent Mousten Vestergaard*, Slg. 2001, I-9505, Rn. 20; EuGH, Rs. C-324/98, *Telaustria*, Slg. 2000, I-10745, Rn. 62; EuGH, Rs. C-231/03, *Coname*, Slg. 2005, I-7287, Rn. 16-19; EuGH, Rs. C-458/03, *Parking Brixen*, Slg. 2005, I-8585, Rn. 49 f.; EuGH, Rs. C-264/03, *Kommission/Frankreich*, Slg. 2005, I-8831 Rn. 32f.; EuGH, Rs. Rs. C-275/98, *Unitron*, Slg. 1999, I-8291, Rn. 32; EuGH, Rs. C-470/99, *Universale Bau*, Slg. 2002, I-11617, Rn. 93.
[575] *Frenz*, Grundrechte und Vergaberecht, EuZW 2006, S. 750.
[576] Der Vollständigkeit halber sollen noch die Richtlinie 96/67/EG des Rates vom 15. 10.1996 über den Zugang zum Markt der Bodenabfertigungsdienste auf den Flughäfen der Gemeinschaft, ABlEG 1996, L 272, S. 36-45 und die Richtlinie 94/22/EG des Europäischen

Die Vergaberichtlinien ergänzen und konkretisieren die primärrechtlichen Grundlagen. Sie sollen und können die positive Durchsetzung der Grundfreiheiten sicherstellen sowie den ungehinderten Zutritt zu den Beschaffungsmärkten und die Schaffung eines europaweiten Wettbewerbs um öffentliche Aufträge gewährleisten[577]. Unter Heranziehung insbesondere der allgemeinen Rechtsangleichungskompetenz des Art. 95 EGV (vgl. Art. 114 AEUV) wollte der Unionsgesetzgeber mit der Schaffung der Vergaberichtlinien zur tatsächlichen Verwirklichung der Grundfreiheiten durch die Harmonisierung (die Richtlinien sprechen von „*Koordinierung*") mitgliedstaatlicher Vergabevorschriften beitragen. Anders als beim primärrechtlichen Vergaberecht sind die Vergaberichtlinien aber auch dann anwendbar, wenn im konkreten Fall gar kein grenzüberschreitender Vorgang vorliegt[578]. Die Richtlinien regeln das Vergaberecht allerdings nicht abschließend. Sie schaffen kein einheitliches und erschöpfendes Unionsrecht, sondern gewähren den Mitgliedstaaten einen materiell- wie verfahrensrechtlichen Umsetzungsspielraum[579]. Da sie eine Mindestharmonisierung der öffentlichen Auftragsvergabe bezwecken, können die Mitgliedstaaten im Anwendungsbereich der Richtlinie auch strengere Vorschriften vorsehen. Teilweise enthalten die sekundärrechtlichen Vorgaben allerdings so genau bestimmte Vorschriften, dass zu deren Einhaltung dem nationalen Gesetzgeber praktisch kein Umsetzungsspielraum mehr verbleibt.

Da die mitgliedstaatlichen Beschaffungswesen immer noch eines der letzten von nationalem Protektionismus geprägten Marktsegmente darstellen[580], bedurfte es zur Effektivierung des Vergabebinnenmarktes der Konkretisierung der primärrechtlichen Vorgaben[581]. Zwar waren 46 Prozent der Unternehmen an grenzüberschreitenden Beschaffungsvorhaben beteiligt, mit aber nur knapp drei Prozent aller Angebote der Stichprobenunternehmen ist das Volumen der direkten grenzüberschreitenden Beschaffung gering. Bei deutlich höheren 30 Prozent aller Angebote liegt die Beteiligung bei indirekter grenzüberschreitender Beschaffung — z. B. bei Aufträgen an ausländische Firmen über deren

---

Parlaments und des Rates vom 30.05.1994 über die Erteilung und Nutzung von Genehmigungen zur Prospektion, Exploration und Gewinnung von Kohlenwasserstoffen, ABlEG 1994, L 164, S. 3–8, erwähnt werden, auf die aber nicht näher eingegangen werden wird, da sie insbesondere nicht den hier maßgeblichen Rechtsmittelrichtlinien unterliegen.

[577] *Boesen*, Rechtsschutz bei der Vergabe, S. 47.
[578] Z.B. EuGH, Rs. C-87/94, *Kommission/Belgien*, Slg. 1996, I-2034, Rn. 33; EuGH, Rs. C-411/00, *Swoboda*, Slg. 2002, I-10567, Rn. 33.
[579] EuGH, Rs. 31/87, *Beentjes*, Slg. 1988, 4635, Rn. 20; *Hailbronner* in: Grabitz/Hilf/Hailbronner, Das Recht der Europäischen Union, B 2., Rn. 35.
[580] *Steiff*, EU-Osterweiterung, NZBau 2004, S. 81.
[581] S. allgemein zur Vergabekontrolle, *Dreher*, Die Kontrolle der Anwendung des Vergaberechts in Europa, EuZW 1998, S. 197.

Niederlassungen vor Ort[582]. Der Jahresbericht des Rates der öffentlichen Beschaffungen J/3359 für das Jahr 2006[583] gibt über die Ungarn betreffenden Zahlen Auskunft: Dort waren es 105 Unternehmen mit ausländischem Sitz, die bei einer inländischen Auftragsvergabe obsiegen konnten. Zwar bedeutet dies bei der Anzahl aller Vergaben lediglich einen geringen mit Vorjahren vergleichbaren Anteil von zwei Prozent. Interessant ist dabei aber, dass diese wenigen Unternehmensaufträge insgesamt 19 Prozent des Gesamtwertes der Auftragsvergabe ausmachen. Im Vergleich zum Berichtsvorjahr 2005 bedeutet dies eine Steigerung von drei Prozent, sodass die Hoffnung auf einen weiteren Anstieg grenzüberschreitender Auftragsvergaben und die Annahme der Zweckmäßigkeit der sekundärrechtlichen Vorgaben durchaus berechtigt ist. Denn sie dienen in erster Linie einer umfassenden Transparenz der öffentlichen Auftragsvergabe, der Nichtdiskriminierung der einzelnen Bewerber und dem wettbewerblichen Ablauf des Vergabeverfahrens[584].

Der erste Schritt auf dem Weg zur Schaffung eines unionsrechtlichen Beschaffungsmarktes war die Baukoordinierungsrichtlinie in ihrer ersten Fassung als Richtlinie 71/305/EWG[585]. Seit ihrem Erlass wurde sie mehrfach geändert und schließlich durch die Richtlinie 93/37/EWG neu gefasst[586]. Die Lieferkoordinierungsrichtlinie regelte die Vergabe öffentlicher Lieferaufträge und folgte der Baukoordinierungsrichtlinie im Jahre 1977 als Richtlinie 77/62/EWG[587]. Auch sie wurde mehrmals geändert und durch die Richtlinie 93/36/EWG[588] neu gefasst.

Die Dienstleistungsrichtlinie 92/50/EWG[589] erfasste im Bereich der öffentlichen Aufträge all die Verträge, die nicht in den Anwendungsbereich der übrigen Vergaberichtlinien fielen. Die am 17. September 1990 erlassene

---

[582] *Kommission*, IP/04/149, S. 2 f.
[583] *Közbeszerzések Tanácsa*, J/3359. beszámoló, 2006, S. 7.
[584] Vgl. hierzu Erwägungsgrund Nr. 2 RL 2004/18/EG.
[585] RL 71/305/EWG, ABlEG 1971, L 185, S. 5.
[586] Richtlinie 93/37/EWG des Rates vom 14.06.1993 zur Koordinierung der Verfahren zur Vergabe öffentlicher Bauaufträge, ABlEG 1993, L 199 vom 9.8.1993, S. 54.
[587] Richtlinie 77/62/EWG des Rates vom 21. 12.1976 über die Koordinierung der Verfahren zur Vergabe öffentlicher Lieferaufträge, ABlEG 1977, L 13 vom 15.1.1977, S. 1.
[588] Richtlinie 93/36/EWG des Rates vom 14.06.1993 über die Koordinierung der Verfahren zur Vergabe öffentlicher Lieferaufträge, ABlEG 1993, L 199, S. 1.
[589] Richtlinie 92/50/EWG des Rates vom 18. 06.1992 über die Koordinierung der Verfahren zur Vergabe öffentlicher Dienstleistungsaufträge, ABlEG, 1992, L 209, S. 1.

Sektorenrichtlinie 90/531/EWG[590] regulierte die Auftragsvergabe durch öffentliche Auftraggeber im Bereich der Wasser-, Energie- und Verkehrsversorgung sowie im Telekommunikationssektor und wurde durch die Richtlinie 93/38/EWG erweitert und ersetzt[591].

Zum Zwecke der Modernisierung, Vereinfachung und Flexibilisierung der seit den 70er Jahren erlassenen diversen Vergabe- und Rechtsmittellinien brachte die Kommission einen Gesetzesvorschlag zur Reform der Richtlinien heraus[592]. Dieser enthielt nunmehr zwei Richtlinien: Eine Richtlinie für den öffentlichen Sektor und eine für bestimmte Sektoren: Die Richtlinie RL 2004/18/EG über die Koordinierung der Verfahren zur Vergabe öffentlicher Bauaufträge, Lieferaufträge und Dienstleistungsaufträge[593] (im Folgenden auch: RL 2004/18/EG), die die drei klassischen Richtlinien zu einem Regelwerk über die Vergabe von Liefer-, Dienstleistungs- und Bauaufträgen zusammenfasst und ersetzt[594], sowie die Neufassung der Sektorenrichtlinie 2004/17/EG zur Koordinierung der Zuschlagserteilung durch öffentliche Auftraggeber im Bereich der Wasser-, Energie- und Verkehrsversorgung sowie der Postdienste (im Folgenden auch: RL 2004/17/EG). Am 30.04.2004 traten die Richtlinien mit der Veröffentlichung im Amtsblatt der EG in Kraft[595].

3. Die Bedeutung und Festlegung der Schwellenwerte

Ziel der europäischen Vergaberichtlinien ist es, bei öffentlicher Auftragsvergabe einen wirksamen grenzüberschreitenden Wettbewerb zu gewährleisten[596]. Deshalb sind nur solche Aufträge erfasst, die aufgrund ihres Auftragswertes für

---

[590] Richtlinie 90/531/EWG des Rates vom 17. 09.1990 betreffend die Auftragsvergabe durch Auftraggeber im Bereich der Wasser-, Energie- und Verkehrsversorgung sowie im Telekommunikationssektor, ABlEG 1990, L 297, S. 1.
[591] Richtlinie 93/38/EWG des Rates vom 14.06.1993 zur Koordinierung der Auftragsvergabe durch Auftraggeber im Bereich der Wasser-, Energie- und Verkehrsversorgung sowie im Telekommunikationssektor, ABlEG 1993, L 199, S. 84.
[592] Vorschlag für eine Richtlinie des Europäischen Parlaments und des Rates über die Koordinierung der Verfahren zur Vergabe öffentlicher Lieferaufträge, Dienstleistungsaufträge und Bauaufträge, KOM (2000) 276 endg., ABlEG 2001, C 29 E, S. 11 und Vorschlag für eine Richtlinie des Europäischen Parlaments und des Rates zur Koordinierung der Auftragsvergabe durch Auftraggeber im Bereich der Wasser-, Energie- und Verkehrsversorgung, ABlEG 2001, C 29 E, S. 112.
[593] Richtlinie 2004/18/EG des europäischen Parlaments und des Rates vom 31.03.2004 über die Koordinierung der Verfahren zur Vergabe öffentlicher Bauaufträge, Lieferaufträge und Dienstleistungsaufträge, ABlEG 2004, L 134, S. 114.
[594] Art. 82 RL 18/2004/EG.
[595] Art. 83 RL 18/2004/EG, Art. 74 RL 2004/17/EG.
[596] Erwägungsgründe Nr. 4 RL 2004/18/EG bzw. Nr. 9 RL 2004/17/EG.

einen grenzüberschreitenden Wettbewerb bedeutsam sein können[597]. Aus diesem Grund finden die EG-Vergaberichtlinien nicht auf alle öffentlichen Aufträge Anwendung, sondern nur auf diejenigen, deren Auftragsvolumen einen bestimmten Schwellenwert übersteigt. Die Schwellenwerte haben also die Funktion, Aufträge mit niedrigerem Wert, die für ausländische Mitbieter in der Regel von geringem Interesse und daher nicht grenzüberschreitend relevant sind, vom Anwendungsbereich der EG-Vergaberichtlinien auszunehmen. Der so begrenzte Anwendungsbereich dient damit auch der Verwaltungseffizienz, da unverhältnismäßige Bearbeitungs- und Verwaltungskosten für diese Aufträge vermieden werden. Öffentliche Aufträge unterhalb der Schwellenwerte stehen allerdings nicht im rechtsfreien Raum. Sofern sie binnenmarktrelevant sind, gelten für diese nach wie vor die Grundsätze des Primärrechts: Das sind in erster Linie die Grundfreiheiten des EG-Vertrages über den Warenverkehr sowie außerdem die Dienst- und Niederlassungsfreiheit. Diese Mindestwerte verursachen also eine sog. *Zweiteilung des Vergaberechts*[598] in einen Bereich, der rechtlich streng und gründlich geregelt ist, und in einen Bereich, in dem noch von einer Unterentwicklung[599] der Rechte gesprochen werden kann.

Die Kommission bestimmt die Schwellenwerte der einzelnen Auftragstypen gemäß Art. 69 RL 2004/17/EG bzw. 78 RL 2004/18/EG regelmäßig neu anhand des geschätzten Auftragswerts ohne Mehrwertsteuer[600]. Bei der Festlegung muss sie allerdings auch die völkerrechtlichen Verbindlichkeiten der Union beachten. Diese ergeben sich aus dem WTO-Beschaffungsübereinkommen, das eine der praktisch wichtigsten völkerrechtlichen Vereinbarungen zum Vergaberecht ist[601]. Als Teil des WTO-Abkommens gilt das plurilaterale sog. *General Procurement Agreement* (auch als Annex 4 Abkommen bezeichnet) nur für diejenigen WTO-Mitglieder, die dem Abkommen ausdrücklich beigetreten sind. Das GPA wurde zeitgleich mit dem WTO-Abkommen in Marrakesch am 15.04.1994 unterzeichnet und trat am 01.01.1996 in Kraft[602]. Die Europäische Union ist Mitglied des GPA[603]. Am 23.04.2004 beschloss der WTO-Ausschuss

---

[597] *Prieß*, Handbuch des Europäischen Vergaberechts, S. 174.
[598] Vgl. statt vieler: *Dreher*, Vergaberechtsschutz unterhalb der Schwellenwerte, NZBau 2002,419.
[599] *Pietzcker*, Die Zweiteilung des Vergaberechts in: Schwarze, Die Vergabe öffentlicher Aufträge im Lichte des europäischen Wirtschaftsrechts, S. 61 ff.
[600] Art. 7 ff. RL 2004/18/EG bzw. 16 ff. RL 2004/17/EG.
[601] *Prieß*, Handbuch des Europäischen Vergaberechts, S. 174.
[602] ABlEG 1994, L 336, S. 273.
[603] Durch die Ratsentscheidung 94/800/EG vom 22.12.1994, ABlEG 1994, L 336, S. 1-2, bekam das GPA direkt bindende Wirkung für die Union. Die Union hat das GPA durch die beiden GPA-Angleichungsrichtlinien 97/52 (Richtlinie 97/52 des Europäischen Parlamentes und des Rates, ABlEG 1997,L 328, S. 1.) und 98/4 (Richtlinie 98/4 des Europäischen Parlamentes und des Rates, ABlEG 1998, L 101, S. 1.) umgesetzt.

für öffentliches Auftragswesen, mit Wirkung vom 01.05.2004 an auch die Republik Ungarn aufgrund ihres Beitritts zur EU in das Abkommen einzubeziehen[604].

Der weite Anwendungsbereich gemäß Art. I GPA, der alle Beschaffungsvorgänge umfasst, relativiert sich durch die in Anhang I festgelegten Verpflichtungen. Lieferaufträge unterliegen vollständig dem Anwendungsbereich, soweit sie nicht in den sog. *Negativlisten* ausgenommen worden sind. Bau- und Dienstleistungsaufträge werden dagegen nur dann vom Abkommen erfasst, wenn das GPA-Mitglied diese in sog. *Positivlisten* aufgeführt hat. Weitere Einschränkungen bilden die Schwellenwerte und die sog. *General Notes and Derogations*.

Die Vergabestellen, auf die das Abkommen anzuwenden ist, sind in den Anlagen 1 bis 3 aufgeführt[605] Das GPA ist nur auf solche Beschaffungsaufträge anwendbar, deren geschätzter Wert die festgelegten Schwellenwerte, die für jede Vertragspartei in den Annexen zum GPA bestimmt sind, überschreitet. Die für die EG geltenden Schwellenwerte wurden für Liefer- und Dienstleistungsaufträge auf SZR[606] 130.000, für Bauaufträge auf SZR 5 Mio. festgesetzt, wenn eine zentrale Beschaffungsstelle den Auftrag vergibt. Für alle anderen öffentlichen Vergabestellen liegt der Schwellenwert bei SZR 200.000 für Liefer- und Dienstleistungsaufträge und bei SZR 5 Mio. für Bauaufträge. Die maßgeblichen Auftragswerte der Sektorenauftraggeber betragen SZR 400.000 für Liefer- und Dienstleistungsaufträge bzw. SZR 5 Mio. für Bauaufträge.

Legt die Kommission in ihren Verordnungen die neuen Unionsschwellenwerte für die Vergaben fest, so bezieht sie sich nicht nur auf die Rechtsgrundlagen der Richtlinien[607], sondern bestimmt die Werte unter Beachtung der Verpflichtungen aus dem GPA. Dies ergibt sich aus den Erwägungsgründen der Verordnungen, in denen die Kommission stets die Ratsentscheidung 94/800/EG zugrunde legt.

---

[604] *Steiff*, EU-Osterweiterung, NZBau 2004, S. 76.
[605] Sie umfassen Zentralregierungen, regionale und lokale Verwaltungsträger und bestimmte Sektorenauftraggeber im Bereich Wasser-, Energieversorgung und Verkehrswesen.
[606] Sonderziehungsrechte (engl. *Special Drawing Right, SDR*) sind eine künstliche Recheneinheit des Internationalen Währungsfonds, deren Kurs täglich durch einen Währungskorb wichtiger Weltwährungen festgelegt wird. Der Währungskorb wird alle fünf Jahre überprüft und angepasst. Der Kurs betrug am 12.08.2008 für SZR 1 USD 1.58131 bzw. EUR 0.942702 (http://www.imf.org/external/np/fin/data/rms_sdrv.aspx) [zuletzt abgerufen im Mai 2009].
[607] Insb. Art. 69 RL 2004/17/EG bzw. Art. 78 RL 2004/18/EG.

So gelten laut der aktuellen Kommissionsverordnung[608] in Übereinstimmung mit den GPA-Werten im Jahr 2008 für Aufträge, die nicht aufgrund der Ausnahme nach Art. 19 bis 26 oder 30 in Bezug auf die Ausübung der betreffenden Tätigkeit ausgeschlossen sind, folgende Schwellenwerte:

133.000 Euro für öffentliche Liefer- und Dienstleistungsaufträge, die von den in Anhang IV der RL 2004/18/EG genannten zentralen Regierungsbehörden als öffentlichen Auftraggeber vergeben werden; 206.000 Euro bei öffentlichen Liefer- und Dienstleistungsaufträgen, die von anderen als den in Anhang IV genannten öffentlichen Auftraggebern vergeben werden; 5.150.000 Euro bei öffentlichen Bauaufträgen.

Bei Aufträgen durch öffentliche Auftraggeber im Bereich der Wasser-, Energie und Verkehrsversorgung sowie der Postdienste lauten die Schwellenwerte: 412.000 Euro für öffentliche Liefer- und Dienstleistungsaufträge und 5.150.000 Euro bei öffentlichen Bauaufträgen.

Wie die Schwellenwerte genau bei Liefer- und Dienstleistungsaufträgen im Zusammenhang mit Dauerschuldverhältnissen bzw. bei regelmäßig wiederkehrenden Aufträgen berechnet werden, regeln die Vergaberichtlinien jeweils detailliert in Art. 17 Abs. 7 RL 2004/17/EG bzw. Art, 9 Abs. 7 RL 2004/18/EG.

4. Die subjektiven Rechte aus materiellem Vergaberecht

Den Erwägungsgründen 2 bzw. 3 der Rechtsmittelrichtlinien ist die Forderung zu entnehmen, dass bei Vergaberechtsverstößen die *„Möglichkeiten einer wirksamen und raschen Nachprüfung bestehen"* muss. Die materiellen Vergaberichtlinien verwenden — ebenso wie die Rechtsprechung des EuGH — nicht ausdrücklich den Begriff des subjektiven Rechts. Dies bedeutet jedoch nicht, dass die materiell-rechtlichen Richtlinien keine subjektiven Rechte gewähren. Denn die Vergaberichtlinien regeln nicht nur die objektiven Pflichten der öffentlichen Auftraggeber, sondern berücksichtigen auch das individuelle Bieterinteresse. Der EuGH hat in seiner Rechtsprechung unter Heranziehung von Sinn und Zweck des europäischen Vergaberechts (zu finden in den Erwägungsgründen der Vergaberichtlinien) dargelegt, dass bereits die materiellen Vergaberichtlinien die Grundlage für individuelle Ansprüche sein können[609] und nicht erst durch die Rechtsmittelrichtlinien die Forderung nach

---

[608] VO (EG) Nr. 1422/2007, AB1EU 2007, L 317, S. 34 ff.
[609] EuGH, Rs. C-433/93, *Kommission/Deutschland*, Slg. 1995, I-2317 Rn. 19.; s.a. EuZW 1995, 637 mit Anm. *Dreher; Dörr*, Der europäisierte Vergaberecht in Deutschland, JZ 14/2004, S.705 mit Verweis u.a. auf EuGH, Rs. 76/81, *SA Transporoute*, Slg. 1982, 417, Rn. 17; EuGH, Rs. 31/87, *Beentjes*, Slg. 1988, 4635, Rn. 42.

speziellem Vergaberechtsschutz entstanden ist: „(...) — *soweit die Richtlinie Ansprüche des einzelnen begründen soll — (müssen) die Begünstigten in der Lage sein, von allen ihren Rechten Kenntnis zu erlangen und diese gegebenenfalls vor nationalen Gerichten geltend zu machen. Sodann ist festzustellen, dass die in den Richtlinien über die Koordination der Verfahren zur Vergabe öffentlicher Aufträge enthaltenen Vorschriften über die Teilnahme und die Publizität den Bieter vor der Willkür des öffentlichen Auftraggebers schützen sollen. Ein solcher Schutz kann nicht wirksam werden, wenn der Bieter sich nicht gegenüber dem Auftraggeber auf diese Vorschriften berufen und gegebenenfalls deren Verletzung vor den nationalen Gerichten geltend machen kann.*"[610]. Die Rechtsmittelrichtlinien seien „*darauf beschränkt, die auf staatlicher Ebene und auf Unionsebene vorhandenen Mechanismen zur Durchsetzung der Unionsrichtlinien im Bereich des öffentlichen Auftragswesens zu verstärken[611], vor allem dann, wenn Verstöße noch beseitigt werden können.*"[612].

Der Pflicht des Auftraggebers steht daher stets der Anspruch des Bieters auf Einhaltung der Vergaberechtsvorschriften gegenüber. Zahlreiche Entscheidungen des EuGH[613] — so bereits zur Richtlinie 71/305/EWG[614] — bestätigen die unbedingte und hinreichend bestimmte Regelung der materiellen Vergaberichtlinien[615], auf die der Einzelne seine Rechte gegenüber dem Mitgliedstaat bzw. dem öffentlichen Auftraggeber zu stützen vermag[616].

Der EuGH hat unter bestimmten Voraussetzungen einschlägigen Richtlinienbestimmungen unmittelbare Anwendbarkeit zugesprochen[617]. Das bedeutet, dass sich der Einzelne auf diese Bestimmungen vor den innerstaatlichen Gerichten berufen kann, um die zugrunde liegenden Rechte

---

[610] EuGH, Rs. C-433/93, *Kommission/Deutschland*, Slg. 1995, I-2317 Rn 18 f.; *Noch*, Vergaberecht und subjektiver Rechtsschutz, S. 141.
[611] Hervorhebung durch Verf.
[612] EuGH, Rs. C-433/93, *Kommission/Deutschland*, Slg. 1995, I-2317, Rn. 23.
[613] EuGH, Rs. C-102/02, *Beuttenmüller*, Slg. 2004, I-05405, Rn. 55; EuGH, Rs. C-201/02, *Wells*, Slg. 2004, I-00723, Rn. 57 mit Bezug auf EuGH, Rs. 103/88, *Fratelli Costanzo*, Slg. 1989, I-1839, Rn. 28 bis 33; EuGH, Rs. C-194/94, *CIA Security International*, Slg. 1996, I-2201, Rn. 40 bis 45; EuGH, Rs. C-201/94, *Smith, Nephew und Primecrown*, Slg. 1996, I-5819, Rn. 33 bis 39; EuGH, Rs. C-443/98, *Unilever*, Slg. 2000, I-7535, Rn. 45 bis 52.
[614] RL 71/305/EWG, ABlEG 1971, L 185, S. 5.
[615] EuGH, Rs. 76/81, *Transporoute*, Slg. 1982, 417, Rn. 9 ff.; EuGH, Rs. 31/87, *Beentjes*, Slg. 1988, 4635, Rn. 40 ff.; EuGH, Rs. 103/88, *Fratelli Costanzo*, Slg. 1989, Rn. 30 ff.
[616] *Rittner*, Das deutsche öffentliche Auftragswesen, NVwZ 1995, S. 319; *Brinker*, Die unmittelbare Anwendbarkeit von EG-Richtlinien, EWS 1995, S. 255, 257.
[617] Vgl. oben unter *3. Kapitel, I.3. Die unmittelbare Wirkung des Unionsrechts.*

geltend zu machen[618]. Die Unionsbestimmungen begründen Verwaltungspflichten[619], die aber nicht nur auf die losgelöste Schaffung eines einheitlichen Binnenmarktes abzielen, sondern auch den an der öffentlichen Auftragsvergabe Beteiligten zugute kommen sollen[620]. Im Einzelfall steht das konkret gewordene Privatinteresse (des Konkurrenten) stellvertretend für das öffentliche Interesse. Die unmittelbare Anwendbarkeit und die sich daraus ergebenden individuellen Rechte müssen prozessual geltend gemacht werden können, um nicht leer zu laufen.

5. Übersicht über das Vergabeverfahren

a) Die Pflichten zur Veröffentlichung

Um den Unternehmen aller Mitgliedstaaten gleichermaßen die Möglichkeit zur Beurteilung zu bieten, ob eine geplante Auftragsvergabe für sie nun interessant sein könnte oder nicht, sehen die Richtlinien umfangreiche Publikationspflichten vor[621]. Nur wenn öffentliche Auftraggeber der Union ihre Vorabinformationen und Bekanntgaben ihrer beabsichtigten Auftragsvergabe umfassend und in allen Einzelheiten publizieren, haben potenzielle Mitbieter die benötigte Kenntnis über das anstehende Vergabeverfahren und die einzelnen Bedingungen der gewünschten Lieferungen, Dienstleistungen und Bauaufträge. Die Lieferung genauer Informationen ist daher die Voraussetzung für den gleichen (grenzüberschreitenden) Zugang zu öffentlichen Aufträgen innerhalb der Europäischen Union[622].

b) Die Verfahrensarten

Die Vergaberichtlinien regeln grundsätzlich vier verschiedene Arten von Vergabeverfahren: Das offene und das nichtoffene Verfahren, das Verhandlungsverfahren sowie den sog. *wettbewerblichen Dialog*, wobei die Einführung des wettbewerblichen Dialogs jedem Mitgliedstaat freisteht.

Das offene Verfahren im Sinne der unionsrechtlichen Richtlinien meint die einzelstaatlichen Verfahren, bei denen alle interessierten Unternehmer berechtigt sind, ein Angebot abzugeben[623]. Da die Anzahl der Mitbieter nicht durch die

---

[618] EuGH, Rs. 76/81, *Transporoute,* Slg. 1982, 417, Rn. 13; EuGH, Rs. 31/87, *Beentjes,* Slg. 1988, 4635, Rn. 38 ff.; EuGH, Rs. 103/88, *Fratelli Costanzo,* Slg. 1989, 1839, Rn. 29 ff.; EuGH, Rs. C-224/97, *Ciola,* Slg. 1999, I-02517, Rn. 33; *Triantafyllou,* Europäisierungsprobleme des Verwaltungsprivatrechts, NVwZ 1994, 944.
[619] EuGH, Rs. 103/88, *Fratelli Costanzo,* Slg. 1989, 1839, Rn. 31.
[620] *Triantafyllou,* Europäisierungsprobleme des Verwaltungsprivatrechts, NVwZ 1994, 944.
[621] *Schwarze,* Die Vergabe öffentlicher Aufträge, EuZW 2000, S. 133, 136.
[622] *Prieß,* Öffentliches Auftragswesen, S. 72.
[623] Art. 1 Abs. 11 lit. a) RL 2004/18/EG, Art. 1 Abs. 9 lit. a) RL 2004/17/EG.

Vergabestelle begrenzt werden kann, gewährleistet dieses Verfahren den größtmöglichen Wettbewerb und aufgrund der Vielzahl der Bieter die geringste Gefahr der Korruption[624].

Im nichtoffenen Verfahren dürfen nur die zuvor vom öffentlichen Auftraggeber zu einem Angebot aufgeforderten Unternehmer ein Angebot abgeben[625]. Das Verfahren teilt sich also in zwei Abschnitte: Zunächst die Auswahl der Bewerber als zukünftige Bieter und später die Bewertung der von den aufgeforderten Bietern eingereichten Angebote[626].

Nur in den von der RL 2004/18/EG abschließend aufgeführten Fallgruppen darf der öffentliche Auftraggeber das sog. *Verhandlungsverfahren* durchführen. Denn hier verhandelt der öffentliche Auftraggeber mit nur einem oder mehreren von ihm zuvor auserwählten Unternehmen über die Auftragsvergabe[627]. Der Ablauf des Verfahrens ist weniger förmlich als das offene bzw. nichtoffene Verfahren und unterliegt weitgehend dem Ermessen der Vergabestelle[628]. Um dem mitbietenden Unternehmer eine umfassende Prüfungsmöglichkeit des zu vergebenden Auftrages zu geben, müssen die Angebote innerhalb eines bestimmten Zeitraumes nach der Ausschreibung eingehen. Sektorenauftraggeber i.S.d. RL2004/17/EG hingegen haben grundsätzlich die freie Wahl zwischen allen drei Verfahrensarten.

Der wettbewerbliche Dialog stellt lediglich eine Option für den einzelnen Mitgliedstaat dar, diesen als alternatives Vergabeverfahren vorzusehen[629]. Es ist ein subsidiäres Ausnahmeverfahren[630] mit der Möglichkeit formloser Verhandlungen und kann daher nur in den in Art. 29 RL 2004/18/EG aufgezählten Fällen durchgeführt werden. Die RL 2004/18/EG definiert den wettbewerblichen Dialog als ein Verfahren, bei dem sich alle Wirtschaftsteilnehmer um die Teilnahme bewerben können und bei dem der öffentliche Auftraggeber einen Dialog mit den zu diesem Verfahren zugelassenen Bewerbern führt, um eine oder mehrere seinen Bedürfnissen entsprechende Lösung(en) herauszuarbeiten, auf deren Grundlage bzw. Grundlagen die ausgewählten Bewerber zur Angebotsabgabe aufgefordert werden. Aus dem Erwägungsgrund Nr. 31 der RL 2004/18/EG soll das Verfahren insbesondere bei besonders komplexen Vorhaben, wie integrierten

---

[624] *Prieß*, Handbuch des Europäischen Vergaberechts, S. 197.
[625] Art. 1 Abs. 11 lit. b) RL 2004/18/EG, Art. 1 Abs. 9 lit. b) RL 2004/17/EG n.F.
[626] *Prieß*, Handbuch des Europäischen Vergaberechts, S. 198.
[627] Art. 1 Abs. 11 lit. d) RL 2004/18/EG, Art. 1 Abs. 9 lit. c) RL 2004/17/EG n.F.
[628] *Prieß*, Handbuch des Europäischen Vergaberechts, S. 198.
[629] Art. 29 Abs. 1 RL 2004/18/EG.
[630] Art. 28 S. 3 RL 2004/18/EG.

Verkehrsinfrastrukturprojekten, großen Computernetzwerken und bei Vorhaben mit einer komplexen und strukturierten Finanzierung durchgeführt werden. Die beiden Voraussetzungen sind demnach die mutmaßliche Erfolglosigkeit eines offenen oder nichtoffenen Regelverfahrens und die besondere Komplexität[631] des Vorhabens, dessen Bedingungen und zu verwendende Mittel unmöglich objektiv beschrieben werden können[632].

Die Vergabestelle kann einen öffentlichen Auftrag oberhalb der unionlichen Schwellenwerte nur im Wege der soeben dargestellten Verfahrensarten vergeben (sog. *numerus clausus* der Verfahrensarten[633]).

Mit der Wahl des Vergabeverfahrens werden sodann die Weichen für den gesamten Verfahrensablauf gestellt. Die Vergabestelle hat daher bei der mit Sorgfalt zu treffenden Entscheidung die sich teilweise widerstreitenden Interessen der Bieter und öffentlichen Auftraggeber zu berücksichtigen. Die Regelungen des Vergabeverfahrens konkretisieren das Gleichbehandlungs-, Nichtdiskriminierungs- und Transparenzgebot[634], das sich aus dem EG-Vertrag ergibt. Dessen Verwirklichung gelingt natürlich am ehesten mit einem großen Bieterkreis im offenen Verfahren. Dieser kann aber auch zu einer unverhältnismäßigen finanziellen und zeitlichen Belastung führen, wenn mit allen Bietern gleichzeitig verhandelt werden muss. Auf der anderen Seite eröffnet eine begrenzte Teilnehmerzahl aber die Gefahr für Absprachen zwischen den Beteiligten. Auch eine nachträgliche Überprüfung der Vergabe gestaltet sich aufgrund geringerer Transparenz schwieriger[635]. Ist beispielsweise von vornherein ersichtlich, dass nicht genügend potentielle Unternehmen als Bieter zur Verfügung stehen, sei es aus tatsächlichen Gründen (mangelnde Fachkenntnisse) oder rechtlichen (unumgängliche gewerbliche Schutzrechte eines Unternehmens), ist die Wahl eines Verhandlungsverfahrens gerechtfertigt. Dieser größeren Flexibilität und dem weiteren Verhandlungsspielraum werden durch die EG-Grundfreiheiten und der Nichtdiskriminierungsgrundsatz des Art. 12 EGV (vgl. Art. 18 AEUV) aber Grenzen gesetzt. So hat der EuGH beispielsweise in der Rechtssache *Scan Office Design*[636] die Vergabestelle in ihrem Verhandlungsspielraum dahingehend beschränkt, dass sie die aus freien Stücken als zwingend eingestuften Bedingungen dann auch tatsächlich einhält.

---

[631] Art. 1 Abs. 11 lit. c) RL definiert den Begriff.
[632] Art. 29 Abs. 1 RL 2004/18/EG.
[633] *Prieß*, Handbuch des Europäischen Vergaberechts, S. 195.
[634] Art. 2 und 3 RL 2004/18/EG, Art. zehn RL 2004/17/EG.
[635] *Kramer*, Gleichbehandlung im Verhandlungsverfahren, NZBau 2005, S. 138.
[636] EuG, Rs. T-40/01, *Scan Office Design*, Slg. 2002, II-5043, Rn. 76 f.

c) Die Eignung und der Zuschlag

Von der Wertung des abgegebenen Angebotes ist die Eignungsprüfung zu unterscheiden. Im nichtoffenen sowie im Verhandlungsverfahren findet neben der Auswahl auch eine Bewertung der Unternehmen statt. Im offenen Verfahren dagegen gibt es nur die Bewertung der Unternehmensleistung. Ein mehrstufiges Verfahren, bei denen weniger geeignete Mitbieter von der nächsten Verhandlungsphase ausgeschlossen werden, ist unzulässig[637]. Der Auftraggeber ist an seine einmal gefällte Entscheidung über die Geeignetheit gebunden. Im offenen Verfahren wird die Eignungsprüfung innerhalb der Angebotsbewertung vorgenommen[638], im nichtoffenen und im Verhandlungsverfahren findet die Eignungsprüfung bereits vor der Aufforderung zur Angebotsabgabe statt. Die Vergaberichtlinien bestimmen zunächst objektive Kriterien, bei deren Vorliegen ein Unternehmen von der Vergabeteilnahme auszuschließen ist bzw. ausgeschlossen werden kann[639].

Wurde ein Unternehmer nicht vom Verfahren ausgeschlossen, wird seine Eignung anhand von Kriterien oder der Einhaltung von Normen der Qualitätssicherung und des Umweltmanagements geprüft. Die Eignungskriterien lassen sich einteilen in formelle und materielle Eignungskriterien. Bezüglich der letztgenannten stellen die Richtlinien Maßstäbe für die finanzielle, wirtschaftliche und technische Leistungsfähigkeit auf und legen Nachweise fest, die von der Vergabestelle zu diesem Zweck verlangt werden können[640]. Der Formulierung des Art. 51 RL 2004/28/EG ist zu entnehmen, dass die aufgeführten formellen Kriterien abschließend sein sollen. Die Mitgliedstaaten sind nicht berechtigt, darüber hinausgehende Nachweise, wie beispielsweise die beglaubigte Übersetzung eines Gesellschaftsvertrages, zu verlangen[641].

Daraufhin erfolgt die Angebotsbewertung derjenigen Anbieter, die im Vergabeverfahren verblieben sind. Während im Rahmen der Eignungsprüfung über die Leistungsfähigkeit eines potentiellen Auftragnehmers, also über Eigenschaften des Unternehmers selbst entschieden wird, sind die Zuschlagskriterien quantitative und qualitative Bewertungskriterien der

---

[637] *Prieß*, Handbuch des Europäischen Vergaberechts, S. 252.
[638] *Mestmäcker/Schweitzer*, Europäisches Wettbewerbsrecht, § 40, Rn. 33.
[639] Diese Ausschlusskriterien können sich bspw. auf die persönliche Lage des Bewerbes bzw. Bieters (wie eine rechtskräftige Verurteilung aufgrund Beteiligung an einer kriminellen Organisation, Betrug oder Geldwäsche, vgl. Art. 45 Abs. 1 RL 2004/18/EG, Art. 54 Abs. 4 RL 2004/17/EG) oder auf die Befähigung zur Berufsausübung (Art. 46 RL 2004/18/EG, Art. 54 Abs. 4 RL 2004/17/EG) beziehen.
[640] Art. 46 RL 2004/18/EG.
[641] EuGH, Rs. C-71/92, *Kommission/Spanien*, Slg. 1993, I-5923 Rn. 41 f.

Unternehmensleistung[642]. Für ihre Zuschlagsentscheidung stellen die Richtlinien den öffentlichen Auftraggebern alternativ zwei Maßstäbe zur Verfügung: Der Zuschlag kann entweder ausschließlich aufgrund des rein rechnerisch niedrigsten Preises[643] oder ausschließlich aufgrund des wirtschaftlich günstigsten Angebotes[644] erteilt werden. Bei letztgenannten können die unterschiedlichen Kriterien, aus der die Günstigkeit geschlossen werden soll, je nach Auftrag wechseln und mit unterschiedlichem Gewicht berücksichtigt werden. Die Auswahl der Kriterien darf aber gerade nur der Bestimmung des günstigsten Angebotes dienen[645].

III. Unionsrechtlicher Vergaberechtsschutz

Bis zur Schaffung der Rechtsmittelrichtlinien gab es in den einzelnen Mitgliedstaaten der Europäischen Union einschneidende Unterschiede zwischen den Rechtsmittelsystemen[646]. Da in manchen Ländern das Vergabeverfahren nur durch interne Akte bestimmt wurde[647], waren Überprüfungsverfahren auch nur intern[648], also weder *von* außen noch mit Wirkung *nach* außen möglich. In anderen Mitgliedstaaten wurde wiederum das Vergaberecht verbindlich in außenwirksamen Normen geregelt[649]. Eine Rolle bei diesen Rechtsschutzdivergenzen spielte auch, dass in einigen Ländern der Vergaberechtsschutz dem öffentlichen Recht[650], in einigen dem Zivilrecht[651] zugeordnet ist. Auch wurden Mischungen[652] oder Aufspaltungen[653] des

---

[642] *Prieß*, Handbuch des Vergaberechts, S. 274 f.
[643] Art. 53 Abs. 1 lit. b) RL 2004/18/EG, Art. 55 Abs. 1 lit. b) RL 2004/17/EG.
[644] Art. 53 Abs. 1 lit. a) RL 2004/18/EG, Art. 55 Abs. 1 lit. b) RL 2004/17/EG.
[645] EuGH, Rs. C-324/93, *Evans Medical*, Slg. 1995, I-563, Rn. 42.
[646] Erwägungsgrund Nr. 15 RL 2004/18/EG.
[647] Wie bspw. im Vereinigten Königreich, Irland , Dänemark, und Deutschland, vgl. *Egger*, Europäisches Vergaberecht, S. 320.
[648] Z.B. durch Rechnungshöfe.
[649] Wie in Italien, den Niederlanden oder Frankreich.
[650] Z.B. Portugal und Spanien.
[651] Wie bspw. die Niederlande, Irland, Großbritannien und die skandinavischen Länder (vgl. *Mestmäcker/Schweitzer*, Europäisches Wettbewerbsrecht, § 36, Rn. 6.); Seit dem Beschluss des BVerwG 6 B 10/07 vom 02.05.2007 (NJW 2007, 2275 — 2278) hat sich zumindest der Streit über die Anwendbarkeit der sog. *Zwei-Stufen-Theorie* für den Unterschwellenbereich erledigt, sodass das Vergaberecht in Deutschland dem Privatrecht zugeordnet werden kann, vgl. *Ennuschat*, Keine Anwendung der Zwei-Stufen-Lehre im Vergaberecht, NJW 2007, 2224, 2226.
[652] In Österreich, Belgien und Italien sind die Verwaltungsgerichte für die Aufhebung zuständig, die Zivilgerichte für die Zuerkennung von Schadensersatz.
[653] In Frankreich gibt es Vergaben, die entweder dem öffentlichen Recht oder dem Zivilrecht zugeordnet werden. Dementsprechend ist auch entweder die ordentliche bzw. Verwaltungsgerichtsbarkeit zuständig.

Rechtsschutzes kodifiziert. Damit einher gingen auch die Unterschiede in der Rechtswegeröffnung zu entweder den ordentlichen oder den Verwaltungsgerichten. Schließlich zeigten sich auch Abweichungen bei der Zuerkennung von Primärrechtsschutz, der in einigen Ländern völlig versagt blieb[654]. Auch Divergenzen im Umfang des Sekundärrechtsschutzes und des einstweiligen Rechtsschutzes sorgten für ein Rechtsschutzgefälle, das einer Rechtsangleichung bedurfte, um Wirtschaftsteilnehmer nicht von ihrer Bemühung um grenzüberschreitende Aufträge abzuhalten[655]. Um den binnenmarktrelevanten Wettbewerb zu verbessern, war also die Schaffung eines einheitlichen Mindeststandards an Rechtsschutz notwendig.

Auch für den vergaberechtlichen Rechtsschutz sind in erster Linie die nationalen Rechtsordnungen maßgeblicher rechtlicher Rahmen. Diese sog. *Verfahrens- und Organisationsautonomie der Mitgliedstaaten* wird stets in der Rechtsprechung des EuGH bestätigt[656]. Sie umfasst insbesondere die Freiheit, die zuständigen Gerichte und die Verfahrensarten festzulegen, um dem Betroffenen den vollen Schutz der sich aus dem Unionsrecht ergebenden Rechte zu sichern[657]. Diese Autonomie wird aber von unionsrechtlichen Prinzipien beschränkt, die sich in erster Linie aus den Grundfreiheiten und den allgemeinen Rechtsgrundsätzen des EuGH, wie insbesondere dem Äquivalenz- und dem Effektivitätsprinzip, ergeben[658].

1. Der primärrechtliche Rahmen für den Vergaberechtsschutz

Die Rechtsmittelrichtlinien bilden zwar den Kern des Vergaberechtsschutzes. Das Primärrecht hat seine Bedeutung für die Auslegung der Richtlinien und als Ergänzung für diejenigen Fälle, die der Gesetzgeber nicht im Sekundärrecht regeln wollte[659], aber nicht völlig verloren[660].

---

[654] V.a. in den Ländern, in denen die vergaberechtlichen Vorschriften keine Außenwirkung hatten, vgl. *Egger*, Europäisches Vergaberecht, S. 320.
[655] Erwägungsgrund Nr. 4 RL 89/665/EWG.
[656] EuGH, Rs. 2C-24/01, *Köbler*, Slg. 2003, I-10239, Rn. 46; EuGH, Rs. C-179/84, *Bozetti*, Slg. 1985, 2301, Rn. 17; EuGH, Rs. 33/76, Rewe, Slg. 1976, Rn. 5; EuGH, Rs. 45/76, *Comet*, Slg. 1976, 2043, Rn. 13; EuGH, Rs. C-312/93, *Peterbroeck*, Slg. 1995, I-4599, Rn. 12; EuGH, Rs. C-201/02, *Wells*, Slg. 2004, I-723, Rn. 70; EuGH, C-336/00, *Huber*, Slg. 2002, I-7699, Rn. 61.
[657] EuGH, C-76/97, *Tögel*, Slg. 1998, I-5357, Rn. 22; EuGH, Rs. C-453/99, *Courage*, Slg. 2001, I-6297, Rn. 29; EuGH, Rs. C-13/01, *Safalero*, Slg. 2003, I-8679, Rn. 49.
[658] *Dörr/Lenz*, Europäischer Verwaltungsrechtsschutz, Rn. 363 f.
[659] Ausführlich hierzu s. S. 98.
[660] Siehe hierzu näheres unter *3. Kapitel, II.1 Der primärrechtliche Rahmen für das materielle Vergaberecht*.

Sowohl die mitgliedstaatliche Ausgestaltung der vergaberechtlichen Nachprüfungsverfahren als auch die Anwendung der Verfahrensordnungen hat in erster Linie unter Beachtung des Diskriminierungsverbotes i.S.d. Art. 12 EGV (vgl. Art. 18 AEUV) und der Grundfreiheiten zu geschehen. Die Grundfreiheiten und das Diskriminierungsverbot stellen an das Rechtsschutzverfahren die Anforderung, dass Inländer und Bürger anderer Mitgliedstaaten wegen ihrer Staatsangehörigkeit hinsichtlich ihres Rechts auf gerichtlichen Zugang und den Verfahrensablauf nicht unterschiedlich behandelt werden[661].

In ständiger Rechtsprechung betont der EuGH, dass effektiver Rechtsschutz auch das Recht auf die gerichtliche Kontrolle einer staatlichen Maßnahme, die möglicherweise ein vertragliches Grundrecht verletzt, bedeutet[662]. Da der nach dem Transparenzgebot zu schaffende angemessene Grad an Öffentlichkeit auch die „Nachprüfung" ermöglichen soll, ob die Vergabeverfahren diskriminierungsfrei und unparteiisch durchgeführt worden sind, ist der abgeleitete Rechtsschutzanspruch logische Folge des sich aus den Grundfreiheiten ergebenden Transparenzgebotes[663].

Damit verleiht der sog. *Justizgewährleistungsanspruch* subjektive Rechte gegenüber den Mitgliedstaaten[664]. Diese Voraussetzung an den nationalen Rechtsschutz gilt jedoch nur, soweit der Anwendungsbereich der Grundfreiheiten und des Art. 12 EGV (vgl. Art. 18 AEUV) reicht[665].

Zur effektiven Durchsetzung des Unionsrechts hat der EuGH ferner aus Art. 10 EGV (im Wesentlichen ersetzt durch Art. 4 Abs 3 EUV-Liss.) die ungeschriebenen Gebote der Gleichwertigkeit und der Effektivität entwickelt, die auch im Hinblick auf den zu gewährenden Rechtsschutz gelten[666]. Auf sie hat der Einzelne sogar einen subjektiv-öffentlichen Anspruch[667]. Zur Wahrung

---

[661] EuGH, Rs. C-323/95, *Hayes*, Slg. 1997, I-1711, Rn. 25; EuGH, Rs. C-29/95., *Pastoors*, Slg. 1997, I-285; Rn. 28.
[662] EuGH, Rs. C-228/98, *Dounias*, Slg. 2000, I-577, Rn. 64; EuGH, Rs. C-340/89, *Vlassopoulou*, Slg. 1991, I-2357, Rn. 22.
[663] EuGH, Rs. C-324/98, *Telaustria*, Slg. 2000, I-10745, Rn. 62; EuGH, Rs. C-458/03, *Parking Brixen*, Slg. 2005, I-8585, Rn. 49.
[664] *Prieß*, Handbuch des Europäischen Vergaberechts, S. 310.
[665] Vgl. zur weiten Auslegung des Anwendungsbereiches des EGV (vgl. jetzt AEUV bzw. EUV-Liss.) die Rs. C-209/03 des EuGH, *Bidar*; Slg. 2005, I-2119, Rn. 31 ff.; EuGH, Rs. C-403/03, *Schempp.*, Slg. 2005, I-6421, Rn. 15 ff.
[666] EuGH, Rs. C-268/06, *Impact*, Urt. v. 15.04.2008, Rn. 46 f.; EuGH, Rs. C-426/05, *Tele2 Telecommunication*, Slg. 2008, I-685, Rn. 54 f.
[667] EuGH, Rs. C-268/06 *Impact*, Urt. v. 15.04.2008, Rn. 44-46; EuGH, Rs. C-432/05, *Unibet*, Slg. 2007, I-02271, Rn. 38-44, 54; EuGH, verb. Rs. C-397/01 bis C-403/01, *Pfeiffer*, u.a., Slg. 2004, I-8835, Rn. 11; EuGH, Rs. 179/84, *Bozzetti*, Slg. 1985, 2301, Rn. 17; EuGH, Rs. C-

des Grundsatzes der Äquivalenz müssen die Mitgliedstaaten darauf achten, dass die gerichtliche Verfahrensordnung für die Geltendmachung von unionsrechtlich verliehenen Rechten nicht grundsätzlich ungünstiger ist als die für die Geltendmachung nationalen Rechts[668]. Gleichzeitig verbietet der Effektivitätsgrundsatz eine übermäßige Erschwerung oder praktische Unmöglichkeit der prozessualen Durchsetzung von Unionsrechten[669]. Durch die ständige Rechtsprechungspraxis des Unionsgerichts werden die Gebote konkretisiert und zu allgemein geltenden Rechtsgrundsätzen entwickelt[670]. Neben dem Primärrecht und dem Gleichwertigkeits- und Effektivitätsgebot vervollständigen aber noch weitere allgemeine Rechtsgrundsätze den rechtlichen Rahmen für die Ausgestaltung der Rechtsverfahren.

a) Allgemeine Rechtgrundsätze und Verfahrensgarantien

Als ungeschriebenes Unionsprimärrecht werden die allgemeinen Rechtsgrundsätze vom Unionsrecht als wirksam vorausgesetzt[671]. Aus dem Primärrecht, dem Vergleich der Verfassungsprinzipien der einzelstaatlichen Rechtsordnungen und unter Beachtung der Garantien der EMRK hat der EuGH die allgemeinen Rechtsgrundsätze entwickelt, die in erster Linie die Gewährleistung der unionsrechtlichen Grundrechte — der GrCh — enthalten[672]. Art. 6 Abs. 2 EUV (vgl. Art. 6 EUV-Liss.) deklariert nunmehr diese als *„allgemeine Grundsätze des Verwaltungsrechts"* bezeichneten Rechtsgrundsätze als bindend. Diese Bindung erstreckt sich auch auf die mitgliedstaatlichen Organe als *„verlängerter Arm der Unionsgewalt"* bei der Durchführung und

---

446/93, *SEIM*, Slg. 1996, I-73, Rn. 32; EuGH, Rs. C-54/96, *Dorsch Consult*, Slg. 1997, I-04961, Rn. 40.
[668] Z.B. EuGH, Rs. 33/76, *Rewe Zentralfinanz*, Slg. 1976, 1989 und aktuell: EuGH, Rs. C-432/05, *Unibet*, Slg. 2007, I-02271, Rn. 38-44, 54.
[669] EuGH, Rs. 33/76, *Rewe*, Slg. 1976, 1989, Rn. 5; EuGH, Rs. 45/76, *Comet*, Slg. 1976, 2043, Rn. 13-16; EuGH, Rs. C-312/93, *Peterbroeck*, Slg. 1995, I-4599, Rn. 12, EuGH, Rs.C-410/98, *Metallgesellschaft u. a.*, Slg. 2001, 1727, Rn. 85; EuGH, Rs. C-255/00, *Grundig Italiana*, Slg. 2002, 8003, Rn. 33; EuGH, Rs. C-432/05, *Unibet*, Slg., 2007, I-02271, Rn. 43;
[670] EuGH, C-268/06, *Impact*, Urt. v. 15.04.2008, Rn. 43; EuGH, Rs. C-432/05, *Unibet*, Slg. 2007, I-2271, Rn. 37
[671] Vgl. nur Art. 228 Abs. 2 EGV (vgl. Art. 340 Abs. 2 AEUV), (*„allgemeine Rechtsgrundsätze, die den Rechtsordnungen der Mitgliedstaaten gemeinsam sind"*) und Art. 6 Abs. 2 EUV (vgl. Art. 6 EUV-Liss.), (*„aus den gemeinsamen Verfassungsüberlieferungen der Mitgliedstaaten als allgemeine Grundsätze des Gemeinschaftsrechts"*).
[672] EuGH, Rs. C-432/05, *Unibet*, Slg. 2007, I-2271, Rn. 37, mit Verweis auf EuGH, Rs. 222/84, *Johnston*, Slg. 1986, 1651, Rn. 18 f. EuGH, Rs. 222/86, *Heylens u.a.*, Slg. 1987, 4097, Rn. 14; EuGH, Rs. C-424/99, *Kommission/Österreich*, Slg. 2001, I-9285, Rn. 45; EuGH, Rs. C-50/00 P, *Unión de Pequeños Agricultores*, Slg. 2002, I-6677, Rn. 39; EuGH, Rs. C-467/01, *Eribrand*, Slg. 2003, I-6471, Rn. 61.

dem Vollzug des Unionsrechts[673]. Aus den allgemeinen Rechtsgrundsätzen fließen rechtsstaatliche Garantien, die sich in Verfahrensrechten äußern, auf die der Einzelne einen Anspruch hat[674]. Anerkannt hat der EuGH die Verpflichtung zur Geheimhaltung[675], die Begründungspflicht bei verbindlichen Rechtsakten[676] sowie ganz allgemein das Prinzip der ordnungsgemäßen bzw. gesetzmäßigen Verwaltung[677]. Als Teil des fairen Verfahrens konstatiert der Gerichtshof auch das in allen Mitgliedstaaten anerkannte Recht auf rechtliches Gehör[678] als fundamentalen unionsrechtlichen Grundsatz[679]. Zu den Verfahrensgarantien zählen auch der Anspruch auf Akteneinsicht, der sowohl als Bestandteil des fairen Verfahrens[680] als auch des Rechts auf Verteidigung gesehen wird[681]. Vervollständigt[682] werden die Verfahrensgarantien durch das Gebot der Rechtssicherheit[683], des Untersuchungsgrundsatzes[684], des Vertrauensschutzes[685]

---

[673] *Dörr*, Der europäisierte Rechtsschutzauftrag deutscher Gerichte, S. 41 f. Zur Reichweite der Bindung an die Unionsgrundrechte s. ders. ebd., S. 43 f.
[674] *Bleckmann/Pieper* in: Dauses, Handbuch des EU-Wirtschaftsrechts, B. I., Rn. 99.
[675] EuGH, Rs. 322/81, *Michelin*, Slg. 1983, 3461, 3499.
[676] *Lukes* in: Dauses, Handbuch des EU-Wirtschaftsrechts, B. II., Rn. 70; EuGH, Rs. 159/80, *Rewe Butterfahrten*, Slg. 1981, 1805, 1833.
[677] EuGH, Rs. 179/82, *Lucchini*, Slg. 1983, 3083, Rn. 27; EuGH, verb. Rs. 96-102, 104, 105, 108 und 110/82, *IAZ*, Slg. 1983, 3369, Rn. 12 ff.
[678] EuGH, verb. Rs. 42 und 49/59, *S.n.u.p.a.t.*, Slg. 1961, 111, 169; EuGH, Rs. 32/62, *Alvis*, Slg. 1963, 109, 123; EuGH, verb. Rs. 56 und 58/64, *Costen und Grundig*, Slg. 1966, 322, 395.
[679] EuGH, Rs. C-32/95 P, *Kommission/Lisrestal u.a.*, Slg. 1996, I-5373, Rn. 21; EuGH, Rs. 32/62, *Alvis*, Slg. 1963, 107/123; EuGH, Rs. 85/76, *Hoffmann-La Roche*, Slg. 1979, 461, Rn. 9; EuGH, verb. Rs. 100 bis 103/80, *Musique Diffusion Française*, Slg. 1983, 1825, Rn. 10; EuGH, Rs. C- 135/92, *Fiskano*, Slg. 1994, I-2885, Rn. 39; EuGH, Rs. C- 315/99 P, *Ismeri Europa Srl*, Slg. 2001, I-5281, Rn. 28.
[680] *Bleckmann/Pieper* in: Dauses, Handbuch des EU-Wirtschaftsrechts, B. I., Rn. 100.
[681] *Prieß/Spitzer* in: von der Groeben/Schwarze, Kommentar zum EU/EG-Vertrag, Art. 280, Rn. 52.
[682] Ausführlich hierzu: *Dörr/Lenz*, Europäischer Verwaltungsrechtsschutz, Rn. 411.
[683] EuGH, Rs. 78-74, *Deuka*, Slg. 1975, 412, Rn. 14; *Frenz*, Beihilfe- und Vergaberecht, Rn. 3310.
[684] EuGH, Rs. C-185/95 P., *Baustahlgewebe GmbH*, Slg. 1998, I-8417, Rn. 61.
[685] EuGH, Rs. 1/73, *Westzucker GmbH*, Slg. 1973, 723, Rn. 6 ff.; EuGH, Rs. 99/78, *Weingut Gustav Decker KG*, Slg. 1979, 101, Rn. 8; EuGH, Rs. 120/86, Mulder, Slg. 1988, 2321, Rn. 27; aktueller EuGH, verb. Rs. C-181/04 bis C-183/04, *Elmeka NE*, Slg. 2006, I-8167, Rn. 31 mit Verweis auf EuGH, Rs. C-381/97, *Belgocodex*, Slg. 1998, I-8153, Rn. 26; EuGH, Rs. C-376/02, *Goed Wonen*, Slg. 2005, I-3445, Rn. 32.

und des Schutzes wohlerworbener Rechte[686] sowie das im Folgenden weiter konkretisierte Effektivitätsgebot[687].

Kraft Art. 6 Abs. 2 EUV (vgl. Art. 6 EUV-Liss.) entwickelte der EuGH aus Art. 6 Abs. 1 und 13 EMRK seiner Rechtsprechung[688] den justiziellen Anspruch auf effektiven Rechtsschutz zu einem ausdrücklichen Grundrecht auf ein effektives Rechtsschutzverfahren[689], das sich in Art. 47 GrCH niedergeschlagen hat.

In seiner Entscheidung C-305/05[690] erinnert er daran, (…) dass die Grundrechte integraler Bestandteil der allgemeinen Rechtsgrundsätze sind, deren Wahrung der Gerichtshof zu sichern hat. Der Gerichtshof lässt sich dabei von den gemeinsamen Verfassungstraditionen der Mitgliedstaaten sowie von den Hinweisen leiten, die die völkerrechtlichen Verträge über den Schutz der Menschenrechte geben, an deren Abschluss die Mitgliedstaaten beteiligt waren oder denen sie beigetreten sind. Hierbei kommt der EMRK besondere Bedeutung zu[691]. Das Recht auf ein faires Verfahren, wie es sich unter anderem aus Art. 6 EMRK ergibt, ist somit ein Grundrecht, das die Europäische Union als allgemeinen Grundsatz nach Art. 6 Abs. 2 EU achtet. Zunächst bedeutet effektiver Rechtsschutz ganz grundsätzlich, dass ein von der Union verliehenes Recht nur dann nicht leer läuft, wenn es auch durch einen Rechtsschutz gesichert wird[692]. Ob dies auf dem ordentlichen oder dem Verwaltungsrechtsweg geschieht, steht den Mitgliedstaaten insoweit frei. Denn die Ausgestaltung des Rechtsschutzes obliegt allein den Mitgliedstaaten, solange sie dabei die allgemeinen Rechtsgrundsätze berücksichtigen. Das bedeutet auch, dass dann, wenn die nationalen Rechtsordnungen kein Rechtsmittel vorsehen,

---

[686] EuGH, Rs. 28/74, *Fabrizio Gillet/Kommission*, Slg. 1975, 463, Rn. 4/5; EuGH, Rs. 253/86, *Sociedade Agro-Pecuaria*, Slg. 1988, 2725, Rn. 20 f.; EuGH, Rs. C-280/93, *Deutschland/Rat,* Slg. 1994, I-4973, Rn. 80.
[687] EuGH, Rs. 222/84, *Johnston*, Slg. 1986, 1651, Rn. 13 ff.; EuGH, Rs. 222/86, *Unectef,* Slg. 1987, 4097, Rn. 14 ff.
[688] EuGH, Rs. C-432/05, *Unibet*, Slg. 2007, I-2271, Rn. 37; EuGH, Rs. 222/84, *Johnston*, Slg. 1986, 1651, Rn. 18; EuGH, Rs. 222/86, *Heylens* u.a., Slg. 1987, 4097, Rn. 14; EuGH, Rs. C-424/99, *Kommission/Österreich*, Slg. 2001, I-9285, Rn. 45; EuGH, Rs. C-50/00 P, *Unión de Pequeños Agricultores*, Slg. 2002, I-6677, Rn. 39; EuGH, Rs. C-467/01, *Eribrand*, Slg. 2003, I-6471, Rn. 61; EuG, Rs. T-306/01, Slg. 2005, II-3533 Rn. 261;EugH, *Kofisa Italia*, Slg. 2001, I-207; Rn. 46.
[689] EuGH, C-268/06, *Impact*, Slg. 2008, Urt. v. 15.04.2008, Rn. 43; EuGH, Rs. C-432/05, *Unibet*, Slg. 2007, I-2271, Rn. 37.
[690] EuGH, Rs. C-305/05, *Ordre des barreaux francophones u.a.*, Slg. 2007, I-5305, Rn. 29.
[691] EuGH, Rs. C-260/89, *ERT*, Slg. 1991, I-2925, Rn. 41; EuGH, Rs. C-274/99 P., *Connolly/Kommission*, Slg. 2001, I-1611, Rn. 37; EuGH, Rs. C-283/05, *ASML*, Slg. 2006, I-1204, Rn. 26.
[692] *Egger*, Europäisches Vergaberecht, S. 323.

welches diesen Vorgaben genügt, die mitgliedstaatliche Verpflichtung nur durch die Schaffung neuer Rechtsmittel erfüllt werden kann[693]. Unter dem Grundrecht auf effektiven Rechtsschutz versteht der EuGH neben dem Zugang zu einem zuständigen Gericht[694] auch die Wirksamkeit des Rechtsmittels[695], den Anspruch auf einstweiligen Rechtsschutz[696] sowie auf Schadensersatz aufgrund eines Primärrechtsverstoßes[697]. Dieses Recht kann an eine individuelle Betroffenheit gebunden werden, darf aber wiederum die Effektivität des Rechtsschutzes nicht unterlaufen[698].

b) Das Recht auf Zugang zu Gericht und die Wirksamkeit des Rechtsbehelfs

Auf dem Gebiet des Vergaberechts stellen Art. 1 der RL 89/665/EWG[699] und RL 92/13/EWG[700] Konkretisierungen des Rechts auf den Zugang zu Gerichten dar. In den Fällen außerhalb des Anwendungsbereiches ist auf das allgemeine Grundrecht auf effektiven Rechtsschutz zurückzugreifen.

Bereits der EG-Vertrag gewährleistet mit den Freiheiten des Warenverkehrs, der Dienstleistung und Niederlassung das Recht des Unternehmers eines Mitgliedstaates, bei der Vergabe öffentlicher Aufträge in allen Unionsstaaten genauso behandelt zu werden wie die jeweiligen innerstaatlichen Mitbieter[701]. Wird dieser Gleichbehandlungsgrundsatz durch staatliches Handeln verletzt, leitet der EuGH aus den Grundfreiheiten sowie der gemeinsamen Rechtstradition der Mitgliedstaaten und Art. 6 und 13 EMRK[702] einen Anspruch auf Zugang zur Justiz und auf Wirksamkeit der gerichtlichen Überprüfung ab[703].

---

[693] EuGH, Rs. C-213/89, *Factortame* I, Slg. 1990, I-2433 ff.
[694] EuGH, Rs. C-228/98, *Dounias*, Slg. 2000, I-577, Rn. 64; EuGH, Rs. C-81/98, *Alcatel Austria*, Slg. 1999, I-7671, Rn. 43.
[695] *Dörr/Lenz*, Europäischer Verwaltungsrechtsschutz, Rn. 416.
[696] EuGH, Rs. C-213/89, *Factortame* I, Slg. 1990, I-2433, Rn. 21; EuGH, Rs. C-1/99, *Kofisa Italia*, Slg. 2001, I-207, Rn. 48.
[697] EuGH, Rs. C-453/99, *Courage*, Slg. 2001, I-6297, Rn. 26 ff.
[698] Zu den Grenzen der individuellen Betroffenheit, vgl. EuGH, verb. Rs. C-373/06 P, C-379/06 P und C-382/06 P, *Flaherty u.a.*, Slg. 2008, Urt. v. 17.04.2008, Rn. 36 ff.; EuGH, Rs. C-260/05 P, *Sniace*, 2007, I-10005, Rn. 53, EuG, Rs. T-95/06, *Nadorcott*, ABlEU 2008, C 64, S. 35-35, Rn. 16 m.w.N.
[699] RL 89/665/EWG, ABlEG 1989, L 395, S. 33-35.
[700] RL 92/13/EWG, ABlEG 1992, L 076, S. 14-20.
[701] Vgl. z.B. EuGH, Rs. 76/81, *Transporoute*, Slg. 1982, 417, Rn. 14; EuGH, Rs. C-21/88, *Du Pont de Nemours (Mezzogiorno)*, Slg. 1990, 889, Rn. 11.
[702] Vgl. EuGH, Rs. 222/86, *Heylens*, Slg. 1987, 4097, 4117, Rn. 14; EuGH, Rs. 222/84, *Johnston*, Slg. 1986, 1663, 1682, Rn. 18; EuGH, Rs. C-97/91, *Borelli*, Slg. 1992, I-6313, Rn. 14; EuGH, Rs. C-50/00, *Unión de Pequeños Agricultores*, Slg. 2002, I-6677, Rn. 39.
[703] EuGH, Rs. C-432/05, *Unibet*, Slg. 2007, I-2271, Rn. 38-44, 54; EuGH, C-268/06, *Impact*, Urt. v. 15.04.2008, Rn. 60; EuGH, Rs. 152/84, *Marshall*, Slg. 1986, 723, Rn. 52.

Im Vergleich zur EMRK gilt das Unionsgrundrecht für alle – mithin nicht nur für zivil- und strafrechtliche — Streitigkeiten[704]. Zusammengeführt wird die diesbezügliche Rechtsprechung des EuGH in Art. 47 der EU-Grundrechte-Charta. Fühlt sich jemand in seinem sich aus dem Unionsrecht ergebenden Recht verletzt, muss er sich an eine staatliche Stelle wenden können, die die rechtmäßige Anwendung des Unionsrechts überprüft[705]. Das bedeutet das Recht auf eine gerichtliche Kontrolle einer gegen die Grundfreiheiten verstoßenden staatlichen Maßnahme[706]. Es muss also der Rechtsweg zu einem zuständigen nationalen Gericht eröffnet sein, wenn der Betroffene die Primärrechtmäßigkeit einer vergaberechtlichen Entscheidung überprüfen lassen möchte[707]. Institutionelles Erfordernis ist, dass die Instanz ein echtes, von der Exekutive unabhängiges Rechtsprechungsorgan ist, das befugt ist, den vorgelegten Streit verbindlich auf gesetzlicher Grundlage zu entscheiden[708] Sollte die Rechtsordnung eines Mitgliedstaates diesen Gerichtsweg nicht eröffnen, müssen sich die nationalen Gerichte erforderlichenfalls im Wege der Rechtsfortbildung[709] für zuständig erklären[710].

Die Rechtsmittelrichtlinien fordern vom nationalen Gesetzgeber, dem Rechtsschutzsuchenden vor Gericht sowohl die Möglichkeit des Primärschutzes wie auch des Sekundärrechtsschutzes zu sichern. Ob diese Forderung außerhalb der Richtlinien gilt bzw. ob sich ein solches Gebot aus dem Primärrecht ableiten lässt, ist fraglich. Die Heranziehung der Rechtsprechung des EGMR zu Art. 13 EMRK, der in der Regel den Sekundärrechtsschutz als ausreichend erachtet[711], hilft nicht weiter, weil diese lediglich einen Mindeststandard gemäß Art. 53 EMRK für die Pflichten der EU darstellen. Eine konsequente Rechtsprechung

---

[704] *Heinze*, Einstweiliger Rechtsschutz im europäischen Immaterialgüterrecht, S. 45.
[705] In der Rs. C-328/96, *Kommission/Österreich*, Slg. 1999, I-7479, Rn. 39 führt der EuGH aus, dass („ (…) Rechte (…), die dem einzelnen aus der Gemeinschaftsrechtsordnung erwachsen (…) unmittelbar vor den nationalen Gerichten geltend gemacht werden können.", s.a. EuGH, Rs. C-13/01, *Safalero*, Slg. 2003, I-8679, Rn. 55.
[706] EuGH, Rs. 33/76, *Rewe*, Slg. 1976, 1989, 1998, Rn. 5; Rs. C-213/89, *Factortame I*, Slg. 1990, I-2433, 2473, Rn. 19; EuGH, Rs. 222/84, *Johnston*, Slg. 1986, 1651, 1682, Rn. 17.
[707] *Dörr*, Der europäisierte Rechtsschutzauftrag deutscher Gerichte, S. 45 mit Verweis auf EuGH, Rs. 222/84. *Johnston*, Slg. 1986, 1651, Rn. 19 u.a.
[708] *Dörr*, Der europäisierte Rechtsschutzauftrag deutscher Gerichte, S. 45 mit Verweis u.a. auf EuGH, Rs. 222/86, *Heylens*, Slg. 1987, 4097, Rn. 14 ff; EuGH, Rs. C-340/89, *Vlassopoulou*, Slg. 1991, I-2357, Rn. 22; EuGH, Rs. C-104/91, *Borrell*, Slg. 1992, I-3003, Rn. 15.
[709] *Dörr/Lenz*, Europäischer Verwaltungsrechtsschutz, Rn. 413.
[710] EuGH, Rs. C-97/91, *Borelli*, Slg. 1992, I-6313, Rn. 13; EuGH, Rs. C-269/99, *Kühne*, Slg. 2001, I-9517, Rn. 58; EuGH, Rs. C-15/04, *Koppensteiner*, Slg. 2005, I-4855, Rn. 33 ff.
[711] EGMR, No. 40063/98, 22.12.2004, *Mitev v. Bulgaria*, para. 158-161; EGMR No. 55057/00 vom 27.01.2005, *Sidjimov v. Bulgaria*, para. 38.

der Unionsgerichte hierzu gibt es noch nicht[712]. Aus einigen Entscheidungen der Unionsgerichte könnte zwar abgeleitet werden, dass grundsätzlich die Geltendmachung von Schadensersatz ausreichend sein kann[713]. Auf dem Gebiet des Vergaberechts hat sich der EuGH aber eindeutig dahingehend geäußert, dass der übergangene Bieter die dem Vertragsschluss vorausgehende Entscheidung unabhängig von der Geltendmachung von Schadensersatzansprüchen nachprüfen lassen können muss[714].

So kann aus der Wertung der Art. 2 Abs. 1 lit. c) RL 92/13/EWG (Möglichkeit, durch die Zahlung eines Zwangsgeldes für das — unabänderliche — Verhalten des Auftraggebers zu „*bezahlen*") und Art. 2 Abs. 7 RL 92/13/EWG (Vorgabe, dass die Mitgliedstaaten vorsehen müssen, dass bereits bei einer echten Chance auf den Auftrag Schadensersatz zu gewähren ist), entnommen werden, dass Defizite im Primärrechtsschutz durch eine Optimierung des Sekundärrechtsschutzes ausgeglichen werden könnten[715]. Diese Wertung kommt auch bei der arbeitsrechtlichen Rechtsprechung zum Auswahlverfahren bei der Einstellung von Personal[716] zum Ausdruck, wonach die Gewährung des Sekundärrechtsanspruchs dann ausreichend sein kann, wenn das Schadensersatzverfahren unter strengen Bedingungen durchgeführt wird. Der EuGH forderte insoweit, dass der Schadensersatzanspruch das Verschulden des Arbeitgebers nicht voraussetzen dürfe und der Anspruch unabhängig davon bestehe, ob im Verfahren der Stellenvergabe auch andere diskriminiert wurden und ob das Bewerbungsverfahren Aussicht auf Erfolg hatte. Bei Bemessung der Schadenshöhe müssen auch der immaterielle Schaden und die beabsichtigte Wirkung berücksichtigt werden[717]. Der Ersatz des negativen Interesses des Stellenbewerbers ist nicht ausreichend. Bisher kam Schadensersatzansprüchen

---

[712] EuGH, Rs. Rs. C-81/98, *Alcatel Austria*, Slg. 1999, I-7671, Rn. 43; EuGH, Rs. C-92/00, *Hospital Ingenieure*, Slg. 2002, I-5553, Rn. 55; EuGH, Rs. C-26/03, *Stadt Halle*, Slg. 2005, I-01, Rn. 31.

[713] EuGH, Rs. C-285/06, *Schneider*, Slg. 2004, I-1389, Rn. 27 f; EuG, verb. Rs. T-172/98, T-175/98 bis T-177/98. *Salamander*, Slg. 2000, II-2487, Rn. 77f; EuG, verb. Rs. 377/00, T-379/00, T-380/00, T-260/01 und T-272/01, *Philip Morris International*, Slg. 2003, II-1, Rn. 123; EuG, Rs. T-193/04, *Tillack*, Slg. 2006, II-03995 , Rn. 98; EuG, Rs. T-309/03, *Grau*, Slg. 2006, II-01173, Rn. 78.

[714] EuGH, Rs. C-26/03, *Stadt Halle*, Slg. 2005, I-1, Rn. 31 mit Verweis auf EuGH, Rs. C-81/98, *Alcatel Austria*, Slg. 1999, I.7671, Rn. 43.

[715] *Bitterich*, Rechtsschutz bei Verletzung abgeleiteter „Grundanforderungen", NVwZ 2007, S. 894.

[716] *Eilmansberger*, Rechtsfolgen und subjektives Recht im Gemeinschaftsrecht, 1997, S. 167.

[717] EuGH, Rs. C-180/95, *Draehmpaehl*, Slg. 1997, I-2195, Rn. 24 ff. Für den immaterieller und deshalb höhenmäßig begrenzbaren Schaden ist der Arbeitgeber beweispflichtig. Im Bereich der Vermögensschäden darf keine Höchstgrenze vorgesehen werden, EuGH, Rs. C-271/91, *Marshall*, Slg. 1993, I-4367 Rn. 26.

allerdings keine abschreckende Bedeutung zu[718], weshalb die Gewährung von ausschließlichem Sekundärrechtsschutz nicht dem Gebot effektiven Rechtsschutzes genügen kann. Auch der EuGH versteht unter effektivem Rechtsschutz die negatorische Anfechtung jeder behördlichen Entscheidung[719], sodass viel dafür spricht, dass dem Betroffenen ein gerichtlicher Primärrechtsschutz auf der Grundlage des vertraglichen Primärrechts zugesichert werden soll. Diese Meinung teilt auch die Kommission in Ziff. 2.2.3 ihrer Mitteilung[720] unter Bezugnahme auf die Rechtsprechung in der Sache Heylens[721]. In diesem Fall hat der EuGH die Möglichkeit des Primärrechtsschutzes bei staatlichen Verboten oder Beschränkungen von Verhaltensweisen, die dem Schutz der Grundfreiheiten unterliegen, als Ausdruck des effektiven Rechtsschutzgebotes bezeichnet. Auch spricht für die Notwendigkeit des Primärrechtsschutzes, dass die Grundfreiheiten neben dem individuellen Interesse auch der Verwirklichung des Binnenmarktes, d.h. dem Abbau von Handelshemmnissen des Art. 3 Abs. 1 lit. c) EGV (im Wesentlichen ersetzt durch Art. 3 Abs. 6 AEUV), 14 Abs. 2 EGV (vgl. Art. 26 Abs. 2 AEUV) dienen und gerade nicht deren Fortbestehen durch finanzielle Wiedergutmachung fördern[722]. Die Meinungen, die einen Primärrechtsschutz fordern[723], sind sich dann aber uneinig, ob dieser erst den Gesetzgeber[724]oder

---

[718] Dies war auch ein Grund für das Änderungsbedürfnis der Rechtsmittelrichtlinien, vgl. *Braun*, Zivilrechtlicher Rechtsschutz unterhalb der Schwellenwerte, NZBau 2008, 160, 161 mit Verweis auf den Vorschlag für eine Richtlinie zur Änderung der Richtlinien 89/665/EWG und 92/13/EWG zwecks Verbesserung der Wirksamkeit der Nachprüfungsverfahren im Bereich des öffentlichen Auftragswesens vom 4. 5. 2006, KOM (2006), 195 endg., S. 2 sowie *Bitterich*, Rechtsschutz bei Verletzung abgeleiteter „Grundanforderungen", NVwZ 2007, S. 894.
[719] EuGH, Rs. 222/86, *Heylens*, Slg. 1987, 4097, Rn. 14; EuGH, Rs. C-340/89, *Vlassopoulou*, Slg. 1991, I-2357, Rn. 22; EuGH, Rs. C-228/98, *Dounias*, Slg. 2000, I-577, Rn. 64; EuGH, Rs. C-50/00, *Unión de Pequeños Agricultores*, Slg. 2002, I-6677, Rn. 39.
[720] Kommissionsmittelung, S. 7.
[721] EuGH, Rs. 222/86, *Heylens*, Slg. 1987, 4097, Rn. 14.
[722] *Wollenschläger*, Das EU-Vergaberegime für Aufträge unterhalb der Schwellenwerte, NVwZ 2007, S. 395.
[723] *Niebuhr* in: Niebuhr/Kulartz/Kus/Portz, Vergaberecht, § 97 GWB, Rn. 243; *Burgi*, Die Vergabe von Dienstleistungskonzessionen: Verfahren, Vergabekriterien, Rechtsschutz, NZBau 2005, S. 616. *Bungenberg*, Primärrechtsschutz im gesamten öffentlichen Beschaffungswesen?, WuW 2005, S. 901.
[724] *Zuleeg*, Öffentliche Aufträge nach europäischem und deutschem Recht, ZEuP 2004, S. 643.

bereits die Gerichte nach Art. 10 EGV[725] (im Wesentlichen ersetzt durch Art. 4 Abs 3 EUV-Liss.) verpflichten[726].

Im Rahmen ihrer Verfahrensautonomie haben die Mitgliedstaaten auch dafür Sorge zu tragen, dass effektiver Rechtsschutz gleichzeitig die Wirksamkeit der gerichtlichen Überprüfung bedeutet[727]. Unter Heranziehung des Effektivitätsgebotes und der Art. 6 bzw. 13 EMRK hat die Unionsrechtsprechung Anforderungen zu folgenden Verfahrenshandlungen entwickelt: Zur Bekanntgabe der Entscheidungsbegründung[728], zum Umfang der gerichtlichen Überprüfung[729], zum Vertrauensschutz[730] und zum Ablauf des Beweisverfahrens[731] sowie zur Angemessenheit[732] prozessualer Fristen[733] und der damit einhergehenden Rechtssicherheit[734]. Effektiver Rechtsschutz erhält dann neben der Dimension, dass der Rechtsschutz in angemessener Zeit abgeschlossen sein muss, auch noch dahingehend Bedeutung, dass dieser Zeitraum möglichst früh beginnt und auch nach hinten beschränkt sein muss[735]. Die Verbindung einer angemessenen[736] Ausschlussfrist mit einem Rechtsverlust

---

[725] EuGH, verb. Rs. C-295/04 bis C-298/04, *Manfredi*, Slg. 2006 Seite I-06619, Rn. 62; EuGH, Rs. 222/84. *Johnston*, Slg. 1986, 1651, Rn. 19; *Dreher*, Vergaberechtsschutz unterhalb der Schwellenwerte, NZBau 2002, 419, 423.

[726] I.Erg. auch *Frenz*, Grundrechte und Vergaberecht, EuZW 2006, S. 752 f.

[727] EuGH, Rs. C-201/05, *The Test Claimants in the CFC and Dividend Group* Litigation, ABlEU 2008, C 209, S. 13–14, Rn. 131; EuGH, Rs. 179/84, *Bozzetti*, Slg. 1985, 2301, Rn. 14; EuGH, verb. Rs. C-383/06 bis C-385/06, V*ereniging Nationaal Overlegorgaan Sociale Werkvoorziening, u.a.*, ABlEU 2008, C 116, S. 6–7, Rn. 55, 59; EuGH, Rs. 222/84, *Marguerite Johnston*, Slg. 1986, 1651, Rn. 17.

[728] EuGH, Rs. 222/86, *Heylens*, Slg. 1987, 4097, Rn. 15; EuGH, Rs. C-340/89, *Vlassopoulou*, Slg. 1991, I-2357, Rn. 22; EuGH, Rs. C-104/91, *Borrell*, Slg. 1992, I-3003, Rn. 15.

[729] EuGH, Rs. C-92/00, *Hospital Ingenieure*, Slg. 2002, I-5553, Rn. 61 ff., wonach eine Beschränkung der Überprüfung, ob sie lediglich willkürlich ergangen ist, nicht ausreichend ist.

[730] EuGH, verb. Rs. C-20/01 und C-28/01, *Müllentsorgung Braunschweig*, Slg. 2003, I-3609, Rn. 39.

[731] EuGH, Rs. C-228/98, *Dounias*, Slg. 2000, I-577, Rn. 79; EuGH, Rs. 199/82, S*an Giorgio*, Slg. 1983, 3595, Rn. 14, 17.

[732] Die angemessene Ausschlussfrist entspricht nicht nur dem Effektivitätsgebot — EuGH, Rs. 33/76, *Rewe*, Slg. 1976, 1989, Rn. 5 -, der allgemeine Grundsatz der Rechtssicherheit gebietet sie sogar, da sie beiden Seiten dient; Ausführlich zur Angemessenheit, vgl. *Dörr/Lenz*, Europäischer Verwaltungsrechtsschutz, Rn. 443.

[733] Zur Zulässigkeit auch von Rechtsausschlussfristen, vgl. EuGH, Rs. C-78/98, *Preston*, Slg. 2000, I-3201, Rn. 34; EuGH, Rs. C-88/99, *Roquette Frères*, Slg. 2000, I-10465, Rn. 23.

[734] EuGH, Rs. C-261/95, *Palmisani*, Slg. 1997, I-4025, Rn. 28.

[735] *Frenz*, Beihilfe- und Vergaberecht, Rn. 3310.

[736] Zu den Voraussetzungen der Angemessenheit, die wiederum dem Effektivitätsgebot genügen müssen, vgl. *Dörr/Lenz*, Europäischer Verwaltungsrechtsschutz, Rn. 443; *Egger*, Europäisches Vergaberecht, S. 333.

verstärkt diesen Effekt alsbaldiger Rechtssicherheit[737]. Obwohl dem Auftraggeber bei der Auftragsvergabe im Rahmen der Auswahlkriterien ein kaum überprüfbarer Spielraum zusteht, darf sich die inhaltliche Kontrolle des Gerichts nicht nur auf eine Willkürkontrolle beschränken[738]. Diese — ebenfalls auf der EGMR-Rechtsprechung aufbauenden — Grundsätze gelten auch für den vergaberechtlichen Rechtsschutz[739]. Nach Auffassung der EuGH sind sie auch für die nationalen Gerichte bindend[740].

c) Das Recht auf ein gleichwertiges und effektives Verfahren

Diesen punktuellen Anforderungen liegen die aus Art. 10 EGV (im Wesentlichen ersetzt durch Art. 4 Abs 3 EUV-Liss.) abgeleiteten Gebote der Gleichwertigkeit und der Effektivität des Rechtsschutzes zu Grunde. Das Gebot der Gleichwertigkeit bedeutet, dass die Mitgliedstaaten dafür sorgen müssen, dass Verfahren über Ansprüche, die sich auf Unionsrecht stützen, nicht ungünstiger sind, als Verfahren über Ansprüche, deren Rechtsgrundlage innerstaatliches Recht ist[741]. Die Günstigkeit einer Verfahrensvorschrift ergibt sich aber nicht nur aus der Vorschrift selbst, sondern aus ihrer Funktion im gesamten Verfahren und dessen Besonderheiten[742], wie z.B. längere Rechtsausschlussfristen oder weitere Verfahrensgebühren[743]. Dabei besteht aber keine Pflicht zur Anwendung der günstigsten von mehreren vergleichbaren mitgliedstaatlichen Bestimmungen[744]. Hierbei sind Anspruchsgegenstand und Rechtsgrundlage ausschlaggebend für das heranzuziehende vergleichbare

---

[737] EuGH, Rs. 33/76, *Rewe*, Slg. 1976, 1989, Rn. 5, EuGH, C- 261/95, *Palmisani*, Slg. 1997, I-4025 Rn. 28; EuGH, Rs. C-78/98, *Preston u.a.*, Slg. 2000, I-3201 Rn. 33.
[738] EuGH, Rs. C-92/00, *Hospital Ingenieure*, Slg. 2002, I-5553, Rn. 61 ff.
[739] EuGH, Rs. C-470/99, *Universale-Bau AG*, Slg. 2002, I-11617, Rn. 73 -79; Zu keinem anderen Ergebnis kommt m.E. der EuGH in der Rechtssache *Santex*, da er nur „unter (den) Umständen wie denen des Ausgangsfalles" und nicht zwingend die generelle Zulassung von Rechtsmitteln nach Ablauf nationaler Ausschlussfristen bejaht hat, vgl. EuGH, Rs. C- 327/00, *Santex*, Slg. 2003, I-1877, Rn. 65.
[740] EuGH, verb. Rs. 238/99 P, C-244/99 P, C-245/99 P, C-247/99 P, C-250/99 P bis C-252/99 P und C-254/99 P, *Limburgse*, Slg. 2002, I-8375, Rn. 274.
[741] *Endler* in: Kuhla/Hüttenbring, Verwaltungsprozess, L. 1. Rn. 60; EuGH, Rs. 199/82, *San Giorgio*, Slg. 1983, 3595, Rs. 12; EuGH, Rs. 309/85, *Barra*, Slg. 1988, 355, Rn. 18; EuGH, Rs. C-62/93, *BP Soupergaz*, Slg. 1995, I-1883, Rn. 41; EuGH, Rs. C-120/97, *Upjohn Ltd.*, Slg. 1999, I-223, Rn. 32; EuGH, Rs. C- 326/96, *Levez*, Slg. 1998, I-7835, Rn. 18.
[742] EuGH, Rs. C- 326/96, *Levez*, Slg. 1998, I-7835, Rn. 44 mit Verweis auf EuGH, verb. Rs. C-430 und 431/93, *van Schijndel*, Slg. 1995, I-4705, Rn. 19; EuGH, Rs. C-78/98, *Preston*, Slg. 2000, I-3201, Rn. 59.
[743] EuGH, Rs. C- 326/96, *Levez*, Slg. 1998, I-7835, Rn. 51; EuGH, Rs. C-78/98, *Preston*, Slg. 2000, I-3201, Rn. 59.
[744] Bspw. EuGH, Rs. C- 326/96, *Levez*, Slg. 1998, I-7835, Rn. 42; EuGH, Rs. C-231/96, *Edis*, Slg. 1998, I-4951, Rn. 36; EuGH, Rs. C-260/96, *Spac*, Slg. 1998, I-4997, Rs. 20.

Recht[745]. Gleichwertigkeit ist dann zu gewähren, wenn die wesentlichen Merkmale sowohl der unionsrechtlichen wie auch der nationalen Anspruchsgrundlage vergleichbar sind[746].

Das Gebot der Effektivität, dessen Inhalt und innerstaatliche Wirkung ähnlich dem Grundrecht auf effektiven Rechtsschutz ist[747], fordert, dass das innerstaatliche Prozessrecht die Geltendmachung von Ansprüchen, die auf Unionsrecht begründet sind, nicht praktisch unmöglich macht[748], ja sogar nicht übermäßig erschweren darf[749]. Dabei ließ der EuGH auch nur eine zeitweise Erschwerung nicht gelten[750]. Eine übermäßige Erschwerung erlaubt dem Wortlaut nach zumindest eine Erschwerung bis zu einem gewissen verhältnismäßigen Maß, bei dessen Überschreitung der EuGH allerdings eine Verdrängung des nationalen Prozessrechts fordert[751]. Bei der Beurteilung der Verhältnismäßigkeit sind das gesamte Verfahren und die konkreten Auswirkungen der nationalen Regelungen zu berücksichtigen[752]. Auch können in die Abwägung widerstreitende Grundrechte[753] und andere unionsrechtliche Rechtsgrundsätze einbezogen werden. So kann der Grundsatz der Rechtssicherheit den unionsrechtlichen Anspruch durch mitgliedstaatliche Verfahrensfristen begrenzen[754]. Der systematische Zusammenhang mit dem effektiven Rechtsschutz besteht darin, dass nationale Verfahrensordnungen aufgrund des Effektivitätsgebotes die tatsächlich mögliche Durchsetzung von

---

[745] EuGH, Rs. C-78/98, *Preston*, Slg. 2000, I-3201, Rn. 57.
[746] EuGH, Rs. C- 326/96, *Levez*, Slg. 1998, I-7835, Rn. 41-43; EuGH, Rs. C-78/98, *Preston*, Slg. 2000, I-3201, Rn. 55 f.
[747] Vgl. 3. Kapitel, III.1. b) *Das Recht auf Zugang zu Gericht und die Wirksamkeit des Rechtsbehelfs*.
[748] EuGH, verb. Rs. C-397/98 und C-410/98, *Metallgesellschaft*, Slg. 2001, I-1727, Rn. 85; EuGH, Rs. C-92/00, *Steffensen*, Slg. 2003, I-3735, Rn. 60; EuGH, Rs. C-13/01, *Safalero*, Slg. 2003, I-8679, Rn. 49.
[749] EuGH, Rs. 199/82, *San Giorgio*, Slg. 1983, 3595, Rn. 14; EuGH, Rs. C-312/93, *Peterbroeck*, Slg. 1995, I-4599, Rn. 12; EuGH, verb. Rs. C-46/93 und C-48/96, *Brasserie du Pêcheur*, Slg. 1996, I-1029, Rn. 67; EuGH, Rs. C-261/95, *Palmisani*, Slg. 1997, I-4025, Rn. 27; EuGH, Rs. C-300/04, Eman, Slg. 2006, I-8055, Rn. 67.
[750] EuGH, Rs. C-213/89, *Factortame I*, Slg. 1990, I-2433, Rn. 21; EuGH, verb. Rs. C-143/88 und C-92/89, *Zuckerfabrik*, Slg. 1991, I-415, Rn. 31.
[751] *Dörr/Lenz*, Europäischer Verwaltungsrechtsschutz, Rn. 419.
[752] EuGH, Rs. C-312/93, *Peterbroeck*, Slg. 1995, I-4599, Rn. 14; EuGH, verb. Rs. C-430 und 431/93, *van Schijndel*, Slg. 1995, I-4705, Rn. 17; EuGH, Rs. C-432/05, *Unibet*, Slg. 2007, I-2271, Rn. 54; EuGH, verb. Rs. C-222/05 bis C-225/05, *van der Weerd*, Slg. 2007, I-4233, Rn. 33.
[753] EuGH, Rs. C-112/00, *Schmidberger*, Slg. 2003, I-5659, Rn. 24.
[754] EuGH, Rs. 33/76, *Rewe*, Slg. 1976, 1989, Rn. 5; EuGH, Rs. C-261/95, *Palmisani*, Slg. 1997, I-4025, Rn. 28; EuGH, Rs. C-231/96, *Edis*, Slg. 1998, I-4951, Rn. 35.

auf Unionsrecht beruhenden Ansprüchen sicherstellen müssen[755]. Die genaue Ausgestaltung fällt dann wieder in die Verfahrensautonomie der Mitgliedstaaten.

d) Das Recht auf vorläufigen Rechtsschutz

Vor dem Hintergrund der prompten Anwendungspflicht des Unionsrechts[756] fordert ein effektiver Rechtsschutz insbesondere einen schnellen Rechtsschutz. Den zeitlichen Aspekt des effektiven Rechtsschutzes hat auch der EuGH in seiner Rechtsprechung hervorgehoben[757]. Um zu verhindern, dass Rechte, die die Union verliehen hat, aufgrund vollendeter Tatsachen nicht mehr durchgesetzt werden können, müssen die Mitgliedstaaten einstweilige Rechtsschutzmöglichkeiten vorsehen[758]. Das bedeutet für den vergaberechtlichen Rechtsschutz insbesondere, dass noch vor Abschluss des Vergabeverfahrens dem Auftraggeber der Zuschlag einstweilig untersagt wird[759]. Gleichfalls kann dies zur Folge haben, dass die das Vergabeverfahren überwachende Stelle umgesetztes Unionsrecht zumindest vorläufig nicht anwendet, wenn es Zweifel an seiner Gültigkeit hat[760]. Auch hier gilt das Gebot der Gleichwertigkeit und der Effektivität[761].

e) Das Recht auf Schadensersatz

Sofern der Primärrechtsschutz versagt wird[762], gebietet der Grundsatz effektiven Rechtsschutzes dann zumindest die Zuerkennung von Schadensersatz. Dieser Gedanke wohnt bereits dem Primärrecht inne[763]. Im Gegensatz zu

---

[755] EuGH, Rs. C-13/01, *Safalero*, Slg. 2003, I-8679, Rn.55; EuGH, Rs. C-97/91, *Borelli*, Slg. 1992, I-6313, Rn. 13; EuGH, Rs. C-453/00, *Kühne & Heintz*, Slg. 2004, I-837, Rn. 24; EuGH, Rs. C-15/04, *Koppensteiner*, Slg. 2005, I-4855, Rn. 33 ff.
[756] EuGH, Rs. C-213/89, *Factortame* I, Slg. 1990, I-2433, Rn. 21; EuGH, Rs. C-1/99, *Kofisa Italia*, Slg. 2001, I-207, Rn. 48.
[757] EuGH, Rs. 106/77, *Simmenthal*, Slg. 1978, 629, Rn. 21-23, 25.
[758] So auch EuGH, Rs. C-213/89, *Factortame* I, Slg. 1990, I-2433, Rn. 21; EuGH, Rs. C-226/99, *Siples*, Slg. 2001, I-277, Rn. 19, EuGH, Rs. C-432/05, *Unibet*, Slg. 2007, I-2271, Rn. 67.
[759] *Egger*, Europäischer Vergaberechtsschutz, S. 325.
[760] Nach *Egger*, Europäischer Vergaberechtsschutz, S. 325, gelten hierfür die Kriterien aus der EuGH-Rechtsprechung in den Rs. C-213/89, *Factortame* I, Slg. 1990, I-2433 ff. bzw. EuGH, verb. Rs. C-143/88 und C-92/89, *Zuckerfabrik*, Slg. 1991, I-415 ff. über den Zweifel an der Gültigkeit von Unionssekundärrecht entsprechend.
[761] Zum Gleichwertigkeits- und Effektivitätsgebot vgl. *Dörr/Lenz*, Europäischer Verwaltungsrechtsschutz, Rn. 417 ff.; Siehe näher *3. Kapitel, III.1.c) Das Recht auf ein gleichwertiges und effektives Verfahren*.
[762] Zu der Frage, inwieweit das Primärrecht auch Primärrechtsschutz erfordert, vgl. *3. Kapitel, III.1.b) Das Recht auf Zugang zu Gericht und die Wirksamkeit des Rechtsbehelfs*.
[763] *Egger*, Europäischer Vergaberechtsschutz, S. 326.

sekundärrechtlichen Schadensersatzreglungen sind die primärrechtlichen Haftungstatbestände weiter formuliert, da sie bei jedem Verstoß gegen eine unionsrechtliche Bestimmung zum Tragen kommen, die subjektive Rechte verleiht[764]. Vergaberechtliche Schadensersatzansprüche können durch den Mitgliedstaat, den Auftraggeber sowie die Vergabekontrollinstanzen ausgelöst werden. Das Grundrecht des primärrechtlichen effektiven Rechtsschutzes kann hierbei Anspruchsgrundlage sowohl im als auch außerhalb des Anwendungsbereichs der Richtlinien sein[765].

Zur Schadensersatzverpflichtung des Mitgliedstaates kann die *Francovich*-Rechtsprechung[766] zur Staatshaftung bei Verstößen gegen Unionsrecht herangezogen werden. Verstößt der Mitgliedstaat gegen seine unionsrechtliche Implementierungspflicht, wird er in der Funktion als verantwortlicher Gesetzgeber in die Haftung genommen, wenn er unionsrechtliche Vorgaben nicht oder nur ungenügend in innerstaatliches Recht umsetzt[767]: Dazu hat der EuGH ausgeführt: *„Die volle Wirksamkeit der gemeinschaftsrechtlichen Bestimmungen wäre beeinträchtigt und der Schutz der durch sie begründeten Rechte gemindert, wenn die Einzelnen nicht die Möglichkeit hätten, für den Fall eine Entschädigung zu erlangen, dass ihre Rechte durch einen Verstoß gegen das Unionsrecht verletzt werden, der einem Mitgliedstaat zuzurechnen ist."*[768]. Diese zwar primärrechtlich begründete Haftung für Verstöße gegen Primär- oder auch Sekundärrecht gilt folglich nicht nur außerhalb des Anwendungsbereiches der Richtlinien. Der Schadensersatzanspruch setzt allerdings auch voraus, dass ein Kausalzusammenhang besteht zwischen dem Verstoß gegen die staatliche Umsetzungsverpflichtung und dem entstandenen Schaden. Daran wird es aber regelmäßig fehlen, da der Schaden, der einem Unternehmer entsteht, eher in einem Kausalzusammenhang zur rechtswidrig handelnden Vergabestelle als zur unterlassenen Umsetzung des Mitgliedstaates steht[769].

Seit der *Brasserie-du-pêcheur*-Entscheidung[770] verwendet der EuGH einen umfassenden Staatsbegriff, indem er eine Haftung für jeden Fall des Verstoßes gegen unmittelbar anwendbare Vorschriften des vertraglichen Primärrechts

---

[764] EuGH, verb. Rs. C-6/90 und C-9/90, *Francovich, u.a.*, Slg. 1991, I-5357, Rn. 22.
[765] *Egger*, Europäisches Vergaberecht, S. 327.
[766] EuGH, verb. Rs. C-6/90 und C-9/90, *Francovich, u.a.*, Slg. 1991, I-5357.
[767] Zu den drei Voraussetzungen der Staatshaftung, siehe EuGH, verb. Rs. C-6/90 und C-9/90, *Francovich*, u.a., Slg. 1991, I-5357, Rn. 40.
[768] EuGH, verb. Rs. C-6/90 und C-9/90, *Francovich*, u.a., Slg. 1991, I-5357, Rn. 33.
[769] EuGH, Rs. C-392/93, *British Telecommunications plc.*, Slg. 1996, I-1631, Rn. 39 ff. hat der EuGH die Voraussetzungen wiederholt bestätigt (Rn. 39 f.), ist aber nicht mehr zu den Voraussetzungen des Kausalzusammenhangs vorgedrungen, da bereits kein hinreichend qualifizierter Verstoß vorlag.
[770] EuGH, verb. Rs. C-46/93 und C-48/96, *Brasserie du Pêcheur*, Slg. 1996, I-1029, Rn. 34.

unabhängig davon bejaht, welche mitgliedstaatliche Stelle ihn begangen hat. Mit der *Köbler*-Entscheidung, die Schadensersatz auch bei höchstrichterlichen Entscheidungsfehlern vorsieht[771], kann man schließlich sagen, dass grundsätzlich Schadensersatz wegen legislativer, administrativer und justizieller unionswidriger Maßnahmen der Mitgliedstaaten gefordert werden kann[772]. Da es nicht darauf ankommen kann, in welcher Funktion der Staat handelt, kann die genannte Rechtsprechung auch auf den Vergaberechtsschutz angewendet werden, d.h. die Haftung gilt in gleicher Weise für Verwaltungsentscheidungen wie die Auftragsvergabe öffentlicher Auftraggeber oder für administrative bzw. justizielle Entscheidungen der Vergabekontrollinstanzen. Dies führt prinzipiell zu unionsrechtlich geforderten Ersatzansprüchen der in ihren unionsrechtlichen Ansprüchen auf diskriminierungsfreie Behandlung verletzten und geschädigten Bieter bzw. Bewerber[773]. Damit können sowohl der Auftraggeber als auch die Vergabekontrollinstanzen in den Kreis der Verpflichteten fallen. Der Verstoß der Vergabekontrollinstanz muss dann allerdings offenkundig sein[774].

f) Die primärrechtlichen Anforderungen speziell an das Verwaltungsverfahren

Für die Beurteilung des ungarischen Vergaberechtsschutzes spielen aber auch die primärrechtlichen Vorgaben für das mitgliedstaatliche Verwaltungsverfahren eine Rolle. Sieht der Mitgliedstaat im Rahmen seiner Verfahrens - und Organisationsautonomie nämlich vor, dass Rechtsschutz (zunächst) nicht durch ein Gericht, sondern durch ein Verwaltungsorgan gewährleistet werden soll, so muss auch der Ablauf des behördlichen Rechtsschutzverfahrens dem primären unionsrechtlichen Rahmen genügen. Wie im Folgenden gezeigt wird, handelt es sich bei dem in Ungarn in erster Instanz zuständigen Nachprüfungsorgan um kein Gericht, sondern um ein gerichtsähnliches Verwaltungsorgan.

Darüber hinaus ist auch die Gewährleistung eines effektiven gerichtlichen Rechtsschutzes eng mit der mitgliedstaatlichen Gestaltung des Verwaltungsverfahrens verbunden. Dies hat der EuGH bereits in seiner Entscheidung TU München[775] für das Unionsverwaltungsrecht festgestellt. Obgleich die mitgliedstaatliche Verfahrensautonomie auch im Bereich der Verwaltung gilt, hat der Mitgliedstaat bei der Durchführung von Unionsrecht neben bereichsspezifischen sekundärrechtlichen Vorgaben eine Reihe von allgemeinen Rechtsgrundsätzen[776] zu berücksichtigen, die der EuGH in seiner

---

[771] EuGH, Rs. C-224/01, *Köbler*, Slg. 2003, I-10239, Rn. 27.
[772] *Egger*, Europäisches Vergaberecht, S. 326.
[773] *Pietzcker* in: Grabitz/Hilf/Hailbronner, Das Recht der Europäischen Union, B 18., Rn. 5.
[774] EuGH, Rs. C-224/01, *Köbler*, Slg. 2003, I-10239, Rn. 53.
[775] EuGH, Rs. C-269/90, *TU München*, Slg. 1991, I-5469, Rn. 14.
[776] *von Danwitz*, Europäisches Verwaltungsrecht, S. 531.

Rechtsprechung entwickelt hat, um die Vertragsziele auch wirksam zu erreichen[777].

Neben einer Reihe von Primärrechtsvorschriften hat sich der EuGH in seiner Rechtsprechung zu den Verfahrensgrundsätzen auch auf die allgemeinen Rechtsgrundsätze und Verfassungsprinzipien der Mitgliedstaaten gestützt. Die Grundsätze können als Maßstabs- und Auslegungsfunktion für das mitgliedstaatliche Verwaltungsverfahren dienen[778]. Dies gilt nach Ansicht des EuGH auch dann, wenn das mitgliedstaatliche Recht bereits solche Grundsätze vorsieht[779]. Dann ist nicht der verfassungsrechtliche Maßstab wie bspw. der Grundsatz der Verhältnismäßigkeit maßgebend, sondern das, was aus unionsrechtlicher Sicht unter Verhältnismäßigkeit zu verstehen ist[780]. Die Wirkung der Vorgaben des unionsrechtlichen Verwaltungsrechts erfolgt mittels dem Äquivalenz- und Effektivitätsgrundsatz[781].

aa) Pflicht zur Begründung verbindlicher Rechtsakte

Für Unionsrechtsakte normiert Art. 253 EGV (vgl. Art. 296 AEUV) ausdrücklich eine Begründungspflicht, die die mitgliedstaatlichen Verwaltungen jedoch nicht unmittelbar zu beachten haben[782]. Die Rechtsprechung des EuGH zur Begründungspflicht als allgemeiner unionsrechtlicher Rechtsgrundsatz[783] erstreckt sich jedoch über die Verpflichtung der Eigenverwaltung hinaus auch auf die der Mitgliedstaaten[784]. In erster Linie stellt sich beim Begründungserfordernis die Frage nach dem inhaltlichen Umfang. Nicht maßgeblich ist der formale Umfang, also wie lang eine Begründung ausfallen muss, solange die Gründe klar und nachvollziehbar erkennbar sind[785]. Vielmehr müssen die maßgeblichen Umstände des gegebenen Falles gewürdigt worden sein, weshalb sich jede formelhafte und allgemeingültige Formulierung verbietet. Zu berücksichtigen sind die von Fall zu Fall unterschiedlichen Interessen des Belasteten, die Rechtsnatur, die Art, die Gründe und der

---

[777] von Danwitz, Europäisches Verwaltungsrecht, S. 495, 503, insb. 530 ff.
[778] Grabitz, Gemeinschaftsrechtliche Grundsätze des Verwaltungsverfahrens, NJW 1989, 1776, 1776.
[779] EuGH, verb. Rs. 205 bis 215/82, *Deutsche Milchkontor*, Slg. 1983, 2633; EuGH, Rs. C-13/01, *Safalero*, Slg. 2003, I-8679, Rn. 50; EuGH, Rs. C-432/05, *Unibet*, Slg. 2007, I-02271, Rn. 37 f., 42.
[780] von Danwitz, Europäisches Verwaltungsrecht, S. 227.
[781] von Danwitz, Europäisches Verwaltungsrecht, S. 530.
[782] EuGH, Rs. C-70/95, *Sodemare* u.a., Slg. 1997, I-3395, Rn. 18 f.
[783] EuG, Rs. T-183/97 R, *Micheli*, Slg. 1997, II-1473, Rn. 56; EuGH, Rs. C-310/04, *Spanien/Rat*, Slg. 2006, I-7285, Rn. 57; EuGH, Rs. C-148/04, *Unicredito Italiano*, Slg. 2005, I-11137, Rn. 99; EuGH, Rs. C-42/01, *Portugal/Kommission*, Slg. 2004, I-6079, Rn. 66.
[784] EuGH, Rs. C-222/86, *Heylens*, Slg. 1987, 4097, Rn. 15.
[785] EuGH, Rs.C-310/93 P, *BPB Industries plc und British Gypsum* Ltd, Slg. I-1995, Rn. 30.

Regelungsinhalt der Maßnahme[786]. Es müssen zwar nicht alle tatsächlichen oder rechtlich erheblichen Aspekte dargelegt werden, jedoch müssen die Gründe so klar zum Ausdruck gebracht werden[787], dass diese auf der einen Seite vom Betroffenen nachvollzogen und auf der anderen Seite gerichtlich überprüft werden können[788]. Die Begründung von Verwaltungsakten unterliegt viel strengeren Anforderungen als die von Rechtsvorschriften[789]. Um ein subjektive Rechtsverletzung festzustellen, genügt es dem Effektivitätsgrundsatz nicht, allgemeine Abwägungen vorzunehmen, sondern es sind die rechtlichen Konsequenzen zu überprüfen, die aus einem im erforderlichen Umfang festgestellten Sachverhalt zu ziehen gewesen wären. Die Begründungspflicht gilt aber nicht unbegrenzt, sondern ist von der Maßnahme und dem Zusammenhang abhängig[790]. So ist keine allzu ausführliche Begründung angezeigt, wenn der Betroffene bereits Kenntnis von den Gründen des Rechtsaktes hat[791] oder eine detaillierte Begründung die Pflicht zur Geheimhaltung verletzen würde[792]. Auch kann die Eilbedürftigkeit die Ausführlichkeit der Begründung beschränken, da sie *„den tatsächlichen Möglichkeiten sowie technischen und zeitlichen Bedingungen angepasst werden, unter denen die Entscheidung ergeht."*[793] Der zur Verfügung stehende Zeitraum und die Anzahl der zu entscheidenden Rechtssachen müssen im Verhältnis zum Begründungsumfang stehen, damit ein unverhältnismäßig umfangreiches

---

[786] *Haibach*, Die Rechtsprechung des EuGH zu den Grundsätzen des Verwaltungsverfahrens, NVWZ 1998, 456, 457 mit Verweis auf EuG, Rs. T-49/95, *Van Megen Sports Group BV*, Slg. II-1996, 1799; EuG, Rs. T-16/91 RV, *Rendo NV u.a./Kommission*, Slg. II 1996, 1827; EuGH, verbundene Rs. C-329/93, C-62/95 und C-63/95, *Deutschland u.a./Kommission*, Slg. I 1996, 5151, 5211.
[787] EuGH, Rs. C-301/96, *Deutschland/Kommission*, Slg. 2003, I-9919, Rn. 87; EuGH, Rs. C-42/01, *Portugal/Kommission*, Slg. 2004, I-6079, Rn. 66.
[788] EuGH, Rs. C-84/94, *Vereinigtes Königreich/Rat*, Slg. 1996, I-05755, Rn. 74. mit Verweis auf EuGH, Rs. C-122/94, *Kommission/Rat*, Slg. 1996, I-881, Rn. 29.
[789] *Stettner* in: Dauses, Handbuch des EU-Wirtschaftsrechts, B. III., Rn. 68; EuGH, Rs. 18/62, *Barge/Hohe Behörde*, Slg. 1963, 561, 602; EuGH, Rs. 5/67, *Beus GmbH*, Slg. 1968, 127, 144; EuGH, Rs. C-76/01, *Eurocoton u.a./Rat*, Slg. 2003, I-10091, Rn. 88; EuGH, Rs. C-304/01, *Spanien/Kommission*, Slg. 2004, I-7655, Rn. 51.
[790] EuGH, Rs. C-118/99, *Frankreich/Kommission*, Slg. 2002, I-747, Rn. 53.
[791] EuGH, verb. Rs. 33/79 und 75/79, *Kuhner/Kommission*, Slg. 1980, 1677, Rn. 16 f.; EuGH, Rs. C-50/94, *Griechenland/Kommission*, Slg. 1996-I, 3331, Rn. 9; EuGH, Rs. C-54/95, *Deutschland/Kommission*, Slg. 1999, I-35, Rn. 91; EuGH, Rs. C-245/97, *Deutschland/Kommission*, Slg. 2000, I-11261, Rn. 48.
[792] EuGH, Rs. 89/79, *Bonu/Rat*, Slg. 1980, 553, Rn. 5; EuGH, Rs. C-254/95 P., *Angelo Innamorati*, Slg. 1996, I-3423, Rn. 24 ff.
[793] EuGH, Rs. C-350/88, *Delacre u.a./Kommission*, Slg. 1990, I-395, Rn. 16.

Begründungserfordernis nicht dazu führt, dass das Rechtsschutzziel nicht mehr erreicht werden kann [794].

bb) Bekanntgabe und Form

Maßgeblich für den Zeitpunkt der Bekanntgabe des Rechtsaktes ist sein Eintreffen im Machtbereich des Empfängers und dessen Möglichkeit, hiervon Kenntnis zu nehmen, wobei ein vermuteter Zugang widerlegt werden kann[795]. Primärrechtliche Vorgaben zur Form des Verwaltungsaktes bestehen nicht. Eine Rechtsbehelfsbelehrung muss nicht erteilt werden[796].

cc) Grundsatz des rechtlichen Gehörs

Der Anspruch auf rechtliches Gehör ist dem Einzelnen nach der Rechtsprechung des EuGH in jedem Verfahren zu gewähren, in dem es um belastendes Verwaltungshandeln geht[797]. Dies gilt auch dann, wenn das nationale Recht gar keine Verfahrensregeln vorsieht[798]. Eine Schranke dieses Rechtsgrundsatzes kann sich bei ungleichen Verfahrenspositionen ergeben. So z.B., wenn auf Beschwerde hin ein Verwaltungsverfahren eingeleitet wird, um die Wahrung von Wettbewerbsvorschriften eines Unternehmens zu überprüfen. Im Gegensatz zum überprüften Unternehmen muss gegenüber dem Antragsteller der Grundsatz rechtlichen Gehörs nicht mehr gewahrt werden[799]. Zulässig ist auch eine Beschränkung durch den Effektivitätsgrundsatz[800], wenn es für die Zweckmäßigkeit eines besonderen gesetzlichen Verwaltungsverfahrens bzw. für die behördliche Leistungsfähigkeit erforderlich ist, wobei das praktische

---

[794] EuGH, Rs. 16/65, *Schwarze*, Slg. 1965, 1152, 1167; EuGH, Rs. 64/82, *Tradax*, Slg. 1984, 1359, Rn. 21 ff.

[795] EuG, verb. Rs. T-80/89, T-81/89, T-83/89, T-87/89, T-88/89, T-90/89, T-93/89, T-95/89, T-97/89, T-99/89, T-100/89, T-101/89, T-103/89, T-105/89, T-107/89 und T-112/89, *BASF/Kommission*, Slg. 1995, II-729, Rn. 59 f.

[796] EuGH, Rs. C-153/98 P, *Guérin Automobiles*, Slg. 1999, I-1441, Rn. 15; EuG, Rs. T-145/98, *ADT Projekt*, Slg. 2000, II-387, Rn. 210.

[797] EuGH, Rs. C-32/95 P, *Kommission/Lisrestal u.a.*, Slg. 1996, I-5373, Rn. 14; EuGH, verb. Rs. C-86/94 u. C-30/95, *Frankreich u.a./Kommission*, Slg. 1998, I-1375, Rn. 174; EuGH, Rs. C-287/02, *Spanien/Kommission*, Slg. 2005, I-5093, Rn. 37; EuGH, Rs. C-240/03 P, *Valnerina/Kommission*, Slg. 2006, I-731, Rn. 129; EuG, Rs. T-199/99, *Sgaravatti Mediterranea/Kommission*, Slg. 2002, II-3731, Rn. 55.

[798] EuGH, Rs. 32/62, *Alvis*, Slg. 1963, 107,123; EuGH, Rs. 85/76, *Hoffmann-La Roche/Kommission*, Slg. 1979, 461, 511; EuGH, verb. Rs.C-48/90 und C-66/90, *Niederlande u. a./Kommission*, Slg. 1992, I-565, Rn. 44; EuGH, Rs. C-135/92, *Fiskano/Kommission*, Slg. 1994, I-2885, Rn. 39; EuGH, verb. Rs. C-329/93, C-62/95 und C-63/95, *Deutschland u.a./Kommission*, Slg. 1996, I-5151, Rn. 9; EuGH, Rs. C-32/95 P, *Kommission/Lisrestal u.a.*, Slg. 1996, I-5373, Rn. 21.

[799] EuG, Rs. T-57/91, *Licensed Opencast Operators*, Slg. 1996, II-1019, Rn. 298 ff.

[800] *Stettner* in: Dauses, Handbuch des EU-Wirtschaftsrechts, B. III., Rn. 64

Argument allein keine ausreichende Rechtfertigung ist[801]. Verneint hat der EuGH eine Anhörungspflicht für den Fall, dass die Behörde die Entscheidung typischerweise — wie im vorliegenden Fall der Subventionsvergabe[802] — in einem schriftlichen Verfahren aufgrund der vorgelegten Dokumente und Erklärungen fällt. Ferner gestattet der EuGH die Einschränkungen des Grundsatzes, wenn diese nur geringfügige Auswirkungen hat bzw. die Behörde zu einem anderen Ergebnis kommen konnte[803], bei unmöglicher Betroffenheit[804], bei Zweckverfehlung[805] bzw. Überschreitung der Leistungsfähigkeit des behördlichen Verfahrens[806].

(1) Das Recht auf Anhörung
Vor einer Entscheidungsfindung muss dem Betroffenen (das kann neben dem Adressaten auch ein Dritter sein[807]) die Möglichkeit gewährt werden, sich zu den festgestellten Tatsachen und Rechtsausführungen schriftlich oder mündlich zu äußern[808]. Er muss in der Lage sein, seinen Standpunkt sachdienlich vorzutragen[809].

(2) Das Recht auf Akteneinsicht
Als Teil des Anspruchs auf rechtliches Gehör hat der EuGH das verfahrensakzessorische Akteneinsichtsrecht als Rechtsgrundsatz festgestellt[810]. Der Empfänger soll in die Lage versetzt werden, vom Inhalt (im vorliegenden Fall: von Beweisstücken) Kenntnis zu erlangen und sinnvoll zu den Schlussfolgerungen Stellung zu nehmen[811]. Der Grundsatz findet seine Grenzen

---

[801] EuGH, Rs. C-32/95 P, *Kommission/Lisrestal u.a.*, Slg. 1996, I-5373, Rn. 37.
[802] EuG, Rs. T-109/94, *Groothusen GmbH/Kommission*, Slg. 1995, II-3007, Rn. 48.
[803] EuGH, Rs. C-142/87, *Belgien/Kommission*, Slg. 1990, I-959, Rn. 48. zuletzt: EuG, Rs. T-410/03, Hoec*hst/Kommission*, ABlEU 2008, C 197, S. 19–19, Rn. 148.
[804] EuGH, verb. Rs. 33/79 und 75/79, *Kuhner/Kommission*, Slg. 1980, 1677, Rn. 25 f.
[805] EuGH, Rs. 136/79, *Panasonic/Kommission*, Slg. 1980, 2033, Rn. 30.
[806] *Haibach*, Die Rechtsprechung des EuGH zu den Grundsätzen des Verwaltungsverfahrens, NVwZ 1998, 456, 457.
[807] EuGH, verb. Rs. C-68/94 und C-30/95, *Frankreich u.a./Kommission*, Slg. 1998, I-1375, Rn. 174.
[808] EuGH, Rs. C-134/95 P, *Kommission/Socurt. u.a.*, Slg. 1997, I-1, Rn. 25.
[809] EuGH, Rs. C-32/95 P, *Kommission/Lisrestal u.a.*, Slg. 1996, I-5373, Rn. 21; EuGH, Rs. C-287/02, *Spanien/Kommission*, Slg. 2005, I-5093, Rn. 37; EuGH, Rs. C-240/03 P, *Valnerina/Kommission*, Slg. 2006, I-731, Rn. 129.
[810] EuGH, Rs. 85/79, *Hoffmann-La Roche/Kommission*, Slg. 1979, 461, Rn. 90; EuGH, Rs. 322/81, *Michelin/Kommission*, Slg. 1983, 3461, Rn. 7; EuGH, verb. Rs. 46/87 und 227/88, *Hoechst/Kommission*, Slg. 1989, 2859, Rn. 14.
[811] EuG, verb. Rs. T-10/92, T-11/92, T-12/92 und T-15/92, *Cimenteries CBR u. a./Kommission*, Slg. 1992, II-2667, Rn. 30, 38, bestätigt durch EuGH, Slg. 1995, I-865, Rn. 27

in der Sicherung ordnungsgemäßen Verwaltungshandelns[812]. Auch dieser kann aus Vertrauensgesichtspunkten eingeschränkt werden, nämlich dann, wenn im Rahmen einer Interessenabwägung die behördliche Verpflichtung zur Geheimhaltung stärker zu gewichten ist als die Interessen an der Akteneinsicht. Im entschiedenen Fall waren dies Unterlagen, die ein Unternehmen der Kommission während einer wettbewerblichen Untersuchung übergeben hatte, die aber nach unternehmerischer Ansicht zu Repressalien ihnen gegenüber führen könnten. Die Übergabe fand nur statt, weil es davon ausging, seinem Ersuchen um vertrauliche Behandlung werde Rechnung getragen, sodass eine Weigerung der Akteneinsicht unter Berufung auf den vertraulichen Charakter verweigert werden durfte[813]. Die Einsichtnahme kann auch versagt werden, wenn die Akten für den ausschließlichen behördeninternen Gebrauch bestimmt sind[814]. Im Gegensatz zum Recht auf Akteneinsicht, das nur unter gewissen Voraussetzungen und nicht grundsätzlich schrankenlos gewährt wird, unterliegt der öffentliche Zugang zu Dokumenten in den vorgesehenen Ausnahmebereichen keiner Beschränkung.

---

[812] *Haibach*, Die Rechtsprechung des EuGH zu den Grundsätzen des Verwaltungsverfahrens, NVwZ 1998, 456, 458.
[813] EuGH, Rs. C-310/93 P, *BPB Industries plc und British Gypsum Ltd/Kommission*, Slg. 1995, I-865, Rn. 26 f.
[814] Aktuell EuG, Rs. T-410/03, *Hoechst/Kommission*, AblEU 2008, C 197, S. 19–19, Rn. 145

dd) Amtsermittlungsgrundsatz und Beweisregelungen

Die Rechtsprechung des EuGH zum Untersuchungsgrundsatz als allgemeines Prinzip des Verwaltungsverfahrens[815] erstreckt sich in erster Linie auf Art. 284 EGV (vgl. Art. 337 AEUV), dessen Wertungen bei einer primärrechtlichen Beurteilung behördlichen Handelns m.e. auf allen Ebenen herangezogen werden können. Die Behörde hat das Recht und die Pflicht, im Laufe ihres Verfahrens alle erforderlichen Tatsachen zu ermitteln[816], die sich auf die Entscheidung auswirken können[817]. Dabei muss sie wirksam und entsprechend dem Grundsatz ordnungsgemäßer Verwaltung sorgfältig und unparteiisch vorgehen[818]. Hierzu gehört auch, dass die Behörde ihre Aufforderung zur Auskunftserteilung begründet[819]. Die Pflicht zur bzw. das Recht auf Auskunft findet seine Schranke im Verhältnismäßigkeitsgrundsatz.

Eng verbunden mit dem Amtsermittlungsgrundsatz sind auch die Beweiserhebung und -führung verknüpft. Ausdrückliche Vorgaben sieht das Primärrecht nicht vor, jedoch hat das Beweisverfahren stets unter Beachtung des Effektivitäts- und Äquivalenzgebotes zu erfolgen.

ee) Grundsatz der Rechtmäßigkeit der Verwaltung

Vor dem Hintergrund des Grundsatzes der Rechtsstaatlichkeit, der mit dem Vertrag von Amsterdam[820] in Art. 6 Abs. 1 EUV (vgl. Art. 6 EUV-Liss.) ausdrücklich verankert wurde, muss auch das Verwaltungshandeln recht- und gesetzmäßig sein[821]. Das bedeutet nach der Rechtsprechung des EuGH[822], dass

---

[815] EuGH, Rs. C-269/90, *TU München*, Slg. 1991, I-5469, Rn. 14.
[816] EuG, Rs. EuG, Rs. T-34/93, Societe Generale, Slg.1995, II-545, Rn. 57.
[817] So EuG, Rs. T-231/97, *New Europe Consulting u.a./Kommission*, Slg. 1999, II-2403, Rn. 41.
[818] EuGH, Rs. C-269/90, *TU München*, Slg. 1991, I-5469, Rn. 14; EuGH, Rs. C-525/04 P, *Spanien/Kommission*, Slg. 2007, I-9947, Rn. 58; zuletzt EuG, Rs. T-410/03, *Hoechst/Kommission*, ABlEU 2008, C 197, S. 19, Rn. 129 mit Verweis auf EuG, Rs. T-44/90, *La Cinq/Kommission*, Slg. 1992, II-1, Rn. 86 und EuG, Rs. Slg. 2002, II-1881, ABB *Asea Brown Boveri/Kommission*, Rn. 99.
[819] Haibach, Die Rechtsprechung des EuGH zu den Grundsätzen des Verwaltungsverfahrens, NVwZ 1998, 456, 458.
[820] Vertrag zur Gründung der Europäischen Gemeinschaft, ABlEG 1997, C 340, S. 173 — 308.
[821] *von Danwitz*, Europäisches Verwaltungsrecht, S. 474 mit Verweis auf EuGH, Rs. C-274/04, *ED & F Man Sugar*, Slg. 2006, I-3269, 3301, Rn. 18; aktuell EuG, Rs. T-140/08, *Ferrero SpA*, Rn. 25, abrufbar unter http://eur-lex.europa.eu/LexUriServ/LexUriServ.do?uri=CELEX:62008A0140:DE:HTML [zuletzt abgerufen im Oktober 2009].
[822] Erstmals in EuGH, verb. Rs. 42 und 49/59, *S.n.u.p.a.t.*, Slg. 1961, 111,172; Grds. in EuGH, verb. Rs. 205 bis 215/82, *Deutsche Milchkontor*, Slg. 1983, 2633, Rn. 30; EuGH, C-

jede Behörde nur aufgrund und im Rahmen ihrer unionsrechtlich übertragenen Befugnisse vorgehen[823] und dabei nicht gegen übergeordnetes Recht verstoßen darf[824]. Besondere Ausprägung der Recht- bzw. Gesetzmäßigkeit der Verwaltung sind die Grundsätze der Rechtssicherheit und des Vertrauensschutzes, wobei diese wiederum mit dem Grundsatz der rechtmäßigen[825] bzw. ordnungsgemäßen Verwaltung[826] in Abwägung gebracht werden können.

ff) Grundsatz der Rechtssicherheit

Zunächst gebietet die Rechtssicherheit, dass der Einzelne seine ihm zustehenden Rechte und die ihm auferlegten Pflichten erkennen und sich dementsprechend verhalten kann[827]. Um diese Vorhersehbarkeit zu ermöglichen[828], müssen Gesetze, sonstige Rechtsvorschriften sowie Einzelfallentscheidungen die enthaltenen Regelungen und den maßgeblichen Zeitpunkt bestimmt und klar formulieren[829]. Der das Einzelinteresse wahrende Grundsatz der

---

336/00, *Huber*, Slg. 2002, I-7699, Rn. 56 sowie das Gericht 1. Instanz in EuG, Rs. T-374/00, *Verband der freien Rohrwerke eV u.a.*, Slg. 2003, II-2275, Rn. 61 mit Verweis auf EuGH, Rs. C-225/91, *Matra*, Slg. 1993, I-3203, Rn. 41 f., EuGH, Rs. C-164/98 P, *DIR International Film u. a.*, Slg. 2000, I-447, Rn. 21, 30, EuGH Rs. C-156/98, *RJB Mining*, Slg. 2001, II-337, Rn. 112.

[823] EuGH, verb. Rs. C-182/03 und C-217/03, *Königreich Belgien, Forum 187 ASBL/Kommission*, Slg. 2006, I-5479, Rn. 69 ff.

[824] *Gornig/Trüe*, Die Rechtsprechung des EuGH und des EuG zum europäischen Verwaltungsrecht, JZ 2000, 457.

[825] EuGH, Rs. C-158/06, *Stichting ROM-projecten*, Slg. 2007, I-5103, Rn. 24. EuGH, C-336/00, *Huber*, Slg. 2002, I-7699, Rn. 56; EuG, Rs. T-6/99, *ESF Elbe-Stahlwerke Feralpi GmbH*, Slg. 2001, II-1523, Rn. 170 mit Verweis auf EuGH, verb. Rs. 205 bis 215/82, *Deutsche Milchkontor*, Slg. 1983, 2633, Rn. 30; EuGH, verb. Rs. C-80/99 bis C-82/99, *Flemmer u.a*, Slg. 2001, I-7211, Rn. 60.

[826] S. sogleich unter *gg) Grundsatz ordnungsgemäßer bzw. fairer Verwaltung*.

[827] EuGH, verb. Rs. 92/87 und 93/87, *Kommission/Frankreich und Vereintes Königreich*, Slg. 1989, 405, Rn. 22; EuGH, Rs. C-354/95, *National Farmers's Union*, Slg. 1997, I-4559, Rn. 57; EuGH, Rs. C-209/96, *Vereinigtes Königreich/Kommission*, Slg. 1998, I-5655, Rn. 35; EuGH, EuGH, Rs. C-108/01, *Prosciutto di Parma*, Slg. 2003, I-5121, Rn. 89; EuGH, Rs. C-248/04, *Koninklijke Coöperatie Cosun*, Slg. 2006, I-10211, Rn. 7; EuGH, verb. Rs. 46/87 u. 227/88, *Hoechst AG/Kommission*, Slg. 1989, 2859, 2924 f.; *Weber* in: Schweitzer, Europäisches Verwaltungsrecht, S. 73.

[828] EuGH, Rs. 169/80, *Gondrand Frères*, Slg. 1981, 1931, Rn. 17; EuGH, Rs. 70/83, *Kloppenburg*, Slg. 1984, 1075, Rn. 11;EuGH, Rs. C-354/95, *National Farmers's Union*, Slg. 1997, I-4559, Rn. 57.

[829] EuGH, Rs. C-63/93, *Fintan Duff u.a.*, Slg. 1996, I-569, Rn. 20; EuGH, verb. Rs. 296 und 318/82, *Niederlande/Kommission*, Slg. 1985, 809, Rn. 19; EuGH, Rs. C-41/93, *Frankreich/Kommission*, Slg. 1994, 1829, Rn. 34; EuGH, verb. Rs. C-329/93, C-62/95 und C-63/95, *Deutschland u.a./Kommission*, Slg. 1996, 5151, Rn. 22; zum Grundsatz der

Rechtssicherheit wirkt sich vielfältig aus und bedarf stets einer Abwägung mit dem entgegenstehenden öffentlichen Interesse bzw. der gesetzmäßigen Verwaltung[830]. So sind auch Vertrauensschutzaspekte stets zu berücksichtigen[831], sodass bspw. das öffentliche Interesse dann schwerer wiegt, wenn auf Seiten des Betroffenen ebenfalls ein Rechtsverstoß und damit keine Schutzwürdigkeit vorliegen[832]. Ebenso zählt zum Grundsatz die Wahrung einer angemessenen Frist. Die Rechtsprechung unterscheidet zwischen der angemessenen Frist[833], innerhalb der eine rechtswidrige Handlung von einer Behörde zurückgenommen werden kann, und der angemessenen Frist, innerhalb der die Behörde eine Entscheidung fällen muss[834]. Ausschlussfristen zählen ebenfalls zu den besonderen Ausprägungen der Rechtssicherheit. Den Mitgliedstaaten kommt hier ein weiter Gesetzgebungsspielraum zu, weil der EuGH grundsätzlich von einer unionsrechtlichen Vereinbarkeit solcher Vorschriften ausgeht[835], solange der Grundsatz der Effektivität und Äquivalenz eingehalten worden ist[836].

gg) Grundsatz des Vertrauensschutzes

Zwingend aus dem Grundsatz der Rechtssicherheit[837] folgt der seit langem vom EuGH anerkannte Grundsatz des Vertrauensschutzes[838]. Bei der Beurteilung der

---

Rechtssicherheit: EuGH, Rs. C-88/99, *Roquette Frères*, Slg. 2000, I-10465, Rn. 22; EuGH, Rs. C-453/00, *Kühne & Heintz*, Slg. 2004, I-837, Rn. 24.
[830] EuGH, verb. Rs. 42 und 49/59, *S.n.u.p.a.t.*, Slg. 1961, 111,172; EuGH, Rs. 14/61, *Hoogovens*, Slg. 1962, 511, 548, Rn. 5; EuG, verb. Rs. T-551/93, T-231/94, T-232/94, T-233/94 und T-234/94, *Industrias Pesqueras Campos*, Slg. 1996, II-247, Rn. 76; EuGH, verb. Rs. C-182/03 und C-217/03, *Belgien/Kommission*, Slg. 2006, I-5479, Rn. 69; *Haibach*, Die Rechtsprechung des EuGH zu den Grundsätzen des Verwaltungsverfahrens, NVwZ 1998, 456, 459.
[831] EuGH, Rs. 1/73, *Westzucker*, Slg. 1973, 723, Rn. 6.
[832] EuG, verb. Rs. T-551/93, T-231/94, T-232/94, T-233/94 und T-234/94, *Industrias Pesqueras Campos*, Slg. 1996, II-247, Rn. 76.
[833] EuGH, Rs. 14/81, *Alpha Steel/Kommission*, Slg. 1982, 749, Rn. 10; EuGH, Rs. 15/85, *Consorzio Cooperative d'Abruzzo/Kommission*, Slg. 1987, 1005, Rn. 12; EuGH, Rs. C-248/89, *Cargill/Kommission*, Slg. 1991, 2987, Rn. 20.
[834] EuG, Rs. T-125/01, *José Martí Peix*, Slg. 2003, II-865, Rn. 102 ff; EuG, Rs. T-73/95, *Estabelecimentos Isidoro M. Oliveira SA/Kommission*, Slg. 1997, II-381, Rn. 44 ff.;
[835] EuGH, Rs. C-188/95, *Fantask*, Slg. 1997, 6783, Rn. 42 ff.; EuGH, verb. Rs. C-279 bis C-281/96, *Ansaldo Energia*, Slg. 1998, 5025, Rn. 17-23; EuGH, Rs. C-343/96, *Dilexport*, Slg. 1999, I-579, Rn. 26, 41-42.
[836] EuGH, Rs. C-208/90, *Emmott*, Slg. 1991, I-4269, Rn. 23; EuGH, Rs. C-312/93, *Peterbroeck*, Slg. 1995, I-4599, Rn. 16 ff.
[837] EuGH, Rs. C-63/93, *Fintan Duff u.a.*, Slg. 1996, I-569, Rn. 20
[838] EuGH, Rs. C-62/00, *Marks & Spencer*, Slg. 2002, I-6325, Rn. 43 ff.; EuGH, Rs. C-280/00, *Altmark Trans*, Slg. 2003, I-7747, Rn. 59; EuGH, Rs. C-453/00, *Kühne & Heintz*, Slg. 2004, I-837, Rn. 24; erstmals in EuGH, Rs. 111/63, *Lemmerz Werke*, Slg. 1965, 893, 911.

Schutzwürdigkeit des Einzelnen sind neben einem aufmerksamen und besonnenen Verhalten und einer etwaigen Vorhersehbarkeit[839] auch eine rechtswidrige Vorgehensweise zu berücksichtigen. Mangels Schutzwürdigkeit kann dann eine Beschränkung des Grundsatzes wegen Rechtsmissbrauchs gerechtfertigt sein[840], wenn sich etwa der Betroffene einer offensichtlichen Verletzung der geltenden Bestimmungen schuldig gemacht hat[841]. Auf der anderen Seite kann aber auch ein schuldhaftes oder unionsrechtswidriges Verhalten der Behörde keine Grundlage für ein schutzwürdiges Vertrauen sein[842]. Voraussetzung für den Vertrauensschutz ist, dass die Behörde vertrauensbildende Tatsachen geschaffen[843], d.h. eine konkrete, in der Regel begünstigende Handlung mit Rechtsbindungswillen[844] angekündigt hat, sog. *behördliche Selbstbindung*[845].

Von besonderer Wichtigkeit ist der Vertrauensschutz in den Fällen der Rückwirkung, der Verböserung sowie des Widerrufs bzw. der Rücknahme[846] von behördlichen Entscheidungen. Der Vertrauensschutz muss stets mit allen Umständen des Einzelfalls in Einklang gebracht werden. Zwar geht das Unionsgericht von einem grundsätzlichen Verbot[847] echter Rückwirkung aus, lässt aber unter Berücksichtigung der zugrunde zu legenden Sach- und Rechtslage dann eine Ausnahmen zu, wenn der Betroffene bei umsichtigem Verhalten mit der Entscheidung rechnen konnte. Eine unechte Rückwirkung ist unionsrechtlich möglich, oftmals auch aus dem Zweck der ständigen Anpassung an die Wirtschaftslage erforderlich[848]; sie findet ihre vertrauensschützende

---

[839] EuGH, Rs. C-63/93, *Fintan Duff u.a.*, Slg. 1996, I-569, Rn. 23; EuG, verb. Rs. T-481/93 und T-484/93, *Vereniging van Exporteurs in Levende Varkens/Kommission*, Slg. 1995, II-2944, Rn. 148 mit Verweis auf EuGH, Rs. 265/85, *Van den Bergh en Jurgens/Kommission*, Slg. 1987, 1155, Rn. 44; EuGH, Rs. C-51/95 P., *Unifruit Hellas EPE/Kommission*, Slg. 1997, I-727, Rn. 51.
[840] EuG, verb. Rs. T-551/93, T-231/94, T-232/94, T-233/94 und T-234/94, *Industrias Pesqueras Campos*, Slg. 1996, II-247, Rn. 76.
[841] EuG, Rs. T-73/95, *Estabelecimentos Isidoro M. Oliveira SA/Kommission*, Slg. 1997, II-381, Rn. 28.
[842] *Kokott*, Der Grundrechtsschutz im Europäischen Gemeinschaftsrecht, S. 627.
[843] EuGH, Rs. C-63/93, *Fintan Duff u.a.*, Slg. 1996, I-569, Rn. 20 mit Verweis auf EuGH, Rs. C-177/90, *Kühn*, Slg. 1992, I-35, Rn. 14.
[844] EuGH, Rs. C-357/95 P., *Empresa Nacional de Urânio SA (ENU)/Kommission*, Slg. 1997, I-1329, Rn. 53-55.
[845] EuGH, Rs. C-63/93, *Fintan Duff u.a.*, Slg. 1996, I-569, Rn. 20; EuGH, Rs. 1/73, *Westzucker*, Slg. 1973, 723, 730 f. Rn. 8 f.; EuG, Rs. T-155/94, *Climax Paper Converters Ltd./Rat*, Slg. 1996, II-873, Rn. 110.
[846] *Triantafyllou*, Zur Europäisierung des vorläufigen Rechtsschutzes, NVwZ 1992, 442.
[847] EuGH, Rs. 258/80, *SpA Metallurgica Rumi*, Slg. 1982, 487, Rn. 11.
[848] EuGH, Rs. 278/84, *Deutschland/Kommission*, Slg. 1987, 1, 47, Rn.36.

Schranke in etwa erforderlichen Übergangsvorschriften[849]. Gegen das Vertrauensschutzprinzip verstößt aber ein rückwirkender Widerruf einer rechtmäßigen und den Adressaten begünstigenden Entscheidung[850]. Leitet der Betroffene aus der begünstigenden Maßnahme subjektiv-öffentliche Rechte ab, ist ein Widerruf auch mit nur zukünftiger Wirkung lediglich dann zulässig, wenn dies aufgrund der neuen Sach- und Rechtslage erforderlich ist[851]. Betrifft der Widerruf schließlich eine rechtmäßige, aber belastende Regelung, muss das Einzelinteresse an der Entlastung gegen das öffentliche Interesse am gesetzmäßigen Handeln der Behörde gemessen werden[852]. Auch hinsichtlich der Rücknahme ist zwischen belastenden und begünstigenden rechtswidrigen Maßnahmen zu unterscheiden. Mangels Einzelinteresses an der Aufrechterhaltung der erstgenannten Maßnahme kann von einem Überwiegen des Grundsatzes der Rechtmäßigkeit und damit einer uneingeschränkten Rücknahme ausgegangen werden. Begünstigt das rechtswidrige Behördenhandeln den Einzelnen, so kann sein in die Maßnahme gesetztes Vertrauen den Rechtmäßigkeitsgrundsatz beschränken[853].

hh) Grundsatz der Gleichbehandlung

Das vom EuGH zum Grundrecht erhobene Gebot der Gleichbehandlung hat seine spezielle Ausprägung in unterschiedlichen Diskriminierungsverboten gefunden[854]. Der Grundsatz erfordert, dass miteinander vergleichbare Sachverhalte nicht ungleich behandelt werden[855]. Eine Ungleichbehandlung kann nur dann gerechtfertigt sein, wenn sie nicht aus Willkür, sondern aus

---

[849] EuGH, Rs. 1/73, *Westzucker*, Slg. 1973, 723, 730 f. Rn. 5, 9; EuGH, Rs. 96/77, *SA Ancienne Maison Marcel Bauche u.a.*, Slg. 1978, 383, 400, Rn. 48-51, 54-58.
[850] EuGH, verb. Rs. 7/56 und 3-7/57, *Algera u.a./Gemeinsame Versammlung der EGKS*, Slg. 1957, S. 83, 118.
[851] *Haibach*, Die Rechtsprechung des EuGH zu den Grundsätzen des Verwaltungsverfahrens, NVwZ 1998, 456, 460.
[852] *Weber* in: Schweitzer, Europäisches Verwaltungsrecht, Verlag der Österreichischen Akademie der Wissenschaften, Wien, 1991, S. 70.
[853] EuGH, verb. Rs. 7/56 und 3-7/57, *Algera u.a./Gemeinsame Versammlung der EGKS*, Slg. 1957, S. 83, 118; EuGH, Rs. 15-60, *Simon*, Slg. 1961, 239, 259; EuGH, Rs. 56-75, *Elz*, Slg. 1976, 1097, 1109; EuGH, Rs. C-24/95, *Alcan*, Slg. 1997, I-1591.
[854] *Weber* in: Schweitzer, Europäisches Verwaltungsrecht, Verlag der Österreichischen Akademie der Wissenschaften, Wien, 1991, S. 76.
[855] EuGH, verb. Rs. 117/76 und 16/77, *Ruckdeschel u.a./Hauptzollamt Hamburg*, Slg. 1977, 1753, 1770; EuGH, Rs. 265/78, *Ferwerda BV/Produktschap voor Vee en Vlees*, Slg. 1980, 617, 628.

objektiven Gründen erfolgt[856]. So muss die Vorgehensweise einer Behörde in vergleichbaren Fällen auch entsprechend gleich sein[857].

ii) Ermessen

Der Umfang richterlicher Kontrolle ist vom Ermessensspielraum abhängig. Da bei einem weiten behördlichen Ermessen nur die umfängliche Ermittlung des Sachverhaltes[858], die Einhaltung der Verfahrensordnung und die Eignung der getroffenen Entscheidung zur Erreichung des Ziels[859] überprüft werden können, ist eine tatsächliche Aufhebung einer Entscheidung durch das Gericht sehr beschränkt. Schwierig stellt sich auch die Kontrolle von Ermessensfehlern dar, da zur Annahme eines Ermessensmissbrauchs eine Maßnahme bewusst ausschließlich oder zumindest überwiegend zu anderen als den angegebenen Zwecken oder mit dem Ziel, ein Verfahren zu umgehen, ergriffen worden sein muss[860].

jj) Verhältnismäßigkeitsgrundsatz

Der sich aus dem Rechtsstaatsprinzip[861] ergebende Verhältnismäßigkeitsgrundsatz, hat nach der Rechtsprechung des EuGH im Grunde drei Wirkungsrichtungen: Erstens muss bei der Beschränkung von Grundrechten bzw. Grundfreiheiten geprüft werden, ob diese tatsächlich dem Allgemeinwohl oder der Verfolgung von Zielen mit erheblicher Bedeutung[862] dienen[863] und ob die Grundrechte bzw. Grundfreiheiten in ihrem Wesensgehalt[864] unangetastet bleiben.

Zweitens entspringt dem Verhältnismäßigkeitsgrundsatz ein subjektiv-öffentliches Recht, auf das sich der Einzelne vor jedem mitgliedstaatlichen

---

[856] EuGH, verb. Rs. 17 und 20/61, *Klöckner u.a./Hohe Behörde der EGKS*, Slg. 1962, 653, 692 f.; EuGH, Rs. 117/76 und 16/77, *Ruckdeschel u.a./Hauptzollamt Hamburg*, Slg. 1977, 1753, 1770; EuGH, Rs. 265/78, *Ferwerda BV/Produktschap voor Vee en Vlees*, Slg. 1980, 617, 628.
[857] *Haibach*, Die Rechtsprechung des EuGH zu den Grundsätzen des Verwaltungsverfahrens, NVwZ 1998, 456, 460 f.
[858] EuG, Rs. T-164/94, Ferchimex/Rat, Slg. 1995, II-2681, Rn. 131.
[859] EuG, Rs. T-162/94, *NMB France SARL, u.a.*, Slg. 1996, II-427, Rn. 69-72.
[860] EuGH, Rs. C-84/94, *Vereintes Königreich/Rat*, Slg. 1996, I-5755, Rn. 69 mit Verweis auf EuGH, Rs. C-156/93, *Parlament/Kommission*, Slg. 1995, I-2019, Rn. 31.
[861] EuGH, Rs. 101/78, *Granaria*, Slg. 1979, 623, 637.
[862] EuGH, Rs. C-84/95, *Bosphorus Hava Yollari Turizm ve Ticaret AS*, Slg. 1996, I-3953, Rn. 21 mit Verweis auf EuGH, Rs. 44/79, *Hauer*, Slg. 1979, 3727; EuGH, Rs. C-5/88, *Wachauf*, Slg. 1989, 2069; EuGH, Rs. C-280/93, *Deutschland/Rat*, Slg. 1994, I-4973.
[863] EuGH, Rs. 44/79, *Hauer*, Slg. 1979, 3727, Rn. 23.
[864] EuGH, Rs. 11/70, *Internationale Handelsgesellschaft*, Slg. 1970, 1125, 1135.

Gericht stützen darf[865]. Die Gerichte haben die Verhältnismäßigkeit als Prüfungsmaßstab heranzuziehen und die aus Gemeinwohlgründen gerechtfertigten Belastungen auf ihre Geeignetheit[866], Erforderlichkeit[867] und Angemessenheit[868] hin zu prüfen[869]. Kommen mehrere geeignete Maßnahmen in Betracht, ist diejenige mit der geringsten Belastung zu ergreifen[870]. Ebenso muss der Eingriff zum Allgemeinnutzen der Maßnahme im Verhältnis stehen[871]. Drittens dürfen die mitgliedstaatlichen und unionlichen Organe öffentlicher Gewalt die Rechte der Bürger nur verhältnismäßig, also bis zu dem Maß einschränken, das zur Zielerreichung erforderlich ist[872]. So hat der EuGH eine von der Behörde geforderte Antragsfrist in Anbetracht wirksamen wirtschaftlichen Verwaltungshandelns für verhältnismäßig erachtet[873]. Auch bei der gerichtlichen Überprüfung der Verhältnismäßigkeit ist die Prüfung umso beschränkter, je weiter das Ermessen der Behörde ist[874].

kk) Grundsatz ordnungsgemäßer bzw. fairer Verwaltung

Der aus Art. 10 EGV (im Wesentlichen ersetzt durch Art. 4 Abs 3 EUV-Liss.) fließende Grundsatz[875] erstreckt sich auf die Summe der genannten

---

[865] *Bleckmann/Pieper* in: Dauses, Handbuch des EU-Wirtschaftsrechts, B. I., Rn. 103.
[866] EuGH, Rs. C-265/87, *Schräder/Hauptzollamt Gronau*, Slg. 1989, 2237, 2269; EuGH, verb. Rs. C-279, 280, 285 und 286/84, *Rau Lebensmittelwerke u.a./Kommission*, Slg. 1987, 1069, 1125 f.
[867] EuGH, Rs. 265/87, *Schräder/Hauptzollamt Gronau*, Slg. 1989, 2237, Rn. 21; EuGH, Rs. C-331/88, *Fedesa*, Slg. 1990, I-4023, Rn. 13.
[868] EuGH, Rs. C-331/88, *Fedesa*, Slg. 1990, I-4023, Rn. 17.
[869] Zur nicht immer konsequenten Prüfung der einzelnen Verhältnismäßigkeitsschritte (Geeignetheit, Erforderlichkeit, Angemessenheit) vgl. *Kischel,* Die Kontrolle der Verhältnismäßigkeit durch den Europäischen Gerichtshof, EuR 2000, Heft 3, S. 380, 387 mit Verweise auf u.a. EuGH, Rs. 234/85, *Keller*, Slg. 1986, 2897, Rn. 16 ff.; EuGH, Rs. 181/84, *E. D. & f. Man (Sugar) Ltd/IBAP*, Slg. 1985, 2889; Rn. 20 ff.
[870] EuGH, Rs. 25/70, *Köster*, Slg. 1970, S. 1161, 1177, Rn. 22 ff.; EuGH, Rs. 265/87, *Schräder/Hauptzollamt Gronau*, Slg. 1989, 2237, 2269, Rn. 21.
[871] EuGH, Rs. C-265/87, *Schräder/Hauptzollamt Gronau*, Slg. 1989, 2237, Rn. 13; EuGH, Rs. 44/79, *Hauer*, Slg. 1979, 3727, Rn. 23.
[872] *Bleckmann/Pieper* in: Dauses, Handbuch des EU-Wirtschaftsrechts, B. I., Rn. 103; EuGH, Rs. C-183/95, *Affish BV*, Slg. 1997, I-4315, Rn. 30; EuGH, Rs. C-295/94, *Hüpeden & Co. KG*, Slg. 1996, I-3375, Rn. 14.
[873] EuGH, Rs. C-285/93, *Dominikanerinnenkloster Altenhohenau*, Slg. 1995, I-4070, Rn. 20 f.
[874] EuGH, Rs. C-331/88, *Fedesa*, Slg. 1990, I-4023, Rn. 14, 17; EuGH, Rs. C-295/94, *Hüpeden & Co. KG*, Slg. 1996, I-3375, Rn. 32; EuGH, Rs. 40/72, *Schröder*, Slg. 1973, Rn. 14; EuGH, verb. Rs. C-267/88 bis 285/88, *Wuidart*, Slg. 1990, I-435, Rn. 35.
[875] EuGH, Rs. C-506/03, Urteil vom 24.11.2005, Rn. 62 abrufbar unter http://curia.europa.eu/jurisp/cgi-bin/gettext.pl?lang=de&num=79948875C19030506&doc=T&ouvert=T&seance=ARRET [zuletzt abgerufen im Oktober 2009].

Verfahrensgrundsätze, wie z.b. auf den Grundsatz der Verhältnismäßigkeit, des behördlichen Ermessens und den Amtsermittlungsgrundsatz[876]. Daraus ergeben sich eine umfassende behördliche Sorgfaltspflicht[877] und die Pflicht zur Vermeidung widersprüchlichen[878] oder unnötigen Verwaltungshandelns[879]. Soll aus dem Grundsatz ordnungsgemäßer Verwaltung oder behördlicher Sorgfalt ein Schadensersatzanspruch abgeleitet werden, muss ein qualifiziertes rechtswidriges Handeln der Behörde vorliegen, das offensichtlich und erheblich ist[880].

2. Der sekundärrechtliche Rahmen für den Vergaberechtsschutz

Die Notwendigkeit der Schaffung der Rechtsmittelrichtlinien liegt vor allem in der Auslegungsbedürftigkeit der Begriffe des effektiven Rechtsschutzes, der Gleichwertigkeit und des Äquivalenzgebotes. Diese Begriffe erfahren erst durch die Richtlinien „(…) *ein konkretes, hinreichend detailliertes und handhabbares rechtliches Gerüst, das mühsam, nur punktuell und in wesentlichen Punkten rechtsschöpferisch durch die Gerichte aus dem Primärrecht entwickelt werden müsste.*"[881].

Aus der Rechtsprechung des EuGH und dem Umsetzungsbefehl des Art. 249 Abs. 3 EGV (vgl. Art 288 Abs. 3 AEUV) ergibt sich, dass die Mitgliedstaaten einen Rechtsschutz bieten müssen, der die Einhaltung und Durchsetzung der materiellen Rechte aus den (Vergabe-) Richtlinien spürbar[882] gewährleisten kann[883]. Diese mitgliedstaatliche Pflicht wird durch die einzelnen Bestimmungen der Rechtsmittelrichtlinien konkretisiert. Soweit die Richtlinien dem Staat einen Umsetzungsspielraum zugestehen, hat der nationale Gesetzgeber bei der Implementierung in innerstaatliches Recht nicht

---

[876] EuG, Rs. T-167/94, *Nölle*, Slg.1995, II-2589, Rn. 73, 77 ff.; EuG, Rs. T 413/04, *Shandong Reipu Biochemicals Co. Ltd.*, Slg. 2006, II-2243, Rn. 63 mit Verweis auf EuGH, Rs. C-269/90, *TU München*, Slg. 1991, I-5469, Rn. 14.
[877] *Haibach*, Die Rechtsprechung des EuGH zu den Grundsätzen des Verwaltungsverfahrens, NVWZ 1998. 456, 462; *Schwarze*, Jürgen, Grundrechte der Person im Europäischen Gemeinschaftsrecht, Neue Justiz 1994, 58.
[878] EuGH, Rs. C-506/03, Urteil vom 24.11.2005, Rn. 56 abrufbar unter http://curia.europa.eu/jurisp/cgi-bin/gettext.pl?lang=de&num=79948875C19030506&doc=T&ouvert=T&seance=ARRET [zuletzt abgerufen im Oktober 2009].
[879] EuGH, verb. Rs. C-174/98 P und C-189/98 P, *Van der Wal/Kommission*, Slg. 2000, I-1, Rn. 29.
[880] EuGH, Rs. C-16/90, *Nölle*, Slg. 1991, I-5163, 5207, Rn. 77 ff.
[881] *Pietzcker* in: Grabitz/Hilf/Hailbronner, Das Recht der Europäischen Union, B 18., Rn. 6.
[882] Vgl. Erwägungsgrund Nr. 6 RL 92/13/EWG.
[883] EuGH, verb. Rs. C-6/90 und C-9/90, *Francovich u.a.*, Slg. 1991, I-5337, Rn. 27, 28; EuGH, Rs. C-271/91, *Marshall*, Slg. 1993, I-4367, Rn. 72.

unbeschränkt freie Hand. Hier hat er wiederum die soeben dargelegten primärrechtlichen Anforderungen, die der EuGH in seiner Rechtsprechung konkretisiert hat, — ergänzend oder auslegend — zu berücksichtigen.

Auch bei der Frage der Wirksamkeit können die Ausführungen zum Effektivitäts- und Äquivalenzgrundsatz herangezogen werden[884], nach denen der Rechtsschutz nicht weniger effektiv sein darf, als derjenige, der sich nur auf nationale Sachverhalte bezieht. Selbstverständlich darf der Rechtsschutz auch nicht von der Erfüllung solcher Voraussetzungen abhängig gemacht werden, die praktisch zu seiner Vereitelung führen[885]. Dieser vom EuGH[886] entwickelte Grundsatz hat sich in Art. 1 Abs. 2 RL 89/665/EWG und Art. 1 Abs. 2 RL 92/13/EWG niedergeschlagen.

Zu den jeweiligen Anwendungsbereichen der Rechtsmittelrichtlinien kann folgendes vorweggenommen werden: Wie vom EuGH bereits bestätigt wurde[887], decken sie sich — mit wenigen Ausnahmen — mit dem der materiellen Koordinierungsrichtlinien[888]. Die Rechtsmittelrichtlinie 89/665/EWG ist gemäß Art. 1 Abs. 1 für Vergaben im Sinne der RL 2004/18/EG anzuwenden, die RL 92/13/EWG hingegen für Vergaben im Sinne der RL 2004/17/EG. Am 11. Dezember 2007 wurde schließlich die Richtlinie 2007/66/EG[889] im Amtsblatt der Europäischen Union veröffentlicht, die auf die Verbesserung der Wirksamkeit der Rechtsmittel gerichtet ist und umfangreiche Änderungen der Rechtsmittelrichtlinien vorsieht. Innerhalb von 24 Monaten haben die Mitgliedstaaten die Aufgabe, ihr innerstaatliches Recht der neuen Richtlinie anzupassen[890].

---

[884] Siehe hierzu 3. *Kapitel, III.1. Der primärrechtliche Rahmen für den Vergaberechtsschutz.*
[885] EuGH, Rs. 199/82, *San Giorgio*, Slg. 1983, 3595, Rn. 12; EuGH, Rs. C-66/95, *Sutton*, Slg. 1997, I-2163, Rn. 33.
[886] EuGH, Rs. 33/76, *Rewe*, Slg. 1976, 1989, Rn. 5 f.; EuGH, Rs. 45/76, *Comet*, Slg. 1976, 2043, Rn. 13; nach Erlass der Rechtsmittelrichtlinien, vgl. EuGH, Rs. C-128/93, *Fisscher*, Slg. 1994, I-4583, Rn. 39; EuGH, Rs. C-410/92, *Johnson*, Slg. 1994, I-5483, Rn. 21; EuGH, Rs. C-246/96, *Magorrian und Cunningham*, Slg. 1997, I-7153, Rn. 37; EuGH, Rs. C-92/00, *HI*, Slg. 2002, I-5553, Rn. 67 f.
[887] EuGH, Rs. C-214/00, *Kommission/Spanien*, Slg. 2003, I-4667, Rn. 49 f.
[888] *Frenz*, Beihilfe- und Vergaberecht, Rn. 3294.
[889] Richtlinie 2007/66/EG des Europäischen Parlaments und des Rates vom 11.12.2007 zur Änderung der Richtlinien 89/665/EWG und 92/13/EWG des Rates im Hinblick auf die Verbesserung der Wirksamkeit der Nachprüfungsverfahren bezüglich der Vergabe öffentlicher Aufträge, ABlEU 2007 L 335 vom 20.12.2007, S. 31- 46, im Folgenden RL 2007/66/EG.
[890] Zur Anpassung in Ungarn vgl. auch die Ausführungen im *4. Kapitel, Die Entwicklung des ungarischen Vergabewesens.*

a) Die Rechtsmittelrichtlinie 89/665/EWG

Die RL 89/665/EWG bezieht sich auf Vergaben der RL 2004/18/EG und unterscheidet zwei Verfahren: Das Nachprüfungsverfahren und das Beanstandungsverfahren. Sie dienen zur Überwachung der Einhaltung der Vergaberichtlinien und ihrer Durchsetzung. Da das Beanstandungsverfahren auch in Ungarn ohne jede praktische Bedeutung geblieben ist[891], wird auf seine weitere Darstellung verzichtet.

aa) Das Nachprüfungsverfahren und sein Anwendungsbereich

Der primärrechtliche Justizgewährleistungsanspruch wird in Art. 1 Abs. 1 RL 89/665/EWG konkretisiert: Die Mitgliedstaaten haben die erforderlichen Maßnahmen zu treffen, damit die in den Anwendungsbereich der Richtlinie fallenden Vergabeverfahren nachgeprüft werden können. Um die Einhaltung der Vorschriften der materiellen Vergaberichtlinien zu gewährleisten, müssen die Nachprüfungsverfahren eine spürbare Wirkung entfalten[892].

Gemäß dem Anwendungsbereich der RL 89/665/EWG sind also alle im Rahmen einer öffentlichen Auftragsvergabe getroffenen Entscheidungen nachprüfbar, die den daran interessierten Personen bekannt gegeben wurden und rechtliche Außenwirkung entfalten, die also über rein vorbereitende, interne Überlegungen oder Vorstudien des Marktes hinausgehen[893]. Zusätzlich fordert der EuGH, dass auch einzelne Ausschreibungsbestimmungen Nachprüfungsgegenstand sein können müssen[894].

bb) Die Antragsbefugnis

Obwohl die in der Richtlinie geregelte Aktivlegitimation schon recht weit formuliert ist, stellt sie nur eine Mindestharmonisierungsvorgabe dar, über die die Mitgliedstaaten hinausgehen dürfen[895]. Nach Art. 1 Abs. 3 RL 89/665/EWG ist derjenige befugt, einen Nachprüfungsantrag zu stellen, der ein Interesse an dem streitgegenständlichen öffentlichen Auftrag konkret darlegen kann und einen aufgrund des Rechtsverstoßes entstandenen oder drohenden Schaden nachzuweisen vermag. In der Regel wird ein solches Interesse fehlen, wenn der Antragsteller gar kein Angebot abgegeben hat. Der EuGH hat die Möglichkeit der Mitgliedstaaten bejaht, als Zulässigkeitsvoraussetzung für das Nachprüfungsverfahren zu bestimmen, dass der Antragsteller auch Teilnehmer

---

[891] *Közbeszerzések Tanácsa*, J/3359. beszámoló, 2006, S. 3.
[892] Erwägungsgrund Nr. 6 der RL 92/13/EWG.
[893] EuGH, Rs. C-26/03, *Stadt Halle*, Slg. 2005, I-1, Rn. 35; EuGH, Rs. 249/01, *Hackermüller*, Slg. 2003, I-6319, Rn. 24; EuGH, Rs. C-81/98, *Alcatel Austria*, Slg. 1999, I.7671, Rn. 32, 35.
[894] EuGH, Rs. C-314/01, *Siemens und ARGE Telekom*, Slg. 2004 I-2549, Rn. 48 ff.
[895] EuGH, Rs. C-327/00, *Santex*, Slg. 2003, I-1877, Rn. 47; EuGH, Rs. C-315/01, *GAT*, Slg. 2003, I-6351, Rn. 45.

des Vergabeverfahrens gewesen sein muss[896]. Will er aber das Nachprüfungsverfahren gerade deshalb anstrengen, weil er die Ausschreibungskriterien für diskriminierend hält und er deshalb kein Angebot abgegeben hat, muss die Antragsbefugnis dennoch bejaht werden[897]. Vergleichbar verhält es sich, wenn der Antragsteller den Ausschlussgrund seines Angebotes nachprüfen lassen möchte, weil er folglich nicht am Vergabeverfahren teilnehmen konnte[898]. Dagegen sind die Mitgliedstaaten nicht verpflichtet, Subunternehmern[899], Bietergemeinschaften[900] oder Zulieferern ein Antragsrecht einzuräumen[901]. Problematisch ist allein, ob die Mitgliedstaaten dem Subunternehmer ein Antragsrecht verschaffen dürfen[902] und bei einer Bietergemeinschaft nur die Gemeinschaft oder auch der einzelne Bieter antragsbefugt ist[903]. Bei der Feststellung der Antragsbefugnis bei den sog. *de-facto*- Vergaben kommt es nicht auf die formale Bieter- oder Bewerbereigenschaft an. Auch hier genügt es, wenn das Interesse am Auftrag und ein (drohender) Schaden geltend gemacht werden[904]. Zwar wird dadurch der Kreis der Nachprüfungsberechtigten uferlos[905]. Diese Gefahr muss aber zwecks

---

[896] EuGH, Rs. C-230/02, *Grossmann Air Service*, Slg. 2004, I-1829, Rn. 27.
[897] So auch *Egger*, Europäisches Vergaberecht, S. 332, der (mittlerweile zu Recht) bereits dann von einem Antragsrecht ausgeht, wenn gar keine Bekanntmachung erfolgt ist.
[898] Zum Anspruch auf rechtliches Gehör im Falle der mangelnden Antragsbefugnis bei Angebotsausschluss siehe *Frenz*, Beihilfe- und Vergaberecht, Rn. 3327 f.; *Erdl*, Anmerkung zu EuGH, Rs. C-249/01, VergabeR 2003, S. 545 f.; *Kaiser*, Der EuGH und der Anspruch auf rechtliches Gehör, NZBau 2004, S. 141.
[899] Zur Bejahung der Antragsbefugnis der Bietergemeinschaft, vgl. EuGH, Rs. C-57/01, *Makedoniko Matro und Michaniki*, Slg. 2003, I-1091, Rn. 72 f.; Im Einzelnen hierzu *Dreher* in: Immenga/Mestmäcker, Wettbewerbsrecht, § 107 GWB, Rn. 10, m.w.N.
[900] EuGH, Rs. C-57/01, *Makedoniko Metro und Michaniki*, Slg. 2003, I-1091, Rn. 73, wonach Bietergemeinschaften nur einen Verstoß derjenigen Rechte behaupten können, die ihnen im Vergabeverfahren auch zustehen können.
[901] *Prieß*, Handbuch des Europäischen Vergaberechts, S. 358; *Egger*, Europäisches Vergaberecht, S. 335.
[902] *Egger*, Europäisches Vergaberecht, S. 335.
[903] Nach EuGH, Rs. C-129/04, *Espace Trianon & Sofibail*, Slg. 2005, I-7805, Rn. 22, 24 darf ein Mitgliedstaat festlegen, dass nur die Bietergemeinschaft aktivlegitimiert ist; für ein Antragsrecht des einzelnen Bieters, vgl. *Egger*, Europäisches Vergaberecht, S. 336; *Erdl*, Der neue Vergaberechtsschutz, S. 247, dagegen u.a.: *Glahs*, Die Antragsbefugnis im Vergabenachprüfungsverfahren, NZBau, 2004, 545; *Dreher* in: Immenga/Mestmäcker, Wettbewerbsrecht, § 107 GWB, Rn. 10; *Byok*, Die Entwicklung des Vergaberechts seit 2004, NJW 2006, 2081; *Prieß*, Handbuch des Europäischen Vergaberechts, S. 359; *Roth*, Änderung der Zusammensetzung der Bietergemeinschaft, NZBau 2005, 317.
[904] EuGH, Rs. C-26/03, *Stadt Halle*, Slg. 2005, I-1, Rn. 40.
[905] Zur Eingrenzung des Bieterkreises, vgl. *Prieß*, Handbuch des europäischen Vergaberechts, S. 344, anhand nachzuweisender Eignung und konkreter Leistungsfähigkeit; *Frenz*, Beihilfe- und Vergaberecht, Rn. 3335 f.

Disziplinierung zulasten der Auftraggeber und nicht der Antragsberechtigten gehen[906].

cc) Die Rechtsausschlussfrist

Die Mitgliedstaaten können im Rahmen ihrer zugesicherten Verfahrensautonomie bestimmen, dass der Antragsteller vor Einleitung des Nachprüfungsverfahrens den öffentlichen Auftraggeber hiervon sowie vom behaupteten Rechtsverstoß zu unterrichten hat. Dass solche angemessenen Rechtsausschlussfristen der Rechtssicherheit und dem Effektivitätsgrundsatz dienen, solange eine wirksame und rasche Überprüfung gesichert ist[907], hat der EuGH in seiner Rechtsprechung mehrfach bestätigt[908]. Art. 1 Abs. 4 RL 89/665/EWG stellt klar, dass die Möglichkeit des Unternehmens, rechtzeitig den Nachprüfungsantrag vor Ablauf der Stillhalteperiode oder anderer Nachprüfungsfristen zu stellen zu können, nicht berührt werden darf.

dd) Die Nachprüfungsinstanzen

Zur mitgliedstaatlichen Verfahrensautonomie gehört natürlich auch die Entscheidung über die Einrichtung des Instanzenzuges. Da gemäß Art. 2 Abs. 2 und 3 RL 89/665/EWG die Nachprüfung durch mehrere Stellen möglich ist, kann jeder Mitgliedstaat unter bestimmten Voraussetzungen zwischen der Einrichtung einer ein- oder mehrinstanzlichen Überwachung bzw. zwischen administrativen und gerichtlichen Nachprüfungsstellen wählen. Diese Alternativen gestatten den Mitgliedstaaten, die Vorgaben so in ihr Rechtsschutzsystem einzubetten, dass die Grundsätze der jeweiligen Verfassungsordnungen und Gewaltenteilungen nicht darunter leiden[909]. Das eininstanzliche Verfahren muss ein Gericht oder einen gerichtsähnlichen Spruchkörper vorsehen, der den Anforderungen des Art. 234 EGV (vgl. Art. 267 AEUV) genügt. Die meist entscheidungsrascheren, da spezialisierten Behörden können auch die Bedingung der Gerichtsqualität erfüllen, sofern ihnen entsprechende Befugnisse und eine gewisse Unabhängigkeit verliehen werden. Bei mehrinstanzlichen Verfahren können in erster Instanz ebenfalls Verwaltungsbehörden entscheiden[910], ihre schriftlich zu begründenden

---

[906] *Frenz*, Beihilfe- und Vergaberecht, Rn. 3338.
[907] EuGH, Rs. 327/00, *Santex*, Slg. 2003, I-1877, Rn. 51; EuGH, Rs. C-470/99, *Universale Bau*, Slg. 2002, I-11617, Rn. 71 f., 74.
[908] EuGH, Rs. C-410/01, *Fritsch*, Slg. 2003, I-6413, Rn. 34; EuGH, Rs. C-470/99, *Universale Bau*, Slg. 2002, I-11617, Rn. 71 ff., insb. Rn. 76.
[909] *Egger*, Europäisches Vergaberecht, S. 342 mit dem Hinweis auf KOM(90) 297 endg.
[910] *Egger*, Europäisches Vergaberecht, S. 343: Ob diese ebenfalls die erwähnte Gerichtsqualität erfüllen müssen, ist umstritten; Zur Einordnung der Schiedsstelle für öffentliche Auftragsvergabe und der Relevanz des Streits, vgl. hierzu die Ausführungen im *5. Kapitel, III.6. Die Qualifikation der Schiedsstelle als gerichtsähnliches Verwaltungsorgan.*

Entscheidungen müssen dann aber gemäß der Forderung des Art. 2 Abs. 9 UAbs. 1 RL 89/665/EWG von einer zweiten Instanz mit Gerichtsqualität i.S.d. Art. 234 EGV (vgl. Art. 267 AEUV) kontrolliert werden können[911]. Der Spruchkörper muss dann im Hinblick auf Amtszeit, Ernennung und Absetzbarkeit so besetzt werden, wie es innerstaatlich auch für Richter gilt. Die Umsetzungsfreiheit bezieht sich aber nicht nur auf die Anzahl der Instanzen und die Art der Nachprüfungsstelle, sondern auch auf die Aufteilung der Entscheidungskompetenzen. So ist es rechtmäßig, wenn z.b. eine Behörde den Primärrechtsschutz und ein Gericht den Sekundärrechtsschutz sichert[912] oder sich Instanzen überschneiden (Art. 2 Abs. 6 RL 89/665/EWG).

ee) Das Parteiverfahren und Verfahren von Amts wegen

Sekundärrechtliche Vorgabe ist laut Art. 2 Abs. 8 bzw. Abs. 9 UAbs. 2 RL 89/665/EWG, dass in einem kontradiktorischen Verfahren die Grundsätze des rechtlichen Gehörs und der Rechtsverbindlichkeit der gefällten Entscheidungen gewährleistet werden. Rügt eine Partei einen Verstoß nicht, ist auch die Nachprüfungsinstanz berechtigt, diesen von Amts wegen zu prüfen. Die Parteien sind dann aber hierzu zu hören[913]. Gleichzeitig ist ein Nachprüfungsverfahren nur dann richtlinienkonform, wenn bei Zurückziehung des Antrags das Verfahren von Amts wegen weitergeführt wird[914].

ff) Die Stillhaltefrist

Was m.E. dogmatisch in den materiellen Vergaberichtlinien hätte eingefügt werden sollen, stellt den eigentlichen Dreh- und Angelpunkt der Änderungsrichtlinie RL 2007/66/EG dar: In Art. 2a Abs. 2 RL 89/665/EWG wird eine Stillhaltefrist zwischen der Zuschlagsentscheidung des öffentlichen Auftraggebers und dem Vertragsschluss eingeführt: Hat der öffentliche Auftraggeber seine Zuschlagsentscheidung getroffen, so ist er verpflichtet, die betroffenen Bieter bzw. Bewerber hierüber zu informieren und den Ablauf der Frist abzuwarten, bevor er den Vertrag tatsächlich abschließt[915]. Ein Verstoß hiergegen führt zur Unwirksamkeit des Vertrages. Durch die nunmehr

---

[911] Der Rechtsprechung des EuGH in der Rs. C-258/97, *Hospital Ingenieure*, Slg. 1999, I-1405, Rn. 17 f. ist zu entnehmen, dass die Anforderung der Gerichtsqualität i.S.d. Art. 234 EGV (vgl. Art. 267 AEUV) nur im zweistufigen Rechtsschutzverfahren für die zweite Instanz gilt; ebenso EuGH, Rs. C-103/97, *Köllensperger und Atzwanger*, Slg. 1999, I-566, 574, Rn. 29.
[912] So auch in Ungarn, Österreich oder Italien.
[913] EuGH, Rs. C-315/01, *GAT*, Slg. 2003, I-6351, Rn. 46 ff.
[914] *Egger*, Europäisches Vergaberecht, S. 344 f.
[915] Vgl. zum Ursprung dieser Regelung EuGH, Rs. C-71/98, *Alcatel Austria*, Slg. 1999, I-7673, 7680, Rn. 34, 36-40.

kodifizierte Stillhaltefrist zwischen der Zuschlagsentscheidung und dem Vertragsschluss wird sichergestellt, dass *„die dem Vertragsschluss vorausgehende Entscheidung des Auftraggebers darüber, mit welchem Bieter eines Vergabeverfahrens er den Vertrag schließt, in jedem Fall einem Nachprüfungsverfahren zugänglich zu machen"* ist[916].

Bei der Berechnung der Stillhaltefrist kommt es gemäß Art. 2a Abs. 2 UAbs. 1 RL 89/665/EWG darauf an, ob die Zuschlagsentscheidung per Fax bzw. auf elektronischem Weg (mindestens zehn Tage) oder aber auf sonstige, i.d.R. postalische Weise (mindestens fünfzehn Tage) übermittelt wird. Die Mitgliedstaaten können bei der Fristberechnung in letzterem Fall auch auf den Eingang der Zuschlagsentscheidung beim betroffenen Bieter oder Bewerber abstellen. Dann muss die Stillhaltefrist aber frühestens zehn Tage nach Eingang der Zuschlagsentscheidung enden.

Eine Reihe von Ausnahmen von der einzuhaltenden Stillhaltefrist normiert Art. 2b RL 89/665/EWG, wie z.B. für Vergaben, für die keine Veröffentlichung einer Bekanntmachung im Amtsblatt der Europäischen Union erforderlich ist, vgl. Art. 2b lit. a) RL 89/665/EWG. Da hier die Vergaberichtlinie eine sofortige freihändige Vergabe[917] des Auftrages erlaubt, durfte hier eine Stillhaltefrist nicht verlangt werden[918]. Die Unwirksamkeit einer vermeintlich zulässigen freihändigen Vergabe kann nunmehr gemäß Art. 2d Abs. 1 lit. a) RL 89/665/EWG geltend gemacht werden[919].

Eine weitere Ausnahme sieht Art. 2b lit. b) RL 89/665/EWG vor. Falls der einzige betroffene Bieter derjenige ist, dem der Zuschlag erteilt werden soll, muss die Stillhaltefrist nicht eingehalten werden. Die letzte Ausnahme ist in Art 2b lit. c) RL 89/665/EWG aufgeführt: Die Mitgliedstaaten können die Vergabe von Einzelverträgen aufgrund von Rahmenvereinbarungen oder dynamischen Beschaffungssystemen, die die Schwellenwerte der Vergaberichtlinien erreichen oder überschreiten[920], von der Stillhaltefrist ausschließen[921]. Wird von der

---

[916] EuGH, Rs. C-71/98, *Alcatel Austria*, Slg. 1999, I-7673, 7680, Rn. 43.
[917] Eine freihändige Vergabe liegt sowohl vor, wenn ein Auftrag zwar in den sachlichen Anwendungsbereich der Vergaberichtlinien fällt, aber nicht vorher im Amtsblatt der EU bekannt zu geben ist (*Costa-Zahn/Lutz*, Die Reform der Rechtsmittelrichtlinien, NZBau 2008, 24.) also auch dann, wenn der Auftrag überhaupt nicht von den Vergaberichtlinien erfasst wird (z.B. eine rechtmäßige *„In-House"-Vergabe (*EuGH, Rs. C-107/98, *Teckal, u.a.*, Slg. 1999, I-08121, Rn. 43, 50, wobei der EuGH den Begriff „in House" nicht verwendet.)
[918] Anders Art. 2e Abs. 2 KOM (2006) 195 endg/2.
[919] Vor der sekundärrechtlichen Kodifizierung forderte dies bereits EuGH, Rs. C-26/03, *Stadt Halle*, Slg. 2005, I-1, Rn. 34 ff.; ebenso *Storr*, De-facto-Vergabe und In-House-Geschäfte, WuW 2005, S. 400.
[920] Vgl. Art. 2b lit. c UAbs. 2, 2. Spiegelstrich RL 89/665/EWG.

Ausnahmemöglichkeit Gebrauch gemacht, müssen sie aber gewährleisten, dass der Vertrag unwirksam ist, falls ein Einzelvertrag, für den ein erneuter Aufruf zum Wettbewerb erforderlich ist, rechtswidrig vergeben wurde oder falls aufgrund eines dynamischen Beschaffungssystems ein rechtswidriger Einzelvertrag geschlossen wurde. Prüfungsmaßstab in letzterem Fall ist Art. 33 Abs. 5 und 6 RL 2004/18/EG.

Um dem Rechtssicherheitsinteresse gerecht zu werden, besteht laut Art. 2d Abs. 4 und 5 RL 89/665/EWG natürlich auch die Möglichkeit der Auftraggeber, sich freiwillig an die Stillhaltefrist zu halten. Denn wenn innerhalb dieser Frist kein Nachprüfungsantrag gestellt wird, ist der nach Fristablauf geschlossene Vertrag wirksam, unabhängig davon, ob er nun tatsächlich rechtswidrig ist oder nicht.

gg) Die aufschiebende Wirkung des Nachprüfungsverfahrens

Bisher war in Art. 2 Abs. 3 RL 89/665/EWG nicht „*notwendigerweise*" ein automatischer Suspensiveffekt der Nachprüfungsverfahren vorgesehen. Dies hat sich mit der neuen Rechtsmittelrichtlinie grundsätzlich nicht geändert. Jedoch werden hiervon nunmehr zwei Ausnahmen bestimmt: Damit keine endgültigen Tatsachen vor der ersten Beurteilung geschaffen werden können[922], wird ein Vertragsschlussverbot bis zur erstinstanzlichen Entscheidung bestimmt, wenn Prüfungsgegenstand die Zuschlagsentscheidung ist. Die zweite Ausnahme verbietet den Vertragsschluss dann, wenn der Antragsteller vor Einleitung des Nachprüfungsverfahrens um eine Prüfung durch den Auftraggeber bittet.

hh) Die Entscheidung der Nachprüfungsinstanzen

Die Mitgliedstaaten müssen die Nachprüfungsinstanzen gemäß Art. 2 Abs. 1 RL 89/665/EWG mit den notwendigen Entscheidungskompetenzen ausstatten, um einstweiligen, primären und auch sekundären Rechtsschutz zu gewährleisten. Darüber hinaus können die Mitgliedstaaten weitergehende Rechtsschutzmöglichkeiten anbieten. Im Falle eines bereits erfolgten Vertragsschlusses kann unter bestimmten Voraussetzungen[923] nur noch Sekundärrechtsschutz, also Schadensersatz gewährleistet werden. Die Akte

---

[921] *Costa-Zahn/Lutz*, Die Reform der Rechtsmittelrichtlinien, NZBau 2008, 24. qualifiziert sie als freihändige Vergaben mit dem Risiko der Unwirksamkeit (Art. 2d Abs. 1 lit. c) RL 89/665/EWG).
[922] *Frenz*, Beihilfe- und Vergaberecht, Rn. 3343.
[923] Art. 2 Abs. 7 UAbs. 2 RL 89/665/EWG schreibt die Übereinstimmung einer solchen Regelung mit den Anforderungen an den Suspensiveffekt bzw. die Stillhaltefrist vor, vgl. Art. 1 Abs. 5, Art. 2 Abs. 3, Art. 2a bis 2f RL 89/665/EWG vor.

müssen vollstreckbar sein[924]. Im Gegensatz zur Vollstreckbarkeit fordert die RL 89/665/EWG nur für die zweite Nachprüfungsinstanz die Rechtsverbindlichkeit der Entscheidungen[925].

(1) Der einstweiliger Rechtsschutz

Zunächst ist die Befugnis zur Ergreifung vorläufiger Maßnahmen im Wege einstweiliger Verfügungen zu erwähnen. Denn gerade im Vergaberechtsschutz geht es um die Erreichung möglichst rascher Entscheidungen[926], da Art. 2 Abs. 4 RL 89/665/EWG nicht für alle Fälle automatisch eine aufschiebende Wirkung des Nachprüfungsverfahrens vorschreibt. Hierzu gehört die Aussetzung des Vergabeverfahrens oder gemäß Art. 2 Abs. 1 lit. a) RL 89/665/EWG die Befugnis zur Durchführung jeder sonstigen Entscheidung des öffentlichen Auftraggebers[927], die die Richtlinie als ausdrückliche Beispiele anführt[928]. Die weitere Ausgestaltung obliegt den Mitgliedstaaten[929], wobei der Erlass der einstweiligen Verfügung nicht von der Klageeinreichung in der Hauptsache abhängig gemacht werden darf[930]. Entgegen dem Wortlaut der Rechtsmittelrichtlinien, die nur einen einstweiligen Rechtsschutz gegen auftraggeberische Entscheidungen fordern, hat der EuGH aus dem Effektivitätsgebot abgeleitet, dass einstweiliger Rechtsschutz bei allen Gerichten, die sich auch nur mittelbar mit Entscheidungen i.S.d. Rechtsmittelrichtlinien befassen, möglich sein muss. Auch wenn ein Gericht nur für die Überprüfung einer Entscheidung einer Nachprüfungsinstanz zuständig ist, ist trotzdem nach Art. 2 Abs. 1 lit. a) RL 89/665/EWG die Anordnungsmöglichkeit von einstweiligen Verfügungen vorzusehen[931].

---

[924] Art. 2 Abs. 8 RL 89/665/EWG; Geeignete Mittel sind Ersatzvornahmen, unmittelbarer Zwang und Zwangsgeld, vgl. *Egger*, Europäisches Vergaberecht, S. 345.
[925] Art. 2 Abs. 9 UAbs. 2 RL 89/665/EWG.
[926] 5. Erwägungsgrund RL 89/665/EWG.
[927] Dazu zählen z.B. die Verpflichtung, ein bestimmtes Vergabeverfahren nicht anzuwenden, einen Bieter im Vergabeverfahren zu berücksichtigen oder auszuschließen.
[928] Wird als die Aussetzung des Vergabeverfahrens als einzige mögliche einstweilige Maßnahme vorgesehen, ist dies nicht ausreichend und stellt eine Rechtsschutzverkürzung dar, vgl. EuGH, Rs. C-236/95, *Kommission/Griechenland*, Slg. 1996, I-4459, Rn. 11; EuGH, Rs. C-214/00, *Kommission/Spanien*, Slg. 2003, I-4667, I-4855 ff.; für unionsrechtswidrig hält dies *Egger*, Europäisches Vergaberecht, S. 349, m.w.N.
[929] *Egger*, Europäisches Vergaberecht, S. 348.
[930] EuGH, Rs. C-214/00, *Kommission/Spanien*, Slg. 2003, I-4667, Rn. 98 ff.
[931] EuGH, Rs. C-92/00, *Hospital Ingenieure*, Slg. 2002, I-5553, Rn. 48 f., indem darauf abgestellt wird, dass auch die Widerrufsentscheidung des Auftraggebers von den RL 2004/18/EG bzw. RL 2004/17/EG umfasst und eine Rechtmäßigkeit daher durch die RL 89/665/EWG bzw. RL 92/13/EWG sicherzustellen ist; Dass die RL 89/665/EWG bzw. RL 92/13/EWG keine Einschränkung auf Art und Inhalt der Entscheidungen und eine enge

Gemäß Art. 2 Abs. 5 RL 89/665/EWG sind beim Erlass einer einstweiligen Verfügung die betroffenen Interessen gegeneinander abzuwägen. Überwiegen bei der Einzelfallbeurteilung die nachteiligen Folgen die damit verbundenen Vorteile, soll die Nachprüfungsinstanz beschließen können, dass die Maßnahme nicht ergriffen wird[932]. Eine Ablehnung einer einstweiligen Maßnahme darf die Rechtslage des Antragsstellers in der Hauptsache nicht beeinträchtigen, vgl. Art. 2 Abs. 5 UAbs. 2 RL 89/665/EWG[933]. Auch hier ist ergänzend die Rechtsprechung des EuGH zu berücksichtigen[934], wonach unter Berücksichtigung des Gleichbehandlungs- und Effektivitätsgebotes[935] neben der Interessenabwägung auch die Erfolgsaussichten[936] und die Dringlichkeit zu berücksichtigen sind[937]. Was mit dem aufgrund des Zuschlags geschlossenen Vertrag geschieht, richtet sich dann grundsätzlich nach nationalem Recht, vgl. der Art. 2 Abs. 7 RL 89/665/EWG.

(2) Die Aufhebung rechtswidriger Entscheidungen

Die Mitgliedstaaten haben den Nachprüfungsstellen gemäß Art. 2 Abs. 1 lit. b) RL 89/665/EWG die Befugnis zu verleihen, alle rechtswidrigen Entscheidungen des öffentlichen Auftraggebers aufzuheben. Der EuGH hat dies für alle Stadien, beginnend bei der rechtwidrigen Umgehung des Vergabeverfahrens[938], für Prozess-[939], verfahrenseinleitende und verfahrensbeendende[940] Entscheidungen bejaht. Da die bekannt gegebenen Zuschlagskriterien nicht ohne weiteres geändert werden dürfen, kann das Vergabeverfahren nicht einfach unter Nichtbeachtung der diskriminierenden Kriterien fortgesetzt werden[941].

Auslegung des Entscheidungsbegriffs gegen den Effektivitätsgrundsatz verstößt, s. EuGH, Rs. C-81/98, *Alcatel Austria*, Slg. 1999, I-07671, Rn. 32, 49.
[932] EuGH, Rs. 45/87 R, *Kommission/Irland*, Slg. 1987, 1369, Rn. 33, wonach vorläufige Maßnahmen nicht zu ergreifen sind, wenn dadurch die Auftragsvergabe, die die Wasserversorgung sicherstellt, erst später erfolgt und dadurch die Bevölkerung gesundheitlichen Risiken ausgesetzt wird.
[933] *Frenz*, Beihilfe- und Vergaberecht, Rn. 3350.
[934] *Prieß*, Handbuch des europäischen Vergaberechts, S. 316; *Egger*, Europäisches Vergaberecht, S. 350.
[935] EuGH, Rs. C-424/01, *CS Communications*, Slg. 2003, I-3249, Rn. 31 f.
[936] *Prieß*, Handbuch des Europäischen Vergaberechts, S. 317; EuGH, Rs. C-424/01, *CS Communications*, Slg. 2003, I-3249, Rn. 29.
[937] *Frenz*, Beihilfe- und Vergaberecht, Rn. 3346.
[938] EuGH, Rs. C-26/03, *Stadt Halle*, Slg. 2005, I-1, Rn. 35, 39; EuGH, Rs. C-314/01, *Siemens und ARGE Telekom*, Slg. 2004, I-2549, Rn. 48 ff.; EuGH, RS. C-230/02, *Grossmann Air Service*, Slg. 2004, I-1829, Rn. 28 ff.
[939] EuGH, Rs. C-249/01, *Hackermüller*, Slg. 2003, I-6319, Rn. 24.
[940] EuGH, Rs. C-92/00, *Hospital Ingenieure*, Slg. 2002, I-5553, Rn. 42 ff.; EuGH, Rs. C-81/98, *Alcatel Austria*, Slg. 1999, I-7671, Rn. 35.
[941] *Prieß*, Handbuch des Europäischen Vergaberechts, S. 318, m.w.N.

Neben der ausdrücklichen Möglichkeit der Streichung von Spezifikationen in Art. 2 Abs. 1 lit. b) RL 89/665/EWG zählen zu den aufhebbaren rechtswidrigen Entscheidungen zu Beginn des Vergabeverfahrens v.a. die fehlerhafte Ausschreibung[942], die Ausschlussentscheidung hinsichtlich eines Angebotes[943] und die Entscheidung über die Bewerberauswahl[944]. Die Entscheidung über den Zuschlag und über den Vertragsschluss müssen jeweils gesondert nachprüfbar sein[945], ebenso sonstige beendende Entscheidungen wie der Abbruch oder der Widerruf der Ausschreibung[946].

(3) Die Auswirkung auf rechtswidrig geschlossene Verträge

(aa) Die Aufhebung rechtswidriger Verträge

Die Mitgliedstaaten können zur Unwirksamkeit vergaberechtswidrig geschlossener Verträge eine gesetzliche Rechtsfolge einführen oder die Unwirksamkeit durch eine unabhängige Nachprüfungsstelle feststellen lassen.

Unwirksam sind in erster Linie rechtswidrige de-facto-Vergaben gemäß Art. 2d Abs. 1 lit. a) RL 89/665/EWG. Hierunter sind alle Vergaben zu verstehen, die ohne vorherige Veröffentlichung einer Bekanntmachung im Amtsblatt der Europäischen Union erfolgen, ohne dass dies nach der RL 2004/18/EG zulässig wäre.

Weiterhin sind Vergabeverträge unwirksam, die unter Missachtung der Stillhaltepflicht oder des automatischen Suspensiveffektes geschlossen wurden, sofern hiermit eine materielle Vergaberechtsverletzung zusammenfällt, vgl. Art. 2d Abs. 1 lit. b) RL 89/665/EWG. Durch die Missachtung muss dem Bieter die Möglichkeit genommen worden sein, vorvertraglichen Rechtsschutz zu erhalten. Um Bagatellfälle auszuschließen, muss der Verstoß gegen das materielle Vergaberecht gleichzeitig seine Zuschlagsaussicht beeinträchtigt haben.

Auch sind gemäß Art. 2d Abs. 1 c) RL 89/665/EWG rechtswidrige Einzelverträge, die die Schwellenwerte erreichen oder überschreiten[947] und die

---

[942] RS. C-230/02, *Grossmann Air Service*, Slg. 2004, I-1829, Rn. 28.
[943] EuGH, Rs. C-249/01, *Hackermüller*, Slg. 2003, I-6319, Rn. 24 f.
[944] *Egger*, Europäisches Vergaberecht, S. 352.
[945] EuGH, Rs. C-81/98, *Alcatel Austria*, Slg. 1999, I-7671, Rn. 35; hierzu dient die Stillhaltefrist zwischen Zuschlagsentscheidung und Vertragsschluss (Art. 2a RL 89/665/EWG) bzw. das Nachprüfungsrecht der Zuschlagsentscheidung (Art. 2a Abs. 2 RL 89/665/EWG).
[946] EuGH, Rs. C-92/00, *Hospital Ingenieure*, Slg. 2002, I-5553, Rn. 48 ff.; EuGH, Rs. C-15/04, *Koppensteiner*, Slg. 2005, I-4855, Rn. 30.
[947] Art. 2b lit. c) UAbs. 2, 2. Spiegelstrich RL 89/665/EWG.

auf der Grundlage von Rahmenvereinbarungen[948] oder dynamischen Beschaffungssystemen[949] geschlossen worden sind, unwirksam, wenn und soweit Mitgliedstaaten für derartige Regelungen keine Stillhaltepflicht einrichten möchten.

Ob die Mitgliedstaaten der Unwirksamkeit des Vertrages eine *ex-tunc-* oder *ex-nunc-Wirkung* zusprechen wollen, wird ihnen laut Erwägungsgrund Nr. 21 der RL 2007/66/EG bzw. Art. 2d Abs. 2 RL 89/665/EWG anheimgestellt. Wählen sie eine *ex-nunc-Unwirksamkeit*, haben sie dann im Sinne der Art. 2d Abs. 2 UAbs. 2 und Art. 2e Abs. 2 RL 89/665/EWG alternative Sanktionen wie Geldbußen bzw. -strafen gegen den öffentlichen Auftraggeber vorzusehen.

Art. 2d Abs. 3 RL 89/665/EWG gesteht den Mitgliedstaaten die Möglichkeit zu, die Unwirksamkeit des Vertrages aus zwingenden Gründen des Allgemeinwohls auszuschließen[950]. Der Mitgliedstaat, der von dieser Möglichkeit Gebrauch macht, muss dann auch für diesen Fall die Auferlegung alternativer Sanktionen wie Bußgelder bzw. -strafen vorsehen[951].

(bb) Die sonstigen Auswirkungen auf rechtswidrige Verträge

Sofern ein Vertrag nicht wegen Art. 2d bis 2f RL 89/665/EWG unwirksam ist, stellt sich die Frage, wie sich die Aufhebung der Zuschlagsentscheidung auf noch zu schließende oder bereits geschlossene Verträge auswirkt. Art. 2 Ab. 7 RL 89/665/EWG bestimmt, dass sich in diesem Fall die Rechtsfolgen nach innerstaatlichem Recht richten. Darüber hinaus darf die Befugnis der Nachprüfungsinstanzen nach dem Vertragsschluss auf die Zuerkennung von Schadensersatz beschränkt werden (Art. 2 Abs. 7 UAbs. 2 der Rechtsmittelrichtlinien). Aus diesen beiden Gründen wird vertreten[952], dass die Mitgliedstaaten sekundärrechtlich nicht gezwungen sind, der zuständigen

---

[948] In Entsprechung zu Art. 2b lit. c) RL 89/665/EWG sind die Mitgliedstaaten nur dann gezwungen, für die Unwirksamkeit von Einzelverträgen zu bestimmen, die auf der Grundlage von Rahmenvereinbarungen geschlossen worden sind und obwohl sie hätten erneut zum Wettbewerb aufgerufen werden müssen, trotzdem rechtswidrig vergeben worden sind, vgl. insoweit Art. 32 Abs. 4, 2. Spiegelstrich RL 2004/18/EG.
[949] Zur Beurteilung der Rechtswidrigkeit, siehe Art. 33 Abs. 5 und 6 RL 2004/18/EG.
[950] Die Gründe sind nach Erwägungsgrund Nr. 24 der RL 2007/66EG nur dann zwingend, wenn die Vertragsunwirksamkeit in Ausnahmesituationen unverhältnismäßige Folgen hätte. Insoweit sind wirtschaftliche Interessen nur sehr beschränkt heranziehbar. Insbesondere dürfen sie nicht in unmittelbarem Zusammenhang mit dem betreffenden Vertrag stehen, wie die unmittelbar mit der Verzögerung bei der Ausführung des Vertrages verursachten Kosten, z.B. verursacht durch die Einleitung einer neuen Auftragsvergabe oder durch den Wechsel des Wirtschaftsteilnehmers, vgl. Art. 2d Abs. 3, UAbs. 3 RL 89/665/EWG.
[951] *Costa-Zahn/Lutz,* Die Reform der Rechtsmittelrichtlinien, NZBau2008, S. 26.
[952] Zum Meinungsstand vgl. *Egger,* Europäisches Vergaberecht, S. 375 f. m.w.N.

Nachprüfungsinstanz eine Kompetenz zur Vertragsaufhebung zu erteilen. Der diesbezügliche Gestaltungswille des Unionsgesetzgebers zeigt sich auch in der Formulierung der RL 2007/66/EG, indem er in Art. 2 Abs. 7 UAbs. 1 der Rechtsmittelrichtlinien ausdrücklich bestimmte Fälle von der nationalen Verfahrensautonomie ausgenommen hat. Die darüber hinausgehenden Fälle sollten also keinen unionsrechtlichen Grenzen unterworfen werden.

Davon zu unterscheiden ist die mitgliedstaatliche Verpflichtung zum Eingriff in ein bestehendes Vertragsverhältnis, um Entscheidungen des EuGH in Vertragsverletzungs- bzw. Vorabentscheidungsverfahren Folge zu leisten, wenn dieser einen Unionsrechtsverstoß und damit die Rechtswidrigkeit bestehender Verträge festgestellt hat. Die Verträge genießen dann keine Bestandskraft[953]. Die Mitgliedstaaten sind dann verpflichtet[954], entweder sofort[955] für die Rückabwicklung des Vertrags[956] zu sorgen oder aber seine Durchführung zu verhindern[957]. Dabei endet diese Verpflichtung, wenn der Vertrag bereits durchgeführt worden ist, da die Vertragsverletzung nur während der Erfüllungsphase wirkt[958].

(cc) Die Rückabwicklung rechtswidriger Verträge

Nach festgestellter Unwirksamkeit bereits geschlossener Verträge stellt sich die praktische Frage der (meist) zivilrechtlichen Rückabwicklung. Da das

---

[953] EuGH, Rs. C-503/04, *Abfallentsorgung Braunschweig*, Slg. 2007, I-6153, Rn. 32; EuGH, Rs. C-87/94 R, *Kommission/Belgien*, Slg. 1994, I-1395, Rn. 37; EuGH, Rs. C-328/96, *Kommission/Österreich*, Slg. 1999, I-7479, Rn 44, 79, *Frenz*, Beihilfe- und Vergaberecht, Rn. 3373 ff.; für einen Bestandsschutz: *Öhler*, Anfechtbarkeit der Zuschlagsentscheidung und Aufhebung bereits erteilter Verträge, RdW 1999, S. 776; Von einem berechtigten Interessenschutz durch Aufrechterhaltung der Verträge kann z.B. dann gesprochen werden, wenn die Mitgliedstaaten von Art. 2 Abs. 7 UAbs. 2 RL 89/665/EWG Gebrauch machen, vgl. EuGH, verb. Rs. C-20/01 und 28/01, *Müllentsorgung Braunschweig*, Slg. 2003, I-3609, Rn. 39
[954] EuGH, Rs. C-126/03, *Kommission/Deutschland*, Slg. 2004, I-11197, Rn. 26; EuGH, Rs. C-414/03, *Kommission/Deutschland*, ABlEU 2005, C 106, S. 7, Rn. 11.
[955] EuGH, C-387/97, *Kommission/Griechenland*, Slg. 2000, I-5047, Rn. 82; EuGH, Rs. C-278/01, Kommission/Spanien, Slg. 2003, I-14141, Rn. 27.
[956] *Dörr/Lenz*, Europäischer Verwaltungsrechtsschutz, Rn. 76, wonach die Mindestanforderung ist, den unionsrechtswidrigen Zustand mit einer *ex-nunc-Wirkung* zu beseitigen. Ob nur eine *ex-tunc*-Wirkung dem Effektivitätsgrundsatz gerecht wird, s. ebenda m.w.N.
[957] *Öhler*, Rechtsschutz bei der Vergabe öffentlicher Aufträge, S. 264.
[958] EuGH, verb. Rs. C-20/01 und C-28/01, *Kommission/Deutschland*, Slg. 2003, I-3609, Rn. 34 bis 37; EuGH, Rs. C-394/02, *Kommission/Griechenland*, Slg. 2005, I-4713, Rn. 19; Schlussanträge von GAin Trstenjak vom 28.3.2007 in der Rs. C-503/04, Slg. 2007, I-6153, Rn. 68 f.; EuGH, Rs. C-125/03, *Kommission/Deutschland*, ABlEU 2004, C 262, S. 10, Rn. 13.

Unionsrecht sich hierzu nicht äußert, ist das einschlägige innerstaatliche Recht anzuwenden. Dazu muss es Mittel der Vertragsauflösung — sofern nicht bereits vorhanden — vorsehen, die einen effektiven Rechtsschutz gewährleisten. Denkbar sind neben Kündigung[959] und Schadensersatz[960] vor allem bereicherungsrechtliche Grundsätze[961].

(4) Die Verhängung alternativer Sanktionen

Liegen keine besonders qualifizierten Verstöße gegen die Stillhaltepflicht und den automatischen Suspensiveffekt vor, ermöglicht Art. 2e Abs. 1 RL 89/665/EWG, dass alternative Sanktionen verhängt werden. Diese Entscheidung über alternative Sanktionen können die Mitgliedstaaten selbst treffen oder aber der Nachprüfungsinstanz überlassen, vgl. Art. 2e Abs. 1 S. 2 RL 89/665/EWG. Sowohl in der Form der Verhängung von Geldbußen bzw. -strafen[962] als auch in der Form der Verkürzung der Vertragsdauer müssen sie gemäß Art. 2e Abs. 2 RL 89/665/EWG wirksam, verhältnismäßig und abschreckend sein. Keine zulässige Sanktion ist die Zuerkennung von Schadensersatz laut Art. 2e Abs. 2 UAbs. 3 RL 89/665/EWG.

(5) Der Schadensersatz

In Art. 2 Abs. 1 lit. c) RL 89/665/EWG bestimmt das Sekundärrecht als ein drittes Element zur Durchsetzung der materiellen Bieterrechte die Zuerkennung von Schadensersatz. Ausnahmsweise[963] können die Mitgliedstaaten unter engen Voraussetzungen die Kompetenz der Nachprüfungsbehörden dahingehend beschränken, dass nach dem Vertragsschluss nur noch Schadensersatz zuerkannt werden kann. Die einzigen ausdrücklich normierten Anforderungen im Hinblick auf Schadensersatzvoraussetzungen sind ein vorhandener Schaden und ein Rechtsverstoß. Konsequenz ist ein weiter Umsetzungsspielraum der einzelnen Mitgliedstaaten und die Gefahr unterschiedlicher Lösungen von Land zu

---

[959] *Frenz*, Beihilfe- und Vergaberecht, Rn. 3394 ff.; der für den Fall von unionsrechtlichen Aufsichtsmaßnahmen gemäß Art. 226, 228 EGV (vgl. Art. 258, 260 AEUV)vorschlägt, ein vertragliches Kündigungsrecht und die Aufteilung der finanziellen Risiken zu vereinbaren.
[960] *Prieß/Gabriel*, Keine Bestandsgarantie für vergaberechtswidrige Verträge, NZBau 2006, 221.
[961] *Egger*, Europäisches Vergaberecht, S. 378.
[962] Laut Erwägungsgrund Nr. 19 der RL 2007/66/EG sollen diese an eine von dem öffentlichen Auftraggeber unabhängige Stelle gezahlt werden.
[963] Die Freiheit besteht unter Einhaltung der Art. 1 Abs. 5, 2 Abs. 3, 2a bis 2f RL 89/665/EWG und soweit für die Anerkennung von Schadensersatz nicht die Aufhebung der rechtswidrigen Entscheidung gemäß Art. 2 Abs. 6 RL 89/665/EWG vorausgesetzt wird.

Land[964]. So dürfen[965] die Mitgliedstaaten mangels unionsrechtlich normierter Vorgaben unter Berücksichtigung der Rechtsprechung des EuGH zur Staatshaftung[966] und der Grundsätze zur Wirksamkeit und Effektivität[967] die Kausalität zwischen dem rechtswidrigen Verhalten des Auftraggebers und dem Schaden ausgestalten. Dies gilt auch für den Kausalitätsausschluss bei rechtmäßigem Alternativverhalten des Auftraggebers[968]. Allerdings schließt der EuGH aus, dass den Schadensersatzpflichtigen ein Verschulden treffen muss[969]. Als Rechtsfolge können Geldersatz oder Naturalrestitution zuerkannt werden[970]. Zu ersetzen ist jedenfalls der Vertrauensschaden, wobei aber der Ersatz des Erfüllungsschadens nicht grundsätzlich ausgeschlossen werden darf[971].

b) Die Rechtsmittelrichtlinie 92/13/EWG

Die RL 92/13/EWG gilt für öffentliche Aufträge, die von der RL 2004/17/EG erfasst sind Die Rechtsmittelvorschriften der RL 92/13/EWG sind mit denen der RL 89/665/EWG zum größten Teil deckungsgleich. Deshalb wird insoweit auf die Ausführungen zur RL 89/665/EWG verwiesen und im Folgenden nur auf die maßgeblichen Unterschiede eingegangen. Trotz der erwähnten wesentlichen Gleichläufigkeit lassen die Vorgaben der RL 92/13/EWG gegenüber der RL 89/665/EWG, ähnlich wie im Verhältnis der RL 2004/17/EG gegenüber der RL 2004/18/EG, den Mitgliedstaaten einen größeren Umsetzungsspielraum[972]. Zu erklären ist dies damit, dass die Sektorenauftraggeber meist kommerzielle

---

[964] Ohne weitere Begründung zieht *Prieß*, Handbuch des Europäischen Vergaberechts, S. 413 ff. den Art. 2 Abs. 7 RL 92/13/EWG heran. Dagegen spricht m.E. dass insoweit keine Angleichung im Zuge der RL 2007/66/EG erfolgt ist.
[965] M.E. besteht aufgrund des Prinzips der Rechtssicherheit sogar die Pflicht zur Bestimmung der Kausalitätsvoraussetzungen.
[966] EuGH, Rs. C-6/90 und C-9/90, *Francovich* u.a., Slg. 1991, I-5357 ff.; zu den Ausführungen, s.u. unter *3. Kapitel, III.2.a)hh) (5) Der Schadensersatz.*
[967] EuGH, Rs. C-275/03, *Kommission/Portugiesische Republik,* ABlEU 2004, C 300, S. 21, Rn. 29, 31, mit Verweis auf EuGH, Rs. C-81/98, *Alcatel Austria,* Slg. 1999, I-7671, Rn. 33 f.
[968] *Prieß*, Handbuch des Europäischen Vergaberechts, S. 419, der auf die angeblich stark eingeschränkte Rechtsprechung des EuGH, Rs. C-31/01, *GAT,* Slg. 2003, I-6351, Rn. 54 verweist, wonach der Schadensersatz nicht deshalb ausgeschlossen werden darf, weil die Auftragsvergabe aus jeden Fall rechtswidrig gewesen wäre, da sie auf einer anderen rechtswidrigen Amtsentscheidung beruht. Vgl. hierzu die *8. Kapitel, III.1.d) Kausalität.*
[969] EuGH, verb. Rs. C-46/93 und C-48/93, *Brasserie du Pêcheur,* Slg. 1996, I-1029, Rn. 79; EuGH, verb. Rs. C-178/94 und C-179/94 und C-188/94 bis C-190/94, *Dillenkofer u.a.*, Slg. 1996, I-4845, Rn. 28.
[970] *Egger*, Europäisches Vergaberecht, S. 369.
[971] So *Egger*, Europäisches Vergaberecht, S. 369; EuGH, verbundene Rs. C-46/93 und C-48/93, *Brasserie du Pêcheur,* Slg. 1996, I-1029, Rn. 82, wonach der Ersatz stets angemessen und nicht nur symbolischen Charakter haben muss.
[972] *Egger*, Europäisches Vergaberecht, S. 329.

Unternehmen auf dem Gebiet der Daseinsvorsorge sind und auch bei rechtswidrigen Verträgen ihren öffentlichen Versorgungsauftrag nachkommen können sollen[973].

Die RL 92/13/EWG sieht als Alternative zur Befugnis der Aufhebung rechtswidriger Entscheidungen ein Ersatz- bzw. Zwangsgeldverfahren vor. Die Mitgliedstaaten können für den Fall, dass der Rechtsverstoß nicht beseitigt oder die Beseitigung verhindert wird, eine Vorschrift einführen, nach der — möglichst im Wege der einstweiligen Anordnung oder, falls erforderlich, erst im Hauptsacheverfahren — eine Ersatzmaßnahme ergriffen wird. Als Beispiel hierfür nennt die Richtlinie das Zwangsgeldverfahren, vgl. ein Art. 2 Abs. 1 lit. c) RL 92/13/EWG, worunter die Aufforderung verstanden wird, einen Geldbetrag zu leisten. Das Ersatzverfahren kann also als einstweiliges Verfahren, als Hauptsacheverfahren und konsequenterweise auch als Alternative (nur) zum einstweiligen Rechtsschutz vorgesehen werden[974].

Es obliegt den Mitgliedstaaten, die Höhe des Geldbetrages fest zu regeln oder die Abwägung dem hierüber entscheidenden Nachprüfungsorgan zu überlassen[975], vgl. Art. 2 Abs. 5 RL 92/13/EWG. Die Höhe muss aber geeignet sein, den Auftraggeber davon abzuhalten, einen Rechtsverstoß zu begehen oder auf der rechtswidrigen Lage zu beharren. An der Anforderung, dass Schadensersatzzahlungen auferlegt werden können, ändert das Zwangsgeldverfahren nichts[976].

Ein weiterer Unterschied zur RL 89/665/EWG besteht darin, dass Art. 2b lit. c) RL 92/13/EWG für den Bereich der Sektorenauftraggeber keine spezielle Regelung für Einzelverträge auf der Grundlage von Rahmenvereinbarungen vorsieht. Solche Einzelverträge können von den Auftraggebern des Sektorenbereiches rechtmäßig nur direkt vergeben werden[977]. Für derartige Verträge kann also auch bereits die Ausnahmeregelung des Art. 2b lit. a) RL 92/13/EWG angewendet werden.

Auf der Ebene des Sekundärrechtsschutzes sieht Art. 2 Abs. 7 RL 92/13/EWG eine spezielle Regelung für den Ersatz der Kosten für die Vorbereitung eines Angebotes und die Teilnahme am Vergabeverfahren vor. Hierfür muss ein Rechtsverstoß gegen die Unionsvorschriften für die Auftragsvergabe oder gegen einzelstaatliche Vorschriften, die diese Vorschriften

---

[973] *Egger*, Europäisches Vergaberecht, S. 362.
[974] EuGH, Rs. C-225/97, *Kommission/Frankreich*, Slg. 1999, I-3011, Rn. 27, weshalb die Zahlung vom Ausgang der Hauptsache abhängig gemacht werden kann.
[975] EuGH, Rs. C-225/97, *Kommission/Frankreich*, Slg. 1999, I-3011, Rn. 23.
[976] Art. 2 Abs. 1 lit. d), UAbs. 2 und Erwägungsgründe der RL 92/13/EWG.
[977] Vgl. Art. 40 Abs. 3 lit. i) RL 2004/17/EG.

umsetzen, vorliegen. Zweite Voraussetzung ist, dass der Anspruchsteller eine echte Chance gehabt hätte, den Zuschlag zu erhalten. Daraus folgt, dass dieser Schadensersatzanspruch allen Bietern zugänglich ist, die die formalen Anforderungen, die an das Angebot bzw. die Teilnahme gestellt wurden, eingehalten haben[978]. Auch muss der Anspruchsteller keine Kausalität zwischen Rechtsverstoß und Schaden darlegen, da als dritte Voraussetzung ausreichend ist, dass durch den Verstoß seine Chance auf den Zuschlag beeinträchtigt wurde.

3. Inhalt des unionsrechtlichen Vergaberechtsschutzes

Aus den Grundfreiheiten (Art. 28, 43 und 49 EGV, vgl. Art. 34, 49 und 56 AEUV) und dem Diskriminierungsverbot (Art. 12 EGV, vgl. Art. 18 AEUV) schöpft der EuGH die primärrechtlichen Anforderungen an die öffentliche Auftragsvergabe, aus denen gleichzeitig subjektive Rechte der betroffenen Bieter erwachsen. Zur Geltendmachung dieser subjektiven Rechte haben die Mitgliedstaaten ein effektives Rechtsschutzsystem zur Verfügung zu stellen. Dieses dürfen sie im Rahmen ihrer mitgliedstaatlichen Verfahrensautonomie frei gestalten, solange die Geltendmachung der Rechte, die auf Unionsrecht basieren, nicht praktisch unmöglich ist (sog. *Grundsatz der Effektivität*) und sich im Vergleich mit rein innerstaatlichen Sachverhalten nicht diskriminierend auswirkt (sog. *Grundsatz der Äquivalenz*). Im Zuge seiner Rechtsprechung hat der EuGH seine Rechtsgrundsätze konkretisiert und neben den vorbezeichneten Grundsätzen auch das Recht auf ein faires und wirksames Verfahren — das sich das Recht auf ein rechtliches Gehör und die Gleichbehandlung erstreckt —, auf ein Recht auf Zugang zu einem Gericht, auf das Recht auf einen vorläufigen Rechtsschutz sowie auf Schadensersatz bestätigt.

Obwohl die Rechtsmittelrichtlinien auf dem Gebiet der öffentlichen Auftragsvergabe Konkretisierungen des primären Vertragsrechts verkörpern, wird ein Rückgriff auf das Primärrecht dann relevant, wenn es zum einen um öffentliche Auftragsvergaben außerhalb des Anwendungsbereiches der Richtlinien geht, so bspw. bei Vergaben unterhalb der Unionsschwellenwerte. Hierzu hat die Kommission am 23.06.2006 eine Mitteilung veröffentlicht, die im Hinblick auf den unionsrechtlichen Vergaberechtsschutz vor allem auf den vom

---

[978] *Prieß*, Handbuch des Europäischen Vergaberechts, S. 414 f.; dagegen: *Egger*, Europäisches Vergaberecht, S. 372; Kriterien, wie ein bestimmter Grad an Wahrscheinlichkeit für den Zuschlag *(Egger*, Europäisches Vergaberecht, S. 372) oder, dass der Anspruchsteller unter den Bestplatzierten *(Frenz*, Beihilfe- und Vergaberecht, Rn. 3382; *Boesen*, Vergaberecht, § 126 GWB, Rn. 25.) gewesen sein muss oder aber, dass das Angebot im Beurteilungsspielraum des Auftraggebers gelegen hat *(Müller-Wrede*, in Ingenstau/Korbion, VOB-Kommentar, § 126 GWB, Rn. 4.) würden der mit der Norm bezweckten Beweiserleichterung zuwider laufen *(Frenz*, Beihilfe- und Vergaberecht, Rn. 3381 ff.).

EuGH geprägten Grundsatz der Effektivität und der Äquivalenz abstellen. Zum anderen ist das Sekundärrecht im Lichte der vertraglichen Grundsätze und Ziele auszulegen.

Der sekundärrechtliche Vergaberechtsschutz setzt sich aus den Rechtsmittelrichtlinien RL 89/665/EWG und RL 92/13/EWG zusammen, die zuletzt zwecks Verbesserung der Wirksamkeit der Nachprüfungsverfahren durch die RL 2007/66/EG reformiert worden sind. Die Frist, bis zu der die enthaltenen Vorgaben in innerstaatliches Recht umzusetzen sind, endete Ende des Jahres 2009. Der Anwendungsbereich der RL 89/665/EWG deckt sich grundsätzlich mit dem Anwendungsbereich der Koordinierungsrichtlinie über die Vergabe öffentlicher Bau-, Liefer- und Dienstleistungsverträge (RL 2004/18/EG). Gleiches gilt für die Rechtsmittelrichtlinie RL 92/13/EWG, die sich auf öffentliche Verträge von Sektorenauftraggebern i.S.d. RL 2004/17/EG erstreckt.

Die Rechtsmittelrichtlinien dienen der wirksamen Durchsetzung der materiellen Vergaberechtsvorschriften und zielen auf eine möglichst rasche und wirksame Überprüfung der öffentlichen Auftragsvergaben ab. Hierfür haben die Mitgliedstaaten ein Rechtsschutzsystem einzurichten, an das die Richtlinien gewisse Mindestharmonisierungsvoraussetzungen stellen.

So müssen die mit der Nachprüfung betrauten Organe vom Auftraggeber unabhängig sein und zu einem wirksamen Verfahren mit durchsetzbaren Entscheidungen ermächtigt werden. Zur Wahrung der Verfahrensautonomie steht es den Mitgliedstaaten frei, ob sie als erste Nachprüfungsinstanz ein Gericht oder eine nichtgerichtliche (bspw. Verwaltungs-) Instanz einrichten. Die Entscheidung einer solchen nichtgerichtlichen Instanz muss dann aber einem Gericht i.S.d. Art. 234 EGV (vgl. Art. 267 AEUV) zur Beurteilung vorgelegt werden können. Hier wird die Rechtsprechung des EuGH zur Gerichtsqualität einer Instanz relevant. Ferner geben die Richtlinien ein Mindestmaß an Entscheidungsbefugnissen vor, die den Nachprüfungsorganen eingeräumt werden müssen: Hierzu zählen die Aufhebung von rechtswidrigen Entscheidungen, die Anordnung vorläufiger Maßnahmen sowie die Zuerkennung von Schadensersatz. Gerade einstweilige Entscheidungen sind von besonderer Bedeutung, um der zeitgebundenen Natur der öffentlichen Auftragsvergabe Rechnung zu tragen. Bei der erforderlichen Berücksichtigung der betroffenen Interessen können sowohl die Dringlichkeit des Auftrags als auch die Erfolgsaussichten der Hauptsache in die Abwägung einfließen. Die Kompetenz zur Aufhebung rechtswidriger Entscheidungen beschränkt sich nicht auf die ausdrücklich genannte Streichung von Spezifikationen, sondern erstreckt sich nach der Rechtsprechung des EuGH auch auf sonstige fehlerhafte Ausschreibungen, den Ausschluss von Angeboten, die Entscheidung über den Abbruch oder den Widerruf einer Ausschreibung und schließlich auf die Zuschlagsentscheidung selbst. Im Hinblick auf die Zuerkennung von Schadensersatz geben die Richtlinien lediglich vor, dass ein Schaden und ein

Rechtsverstoß tatsächlich vorliegen müssen. Darüber hinaus ist die Gesetzgebungsfreiheit der Mitgliedstaaten eröffnet.

Zur Einleitung eines Nachprüfungsverfahrens ist jeder berechtigt, der ein Interesse am streitgegenständlichen Auftrag geltend machen kann oder dem ein Schaden aufgrund eines behaupteten Rechtsverstoßes entstanden ist bzw. zu entstehen droht. Hier eröffnen sich eine Reihe von Auslegungsproblemen, wie etwa, ob ohne jede Teilnahme am Vergabeverfahren überhaupt ein Schaden behauptet werden kann.

Die Rechtsmittelrichtlinien gestatten dem nationalen Gesetzgeber weiter, den Antragsteller dazu zu verpflichten, vor Einleitung des Nachprüfungsverfahrens den Auftraggeber hierüber zu unterrichten. Gleichfalls fällt es in die Entscheidungsfreiheit der Mitgliedstaaten, eine Nachprüfung durch den Auftraggeber vorzuschreiben, bevor das (nicht-)gerichtliche Nachprüfungsorgan angerufen wird.

Das eingeleitete Nachprüfungsverfahren hat auf das weitere Verfahren der öffentlichen Auftragsvergabe grundsätzlich keine automatische aufschiebende Wirkung. Davon machen die Richtlinien zwei Ausnahmen: Wird entweder der Auftraggeber mit der vorherigen Nachprüfung der Vergabe befasst oder ist der vor das Nachprüfungsorgan gebrachte Streitgegenstand die Zuschlagsentscheidung, muss das nationale Vergaberecht sicherstellen, dass während dieser Prüfungen der bezweckte Vertrag nicht geschlossen werden kann.

Unabhängig von der Einleitung des Nachprüfungsverfahrens muss der Auftraggeber eine Stillhaltefrist zwischen seiner Zuschlagsentscheidung und dem Zeitpunkt des Vertragsschlusses einhalten, um dem Betroffenen die Möglichkeit zu geben, insbesondere die Entscheidung über den Zuschlag einer Nachprüfung zuzuführen.

Über die Mindestharmonisierungsvorgaben hinaus wird den Mitgliedstaaten eine Verfahrensautonomie zur Ausgestaltung des Rechtsmittelverfahrens und der Einbettung in das nationale Rechtsschutzsystem zugestanden, solange sie sich im primärrechtlichen Rahmen des Effektivitäts- und Äquivalenzgrundsatzes bewegen.

4. Kapitel: Die Entwicklung des ungarischen Vergabewesens

Das 4. Kapitel beschäftigt sich mit der Frage, wie Ungarn die unionsrechtlichen Vorgaben in seine Rechtsordnung integriert hat. Die Darstellung der historischen Entwicklung des ungarischen Vergabewesens soll dem Überblick über die zahlreichen Gesetzesänderungen bis hin zum aktuellsten Gesetz über die öffentliche Auftragsvergabe vorangestellt werden.

Charakteristisch für die Rechtslehre in Ungarn ist, dass kaum ein Fachbuch ohne eine umfang- und detailreiche geschichtliche Einleitung in das betroffene Rechtsgebiet zu finden ist. In den hier verwendeten Lehrbüchern beabsichtigten die Autoren zum Teil darzulegen, dass die Vorschriften über die öffentliche Auftragsvergabe nicht als erforderliches Beiwerk des Beitritts zur Europäischen Union geschaffen wurden, sondern ihren Ursprung im römischen Recht haben[979]. Obwohl sich zahlreiche Rechtsinstitute aus dieser Zeit auf das heute geltende Vergaberecht in Ungarn auswirken und deren Verständnis dem Rechtsanwender dienlich sein kann[980], soll im Folgenden nur ein Überblick über die Entwicklung des Vergabewesens nach dem Ende des Zweiten Weltkrieges gegeben werden.

I. Die Situation bis zur Schaffung des ersten Kbt. 1995

Nach dem Zweiten Weltkrieg regelte in der Zeit der ungarischen Planwirtschaft zwischen 1949 und 1982 nur eine Ministerverordnung das Vergaberecht, selbstverständlich ohne jeden wirtschaftlichen Wettbewerb unter den Bietern zu sichern[981].

Im Zuge der Abschaffung der Planwirtschaft im Jahre 1981 ermöglichte der Beschluss des Staatlichen Planungsausschusses[982] Nr. 5012/1981[983] die Einführung einer Regelung zur Kostenkalkulation und Ausgabenberechnung auf dem Gebiet des Baugewerbes. Dies galt damals als bemerkenswerter Schritt, da anstelle des bis dahin von staatlicher Seite bestimmten Preises nunmehr erste marktwirtschaftliche Elemente – wenn auch nur sehr behutsam — in Erscheinung traten[984].

1987 kam es gleich von zwei Seiten zu einem rechtlichen Umbruch: Auf der einen Seite schuf das – im Übrigen bis heute geltende — Gesetz Nr. XI von

---

[979] *Buda/Deák* in: Fribiczer, Közbeszerzés, S. 16.
[980] *Buda/Deák* in: Fribiczer, Közbeszerzés, S. 15.
[981] *Buda/Deák* in: Fribiczer, Közbeszerzés, S. 26.
[982] Ung. *Állami Tervbizottság* (im Folgenden: ÁTB).
[983] Ung. *Az Állami Tervbizottság „5012/1981. ÁTB" számú határozata.*
[984] *Buda/Deák* in: Fribiczer, Közbeszerzés, S. 26.

1987 über die Gesetzgebung[985] den rechtsstaatlichen Hintergrund für die sich langsam liberalisierende ungarische Wirtschaftspolitik und Marktordnung. Das auf der anderen Seite im Wandel begriffene Rechtsgebiet betraf die Wettbewerbsverhandlungen. Hier kam es zur Annahme der Gesetzesverordnung Nr. 19 von 1987 über die Wettbewerbsverhandlungen[986], die zwar nur in sehr geringem Umfang das Abhalten von Wettbewerbsverhandlungen erlaubte. War aber eine solche sog. *geschlossene* Wettbewerbsverhandlung mit einem vom öffentlichen Ausschreiber festgelegten Teilnehmerkreis zulässig, wurden keine weiteren Voraussetzungen an den Ablauf gestellt.

Einen lauteren Wettbewerb sicherte dies noch nicht. Wenn aber die Gegenleistung ganz oder zum Teil aus dem Zentralen Haushalt finanziert werden sollte, konnte das Finanzministerium gemäß § 22 Vtvr. für ganz bestimmte Verträge die verbindliche Durchführung von Wettbewerbsverhandlungen festlegen. Solche Regelungen fanden ihren Niederschlag zum einen im Gesetz Nr. XXXVIII von 1992 über den Staatshaushalt[987], zum anderen in der Verordnung des Finanzministeriums Nr. 36/1998 (VIII.16)[988], die auch auf Wirtschaftsorganisationen bezog und erstmals Schwellenwerte für Verträge festlegte, bei deren Überschreiten, zwingend öffentliche Wettbewerbsverhandlungen durchzuführen waren. Obwohl das Áht. bereits unter marktwirtschaftlichen Einflüssen geschaffen wurde, enthielt es keine genauen Vorschriften über die mit öffentlichen Geldern finanzierten Beschaffungen, sondern stützte sich insoweit auf die allgemeinen Regeln des unveränderten Vtvr. Allerdings sah der — mittlerweile außer Kraft gesetzte — § 95 Áht. zumindest vor, dass die Haushaltsorgane zur Erfüllung ihrer Investitions- und Erneuerungsaufgaben öffentliche Wettbewerbsverhandlungen abhalten mussten, wenn deren Wert über dem im Haushaltsgesetz bzw. in der Haushaltsverordnung der örtlichen Selbstverwaltungen bestimmten Schwellenwert lag. Das gleiche galt für alle sonstigen Beschaffungen, deren Wert den im Haushaltsgesetz hierfür festgelegten Schwellenwert überschritt. Interessant dabei war, dass das Gesetz weder die Begriffe *Investition* noch *Beschaffung* definierte. Obwohl damals bereits das Institut der Schwellenwerte kodifiziert wurde, waren die nur oberflächlich formulierten Regelungen nicht dazu geeignet, die öffentliche Auftragsvergabe genau zu regeln und den erforderlichen Wettbewerb zu garantieren.

---

[985] Ung. *A jogalkotásról szóló 1987. évi XI. törvény (Jat.)*, Magyar Közlöny 1987/65 (XII. 29.).
[986] Ung. *A versenytárgyalásról szóló 1987. évi 19. törvényerejű rendelet*, Magyar Közlöny 1987/52 (XI.6.), im Folgenden: Vtvr.
[987] Ung. *Az államháztartásról szóló 1992. évi XXXVIII. törvény* (Áht.), Magyar Közlöny 1992/63 (VI. 18.).
[988] Ung. *36/1988. (VIII. 16.) PM rendelet a versenytárgyalás-kiírási kötelezettségről*, Magyar Közlöny 1988/38 (VIII.16.).

Vor Erlass des Gesetzes Nr. XL von 1995 über die öffentliche Auftragsvergabe[989] war die Vergabe öffentlicher Aufträge in Ungarn dezentral geregelt. Im Laufe des Jahres 1990 nahm das Parlament drei Gesetze an, die bis zum Kbt. a.f. Regelungen über das Verbot von unredlichem Marktverhalten und Preisabsprachen sowie über Wettbewerbsverhandlungen enthielten. Das im Mai 1995 vom ungarischen Parlament angenommene Kbt. a.f., das sich als erstes ungarisches Gesetz ausschließlich mit der Vergabe öffentlicher Aufträge befasste, trat am 1. November 1995 in Kraft[990]. Da es zu den Voraussetzungen für den Beitritt zur Europäische Union gehörte, die Verwendung öffentlicher Gelder in Ungarn den damaligen unionsrechtlichen Vorgaben anzupassen, wurde das Gesetz bereits so ausgestaltet, dass nach erfolgtem Beitritt auf diesem Rechtsgebiet nur noch kleinere Berichtigungen vorgenommen werden mussten[991]. So enthielt es bereits Vorschriften im Hinblick auf den redlichen Wettbewerb, den Öffentlichkeitsgrundsatz und die Chancengleichheit. Die Organe, auf die das Gesetz Anwendung finden sollte, wurden im Einzelnen konkret bestimmt. Auftragsgegenstände waren Warenbeschaffungen, Bauvorhaben und die Inanspruchnahme von Dienstleistungen. Abhängig vom Auftragsgegenstand wurden Schwellenwerte bestimmt, bei deren Überschreiten ein gesetzlich festgelegtes Vergabeverfahren einzuhalten war. Dies galt zunächst nur auf nationaler Ebene. Den Auftraggebern wurde ferner untersagt, die Aufträge aufzuteilen, um den gesetzlichen Verpflichtungen oberhalb der Schwellenwerte zu entgehen. Das Kbt. a.f. schuf nicht nur den Grundstein für die bis heute geltende Vergabesystematik in Ungarn, sondern auch die bis heute bedeutsamen Institute des Rates der öffentlichen Beschaffungen und seiner Schiedsstelle für öffentliche Auftragsvergabe. Die drei möglichen Arten von Vergabeverfahren waren das offene, das nichtoffene und das Verhandlungsverfahren, wobei die letzten beiden nur zur Anwendung kommen konnten, wenn es das Kbt. a.F. ausdrücklich gestattete. Die Voraussetzung und den genauen Ablauf des Rechtsschutzverfahrens regelte das Gesetz bereits in seiner damaligen Fassung.

Nicht unerwähnt bleiben soll in dem Zusammenhang, dass sich die Republik Ungarn zu dieser Zeit bereits als Mitglied der WTO und Vertragspartei des Europaabkommens[992] mit der Europäischen Union unterschiedlichen Integrationsverpflichtungen gegenüber sah. So berücksichtigt der Gesetzgeber

---

[989] Ung. *A közbeszerzésekről szóló 1995. évi XL. törvény,* Magyar Közlöny 1995/41 (V.26.), im Folgenden: Kbt. a.F.
[990] *Paksi,* A közbeszerzési eljárások jogorvoslati rendszere, S. 6.
[991] *Patay/Cser-Palkovics,* Közbeszerzési jogi-polgári jogi összefüggések, S. 723.
[992] Europa-Abkommen zur Gründung einer Assoziation zwischen den Europäischen Gemeinschaften und ihren Mitgliedstaaten einerseits und der Republik Ungarn andererseits, ABlEG 1993, L 347, S. 2 - 266.

im Zuge der Vorbereitung und Kodifizierung des Kbt. a.f. neben den materiellen Vergaberichtlinien bzw. Rechtsmittelrichtlinien der Union[993] auch die UNICITRAL[994] Modellgesetze, die Vorschriften des GPA[995] sowie die bereits vor dem Zweiten Weltkrieg bestehenden ungarischen Rechtsvorschriften über öffentliche Lieferaufträge[996].

Damit entsprach bereits das Gesetz Nr. XL von 1995 weitgehend den Anforderungen der Richtlinien zur Harmonisierung des Vergaberechtes und übertraf in einigen Punkten sogar einige Mitglieder der EU[997]. Die dennoch vorhandenen Abweichungen von den unionsrechtlichen Vorgaben waren aber zum Beispiel aus Gründen wirtschaftspolitischer Zielsetzungen beabsichtigt. Dass vielleicht offensichtlichste Beispiel für die Inländerprivilegierung war, dass der Wettbewerb bei Anwendung des offenen Prüfungssystems für die Geeignetheit von Bewerbern[998] nur auf Unternehmen beschränkt werden konnte, die ihren Sitz in Ungarn hatten. Hingegen völlig im Einklang mit den damals geltenden Rechtsmittelrichtlinien stand die bereits 1995 geschaffene Nachprüfungssystem des Kbt. a.F., in dem die Schiedsstelle für öffentliche Auftragsvergabe als Nachprüfungslinstanz fungierte und gegen deren Beschlüsse eine gerichtlichen Revision statthaft war[999].

Die erste wichtige Änderung des Kbt. a.f. durch das Gesetz Nr. LX von 1999[1000], die in beachtlichem Umfang immerhin fast die Hälfte aller Rechtsvorschriften neu formulierte[1001], wurde vom ungarischen Parlament im Juni 1999 angenommen und trat am 01. September 1999 in Kraft. In erster Linie wurden die bis dahin gewonnenen praktischen Erfahrungen bei den Vergaben in der Gesetzesänderung verwertet und Auslegungsfragen, die sich bei der Rechtsanwendung ergeben hatten, beantwortet[1002]. Gleichzeitig wurde den Grundsätzen und Zielen des Kbt. a.F. zu noch mehr praktischer Geltung verholfen: Der Öffentlichkeitsgrundsatz wurde durch das rechtspolitische Ziel

---

[993] Es handelte sich um die damals maßgeblichen RL 93/36/EWG, RL 93/37/EWG, RL 93/38/EWG, RL 92/50/EWG, RL 92/13/EWGW und RL 89/665/EWG.
[994] Kommission der Vereinten Nationen für Internationales Handelsrecht (*United Nations Commission on International Trade Law*).
[995] Näher hierzu s. unter *3. Kapitel, II.3. Die Bedeutung und Festlegung der Schwellenwerte.*
[996] *Buda/Deák* in: Fribiczer, Közbeszerzés, S. 27.
[997] *Buda/Deák* in: Fribiczer, Közbeszerzés, S. 27.
[998] Heute in geänderter Form in den §§ 215 ff. Kbt. zu finden.
[999] *Paksi,* A közbeszerzési eljárások jogorvoslati rendszere, S. 6; *Bozzay* in: Fribiczer, Közbeszerzés, S. 364.
[1000] Ung. *A közbeszerzésekről szóló 1995. évi XL. törvény módósításról szóló 1999. évi LX. törvény*, Magyar Közlöny 1999/54 (VI.21.).
[1001] *Patay/Cser-Palkovics*, Közbeszerzési jogi-polgári jogi összefüggések, S. 723.
[1002] Gesetzesbegründung zum Kbt. a.F., Allgemeiner Teil, Abschnitt I. Ziff. 1.

gefestigt, Vertragsverhandlungen ohne öffentliche Ausschreibung verstärkt einzuschränken, da deren Anzahl seit dem Inkrafttreten 1995 deutlich zugenommen hatte[1003]. Mit dem bezweckten Ausbau der Nachprüfungmöglichkeiten wurde auch der Kreis derer erweitert, die ein behördliches Nachprüfungverfahren einleiten bzw. anregen konnten, wie beispielsweise — aus Sicht der Selbstverwaltungen besonders interessant — auf den Staatlichen Rechnungshof[1004].

Die zweite größere Gesetzesänderung trat 2002 in Kraft und blieb bis zum Inkrafttreten des derzeit das Vergaberecht regelnden Gesetzes Nr. CXXIX von 2003 gültig. Diese Gesetzesänderung brachte zahlreiche Modifikationen mit sich, die auf die Klarstellung uneinheitlicher Gerichtspraxis gerichtet waren[1005]. Insbesondere wurden die Bedingungen zur finanziellen, wirtschaftlichen, technischen Geeignet- oder Ungeeignetheit und die mit der Angebotsbewertung zusammenhängenden Rechtsnormen präzisiert[1006].

II. Das Gesetz Nr. CXXIX von 2003 über die Vergabe öffentlicher Aufträge und erfolgte Änderungen

Wie bereits erwähnt, entsprach bereits das Kbt. a.F. in wesentlichen Zügen den Anforderungen der Vergaberichtlinien[1007]. Die Harmonisierung mit den im Jahre 2004 in Kraft getretenen und noch heute maßgeblichen materiellen Vergaberichtlinien 2004/18/EG bzw. 2004/17/EG war der Auslöser für die völlige Neukodifikation des ungarischen Vergaberechts[1008]. Die Rechtsvorschriften des heute geltenden Vergabegesetzes Nr. CXXIX von 2003, das in seiner ursprünglichen Fassung mit Ausnahmen[1009] am 01.05.2004 in Kraft getreten ist, sollten in vollem Umfang allen unionsrechtlich relevanten Vorgaben zur Rechtsangleichung genügen. Wichtigstes Ziel für den Gesetzgeber war, die öffentlichen Beschaffungen und Investitionen diskriminierungsfrei zu regeln. Daneben sollten laut Gesetzesbegründung[1010] im Einzelnen die Transparenz der

---

[1003] *Buda/Deák* in: Fribiczer, Közbeszerzés, S. 27; Gesetzesbegründung zum Kbt., Allgemeiner Teil, Abschnitt II. Ziff. 1.
[1004] Dieser ist für die innere Überprüfung des Haushaltes der Selbstverwaltungen zuständig, s. hierzu die Regierungsverordnung Nr. 193/2003 (XI.26) über die interne Überprüfung der Haushaltsorgane (193/2003. (XI.26.) Korm. rendelet a költségvetési szervek belső ellenőrzéséről) i.V.m. § 24 Abs. 2 lit. u) Áht., § 2 Abs. 3 des Gesetzes XXXVIII von 1989 über den Staatlichen Rechnungshof, ung. *1989. évi XXXVIII. törvény az Állami Számvevőszékről*, Magyar Közlöny 1989/82 (XI.10.) im Folgenden: Ász.
[1005] *Buda/Deák* in: Fribiczer, Közbeszerzés, S. 28.
[1006] *Buda/Deák* in: Fribiczer, Közbeszerzés, S. 28.
[1007] Gesetzesbegründung zum Kbt., Allgemeiner Teil, Abschnitt I. Ziff. 1.
[1008] Gesetzesbegründung zum Kbt., Allgemeiner Teil, Abschnitt I. Ziff. 2.
[1009] Siehe hierzu § 401 Kbt.
[1010] Gesetzesbegründung zum Kbt., Allgemeiner Teil, Abschnitt I. Ziff. 1.

Verwendung öffentlicher Gelder, ihre öffentliche Überprüfungsmöglichkeit, die Sicherung der Redlichkeit des Wettbewerbs, bestes Preis-Leistungs-Verhältnis (*best value for money*) und der Korruptionsausschluss erreicht werden. So enthält § 1 Kbt. die Grundsätze der Lauterbarkeit und Öffentlichkeit des Wettbewerbs, der Chancengleichheit sowie der nationalen Behandlung der in der Union niedergelassenen Bieter und der Unionswaren, die für das gesamte ungarische Vergabewesen gelten sollen.

Veranlasst durch die Einführung der EU- Schwellenwerte, entschied sich der Gesetzgeber dafür, ein einheitliches Gesetzeswerk für öffentliche Auftragsvergaben zu kodifizieren, also auch für solche, deren Wert die durch die Union vorgegebenen Schwellenwerte nicht erreichen[1011]. Demzufolge ist das Kbt. in ein zweistufiges Regime geteilt. Die erste Stufe umfasst Aufträge, deren Wert die Unionsschwellenwerte erreichen oder übersteigen. Auf sie zielen die sekundärrechtlichen Anforderungen unmittelbar ab. Aufträge, deren Wert unter den Unionsschwellenwerten liegen, gliedert der ungarische Gesetzgeber in zwei weitere Gruppen, deren Unterteilung durch sog. *nationale Schwellenwerte* erfolgt. Diese nationalen Schwellenwerte sind Wertgrenzen von Aufträgen in Abhängigkeit vom Auftragsgegenstand — wie die Unionsschwellenwerte auch —, die aber vom ungarischen Gesetzgeber festgelegt werden. Die Aufträge, deren Wert die nationalen Schwellenwerte erreichen bzw. überschreiten, werden ebenfalls vom Kbt. umfasst, unterliegen aber weniger strengen Regeln. Liegt der Auftragswert einer Ausschreibung unter den nationalen Schwellenwerten, ist der Anwendungsbereich des Kbt. überhaupt nicht mehr eröffnet. Damit entsteht ein zweistufiges Vergaberegime im Kbt.: Aufträge, deren Wert die Unionsschwellenwerte erreichen (Unionsvergaben), Aufträge, deren Wert die nationalen Schwellenwerte erreichen oder übersteigen (nationale Vergaben), und Aufträge, deren Wert unter den nationalen Schwellenwerten liegt. Diese Zwei- bzw. Dreiteilung verdeutlicht die Absicht des Gesetzgebers — ähnlich der des Unionsgesetzgebers —, die wirtschaftliche Bedeutung und den damit verbundenen Regelungsumfang an den Auftragswerten zu orientieren: Mit sinkendem Auftragswert nimmt das allgemeine Bedürfnis nach strengen Verfahrensregeln ab. Gleichzeitig besteht bei geringwertigen Aufträgen aber zumeist der Wunsch nach einer möglichst raschen Durchführung. Damit wurden Aufträge mit Unionsschwellenwert vor dem Hintergrund unionsrechtlicher Vorgaben einer umfangreichen Reglementierung unterworfen, deren Umfang für Auftragsvergaben mit nur nationalem Schwellenwert deutlich abnimmt.

Die bereits mit dem Kbt. a.F. eingeführten Institutionen, wie bspw. der Rat oder die Schiedsstelle für öffentliche Auftragsvergabe, wurden beibehalten, ihr

---

[1011] Gesetzesbegründung zum Kbt., Allgemeiner Teil, Abschnitt III.

Kompetenzbereich wurde allerdings im Hinblick auf die neu eingeführten Aufgaben erweitert. Dies betraf z.b. die Führung eines Schlichterverzeichnisses, die Herausgabe eines Verhaltenskodexes für Schlichter, deren Überprüfung, die Anfertigung von Statistiken und Berichterstattungen an die Europäische Kommission. Zwischen 2004 und 2009 wurde das Kbt. 23 Mal geändert. Eine ganz wesentliche Änderung erfolgte durch das sechste Änderungsgesetz, das Gesetz Nr. CLXXII von 2005 über die Änderung des Gesetzes CXXIX von 2003 über die öffentliche Auftragsvergabe[1012]. In erster Linie erging es, um die neuen Vergaberechtsrichtlinien, die auf Unionsebene erlassen worden waren, in das ungarische Recht zu integrieren[1013]. Gleichzeitig wurden Verfahrensvereinfachungen vorgesehen und diverse Vorschriften klargestellt oder ergänzt. Erstmals wurde zwischen den Vorschriften und dem Vergabeverfahren für klassische und Sektorenauftraggeber unterschieden. Dabei definierte das Gesetz genau, wann eine Tätigkeit der Sektorenauftraggeber unter die öffentliche Daseinsvorsorge fällt, wobei nur Liefer-, Bau- und Dienstleistungen Auftragsgegenstand sein können. Dann gestaltet sich die Auftragsvergabe etwas flexibler, insbesondere was die Wahl des Verfahrens anbetrifft. Das Änderungsgesetz führte auch auf nationaler Vergabeebene diese flexibleren Vorschriften für Sektorenauftraggeber ein. Ebenso wurden für Aufträge mit nationalem Schwellenwert Vorschriften über Rahmenvereinbarungen geschaffen. Durch die Möglichkeit, Bekanntgabeverpflichtungen auf elektronische Weise zu erfüllen, kam es auch zur Verkürzung diverser Fristen. Schließlich hat man sich auch bemüht, zur einfacheren Handhabung die ungarischen Standardformulare für nationale Vergaben an die der Union i.S.d. VO 1564/05[1014] anzugleichen. Das Gesetz trat mit Ablauf der Umsetzungsfrist der Richtlinien RL 2004/17/EG und RL 2004/18/EG am 31.01.2006 in Kraft. Mit Wirkung vom 01.01.2007 wurde neben dem vollelektronischen dynamischen Beschaffungssystem für Unions- und nationale Vergaben auch die elektronische Auktion für Unionsrechtsvergaben in das ungarische Beschaffungswesen eingeführt. Am 22.12.2008 wurde schließlich das Gesetz Nr. CVIII von 2008 über die Änderung des Gesetzes Nr. CXXXIX von 2003 über die öffentliche Auftragsvergabe[1015]

[1012] Ung. *A közbeszerzésekről szóló 2003. évi CXXIX. törvény módosításáról szóló 2005. évi CLXXII. törvény*, Magyar Közlöny 2005/170 (XII.27.).

[1013] Vgl. § 136 des Gesetzes CLXXII von 2005.

[1014] Verordnung (EG) Nr. 1564/2005 der Kommission vom 07.09.2005 zur Einführung von Standardformularen für die Veröffentlichung von Vergabebekanntmachungen im Rahmen von Verfahren zur Vergabe öffentlicher Aufträge gemäß der Richtlinie 2004/17/EG und der Richtlinie 2004/18/EG des Europäischen Parlaments und des Rates, ABlEU 2005, L 257, S. 1 vom 1.10.2005.

[1015] Ung. *2008. évi CVIII. törvény a közbeszerzésekről szóló 2003. évi CXXIX. törvény módosításáról*, (im Folgenden: Kbt.ÄndG).

im Ungarischen Gesetzesblatt[1016] verkündet. Es soll insbesondere der Umsetzung unionsrechtlicher Vorgaben[1017] sowie der Beschleunigung und effektiveren Gestaltung des vergaberechtlichen Rechtsschutzsystems dienen[1018].

Das Kbt.ÄndG sieht in seinen §§ 108 — 112 umfangreiche Übergangsvorschriften vor, die sich in vier Übergangszyklen teilen. Die zeitlich erste Fassung des Kbt.ÄndG trat am 01.04.2009 in Kraft, die darauf folgenden Änderungen werden jeweils am 01.10.2009, 01.01.10 sowie schließlich am 01.07.10 wirksam[1019]. Im Folgenden wird der Ausarbeitung in erster Linie die endgültige Fassung des Kbt., die am 01.07.10 in Kraft treten wird, zugrunde gelegt.

1. Der systematische Aufbau des Kbt.

So gut wie alle Fragen der öffentlichen Auftragsvergabe werden durch das Kbt. geregelt. Der Begriff „*közbeszerzés*" heißt wörtlich übersetzt „*öffentliche Beschaffung*" und wird in § 2 Abs. 1 Kbt., der den Anwendungsbereich regelt, definiert als

„*(...) Verfahren, das von den als öffentliche Auftraggeber bestimmten Organisationen zwecks Abschluss eines entgeltlichen Vertrages über die Beschaffung eines bestimmten Gegenstandes mit einem festgelegten Wert durchgeführt werden muss.*" [Übers. d. Verf.]

Das mehr als 400 Paragraphen und 4 Anlagen umfassende Gesetz ist in 8 Teile untergliedert[1020]:

Die acht Gesetzesteile untergliedern sich in insgesamt 11 Abschnitte. Die Nummerierung der Abschnitte erfolgt über die einzelnen Teile hinaus

---

[1016] Magyar Közlöny 2008/187 (XII. 22.).

[1017] Gemäß § 95 des Gesetzesvorschlags T/5656 soll dieser den Vorgaben der RL 2004/17/EG, der RL 2004/18/EG, VO (EG) Nr. 1422/2007, der RL 2007/66/EG und der VO (EG) Nr. 213/2008/EG entsprechen.

[1018] Ziff. I Abs. 1 Kbt.-Entwurf.

[1019] Art. 3 RL 2007/66/EG sieht eine Umsetzungsfrist bis zum 20.12.2009 vor. Was die Umsetzung der Richtlinie betrifft, so werden die enthaltenen Vorgaben bereits mit Inkrafttreten des ersten bzw. zweiten Zyklus am 01.04.2009 bzw. am 01.10.2009 wirksam umgesetzt. Die beiden folgenden Übergangszeiträume enthalten zum Großteil lediglich die schrittweise Umstellung der Übermittlungsformen (von postalisch und per Fax auf ausschließlich elektronisch)von fristauslösenden Bekanntgaben und Mitteilungen. Gleichzeitig werden die Fristlängen an die Übermittlungsformen angeglichen. D.h. sobald die Übermittlung nur noch elektronisch gestattet ist, wird hieran auch eine kürzere Frist (bspw. Antragsfrist, Stillhaltefrist) geknüpft.

[1020] Die Außerkraftsetzung der Anlagen 5 und 6, des 6. Teils sowie der Abschnitte 11 und 12 erfolgte gemäß § 109 Abs. 1 Kbt.ÄndG.

fortlaufend. Die Abschnitte sind wiederum untergliedert in Titel, deren Nummerierung ebenfalls fortlaufend ist. Diese Systematik hat auch das Kbt.ÄndG übernommen — wenn auch nicht konsequent. So wurde bei der Streichung einzelner Teile, Abschnitte und Titel teilweise vergessen, die verbleibende Nummerierung an die Änderungen anzupassen[1021].

Das Kbt. bestimmt im Gegensatz zum Regelungsmodell der Union die einzelnen Vergabearten nicht jeweils für sich in einzelnen Abschnitten, sondern formuliert einheitlich und vor die Klammer gezogen die für alle Vergabearten geltenden Normen.

Das Gesetz unterscheidet zwischen zwei verschiedenen Schwellenwerten und den jeweils mit ihnen verbundenen, aber nicht völlig voneinander abweichenden Vergabeverfahren[1022]: Aufträge, die die Schwellenwerte der Union erreichen bzw. überschreiten (Zweiter Teil des Kbt.), und Aufträge, deren Wert die nationalen Schwellenwerte erreichen oder überschreiten (sog. *einfaches Verfahren*, Dritter Teil des Kbt.). Dieses zweistufige Regime wurde mit §§ 67, 109 Abs. 1 Kbt.ÄndG eingeführt. Zuvor wurden die Vergaben in drei Gruppen geteilt: Aufträge, die die Schwellenwerte der Union erreichen bzw. überschreiten, Aufträge, deren Wert zwar die sog. *nationalen*, nicht aber die EU-Schwellenwerte erreichen, und schließlich die unter den nationalen Schwellenwerten liegenden Aufträge, die auch *einfache Vergabeverfahren* genannt wurden. Durch die Zusammenführung der letzten beiden Gruppen wurde das sog. *einfache Vergabeverfahren,* das bis dahin für den Vierten Teil des Kbt. galt, für alle Aufträge unterhalb der EU- Schwellenwerte eingeführt und damit die Regelungsdichte für Aufträge unter den Unionsschwellenwerten vereinheitlicht. Dies soll nach der Begründung des Gesetzesvorschlages der Vereinfachung und der Transparenz dienen.

Der 1. Teil hat grundlegende Bestimmungen zum Inhalt und beantwortet Auslegungs- und Definitionsfragen und regelt in Abschnitt III gemeinsame Bestimmungen für alle Arten der öffentlichen Auftragsvergabe, wie die Fristenberechnung, die Dokumentierung oder die offiziellen Verzeichnisse der Berater und Bieter.

Der 2. Teil betrifft die Vorschriften über die Aufträge, deren Wert die Unionsschwellenwerte erreichen. Er stellt mit den §§ 21 bis 239 Kbt. den umfangreichsten Teil des Kbt. dar und teilt sich in das allgemeine (Abschnitt

---

[1021] So wurde bspw. durch § 109 Abs. 1 Kbt.ÄndG der sechste Teil des Kbt. aufgehoben, ohne dass die konsequente Durchnummerierung der nachfolgenden Teile (Siebter bis neunter Teil) erfolgte. So regelt das Kbt. im Neunten Teil Schlussbestimmungen, obwohl es de facto nur acht Gesetzesteile gibt.
[1022] Siehe dazu im Einzelnen: *10. Kapitel Rechtsschutz unterhalb der Schwellenwerte.*

IV) und das besondere Vergabeverfahren (Abschnitt V). So gibt es gemäß § 41 Kbt. im ungarischen Vergaberecht das offene[1023], das nichtoffene[1024], das Verhandlungsverfahren[1025] und den wettbewerblichen Dialog[1026] (wobei die beiden letztgenannten nur in den gesetzlich vorgeschriebenen Fällen Anwendung finden können) sowie die Rahmenvereinbarung[1027].

Titel 3 beschäftigt sich in den §§ 48 bis 99/A. Kbt. in allen Einzelheiten mit dem offenen Verfahren als dem eigentlichen Vergabeverfahren. Der darauf folgende Titel 4 enthält die Vorschriften über Verfahren der öffentlichen Auftragsvergabe, die aus zwei Verfahrensabschnitten[1028] bestehen. In Titel 5 bzw. 6 werden anschließend nur die von Titel 4 abweichenden Vorschriften über das nichtoffene Verfahren und den wettbewerblichen Dialog bzw. das Verhandlungsverfahren normiert. Können vorgeschriebene Fristen im Hinblick auf das nichtoffene Verfahren bzw. das mit einer Veröffentlichung der Bekanntmachung zu eröffnende Verhandlungsverfahren nicht eingehalten werden, ermöglichen die Bestimmungen von Titel 7 unter besonderen Voraussetzungen die Durchführung eines beschleunigten Verfahrens.

Im folgenden Titel 8 finden sich in den §§ 137 bis 144 Kbt. abweichende Verfahrensbestimmungen für zu vergebende Baukonzessionen. In Abschnitt V des 2. Teils des Kbt. wird das sog. *besondere Vergabeverfahren* normiert. Das

---

[1023] Ein Vergabeverfahren ist offen, wenn alle Interessenten ein Angebot abgeben könnten, §§ 4 Ziff. 26, 48 ff. Kbt.
[1024] Das nichtoffene Verfahren wird definiert als ein Vergabeverfahren, bei dem die durch den Auftraggeber nach den Vorschriften des Kbt. ausgewählten Personen ein Angebot abgeben können, §§ 4 Ziff. 23, 122 ff. Kbt.
[1025] Das Verhandlungsverfahren ist ein Vergabeverfahren, bei dem der Auftraggeber mit einem oder mehreren ihm dem Kbt. gemäß ausgewählten Bieter (n) über die Vertragsbedingungen verhandelt, siehe auch §§ 4 Ziff. 35, 124 ff. Kbt. Unterschieden wird auch im ungarischen Recht zwischen Verhandlungsverfahren, die mit (§§ 129, 130 Kbt.) und ohne Veröffentlichung einer Bekanntmachung eröffnet werden (§§ 131-135 Kbt.).
[1026] Gemäß §§ 4 Ziff. 36/A, 123/A ff. Kbt. versteht man unter wettbewerblichem Dialog ein Vergabeverfahren, bei dem der Auftraggeber mit den von ihm dem Kbt. entsprechend ausgewählten Teilnahmebewerbern zur genauen Bestimmung des Gegenstandes bzw. der Art und der Bedingungen des Auftrags einen Dialog abhält und dementsprechend ein Angebot einfordert.
[1027] Die Rahmenvereinbarung ist eine Vereinbarung zwischen mindestens einem Auftraggeber und mindestens einem Bieter mit dem Ziel, die Bedingungen für die während einer bestimmten Laufzeit zu vergebenden Aufträge, festzulegen, insbesondere in Bezug auf den Preis und gegebenenfalls die in Aussicht gestellte Menge, s. §§ 4 Ziff. 12, 136/A ff. Kbt.
[1028] Im ersten Abschnitt, dem Teilnahmeabschnitt, kann der Auftraggeber kein Angebot anfordern, der Teilnahmebewerber aber auch kein Angebot abgeben. Hier geht es nur um die Entscheidung des Auftraggebers, ob sich der Bewerber zur Vertragserfüllung eignet oder nicht (vgl. § 100 Abs. 2 Kbt.).

sind die Auftragsvergaben auf der Ebene der Unionsschwellenwerte, die von den Sektorenauftraggebern vergeben werden. Der neue 3. Teil des Kbt. betrifft das *nationale Vergabeverfahren*, das sog. *einfache Vergabeverfahren*. Umfasst sind also die Auftragsvergaben, deren Auftragswert zu Beginn der Vergabe die nationalen Schwellenwerte erreicht bzw. überschreiten (§ 240 Abs. 1 Kbt.)[1029]. Die Schwellenwerte wurden im Zuge des Kbt.ÄndG auf die Höhe gesenkt, die bisher für Aufträge galt, die unter den nationalen Vergaben lagen. Der 4. Teil des Kbt., der eigene Regelungen über die Auftragsvergaben umfasste, deren Wert die nationalen Schwellenwerte nicht erreicht (das damalige sog. *einfachen Vergabeverfahren,*) wurde durch § 109 Abs. 1 Kbt.ÄndG aufgehoben. Im 5. Teil folgen unter Titel 46 einige Vorschriften zur Änderung und Erfüllung der Verträge, die aufgrund des Vergabeverfahrens geschlossen wurden.

Im 7. Teil des Kbt.[1030] finden sich schließlich die Vorschriften des Nachprüfungsverfahrens[1031], die den Kern der vorliegenden Arbeit bilden.

2. Das Nachprüfungsverfahren

Nach Ansicht der ungarischen Rechtslehre entsprach das Kbt. in seiner bis heute geltenden Fassung den rechtlichen Vorgaben der RL 89/665/EWG und der RL 92/13/WG, insbesondere im Hinblick auf die bereits 1995 geschaffenen Rechtsmittelinstanzen[1032]. Bei der Schaffung der derzeit geltenden Normen wurden bereits die grundlegenden rechtlichen Ziele der EG, namentlich die Gewährung von schnellem und effektivem Rechtsschutz bei Rechtsverletzung, berücksichtigt. Dies hat die Europäische Kommission mehrfach bestätigt[1033].

[1029] Die Schwellenwerte wurden im Zuge des Kbt.ÄndG auf die Höhe gesenkt, die bisher für Aufträge galt, die unter den nationalen Vergaben lagen. Seit dem 01.04.2009 müssen die klassischen Auftraggeber das einfache Vergabeverfahren daher bereits bei folgenden Schwellenwerten durchführen: HUF 8 Mio.(ca. EUR 32.000.) bei Liefer- und Dienstleistungsaufträgen, HUF 15 Mio. bei Bauleistungen (Ca. EUR 60.000), HUF 100 Mio.(Ca. EUR 400.000.) bei Baukonzessionen und HUF 25 Mio.(Ca. EUR 100.000.) bei Dienstleistungskonzessionen. Auch die Sektorenauftraggeber haben die Vorgaben des einfachen Vergabeverfahrens zu beachten. Allerdings liegen die Schwellenwerte deutlich höher: HUF 50 Mio. (Ca. EUR 200.000) bei Lieferverträgen, HUF 100 Mio. bei Bauleistungen und HUF 50 Mio. bei Dienstleistungen. Bau- und Dienstleistungskonzessionen sind vom einfachen Vergabeverfahren der Sektorenauftraggeber nicht umfasst.

[1030] Die Aufhebung des 6. Teils über das Bescheinigungsverfahren erfolgte mittels § 109 Abs. 1 Kbt.ÄndG.
[1031] Zur Gesetzessystematik der Rechtsmittelordnung, vgl. *4. Kapitel, II.2. Der systematische Aufbau des Kbt.*
[1032] Fribiczer in: Fribiczer, Közbeszerzés, S. 29; Die notwendigen Änderungen aufgrund der geänderten RL 2007/66/EG werden nun vom Kbt.-Vorschlag berücksichtigt.
[1033] Fribiczer in: Fribiczer, Közbeszerzés, S. 364.

Das geltende vergaberechtliche Nachprüfungsverfahren des Kbt. befindet sich — wie bereits erwähnt — im 7. Teil des Kbt. und erstreckt sich über sechs Abschnitte auf knapp 60 Paragraphen.

Abschnitt VIII regelt zunächst die allgemeinen Bestimmungen, Abschnitt IX das eigentliche Nachprüfungsverfahren der Schiedsstelle für öffentliche Auftragsvergabe: Der Anwendungsbereich, die Zuständigkeit und Zusammensetzung der Schiedsstelle aus den sog. *Vergabebeauftragten*, die Verfahrenseinleitung, Verfahrensgrundsätze, die Fristen und Entscheidungskompetenzen sowie die Rechtsmittel, mit denen die Entscheidungen der Schiedsstelle angegriffen werden können.

Ein gesonderter Abschnitt X wird den Vorgaben für Zivilprozesse, die mit der Auftragsvergabe in Zusammenhang stehen, gewidmet.

Schließlich äußert sich das Kbt. unter Berücksichtigung der Richtlinie 92/13/EWG in zwei Vorschriften über das Verfahren der Europäischen Kommission in Abschnitt XIII[1034], falls diese einen Verstoß gegen unionsrechtliche Normen der Auftragsvergabe feststellt.

Die einzelnen Änderungsgesetze des Kbt. betrafen im Hinblick auf das Nachprüfungsverfahren in erster Linie die stete Erweiterung der Zuständigkeit der Schiedsstelle. Im Gegensatz zu den sonstigen zahlreichen Modifikationen der Auftragsvergabe blieb das Nachprüfungsverfahren weitgehend in seiner ursprünglichen Form. Eine wichtige Änderung war allerdings, dass das Kbt. die Möglichkeit einräumte, Rechtsbehelfe bzw. -mittel in Vergabeverfahren einzulegen, deren Wert unter dem nationalen Schwellenwert liegt. Die Zuständigkeit der Schiedsstelle wurde also auch auf Nachprüfungen hinsichtlich einfacher Vergabeverfahren erweitert.

3. Sonstige für das Vergaberecht maßgebliche Rechtsvorschriften

Das Kbt. selbst erklärt in einzelnen Vorschriften die Bestimmungen des Ket., der Pp. und des Gesetzes Nr. IV von 1959 über das Bürgerliche Gesetzbuch[1035] (im Folgenden: Ptk.) für ergänzend anwendbar. Neben dem Kbt. müssen bei der Vergabe öffentlicher Aufträge noch weitere Gesetze (insbesondere über die klein- und mittelständischen Unternehmen und deren

---

[1034] Die Abschnitte XI und XII werden durch § 92 Abs. 1 Kbt.-Vorschlag aufgehoben. Sie hatten die allgemeine und besondere Schlichtung und die entsprechenden Bestimmungen über die einzeln persönlichen Voraussetzungen eines Schlichters, seine Überprüfung und Vergütung und das Schlichterverzeichnis zum Inhalt.
[1035] Ung. *1959. évi IV. törvény a Polgári Törvénykönyvről*, Magyar Közlöny, 40/1959 (VI.09.).

Entwicklungsförderung[1036]; über das Staatsvermögen[1037]), diverse Regierungsverordnungen (wie bspw. über die Form und den Ablauf der Bekanntmachungen[1038], über die Vergabe von Arzneimitteln[1039], über das Planausschreibungsverfahren[1040], über Beschaffungen, welche die nationale Sicherheit und Geheimhaltungsinteressen betreffen[1041], und über die Einzelheiten der Vergabe von Bauaufträgen[1042]) sowie Ministerverordnungen (bspw. über die Tätigkeit der offiziellen Vergabeberater[1043]) berücksichtigt werden.

Zusätzlich geben die Ministerien Mitteilungen heraus, die gemäß § 55 Abs. 3 Jat. Informationen enthalten, deren Kenntnis für die das Gesetz vollziehenden Behörden notwendig ist[1044].

Die Ermächtigungsgrundlagen für den Erlass von Verordnungen stehen in § 404 Kbt.: Von den 23 Möglichkeiten haben das ungarische Parlament bzw. die Ministerien von den folgenden sechzehn Gebrauch gemacht:

- Regierungsverordnung Nr. 34/2004 (III.12) über detaillierte Regeln der Zusendung und Veröffentlichung der Bekanntmachungen, ihre Kontrolle, die

---

[1036] Ung. *2004. évi XXXIV. törvény a kis- és középvállalkozásokról, fejlődésük támogatásáról*, Magyar Közlöny 61/2004 (05.01.).
[1037] Ung. *2007. évi CVI. törvény az állami vagyonról*, Magyar Közlöny 121/2007 (09. 17.).
[1038] Ung. *A közbeszerzési és tervpályázati hirdetmények megküldésének és közzétételének részletes szabályairól, a hirdetmények ellenőrzésének rendjéről és díjáról, valamint a Közbeszerzési Értesítőben történő közzététel rendjéről és díjáról szóló 34/2004. (III. 12.) Korm. rendelet.*
[1039] Ung. *A gyógyszerek és gyógyászati segédeszközök közbeszerzésének részletes és sajátos szabályairól szóló 130/2004. (IV. 29.) Korm. rendelet.*
[1040] Ung. *A tervpályázati eljárások részletes szabályairól szóló 137/2004. (IV. 29.) Korm. rendelet.*
[1041] Ung. *Az államtitkot vagy szolgálati titkot, illetőleg alapvető biztonsági, nemzetbiztonsági érdeket érintő vagy különleges biztonsági intézkedést igénylő beszerzések sajátos szabályairól szóló 143/2004. (IV. 29.) Korm. rendelet.*
[1042] Ung. *Az építési beruházások közbeszerzésekkel kapcsolatos részletes szabályairól szóló 162/2004. (V. 21.) Korm. rendelet.*
[1043] Ung. *A hivatalos közbeszerzési tanácsadói tevékenység feltételét képező közbeszerzési gyakorlatra és annak igazolására vonatkozó szabályokról szóló 29/2004. (IX. 8.) IM rendelet.*
[1044] Bspw. die Mitteilung 8001/2007 des Außen- und Justizministeriums über die bestehenden Verpflichtungen der Republik Ungarn und der Europäischen Gemeinschaft auf dem Gebiet der öffentlichen Auftragsvergabe, ung. *8001/2007. KüM-IRM együttes tájékoztató a Magyar Köztársaságnak és az Európai Közösségnek a közbeszerzések terén fennálló nemzetközi kötelezettségeiről*, Magyar Közlöny 102/2007 (07.31.).

Gebühren sowie die Ordnung der Veröffentlichung im Vergabeanzeiger und deren Gebühren[1045] (§ 404 Abs. 1 a) Kbt.);

- Regierungsverordnung Nr. 137/2004 (IV.29) über detaillierte Regeln des Planausschreibungsverfahrens[1046] (§ 404 Abs. 1 b) Kbt.);

- Regierungsverordnung Nr. 168/2004 (V.25) über detaillierte Regeln der zentralisierten Verfahren (auch in Verbindung mit Gesundheitsdienstleistungen von Organisationen, die aus Krankenhausfonds finanziert werden, und die zur Kostendeckung zu erhebenden Gebühren[1047] (§ 404 Abs. 1 c) und d) Kbt.);

- Regierungsverordnung Nr. 257/2007 (X.4) über die Regeln für Verfahrenshandlungen, die elektronisch abgehalten werden können, sowie von Anschaffungen auf elektronischem Wege[1048] (§ 404 Abs. 1 e) Kbt.);

- Regierungsverordnung Nr. 162/2004 (V.21) über detaillierte Regeln bei Bauaufträgen in Verbindung mit öffentlichen Auftragsvergaben[1049] (§ 404 Abs. 1 f) Kbt.);

- Regierungsverordnung Nr. 130/2004 (IV. 29) über detaillierte Regeln der öffentlichen Auftragsvergabe für Arzneimittel und Hilfsmittel zur Heilbehandlung[1050] (§ 404 Abs. 1 g) Kbt.);

- Regierungsverordnung Nr. 143/2004 (IV. 29) über Anschaffungen, die Staats- oder Dienstgeheimnisse bzw. grundlegende Sicherheitsinteressen bzw. Interessen der nationalen Sicherheit berühren oder besondere Sicherheitsmaßnahmen erfordern[1051] (§ 404 Abs. 1 h) Kbt.);

- Regierungsverordnung Nr. 228/2004 (VII.30) über die Anschaffung von Waren bzw. Dienstleistungen, die im Bereich der Verteidigung grundlegende Sicherheitsinteressen berühren bzw. ausdrücklich für militärische, ordnungsschützende und polizeiliche Zwecke gedacht sind[1052] (§ 404 Abs. 1 i) Kbt.);

[1045] Ung. *34/2004. (III.12.) Korm. rendelet*, Magyar Közlöny 2004/29 (III. 12.).
[1046] Ung. *137/2004. (IV.29.) Korm. rendelet*, Magyar Közlöny 2004/59 (IV. 29.).
[1047] Ung. *168/2004. (V.25.) Korm. rendelet*, Magyar Közlöny 2004/70 (V. 25.).
[1048] Ung. *257/2007. (X.4.) Korm. rendelet*, Magyar Közlöny 2007/132 (X. 4.).
[1049] Ung. *162/2004. (V.21.) Korm. rendelet*, Magyar Közlöny 2004/69 (V. 21.).
[1050] Ung. *130/2004. (IV.29.) Korm. rendelet*, Magyar Közlöny 2004/59 (IV. 29.).
[1051] Ung. *143/2004. (IV.29.) Korm. rendelet*, Magyar Közlöny 2004/59 (IV. 29.).
[1052] Ung. *228/2004. (VII.30.) Korm. rendelet*, Magyar Közlöny 2004/108 (VII. 30.).

- Regierungsverordnung Nr. 40/2005 (III.10.) über nähere Regelungen für die Warenbeschaffungen, die im Rahmen des Sicherheitsinvestitionsprogramms des NATO zu realisieren sind[1053] (§ 404 Abs. 1 j) Kbt.);

- Regierungsverordnung Nr. 302/2006 (XII.23) über die Regeln der für geschützte Arbeitgeber vorbehaltenen öffentlichen Auftragsvergaben[1054] (§ 404 Abs. 1 m) Kbt.);

- Regierungsverordnung Nr. 224/2004 (VII.22) über die Regelungen zur Auswahl eines Dienstleisters für Abfallverwertung sowie über Verträge über öffentliche Dienstleistungen[1055] (§ 59 Abs. 1 k) und l) des Gesetzes Nr. XLIII über die Abfallwirtschaft[1056]).

- Verordnung des Justizministeriums Nr. 2/2006 (I.13.) über die Muster der Bekanntmachungen, die Muster der Zusammenfassungen der Angebotsbeurteilung und der statistischen Jahreszusammenfassung[1057] (§ 404 Abs. 2 a) Kbt.);

- Verordnung des Justizministeriums Nr. 29/2004 (IX.8.) über die für die Zulassung als offizieller Berater bei öffentlichen Auftragsvergaben vorausgesetzte Praxiserfahrung im Vergabewesen sowie deren Nachweise[1058] (§ 404 Abs. 2 c) Kbt.);

- Gemeinsame Verordnung Nr. 30/2004 (IX.8.) des Justiz- und Finanzministeriums über die für die Tätigkeit als offizieller Berater bei öffentlichen Auftragsvergaben vorausgesetzte Haftpflichtversicherung[1059] (§ 404 Abs. 2 d) Kbt.);

- Verordnung des Ministeriums für Beschäftigungspolitik und Arbeit Nr. 1/2004 (I.9) über die Vergütung für die Informationspflichterfüllung in Bezug auf den Schutz der Arbeitnehmer und die Arbeitsbedingungen[1060] (§ 404 Abs. 3 Kbt.);

- Verordnung des Finanzministeriums Nr. 1/2006 (I.13) über die Verfahrensregeln und die Vergütung für die Informationspflichterfüllung in

---

[1053] Ung. *40/2005. (III. 10.) Korm. rendelet*, Magyar Közlöny 2005/30 (III. 10.).
[1054] Ung. *302/2006. (XII.23.) Korm. rendelet*, Magyar Közlöny 2006/161 (XII. 23.).
[1055] Ung. *224/2004. (VII.22.) Korm. rendelet*, Magyar Közlöny 2004/103 (VII. 22.).
[1056] Ung. *A hulladékgazdálkodásról szóló 2000. évi XLIII. törvény* (Hgt.) , Magyar Közlöny 2000/53 (VI. 2.).
[1057] Ung. *2/2006. (I.13.) IM rendelet*, Magyar Közlöny 2006/3 (I. 13.).
[1058] Ung. *29/2004. (IX.8.) IM rendelet*, Magyar Közlöny 2004/126 (IX. 8.).
[1059] Ung. *30/2004. (IX.8.) IM-PM együttes rendelet*, Magyar Közlöny 2004/126 (IX. 8.).
[1060] Ung. *1/2004. (I.9.) FMM rendelet*, Magyar Közlöny 2004/3 (I. 9.).

Bezug auf die mit der Steuerzahlung verbundenen Anforderungen[1061] (§ 404 Abs. 6 Kbt.);

- Die gemeinsame Mitteilung des Außen- und Justizministeriums Nr. 8001/2007 über die internationalen Verpflichtungen der Republik Ungarn und der Europäischen Union auf dem Gebiet des Vergaberechts[1062].

Hilfreich ist schließlich die Herausgabe praktisch relevanter Empfehlungen durch den Ratsvorsitzenden (§ 378 Abs. 1 lit. c) Kbt.). Aufgrund § 93 Kbt.ÄndG wird seit dem Inkrafttreten der Änderungen die Empfehlung durch die sog. *nützlichen Ratschläge* des Rates der öffentlichen Beschaffungen erweitert. Diese dienen der einheitlichen Anwendung des Kbt., ohne den Charakter einer Rechtsnorm zu haben, vgl. § 379 Abs. 2 lit. k) Kbt. Ihr Zweck ist es, aufgrund bisheriger Nachprüfungsentscheidungen gewonnener Erfahrungen die Anwendung der Vergaberechtsvorschriften zu verbessern und die mit der Auftragsvergabe zusammenhängenden praktischen Erkenntnisse zusammenzufassen.

Die Informationen und die bisherigen Empfehlungen sind allesamt auf der Homepage des Rates der öffentlichen Beschaffungen (*http://www.kozbeszerzes.hu*) abrufbar und werden im Vergabeanzeiger bekannt gemacht. Sie werden nicht regelmäßig, sondern bei Bedarf veröffentlicht, sodass bspw. 2006 fünf solche Vorschläge, im Jahr 2007 dagegen nur einer veröffentlicht wurden. Ihre Nichtbefolgung ist zwar unmittelbar sanktionslos. Da sie aber die Auslegungspraxis der Schiedsstelle widerspiegelt, sind die Beteiligten gut beraten, wenn sie die Inhalte der Ratschläge bzw. Hinweise bei ihrem Vergabeverhalten berücksichtigen.

4. Zusammenfassung

Der Aufbau des Kbt. unterscheidet zwischen Vorschriften für Aufträge mit Unionsschwellenwert und solchen mit nationalem Schwellenwert. Damit hat der ungarische Gesetzgeber nicht nur die sekundärrechtlich geforderten Unionsvergaben gesetzlich geregelt, sondern darüber hinaus auch die Vergaben, die von nationaler Bedeutung sind. Die verfassungs- und europarechtlichen Probleme, die sich bei anderen Mitgliedstaaten stellen[1063], deren Vergaberecht

---

[1061] Ung. *1/2006. (I.13.) PM rendelet*, Magyar Közlöny 2006/3 (I. 13.).

[1062] Ung. *8001/2007 KüM-IRM együttes tájékoztató a Magyar Köztársaságnak és az Európai Közösségnek a közbeszerzések terén fennálló nemzetközi kötelezettségeiről*, Magyar Közlöny 2007/102 (VII. 31.).

[1063] Wie in Deutschland oder Österreich, vgl. hierzu *Dreher*, Vergaberechtsschutz unterhalb der Schwellenwerte, NZBau 2002, 419, 424; *Bitterich*, Rechtsschutz bei Verletzung aus dem EG-Vertrag abgeleiteter „Grundanforderungen" an die Vergabe öffentlicher Aufträge, NVwZ 2007, 890, 892; *Seidel* in: Dauses, Handbuch des EU-Wirtschaftsrechts, H.IV., Rn. 290;

nur die Aufträge ab den Unionsschwellenwerten umfasst, werden mit dem Regelungsumfang des Kbt. zum größten Teil vermieden. Für die unter den nationalen Auftragswerten liegenden Beschaffungen gelten insbesondere das Áht., das Ász. und z.T. die o.g. Verordnungen der Regierung und Ministerien. Da sich der Rechtsschutz auf alle Vergabesachen im Zusammenhang mit dem Kbt. und seine Durchführungsverordnungen sowie auf diejenigen Gesetze erstreckt, welche einzelne Kbt.-Vorschriften für anwendbar erklären, bleibt für unüberprüfbare Vergaben nur sehr wenig Raum.

Innerhalb der beiden ersten Schwellenwerteinheiten unterscheidet der Gesetzgeber jeweils nach klassischen und Sektorenauftraggebern. Innerhalb dieser Unterteilung wiederum werden allgemein geltende Vorschriften stets vor die Klammer gezogen und im Folgenden nur noch abweichende Bestimmungen erwähnt. Dies und die einheitliche Kodifikation von materiellem und prozessualem Recht in einem Gesetzestext dienen der Übersichtlichkeit und einfacheren Handhabung des an sich sehr umfangreichen Kbt.

Schwarze, Die Vergabe öffentlicher Aufträge im Lichte des europäischen Wirtschaftsrechts, EuZW 2000, 133, 136.

5. Kapitel: Erstinstanzlicher Primärrechtsschutz gegen vergaberechtliche Entscheidungen

Jede einzelne Auftragsvergabe berührt wichtige wirtschaftliche Interessen, da es für ein Unternehmen und seine Mitarbeiter meist eine langfristige existenzielle Sicherheit bedeutet, Lieferant oder Dienstleister des Staates zu sein. In der Vergangenheit sind die Auftragswerte auch in Ungarn stetig gestiegen, was das Interesse der einzelnen Bieter und Bewerber am Gewinn der Ausschreibung erheblich verstärkt[1064]. Umso notwendiger macht dies die Einhaltung der unionsrechtlichen Vorgaben sowohl auf Seiten des Mitgliedstaates im Rahmen seiner Umsetzungspflicht als auch auf Seiten des Auftraggebers. Die Missachtung des Vergaberechts benachteiligt oftmals nicht ortsansässige Unternehmen oder solche aus Drittstaaten, die sich daher in besonderem Maße auf die effektive Überprüfung der Anwendung der Vergaberichtlinien verlassen müssen. Darüber hinaus muss ein schnelles und wirksames Einschreiten gegen Missbräuche und Verstöße gegen die geltenden Bestimmungen des redlichen Wettbewerbs möglich sein[1065]. Sofern Ungarn einen vertrauenswürdigen Schutz für Auftraggeber und Auftragnehmer sicherstellt, wird es auch vom Marktzugang von Drittstaatunternehmen wirtschaftlich profitieren.

Das vorliegende Kapitel bildet das Kernstück dieser Untersuchung. Nach einem kurzen Überblick über den vergaberechtlichen Instanzenzug (I.) und den Anwendungsbereich des Kbt. (II.) werden die Besonderheiten des Instituts der Schiedsstelle (III.), insbesondere im Hinblick auf deren Qualifizierung als gerichtsähnliche Verwaltungsinstanz (III.6.), die Einleitung des Nachprüfungsverfahrens (IV.) sowie ihre Auswirkungen auf das laufende Vergabeverfahren (V.) dargelegt. Bei den Ausführungen zum Ablauf des konkreten Nachprüfungsverfahrens wird besonders auf die anzuwendenden Verfahrensgrundsätze eingegangen (VI.). Der Darstellung der einzelnen Entscheidungsbefugnisse, zu denen die Schiedsstelle ermächtigt ist (VII.), schließt sich deren umfassende Wertung (VII.4.) am vorgegebenen Rechtsrahmen an. Unter VIII. wird die Verpflichtung der Schiedsstelle zur Einleitung eines Feststellungsverfahrens dargelegt und begründet. Das Kapitel wird abgeschlossen mit der Darstellung und der Bewertung der Durchsetzbarkeit der Schiedsstellensprüche (IX.) und einem kurzen Rechtsvergleich zum deutschen Pendant.

[1064] *Paksi*, A közbeszerzési eljárások jogorvoslati rendszere, S. 8.

[1065] *Paksi*, A közbeszerzési eljárások jogorvoslati rendszere, S. 3.; *Fribiczer* in: Fribiczer, Közbeszerzés, S. 363.

I. Der Instanzenzug im ungarischen Vergaberecht

Im Gegensatz zu den meisten anderen Mitgliedstaaten, die die Überprüfung der Vergabe den Zivilgerichten zugeordnet haben, entschied sich Ungarn, ähnlich wie Deutschland, Österreich und Dänemark[1066], für die Schaffung einer neuen und eigenständigen Institution: Die Schiedsstelle für öffentliche Auftragsvergabe. Das derzeit geltende und das vorliegende Kbt.ÄndG haben keine radikalen — wenn auch ständige — Änderungen des bereits im Kbt. a.F. von 1995 geschaffenen vergaberechtlichen Instanzenzuges mit sich gebracht. In den Zuständigkeitsbereich des bereits vor 14 Jahren eingerichteten Spruchkörpers fällt die erstinstanzlich Prüfung aller Nachprüfungen, die mit der öffentlichen Auftragsvergabe in Zusammenhang stehen, vgl. § 395 Abs. 1 Kbt. Die Schiedsstelle ist — ähnlich wie die deutschen Vergabekammern Verwaltungsbehörden sind[1067] — als Teil des Rates der öffentlichen Beschaffungen ein autonomes Staatsverwaltungsorgan[1068].

Einen Streit über die Eröffnung des Rechtswegs, wie er in Deutschland zumindest im Unterschwellenbereich geführt wurde[1069], gibt es in Ungarn schon aus zwei Gründen nicht: Zum einen verweist das Kbt. selbst auf die Anwendbarkeit des Ket. bzw. des XX. Abschnitts der Pp., welche das Verfahren in Verwaltungssachen regeln. Zum anderen gibt es keinen ausgesprochenen Verwaltungsrechtsweg, da die ordentlichen Gerichte auch für die Beurteilung verwaltungsrechtlicher Streitigkeiten zuständig sind und sich die Aufteilung in ordentliche (im Einzelnen: zivilrechtliche, wirtschaftliche, strafrechtliche) und verwaltungsrechtliche Senate lediglich aus der internen Geschäftsverteilungsordnung i.S.d. § 11 Abs. 4 Bsz. ergibt.

Soll vor einer übergeordneten Instanz die Entscheidung der Schiedsstelle angefochten werden, so ist zu unterscheiden, ob Streitgegenstand eine bloße Verfahrensentscheidung oder eine Entscheidung in der Sache ist: Gegen die

---

[1066] *Stehmann* in: Grabitz/Hilf/Krenzler, Das Recht der Europäischen Union, E 28., Rn. 95.
[1067] *Pietzcker* in: Grabitz/Hilf/Hailbronner, Recht der Europäischen Union, B 19., Rn. 11.
[1068] *Fazekas*, Az autonóm jogállású államigazgatási szervek, S. 25, 28.
[1069] Eine Übersicht hierzu findet sich in der Entscheidung des Bundesverwaltungsgerichts vom 02.05.2007, NZBau 2007, 339, Abschnitt II. 1. c).; Für eine Zuständigkeit des Verwaltungsrechtsweges: Beschluss des OVG Koblenz vom 25.05.2005, Az. 7 B 10356/05; Beschluss des OVG Nordrhein-Westfalen vom 11.08.2006, Az. 15 E 880/06; Beschluss des OVG Sachsen vom 13.04.2006, Az. 2 E 270/05; Beschluss des VGH Hessen vom 20.12.2005, Az. 3 TG 3035/05; gegen eine Zuständigkeit des Verwaltungsrechtswegs: Beschluss des OVG Niedersachsen vom 14.07.2006, Az. 7 OB105/06; Beschluss des OVG Berlin-Brandenburg vom 28.07.2006, Az. 1 L 59.06; Beschluss des OVG Berlin-Brandenburg vom 08.08.2006, Az. 6B 65.06; Beschluss des VGH Baden-Württemberg vom 30. 10. 2006, Az. 6 S 1522/06; endgültige Versagung des Verwaltungsrechtsweges durch den Beschluss des BVerwG vom 2.5.2007, Az. 6 B 10.07.

Verfahrensentscheidung ist gemäß § 345 Abs. 1 Kbt. nur dann ein gesondertes Rechtsmittel zulässig, wenn dies ein Gesetz ausdrücklich vorsieht. Örtlich und sachlich zuständig hierfür ist das Hauptstädtische Gericht in Budapest. Dies geht neben § 345 Abs. 3 Kbt. auch aus § 326 Abs. 7 Pp. hervor, da sich die Zuständigkeit der Schiedsstelle auf das gesamte Gebiet der Republik Ungarn erstreckt, vgl. § 318 Abs. 4 Kbt. Das Hauptstädtische Gericht geht in einem unstreitigen Verfahren vor, welches *außer der Reihe*[1070] durchgeführt wird. Gegen dessen Entscheidung ist kein Rechtsmittel mehr statthaft.

Soll gegen einen Beschluss der Schiedsstelle in der Sache vorgegangen werden, so regeln die §§ 346 ff. Kbt. abweichend vom Ket., dass eine Berufung[1071] nicht statthaft ist. Auch ein Wiederaufnahme- und Billigkeitsverfahren ist ausgeschlossen. Dies liegt wohl u.a. daran, dass der Rat und damit auch die Schiedsstelle keiner Aufsichtsbehörde — sie untersteht nur dem Parlament — untergeordnet sind. So musste der verfassungsrechtliche Anspruch[1072] an eine gerichtliche Überprüfung der Schiedsstellenentscheidung anders sichergestellt werden. Deshalb hat man sich gemäß § 326 Abs. 1 Kbt. bzw. § 100 Abs. 2 Ket. als zweitinstanzliches Verfahren für die Revision entschieden, über die gemäß §§ 109 ff. Ket. stets ein Gericht entscheidet. Sachlich und örtlich ist dafür ebenfalls das Hauptstädtische Gericht zuständig. Dies ergibt sich mangels anders lautender Kbt.-Regelung aus § 326 Abs. 9 Ket. bzw. § 23 Abs. 1 Bsz. Im Revisionsverfahren hält sich das Gericht an die Vorschriften der Pp., insbesondere die §§ 324 bis 341 Pp. über das verwaltungsgerichtliche Verfahren. Ein Verfahren außer der Reihe findet seit dem Kbt.ÄndG hier nicht mehr statt.

Soll im Weiteren die Revisionsentscheidung des Hauptstädtischen Gerichts angefochten werden, so sieht § 349 Abs. 1 Kbt. die Berufung vor. Hierfür ist das Hauptstädtische Tafelgericht zuständig (§ 326 Abs. 9, 10 Abs. 2 b) Pp.).

Vor dem Obersten Gericht kann schließlich eine Revision gegen die Berufungsentscheidung gemäß § 349 Abs. 3 Kbt. eingereicht werden.

[1070] Gemäß § 333 Abs. 2 i.V.m. Abs. 3 - 5 Pp. bedeutet dies das Vorziehen der Verfahrensentscheidung durch verkürzte Verfahrens-, Anberaumungs- und Entscheidungsfristen.
[1071] Nach ungarischem Verwaltungsrecht (vgl. §§ 106 ff. Ket.) wird eine Berufung bei der übergeordneten Behörde eingelegt. Da das Rechtsmittel der Berufung aber auch gegen erstinstanzliche Gerichtsentscheidungen statthaft ist, muss bei Vorliegen eines Berufungsverfahrens stets ermittelt werden, ob es sich um ein behördliches oder um ein gerichtliches Verfahren handelt.
[1072] Vgl. oben die Ausführungen zu § 57 Abs. 5 Alk.

In Deutschland wird hingegen nicht unterschieden, ob die Vergabekammern eine sach- oder Prozessentscheidung erlassen haben. Alle ergangenen und unterbliebenen Entscheidungen der Vergabekammern können den Vergabesenaten der zuständigen Oberlandesgerichte als erste Gerichtsinstanz zur sofortigen Beschwerde vorgelegt werden. Im Gegensatz zum ungarischen Vergaberechtsschutz ist das Gericht erster Instanz grundsätzlich auch die letzte Instanz in Vergabesachen. Nur ausnahmsweise kann der Vergabesenat, wenn er anders entscheiden möchte als andere Oberlandesgerichte oder der Bundesgerichtshof, letzterem die Sache vorlegen (§ 124 Abs. 2 GWB).

II. Vom Rechtsschutz umfasste Vergabegegenstände

Das grundsätzliche Ziel des Europäischen Unionsrechts ist die Gewährleistung schnellen und wirksamen Rechtsschutzes gegen eine Rechtsverletzung[1073]. Die §§ 316 bis 318 Kbt. sehen die Zulässigkeit einer Nachprüfung vor, wenn ein Tun oder Unterlassen den Rechtsvorschriften, die sich auf das Vergabeverfahren bzw. die öffentliche Auftragsvergabe beziehen, widersprechen. Die öffentliche Auftragsvergabe definiert § 2 Kbt. wie folgt:

> *„Dieses Gesetz findet bei den Vergabeverfahren Anwendung, die von den als öffentlicher Auftraggeber definierten Organisationen durchgeführt werden müssen, um einen entgeltlichen Vertrag über die Beschaffung eines bestimmten Gegenstandes zu einem bestimmten Wert abzuschließen (Vergabe öffentlicher Aufträge)." [Übers. der Verf.]*

Daraus ist zu schließen, dass die Rechtsschutzmöglichkeit in allen Fällen in Anspruch genommen werden kann, die Vergabefälle im Sinne des Kbt. sind. Daher erstreckt sich der Rechtsschutz vor der Schiedsstelle auch auf alle einschlägigen Auftragsgegenstände i.S.d. § 23 Kbt.: Liefer-, Bau- und Dienstleistungsverträge mit Unions- und nationalen Schwellenwerten der klassischen und der Sektorenauftraggeber; Baukonzessionen im Wert der Unions- und nationalen Schwellenwerte sind erfasst, sofern diese von klassischen Auftraggebern ausgeschrieben werden; Dienstleistungskonzessionen i.S.d. § 242 Abs. 4 Kbt. sind nur dann vom Anwendungsbereich des Kbt. und damit vom Rechtsschutz umfasst, wenn ihr Wert den nationalen, nicht aber die Unionsschwellenwert erreicht oder überschreitet. Mit der Aufnahme des Planausschreibungsverfahrens in das Kbt. als eine eigene Form des wettbewerblichen Verfahrens i.S.d. §§ 154 ff. Kbt. kann es nunmehr auch zum Gegenstand eines Nachprüfungsverfahrens gemacht werden (§ 316 Abs. 3 Kbt.):

[1073] *Kozma* in: Patay, A Közbeszerzés Joga, S. 521.

„*Unter öffentlicher Auftragsvergabe bzw. Vergabeverfahren ist in diesem Teil[1074] auch das Planausschreibungsverfahren zu verstehen."* [Übers. der Verf.]

Die näheren Vorschriften hierzu enthält die Regierungsverordnung Nr. 137/2004 über die einzelnen Regelungen des Planausschreibungsverfahrens[1075]. Bis zur Aufnahme dieser Vergabeform in das Kbt. konnten Verstöße nur vor den ordentlichen Gerichten gerügt werden[1076].

Damit besteht ein einheitliches Rechtsschutzsystem, das alle Vergabearten erfasst[1077].

Hinsichtlich der Auftragswerte wird sowohl für Vergaben öffentlicher Aufträge, die die unionsrechtlichen Schwellenwerte erreichen oder überschreiten, als auch für Aufträge, die die nationalen Schwellenwerte erreichen bzw. übersteigen, der Kbt.-Rechtsschutz gewährleistet. Bisher waren auch Verträge, deren Wert unterhalb der nationalen Schwellenwerte lag, vom Rechtsschutzsystem des Kbt. erfasst. Dies bedeutet aber nicht, dass der Rechtsschutzumfang seit dem Kbt.ÄndG verkürzt wurde, weil etwa die Aufträge unterhalb der nationalen Schwellen ausgeschlossen worden sind. Vielmehr wurden die bisherigen nationalen Schwellenwerte auf die Eingangswerte der bisher untersten Schwellenstufe gesenkt. D.H. dass die Aufträge, die ehemals unter den nationalen Schwellenwerten lagen, nunmehr auch vom regelungsdichteren nationalen Vergabeverfahren erfasst sind. An der Tatsache, dass auch diese Aufträge von Kbt.-Rechtsschutz erfasst sind, hat das Kbt.ÄndG nichts geändert.

Neben einem Verstoß gegen das Kbt. selbst wird Rechtsschutz auch dann gewährt, wenn ein rechtswidriges Verhalten gegen die Durchführungsvorschriften, zu deren Erlass das Kbt. eine Ermächtigungsvorschrift enthält, angefochten wird[1078].

Schließlich findet der Kbt.-Rechtsschutz auch dann Anwendung, wenn ein Verstoß gegen die Kbt.-Bestimmungen vorliegt, deren Anwendung ein anderes

---

[1074] Gemeint ist der 7. Teil des Kbt., §§ 316 – 373 Kbt. (Rechtsmittel in Verbindung mit Auftragsvergaben)
[1075] Ung. *137/2004. (IV. 29.) Korm. rendelet a tervpályázati eljárások részletes szabályairól*, Magyar Közlöny 2004/59 (IV.29.).
[1076] § 16 Abs. 2 Verordnung Nr. 16/1998 (VI.3.) des Ministers für Umweltschutz und Wasser über die einzelnen Vorschriften über gemeindliche und bauliche Planausschreibungsverfahren (ung. a *településrendezési és építészeti tervpályázatok részletes szabályairól szóló 16/1998. (VI. 3.) KTM rendelet).*
[1077] *Monory*, Közérthető közbeszerzés közösségi keretek között, S. 301.
[1078] *Kozma* in: Patay, A Közbeszerzés Joga, S. 522.

Gesetz vorschreibt. So bestimmt z.B. § 135 Abs. 1 des Gesetzes CXXXIX von 2005 über die Hochschulen[1079], dass die Auswahl eines Finanzinstitutes, das die Garantiefonds von Hochschulen verwalten soll, nach den Regeln der öffentlichen Auftragsvergabe auszuwählen ist.

Zusammenfassend lässt sich sagen, dass der Rechtsschutz des Kbt. alle im Kbt. geregelten Auftragsarten zu den jeweiligen Schwellenwerten umfasst und sich darüber hinaus auch auf die Einhaltung der Durchsetzungsvorschriften und der sonstigen Gesetze, die die Anwendung der Kbt.-Bestimmungen anordnen, erstreckt.

III. Die Schiedsstelle für öffentliche Auftragsvergaben als Nachprüfungsstelle im Sinne der Rechtsmittelrichtlinien

Nach Ansicht der ungarischen Rechtsliteratur entsprach die Ausgestaltung des Nachprüfungsverfahrens und der Infrastruktur der Schiedsstelle bereits in der Form des Kbt. a.F. von 1995 den Vorgaben der RL 89/665/EWG bzw. RL 92/13/EWG[1080]. Die Europäische Kommission hat dies in ihrer Agenda 2000 (Stellungnahme der Kommission zum Antrag Ungarns auf Beitritt zur Europäischen Union vom 15.07.1997)[1081] bestätigt. In der ungarischen Verwaltungsstruktur ist die Schiedsstelle dem Rat der öffentlichen Beschaffungen unter- bzw. beigeordnet[1082], der als ein autonomes, nur dem Parlament unterstehendes, zentrales Staatsverwaltungsorgan bezeichnet wird[1083].

1. Zuständigkeit der Schiedsstelle für öffentliche Auftragsvergabe

Wegen eines Tuns oder Unterlassens, das gegen Rechtsvorschriften über die öffentliche Auftragsvergabe bzw. das Vergabeverfahren verstößt, ist gemäß

[1079] *Ung. 2005. évi CXXXIX. törvény a felsőoktatásról*, Magyar Közlöny 2005/160.

[1080] *Bozzay* in: Fribiczer, Közbeszerzés, S. 364, wobei hierunter die Richtlinien in der Form zu verstehen sind, die sie vor Erlass der Änderungsrichtlinie 2007/66/EG hatten.

[1081] KOM/97/2001 endg, doc 97/13, S. 45.

[1082] Problematisch ist bei der Entscheidung, ob die Schiedsstelle dem Rat unter- oder beigeordnet ist, dass das ung. Wort „*mellet*" sowohl mit „unter" als auch mit „bei" übersetzt werden kann. Wie sich im Folgenden zeigen wird, ist die Schiedsstelle zwar selbständig, insb. die einzelnen Vergabebeauftragten agieren völlig weisungsfrei. Allerdings spricht für die Übersetzung „untergeordnet", dass es einige wesentliche organisatorische Verflechtungen zwischen Rat und Schiedsstelle gibt, wie z.B., dass die effektive Tätigkeit der Schiedsstelle aus dem Haushalt des Rates zu finanzieren ist.

[1083] *Paksi*, A közbeszerzési eljárások jogorvoslati rendszere, S. 6.; § 1 Abs. 3 lit. a) des Gesetzes Nr. LVII von 2006 über die zentralen Staatsverwaltungsorgane und die Rechtsstellung der Regierungsmitglieder und Staatssekretäre (ung. *2006. évi LVII. törvény a központi államigazgatási szervekről, valamint a Kormány tagjai és az államtitkárok jogállásáról*, Magyar Közlöny 2006/67 (VI. 2.)) bezeichnet den Rat der öffentlichen Beschaffungen als autonomes Staatsverwaltungsorgan.

§ 316 Abs. 1 Kbt. ein Rechtsbehelf nach den Bestimmungen des 7. Teils des Kbt. statthaft. Demzufolge ist ein Rechtsbehelf statthaft, wenn gegen eine Kbt.-Norm, oder auch gegen eine aufgrund einer Ermächtigung im Kbt. erlassene Durchführungsvorschrift verstoßen wird. Beispiel hierfür ist die Regierungsverordnung Nr. 257/2007 vom 04. Oktober 2007 über die elektronische Ausübung der vergaberechtlichen Verhandlungsverfahren und die elektronische Auktion[1084], deren § 26 bei Verstößen gegen die Verordnung die Rechtsmittelvorschriften des Kbt. Anwendung finden. Daneben beurteilt die Schiedsstelle auch Verletzungen anderer Gesetze, die Vorschriften über öffentliche Beschaffungen enthalten wie bspw. das Áht.[1085]. Wie bereits im 5. *Kapitel* dargestellt, besteht die Möglichkeit zur Nachprüfung bei allen Arten von Vergabeverfahren, die eine öffentliche Auftragsvergabe im Sinne des § 2 Abs. 1 Kbt. sind.

a) Sachliche Zuständigkeit

Die sachliche Zuständigkeit der Schiedsstelle erstreckt sich in erster Linie auf sog. *Vergabesachen* i.S.d. § 319 Abs. 1 Kbt. Die Legaldefinition der Vergabesachen findet man in § 318 Abs. 1 bis 3 Kbt. Im Einzelnen sind dies die Durchführung der Verfahren wegen Verletzung von Rechtsvorschriften in Bezug auf die öffentliche Auftragsvergabe, das Vergabeverfahren sowie das Planausschreibungsverfahren. Für letzteres erklärt § 316 Abs. 3 Kbt. alle Nachprüfungsvorschriften der §§ 316 ff. Kbt. für anwendbar, die auf die öffentliche Auftragsvergabe bzw. das Vergabeverfahren Bezug nehmen. Da nicht nur Rechtsverletzungen des Kbt. selbst, sondern auch Verstöße gegen Durchführungsvorschriften des Kbt. und andere sich auf das Vergabeverfahren beziehende gesetzlichen Regelungen (wie bspw. § 12/A des Gesetzes Nr. XXXVIII von 1992 über den Staatshaushalt[1086]) gemeint sind, ist die Schiedsstelle für eine ganze Fülle von Verfahren sachlich zuständig. Dazu zählt beispielsweise auch die entgegen zwingendem Recht erfolgte Umgehung der Anwendung der Kbt.-Vorschriften. Bereits vor Inkrafttreten der neuen RL 2006/77/EG wurde dieser Fall vom Kbt. erfasst und einer weitaus strengeren Sanktionierung als bei anderen Verstößen unterzogen[1087].

Auch im Verfahren i.S.d. § 219 Abs. 9 Kbt. entscheidet die Schiedsstelle: Hierbei geht es um Anträge von Bewerbern, die sich im Rahmen des besonderen

---

[1084] Ung. *257/2007. (X. 4.) Korm. Rendelet a közbeszerzési eljárásokban elektronikusan gyakorolható eljárási cselekmények szabályairól, valamint az elektronikus árlejtés alkalmazásáról*, Magyar Közlöny 2007/132 (X.4), in Kraft getreten am 01.01.2008.
[1085] *Kozma* in: Patay, A Közbeszerzés Joga, S. 526.
[1086] Ung. *1992. évi XXXVIII. törvény az államháztartásról* (=Áht.), Magyar Közlöny Magyar Közlöny 1992/63 (VI. 18.).
[1087] *Monory*, Közérthető közbeszerzés közösségi keretek között, S. 302.

Vergabeverfahrens von Auftraggebern aus dem Bereich der Wasser- und Energieversorgung, des Verkehrswesens sowie der Post[1088] gegen die Ablehnung des Prüfantrags bzw. die Löschung aus dem Verzeichnis der zugelassenen Bieter (§ 215 Abs. 5 Kbt.) wehren. Zur sachlichen Kompetenz der Schiedsstelle gehört ebenso die Durchführung eines Verfahrens, das wegen einer gegen das Kbt. verstoßenden Änderung oder Erfüllung eines Vertrages eingeleitet wurde, der auf Grundlage eines Vergabeverfahrens geschlossen wurde. Die Schiedsstelle muss aber auch in Fällen, die an sich gar keine Vergabefälle sind, eine Entscheidung fällen: Wählt eine Person oder Organisation das Kbt. freiwillig als Rechtsgrundlage für die Auftragsvergabe, ist die Einhaltung der gesamten Regelungen und aller einzelnen Vorschriften des Gesetzes, also auch die Zuständigkeitsregelungen, verbindlich. Dies wird nochmals in § 318 Abs. 3 Kbt. bekräftigt[1089].

Welchem Zweck § 395 Abs. 1 Kbt.,

„Die beim Rat der öffentlichen Beschaffungen tätige Schiedsstelle ist für die Durchführung von Nachprüfungen zuständig, die wegen strittigen und rechtsverletzenden Angelegenheiten der Vergabe öffentlicher Aufträge und der Planausschreibungsverfahren eingeleitet worden sind." [Übers. der Verf.]

der sich im Abschnitt über den Rat der öffentlichen Beschaffungen für öffentliche Auftragsvergabe befindet und inhaltlich die sachliche Zuständigkeit aus § 318 Kbt. nur wiederholt, dient, wird nicht ganz klar. Vermutlich sollte hier lediglich eine Kompetenzabgrenzung zum Rat der öffentlichen Beschaffungen deutlich gemacht werden.

Die Abgrenzung zur Zuständigkeit der ordentlichen Gerichte findet sich in § 316 Abs. 2 Kbt.

Aus der Formulierung des § 316 Abs. 2 Kbt.

„Ein Rechtsstreit hinsichtlich eines Vertrages[1090], der aufgrund eines Vergabeverfahrens geschlossen wurde — ausgenommen Rechtsstreitigkeiten wegen einer gegen § 303 verstoßenden Vertragsänderung oder gegen § 304 bzw. § 306 Abs. 2 verstoßenden Vertragserfüllungs- — bzw. die Entscheidung über zivilrechtliche Ansprüche, die mit dem Vergabeverfahren zusammenhängen, fallen in die Kompetenz des Gerichts." [Übers. d. Verf.]

[1088] Vgl. Abschnitt V. des Kbt., § 161 — § 239 Kbt.
[1089] *Monory*, Közérthető közbeszerzés közösségi keretek között, S.301.
[1090] Im Weiteren auch: vergaberechtlicher Vertrag.

lässt sich entnehmen, dass sich der Zuständigkeitsbereich der Schiedsstelle und der des Gerichts gegenseitig ausschließen. So ist das Gericht für alle denkbaren zivilrechtlichen Ansprüche zuständig, die sich aus dem Vertragsverhältnis ergeben können, z.b. im Falle eines Vertragsbruchs, einer Kündigung oder der Unwirksamkeit des Vertrages sowie für die damit verbundenen Schadensersatzansprüche[1091]. Diese Regelung stellt eine klare Konsequenz der Gesetzesaussage dar, dass mit dem Vertragsschluss das (erfolgreiche) Vergabeverfahren abgeschlossen wird und das weitere Schicksal des Vertrages nicht mehr in den Anwendungsbereich des Kbt. und damit nicht mehr in den Zuständigkeitsbereich der Schiedsstelle fällt. Daran schließt sich § 3 Abs. 1 Pp. an, wonach in zivilrechtlichen Streitigkeiten das Gericht die Entscheidung fällt.

Nicht umfasst sind hiervon aber die Fälle, in denen es um die konkrete Vertragsänderung oder -erfüllung geht. Dies verweist das Gesetz in § 318 Abs. 2 Kbt.

„Für die Durchführung des Verfahrens wegen einer gegen dieses Gesetz verstoßenden Änderung oder Erfüllung eines Vertrages, der aufgrund eines Vergabeverfahrens geschlossen wurde, ist die Schiedsstelle für öffentliche Auftragsvergaben zuständig. " *[Übers. d. Verf.]*

ebenfalls in den Zuständigkeitsbereich der Schiedsstelle[1092]. Dies stellt zwar eine Durchbrechung des Prinzips dar, nach dem die Schiedsstelle nur bis zum Zeitpunkt des Vertragsschlusses kompetent sein soll. Doch ist zu berücksichtigen, dass diese Vertragsänderungen und -erfüllungen nur in Fällen möglich sind, die im Kbt. konkret bezeichnet werden. Bei der Beurteilung von Kbt.-Vorschriften sorgt aber die Schiedsstelle als hierfür spezialisiertes „*Quasi-Gericht*"[1093] besser für eine einheitliche und kompetente Rechtsprechung als die ordentlichen Gerichte.

So erlaubt das Kbt. Änderungen der aufgrund des Vergabeverfahrens geschlossenen Verträge nur in Ausnahmefällen und unter ganz bestimmten Voraussetzungen. Genauso werden an die Vertragserfüllung ganz konkrete Anforderungen gestellt. Das Kbt. knüpft an gegen die Vorschriften des Kbt. verstoßende Änderungen oder Erfüllungen von vergaberechtlichen Verträgen entsprechende Sanktionen, damit nachträgliche Änderungen oder eine ordnungswidrige Erfüllung von Verträgen nicht zu einer Umgehung der wettbewerblichen Anforderungen führen.

[1091] *Monory*, Közérthető közbeszerzés közösségi keretek között, S. 301.
[1092] *Bozzay* in: Fribiczer, Közbeszerzés, S. 367.
[1093] *Fazekas*, Az autonóm jogállású államigazgatási szervek, S. 28.

Nach dem Wortlaut des § 318 Abs. 2 Kbt. bezieht sich die Prüfungskompetenz der Schiedsstelle auf die Änderung und Erfüllung von Verträgen, die sich m.E. auf alle Vorschriften des Titels 46 (der mit Änderung und Erfüllung von Verträgen überschrieben ist), also die §§ 303 bis 306, einschließlich § 304/A Kbt. erstreckt[1094].

So dürfen gemäß § 303 Kbt. die Teile der Verträge, die auf Bedingungen in der Aufforderung oder auf dem Inhalt eines Angebotes basieren, nur geändert werden, wenn nach Vertragsschluss ein nicht vorhersehbarer Umstand eingetreten ist, der bei Vertragsdurchführung zu einer Verletzung wesentlicher rechtlicher Interessen führen würde. Dies wird vermutlich zu der vertragsgestalterischen Konsequenz führen, dass in Verträgen keine Änderungsoptionen mehr für die Zukunft aufgenommen werden, da der Eintritt der Voraussetzungen dieser etwaigen Optionen bei Vertragsgestaltung dann zumindest für möglich gehalten wurde.

Nach § 304 Abs. 1 Kbt. darf die Erfüllung des Vertrages nur durch den Vertragspartner erfolgen. Dieser ist grundsätzlich der obsiegende Bieter des Vergabeverfahrens, wobei unter den weiteren Voraussetzungen des § 52 bzw. § 91 Abs. 2 Kbt. die durch ihn gegründete Projektgesellschaft bzw. bei nachträglichem Rücktritt oder Ausschluss des Bieters auch derjenige Vertragspartei werden und damit zur Vertragserfüllung berechtigt und verpflichtet werden kann, der das zweitbeste Angebot bei der Ergebnisbekanntgabe abgegeben hat. Im Rahmen des § 304 Abs. 3 Kbt. ist auch der Subunternehmer des obsiegenden Bieters zu Vertragserfüllung berechtigt, wobei Vertragspartei der Bieter bleibt. Der neue § 304/A Kbt. stellt die Voraussetzungen auf, zu denen die Projektgesellschaft zur Vertragserfüllung berechtigt und verpflichtet ist, z.B. wenn zwischen dem Bieter und der Projektgesellschaft ein Vertrag geschlossen wird, nach dem die Rechte und Pflichten aus dem vergaberechtlichen Vertrag auch auf die Projektgesellschaft übergehen sollen. Weiter bestimmt § 305 Kbt. das erforderliche Verhalten der Vertragsparteien nach der Erfüllung, wie die Anerkennung der Vertragserfüllung durch den Auftraggeber, die Übergabe einer Bauleistung, die Zahlung der Gegenleistung sowie entsprechende Veröffentlichungspflichten. Die Schiedsstelle ist ferner sachlich für die Überprüfung der Vertragskündigung durch den Auftraggeber zuständig, wenn es gemäß § 306 Abs. 1 Kbt. nicht zur etwa erforderlichen Anmeldung der Projektgesellschaft beim Firmengericht kommt. Ebenso sanktioniert sie bei Bauaufträgen die Nichterfüllung der Verpflichtung des obsiegenden Bieters zum Abschluss einer

---

[1094] A.A. *Kozma* in: Patay, A Közbeszerzés Joga, S. 526 sowie CompLex Kommentar, § 318 Kbt., die beide den Bezug nur auf die §§ 303, 304 und 306 Abs. 2 Kbt. aufzeigen.

Haftpflichtversicherung oder der Pflicht, die Arbeiten durch einen technischen Inspekteur kontrollieren zu lassen, vgl. § 306 Abs. 2 Kbt[1095]. Schließlich fällt die Nichtigkeitserklärung von einzelnen vertraglichen Bestimmungen in den sachlichen Zuständigkeitsbereich der Schiedsstelle, welche für den Fall einer Vertragsverletzung durch den Auftraggeber bestimmte Rechtsfolgen einschränken oder ausschließen oder gegen die Vorgaben des § 306/A Abs. 1 Kbt. über die Verzugszinsen verstoßen. Durch das Kbt.ÄndG wurde die Schiedsstelle auch für die Feststellung des Vorliegens der Nichtigkeitsgründe hinsichtlich des vergaberechtlichen Vertrages ermächtigt[1096], wie etwa in den Fällen des § 306/A Abs. 2 Kbt., in denen der Vertrag unter Umgehung des Vergabeverfahrens oder des Vertragsschlussmoratoriums gemäß § 96/B Abs. 4 bzw. § 99 Abs. 3 und 4 Kbt. geschlossen wurde.

Stellt die Schiedsstelle im Rahmen des § 318 Abs. 2 Kbt. eine Rechtsverletzung im Zusammenhang mit der Vertragsänderung oder -erfüllung fest, kann sie gemäß § 340 Abs. 6 Kbt. eine Geldbuße verhängen, nicht aber in das vertragliche Verhältnis der Parteien eingreifen[1097].

Da es — wie gezeigt — um ganz bestimmte Fälle von Vertragsänderungen und -erfüllungen geht und diese teilweise nur die betroffenen Bestimmungen des Vertrages reglementieren, muss man davon ausgehen, dass das Gericht unter Anwendung der — im Gegensatz zum Kbt. — recht weiten Vertragsänderungsvorschriften des Ptk. in allen anderen Fällen, in denen die Rechtmäßigkeit der Änderung oder Erfüllung eines vergaberechtlichen Vertrages zu beurteilen ist, sachlich zuständig ist.

Insoweit ist erwähnenswert, dass die sachliche Zuständigkeit stets für ausreichend rechtlichen Diskussionsstoff gesorgt hat und es keine Gesetzesänderung seit der Verabschiedung des Gesetzes im Jahre 1995 gab, die nicht Gegenstand solcher Rechtsstreitigkeiten gewesen wäre[1098]. In den meisten Fällen, in denen die Zuständigkeit der Schiedsstelle überprüft werden muss, ist Streitgegenstand, ob der Beschaffende tatsächlich unter den Auftraggeberbegriff des Kbt. zu subsumieren ist und ob der Beschaffungsgegenstand zu Beginn des Beschaffungsverfahrens den Schwellenwert des Kbt. erreicht oder überschritten hat[1099]. In Zusammenhang mit der Prüfung ihrer sachlichen Zuständigkeit hat die Schiedsstelle für öffentliche Auftragsvergabe zahlreiche und vielfältige Beschlüsse gefasst. Ihnen ist allerdings eins gemein: Sie wenden die

---

[1095] *Bozzay* in: Fribiczer, Közbeszerzés, S. 367.
[1096] Dies ergibt sich auch aus § 340/A Abs. 1 Kbt.
[1097] CompLex Kommentar zu § 316 Kbt., letzter Absatz.
[1098] *Monory*, Közérthető közbeszerzés közösségi keretek között, S.302.
[1099] *Kozma* in: Patay, A Közbeszerzés Joga, S. 527.

Zuständigkeitsvorschriften ohne jede Auslegungsambitionen oder Rechtsfortbildung wortwörtlich an, sodass es auf der anderen Seite auch verwundern muss, welche offensichtlich unzulässigen Überprüfungsanträge bei der Schiedsstelle eingereicht werden[1100].

Zusammenfassend lässt sich zum sachlichen Zuständigkeitsbereich der Schiedsstelle sagen, dass die Zuweisung aller Vergabesachen an eine einzige hierfür zuständige Stelle im Hinblick darauf sinnvoll ist, dass so einheitliche und rasche Entscheidungen gewährleistet werden können. Die als Vergabesachen geltenden Rechtsstreitigkeiten sind aber nicht nur vielfältig, sondern auch umfangreich, sodass die Vergabebeauftragten nicht nur einem hohen fachlichen, sondern auch einem zeitlichen Druck unterliegen. Wenn gleich ein zahlenmäßiger Rückgang der Vergabesachen zu verzeichnen ist, so wird die Vielfalt der Rechtsstreitigkeiten laufend größer und die Zeit für die Entscheidungsfindung immer knapper [1101]. So mussten 25[1102] Vergabebeauftragte im Jahr 2005 über 1091, in 2006 über 858[1103] und in 2007 über 751 Nachprüfungen fristgerecht entscheiden[1104], wobei bisher erschwerend hinzugekommen ist, dass grundsätzlich drei Vergabebeauftragte über einen Fall entscheiden mussten.

b) Örtliche Zuständigkeit

Im Gegensatz zur sachlichen ist die örtliche Zuständigkeit weniger problematisch. Die allgemeinen Bestimmungen des ungarischen Verwaltungsverfahrensgesetzes sehen in § 21 Abs. 2 Ket. vor, dass in Angelegenheiten, die unter wirtschaftlichen Gesichtspunkten besonders bedeutend sind oder einen besonderen Sachverstand erfordern, ein Gesetz oder eine Regierungsverordnung die Behörde festlegen kann, die in bestimmten Angelegenheiten eine landesweite Zuständigkeit erhält. Im Einklang damit legt § 318 Abs. 4 Kbt. fest, dass sich die örtliche Zuständigkeit der Schiedsstelle auf das gesamte Gebiet der Republik Ungarn erstreckt. Diese Tatsache verstärkt neben dem weiten sachlichen Zuständigkeitsbereich die enorme Arbeitsbelastung der zentralisierte Schiedsstelle.

[1100] Weitere Entscheidungen der Schiedsstelle für öffentliche Auftragsvergabe zu § 318 Kbt.: *Kozma* in: Patay, A Közbeszerzés Joga, S. 527-529.
[1101] *Paksi*, A közbeszerzési eljárások jogorvoslati rendszere, S.18.
[1102] Über die jährliche Anzahl der Vergabebeauftragten entscheidet der Rat der öffentlichen Beschaffungen, § 395 Abs. 3 Kbt.
[1103] *Közbeszerzések Tanácsa*, J/3359. beszámoló, 2006, S. 52.
[1104] Pressemitteilung des Rates über die Entwicklung der öffentlichen Auftragsvergabe im Jahr 2007 vom 17.01.2008, S. 3.

2. Verfahrensregeln vor der Schiedsstelle für öffentliche Auftragsvergabe

Das Kbt. sieht kein Verfahren *sui generis* für das Verfahren der Schiedsstelle vor. Die Schiedsstelle geht – ähnlich wie auf der Grundlage des Kbt. a.F. – § 317 Abs. 1 Kbt. nach dem Ket. vor. So bestimmt § 12 Abs. 1 Ket, dass

> *"(im) verwaltungsbehördlichen Verfahren (...) in Verwaltungsangelegenheiten, die in den Geltungsbereich dieses Gesetzes fallen, die Bestimmungen dieses Gesetzes anzuwenden (sind)." [Übers. d. Verf.]*

Der Wortlaut des § 13 Abs. 2 lit. g) Ket., wonach

> *"die Bestimmungen dieses Gesetzes (...) in Rechtsmittelverfahren hinsichtlich der Vergabe öffentlicher Aufträge nur anzuwenden (sind), wenn das Gesetz für diese Art von Rechtssachen keine abweichenden Regelungen trifft." [Übers. d. Verf.]*

zeigt, dass mit Inkrafttreten des neuen Ket.[1105] eine spiegelbildliche Übereinstimmung mit den Verfahrensvorschriften der öffentlichen Auftragsvergabe erfolgt ist. Denn nach § 317 Abs. 1 Kbt. sind die vom Ket. abweichenden Bestimmungen des Kbt. vorrangig anzuwenden.

Auch wenn das Kbt. das Verfahren sehr ausführlich regelt und den allgemeinen Ket.-Vorschriften dadurch praktisch nur ergänzende Bedeutung zukommt, ist seine Anwendung verpflichtend[1106]. Das ergibt sich aus den Worten *„kell alkalmazni"* (dt. *muss angewendet werden*) in § 317 Abs. 1 Kbt. Wenn also das Kbt. Verfahrenshandlungen vorschreibt, ohne dass eine spezielle Anwendungsregelung hierzu bestimmt ist, sind die betreffenden Rechte und Pflichten dem Ket. zu entnehmen. Aufgrund der Besonderheiten des vergaberechtlichen Gegenstandes können nicht alle Regelungen des Ket. im Verfahren der Schiedsstelle Wirkung entfalten (Ausnahmen sind z.B. die Reglungen über den behördlichen Vermittler[1107] gemäß § 41 Ket. oder über das Aufsichtsverfahren[1108] gemäß §§ 115 ff. Ket.). Der Gesetzgeber hat darauf verzichtet, die Ket.-Ausnahmen explizit zu nennen, da sich ihre Nichtanwendbarkeit aus der Natur der Sache ergeben soll[1109]. Allein in § 317

[1105] Dieses Verhältnis zwischen Ket. bzw. früher dem Áe. auf der einen und dem Kbt. auf der anderen Seite war von der Rechtsprechung regelmäßig festzustellen, s. bspw. D. 441/16/2000.
[1106] *Monory, Közérthető közbeszerzés közösségi keretek között*, S. 302.
[1107] Ung. *Hatósági közvetítő.*
[1108] Ung. *Felügyeleti eljárás.*
[1109] CompLex Kommentar, § 317 Kbt.

Abs. 2 Kbt. erfolgte bis zur Fassung des Kbt.-Entwurf Nr. T/5656[1110] (im Weiteren auch: Kbt.-Vorschlag oder Kbt.-Entwurf) der ausdrückliche Anwendungsausschluss der §§ 160 bis 162 Ket. Diese haben die elektronische Sachbearbeitung durch die Behörde zum Inhalt und mussten deshalb ausgeschlossen werden, weil die Schiedsstelle für öffentliche Auftragsvergaben noch nicht über die technischen Voraussetzungen für die elektronische Sachbearbeitung verfügte, obwohl sie im Rahmen der Regierungsverordnung Nr. 257/2007 über die elektronische Ausübung der vergaberechtlichen Verhandlungsverfahren und die elektronische Auktion bereits dazu verpflichtet gewesen wäre. Auf der Grundlage des Kbt.ÄndG wird mit Beginn der Umsetzungsphase zum 01.07.2010 sogar die ausschließliche Anwendung der §§ 160 bis 162 Ket. im Nachprüfungsverfahren der Schiedsstelle gefordert[1111]. Darunter fallen insbesondere die Einreichung des Nachprüfungsantrages, der Anregung und die entsprechenden Anlagen, die Mängelbeseitigung und die diesbezügliche Aufforderung, Ladungen oder die Entscheidung der Schiedsstelle selbst. Die vorgezogene Pflicht zur Überprüfung der formalen Anforderungen der zugesandten Dokumente sowie die Aufforderung zur Gebührenentrichtung werden im Gegensatz zu anderen Verwaltungsverfahren gemäß 317 Abs. 3 Kbt. i.V.m. § 161 Abs. 1 S. 2 bzw. Abs. 3 Ket. vom Anwendungsbereich des Kbt. ausgeschlossen.

In den sog. *gesondert durchgeführten Verfahren*[1112], wie es auch das vergaberechtliche Nachprüfungsverfahren ist, fällt dem Rechtsanwender die Entscheidung schwer, in welchem Umfang die subsidiären Ket.-Vorschriften auf die konkrete Verfahrenshandlung anzuwenden sind. Denn nicht selten ist es der Fall, dass eine allgemeine Verfahrensregel nur einen bestimmten Teil der im Paragraphen geregelten Verfahrensfrage betrifft. Ob man in einem solchen Fall die Anwendung des gesamten betroffenen Paragraphen unterlassen muss oder nur den bestimmten Teil nicht anwenden darf, haben weder die Rechtsprechung noch die ungarische Rechtsliteratur allgemeingültig beantwortet[1113]. Nur eine

---

[1110] Entwurf des Ministeriums für Justiz- und Polizeiwesen (im Folgenden auch: Justizministerium) eines Gesetzesvorschlages zur Vereinfachung des Verfahrens der öffentlichen Auftragsvergabe, um das Rechtsmittelsystem noch effektiver zu gestalten und zur Erfüllung der gesetzgeberischen Aufgaben, die sich aus den Änderungen der Rechtsmittelrichtlinien ergeben (ung. *tervezet a közbeszerzési eljárási rend egyszerűsítésére, a jogorvoslati rendszer hatékonyabbá tételére és a jogorvoslati irányelvek változásából adódó jogalkotási feladatok megvalósítására irányuló törvényjavaslatról*), Nr. IRM/CKFO/176/2008 im Februar 2008.
[1111] § 111 Abs. 2 lit. e) Kbt.ÄndG; s.a. Besondere Begründung des Gesetzesentwurfs zu §§ 61 bis 63, 2. Absatz.
[1112] Ung. különtartott eljárások.
[1113] *Kozma* in: Patay, A Közbeszerzés Joga, S. 526.

Gegenüberstellung der Ket.- und der Kbt.-Norm führt unter Berücksichtigung des Gesamtzusammenhangs zur Feststellung der im Einzelfall jeweils richtigen Verfahrensregel[1114]. Da § 317 Abs. 1 Kbt. als spezielleres Gesetz vorrangig Anwendung findet, muss die ergänzende Anwendung einer Ket.-Vorschrift oder eines Teils davon stets im Lichte des Sinns und Zwecks der Verfahrensregeln (wie der Effektivität, Nichtdiskriminierung und Schnelligkeit[1115]) ausgelegt und angewendet werden.

Vor dem unionsrechtlichen Rahmen ist § 13 Abs. 4 Ket. ganz besonders hervorzuheben. Er deklariert in Übereinstimmung mit den ohnehin für die Mitgliedstaaten verbindlichen Aussagen des EuGH[1116] folgende Verpflichtung:

„Werden in einer in den Geltungsbereich dieses Gesetzes fallenden Sache Verfahrensregeln durch einen unmittelbar anzuwendenden Rechtsakt der Union oder durch einen internationalen Vertrag festgelegt, so dürfen die Bestimmungen dieses Gesetzes in der dort geregelten Frage nicht angewendet werden." [Übers. d. Verf.]

Soweit also die Umsetzung der Verfahrensvorschriften der RL 2007/66/EG im Rahmen des Kbt.ÄndG nur unzureichend oder verspätet verwirklicht worden ist bzw. wird und die ergänzend anwendbaren Ket.-Regelungen der RL widersprechen, kann sich der Einzelne nach § 13 Abs. 4 Ket. auf die einschlägige und vorrangig anzuwendende Unionsvorschrift berufen.

3. Die Zusammensetzung der Schiedsstelle für öffentliche Auftragsvergabe

Die Vorschriften über die Beauftragten der Schiedsstelle finden sich in erster Linie in den § 319 bis § 321 Kbt. In den Vergabesachen entscheidet die Schiedsstelle für öffentliche Auftragsvergabe grundsätzlich als Kammer, die aus drei vom Vorsitzenden der Schiedsstelle ernannten Vergabebeauftragten besteht, vgl. § 319 Kbt.

Anstelle der Kammer kann ein einzelner Vergabebeauftragter nur im Ausnahmefall i.S.d. § 319 Abs. 4 Kbt. vorgehen: Gemäß § 16 Kbt. ist der öffentliche Auftraggeber verpflichtet, beim Rat der öffentlichen Beschaffungen eine statistische Jahreszusammenfassung über seine getätigten Beschaffungen einzureichen. Bei Verstoß gegen diese Vorschrift kann laut § 16 Abs. 3 Kbt. der Rat der öffentlichen Beschaffungen von Amts wegen eine Verfahrenseinleitung

---

[1114] *Kozma* in: Patay, A Közbeszerzés Joga, S. 526.
[1115] CompLex Kommentar § 316 Kbt., 11. Absatz; ebenso *Paksi*, A közbeszerzési eljárások jogorvoslati rendszere, S. 6.
[1116] Siehe hierzu *3. Kapitel, I. 1. Die unmittelbare Wirkung des Unionsrechts* und die dort zitierte Rspr. des EuGH.

durch die Schiedsstelle anregen (§ 328 Kbt.). Für die Entscheidungsfindung in einem solchen Verfahren sah der Gesetzgeber keine Notwendigkeit, dass hierüber eine dreiköpfige Kammer befinden soll[1117]. Es genügt daher, wenn lediglich ein Beauftragter diese einfach zu beurteilende Rechtslage überprüft.

Grundsätzlich müssen die drei Mitglieder der Kammer bzw. der in Ausnahmefällen allein entscheidende Vergabebeauftragte über praktische und theoretische juristische Kenntnisse verfügen[1118]. Das heißt im Einzelnen: Seit Anfang 2006[1119] müssen mindestens zwei der Beauftragten der Kammer über die sog. *Juristische Fachprüfung* verfügen, vgl. §§ 319 Abs. 2 Kbt. Nach der 5. Regierungsverordnung des Justizministers von 1991 über die juristische Fachprüfung[1120] entspricht diese Qualifikation der Zweiten Juristischen Staatsprüfung in Deutschland[1121]. Ein weiteres Mitglied soll über einen Universitäts- oder Hochschulabschluss verfügen, der mit dem Streitgegenstand in Zusammenhang steht. Vorsitzender der Kammer kann nur ein Vergabebeauftragter mit einer juristischen Fachprüfung sein. In allen Fällen, in denen das Kbt. sonst von der Kammer bzw. von einem vorgehenden Vorsitzenden spricht, kann auch ein Vergabebeauftragter alleine vorgehen. In den Fällen, in denen es laut Kbt. genügt, dass ein Vergabebeauftragter das Verfahren durchführt, kann gemäß § 319 Abs. 4 S. 2 Kbt. hierzu nur ein Beauftragter ernannt werden, der über die juristische Fachprüfung verfügt.

Im Nachprüfungsverfahren sind es grundsätzlich juristische Fragen, die den Streitgegenstand bestimmen und über die entschieden werden muss. Daher setzt das Kbt. die juristische Fachprüfung bei dem im vergaberechtlichen Nachprüfungsverfahren allein vorgehenden Beauftragten voraus. Gleichzeitig ist es wichtig zu gewährleisten, dass ein Mitglied der Kammer über Fachkenntnisse verfügt, die mit dem vergaberechtlichen Streitgegenstand in Zusammenhang stehen[1122]. Wenn neben den beiden Juristen auch eine Person teilnehmen soll, die die fachlichen Besonderheiten des Auftrages verstehen und bewerten kann, ist eine fachübergreifende und umfassende Beurteilung des Streitgegenstandes

---

[1117] *Bozzay* in: Fribiczer, Közbeszerzés, S. 369.
[1118] *Monory*, Közérthető közbeszerzés közösségi keretek között, S. 305.
[1119] Genauer gesagt gilt dies für Verfahren, die ab dem 01.01.2006 eingeleitet worden sind, für den vorangegangenen Zeitraum genügte es, wenn ein juristisch fachgeprüfter Vergabebeauftragter sich mit der Sache befasst hatte, § 403 Abs. 3 Kbt.
[1120] Ung. 5/1991. (IV. 4.) IM rendelet a jogi szakvizsgáról, Magyar Közlöny 1991/36 (IV. 4.); zu deren Erlass wurde der Justizminister aufgrund § 10 der Regierungsverordnung 41/1990 (IX.15.) ermächtigt.
[1121] § 5 a des Deutschen Richtergesetzes in der Fassung der Bekanntmachung vom 19.04.1972 (BGBl. I S. 713), zuletzt geändert durch Artikel 4 des Gesetzes vom 22.12.2006 (BGBl. I S. 3416).
[1122] *Bozzay* in: Fribiczer, Közbeszerzés, S. 369.

gewährleistet[1123], wodurch sich auch die Wahrscheinlichkeit einer materiell richtigen Entscheidung erhöht. Dies wiederum dient der Effektivität des Rechtsschutzverfahrens.

Der Vorsitzende der Kammer übernimmt die Verfahrensvorbereitung und -leitung gemäß § 319 Abs. 3 Kbt. Er kann laut § 319 Abs. 4 S. 2 Kbt. sogar alle Entscheidungen (z.B. die Vorladung i.S.d. § 317 Abs. 2 d) Kbt.) und Maßnahmen, für die die Schiedsstelle eigentlich zuständig ist, alleine treffen. Hiervon ausgenommen sind drei Fälle: Eine einstweilige Verfügung (§ 332 Kbt.), ein Bescheid bzw. Beschluss[1124], der die Vergabesache beendet (§ 30[1125] bzw. 31 Abs. 1[1126] Ket., § 325 Abs. 3 und 4 Kbt.[1127]) und ein in der Sache zu fassender Beschluss (§ 340 Abs. 1 Kbt.), bedürfen der Entscheidung der Kammer. Die Entscheidungen ergehen als Mehrheitsbeschlüsse.

Weitere Aufgaben des Vorsitzenden der Schiedsstelle finden sich etwas unerwartet in § 396 Abs. 1 Kbt. Danach obliegen ihm die Leitung der Schiedsstelle, deren Vertretung und die Ausübung der Arbeitgeberrechte gegenüber den Vergabebeauftragten (ausgenommen ist hiervon der Stellvertreter des Vorsitzenden). Er legt dem Rat der öffentlichen Beschaffungen die durch ihn erstellte Organisations- und Geschäftsordnung der Schiedsstelle zur Genehmigung vor, überwacht ferner die Einhaltung der Verfahrensfristen und die Veröffentlichung der Schiedsstellenbeschlüsse. Bei Abwesenheit des Vorsitzenden ist sein Stellvertreter unbeschränkt vertretungsbefugt, § 396 Abs. 2 Kbt.

Der nicht verwirklichte Kbt.-Vorschlag sah eine umfassende Neukodifikation der Zuständigkeitsregelungen vor. Die mit drei Mitgliedern besetzte Kammer hätte bei Unionsvergaben tätig werden sollen, in einfachen Fällen jedoch nur ein einzelner Vergabebeauftragter. Hinsichtlich nationaler Vergabeverfahren sollte

---

[1123] *Bozzay* in: Fribiczer, Közbeszerzés, S. 369.
[1124] Im Zuge des Kbt.ÄndG wurde die geänderte Terminologie nicht konsequent umgesetzt. So kam es zwar nicht zu einer Änderung des § 319 Kbt., der die Entscheidung, die zum Abschluss der Vergabesache führt, als (Verfahrens-) Bescheid bezeichnet. § 325 Abs. 3 und 4 Kbt. hingegen wurden durch das Kbt.ÄndG dahingehend modifiziert, dass die Entscheidungen als Beschluss ergeht.
[1125] § 30 Ket. bestimmt Antragsablehnungsgründe, z.B. wenn der Antrag auf ein unmögliches Ziel gerichtet ist.
[1126] § 31 Abs. 1 Ket. normiert die Verfahrenseinstellung für die Fälle, in denen z.B. in einem Antragsverfahren der Antrag vor Rechtskraft des Beschlusses in der Sache zurückgenommen wurde oder das Verfahren sich aufgrund des Todes oder Auflösung einer Partei ohne Rechtsnachfolger erledigt hat.
[1127] § 325 Abs. 3 bzw. 4 Kbt. beinhaltet die Voraussetzungen zur Antragsablehnung bei Nichtberechtigung des Antragstellers vor bzw. nach Einleitung des Verfahrens.

nur ein Vergabebeauftragter entscheiden, in besonders schwierigen Fällen jedoch die Kammer. Die Zusammensetzung der Schiedsstelle wäre also stets von der Einschätzung des Vorsitzenden ex ante, ob die Vergabesache einfach oder kompliziert zu entscheiden sein wird, abhängig. Die gewünschte Reduzierung von Zeit und Kosten hätte der Vorschlag nicht zur Folge gehabt, weil für eine solche Erstbeurteilung ebenfalls eine materiell-rechtliche Auseinandersetzung mit der Vergabesache erforderlich gewesen wäre. Warum offensichtlich davon ausgegangen wurde, dass Unionsaufträge im Zweifel schwieriger zu beurteilen seien als nationale Vergabeverfahren, wurde nicht deutlich. Zumindest hängt die Beurteilungsschwierigkeit einer Vergabesache nicht unmittelbar mit dem Auftragswert zusammen[1128].

Geht man davon aus, dass die Schiedsstelle keine gerichtliche Nachprüfungsstelle i.s.d. Art. 2 Abs. 9 Ua. 2 RL 89/665/EWG ist, geht das Kbt. mit dem Erfordernis der juristischen Fachprüfung sogar über die unionsrechtlichen Ansprüche des Art. 2 Abs. 9 RL 89/665/EWG hinaus. Denn der Vorsitzende bzw. ein allein entscheidender Vergabebeauftragter verfügt über die juristische Fachprüfung i.S.d. § 3 Abs. 1 lit. e) Bsz. und ist gemäß § 398 Kbt. an die Bestimmungen des Gesetzes Nr. XXIII von 1992 über die Rechtsstellung der Beamten im öffentlichen Dienst[1129] gebunden.

4. Das öffentliche Dienstverhältnis der Vergabebeauftragten

Nach § 398 Kbt. findet auf die Vergabebeauftragten das Ktv. Anwendung, soweit des Kbt. nichts Abweichendes bestimmt. Zunächst formuliert § 21 Abs. 4 Ktv. ganz allgemein, dass der Beamte, also der Vergabebeauftragte, keiner Tätigkeit nachgehen darf, die seines Amtes unwürdig ist oder die seine Unabhängigkeit und Unvoreingenommenheit gefährdet; ferner kann er nicht von Amts wegen als Partei oder in deren Namen oder Interesse vorgehen sowie grundsätzlich keine öffentliche Funktion übernehmen.

Die persönliche Unabhängigkeit umfasst auch bestimmte Fähigkeiten und Eigenschaften, die Voraussetzung für die Eignung als Vergabebeauftragter sind. Neben moralischen Anforderungen zählen hierzu auch die fachliche Ausbildung

---

[1128] Vor diesem Hintergrund stellte sich natürlich die Frage der Wahrung des Äquivalenzprinzips. Unionsvergaben und nationale Vergaben wurden hier offensichtlich ungleich behandelt. Der Streitgegenstand bzw. Rechtsgrund von Vergabesachen mit nationalem und unionsrechtlichem Schwellenwert sind ähnlich (EuGH, Rs. C-78/98, *Preston*, Slg. 2000, I-3201, Rn. 55; EuGH, Rs. C- 326/96, *Levez*, Slg. 1998, I-7835, Rn. 41), einen sachlichen Grund für eine etwaige Rechtfertigung einer solchen Ungleichbehandlung ist m.E. nicht erkennbar.
[1129]

und Qualifikation[1130]. Demnach kann Vergabebeauftragter nur werden, wer entweder über einen Hochschulanschluss und eine mindestens dreijährige fachspezifische Praxiserfahrung verfügt oder eine juristische oder verwaltungsspezifische Fachprüfung abgelegt hat.

Um eine Kollision von staatlichen oder privaten und wirtschaftlichen Interessen der Beauftragten und der Parteien zu vermeiden, muss die politische Neutralität und wirtschaftliche Unabhängigkeit der Beauftragten gesichert sein. Der Entscheidung dürfen nur das Kbt. und die mit ihm zusammenhängenden gesetzlichen Bestimmungen zugrunde liegen, nicht aber private oder politische Interessen. Diese Unvoreingenommenheit könnte durch eine Partei- oder Unternehmenszugehörigkeit sowie durch den Abgeordnetenstatus in Frage gestellt werden. Daher kann derjenige nicht zum Vergabebeauftragten berufen werden, der gemäß § 399 Abs. 4 Kbt. Abgeordneter im Parlament oder Vertreter einer kommunalen Selbstverwaltung, Bürgermeister oder ein Repräsentant einer Kammer ist. Ebenso wenig darf ein Vergabebeauftragter Eigentümer eines Anteils an einer Wirtschaftsgesellschaft von über 25 Prozent bzw. 25.000.000 HUF (ca. 100.000 EUR) sein. Einem Vergabebeauftragten ist es ferner nicht gestattet, andere Aufträge anzunehmen oder anderen Erwerbstätigkeiten nachzugehen[1131]. Auch darf er nicht Mitglied einer Wirtschaftsgesellschaft, die zur persönlichen Mitarbeit verpflichtet, oder leitender Repräsentant[1132] oder Aufsichtsratsmitglied[1133] einer Wirtschaftsgesellschaft sein, § 399 Abs. 3 Kbt.

Weiterhin kann eine echte Unabhängigkeit der Vergabebeauftragten nur dann sichergestellt werden, wenn sie auch finanziell nicht auf die Verrichtung anderer entgeltlicher Tätigkeiten angewiesen sind. Deshalb versucht das Kbt. auch, die Möglichkeit der Einflussnahme auf finanziellem Weg zu unterbinden. § 400 Kbt. enthält vom Ktv. abweichende Regelungen über die Einstufung und Entgelthöhen des Vergabebeauftragten. Danach erhalten sie Bezüge, die einem Beamten zustehen, der im Vergleich zwei Entgeltstufen über ihnen steht. Die durch Gesetz festgelegten Bezüge sind wegen ihrer überdurchschnittlichen Höhe geeignet, die finanzielle Beeinflussung einzudämmen und die Unabhängigkeit der Vergabebeauftragten zu gewährleisten.

[1130] S. z.B. § 26 Ktv.
[1131] Ausgenommen sind wissenschaftliche, künstlerische, redaktionelle Tätigkeiten, Ausbildungs- und Lektorentätigkeiten sowie rechtlich geschützte geistige Betätigungen i.S.d. § 399 Abs. 3 Kbt.
[1132] Gemäß § 22 des Gesetzes Nr. IV von 2006 über die Wirtschaftsgesellschaften (ung. *2006. évi IV. törvény a gazdasági társaságokról*), Magyar Közlöny 2006/1 (II.6.), im Folgenden: Gt., ist darunter die geschäftsführende Person bzw. das geschäftsführende Gremium zu verstehen.
[1133] Vgl. hierzu §§ 33-39 Gt.

Neben der finanziellen Unabhängigkeit der Vergabebeauftragten soll auch ihre Weisungsfreiheit hinsichtlich ihrer Beurteilung der Vergabesache sichergestellt sein. Das Gebot der behördlichen Weisungsbefolgung nach § 38 Abs. 1 Ktv. Ist gemäß § 400 Abs. 6 Kbt. im Hinblick auf das Nachprüfungsverfahren bzw. die Entscheidungsfindung ausgeschlossen.

Die Unabhängigkeit der Schiedsstelle wird schließlich auch nicht durch ihre Zugehörigkeit zum Rat der öffentlichen Beschaffungen vereitelt. Dieser ist ein selbständig wirtschaftendes zentrales Haushaltsorgan[1134], das ausschließlich der parlamentarischen Aufsicht untersteht und damit dem Einfluss der Regierung entzogen ist. Auch seine Aufgaben und Kompetenzen ergeben sich abschließend aus dem Kbt. Demzufolge sind weder die Regierung noch das Parlament zu einer etwaigen Aufgabendelegation berechtigt.

5. Der Ausschluss von Vergabebeauftragten

Abzugrenzen von den Ausschlussregeln der §§ 398 ff. Kbt. sowie des Ktv., die bereits ein Hinderungsgrund für die Ernennung einer Person zum Vergabebeauftragten darstellen können, bestimmen die § 320 und § 321 Kbt. sowie das Ket. die Gründe, aus denen ein Vergabebeauftragter von einem bestimmten Verfahren ausgeschlossen werden kann. Unter den Rechtsvorschriften, die die Vergabebeauftragten selbst betreffen, sind vor allem die Regelungen über die Unvereinbarkeit, die Unterbindung einer Beeinflussung und ihre Neutralität zu nennen, weil sie eine der wichtigsten verfahrensrechtlichen Grundsätze darstellen[1135]. Die §§ 320 und 321 Kbt. regeln in allen Einzelheiten das Ausschlussverfahren und die Gründe, derentwegen ein Beauftragter von der Entscheidungsfindung in der Vergabesache ausgeschlossen werden kann. Sinn und Zweck des Ausschlusses ist es, die Neutralität und Unabhängigkeit der entscheidenden Instanz zu gewährleisten[1136].

Das Kbt. nennt in § 320 Abs. 1 und 2 die Umstände, deren Vorliegen den Ausschluss des Beauftragten zur Folge haben. Zum Beispiel darf ein Vergabebeauftragter nicht in der Sache vorgehen, wenn er über einen Eigentumsanteil an einer Organisation (im Folgenden auch: Parteiorganisation) verfügt, die in irgendeiner Weise[1137] mit der Vergabesache in Zusammenhang

---

[1134] Vgl. im Einzelnen die Ausführungen im *9. Kapitel, Der Rat der öffentlichen Beschaffungen..*
[1135] *Monory*, Közérthető közbeszerzés közösségi keretek között, S. 305.
[1136] *Bozzay* in: Fribiczer, Közbeszerzés, S. 370, *Kozma* in: Patay, A Közbeszerzés Joga, S. 532.
[1137] Genannt wird in Abs. 1 lit. a) die Organisation des Auftragnehmers, des Auftraggebers, des Bieters — auch unter Umgehung des Vergabeverfahrens —, des das Verfahren

steht, mit dieser innerhalb von zwei Jahren vor Rechtshängigkeit der Vergabesache in einem Rechtsverhältnis[1138] stand oder über einen Eigentumsanteil verfügte (Abs. 1 lit. c), 2. Hs. Kbt.). Ebenso wird der Vergabebeauftragte ausgeschlossen, wenn die genannten Voraussetzungen gemäß § 320 Abs. 2 lit. a) bis c) Kbt. bei einem seiner Angehörigen vorliegen. Selbst wenn auch nur ein Angehöriger in einem Beamten- oder öffentlichen Dienstverhältnis zu einer Organisation steht, die der Parteiorganisation unterstellt ist bzw. sie beaufsichtigt oder ihr eine Subvention oder ein ausschließliches Recht sichert oder gesichert hat, schließt der ungarische Gesetzgeber zur vorbeugenden Unterbindung von möglichem Einfluss durch die Parteien den betreffenden Vergabebeauftragten gemäß § 320 Abs. 1 lit. d) Kbt. aus.

Für alle anderen Fälle sind neben den genannten speziellen Ausschlussgründen des Kbt. aber auch die allgemeiner formulierten Gründe des § 42 Abs. 1 bzw. 3 Ket. heranzuziehen[1139]: Demnach darf sich

(1) „(der) Sachbearbeiter und der in der vorliegenden Sache über eine Entscheidungsbefugnis verfügende Leiter (...) nicht an der Erledigung seiner eigenen Sache und einer Angelegenheit seines Angehörigen beteiligen." [Übers. d. Verf.]

(3) „Am Verfahren darf sich als Sachbearbeiter diejenige Person nicht beteiligen, von der eine objektive Beurteilung der Sache nicht erwartet werden kann" [Übers. d. Verf.]

Wie der Ausschluss eines Beauftragten verfahrenstechnisch abzulaufen hat, regelt § 321 Kbt. Zunächst hat der Vergabebeauftragte dem Vorsitzenden der Schiedsstelle für öffentliche Auftragsvergabe unverzüglich mitzuteilen, wenn ein o.g. Ausschlussgrund des Ket. oder des Kbt. bei ihm vorliegt. Diese Mitteilung kann gemäß Abs. 4 auch durch eine Partei geschehen. Über den Ausschluss selbst entscheidet der Vorsitzende der Schiedsstelle. Gegen den ablehnenden Bescheid steht der Partei kein selbständiges Rechtsmittel zu. Einen solchen Antrag weist das Gericht von Amts wegen ab. Ergeht in der Hauptsache

---

Anregenden oder der Organisation, die mit vorgenannten in ständiger Geschäftsbeziehung steht, Abs. 1 lit. b).
[1138] Abs. 1 lit. c) nennt das Arbeitsverhältnis, das sonstige auf Arbeitsverrichtung oder Mitgliedschaft gerichtete Verhältnis.
[1139] Die weiteren den Ausschluss betreffenden Bestimmungen in § 42 und § 43 Ket. finden nicht nur wegen der ausdrücklichen Verweisung des § 320 Abs. 1 Kbt. nur auf § 42 Abs. 1 bzw. 3 Ket. keine Anwendung. § 42 Abs. 2 Ket würde voraussetzen, dass es sich um ein Verfahren zweiter Instanz handelt (das Verfahren vor der Schiedsstelle ist aber stets erstinstanzlich), § 43 Ket. findet seine spezialgesetzlichen und damit vorrangigen Niederschlag in § 321 Kbt.

ein Beschluss in der Sache, kann die Partei die Ablehnung des Ausschlusses aber im Rahmen des Rechtsmittels gegen den Beschluss in der Sache rügen.

Um die Bestimmungen hinsichtlich des Ausschlusses wirksam durchzusetzen, sieht § 321 Abs. 1 S. 2 Kbt. vor, dass der Vergabebeauftragte für die verspätete oder nicht erfolgte Mitteilung nicht nur disziplinarisch, sondern auch materiell haftet. In einem solchen Fall sind die Vorschriften des Ktv. anzuwenden, welche die Voraussetzungen und das Verfahren der Disziplinarhaftung in §§ 50 bis 56 Ktv. regeln. Die Voraussetzungen für den Ersatz eines Schadens, den der Beauftragte im Zusammenhang mit seiner Amtsausübung, vorliegend also der unterlassenen oder verspäteten Befangenheitsmitteilung bewirkt hat, bestimmen §§ 57, 58 i.V.m. §§ 51 — 56 Ktv. Selbst bei einer nur fahrlässigen Pflichtverletzung droht dem Vergabebeauftragten gemäß § 57 Abs. 3 Ktv. für kausale Schäden einen Ersatzpflicht bis zu einer Summe von 3 Monatsbezügen.

Das Gebot des schnellen Rechtsschutzes, dem das Kbt. durch strenge Verfahrensfristen genüge tut, wird durch das Ausschlussverfahren beschränkt. Denn bei der Berechnung wird der Zeitraum, der für den Ausschluss des Beauftragten aufgewendet wurde, nicht einbezogen, § 321 Abs. 5 Kbt.

Diese Beschränkung ist aus Gründen des Unparteilichkeitsgebots dann nicht mehr gerechtfertigt, wenn das Ausschlussverfahren nicht zum Zweck der neutralen Entscheidungsfindung eingereicht wird. So ermöglicht es § 338 Abs. 1 lit. d) Kbt., einer Partei, die den Ausschluss bösgläubig beantragt hat, ein Ordnungsgeld aufzuerlegen, wenn der Antrag entweder offensichtlich oder bereits zum zweiten Mal innerhalb desselben Verfahrens gegen denselben Beauftragten unbegründet gestellt wurde. Gegen einen solchen Bescheid ist ein gesondertes Rechtsmittel zulässig, vgl. § 345 Abs. 1 Kbt., über welches das Hauptstädtische Gericht im nichtstreitigen Verfahren außer der Reihe entscheidet. Gegen den gerichtlichen Bescheid ist keine Revision oder Berufung statthaft.

6. Die Qualifikation der Schiedsstelle als gerichtsähnliches Verwaltungsorgan

Zur Beurteilung, ob das Institut der Schiedsstelle den Anforderungen an einen effektiven Rechtsschutz genügt, muss es zunächst an den Vorgaben des unionsrechtlichen Rahmens gemessen werden. Im Rahmen der unionsrechtsbezogenen Beurteilung (a)) sind über die sekundärrechtlichen Regelungen hinaus auch die institutionellen Ansprüche, die der EuGH an einen effektiven Rechtsschutz stellt, zu prüfen. Im Anschluss ist zu beurteilen, wie sich das Institut aus Sicht der ungarischen Rechtsordnung qualifizieren lässt und ob es den verfassungsrechtlichen Ansprüchen genügt (b)).

a) Die Qualifikation der Schiedsstelle i.S.d. Unionsrechts

Die Art. 2 Abs. 9 der Rechtsmittelrichtlinien eröffnen den Mitgliedstaaten die Wahl zwischen einem Gericht als Eingangsinstanz oder einer Nachprüfungsinstanz, die kein Gericht ist. Zwar regelt Art. 234 EGV (vgl. Art. 267 AEUV) das Vorabentscheidungsverfahren eines nationalen Gerichts vor dem EuGH. Da aber in den Rechtsmittelrichtlinien hierauf unmittelbar Bezug genommen wird, müssen auch die in der EuGH-Rechtsprechung entwickelten Kriterien[1140] zur Gerichtsqualität i. S. d. Art. 234 EGV (vgl. Art. 267 AEUV) herangezogen werden[1141].

Hierzu muss der Spruchkörper auf einer gesetzlichen Grundlage beruhen, wobei es nicht darauf ankommt, ob der Norm eine Außenwirkung zukommt oder nicht[1142]. Weiter muss das Gericht ständig eingerichtet[1143] und seine Gerichtsbarkeit obligatorisch sein, d.h. zur Überprüfung ist das Gericht die einzige zuständige Stelle, von deren Entscheidung eine Bindungswirkung ausgeht[1144]. Zwar prüft der EuGH das Kriterium des kontradiktorischen Verfahrens, er erachtet es aber nicht als absolut[1145]. Bedeutsamer ist, dass das Gericht bei seiner Tätigkeit zur Anwendung von Rechtsnormen verpflichtet ist. Auch hier werden keine hohen Anforderungen an die Qualität der Rechtsnormen gestellt. So genügte es dem Unionsgericht im betroffenen Fall, dass die angewandten Vorschriften Unionsrecht umsetzen und sich die Einrichtung an allgemeine Verfahrensregeln, die eine Anhörung, eine Mehrheitsentscheidung und eine Entscheidungsbegründung forderten, halten musste[1146]. Bei der Unabhängigkeit des Gerichts erwartet der EuGH das Vorliegen von zwei Aspekten[1147]: Zum einen muss die Freiheit und Unabhängigkeit der

---

[1140] EuGH, Rs. C-103/97, *Köllensperger und Atzwanger*, Slg. 1999, I-566, 574, Rn. 17; EuGH, Rs. C-96/04, *Standesamt Niebüll*, Slg. 2006, I-3561, Rn. 14; EuGH, Rs. C-54/96, *Dorsch Consult*, Slg. 1997, I-4961, Rn. 23; EuGH, verb. Rs. C-110/98 bis C-147/98, *Gabalfrisa u. a.*, Slg. 2000, I-1577, Rn. 33; EuGH, Rs. C-178/99, *Salzmann*, Slg. 2001, I-4421, Rn. 13; EuGH, Rs. C-182/00, *Lutz u. a.*, Slg. 2002, I-547, Rn. 12; EuGH, Rs. C-54/96, *Dorsch Consult*, Slg. 1997, I-4961, Rn. 23, obwohl diese noch zur alten Fassung (Art. 177 EGV a.F.) und zur alten Rechtslage erging, sind die Kriterien noch heute relevant und werden in der aktuellen Rechtsprechung bestätigt, vgl. EuGH, Rs. C-109/07, *Pilato*, Slg. 2008, I-3503, Rn. 22, 24; EuGH, Rs. C- 246/05, *Häupl*, Slg. 2007, I-4673, Rn. 16; EuGH, Rs. C-506/04, *Standesamt Niebüll*, Slg. 2006, I-08613, Rn. 12.
[1141] *Noch*, Vergaberecht und subjektiver Rechtsschutz, S. 162; *Boesen*, Rechtsschutz des Bieters, NJW 1997, 347.
[1142] EuGH, Rs. C-54/96, *Dorsch Consult*, Slg. 1997, I-4961, Rn. 24 f.
[1143] EuGH, Rs. C-54/96, *Dorsch Consult*, Slg. 1997, I-4961, Rn. 26.
[1144] EuGH, Rs. C-54/96, *Dorsch Consult*, Slg. 1997, I-4961, Rn. 28.
[1145] EuGH, Rs. C-54/96, *Dorsch Consult*, Slg. 1997, I-4961, Rn. 31.
[1146] EuGH, Rs. C-54/96, *Dorsch Consult*, Slg. 1997, I-4961, Rn. 33.
[1147] EuGH, Rs. C-54/96, *Dorsch Consult*, Slg. 1997, I-4961, Rn. 35.

Urteilsfällung durch den Schutz vor äußeren Einflüssen, wie Druckausübung gewährleistet sein. Hierzu sind Garantien der Unabsetzbarkeit unerlässlich[1148]. Die Unabhängigkeit muss laut Gesetz vorliegen, die Richter dürfen nur dem Gesetz unterworfen und müssen von jeglichen Weisungen frei sein[1149]. Zum anderen muss die Unabhängigkeit auch gegenüber den Parteien, ihren Interessen und dem Ausgang des Rechtsstreits gewährleistet werden[1150]. Voraussetzung für diese Unparteilichkeit sind Rechtsgrundlagen zur Zusammensetzung, Errichtung, Berufung und Abberufung, zur Amtsdauer, Enthaltung und Ablehnung, um keinen Zweifel an der Neutralität des Gerichts aufkommen zu lassen[1151]. Schließlich muss die Einrichtung tatsächlich eine Rechtsprechungstätigkeit ausüben, mithin die Rechtmäßigkeit bzw. Rechtswidrigkeit einer Handlung feststellen und dementsprechende Anweisungen erteilen können[1152].

Die Einrichtung der Schiedsstelle erfolgte aufgrund der gesetzlichen Ermächtigung des § 395 Abs. 1 Kbt. Die Unvereinbarkeitsbestimmungen in § 320 Kbt. (insb. bei Rechtsverhältnissen mit dem Auftraggeber oder dem regelmäßigen Geschäftspartner des Auftraggebers) und der Ausschluss gemäß 321 Kbt., der sowohl von Amts wegen vollzogen als auch von den Parteien beantragt werden kann, sowie die Vorschriften des §§ 398 bis 400 Kbt. i.V.m. dem Ktv. tragen zur Gewährleistung der Unparteilichkeit der Vergabebeauftragten bei. Diese Bestimmungen enthalten die gesetzlichen Rechtsgrundlagen für die Weisungsfreiheit, die Unabhängigkeit sowohl von der Wirtschaft, als auch den anderen Staatsgewalten, die finanzielle Unabhängigkeit, die fachlichen und tatsächlichen Voraussetzungen ihrer Ernennung, die Enthebung und die Amtsdauer.

Die Schiedsstelle ist zeitlich unbeschränkt eingerichtet und stets für die Erstüberprüfung von Vergabesachen zuständig. Sie spricht Recht, indem sie die Rechtswidrigkeit der Entscheidungen des Auftraggebers feststellt und ihn zur Neuentscheidung anweisen kann[1153]. Im Rahmen ihrer Tätigkeit wendet sie Rechtsvorschriften an, in materieller und formeller Hinsicht in erster Linie das

---

[1148] EuGH, Rs. C-506/04, Wilson, Slg. 2006, I-8613, 51 mit Verweis auf EuGH, Rs. C-103/97, *Köllensperger und Atzwanger*, Slg. 1999, I-566, 574, Rn. 21 und EuGH, verb. Rs. C-9/97 und C-118/97, *Jokela und Pitkäranta*, Slg. 1998, I-6267, Rn. 20.
[1149] EuGH, Rs. C-103/97, *Köllensperger und Atzwanger*, Slg. 1999, I-566, 574, Rn. 23.
[1150] EuGH, Rs. C-506/04, Wilson, Slg. 2006, I-8613, 53.
[1151] EuGH, Rs. C-506/04, Wilson, Slg. 2006, I-8613, 53 mit Verweis auf EuGH, Rs. C-54/96, *Dorsch Consult*, Slg. 1997, I-4961, Rn. 36 und EuGH, Rs. C-103/97, *Köllensperger und Atzwanger*, Slg. 1999, I-566, 574, Rn.20-23.
[1152] EuGH, Rs. C-54/96, *Dorsch Consult*, Slg. 1997, I-4961, Rn. 37.
[1153] § 340 Abs. 2 Kbt.

Kbt., ergänzend für das Verfahren das Ket.[1154]. Die Schiedsstelle führt das Verfahren kontradiktorisch durch, da das Kbt. den Parteien ein Anhörungs- und Äußerungsrecht einräumt[1155]. Ihre Entscheidungen, die sie aus den Vorschriften des Kbt. schöpft, sind verbindlich und können grundsätzlich mit den Mitteln des §§ 124 Ket. vollstreckt werden.

Damit hat die Schiedsstelle – vergleichbar mit dem einstigen Vergabeüberwachungsausschuss des Bundes[1156] – Gerichtsqualität i. S. d. Art. 234 EGV (vgl. Art. 267 AEUV).

Fraglich ist, ob auch im Lichte der primärrechtlichen *institutionellen* Bedingungen ein effektiver Rechtsschutz bejaht werden kann. Hierbei ergeben sich die Kriterien, die der EuGH an einen effektiven Rechtsschutz stellt, aus den mitgliedstaatlichen Verfassungstraditionen, die in Art. 6 und 13 EMRK verankert und von Art. 47 GrCh bekräftigt worden sind[1157]. Das Grundrecht wird zunächst nur durch eine effektive gerichtliche Kontrolle sichergestellt[1158]. Die Instanz muss demnach ein Gericht sein. Zwar ist es den nationalen Gesetzgebern überlassen, im Rahmen welcher Verfahren und Rechtsmittel sie den Anspruch des Betroffenen gewährleisten. Der EuGH räumt aber dem Betroffenen darüber hinaus auch das Recht ein, die Rechtswidrigkeit des Unionsrechtaktes, der der staatlichen Maßnahme zugrunde liegt, überprüfen zu lassen – zumindest im Wege der Inzidentkontrolle[1159]. Hierzu ist ein Vorabentscheidungsverfahren i.S.d. Art. 234 EGV (vgl. Art. 267 AEUV) durchzuführen. Eine Gerichtsdefinition ergibt sich zwar nicht unmittelbar aus dem EGV. Es liegt aber auch vor dem Hintergrund der geforderten Inzidentkontrolle nahe, die Anforderungen, die der EuGH an das Gericht i.S.d. Art. 234 EGV (vgl. Art. 267 AEUV) stellt, auch auf das einen effektiven Rechtsschutz gewährende Gericht zu erstrecken[1160], da nur ein solches Gericht den Rechtsschutzauftrag tatsächlich ausführen kann. Für die Heranziehung des Art. 234 EGV (vgl. Art. 267 AEUV)

[1154] § 317 Abs. 2 Kbt.
[1155] § 336 Kbt.
[1156] EuGH, Rs. C-54/96, *Dorsch Consult*, Slg. 1997, I-04961, Rn. 38.
[1157] EuGH, Rs. C-432/05, *Unibet*, Slg. 2007, I-2271, Rn. 37; EuGH, Rs. 222/84, *Johnston*, Slg. 1986, 1651, Rn. 18; EuGH, Rs. 222/86, *Heylens* u.a., Slg. 1987, 4097, Rn. 14; EuGH, Rs. C-424/99, *Kommission/Österreich*, Slg. 2001, I-9285, Rn. 45; EuGH, Rs. C-50/00 P, *Unión de Pequeños Agricultores*, Slg. 2002, I-6677, Rn. 39; EuGH, Rs. C-467/01, *Eribrand*, Slg. 2003, I-6471, Rn. 61.
[1158] EuGH, Rs. 222/84, *Johnston*, Slg. 1986, 1651, Rn. 19.
[1159] EuGH, Rs. 314/85, *Foto-Frost*, Slg. 1987, 4199, Rn. 20; EuGH, Rs. C-6/99, *Greenpeace France*, Slg. 2000, I-1651, Rn. 54; EuGH, Rs. C-239/99, *Nachi Europe*, Slg. 2001, I-1197, Rn. 35.
[1160] *Erdl*, Der neue Vergaberechtsschutz, S. 101 ff; *Heinze*, Einstweiliger Rechtsschutz im europäischen Immaterialgüterrecht, S. 43 f.

spricht, dass es sich um einen unionsrechtlichen Begriff handelt und es die Mitgliedstaaten selbst waren, die ein solches Rechtschutzverständnis im EGV (vgl. jetzt AEUV bzw. EUV-Liss.) niedergelegt haben[1161]. Eine unionsweit einheitliche Auslegung und Anwendung des Unionsrechts gebietet auch die erforderliche Rechtskohärenz[1162]. Ebenso sprechen strukturelle Argumente für eine Anwendung der Rechtsprechung zu Art. 234 EGV[1163] (vgl. Art. 267 AEUV). Das vorlagefähige und -pflichtige Gericht, das ebenfalls das unionsrechtlich begründeten Recht bzw. die durch einen Unionsrechtsakt erfolgte Belastungen[1164] gerichtlich zu überprüfen hat, wird unionsrechtlich definiert. Sinn und Zweck des Art. 234 EGV (vgl. Art. 267 AEUV) ist die Steigerung der Effektivität der nationalen Rechtsschutzsysteme, indem sie den EuGH zu Auslegungsfragen anrufen können. Zur Erlangung dieser möglichst weitgehenden Rechtssicherheit und -kohärenz wird der Kreis der vorlagefähigen und -pflichtigen Gerichte vom EuGH weit gezogen. Selbst wenn man die Schiedsstelle als nichtgerichtliche Instanz versteht, würde ihre institutionelle Einrichtung den primärrechtlichen Anforderungen an einen effektiven Rechtsschutz entsprechen. Zur Beurteilung der Effektivität ist nämlich das gesamte mitgliedstaatliche Rechtsschutzverfahren zu betrachten. Aus verfahrensökonomischen Gründen ist es daher ausreichend, wenn eine nichtgerichtliche Eingangsinstanz eingerichtet wird, deren Entscheidung vor einem ordentlichen Gericht überprüft werden kann[1165].

Für die Gewährleistung des effektiven gerichtlichen Rechtsschutzes für die aus der RL 89/665/EWG bzw. RL 92/13/EWG fließenden Rechte ist es aus primärrechtlicher Sicht also ausreichend, wenn die Instanz dem weiten Begriff des Art. 234 EGV (vgl. Art. 267 AEUV) entspricht[1166]. Die Art. 2 Abs. 9 der Rechtsmittelrichtlinien entsprechen nicht nur den primärrechtlichen institutionellen Anforderungen an einen effektiven Rechtsschutz, sie gehen durch ihre detaillierteren Forderungen (wie die Unabhängigkeit vom öffentlichen Auftraggeber und der Nachprüfungsstelle) sogar darüber hinaus. Dies bestätigt auch der EuGH in seiner Rechtsprechung[1167], in der er deutlich

---

[1161] *Classen*, Strukturunterschiede, NJW 1995, 2462.
[1162] *Erdl*, Der neue Vergaberechtsschutz, S. 100.
[1163] *Erdl*, Der neue Vergaberechtsschutz, S. 101.
[1164] EuGH, Rs. C-239/99, *Nachi Europe*, Slg. 2001, I-1197, Rn. 35; EuGH, Rs. C-50/00, *Unión de Pequeños Agricultores*, Slg. 2002, I-6677, Rn. 42.
[1165] EuGH, Rs. C-63/01, *Samuel Sidney Evans,* Slg. 2003, I-14447, Rn. 47 ff; Vgl. hierzu 6. Kapitel, I. Gerichtsqualität des Hauptstädtischen Gerichts Budapest.
[1166] *Erdl*, Der neue Vergaberechtsschutz, S. 103; *Hailbronner*, Europarechtliche Aspekte, RIW 1992, S. 563.
[1167] EuGH, Rs. C-433/93, *Kommission/Deutschland*, Slg. 1995, I-2303, Rn. 23.

macht, dass eine *Verstärkung* des Rechtsschutzes[1168] durch die Rechtsmittelrichtlinien logischerweise voraussetzt, dass die Koordinierungsrichtlinien selbst bereits einen entsprechenden Rechtsschutz fordern bzw. gefordert haben. Damit führen sowohl die primär- wie auch die sekundärrechtlichen Anforderungen zu dem Ergebnis, dass die Schiedsstelle als Gericht i.S.d. Unionsrechts eine effektiven Rechtsschutz sichernde gerichtliche Instanz ist. Sie führen aber auch dazu, dass die Einordnung der Schiedsstelle als nichtgerichtliche Eingangsinstanz dem effektiven Rechtsschutz entsprechen würde: Dies folgt aus der gesamtbetrachtenden Rechtsprechung des EuGH zum effektiven Rechtsschutz[1169] sowie aus der Verfahrensautonomie, die in Art. 2 Abs. 9 der Rechtsmittelrichtlinien ihren Niederschlag gefunden hat.

b) Die Qualifikation der Schiedsstelle nach ungarischem Rechtsverständnis

Die institutionelle Schaffung der Schiedsstelle erfolgte 1995 durch das Kbt. (damals Kbt. a.F.), weshalb in erster Linie die Kbt.- Bestimmungen zur Beurteilung heranzuziehen sind. Zunächst unterscheidet das Kbt. zwischen der Zuständigkeit der Schiedsstelle und der des Gerichts (z.B. § 316 Abs. 2 Kbt). Maßgeblicher Hinweis für die Qualifikation der Schiedsstelle ist gemäß § 317 Abs. 1 Kbt., dass das Verwaltungsverfahrensgesetz auf das Verfahren der Schiedsstelle anwendbar ist. Obwohl das Kbt. den Beauftragten der Schiedsstelle die Rechtsstellung eines Quasi-Richters zukommen lässt[1170], indem sie im Nachprüfungsverfahren bzw. bei der diesbezüglichen Entscheidungsfindung keinerlei Weisungen unterliegen, ist doch gemäß § 398 Kbt. das Ktv. und nicht das Gesetz über die Rechtsstellung und Vergütung der Richter[1171] auf sie anwendbar. Zwar haben sie über eine juristische Fachprüfung zu verfügen[1172], sie müssen aber nicht alle Anforderungen, die an die Ernennung von Richtern in Ungarn gestellt werden, erfüllen. So sind bspw. eine berufliche Eignungsprüfung gemäß § 3 Abs. 3, § 5 Bszt. und eine Vermögenserklärung i.S.d. §§ 3 Abs. 1 lit. f), 10/A Bsz. nicht erforderlich[1173]. Auch nach der

---

[1168] Erster und zweiter Erwägungsgrund der RL 89/665/EWG.
[1169] EuGH, Rs. C-63/01, *Samuel Sidney Evans,* Slg. 2003, I-14447, Rn. 47 ff.
[1170] *Fazekas,* Az autonóm jogállású államigazgatási szervek, S. 28.
[1171] Ung. *1997. évi LXVII. törvény a bírák jogállásáról és javadalmazásáról,* Magyar Közlöny 66/1997 (VII.8.).
[1172] Siehe bereits im *5. Kapitel, III.3. Die Zusammensetzung der Schiedsstelle für öffentliche Auftragsvergabe.*
[1173] Zu den weiteren Anforderungen für die Ernennung als Vergabebeauftragter, s. im *5. Kapitel, III.4. Das öffentliche Dienstverhältnis der Vergabebeauftragten.*

ungarischen Rechtslehre funktioniert die Schiedsstelle zwar als selbständiger, aber eben „*nur*" quasi-gerichtlicher Spruchkörper[1174].

Erst wenn es um das zweit- bzw. drittinstanzliche Verfahren vor dem Hauptstädtischen (Tafel-) Gericht bzw. dem Obersten Gericht geht, bestimmt das Kbt. die Heranziehung des XX. Abschnitts des Pp. über die Verwaltungsgerichtsbarkeit.

Nach ungarischem Verfassungsverständnis kommt man ebenfalls zu dem Ergebnis: Die Schiedsstelle kann kein Gericht i.S.d. § 50 Alk. sein, da darunter abschließend[1175] die in § 45 Abs. 1 Alk. aufgelisteten Gerichte verstanden werden. Demnach wird die Rechtsprechung in der Republik Ungarn ausschließlich durch das Oberste Gericht, die Tafelgerichte, das Hauptstädtische Gericht sowie die Komitats-, Amts- und Arbeitsgerichte ausgeübt. Gleiches bestimmt § 16 Abs. 1 Bsz. Zwar gestattet § 45 Abs. 2 Alk. die gesetzliche Einrichtung von Sondergerichten[1176] für bestimmte Fallgruppen, das bedeutet aber nicht, dass sie als Gericht i.S.d. § 45 Abs. 1 Alk. anzusehen sind. Denn nur diesen werden die in §§ 45 ff., insb. in § 50 Abs. 2 Alk. bestimmten verfassungsrechtlichen Rechte verliehen bzw. Pflichten auferlegt[1177].

Nach ungarischem Rechtsverständnis wird der Schiedsstelle keine Gerichtsqualität zugesprochen, sie ist vielmehr ein gerichtsähnliches Verwaltungsorgan.

c) Konsequenzen für die Beurteilung des Vergaberechtsschutzes

Zwar muss bei der Prüfung, ob nationales Recht im Einklang mit den unionsrechtlichen Vorgaben steht, davon ausgegangen werden, wie das Unionsrecht seine eigenen Vorgaben definiert und auslegt. M.E. verhält es sich aber bei der Wahl der Nachprüfungsinstanz i.R.d. Rechtsmittelrichtlinien anders. Diese überlassen den Mitgliedstaaten die Wahl zwischen gerichtlicher und nichtgerichtlicher erster Nachprüfungsinstanz. Die genaue Ausgestaltung unterliegt der Verfahrensautonomie der Mitgliedstaaten. Einzige sekundärrechtliche Bedingung bei der Einrichtung des Instanzenzuges ist, dass spätestens die zweite Instanz ein Gericht i.S.d. Unionsrechts sein muss. Mit der Wahl sind institutionelle Folgen verbunden, so auch die Rechte und Pflichten, Verfahrensordnungen und Rechtsgrundsätze, die das nationale Recht entweder

---

[1174] *Kilényi*, Általános közigazgatási ismeretek, S. 88.
[1175] AB Beschluss 35/2002 (VII.19.), ABH 2002, 212; AB Beschluss 95/B/2001, ABH 2003, 1327, 1336.
[1176] Gemeint ist beispielsweise die Möglichkeit zur Vereinbarung (ausländischer) Schiedsgerichte, so auch der AB Beschluss 1180/B/1990 (IV.6.), ABH 1992, 450, 451.
[1177] Das Oberste Gericht hat lediglich das Erfordernis der Unabhängigkeit auf die Schiedsgerichte i.S.d. § 45 Abs. 2 Alk. ausgedehnt: Beschluss 489/1997, BH 1997/10 .

für Gerichte oder für Behörden vorsieht. Diese dürfen aber wiederum nicht in Widerspruch mit dem Primärrecht stehen.

Entscheidet sich demnach ein Mitgliedstaat für die behördliche Erstinstanz, muss das behördliche Verfahren auch nur die unionsrechtlichen Grundsätze des Verwaltungsverfahrens einhalten. Dies muss auch dann gelten, wenn der Staat seine Verwaltungsinstanz mit gerichtsähnlichen Merkmalen ausstattet und damit freiwillig ein „*Mehr*" an Rechtsschutzstandard bietet. Würde man in einem solchen Fall einer quasigerichtlichen Behörde die Einhaltung von primär- bzw. sekundärrechtlichen Verfahrensgrundsätzen, die für Gerichte gelten, auferlegen, würde dies dazu führen, dass es zwischen behördlichem und gerichtlichem Rechtsschutzverfahren keinen Unterschied mehr gäbe und das Wahlrecht aus Art. 2 Abs. 9 der Richtlinien ins Leere laufen würde. Auch würden solche Mitgliedstaaten, die von vornherein schon einen besseren — weil gerichtsähnlichen — Rechtsschutzstandard bieten, zusätzlich höhere Anforderungen erfüllen müssen, um dem Unionsrecht gerecht zu werden. Wenn also nach unionsrechtlicher Sicht eine Nachprüfungsinstanz ausreichend ist, die kein Gericht ist, muss es für die Effektivität des Rechtsschutzes genügen, wenn bei der Überprüfung der Schiedsstelle davon ausgegangen wird, dass sie nach ungarischer Rechtsansicht kein Gericht i.S.d. Art. 2 Abs. 9 der Richtlinien ist. Daher muss für die Qualifikation der Nachprüfungsinstanz (Eingangsinstanz) das nationale Verständnis maßgeblich sein.

Demzufolge müssen bei der Beurteilung der Schiedsstelle nicht nur die sekundärrechtlichen Bestimmungen, sondern im Rahmen des Umsetzungsspielraumes auch die primärrechtlichen Vorgaben, insbesondere die Rechtsprechung des EuGH zu den Grundsätzen des Verwaltungsverfahrens[1178], berücksichtigt werden.

Die Rechtsprechung des EuGH zur Qualifikation einer Einrichtung als ein Gericht i.S.d. Art. 234 EGV (vgl. Art. 267 AEUV) wird also erst dann relevant, wenn auf es um die Einordnung der Rechtsmittelinstanz (zweiten Instanz) laut Art. 2 Abs. 8 der Richtlinien geht, die gegen die Entscheidung der Schiedsstelle angerufen werden kann.

7. Effektivität des Instituts der Schiedsstelle als Eingangsinstanz

Die Schiedsstelle steht mit den institutionellen Anforderungen in Einklang, die das Unions- und Verfassungsrecht an sie als Eingangsinstanz stellen. Die Voraussetzungen der Art. 2 Abs. 9 Ua. 2 RL 89/665/EWG bzw. Art. 2 Abs. 9 Ua. 2 RL 92/13/EWG müssen nur dann vorliegen, wenn die Schiedsstelle als

---

[1178] Vgl. hierzu *3. Kapitel, III.1.f) Die primärrechtlichen Anforderungen speziell an das Verwaltungsverfahren.*

Gericht qualifiziert worden wäre. Die weiteren Voraussetzungen des Unions- und Verfassungsrechts an die Gerichtsinstitution werden im Rahmen der Darstellung des Nachprüfungsverfahrens gegen die Entscheidung der Schiedsstelle vor dem Hauptstädtischen Gericht Budapest (als zweite Instanz) geprüft.

IV. Die Verfahrenseinleitung

Der 50. Titel des Kbt. regelt in allen Einzelheiten das Verfahren der Schiedsstelle für öffentliche Auftragsvergabe und die Nachprüfungsmöglichkeiten gegen deren Entscheidungen. Die Einleitung des Verfahrens kann sowohl auf Antrag als auch von Amts wegen erfolgen. Bei der Verfahrenseinleitung auf Antrag regeln die §§ 323 bis 325 Kbt. die Antragsberechtigung, die Antragsfrist sowie die formellen und materiellen Voraussetzungen des Antragsinhaltes. Wird das Verfahren von Amts wegen eröffnet, richtet sich der Verfahrensablauf nach den §§ 326 bis 328 Kbt. Wurde der Antrag bzw. die Anregung mangelfrei eingereicht, so ist die Schiedsstelle gemäß § 325 Abs. 1 Kbt. in beiden Fällen verpflichtet, das Verfahren bereits am darauf folgenden Werktag einzuleiten[1179]. Um diese Pflicht wirksam durchzusetzen, kann der Antragsteller bzw. der Anregende § 20 Ket. heranziehen: Nach fruchtlosem Ablauf der für das postalische Einschreiben veranschlagten Frist[1180] kann die Schiedsstelle aufgefordert werden, ihrer Pflicht zur Verfahrenseinleitung nachzukommen. Die Durchsetzung der Vornahme unterlassener Verfahrenshandlungen erfolgt entweder unmittelbar durch das Aufsichtsorgan gemäß § 20 Abs. 1 Ket. oder gemäß § 20 Abs. 6 Ket. durch das Gericht. Das Aufsichtsorgan definiert § 116 Ket., der zunächst die Möglichkeit spezialgesetzlicher Aufsichtsorgane vorsieht. Im Rahmen des Kbt. wird die Schiedsstelle zwar dem Rat der öffentlichen Beschaffungen untergeordnet. Jedoch berechtigen ihn die Kompetenzvorschriften der § 379 und § 395 Kbt. nicht zu einer Rechts- oder Fachaufsicht. Dies bekräftigt auch die Vorschrift des § 400 Abs. 6 Kbt., der die Weisungsfreiheit der Schiedsstelle hinsichtlich des Verfahrens bestimmt, wozu selbstverständlich auch dessen Einleitung zu zählen ist. Demnach ist die Schiedsstelle keinem Aufsichtsorgan gemäß § 116 Ket. untergeordnet, weshalb § 20 Abs. 6 Ket. auf das Verfahren der Schiedsstelle anzuwenden ist. Anstatt eines Aufsichtsverfahrens kann der Antragsteller beim Hauptstädtischen Gericht beantragen, in einem nichtstreitigen Verfahren die

---

[1179] *Kozma* in: Patay, A Közbeszerzés Joga, S. 566.
[1180] Vgl. § 44 Abs. 3 lit. a) der Regierungsverordnung 79/2005 (IV.19.) über die Erbringung von und die Qualitätsanforderungen an Postdienstleistungen (ung. *79/2004. (IV. 19.) Korm. rendelet a postai szolgáltatások ellátásáról és minőségi követelményeiről*).

Schiedsstelle zu verpflichten, das Nachprüfungsverfahren durchzuführen[1181]. Dieses Recht auf Rechtsschutz gegen eine Untätigkeit der Schiedsstelle als Verwaltungsbehörde ist Ausfluss des Grundrechts des § 50 Abs. 2 Alk. und gewährleistet die unionsrechtliche Forderung des Art. 2 Abs. 1 Ua. 3 RL 89/665/EWG bzw. 92/13/EWG, gegenüber dem Mitgliedstaat Ungarn effektiven Rechtsschutz sicherzustellen, indem Vergabesachen tatsächlich wirksam und schnell nachgeprüft werden können.

1. Die Verfahrenseinleitung auf Antrag

Der Antrag auf Verfahrenseinleitung ist an die Schiedsstelle des Rates der öffentlichen Beschaffungen zu senden. Nach Ablauf des letzten Umsetzungszeitraumes des Kbt.ÄndG darf die Einreichung des Antrages ausschließlich elektronisch erfolgen (§ 317 Abs. 2 lit. a Kbt.). § 324 Abs. 4 Kbt., der vorschreibt, den Antrag in mehrfacher Kopie einzureichen, wird dann obsolet.

a) Antragsberechtigung

Nach § 15 Abs. 3 Ket. kann vom allgemeinen Parteibegriff im Verwaltungsverfahren abgewichen werden. § 323 Abs. 1 Kbt. verkürzt zwar den allgemeinen verwaltungsrechtlichen Parteibegriff (§ 15 Abs. 1 Ket.) geringfügig, trotzdem wird die Antragsberechtigung zur Verfahrenseinleitung relativ weit beurteilt[1182]. Danach sind der öffentliche Auftraggeber, der Bieter oder der teilnehmende Bewerber sowie jeder sonstige Beteiligte, dessen Recht oder rechtliches Interesse durch ein gegen das Kbt. verstoßendes Tun oder Unterlassen verletzt oder in Gefahr ist, antragsberechtigt. Am häufigsten wird der Nachprüfungsantrag natürlich von unterlegenen oder ausgeschlossenen Bietern des Vergabeverfahrens gestellt[1183].

Da das Kbt. nicht näher auf den Begriff des „*Rechts*" oder des „*rechtlichen Interesses*" eines Beteiligten eingeht, ist auf die Parteidefinition im Ket.

[1181] *Kozma* in: Patay, A Közbeszerzés Joga, S. 566. Zum gleichen Ergebnis kommt man, wenn man nicht vom Ausschluss eines Aufsichtsorgans der Schiedsstelle ausgeht. Dann wäre subsidiär das Organ, das zur Beurteilung der Berufung gegen die Entscheidung der Schiedsstelle gemäß §§ 116, 106, 107 Ket. für die Aufsicht berechtigt. Die Zuständigkeit der Berufung einer (hier: *unterlassenen*) Verfahrensentscheidung liegt wiederum beim Hauptstädtischen Gericht.
[1182] D. 729/7/2004., K.É 2005/17, 3849.
[1183] *Paksi*, A közbeszerzési eljárások jogorvoslati rendszere, S. 10; Dass diese Voraussetzungen vorliegen müssen, aber alleine nicht genügen, zeigt die Schiedsstelle in der Entscheidung D.268/12/1998. In der Entscheidung D. 845/9/2004 schloss sie die Antragsberechtigung eines Unternehmens aus, das nicht auf dem Gebiet der Auftragsvergabe tätig war, sich aber auf den erfolgten Kauf der Dokumentationen berufen hatte.

zurückzugreifen, die dieselbe Formulierung verwendet[1184]. Beruft sich jemand auf eine Rechtsvorschrift, die Rechte gewährt oder Pflichten bestimmt, ist die Parteifähigkeit in der Regel unstreitig gegeben[1185]. Ein rechtliches bzw. gesetzliches Interesse besteht, wenn eine Rechtsvorschrift keine ausdrücklichen Rechte und Pflichten normiert, die Entscheidung der Behörde aber die Lage/Situation/Möglichkeit/Aussicht des Betroffenen nachteilig beeinflusst. Dabei muss die Entscheidung nicht zwingend gegenüber dem Betroffenen ergangen sein. Es genügt, wenn sich die durch die Entscheidung veränderte Rechtslage ganz konkret auf die Rechte und Pflichten Dritter auswirken kann. Eine mögliche zukünftige Auswirkung genügt hingegen nicht. Insoweit kann das Erfordernis der Rechts- bzw. Interessenverletzung mit dem des subjektiv-öffentlichen Rechts nach deutschem Rechtsverständnis verglichen werden[1186]. Im Vergleich zum Kbt. a.F. obliegt nicht nur dem sonstigen Beteiligten, sondern auch dem Bieter bzw. Teilnahmebewerber die Darlegungslast für die Voraussetzungen der Antragsberechtigung[1187]. In ihrer Rechtsprechung unterscheidet die Schiedsstelle nicht zwischen „*Recht*" und „*rechtlichem Interesse*", sondern bejaht oder verneint gleichzeitig beides. Für die Bejahung jedenfalls lässt sie genügen, wenn eine Rechts- oder Interessenverletzung nur möglich ist[1188]. So bejaht die Schiedsstelle die Verletzungsmöglichkeit und damit die Antragsberechtigung sobald der Antragsteller als Firma auf dem Gebiet der betreffenden Beschaffung fachlich tätig, (regelmäßig) Teilnehmer

---

[1184] Zwar spricht § 15 Abs. 1 Ket. vom „*Betroffensein*" des Rechts bzw. rechtlichen Interesses, § 323 Abs. 1 Kbt. von „*der (Gefahr der) Verletzung*" des Rechts bzw. rechtlichen Interesses. Ob hier aber überhaupt ein Unterschied besteht, bezweifelt selbst die Rechtsprechung, vgl. Legf. Bír., BH 2001/1/65 noch zum Áe. Da insoweit aber kein Unterschied zum Ket. besteht, ist die Rechtsprechung übertragbar; Die Entscheidung des Hauptstädtischen Gerichts, die die genannte Entscheidung des Obersten Gerichts ergänzt, ist abrufbar unter http://www.fovarosi.birosag.hu/bh2000/bh_kozigazgatasikoll.htm [zuletzt abgerufen im Oktober 2009].
[1185] Grundsatzentscheidung des Obersten Gerichts, Legf. Bír, EBH 2003.91; ebenso Főv. Ítélőtábla, 2. Kf. 27. 071/2005/4.
[1186] Im Rahmen der Zulässigkeit wird die tatsächliche Verletzung des behaupteten (subjektiven) Rechts nicht geprüft. Es dient lediglich als Sachurteilsvoraussetzung. In der Begründetheit findet eine objektive Rechtmäßigkeitskontrolle statt. Vgl. hierzu *VI.1. Der Prüfungsumfang der Schiedsstelle für öffentliche Auftragsvergabe* und *VII.3. Der Beschluss der Schiedsstelle in der Sache*.
[1187] *Kozma* in: Patay, A Közbeszerzés Joga, S. 534; Die wörtliche Übersetzung verlangt, dass die Rechts- oder Interessenverletzung "bewiesen" bzw. "festgestellt" werden können muss. Praktisch lässt die Schiedsstelle die Möglichkeit einer solchen Verletzung genügen, weshalb m.E. ein entsprechend schlüssiger Vortrag in der Antragsschrift ausreichend ist.
[1188] Bspw. D.76/10/2007; D.457/18/2007; D. 284/14/1999; D.602/18/2005. D.82/14/1999.

solcher Vergabeverfahren ist oder ein Angebot abgeben könnte[1189]. So wird verhindert, dass ein potentieller Antragsteller, der fachlich nicht betroffen sein kann, nur deshalb die Ausschreibungsdokumentation erwirbt, um sich die Parteifähigkeit im Nachprüfungsverfahren zu sichern, was in Ungarn bereits häufig vorgekommen ist[1190].

Darüber hinaus erwähnt das Kbt. ausdrücklich den Teilnahmebewerber bzw. den, der im ersten Abschnitt eines aus zwei Abschnitten bestehenden Vergabeverfahrens (das nichtoffene Verfahren bzw. das durch die veröffentlichte Bekanntmachung eingeleitete Verhandlungsverfahren) seine Teilnahmebewerbung abgegeben hat.

Obwohl im Laufe des Vergabeverfahrens alle Beteiligten ein gemeinsames Interesse daran haben, dass das Verfahren schnell, wirksam und unter Beachtung der Lauterbarkeit des Wettbewerbs abgeschlossen wird, kann der Nachprüfungsantrag gegen das Vergabeverfahren bzw. gegen die das Verfahren abschließende Entscheidung dieses auf lange Zeit unterbrechen.

Die rechtsgrundlosen Anträge führen zum einen zu einer unnötigen Arbeitsbelastung der Schiedsstelle, zum anderen hindern sie den öffentlichen Auftraggeber daran, seine Beschaffungen möglichst bald zu tätigen und damit auch seine öffentlichen Verpflichtungen zu erfüllen. Daher ist es gerechtfertigt, als Zulässigkeitsvoraussetzung zu fordern, dass die behauptete Verletzung möglich ist und überhaupt die Rechte bzw. Interessen der Bieter bzw. Bewerber betreffen kann[1191]. Alle weiteren Voraussetzungen würden die erst in der Begründetheit zu prüfenden Verletzungen in die Zulässigkeit vorverlagern[1192]. Dies entspricht auch den sekundärrechtlichen Vorgaben, die in den Art. 1 Abs. 3 der Rechtsmittelrichtlinien vorsehen, dass jedem das Recht zur Einleitung eines Nachprüfungsverfahren verliehen werden muss, der ein Interesse an einem bestimmten Auftrag hat oder hatte und dem durch einen behaupteten Verstoß ein Schaden entstanden ist bzw. zu entstehen droht.

So hat die Schiedsstelle entschieden, dass beispielsweise Bewerber, die sich im ersten Abschnitt nicht um eine Teilnahme beworben haben und daher nicht an der Angebotsabgabe teilnehmen können, vermeintliche Rechtsverletzungen

---

[1189] Aktuell D.76/10/2007, D.457/18/2007; *Paksi*, A közbeszerzési eljárások jogorvoslati rendszere, S. 10.
[1190] *Paksi*, A közbeszerzési eljárások jogorvoslati rendszere, S. 13.
[1191] D. 624/14/2001, K.É. 2001/51; D. 284/14/1999, K.É.2000/6.
[1192] *Fruhmann*, Michael, Formulierung von Vorlagen, Vergaberechtsschutz und Antragslegitimation, ZVB 2003, S. 104, 106.

des zweiten Abschnitts des Verfahrens nicht geltend machen können[1193]. Ihre rechtlichen Interessen sind nicht betroffen. Die Parteifähigkeit eines Teilnahmebewerbers kann nur dann gegeben sein, wenn er zumindest der rechtmäßigen Aufforderung zur Teilnahme nachgekommen ist und sich beworben hat[1194]. War die Ausschreibung vermeintlich rechtswidrig und konnte die Partei deshalb kein ausschreibungskonformes Angebot abgeben, hat die Schiedsstelle die Antragsberechtigung bejaht[1195]. Ebenso hat die Schiedsstelle entschieden, als für den Kauf der Dokumentation ein unverhältnismäßig hoher Preis verlangt wurde und ein Erwerb praktisch unmöglich war[1196]. Erst recht muss die Antragsberechtigung bejaht werden, wenn gar keine Bekanntmachung erfolgt bzw. das Verfahren unter Umgehung des Kbt. oder der richtigen Verfahrensart durchgeführt wurde[1197].

Bei der praktischen Anwendung des Kbt. hat sich gezeigt, dass die Parteifähigkeit des *„sonstigen Beteiligten"* besondere Schwierigkeiten bereitet[1198]. Obwohl dem sonstigen Beteiligten keine Rechte und Pflichten aus dem Vergabeverfahren entstehen, kann sich aber die konkrete vergaberechtliche Entscheidung auf dessen Situation nachteilig auswirken, ihn um eine Geschäftsmöglichkeit bringen und so seine Interessen verletzen[1199]. Als sonstige Beteiligte können nur solche Personen eine Nachprüfung einleiten, die eine Rechts- oder Interessenverletzung hinsichtlich der öffentlichen Auftragsvergabe unmittelbar im Verfahren nachweisen können. Das Kbt. selbst erklärt den Begriff des sonstigen Beteiligten nicht, definiert ihn auch nicht, da die Gerichtspraxis diese Frage auch schon auf der Grundlage des Kbt. a.F. adäquat gelöst hat und sich eine präzise Begriffsbestimmung sehr schwierig gestalten würde[1200].

[1193] In der Entscheidung D.13/8/2005 war ein ausgeschiedener Bewerber mangels möglichem betroffenen Interesse nicht berechtigt, die das Vergabeverfahren abschließende Entscheidung zu rügen.
[1194] D. 44/13/2005, K.É. 2005/33, 7717.
[1195] D. 83/15/1999, K.É. 1999/28; Später stellte das Unionsgericht in seinem Urteil EuGH, Rs. C-230/02, *Grossmann Air Service*, Slg. 2004, I-1829, Rn. 27 ff. fest, dass einem Unternehmen, das eine rechtswidrige Ausschreibung überprüfen lassen möchte, die Antragsberechtigung nicht deshalb versagt werden darf, weil es gerade aufgrund dieser angeblichen Rechtswidrigkeit der Ausschreibungsunterlagen schon gar kein Erfolg versprechendes Angebot abgeben konnte; so auch wieder D.457/18/2007.
[1196] D. 518/10/2001.
[1197] D. 91/17/2006.
[1198] CompLex Kommentar, § 325 Abs. 5 Kbt.; *György*, in: *Kozma* in: Patay, A közbeszerzés Joga, S. 534.
[1199] *Kozma* in: Patay, A Közbeszerzés Joga, S. 534.
[1200] *Bozzay* in: Fribiczer, Közbeszerzés, S. 371.

Zur Eigenschaft als sonstiger Beteiligter genügt also nicht die mittelbare Betroffenheit, es ist vielmehr notwendig, dass der vorliegende Streitgegenstand die Interessen genau dieser natürlichen bzw. juristischen Person unmittelbar betrifft[1201]. Typisches Beispiel ist, dass wegen der rechtswidrigen Durchführung des Vergabeverfahrens der Antragsteller erst gar nicht daran teilnehmen konnte. Zur Feststellung der Parteifähigkeit muss die Rechts- oder Interessenverletzung unmittelbar und nachweislich mit der strittigen Vergabe in Zusammenhang stehen. So kann beispielsweise der Umstand, dass die Vergabe der Aufträge durch die Staats- und Selbstverwaltungsorgane mit öffentlichen Geldern finanziert wird, nicht schon als unmittelbare Betroffenheit gelten, da so praktisch jeder Staatsbürger in seiner Eigenschaft als Steuerzahler ein rechtliches Interesse daran hätte, dass die öffentlichen Gelder sinnvoll verwendet werden. Ein solches Verständnis hätte zur Folge, dass die Parteifähigkeit im Nachprüfungsverfahren von Jedermann angenommen werden müsste[1202]. Auch kann nicht von einem unmittelbar betroffenen rechtlichen Interesse gesprochen werden, wenn eine Verletzung noch nicht eingetreten ist, sondern lediglich in Zukunft eintreten kann, sodass eine Interessenverfolgung verfrüht und damit unzulässig ist. Als sonstiger Beteiligter gilt gleichzeitig auch derjenige, der wegen der rechtswidrigen Abwicklung des vergaberechtlichen Verfahrens oder gerade wegen der unberechtigten Umgehung des Vergabeverfahrens nicht an diesem teilnehmen konnte, wenn er geltend machen kann, dass er bei Durchführung des Vergabeverfahrens als Bieter hätte teilnehmen können und die Chance bestand, dass der Vertrag im Falle seines Obsiegens mit ihm geschlossen worden wäre[1203]. In der Rechtsprechung spielte oft die Frage der Parteifähigkeit eines Subunternehmers eine Rolle. Dazu wird die Auffassung vertreten, dass der Subunternehmer nur ein mittelbares und vorwiegend wirtschaftliches (nicht rechtliches) Interesse an der Auftragsvergabe habe, da er selbst nie den Zuschlag erhalten könne. Das Oberste Gericht hat in mehreren Entscheidungen ausgeführt, dass dem Subunternehmer ein eigenes Antragsrecht dann zustehe, wenn der Rechtsstreit des Hauptunternehmers unmittelbar die sich aus den Rechtsbeziehungen des Vergabeverfahrens ergebenden Rechte oder die rechtlichen Interessen des Subunternehmers verletze oder gefährde[1204].

So führte es in seiner Entscheidung Legf. Bír. Kf. III 38.393/2000 aus:

[1201] D.452/8/2005.
[1202] *Kozma* in: Patay, A Közbeszerzés Joga, S. 534.
[1203] *Csányi*, Közbeszerzési kéziköny, S. 92; *Fribiczer* in: Fribiczer, Közbeszerzés, S. 372.
[1204] *Kozma* in: Patay, A Közbeszerzés Joga, S. 534.

„Zweifellos kann die Ungültigkeit der Bewerbung (des Bieters) wichtige Interessen des Subunternehmers im vergaberechtlichen Verfahren betreffen. Diese ergeben sich aber nach dem soeben Dargelegten nicht aus der vergaberechtlichen Rechtsbeziehung, sondern aus dem Vertragsverhältnis zwischen ihm und dem Bieter. In den Fällen, in denen das Kbt. Regelungen enthält, die sich unmittelbar auf den Subunternehmer beziehen, kann dieser eigenständig einen Nachprüfungsantrag stellen, nicht aber, wenn Rechte oder rechtliche Interessen des Subunternehmers verletzt oder gefährdet werden, die sich unmittelbar aus dem vergaberechtlichen Rechtsverhältnis ergeben." [Übers. d. Verf.]

Auch wenn im Ergebnis — ebenso in der Entscheidung Legf. Bír. Kf. III. 37.539/2001 — die Antragsberechtigung des Subunternehmers abgelehnt wurde, so wurde die grundsätzliche Möglichkeit höchstrichterlich zumindest anerkannt. Da die Rechtsmittelrichtlinie nur eine Mindestharmonisierung bezweckt, kann die ungarische Gesetzgebung die Berechtigung natürlich weiter formulieren.

Im deutschen Recht setzt die Antragsbefugnis nach § 107 Abs. 2 GWB das Interesse an dem konkreten Auftrag, die Behauptung eines Rechtsverstoßes und eines kausal eingetretenen oder drohenden Schadens voraus. Zwar zieht die fehlende Behauptung eines Rechtsverstoßes bei jedem Antragsteller auch nach dem Kbt. die Unzulässigkeit seines Antrags nach sich, die Pflicht, neben dem Interesse aber auch einen (drohenden) Schaden geltend zu machen, besteht für den ungarischen Antragsteller allerdings nicht. Art. 1 Abs. 3 der Richtlinien sehen die Möglichkeit der Schadensbehauptung zwar vor. Da es sich bei der Formulierung aber um eine Mindestharmonisierungsvorschrift handelt und der Kreis der berechtigten Antragsteller nicht verkleinert, sondern eher erweitert wird, ist darin keine Beschränkung effektiven Rechtsschutzes zu sehen.

Diese rechtsschutzfreundliche Auslegung geht zwar zu Lasten der Arbeitsbelastung der Schiedsstelle, sie stimmt jedoch mit den sekundärrechtlichen Mindestharmonisierungsvorschriften für die Antragsbefugnis, überein. Aus der Begriffsbestimmung des § 4 Ziff. 1) Kbt., wonach ein Bieter

„...(eine) natürliche Person, juristische Person, Wirtschaftsgesellschaft ohne Rechtspersönlichkeit oder aufgrund ihres persönlichen Rechts eine rechtsfähige Organisation, die im Vergabeverfahren ein Angebot einreicht; (...)". [Übers. d. Verf.]

sein kann, oder der in § 52 Kbt. vorgesehenen Möglichkeit, dass mehrere Bieter ein gemeinsames Angebot abgeben können, ist noch nicht abzuleiten, dass die Bietergemeinschaft oder der einzelne Bieter antragsberechtigt sein soll. In den Beschlüssen D. 1/24/1999 und D. 179/15/1998 stellte die Schiedsstelle fest, dass entgegen der Meinung der jeweiligen Antragsgegner das Kbt. nicht ausdrücklich verbiete, dass der Nachprüfungsantrag von mehreren Antragstellern gemeinsam in einem Schriftsatz eingereicht werden könne. Mangels einer entsprechenden Vorschrift könne ein solcher Antrag nicht abgewiesen werden. Auch das Gesetz Nr. IV von 1957 über die allgemeinen Vorschriften des Staatsverwaltungsverfahrens[1205] schließe eine gemeinsame Antragstellung nicht aus. Auf der anderen Seite ist aber auch bei der Abgabe eines gemeinschaftlichen Angebotes jeder einzelne Bieter selbständig zur Antragstellung berechtigt. Die Bietergemeinschaft ist damit wie auch jeder einzelne Bieter vor der Schiedsstelle antragsberechtigt. Die Schiedsstelle begründet dies damit, dass auch bei der Beurteilung des gemeinschaftlichen Angebotes die einzelnen finanziellen, wirtschaftlichen und technischen Angebotsbestandteile auf ihre Geeignetheit hin überprüft werden. Das Kbt. enthalte nach Auffassung der Schiedsstelle keine solche Vorschrift, nach der bei einem gemeinschaftlichen Angebot der Nachprüfungsantrag nur gemeinsam eingereicht werden könne. (…) Nichtsdestotrotz erklärt sie allerdings die solidarische Haftung der Bieter für die Erfüllung des Vertrages, sodass eine Entscheidung der Schiedsstelle auch Rechtskraft hinsichtlich derjenigen Bieter entfaltet, die keinen Nachprüfungsantrag gestellt hätten (D. 462/3/2000).

Zusammenfassend kann man sagen, dass die Darlegung der Antragsberechtigung im ungarischen Recht einfacher ist als im deutschen Recht. Darüber hinaus legt die Schiedsstelle in der Praxis die Antragsberechtigung im Zweifel großzügig aus[1206]. So kam es im Jahr 2007 lediglich zu einer einzigen Abweisung des Antrags wegen Unzulässigkeit aufgrund fehlender Antragsberechtigung. Da die Antragsberechtigung selten bereits bei Verfahrensbeginn eindeutig festgestellt werden kann, die Schiedsstelle diese aber während des laufenden Verfahrens laufend prüft, fehlte es im Jahr 2007 in neun Fällen an der Antragsberechtigung, was sich allerdings erst im Zuge des Nachprüfungsverfahrens gezeigt hatte. Im deutschen Recht leitet die Vergabekammer das Verfahren gemäß § 107 Abs. 2 GWB nur auf Antrag eines Unternehmers ein, der ein Interesse am Auftrag hat und eine Rechtsverletzung geltend macht. Ganz wesentlicher Unterschied ist also, dass gerade der Auftraggeber einer deutschen Vergabesache kein Nachprüfungsverfahren beantragen kann. Er ist aber als Beteiligter i.S.d. § 109 GWB beizuladen. Gemäß § 116 Abs. 1 GWB kann er dann als Beteiligter gegen die Entscheidung der Vergabekammer eine sofortige Beschwerde einlegen.

[1205] Ung. *1957. évi IV. törvény az államigazgatási eljárás általános szabályairól* (= Áe), Magyar Közlöny 1957/64 (VI.9.).
[1206] So ausdrücklich in der Entscheidung D. 19/12/1998, K.É. 1998, 15.

b) Die Antragsfrist

Genauso wie bei allen anderen Rechten darf auch der Anspruch auf ein Rechtsmittel nicht missbraucht werden. Indem die Möglichkeit zur Antragsstellung an eine Frist geknüpft ist, wird dieses garantierte Recht durchbrochen, um Missbräuche zu vermeiden und Rechtsfrieden zu schaffen[1207]. Da Fristenregelungen unter die Verfahrensautonomie der Mitgliedstaaten fallen, können diese sogar rechtmäßig zum Verlust der durch das Unionsrecht verliehenen Rechte führen[1208], soweit das Unionsrecht keine genauen Vorschriften macht[1209] und die Frist sich innerhalb der Grenzen des Effektivitäts- und Äquivalenzgebotes bewegt, also angemessen ist[1210]. Diese allgemeine Regelungsfreiheit deklariert Art. 2 f Abs. 2 RL 89/665/EWG bzw. RL 92/13/EWG ausdrücklich, soweit die Vorgaben der Art. 2c Abs. 1 und 2 f RL 89/665/EWG bzw. RL 92/13/EWG eingehalten werden. So hat der nationale Gesetzgeber seine Fristenregelung in erster Linie an den Richtlinien zu orientieren.

An die Nichteinhaltung der in § 323 Abs. 2 und 3 Kbt. festgesetzten objektiven bzw. subjektiven Fristen[1211], bis zu deren Ablauf der Nachprüfungsantrag einzureichen ist, hat der ungarische Gesetzgeber einen absoluten Rechtsausschluss geknüpft, vgl. § 323 Abs. 4 Kbt. Nach eigenen Angaben hat er bei der Bemessung der Frist versucht, zwei Gesichtspunkte miteinander zu vereinbaren[1212]: Zum einen die Interessen des öffentlichen Auftraggebers an der Durchführung des Vergabeverfahrens und an der Erfüllung der sich daraus ergebenen Pflichten. Auf der einen Seite sollen möglichst alle (zumindest möglichst viele) Rechtsverletzungen ein Nachprüfungsverfahren und entsprechende Sanktionen nach sich ziehen, da sich dies als effektivstes Mittel zur Einhaltung gesetzlicher Vorschriften (und dadurch zur sinnvollen und rechtmäßigen Verwendung öffentlicher Gelder) erwiesen hat. Schließlich darf auch nicht außer Acht gelassen werden, dass die öffentlichen Auftraggeber nicht aus Eigeninteresse die öffentliche Auftragsvergabe durchführen, sondern diese vielmehr der Bedarfsdeckung der Allgemeinheit dient und bei Unterlassen oder verspäteter Auftragsvergabe die Erfüllung öffentlicher Aufgaben gefährdet sein

---

[1207] *Csányi*, Közbeszerzési kézikönyv, S. 93; *Paksi*, A közbeszerzési eljárások jogorvoslati rendszere, S. 11.
[1208] EuGH, Rs. C-88/99, *Roquette Frères*, Slg. 2000, I-10465, Rn. 23; EuGH, Rs. C-125/01, *Pflücke*, Slg. 2003, I-9375, Rn. 35.
[1209] EuGH, Rs. C-470/99, *Universale Bau*, Slg. 2002, I-11617, Rn. 76 f.
[1210] EuGH, Rs. C- 327/00, *Santex*, Slg. 2003, I-1877, Rn. 50, 52; EuGH, Rs. C-125/01, *Pflücke*, Slg. 2003, I-9375, Rn. 36.
[1211] *Paksi*, A közbeszerzési eljárások jogorvoslati rendszere, S. 12.
[1212] Begründung des Gesetzesvorschlages zur Änderung des Kbt. a.F., zu § 323-325 Kbt., K.É. 2003/33, 3611, 3663 f.

kann. Unter den Gesichtspunkten der Rechtssicherheit und des Rechtsfriedens besteht ein genauso großes Interesse daran, dass Rechtsverhältnisse nach einer bestimmten Zeit beständig bleiben, also nicht mehr angegriffen werden können. Die Festsetzung einer rechtsausschließenden Frist ist also dann angemessen, wenn sie unter Abwägung verschiedener Interessen und Berücksichtigung des Äquivalenz- und Effektivitätsgrundsatzes erfolgt.

Das Kbt.ÄndG hat sich größtenteils für die kürzesten der in den Richtlinien vorgesehenen Fristen entschieden. So muss die Beantragung einer Nachprüfung grundsätzlich innerhalb von zehn[1213] Tagen erfolgen.

Für die Berechnung der Fristen, die im Kbt. geregelt sind, ist grundsätzlich § 15 Kbt. heranzuziehen. Der Anfangstag ist bei der Berechnung von Zeiträumen nicht zu berücksichtigen. Als Anfangstag gilt der Tag, an dem die Handlung vorgenommen oder ein sonstiger Umstand eintritt, die/der den Grund für den Fristbeginn bildet. Fällt der letzte Tag der Frist nicht auf einen Arbeitstag, so läuft die Frist erst am darauf folgenden Arbeitstag ab. Abs. 4 sieht insbesondere vor, dass die in der Bekanntmachung (Ausschreibung) bestimmte Frist am Tag nach der Aufgabe der Bekanntmachung (Ausschreibung) beginnt. Da der neu formulierte § 323 Abs. 2 Kbt. den Beginn der Nachprüfungsfristen selbst konkret bestimmt, ist hierfür nur noch ergänzend auf die Bestimmungen des § 15 Kbt. zurückzugreifen.

Fristauslösendes Moment war bisher der Eintritt bzw. die Kenntnisnahme von der Rechtsverletzung. Da diese Zeitpunkte nicht in jedem Fall genau bestimmt werden konnten, stellte das Kbt. für den Zweifelsfall eine Reihe von Vermutungen auf. Aber trotz dieser Vorschriften mussten die Schiedsstelle und die Gerichte als zweite Nachprüfungsinstanz im Rahmen der Zulässigkeitsfragen relativ häufig mit Einzelfragen der Fristberechnung klären[1214]. So war bspw. bei

---

[1213] Die Antragsfrist wird über zwei Übergangszeiträume verkürzt: Zunächst gilt im Hinblick auf alle Auftragswerte eine Frist von 15 Tagen. Ab 01.01.2010 wird auf zweiter Stufe die Antragsfrist bei Vergaben mit Unionsschwellenwert auf 10 Tage verkürzt (§ 110 Abs. 3 lit. g) Kbt.ÄndG, schließlich wird auf dritter und letzter Stufe ab dem 01.07.2010 die zehntätige Antragsfrist auch auf Vergaben mit nationalem Schwellenwert erstreckt, § 110 Abs. 4 lit. e) Kbt.ÄndG; Diese Übergangsfristen gehen parallel mit dem Übergang von postalischen auf rein elektronische Mitteilungen einher.
[1214] Siehe auch die Entscheidungen der Schiedsstelle mit dem Az. D. 30/12/1999, K.É. 1999/18; D. 49/6/1999, K.É. 1999/25; D. 217/8/1998, K.É. 1998/49; D. 217/8/1998, K.É. 1998/49; D. 3/3/2000; D. 78/10/2000, K.É. 2000/23; D. 134/13/2000, K.É. 2000/28; D. 173/11/2000, K.É. 2000/334; D. 835/7/2004, K.É. 2005/13, 2857; D. 33/9/2005, K.É. 2005/21, 4737; D. 347/8/2005, K.É. 2005/75, 21124; D. 1051/20/2005, K.É.2006/40, 15375; D. 91/20/2006, K.É. 2006/43, 16718; D. 161/26/2006, K.É. 2006/65, 26611; D. 260/13/2006, K.É. 2006/78, 32621; D. 330/16/2006, K.É. 2006/83, 35102; D. 386/9/2006, K.É.2006/93,

der Kenntnisnahme umstritten, welche Umstände hierfür genau und wem bekannt sein mussten[1215].

Das neue Kbt. lässt die Frist nunmehr abhängig von der Art der behaupteten Rechtsverletzung beginnen:

aa) Verfahrensabschließende Entscheidung bei Anwesenheit der Bieter

Bei der das Verfahren abschließenden Entscheidung des Auftraggebers beginnt die Frist gemäß § 323 Abs. 2 lit. a) aa) Kbt. am Tag nach der Bekanntgabe des Ergebnisses gegenüber den anwesenden Bietern und Teilnahmebewerbern. Gemäß § 96 Kbt. muss der Auftraggeber bei der Ergebnisbekanntmachung den Inhalt der schriftlichen Zusammenfassung[1216] (bzw. der geänderten Zusammenfassung i.S.d. § 96/C Kbt.[1217]) bekannt geben. Den Anwesenden hat er die schriftliche Zusammenfassung über die Angebote gemäß § 96 Abs. 2 Kbt.

39787; D. 352/19/2006, K.É. 2006/94, 40057; D. 400/17/2006, K.É. 2006/97, 40063; D. 238/18/2006, K.É. 2006/96, 40897.

[1215] So machte der Antragsteller in der Sache D. 345/10/2006 vor Schiedsstelle geltend, dass die Antragsfrist anstatt mit der Zustellung der Ausschlussentscheidung des Auftragsgebers der Erhalt des Handelsregisterauszuges für ihn maßgeblich sei, da er damit die Begründung seines unrechtmäßigen Ausschlusses schlüssig darlegen konnte. Dies lehnte die Schiedsstelle ab. Unter den subjektiven Voraussetzungen für den Beginn Antragsfrist sei nicht zu verstehen, dass der Antragsteller von den zur Begründung maßgeblichen Schriftstücke Kenntnis nehmen muss oder wann seines Erachtens nach die Kenntnisnahme der angeblichen Rechtsverletzung erfolgt ist, um das Nachprüfungsverfahren einzuleiten. Der Antragsteller hätte die Ungültigkeitserklärung seines Angebotes für rechtsverletzend erachtet und dies in Kenntnis weiterer Umstände nicht gerügt. Ähnlich sieht es auch der Bescheid des Hauptstädtischen Gerichts Főv. Bír. 13. Kpk 45.082/2005/3 (K.É. 72/2006, 30048), das die Entscheidung der Schiedsstelle D. 387/11/2005 (K.É. 2005/101, 32053) zum Gegenstand hatte, die die Entscheidung des Obersten Gerichts, Legf. Bír. Kf. IV. 37.432/2005 (KGD 2004/212), aufgreift, wonach der Antragssteller nicht von den Nachweisen (der Rechtsverletzung) Kenntnis erlangen müsse, sondern von der Rechtsverletzung (vom Tun und vom Unterlassen, usw.) selbst.

[1216] Die schriftliche Zusammenfassung über die Angebote muss der Auftraggeber gemäß § 93 Abs. 2 Kbt. nach dem Muster laut § 12 der Verordnung des Justizministeriums Nr. 2/2006 (I.13.) (ung. *Az igazságügy-miniszter 2/2006. (I. 13.) IM rendelete*), Magyar Közlöny 2006/3 (I. 13.), zum Abschluss der Angebotsbeurteilung erstellen. Sie entspricht dem vorgegebenen Inhalt des Art. 41 Abs. 2 RL 2004/18/EG. Bei der Ergebnisbekanntgabe muss er den Bietern bzw. Bewerbern gemäß § 96 Kbt. den Inhalt der Zusammenfassung schriftlich übergeben.

[1217] § 96/C Kbt. gestattet dem Auftraggeber einmalig innerhalb von 10 Tagen nach Bekanntgabe des Ergebnisses die Zusammenfassung zu ändern, wenn er nach Bekanntgabe feststellt, dass das verkündete Ergebnis (oder die Ergebnislosigkeit der Vergabe) rechtswidrig war und die Änderung die Rechtswidrigkeit behebt. Die abgeänderte Zusammenfassung muss (ab dem dritten Übergangszeitraum nur noch) elektronisch an alle Bieter zu senden, vgl. § 110 Abs. 3 lit. e) und § 110 Abs. 4 lit. b) Kbt.ÄndG.

unmittelbar zu übergeben. Die Richtlinien sehen in Art. 2c vor, dass für die Bestimmung des jeweiligen Fristbeginns entweder das Absenden der Entscheidung samt schriftlicher Zusammenfassung oder deren Eingang beim Bieter bzw. Bewerber maßgeblich ist. Die ungarische Regelung der persönlichen Übergabe meint kein Absenden i.S.d. Richtlinie. Der Auftraggeber gibt die Unterlagen nicht auf den Weg, sondern überreicht sie unmittelbar. Damit fällt der Zeitpunkt, in dem der Bieter bzw. Bewerber Kenntnis von den Tatsachen, die er für die Entscheidung über die Einleitung eines Nachprüfungsantrags benötigt, zeitlich mit dem Eingang beim Empfänger zusammen. Fristauslösendes Moment ist damit der Tag nach dem Tag der Entscheidungsverkündung. Die Antragsfrist gemäß § 323 Abs. 2 Kbt. steht mit der Mindestfrist von 10 Tagen, die Art. 2c der Richtlinien für diesen Fall vorsehen, im Einklang: Sowohl im Zeitpunkt der jetzigen Fassung des Kbt. (15 Tage) als auch nach dem letzten Übergangszeitraum zum 01.07.2010 (10 Tage)[1218].

bb) Verfahrensabschließende Entscheidung bei Abwesenheit der Bieter

Bei den nicht anwesenden Bietern bzw. Teilnahmebewerbern beginnt die Frist gemäß § 323 Abs. 2 lit. a) ab) Kbt. am Tag nach der Absendung der schriftlichen Zusammenfassung[1219] (bzw. der geänderten Zusammenfassung i.S.d. § 96/C Kbt.) an diese. Die Wahl dieses fristauslösenden Ereignisses steht ebenfalls im Einklang mit Art. 2c der Rechtsmittelrichtlinien.

Hinsichtlich der Dauer der Antragsfrist sieht das Kbt.ÄndG in drei zeitlichen Stufen eine Verkürzung von 15 auf 10 Tage vor: Zunächst gilt für Anträge, die gegen Vergaben aller Schwellen gerichtet sind, die 15tägige Antragsfrist (§ 323 Abs. 2 Kbt.). Vom 01.01.2010 an wird die Antragsfrist bei Vergaben mit Unionsschwellenwert auf 10 Tage verkürzt (§ 110 Abs. 3 lit. g) Kbt.ÄndG), schließlich wird vom 01.07.2010 an die zehntägige Frist auch auf Anträge bei Vergaben mit nationalem Schwellenwert erstreckt, § 110 Abs. 4 lit. e) Kbt.ÄndG.

Damit übernimmt der ungarische Gesetzgeber für die endgültige Fassung des Kbt. die kürzestmögliche 10-Tages-Frist, die die Richtlinien für den Fall der Nachprüfungsfrist vorgesehen. Diese Mindestfrist von 10 Tagen gestattet das Sekundärrecht allerdings nur für den Fall, dass die Mitteilung der betroffenen

---

[1218] Einzelheiten zu den Übergangsregelungen vgl. *5. Kapitel, IV.1.b)bb) Verfahrensabschließende Entscheidung bei Abwesenheit der Bieter.*
[1219] Bei der Bekanntgabe nicht anwesenden Bietern bzw. Bewerbern darf bzw. muss der Auftraggeber die (abgeänderte) Zusammenfassung (ab dem dritten Übergangszeitraum nur noch) elektronisch an alle Bieter zu senden.

Auftraggeberentscheidung auf elektronischem Weg bzw. per Fax erfolgt. Für postalische Mitteilungen müssen die Mitgliedstaaten dem Antragsteller eine Mindestfrist von 15 Tagen gewähren. Diesen Anforderungen entspricht das Kbt. im Rahmen seiner Übergangsregelungen: Denn im Gleichlauf mit der Verkürzung der Antragsfristen werden auch die Formanforderungen an die Mitteilungspflichten modifiziert: Ab dem 01.01.2010 ist eine postalische Übersendung der verfahrensabschließenden Entscheidung samt Zusammenfassung (bzw. der modifizierten Zusammenfassung) nur noch bei Vergaben möglich, deren Wert unterhalb der nationalen Schwellen liegen (§ 111 Abs. 1 lit. a) Kbt.ÄndG, vom 01.07.2010 an muss gemäß § 111 Abs. 2 lit. a) Kbt.ÄndG die Zusendung bei Auftragsvergaben aller Schwellenwerte elektronisch erfolgen. Damit stimmen die Antragsfristen in allen Zeitabschnitten mit den sekundärrechtlichen Forderungen überein.

cc) Sonstige Entscheidungen des Auftraggebers, sofern eine Mitteilungspflicht besteht

Im Falle sonstiger (nicht das Verfahren abschließenden) Entscheidungen des Auftraggebers, die einer Mitteilungspflicht unterliegen, lässt § 323 Abs. 2 lit. b) Kbt. die Antragsfrist am Tag nach dem Versand der Bekanntgabe der Entscheidung beginnen. § 17/C Kbt. fasst hierbei alle Entscheidungen des Auftraggebers zusammen, bei denen eine solche Mitteilungs- bzw. Bekanntgabepflicht besteht. Sie ist mittels Veröffentlichung auf der eigenen Homepage bzw. der Homepage des Rates der öffentlichen Beschaffungen zu erfüllen[1220]. Damit auch für diese Fristberechnung die zehntätige Antragsfrist nach Ablauf des letzten Zeitanschnitts im Einklang mit den Anforderungen des Art. 2c der Rechtsmittelrichtlinien steht, wurde § 184 Kbt. mittels § 63 Kbt.ÄndG dahingehend modifiziert, dass diese Mitteilungsverpflichtungen nur noch auf elektronischem Weg erfüllt bzw. versandt werden dürfen.

dd) Sonstige Entscheidung des Auftraggebers, sofern keine Mitteilungspflicht besteht

§ 323 Abs. 2 lit. c) Kbt. lässt die Frist zur Nachprüfung von sonstigen Entscheidungen des Auftraggebers, die keiner besonderen Mitteilungspflicht unterliegen, am Tag nach deren Veröffentlichung bzw. der Entgegennahme der Dokumentation beginnen.

Hier erfolgte die Umsetzung des am Ende in Art. 2c der Richtlinien genannten fristauslösenden Moments: Sofern ein Antrag auf Aufhebung einer

---

[1220] Ab dem 01.10.2009 ist eine Veröffentlichung auf der Homepage des Rates auch bei Veröffentlichung auf der eigenen Homepage des Auftraggebers obligatorisch (§ 112 Abs. 2 Kbt.ÄndG).

rechtswidrigen Entscheidung i.S.d. Art. 2 Abs. 1 lit. b) der Richtlinien (also einschließlich der diskriminierenden technischen, wirtschaftlichen oder finanziellen Spezifikationen), die keiner besonderen Mitteilungspflicht unterliegt, beabsichtigt ist, beginnt die Mindestfrist am Veröffentlichungstag. Nach ungarischem Recht ist der Tag nach dem Veröffentlichungstag maßgebend. Das Kbt. gewährt dem Antragsteller deshalb noch einen weiteren Tag zur Einreichung des Nachprüfungsantrags. Da es sich um eine umzusetzende Mindestfrist handelt, bestehen keine Bedenken im Hinblick auf die Übereinstimmung mit dem sekundärrechtlichen Rahmen.

Alternativ stellt die Regelung auf den Zeitpunkt nach dem Tag der Entgegennahme der Dokumentation ab. § 54 Kbt. sieht hier vor, dass der Auftraggeber eine Dokumentation mit den detaillierten Vertragsbedingungen anfertigen muss, die er entweder unmittelbar elektronisch zur Verfügung stellen oder dem Bieter innerhalb von zwei Arbeitstagen nach dessen Antrag zusenden kann. In letzterem Fall kann nicht auf den Veröffentlichungszeitpunkt abgestellt werden; ausschlaggebend ist vielmehr der zeitlich nachfolgende Eingang beim potentiellen Antragsteller. Die Wahl des Eingangszeitpunkts als fristauslösender Moment sehen die Art. 2c der Richtlinien zwar nur in den Fällen vor, in denen es um die Fristen von Nachprüfungsanträgen gegen mitteilungsbedürftige Entscheidungen geht. Die dahinter stehende Wertung kann aber auch auf die Fälle von Nachprüfungen übertragen werden, die auf Entscheidungen ohne Mitteilungspflicht gerichtet sind. Sinn und Zweck ist, dass die Frist erst dann zu laufen beginnen soll, wenn der Antragsteller tatsächlich in Kenntnis der Tatsachen ist bzw. sein muss, die er zur Entscheidung über eine etwaige Antragstellung benötigt. Die Lösung des § 323 Abs. 2 lit. c) Kbt. ist im Falle der Dokumentationsüberprüfung antragsfreundlicher, weil sie dem Auftraggeber auf der einen Seite die Wahl überlässt, wie er die Dokumentation zur Verfügung stellen möchte, und auf der anderen Seite je nach getätigter Wahl die Nachprüfungsfrist für den Interessenten nicht verkürzt. Insoweit bestehen keine Bedenken im Hinblick auf die Konformität mit Art. 2c RL 89/665/EWG bzw. 92/13/EWG.

ee) Umgehung des Vergabeverfahrens

In dem speziellen Fall der Umgehung des Vergabeverfahrens kann nicht darauf abgestellt werden, ob und wann der Auftraggeber seine Entscheidung absendet oder diese beim übergangenen Bieter eingeht. Deshalb bestimmt § 323 Abs. 2 lit. d) Kbt. für diesen Fall, dass die Antragsfrist am Tag nach Abschluss des Vertrages zu laufen beginnt. Ist der Zeitpunkt des Vertragsschlusses aber nicht feststellbar, beginnt die Frist erst nach dem Tag, an dem eine Vertragspartei mit ihrem Teil der Vertragserfüllung begonnen hat, vgl. § 323 Abs. 2 lit. d) Kbt. Die

Frist beträgt auch hier — nach Ablauf der letzten Übergangsregelung — 10 Tage. Erlangt der Antragsteller jedoch erst nach Ablauf der in § 323 Abs. 2 Kbt.[1221] bestimmten Frist Kenntnis von der unter Umgehung des Vergabeverfahrens erfolgten Auftragsvergabe, kann er den Antrag innerhalb eines Jahres vom Zeitpunkt des Vertragsschlusses an stellen. Ist dieser nicht feststellbar, beginnt die Frist erst dann, wenn eine der Vertragsparteien mit der Vertragserfüllung begonnen hat (§ 323 Abs. 3 Kbt.). Die Erweiterung der Antragsfrist unter Berücksichtigung der Kenntnisnahme des Antragstellers stellt die Umsetzung der sekundärrechtlichen Vorgaben in Art. 2 f Abs. 1 lit. b) der Rechtsmittelrichtlinien dar. Sie gestattet den Mitgliedstaaten die Nachprüfung der Vertragsunwirksamkeit zu befristen, solange die Möglichkeit der Antragstellung mindestens sechs Monate nach Vertragsschluss besteht. Die ungarische Fristenregelung geht in zwei Punkten über diese mindestharmonisierende Vorgabe hinaus: Zum einen wird dem Antragsteller eine längere, nämlich einjährige Antragsfrist gewährt. Zum anderen wird in dem Fall, in dem der Zeitpunkt des Vertragschlusses nicht feststellbar ist, auf den späteren Zeitpunkt der Vertragserfüllung abgestellt.

Damit trägt die genannte Antragsfrist der unionsrechtlichen Wertung, welche die rechtswidrige Umgehung des Vergabeverfahrens als die schwerwiegendste Verletzung ansieht (Erwägungsgrund Nr. 13 RL 2007/66/EG), Rechnung. Vor diesem Hintergrund gewährt die Regelung gegen solche Entscheidungen einen besonders wirkungsvollen Rechtsschutz, indem der Wiederherstellung des rechtmäßigen Zustandes eine stärkere Bedeutung beigemessen wird als einer raschen Rechtssicherheit. Die damit verbundene länger andauernde schwebende Rechtslage wird zum einen durch den unionsrechtlichen Anspruch gerechtfertigt, dass die Umgehung besonders stark sanktioniert werden soll. Zum anderen ist das Vertrauen kollusiv zusammenwirkender Vertragsparteien auch nicht schützenswert[1222]. Die ungarische Lösung dient daher einer möglichst raschen und wirksamen Bekämpfung von Umgehungen der Auftragsvergabe und steht daher im Einklang mit den unionsrechtlichen Anforderungen an einen effektiven Rechtsschutz.

In den übrigen Fällen hat die Schiedsstelle bei Überschreitung der festgesetzten objektiven oder subjektiven Frist bei Antragseinreichung keine Möglichkeit mehr, sich mit der Sache zu befassen[1223]. Eine rechtfertigende

---

[1221] Der Verweis auf den gesamten Abs. 2 ist irreführend. § 323 Abs. 3 Kbt. kann sich nur auf den Fall des § 323 Abs. 2 lit. d) Kbt. beziehen, der als einziger von der Umgehung des Vergabeverfahrens handelt.
[1222] Vgl. hierzu auch *Prieß/Gabriel*, Keine Bestandsgarantie für vergaberechtswidrige Verträge, NZBau 2006, 221.
[1223] *Monory*, Közérthető közbeszerzés közösségi keretek között, S. 307.

Erklärung oder Entschuldigung des Fristablaufs ist nicht möglich. Damit treten spätestens nach einem Jahr unabhängig von der Kenntnis der Betroffenen, Bestandsschutz für den Vertrag und damit Rechtssicherheit für die Parteien ein.

ff) Einklang der Antragsfrist mit der Stillhaltefrist

Um eine wirksame Nachprüfung von Zuschlagsentscheidungen sicherzustellen, fordern die Art. 2a Abs. 2 beider Rechtsmittelrichtlinien, dass der Vertrag nicht vor Ablauf einer Frist von mindestens 10 (bzw. 15) Kalendertagen nach dem Tag der Absendung der Zuschlagsentscheidung geschlossen werden kann. Das ungarische Vertragsschlussmoratorium in § 99 Abs. 3 Kbt.

> *„In der Ausschreibung ist der geplante Zeitpunkt des Vertragsschlusses anzugeben, wobei der Vertrag nicht früher als 12 Tage^{1224} und nicht später als dreißig Tage — bei Bauaufträgen sechzig Tage —, gerechnet ab dem Tag, der auf den Tag der Absendung der schriftlichen Zusammenfassung (gemäß § 93 Abs. 2) folgt, geschlossen werden kann."*
> *[Übers. d. Verf.]*

gewährt sogar einen zweitägigen Spielraum zwischen Vertragsschluss und Ablauf der Nachprüfungsfrist und steht damit im zeitlichen Einklang mit der Mindestfrist von 10 Tagen, in der eine Nachprüfung — nach Ablauf des letzten Übergangszeitraumes des Kbt.ÄndG — wirksam eingereicht werden kann. Auf die Alternative der Richtlinienvorschrift, die Zuschlagsentscheidung auf andere, bspw. postalische Weise zu versenden und dann eine Mindestfrist von 15 Tagen zu gewähren, kommt es seit dem 01.07.2010 nicht mehr an, da von diesem Zeitpunkt an die verfahrensabschließende Entscheidung samt Zusammenfassung in schriftlicher Form nur noch unmittelbar bei der Bekanntgabe übergeben bzw. am selben Tag elektronisch versandt werden darf (§ 111 Abs. 2 lit. a) Kbt.ÄndG).

Dem vom ungarischen Gesetzgeber festgesetzten spätesten Zeitpunkt des Vertragsschlusses von 30 bzw. 60 Tagen nach Absendung der Zuschlagsinformationen stehen keine Richtlinienbestimmungen entgegen. Sinn und Zweck dieser Vertragsabschlussfrist ist es, zu Rechtssicherheit zwischen den Beteiligten und zu einer kalkulierbaren sowie raschen Erfüllung des vergebenen Auftrags beizutragen. Auch wird durch die Höchstfrist der obsiegende Bieter geschützt, dem es nicht zuzumuten ist, unverhältnismäßig lange zwischen Zuschlag und Vertragsschluss im Ungewissen zu sein. Den Antragsteller benachteiligt die Höchstfrist ebenfalls nicht, weil der Vertrag erst

---

[1224] Mit Wirkung ab dem 01.01.2010 wird das zwanzigtägige durch das zwölftägige Moratorium abgelöst (§ 111 Abs. 1 lit. c) Kbt.ÄndG) und gilt ab dem 01.07.2010 für alle Schwellenwertvergaben (§ 111 Abs. 2 lit. d) Kbt.ÄndG).

nach Ablauf der Nachprüfungsfrist bzw. nach Abschluss eines Nachprüfungsverfahrens geschlossen werden kann.

c) Vorherige Streitbeilegung beim Auftraggeber und Stillhaltefrist

Durch das Kbt.ÄndG hat der Gesetzgeber zur Entlastung der Schiedsstelle[1225] die sog. *vorherige Streitbeilegung* (ung. *előzetes vitarendezés*; §§ 96/B und 96/C Kbt.) eingeführt. Für den Betroffenen, der im Vergabeverfahren ein Angebot abgegeben hat, ist dieser Rechtsbehelf nunmehr zwingende Voraussetzung für den Antrag bei der Schiedsstelle. Ein Nachprüfungsantrag ohne vorherigen Streitbeilegungsversuch wird als unzulässig zurückgewiesen. Zu betonen ist, dass dieses Erfordernis nur gegenüber dem Bieter gilt und sowohl seine Pflicht als auch sein Recht darstellt. Diese Möglichkeit wirkt sich teilweise auch auf die Antragsfrist aus. Die Richtlinien sehen in Art. 1 Abs. 5 RL 89/665/EWG bzw. RL 92/13/EWG die Möglichkeit vor, dass der Betroffene zunächst eine Nachprüfung vom Auftraggeber fordert. Sofern der Bieter mit irgendeiner Festlegung in der schriftlichen Zusammenfassung i.S.d. § 93 Abs. 2 Kbt. nicht einverstanden ist, hat er sich innerhalb von fünf Tagen nach der Ergebnisbekanntgabe an den Auftraggeber zu wenden und von ihm die Nachprüfung zu verlangen. Der Bieter hat die beanstandeten Punkte in der schriftlichen Zusammenfassung, seine Empfehlungen und Anmerkungen zu bezeichnen und die Dokumente zu benennen, die Grundlage seiner Stellungnahme sind. Der Antrag ist auf elektronischem Weg an den Auftraggeber zu übermitteln, der innerhalb von drei Tagen nach Eingang des Antrags ebenfalls auf elektronischem Wege gegenüber dem Antragsteller Stellung zu beziehen und ggf. seine Zusammenfassung bzw. Entscheidung zu ändern hat. Dies ist ihm gemäß § 96/C Kbt. allerdings nur einmal gestattet. In Übereinstimmung mit Art. 1 Abs. 5 RL 89/665/EWG bzw. RL 92/13/EWG sieht § 96/B Abs. 4 Kbt. vor, dass der Vertrag ab Eingang des Antrags auf vorherige Streitbeilegung bis zum zehnten Tag nach der Absendung der Stellungnahme des Auftraggebers hierauf nicht geschlossen werden darf. Dies bedeutet aber nicht, dass sich auch die Frist für den Antrag auf Überprüfung der verfahrensabschließenden Entscheidung verlängert. Vielmehr hat der ungarische Gesetzgeber vorgesehen, dass die vorherige Streitbeilegung vor Ablauf der eigentlichen Nachprüfungsfrist durchgeführt und auch abgeschlossen wird[1226]. Daher wurde dem Bieter auch nur eine fünftägige Frist ab der Ergebnisbekanntgabe gesetzt, in der er sich an den Auftraggeber wenden kann. Dem Auftraggeber steht zu einer entsprechenden Stellungnahme eine dreitägige Frist ab Antragseingang zu. Damit steht der für die vorherige Streitbeilegung offene Zeitraum im Einklang mit der zehntätigen Nachprüfungsfrist gemäß

[1225] Vgl. Kbt.-Entwurf, S. 74 f, Einzelbegründung zu §§ 31 und 32.
[1226] Vgl. Kbt.-Entwurf, S. 75, Einzelbegründung zu §§ 31 und 32.

§ 323 Abs. 2 Kbt. Da die Beantragung und die Stellungnahme jeweils elektronisch erfolgen[1227], geht dem Auftraggeber das Gesuch spätestens am fünften Tag zu, seine Stellungnahme erreicht den Bieter spätestens am achten Tag nach der Ergebnisbekanntgabe. Im Falle einer negativen Stellungnahme stehen dem Bieter noch zwei[1228] bzw. drei[1229] Tage für die Beantragung einer Nachprüfung zur Verfügung.

Fraglich ist, ob diese kurzen Fristen dem elften Erwägungsgrund der RL 2007/66/EG Rechnung tragen. Dieser verlangt zunächst, dass die vorherige Nachprüfung das Vertragsschlussmoratorium oder die Nachprüfungsfristen nicht beeinträchtigen dürfen. Wenn das Kbt.ÄndG. den Abschluss der vorherigen Streitbeilegung innerhalb des achten Tages nach der Ergebnisbekanntgabe vorsieht, steht dies im Einklang mit der zehntägigen Nachprüfungsfrist bzw. dem zwölftägigen Moratorium. Bei einem verbleibenden Zeitraum von zwei bis drei Tagen stellt sich die Frage, ob ein solcher Zeitraum angemessen ist. Das Angemessenheitserfordernis der Rechtsmittelrichtlinien bezieht sich aber nur auf die grundsätzliche Nachprüfungsantragsfrist, deren angemessene Dauer bereits bejaht wurde. Durch das vorherige Verfahren mit dem Auftraggeber wird der effektive Rechtsschutz auch nicht beeinträchtigt, da der Bieter bereits unabhängig von diesem Verfahren darüber entscheiden kann, ob er im Falle einer negativen Antwort einen Nachprüfungsantrag stellen möchte. Die Absicht des Gesetzgebers, dem Bieter mit der Nachprüfungsfrist zehn Tage Zeit zu geben, sich über seine Rechte und sein weiteres Vorgehen klar zu werden, wird dadurch nicht untergraben. Weiter verlangt der elfte Erwägungsgrund der RL 2007/66/EG, dass dem Antragsteller eine angemessene Mindestfrist zugestanden werden muss, um die Schiedsstelle vor Vertragsschluss anzurufen und die Antwort oder die unterbliebene Antwort des Auftraggebers überprüfen zu lassen. Die Stellungnahme des Auftraggebers im Rahmen der vorherigen Streitbeilegung ist als eine erneute Entscheidung des Auftraggebers zu werten, deren Zusendung an den Betroffenen wiederum die zehntägige Antragsfrist des § 323 Abs. 2 b) Kbt. auslöst. Hier schließt das Kbt.ÄndG auch eine erneute Streitbeilegung aus (§ 96/B Abs. 6 Kbt.).

Das neu kodifizierte Institut der vorherigen Streitbeilegung sieht das deutsche GWB in ähnlicher Weise bereits in Form einer Rügepflicht gegenüber dem Auftraggeber gemäß § 107 Abs. 3 S. 1 GWB vor, die unnötige Verfahren vor

---

[1227] § 111 Abs. 2 lit. c) Kbt.ÄndG.
[1228] Im Falle seiner Anwesenheit bei der Ergebnisbekanntgabe beginnt die Frist am Tag der Ergebnisbekanntgabe, vgl. § 323 Abs. 2 lit. a) aa) Kbt.
[1229] Im Falle seiner Abwesenheit bei der Ergebnisbekanntgabe beginnt die Frist gemäß § 323 Abs. 2 lit. a) bb) Kbt. am Tag nach (elektronischer) Zusendung der Zusammenfassung. Diese muss laut § 96 Abs. 2 Kbt. am Tage der Ergebnisbekanntgabe erfolgen.

den Vergabekammern verhindern und den Auftraggebern die Möglichkeit einer Korrektur ihrer Vergabeentscheidungen sichern soll. Diese Rügeobliegenheit ist nicht nur Zulässigkeitsvoraussetzung des Nachprüfungsantrages bei der Vergabekammer, sondern hat auch Präklusionswirkung, soweit dem Antragsteller vergaberechtliche Verstöße bereits bekannt waren.

Anders als im deutschen Recht muss die vorherige Streitbeilegung aber nicht sofort bei Kenntnis oder Erkennbarkeit im frühen Stadium der Auftragsvergabe eingeleitet werden. Indem das Kbt. für die Streitbeilegung mit dem Auftraggeber erst die Kenntnis aller entscheidungsrelevanten Angaben fordert, wird der Gefahr begegnet, dass der Antragsteller möglichst alles auf Verdacht rügt, um sein Antragsrecht nicht zu verlieren. Auf der anderen Seite kann mit der Übergabe der Entscheidungsgründe auch das Problem der Nachweisbarkeit der Kenntnis des Antragstellers von der Rechtsverletzung gelöst werden. Daher ist das Maß an Aufmerksamkeit, das den Bietern abverlangt wird, um eine Nachprüfung vom Auftraggeber zu beantragen, nicht unverhältnismäßig groß.

Unabhängig von der Verpflichtung zur vorherigen Streitbeilegung verlangt § 323 Abs. 6 Kbt. vom Bieter oder sonst beteiligten Antragsteller, den öffentlichen Auftraggeber bzw. Beschaffer vor Einreichung des Antrags — unter Angabe der von ihm behaupteten Rechtsverletzung — von der geplanten Antragstellung zu unterrichten[1230]. Diese Vorschrift, die von den Vorgaben des Art. 1 Abs. 4 RL 89/665/EWG bzw. RL 92/13/EWG gedeckt ist, sah das Kbt. schon in seiner alten Fassung vor. Da der Gesetzgeber am Wortlaut festgehalten hat, hat er die seit langem gestellte Frage, welche Konsequenzen ein Verstoß gegen diese Norm hat, nicht beantwortet. Die Schiedsstelle hat sich zu dieser Frage dahingehend geäußert, dass der Gesetzgeber ausdrücklich keine Rechtsfolgen an die Unterlassung der Benachrichtigung geknüpft hat. So konnte die Schiedsstelle bei mangelnder Benachrichtigung die beantragte Sanktion nicht verhängen (D. 816/6/2004) und musste es als rechtmäßig ansehen, dass die Benachrichtigung nur mündlich erfolgt war (D. 37/13/2004). Den Nachprüfungsantrag konnte es nicht mit der Begründung abweisen, dass die Benachrichtigung unterlassen worden sei (D. 227/8/2005 und D. 440/10/2005). Schließlich stellte es fest, dass ein Verstoß gegen § 323 Abs. 6 Kbt.[1231] auf das Nachprüfungsverfahren ohne jede Auswirkung bliebe (D. 619/9/2006). Da an die Unterrichtungsobliegenheit aus § 323 Abs. 6 Kbt. keine Rechtsfolgen geknüpft sind, wirkt sie sich auch nicht auf die Stillhaltefrist oder die Antragsfrist für das Nachprüfungsverfahren aus und entspricht damit dem unionsrechtlichen Rahmen.

[1230] Nicht zu verwechseln ist die hier erwähnte Benachrichtigungspflicht mit dem Antrag auf vorherige Streitbeilegung gegenüber dem Auftraggeber (§ 96/B Kbt.).
[1231] Damals § 323 Abs. 5 Kbt. a.F.

d) Antragsvoraussetzungen und Mängelbeseitigung

Den Inhalt des Nachprüfungsantrages wird vom Kbt. in § 324 in allen Einzelheiten geregelt. Da die Erledigungsfrist der vergaberechtlichen Streitsache sehr kurz bemessen ist, muss der Antrag alle hierfür notwendigen Angaben enthalten. Die Angaben beziehen sich auf die Parteien (Name, Firmen- bzw. Wohnsitz des Antragstellers, des Auftraggebers), die Daten der nach seinem Wissen sonst am Verfahren beteiligten Personen, die von der Schiedsstelle zu treffenden Maßnahmen i.S.d. § 340 Abs. 2 bis 6 Kbt. ggf. auch auf den Erlass einer einstweiligen Verfügung (§ 332 Kbt.) und deren jeweilige Begründung. Ferner sind neben der Benennung der Art der Auftragsvergabe auch der Zeitpunkt des Eintritts des rechtsverletzenden Umstandes und der Kenntnisnahme hierüber darzulegen, um verfristete Anträge leichter herausfiltern zu können. Außerdem muss der Antragsteller die gesetzliche Bestimmung benennen, die seiner Ansicht nach verletzt worden ist. Dabei ist jeder vergaberechtliche Schritt des Auftraggebers im Nachprüfungsantrag angreifbar[1232]. Fraglich ist, wie die Schiedsstelle zu verfahren hat, wenn der Antragsteller eine falsche Vorschrift zitiert oder der Sachverhalt eine andere Kbt.-Norm verletzt. § 324 Abs. 1 lit. d) Kbt. bindet die Schiedsstelle nicht an den Wortlaut der Anträge. Das Oberste Gericht hat in seiner Entscheidung Kf. I 28.513/1997[1233] hierzu erklärt, dass die Schiedsstelle den Fall entsprechend dem Antragsinhalt entscheidet. Dies würden nicht nur die Bestimmungen des Kbt. selbst fordern, sondern auch die in der Präambel bestimmten gesetzgeberischen Ziele und Verpflichtungen. Diese Feststellung steht im Übrigen im Einklang mit dem Verwaltungsverfahrensgrundsatz in § 34 Abs. 5 Ket. Danach muss die Verwaltungsbehörde den Antrag seinem Inhalt (und nicht dem Wortlaut) nach beurteilen.

Schließlich ist gemäß § 324 Abs. 1 lit. h) Kbt. das etwaige Ergebnis der vorherigen Streitbeilegung bzw. die Antwort des Auftraggebers hierauf einschließlich beigefügter Dokumente darzulegen.

Da die Parteien das Verfahren persönlich führen oder sich vertreten lassen können, muss ggf. auch die Bevollmächtigung des Vertreters dem Antrag beigelegt werden. Im Gegensatz zur Pp.[1234] begrenzt das Kbt. nicht den Kreis derjenigen, die zur Stellvertretung bevollmächtigt werden können (so kann bspw. nicht nur der gesetzliche Vertreter vor der Schiedsstelle auftreten), sodass

---

[1232] Nach *Paksi*, A közbeszerzési eljárások jogorvoslati rendszere, S. 9 wurden in Ungarn in folgender Reihenfolge am häufigsten Rechtsmittel wegen des Inhaltes der Aufforderung und der Dokumentationen eingelegt.
[1233] *Kozma* in: Patay, A Közbeszerzés Joga, S. 556.
[1234] Siehe hierzu insbesondere der V. Abschnitt der Pp. über die Regelungen, wer im Zivilverfahren Bevollmächtigter sein kann.

jedermann als Stellvertreter gegenüber der Schiedsstelle Rechtshandlungen vornehmen kann[1235]. Auch wenn das Kbt. hinsichtlich der Person des Stellvertreters keine Beschränkung vorsieht, ist doch § 40 Ket. zu beachten. Nimmt eine Partei nicht persönlich am Verfahren teil, hat die Schiedsstelle stets zu prüfen, ob der Vertreter nicht gleichzeitig auch die gegnerische Partei vertritt (§ 40 Abs. 1 Ket.), ob er über eine Vertretungsbefugnis verfügt und den Nachweis gemäß § 325 Abs. 2 Kbt. erbracht hat. Wird eine Vertretungsbefugnis nicht zweifelsfrei nachgewiesen, muss die Schiedsstelle die Verfahrenshandlung zurückweisen[1236]. Eine Zurückweisung erfolgt auch, wenn der Vertreter ohne gesetzliche Ermächtigung regelmäßig versieht und dabei gleichzeitig einen materiellen Vorteil anstrebt oder wenn ein Verbot des Gesetzes Nr. XI über die Rechtsanwälte[1237] einschlägig ist: § 5 Abs. 2 sieht hier vor, dass grundsätzlich nur Anwälte zur regelmäßigen Parteivertretung, rechtlichen Beratung, Gestaltung von Verträgen und anderen schriftlichen Anträgen gegen Entgelt berechtigt sind. Verrichtet jemand unberechtigt und geschäftsmäßig solche Tätigkeiten, so sieht § 248 des Gesetzes Nr. IV von 1978 über das Strafgesetzbuch[1238] deren Unzulässigkeit und die Bestrafung des Betreffenden vor.

Die Pflichten für den Antragsteller sind umfangreich. Um das Recht auf eine Nachprüfung nicht unangemessen einzuschränken, sieht § 325 Abs. 2 Kbt. vor, dass die Schiedsstelle den Antragsteller auf bestimmte Antragsmängel aufmerksam machen und ihm die Möglichkeit einräumen muss, den Antrag innerhalb von fünf Tagen zu vervollständigen. Dieses Mängelbeseitigungsrecht erstreckt sich auf alle Daten, die er gemäß § 324 Abs. 1 Kbt. darlegen muss, auf die nicht eingereichte Bestätigung der eingezahlten Gebühr[1239] sowie die Vertretungsbevollmächtigung. Erforderlich ist, dass die Schiedsstelle den Antragsteller darauf aufmerksam macht, dass sein Antrag bei erneuter fehlerhafter Einreichung abgelehnt werden wird (§ 325 Abs. 2 Kbt.). Die fünftätige Frist ist vor dem Hintergrund des zügig durchzuführenden Vergabe- und Nachprüfungsverfahrens angemessen.

Der öffentliche Auftraggeber ist gemäß § 330 Abs. 2 Kbt. unabhängig davon, ob er Antragsteller ist oder nicht, zur Einreichung aller Dokumente, die mit der Auftragsvergabe bzw. Anschaffung in Zusammenhang stehen, verpflichtet. Ist er auch Antragsteller, hat er die Unterlagen gleichzeitig mit dem Antrag zu

---

[1235] Paksi, A közbeszerzési eljárások jogorvoslati rendszere, S. 16.
[1236] Siehe hierzu auch die Entscheidung der Schiedsstelle D. 193/4/2000.
[1237] Ung. Az ügyvédekről szóló 1998. évi XI. törvény, Magyar Közlöny 1998/20 (III. 16.).
[1238] Ung. A Büntető Törvénykönyvről szóló 1978. évi IV. törvény (= Btk.), Magyar Közlöny 2006/44 (IV. 15.).
[1239] Siehe hierzu im 5. Kapitel, IV.1 e) Gebührenpflicht.

übermitteln[1240]. Die aufgrund § 330 Abs. 2 Kbt. einzusendenden Dokumente gehen über die geforderten Antragsunterlagen i.S.d. § 324 Kbt. hinaus und sind nicht von der Möglichkeit der Mängelbeseitigung gemäß § 325 Abs. 2 Kbt. umfasst. Die Nichtzusendung ist zwar kein alleiniger Grund, den Antrag des Auftraggebers als unzulässig abzulehnen. Trotzdem wird eine solche Verletzung vergaberechtlicher Vorschriften mit einem Bußgeld geahndet. Das Oberste Gericht hat die Wichtigkeit der Verpflichtung zur sofortigen Einreichung der durch die Schiedsstelle angeforderten Unterlagen in seinem Beschluss[1241] unterstrichen. Im Verfahren kam der Kläger der Aufforderung der Schiedsstelle, bestimmte Dokumente einzureichen, wiederholt nicht nach und wurde mit einer Geldbuße belegt. Das Oberste Gericht bestätigte das Vorgehen der Schiedsstelle mit der Begründung, dass an die Verwendung von öffentlichen Geldern wichtige wirtschaftliche Interessen und Interessen des Gemeinwohls geknüpft seien. Den am Vergabeverfahren Beteiligten sei mit allen zur Verfügung stehenden Mitteln ein schnelles und ungehindertes Nachprüfungsverfahren zu gewährleisten.

e) Gebührenpflicht

Dem Antrag ist auch die Bestätigung über die Einzahlung der Gebühren beizufügen. Das schiedsgerichtliche Verfahren ist gemäß § 324 Abs. 3 Kbt. gebührenpflichtig: Für das auf Antrag eingeleitete Verfahren der Schiedsstelle für öffentliche Auftragsvergabe sind Verwaltungsleistungsgebühren i.H.v. zwei Prozent des geschätzten streitgegenständlichen Auftragsvergabewertes zu zahlen[1242]. Die Gebührensumme darf jedoch HUF 1,2 Mio. (ca. EUR 4.800) nicht überschreiten. Richtet sich der Antrag gegen die Ausschreibung, beträgt die Gebühr einheitlich HUF 200.000 (ca. EUR 800). Sobald der Antragsteller weitere Rechtsverletzungen aufgreift, ist die Zwei- Prozent- Gebühr zu zahlen[1243]. Ziel dieser Ausnahmeregelung ist, dass die Bieter und die übrigen zur Verfahrenseinleitung Berechtigten in einem möglichst frühen Verfahrensabschnitt ein Nachprüfungsverfahren einleiten, da die Möglichkeit

---

[1240] *Kozma* in: Patay, A Közbeszerzés Joga, S. 566.
[1241] Legf. Bir. Kf. III. 38.349/2000.
[1242] Bisher wurden die Gebühren nicht durchgängig verhältnismäßig zum Auftragswert festgesetzt. So wurde für das Nachprüfungsverfahren bzgl. Aufträgen, die über den Unionsschwellenwerten lagen, eine Verwaltungsgebühr i.H.v. HUF 900.000 (ca. EUR 3.600) erhoben, für alle anderen HUF 150.000 (ca. EUR 600). Da die materielle Überprüfung von Auftragsvergaben in diesem Maß nicht davon abhängt, ob sie den Unionsschwellenwert über- oder unterschreiten, gibt es keinen rechtfertigenden Grund für eine solche (um das sechsfach höhere) Ungleichbehandlung zwischen den Aufträgen mit nationalem und Unionsschwellenwert. Ein Verstoß gegen das Äquivalenzprinzip lag hier m.E. offensichtlich vor.
[1243] *Kozma* in: Patay, A Közbeszerzés Joga, S. 557, wenn auch zur vorangehenden Rechtslage, so muss dies i. Erg. auch heute gelten.

der Berichtigung dieser eventuelle Rechtsverletzung umso größer ist, je früher das Verfahren beginnt. Neu ist ebenfalls, dass die Gebührenberechnung nicht mehr zwischen Aufträgen mit nationalen oder Unionsschwellenwerten unterscheidet. Die Zahlungspflicht ist mittels Überweisung auf das in § 393 Abs. 2 Kbt. genannte Konto[1244] des inkassoberechtigten Rates der öffentlichen Beschaffungen, das bei der Ungarischen Staatskasse geführt wird, zu erfüllen[1245].

Die Verwaltungsleistungsgebühr muss gleichzeitig mit der Einreichung eines Antrags eingezahlt werden und gilt nur für ein Verfahren. Wenn also der Antragsteller ein Nachprüfungsverfahren gegen mehrere Auftragsvergaben einleitet, muss er auch für jedes Verfahren die in § 324 Abs. 3 Kbt. bestimmten Gebühren einzahlen, wenn er dies innerhalb eines Antrages tut[1246]. Den Antrag können auch mehrere Antragsteller gemeinsam einreichen. In diesem Fall ist — so die Schiedsstelle — die Gebühr nicht einmal pro Antragsteller, sondern für jedes einzelne Verfahren zu leisten[1247]. Bei fehlender Einzahlung wird die Partei gemäß § 325 Abs. 2 Kbt. aufgefordert, dies nachzuholen. Kommt die Partei dem nicht nach, weist die Schiedsstelle für öffentliche Auftragsvergabe den Antrag ohne sachliche Prüfung ab[1248]. Bei Rücknahme des Antrags wird die Verwaltungsleistungsgebühr nicht zurückerstattet[1249], § 325 Abs. 5 S. 2, § 393 Abs. 3 Kbt.[1250].

Die Rechtsmittelrichtlinien machen hinsichtlich der Gebührenpflicht keine Vorgaben, sodass hier wiederum die Verfahrensautonomie der Mitgliedstaaten eröffnet ist, solange die Angemessenheit der Zahlungspflicht sowie die

---

[1244] Ungewöhnlicher und gleichzeitig interessanter Weise enthält das Gesetz sogar die genaue Bankverbindung (Kontonummer 10032000-01720361-00000000 bei der Magyar Nemzeti Bank) des Rates.
[1245] Aufgrund des Gesetzes Nr. LXXIV von 2001 über die Änderung der einheitlichen Regelung der Finanzvorschriften (ung. *2001. évi LXXIV. törvény a pénzügyeket szabályozó egyes jogszabályok módosításáról*, Magyar Közlöny 2001/128 (XI. 16.)) besteht seit 01.01.2002 die Wahl zwischen Überweisung per Bargeldeinzahlung oder Überweisungsauftrag zugunsten der Schiedsstelle für öffentliche Auftragsvergabe.
[1246] *Kozma* in: Patay, A Közbeszerzés Joga, S. 556.
[1247] D. 1/24/1999, K.É. 1999/16.
[1248] Für die Ablehnung, Abweisung, Zurückweisung oder Verwerfung eines Antrages nutzt das Kbt. sowohl bei unzulässigem wie auch bei unbegründetem Antrag dasselbe Wort: „*elutasít*" (Verb) bzw. „*elutasítás*"(Nomen).
[1249] Die alte Rechtslage bestimmte dies nicht ausdrücklich, die Rechtsprechungspraxis kam aber auf dasselbe das Ergebnis, s. z.B. die Entscheidung der Schiedsstelle D. 53/14/1997.
[1250] Zu diesem Schluss kam die Schiedsstelle auch unter Geltung der §§ 80 und 88 Kbt. a.F. unter Heranziehung von § 67 Abs. 1 und 5 des Gesetzes Nr. XCIII von 1990 über die Gebühren (ung. *Az illetékekről szóló 1990. évi XCIII. törvény* (=Itv.), Magyar Közlöny 1990/132 (XII. 24.)).

wirksame und rasche Nachprüfung der Auftraggeberentscheidungen gewährleistet sind. Eine wirksame Überprüfung verlangt kein kostenloses Nachprüfungsverfahren. Denn „(...) was billig ist, reizt zum Missbrauch und wird noch obendrein als gering geachtet."[1251] Zwar ist GA Ruiz-Jarabo Colomer in der Rechtssache „D." davon ausgegangen, dass „(...) ein teures Prozesswesen (...) ebenso wie ein langsames unvereinbar mit dem Anspruch auf wirksamen gerichtlichen Rechtsschutz" ist[1252]. Im Gegensatz zu den Fällen, in denen es um Verbraucherschutz oder die Verteidigung eines strafrechtlich Angeschuldigten geht, die dem Grünbuch für Prozesskosten in Zivilsachen[1253] bzw. der Richtlinie 2003/8/EG zugrunde liegen, stellt ein so geringer Satz i.H.v. zwei Prozent des Auftragswertes auf dem Gebiet des Vergaberechts kein Nachprüfungshindernis dar. Das Angebot bzw. die Bewerbung werden mit Aussicht auf die Auftragserteilung abgegeben, zu deren Erlangen meist erst einmal entsprechende Investitionen zu tätigen sind, sodass zwei Prozent des Auftragswertes eine kalkulierbare und verhältnismäßige Aufwendung für den Unternehmer darstellen. Für bestimmte Ausnahmefälle hält die Rechtsordnung die Möglichkeit der Prozesskostenhilfe gemäß § 159 Ket. vor. In der Praxis wird darüber hinaus noch ein anderer mittelbarer Weg beschritten[1254]: Gemäß § 379 Abs. 1 lit. a) Kbt. ist es die Aufgabe des Rates, die effektive Durchsetzung des Kbt. zu gewährleisten. Hierzu ist der Ratsvorsitzende berechtigt, ein Nachprüfungsverfahren bei der Schiedsstelle anzuregen[1255], sofern er ein vergaberechtswidriges Verhalten beobachtet. Zwar besteht hierauf kein subjektives Recht des Betroffenen — dies würde auch die Vorschriften bzgl. des Nachprüfungsantrags unterwandern — , der Rat hat jedoch bisher alle auch nur anonymen Mitteilungen über Vergabeverstöße überprüft und im Falle eines vermuteten Verstoßes von seinem Anregungsrecht Gebrauch gemacht[1256]. Ob diese Übung auch in Zukunft so fortgesetzt werden wird, ist nicht abzusehen. Das Kbt.ÄndG jedenfalls hat in diesem Zusammenhang keine verbindlichere Bestimmung (wie ein subjektives Recht auf Prüfung oder die Sanktionierung der unterlassenen Anregung) formuliert, sodass diese inoffizielle Lösung nicht zu den effektiven Rechtsschutzmöglichkeiten gezählt werden kann.

[1251] *Heitmann*, Auch die Justiz muss rechnen, FAZ, Nr. 128, S. 10.
[1252] Schlussanträge des Generalanwalts *Ruiz-Jarabo Colomer* vom 26. 10.2004, Rs. C-376/03, D., Slg. 2005, I-5821, Rn. 110.
[1253] Grünbuch über kollektive Rechtsdurchsetzungsverfahren für Verbraucher, KOM(2008) 794 endg.
[1254] *Közbeszerzések Tanácsa*, J/600. beszámoló, 2007, S. 45 f.
[1255] Näher hierzu s. im *5. Kapitel, IV.2.a) Anregungsberechtigung*.
[1256] *Közbeszerzések Tanácsa*, J/600. beszámoló, 2007, S. 45; zu den damit verbundenen Gefahren s. S. 258 ff.

Die Deckelung mittels Gebührenhöchstsatz rundet die Angemessenheit ab. Indem die prozentuale Staffelung der Gebühren sowohl für die nationalen wie Unionsaufträge unterschiedslos gilt, ist im Gegensatz zur früheren Rechtslage das Äquivalenzprinzip gewahrt.

f) Verfahrenseröffnung

Laut § 325 Abs. 1 und 2 Kbt. ist der Tag der Eröffnung des Nachprüfungsverfahrens spätestens der Arbeitstag nach dem Eingangstag des form- und fristgerechten Antrags i.S.d. §§ 323 Abs. 1 bis 4 und § 324 Kbt. Die Schiedsstelle für öffentliche Auftragsvergabe überprüft den eingereichten Antrag und fordert nötigenfalls zur Mängelbeseitigung auf. Für die Beseitigung von Mängeln des Antrags steht eine Frist von fünf Tagen zur Verfügung. Wenn der Antragssteller den Antrag erneut mangelhaft einreicht, hat dies zur Folge, dass die Schiedsstelle für öffentliche Auftragsvergabe den Antrag ohne sachliche Prüfung ablehnt. Die Schiedsstelle lehnt den Antrag ebenfalls ohne sachliche Prüfung ab[1257], wenn dieser verspätet oder nicht von der (natürlichen oder juristischen) Person eingereicht wird, die auch hierzu antragsberechtigt ist, vgl. § 325 Abs. 3 Kbt. Das Kbt.-ÄndG sieht darüber hinaus vor, dass die Schiedsstelle bei folgenden Feststellungen den Antrag abweisen darf: Wenn keine ungarische Behörde für das Verfahren einen Gerichtsstand hat oder ihre (sachliche) Zuständigkeit fehlt, eine Verweisung nicht statthaft ist oder wenn Angaben im Antrag, die für eine Verweisung notwendig wären, fehlen und von Amts wegen nicht festgestellt werden können. Ferner hat sie den Antrag abzuweisen, wenn sie die Vergabesache bereits in der Sache entschieden hat und ein erneuter Antrag gestellt wird, der sich neben dem gleichen Sachverhalt auch auf die gleiche Vergabesache bezieht und die Verletzung der gleichen Vorschriften rügt. Schließlich erfolgt die Antragsabweisung gemäß § 325 Abs. 3 lit. f) Kbt., wenn der Antragsteller der Aufforderung zur Mängelbeseitigung innerhalb der gesetzten Frist nicht nachgekommen ist oder den Antrag wiederholt mangelhaft eingereicht hat. Entgegen dem Kbt.-Entwurf sah das Kbt.ÄndG es nicht als erforderlich an, die Antragsablehnung bei Nichtdurchführung der vorherigen Streitbeilegung ausdrücklich zu regeln. Denn § 324 Abs. 2 Kbt. fordert, dem Nachprüfungsantrag die Dokumente über die Streitbeilegung beizulegen. Fand eine solche nicht statt, können auch die entsprechenden Dokumente nicht eingereicht werden, was zu einer Antragsablehnung gemäß § 325 Abs. 3 lit. f) Kbt. führt.

[1257] Die genannten Ablehnungsgründe finden sich so ebenfalls in § 30 Ket, mit Ausnahme bzgl. der vorherigen Streitbeilegung. Der Ausschluss von Missverständnissen rechtfertige es, die Ablehnungsgründe vollständig im Kbt. zu kodifizieren, so die Begründung des Kbt.-Entwurfs zu § 67, S. 80 f.

Bis zur Entscheidung der Schiedsstelle in der Sache i.S.d. § 340 Kbt. kann der Antragsteller seinen Antrag zurückziehen. In diesem Fall kann er aber die Rückzahlung der Verwaltungsleistungsgebühren nicht beanspruchen (§ 325 Abs. 5 S. 2 Kbt.).

Eine Neuerung stellt ebenfalls die Entscheidungsform dar. Bisher ergingen Entscheidungen, die ohne sachliche Überprüfung gefällt wurden, im Einklang mit dem Ket. als Bescheid (ung. *végzés*). Nunmehr werden die das Verfahren abschließenden Entscheidungen, auch wenn es sich um eine Prozessentscheidung handelt, als Beschluss (ung. *határozat*) gefasst. An diese Unterscheidung knüpft das Kbt. weitere Rechtsfolgen, wie die Form der Zustellung, vgl. § 343 Abs. 1 Kbt.

Gegen einen aus den genannten Gründen ergangenen Beschluss (wie gegen einen im Verfahren ergangenen Bescheid) der Schiedsstelle ist ein gesondertes Rechtsmittel gemäß § 345 Abs. 6 Kbt. statthaft. Der Vorsitzende der Schiedsstelle hat seine Entscheidung, ob er das Nachprüfungsverfahren eröffnet oder nicht, zu begründen. § 72 Ket. ist entsprechend heranzuziehen, da das Kbt. diese Frage nicht regelt.

2. Verfahrenseinleitung von Amts wegen

In den Fällen des §§ 327 Abs. 1, 328 und 329 Kbt. kann die Schiedsstelle ihr Verfahren von Amts wegen einleiten. Der Prozentsatz der Verfahren, die von Amts wegen eingeleitet werden, ist im Vergleich zur gesamten Verfahrensanzahl nach wie vor bedeutend und steigt jährlich an. So wurden im Berichtsjahr 2006 11,5 Prozent, im Jahr 2007 sogar 16,1 Prozent aller Nachprüfungsverfahren von Amts wegen angeregt und eingeleitet[1258]. 14,1 Prozent aller Verfahren regte der Vorsitzende der Schiedsstelle selbst an[1259].

a) Anregungsberechtigung

Sofern ihnen im Zuge ihrer Tätigkeit ein Tun oder Unterlassen bekannt wird, das gegen das Kbt. verstößt, haben die folgenden Personen und Organisationen gemäß § 327 Abs. 1 Kbt. das Recht, ein Verfahren vor der Schiedsstelle von Amts wegen einzuleiten: In erster Linie ist der Vorsitzende des Rates der öffentlichen Beschaffungen zur Verfahrensanregung berechtigt. Hierzu zählt der Fall, dass der Auftraggeber die statistische Jahreszusammenfassung gemäß § 16 Abs. 3 Kbt. nicht an den Rat übermittelt. Sofern ein Auftraggeber nach erneuter Aufforderung seiner Pflicht gemäß § 18 Kbt. nicht nachkommt, sich beim Rat zu melden, sobald er unter den Anwendungsbereich des Kbt. fällt oder falls eine diesbezügliche Datenänderung eingetreten ist, hat der Ratsvorsitzende dies

---

[1258] *Közbeszerzések Tanácsa*, J/600. beszámoló, 2007, S. 72.
[1259] *Közbeszerzések Tanácsa*, J/600. beszámoló, 2007, Tabelle 14/c.

ebenfalls an die Schiedsstelle weiterzuleiten und ein Verfahren anzuregen. Darüber hinaus ist der Rat auch verpflichtet, die Überprüfung einer Vertragsänderung gemäß § 307 Abs. 3 Kbt. anzuregen, wenn zu vermuten ist, dass diese rechtswidrig erfolgt ist. Den einzelnen Mitgliedern des Rates wurde das Anregungsrecht im Zuge des Kbt.ÄndG entzogen, ohne dass eine Begründung hierfür geliefert wurde. Die Streichung kann zumindest der Einheitlichkeit der Verfahrensanregung und der Entlastung der einzelnen Ratsmitglieder dienen, wenn diesbezügliche Informationen zentral von einer Person weiter bearbeitet werden. Denn die erforderliche Kenntnisnahme beruhte in der Regel auf anonymen Hinweisen (z.B. § 18 Abs. 3 Kbt.) oder auf den dem Rat zugesandten Angaben, zu denen der Auftraggeber bzw. Auftragnehmer gesetzlich verpflichtet ist (z.B. die Bekanntmachung über die Eröffnung des Vergabeverfahrens gemäß § 47 Abs. 1 Kbt.)[1260]. Schließlich ist der Formulierung des vergangenen Jahresberichtes des Rates zu entnehmen, dass in der Praxis das Anregungsrecht ohnehin nur durch den Ratsvorsitzenden wahrgenommen wurde[1261].

Neben dem Ratsvorsitzenden sind der Staatliche Rechnungshof, das durch die Regierung bestimmte interne Kontrollorgan[1262], das Verwaltungsamt, das Schatzamt, der Parlamentarische Ombudsmann und das Organ, das eine Unterstützung zur öffentlichen Auftragsvergabe gewährt bzw. auf Grund einer Rechtsvorschrift bei der Verwendung der Förderung mitwirkt, und schließlich das Organ, das bei der zentralisierten öffentlichen Auftragsvergabe zur Angebotsanforderung berechtigt wurde, zur Anregung eines Nachprüfungsverfahrens von Amts wegen ermächtigt.

Das Kbt.ÄndG erstreckt die Berechtigung schließlich auf die Wettbewerbsbehörde (§ 327 Abs. 1 lit. i) Kbt.). In der Entwurfsbegründung wird darauf hingewiesen, dass das Anregungsrecht nunmehr mit dem Verfahren der Wettbewerbsbehörde in Einklang gebracht wurde. Sofern der Auftraggeber eine offensichtliche Verletzung des § 11 des Gesetzes Nr. LVII von 1996 über das Verbot von unlauterem Marktverhalten und Wettbewerbsbeschränkungen sowie des Art. 81 EGV (vgl. Art. 101 AEUV) erfährt oder begründet vermutet, ist er gemäß § 20/A Kbt. verpflichtet, dies der Wettbewerbsbehörde zu melden. Stellt die Wettbewerbsbehörde auf Grund dieser Meldung fest, dass doch nicht

---

[1260] *Közbeszerzések Tanácsa*, J/600. beszámoló, 2007, S. 45.
[1261] *Közbeszerzések Tanácsa*, J/600. beszámoló, 2007, S. 45 f.
[1262] Vgl. hierzu die Regierungsverordnung 193/2003 (XI.26) über die innere Kontrolle der Haushaltsorgane, ung. *193/2003. (XI. 26.) Korm. Rendelet a költségvetési szervek belső ellenőrzéséről*, Magyar Közlöny 2003/135 (XI. 26.), auf der Rechtsgrundlage von § 124 Abs. 2 Áht.

wettbewerbliche, sondern vergaberechtliche Vorschriften verletzt wurden, ist sie berechtigt, ein Nachprüfungsverfahren bei der Schiedsstelle zu beantragen[1263].

Außerhalb des § 327 Kbt. wird aber auch der Vorsitzende der Schiedsstelle selbst zur Anregung eines Nachprüfungsverfahrens berechtigt; beispielsweise, wenn er bei der Überprüfung der Dokumente, die ihm zwecks Einleitung eines Verhandlungsverfahrens ohne vorherige Bekanntmachung zugesandt worden sind, einen Rechtsverstoß bei der Auftragsvergabe oder dem Vergabeverfahren beobachtet (§ 329 Abs. 1 Kbt.). Sofern der Vorsitzende der Schiedsstelle den Unterlagen des Auftraggebers nicht eindeutig entnehmen kann, dass die Voraussetzungen für das Verhandlungsverfahren ohne vorherige Bekanntmachung oder die Ausschreibung rechtmäßig war, regt er — nachdem er den Auftraggeber zunächst zur Ergänzung der Dokumente innerhalb von drei Tagen aufgefordert hat — ebenfalls ein Nachprüfungsverfahren an. In diesen Fällen geht die Schiedsstelle von Amts wegen vor.

b) Die Anregungsvoraussetzungen

Die schriftliche Anregung auf Verfahrenseinleitung der Schiedsstelle von Amts wegen muss gemäß dem neuen § 327 Abs. 4 Kbt. alle Angaben enthalten, die auch der Antragsteller i.S.d. § 323 Kbt. liefern muss. Ausgenommen hiervon ist die genau begründete Bezeichnung, auf welche Entscheidung (einschließlich der einstweiligen Verfügung) der Schiedsstelle die Anregung gerichtet ist, sowie die Vorlage der Unterlagen über die vorherige Streitbeilegung. Trotzdem darf ein diesbezüglicher Entscheidungsvorschlag unterbreitet werden. Liegen die Voraussetzungen vor, muss die Schiedsstelle ihr Nachprüfungsverfahren am Arbeitstag nach Eingang der Anregung einleiten, vgl. § 327 Abs. 5 Kbt. Unter den gleichen Voraussetzungen wie auch gegenüber den Antragstellern gewährt die Schiedsstelle die Möglichkeit, Mängel der Anregungsunterlagen zu beseitigen.

c) Die Anregungsfrist

Bisher erfolgte die Fristberechnung unter Bezugnahme auf § 323 Abs. 2 und 3 Kbt., wobei das Gesetz einzelnen berechtigten Organen eine wesentlich längere Frist (1 Jahr anstatt 90 Tagen) zugestand als anderen. Sofern es um die rechtswidrige Umgehung des Vergabeverfahrens ging, waren dies sogar 3 Jahre. Dies führte dazu, dass die Organe mit kürzerer Anregungsfrist, wie bspw. der Rat, seine Unterlagen an den Staatlichen Rechnungshof übermittelten und dieser innerhalb der ihm offen stehenden längeren Frist ein Nachprüfungsverfahren anregen konnte[1264]. Zur Vermeidung solcher Umgehungen und zur Schaffung

---

[1263] Begründung zu § 78 - 81 Kbt.ÄndG.
[1264] *Közbeszerzések Tanácsa*, J/600. beszámoló, 2007, S. 45

einer gewissen Einheitlichkeit steht nun gemäß § 327 Abs. 2 lit. a) Kbt. (fast) allen anregungsberechtigten Organen eine dreißigtägige *objektive* Frist zu, die am Tag nach der das Vergabeverfahren abschließenden Entscheidung bzw. nach der Veröffentlichung der sonstigen Entscheidung des Auftraggebers zu laufen beginnt. Mit der Schaffung einer solchen objektiven Frist hat das Kbt.-Änd. auch endgültig den Streit — wenn auch nicht die Frage beantwortet — beendet, ob die zuvor für den Fristbeginn maßgebliche Kenntnisnahme der Schiedsstelle auch dem Rat zuzurechnen ist. Argument für diese Sichtweise war § 395 Abs. 1 Kbt, nach dem die Schiedsstelle beim Rat eingerichtet ist und zwischen den beiden Institutionen nicht nur haushaltstechnische, sondern auch dienstrechtliche Verflechtungen bestehen[1265]. Dagegen sprach, dass zur Bestimmung des Fristbeginns auf die Kenntnisnahme des Rates im Laufe seiner eigenen Aufgabenerledigung gemäß § 327 Abs. 1 Kbt. abzustellen ist. Seine Aufgaben erfüllt der Rat aber nicht mithilfe der Schiedsstelle. Ebenso wenig hat der Rat das Recht, auf Entscheidungen der Schiedsstelle Einfluss zu nehmen. Die jeweiligen Aufgabenkreise überschneiden sich nicht und sind völlig unabhängig voneinander geregelt[1266]. Daher entschied die Schiedsstelle unter Berufung auf ihre fachliche Unabhängigkeit[1267], dass dem Rat die Kenntnis der Schiedsstelle nicht zugerechnet werden dürfe, sondern ihm der Rechtsverstoß selbst bekannt werden müsse.

Dem Organ, das eine Unterstützung zur öffentlichen Auftragsvergabe gewährt bzw. auf Grund einer Rechtsvorschrift bei der Verwendung der Förderung mitwirkt[1268], steht ausnahmsweise eine subjektiv-objektive Frist zu: Es kann die Anregung innerhalb dreißig Tagen ab seiner subjektiven Kenntnisnahme von der Rechtsverletzung bis zum Ablauf eines Jahres ab objektivem Eintritt dieser Rechtsverletzung einreichen. Liegt die Rechtsverletzung in der Umgehung des gesetzlichen Vergabeverfahrens, beträgt die Anregungsfrist für alle Personen und Organe ein Jahr, gerechnet ab dem Tag des Vertragsschlusses. Falls der Zeitpunkt des Vertragsschlusses nicht feststellbar ist, beginnt die Frist erst nach dem Tag, an dem eine Vertragspartei mit ihrem Teil der Vertragserfüllung begonnen hat. Wie auch beim Antragsverfahren erachtete es der Gesetzgeber für angemessen, in diesen Fällen nach einem Jahr die absolute Rechtssicherheit eintreten zu lassen. Dass es sich bei den Fristen in § 327 Kbt. um

---

[1265] Näheres hierzu im 9. *Kapitel, Der Rat der öffentlichen Beschaffungen.*
[1266] Siehe hierzu z.B. § 379 Kbt., § 395 Abs. 1 Kbt., § 396 Kbt., § 318 Kbt.
[1267] D. 54/10/2006, K.É. 2006/46, 17945.
[1268] Bspw. die öffentliche Nonprofitgesellschaft für regionale Entwicklung und Stadtplanung (ung. *VÁTI, Magyar regionális fejlesztési és urbanisztikai közhasznú társaság*) in der Schiedsstellensache D. 296/10/2005 oder die Agentur für nationale Entwicklung (ung. *Nemzeti fejlesztési ügynökség*) als für das operative Umweltschutz- und Infrastrukturprogramm zuständige Behörde in der Schiedsstellensache D.192/10/2007.

Rechtsausschlussfristen handelt, bestätigte die Schiedsstelle bereits auf der Grundlage des alten Kbt.[1269]

Auch wenn es sich hier um ein behördeninternes Anregungsrecht handelt, so muss das Gesetz die Gesetzmäßigkeit der Verwaltung auch hier garantieren. Sonst liefen sowohl das die gegenseitige Kontrolle garantierende Anregungsrecht als auch die Wirksamkeit der Erfüllung behördlicher Aufgaben leer, weil die anregungsberechtigten Organe gegen eine ablehnende Entscheidung oder eine Einstellung durch die Schiedsstelle kein Rechtsmittel einlegen könnten. Daher sieht §§ 327 Abs. 7, 325 Abs. 3 Kbt. das Recht auf ein gesondertes Rechtsmittel i.S.d. § 345 Kbt. ebenso für die anregungsberechtigten Organe vor. Damit dieses Rechtsmittelrecht wirksam in Anspruch genommen werden kann, muss die Schiedsstelle die betreffenden Bescheide in einer dem § 72 Ket. entsprechenden Art und Weise begründen[1270].

d) Vorteile und Probleme der Nachprüfungsanregung von Amts wegen

Im Rahmen des vergaberechtlichen Nachprüfungsverfahrens nimmt das in relativ weitem Umfang vorgesehene Anregungsrecht der vorbezeichneten Behörden als Ausdruck des Offizialprinzips eine bedeutende Position ein. Da sie im Laufe ihrer unterschiedlichen Aufgabenerfüllung regelmäßig damit konfrontiert werden, können sie vergaberechtliche Unregelmäßigkeiten leichter erkennen. Es ist ihnen daher auch möglich, innerhalb der dreißigtägigen Frist ein Nachprüfungsverfahren anzuregen und dadurch ihren Teil zur Transparenz, zur Rechtmäßigkeit der Vergabeverfahren sowie zur rechtzeitigen Berichtigung der Auftragsvergabe beizutragen[1271]. Zwar wird den Organen und Personen ein Ermessen hinsichtlich der Ausübung des Anregungsrechts eingeräumt, gerade aber der Rat nimmt hier seine Aufgabe der effektiven Durchsetzung des Kbt. gemäß § 379 Abs. 1 lit. a) Kbt. sehr ernst. Denn bisher hat er jede, sogar jede anonyme Mitteilung über vermutete Vergaberechtsverletzungen von Amts wegen überprüft und sich der Möglichkeit des § 397 Abs. 2 Kbt., alle mit der betreffenden Auftragsvergabe in Zusammenhang stehenden Organisationen zur Abgabe entsprechender Informationen aufzufordern, bedient. Soweit er dann begründet ein vergaberechtswidriges Verhalten vermutete, regte er stets eine Nachprüfung an[1272].

[1269] D. 600/6/2004.
[1270] *Kozma* in: Patay, A Közbeszerzés Joga, S. 561, 586/2 mit Bezug auf Legf. Bír. Kf. II. 28.183/1999.
[1271] *Közbeszerzések Tanácsa*, J/600. beszámoló, 2007, S. 71.
[1272] *Közbeszerzések Tanácsa*, J/600. beszámoló, 2007, S. 45.

Es stellt sich allerdings die Frage, ob eine solche großzügige Praxis nicht auch zu einem Missbrauch führen kann, indem das gesetzlich vorgesehene Antragsverfahren umgangen wird. Denn diese mittlerweile bekannter werdende Praxis hat dazu geführt, dass immer mehr Betroffene diesen Weg statt des offiziellen wählen[1273]: Neben der Tatsache, dass auf diese Weise sowohl die Zahlung der Verwaltungsleistungsgebühr — diese wird nur bei Antragstellung gemäß § 324 Kbt. fällig — als auch eine Ablehnung des Antrags wegen Verspätung vermieden wird[1274], gefährdet der Betroffene auch nicht seine Position auf dem Markt, da er nicht Partei im Verfahren wird und seine Identität als Initiator gewahrt bleibt. Diese Praxis führt aber nicht nur zu einer Mehrarbeit des Rates und einer finanziellen Belastung der öffentlichen Kasse, sondern fördert auch in der Öffentlichkeit die — wenn auch unrechtmäßige — Forderung nach einer *„Gleichbehandlung im Unrecht"*. Da die Wahrnehmung der generalklauselartig formulierten Aufgaben[1275] aber im Ermessen des Rates steht und er missbräuchlichen Mitteilungen nicht nachgehen muss, liegt m.E. kein Widerspruch zum Prinzip der Rechtssicherheit und der Gleichheit vor. Denn auch das Anregungsrecht des Rates ist befristet, und ein subjektiver Anspruch auf ein von Amts wegen eingeleitetes Verfahren besteht nicht.

Von dieser *„Umgehung"* der Antragsvoraussetzungen durch den Rat ist aber ein vergleichbares Vorgehen der anderen Organe streng zu unterscheiden. Ausgangspunkt für das Anregungsrecht muss wieder der gesetzliche Aufgabenbereich des jeweiligen Organs sein. In dessen Aufgabenbereich fällt es aber nicht, den auf Vergaberechtsverstöße hinweisenden Mitteilungen nachzugehen. So hat auch die Schiedsstelle eine Anregung des Staatlichen Rechnungshofes mit der Begründung abgewiesen, sie stamme von einem hierzu nicht Berechtigten i.S.d. § 325 Abs. 3 Kbt[1276]. Das Gesetz Nr. XXXVIII von 1989 über den Staatlichen Rechnungshof regele in seinem ersten Abschnitt seine Rechtsstellung, Zuständigkeit und Aufgaben. Nach Meinung der Schiedsstelle würden nur die im Zuge einer solchen Tätigkeit erlangten Kenntnisse über vergaberechtswidrige Verhaltensweisen zur Anregung eines von Amts wegen einzuleitenden Nachprüfungsverfahrens bei der Schiedsstelle berechtigen. Da aber festgestellt wurde, dass der Rechnungshof die Kenntnis über die Rechtsverletzung durch einen externen Hinweis und gerade nicht im Zuge seiner

---

[1273] *Közbeszerzések Tanácsa*, J/600. beszámoló, 2007, S. 45
[1274] *Közbeszerzések Tanácsa*, J/9477 beszámoló, 2003, S. 35, *Közbeszerzések Tanácsa*, J/3359. beszámoló, 2006, S. 54.
[1275] Wie bspw. die Aufgabe, wirksam zur Entwicklung von rechtmäßigem Vergabeverhalten beizutragen und die öffentliche sowie transparente Verwendung öffentlicher Gelder zu fördern.
[1276] D. 390/2005.

gesetzlichen Überprüfungstätigkeit erlangt hatte, kam es zur Anregungsabweisung.

Im gleichen Moment stellt sich dann auch die Frage, ob die Unterlassung der Anregung durch ein in § 327 Kbt. berechtigtes Organ einem Rechtsmittel unterzogen werden kann. Das Kbt. regelt diesen Fall nicht ausdrücklich, die Gesetzesbegründung und Kommentierung äußern sich hierzu nicht. Anhaltspunkte für die Zulässigkeit eines Untätigkeitsantrags könnten sich nur aus der ergänzenden Heranziehung des Ket. ergeben. Hierzu muss aber eine planwidrige Regelungslücke im Kbt. vorliegen und die Verletzung oder Gefährdung eines Rechts oder eines rechtlichen Interesses des Antragstellers. Durch die unterlassene Anregung wird aber kein Recht des Antragstellers berührt. Ihm steht unabhängig von der Anregung die Möglichkeit offen, selbst einen Antrag zu stellen. Ein Rechtsschutzbedürfnis, das das anregungsberechtigte Organ befriedigen müsste, ist nicht ersichtlich. § 327 Kbt., der die dort bestimmten Organe zur Anregung einer Nachprüfung berechtigt, dient allein als Mittel zur Erfüllung ihrer staatlich vorgeschriebenen Aufgaben. Nehmen sie ihr Anregungsrecht nicht wahr — was laut Gesetz in ihrem Ermessen steht —, so betrifft das nur ihren eigenen Rechtskreis, nicht den des Antragstellers. Auch aus der Gesetzessystematik, die jeweils unterschiedliche Fristenregelungen und Gebührenverpflichtungen festlegt, lässt sich erkennen, dass der Gesetzgeber klar zwischen Antrag und Anregung unterscheidet[1277]. Da der Gesetzgeber diesen Fall also gar nicht explizit hätte regeln müssen, weil seine Lösung sich aus dem Gesamtkonzept des Gesetzes schließen lässt, ist eine Regelungslücke nicht ersichtlich und damit kein dem Ket. entsprechendes Rechtsmittel gegen das Unterlassen der Anregung zur Einleitung eines Verfahren von Amts wegen statthaft[1278].

Dass die betroffenen Behörden den Sachverhalt im Rahmen ihrer Kompetenzen bereits im Voraus abschätzen können und auf der Grundlage ihrer Erfahrungen nur als begründet vermutete Verletzungen weiterleiten, dient der Effektivierung des Nachprüfungsverfahrens. Dies zeigen auch die Statistiken des letzten Berichtszeitraumes 2007: Ca. 30 Prozent der Nachprüfungsverfahren wurden entweder von Amts wegen oder vom Vorsitzenden der Schiedsstelle angeregt. Die „*Erfolgsquote*" der durch den Vorsitzenden der Schiedsstelle von Amts wegen angeregten Nachprüfungsverfahren ist konstant hoch. Im Berichtsjahr 2006 wurde beispielsweise bei 120 Nachprüfungsverfahren, die durch den Vorsitzenden der Schiedsstelle von Amts wegen eingeleitet worden

---

[1277] Zum Unterscheidungsgebot zwischen Antrags- und Anregungsfrist siehe auch die Entscheidung des Hauptstädtischen Gerichts, Az. Főv. Bír. 25. Kpk.45.041/2006.
[1278] Im Ergebnis aber ohne Begründung auch die Entscheidung der Schiedsstelle D. 799/12/2004.

waren, in 79 Fällen eine Rechtsverletzung festgestellt[1279], das sind 65,8 Prozent. Im Jahr 2007 lag die Quote erneut bei 62 Prozent, in weiteren 17 Prozent zogen die Auftraggeber im Zuge des Nachprüfungsverfahrens ihre Ausschreibung zurück[1280].

Auch der Rat ist nach eigenen Angaben laut seinem Jahresbericht der Ansicht, dass durch das Anregungsrecht von Amts wegen der Auftragsvergabe wirksam zu mehr Lauterbarkeit und Rechtmäßigkeit verholfen wird und die gegenseitige behördliche Kontrolle als effektives Mittel zur Aufdeckung von Korruptionsfällen dienen kann[1281].

3. Vergleich mit der Verfahrenseinleitung vor den deutschen Vergabekammern

Maßgeblicher Unterschied zum deutschen Recht ist die Eröffnung des Rechtsweges sowohl für den Bieter als auch für den Auftraggeber. Letzterer ist nach § 107 Abs. 2 GWB genauso wenig antragsberechtigt wie sonstige mit der öffentlichen Auftragsvergabe beschäftigte Behörden. Im Gegensatz zur weiten Antragsberechtigung im ungarischen Recht sind in Deutschland gemäß § 107 Abs. 2 GWB nur Unternehmen als Bieter oder Interessenten befugt, die ein Interesse am Auftrag haben und eine Rechtsverletzung i.S.d. § 97 Abs. 7 GWB geltend machen können. Sie müssen eine kausale Schadensentstehung oder eine Gefahr dafür behaupten. Wie auch im ungarischen Recht kann der Betroffene sich gegen die Verletzung aller Bestimmungen (also sowohl der nationalen als auch der aufgrund unionsrechtlicher Vorgaben umgesetzten Bestimmungen) über das Vergabeverfahren (§ 97 Abs. 7 GWB) zur Wehr setzen. Ein dogmatischer Streit über die Eingrenzung dieser Vorschriften durch die Schutznormtheorie[1282] wird in Ungarn nicht geführt. Das auf die gleiche Eingrenzung hinauslaufende Erfordernis des Rechtsschutzbedürfnisses (Behauptung eines zumindest drohenden Schadens) verlangt das Kbt. ebenso wenig vom Antragsteller und eröffnet damit demjenigen den Rechtsweg, der wohl auch keine Chancen auf den Zuschlag gehabt hätte. Ausgeschlossen sind im im deutschen Recht die Subunternehmer, da es der Hauptunternehmer ist, der das benötigte Interesse am Auftrag hat, die ungarische Rechtsprechung schränkt das Antragsrecht zumindest stark ein[1283].

[1279] J/3359 beszámoló, S. 57; vgl. auch J/55 beszámoló, S. 34: 132 Fälle von Rechtsverletzungen bei 189 Nachprüfungsverfahren ergibt 69,8 Prozent im Berichtsjahr 2005.
[1280] *Közbeszerzések Tanácsa*, J/600. beszámoló, 2007, Tabelle Nr. 17.
[1281] *Közbeszerzések Tanácsa*, J/600. beszámoló, 2007, S. 71.
[1282] *Pietzcker* in: Grabitz/Hilf/Hailbronner, Das Recht der Europäischen Union, B 19., Rn. 17.
[1283] Vgl. hierzu die Ausführungen im *5. Kapitel, VI.1a) Antragsberechtigung.*

4. Effektivität der Vorschriften zur Verfahrenseinleitung

Das Kbt. geht über die Anforderungen des Unionsrechts hinaus, indem es nicht nur dem unterlegenen Bieter, sondern auch dem Auftraggeber ein Recht auf Einleitung des Nachprüfungsverfahrens zuspricht. Laut Erwägungsgrund Nr. 17 RL 2007/66/EG stellen die Rechtsmittelrichtlinien nur eine Mindestanforderung dahingehend, dass *zumindest* jede am Auftrag interessierte Person ein Nachprüfungsverfahren einleiten kann. Auch eine Beschränkung des Antragsrechts nur auf den Bieter bzw. Bewerber findet nicht statt. Schließlich kann auch dem Auftraggeber ein Schaden i.S.d. genannten Erwägungsgrundes entstehen, wenn etwa die angegebenen Qualifikationen des obsiegenden Bieters tatsächlich gar nicht vorliegen. Zwar wirkt sich das Antragsrecht des Auftraggebers in der Regel zulasten des Bieters bzw. Bewerbers aus, auf dessen Schutz die Rechtsmittelrichtlinien ausgerichtet sind[1284]. Aber die Rechtsmittelrichtlinien dienen eben nicht nur dem Bieter- bzw. Bewerberschutz. Aus den Erwägungsgründen folgt auch, dass sie die objektive Einhaltung der Unionsvorschriften und die Beseitigung von Rechtsverstößen sicherstellen sollen. In dem Fall,. in dem sich der Bieter bzw. Bewerber vergaberechtswidrig verhält, kann er sich mangels Schutzwürdigkeit auch nicht auf den unionsrechtlichen Bieterschutz berufen. Daher steht dem unionsrechtlichen Vergaberechtsschutz die Antragsberechtigung auch des Auftraggebers nicht entgegen. Auch steht es ausdrücklich im Einklang mit dem ungarischen Verfassungsrecht[1285], dass der Antragsteller für die Zulässigkeit seines Antrags seine Rechts- bzw. Interessenverletzung zunächst nur behaupten muss.

Schließlich steht auch die Berechtigung der Verfahrenseinleitung von Amts wegen im Einklang mit den sekundärrechtlichen Voraussetzungen[1286]. Die Möglichkeit der gesetzlich genau bestimmten Behörden, ebenfalls ein Nachprüfungsverfahren anzuregen, dient dem unionsrechtlichen Ziel, die öffentlichen Aufträge rasch und wirksam zu überprüfen (Art. 1 Abs. 1 UAbs. 3 der Rechtsmittelrichtlinien). Es erhöht die Möglichkeit, gegen rechtwidrige Vergaben, insbesondere gegen die Fälle rechtswidriger freihändiger Vergaben, vorzugehen, die als schwerwiegendste Verletzung erachtet werden (Erwägungsgrund Nr. 13 RL 2007/66/EG). Bei diesen haben die Vertragsparteien typischerweise kein Interesse an einer Nachprüfung, und Dritte können von deren kollusivem Zusammenwirken nur unter erschwerten Umständen Kenntnis nehmen. Da das Vergabesekundärrecht nicht nur den

---

[1284] Bspw. Erwägungsgrund Nr. 2 RL 89/665/EWG bzw. RL 92/13/EWG.
[1285] AB Beschluss 22/1995 (III.31.), ABH 1995, 108, 110.
[1286] So auch *Egger*, Europäisches Vergaberecht, S. 344, der die Unionsrechtskonformität nur dann bejaht, wenn das (verbundene) Verfahren auch dann weitergeführt wird, wenn der Antragsteller seinen Antrag zurückzieht.

Schutz des Bieters bezweckt, sondern objektiv die Rechtmäßigkeit der öffentlichen Auftragsvergabe sicherstellen möchte, bestehen gegen die Erweiterung der Berechtigung zur Verfahrenseinleitung keine Bedenken. Schließlich kann insoweit auch die Rechtsprechung des EuGH ins Feld geführt werden, in der er feststellte, dass es den Mitgliedstaaten zu überlassen sei, ob und unter welchen Voraussetzungen Rechtsverstöße von Amts wegen aufgegriffen werden können, die nicht von der Partei geltend gemacht worden sind[1287]. Da das von Amts wegen angeregte Verfahren vor der Schiedsstelle im weiteren Verlauf kontradiktorisch durchgeführt wird[1288] — wie auch das auf Antrag eingeleitete Verfahren —, ist nach Ansicht des EuGH ein Verstoß gegen ein effektives Rechtsmittelverfahren nicht gegeben[1289].

Auch die Antragsfristen im Kbt. begegnen keinen Bedenken im Hinblick auf die Unionsrechtskonformität. § 323 Abs. 2 Kbt. macht den fristauslösenden Moment von den einzelnen Rechtsverletzungen abhängig und verkürzt die Antragsfrist von ursprünglich 15 Tagen über einen dreistufigen Übergangszeitraum auf die sekundärrechtliche Mindestfrist von 10 Tagen. Der Einklang mit den Vorgaben der Richtlinien wird mit einer zeitlich parallelen Änderung der Bekanntgabeform hergestellt: Vom Zeitpunkt an, von dem an der Auftraggeber etwaige nachprüfbare Entscheidungen nur noch auf elektronische Weise an den Bieter bzw. Bewerber übermitteln darf, stehen diesem auch nur noch 10 Tage für die Beantragung der Nachprüfung zur Verfügung. Eine postalische Bekanntgabe einer Entscheidung wird es im Zusammenhang mit der Nachprüfungsfrist nicht mehr geben. Auch hat der Gesetzgeber die Vorschriften der Stillhalte- und Antragsfristen in Übereinstimmung gebracht, sodass die Betroffenen die Möglichkeit haben, sich in angemessener Zeit über die Einlegung eines Nachprüfungsantrages Gedanken zu machen, ohne dass sie in der Zwischenzeit durch den Abschluss des Vertrages vollendete Tatsachen gestellt werden. Das Kbt. sorgt dafür, dass potentielle Antragsteller rechtzeitig und mit allen hierfür wesentlichen Informationen versorgt werden. Damit kann davon ausgegangen werden, dass der Ablauf der Antragsfrist in erster Linie nicht auf den Rechtsausschluss gerichtet ist, sondern bei Ablauf kein Interesse mehr an einer Nachprüfung besteht. Von diesem Zeitpunkt an überwiegen die Grundsätze des Rechtsfriedens und der Rechtssicherheit, sodass der völlige Rechtsausschluss nicht nur angemessen, sondern — laut Erwägungsgrund Nr. 27 RL 2007/66/EG — unionsrechtlich auch erforderlich ist. Dies gilt sowohl für den Rechtsausschluss gemäß § 323 Abs. 3 als auch für Abs. 4 Kbt.

[1287] EuGH, Rs. C-315/01, *GAT*, Slg. 2003, I-6351, Rn. 46 ff.
[1288] Vgl. hierzu die Ausführungen zum *Ablauf des Nachprüfungsverfahrens im 5. Kapitel, VI.*
[1289] EuGH, Rs. C-315/01, *GAT*, Slg. 2003, I-6351, Rn. 49.

Der ungarische Gesetzgeber hat von der sekundärrechtlich gewährten Möglichkeit, das Institut der vorherigen Streitbeilegung einzurichten, Gebrauch gemacht. Hierzu hat er sowohl für den Antrag als auch für die Erwiderung sehr kurzen Fristen festgelegt. Die sekundärrechtlichen Bedingungen i.S.d. Art. 1 Abs. 5 beider Rechtsmittelrichtlinien, dass zum einen der Vertragsschluss bei Einreichung des Streitbeilegungsantrags aufgeschoben wird und zum anderen die Länge der Antragsfrist zur Nachprüfung vor der Schiedsstelle nicht beeinträchtigt werden darf, wurde durch das Kbt.ÄndG in § 96/B Abs. 4 Kbt. richtlinienkonform umgesetzt. Dadurch dass mit der Streitbeilegung eine weitere schnelle und wirksame Möglichkeit des Rechtsschutzes geschaffen wird, kann eine Nachprüfung durch die Schiedsstelle vermieden werden. Die Geltendmachung des durch die Richtlinien gewährleisteten Rechts auf eine Nachprüfung durch die Schiedsstelle wird dadurch jedenfalls nicht geschmälert.

Gleiches gilt für die Obliegenheit des Antragstellers aus § 323 Abs. 6 Kbt., den Auftraggeber über die Nachprüfung zu informieren. Mangels anknüpfender Rechtsfolgen bestehen zwar keine Widersprüche zu den unionsrechtlichen Forderungen i.S.d. Art. 1 Abs. 5 der Rechtsmittelrichtlinien. Einen Beitrag zum effektiven Rechtsschutz kann die Vorschrift aber nur theoretisch leisten, weil ihre Einhaltung nicht durchgesetzt werden kann.

Abgesehen von der Antragsfrist überlassen die Richtlinien den Mitgliedstaaten die weitere Ausgestaltung der Zulässigkeit von Nachprüfungsanträgen. Es wird deutlich, dass der ungarische Gesetzgeber dem Antrag die Funktion einer größtmöglichen Informationsquelle zukommen lassen wollte. Nach dem Eintritt der Rechtsverletzung sind innerhalb der strengen, mit der Rechtsverlustmöglichkeit einher gehenden Frist, alle Informationen über die entscheidenden wichtigen Tatsachen im Antrag zu liefern. Dadurch ist auch die Schiedsstelle an eine kurze Entscheidungsfrist gebunden, die nur dann eingehalten werden kann, wenn der zugrunde gelegte Sachverhalt eindeutig feststeht. Nur bei der Auflistung der präzisen Informationen hat sie die Möglichkeit, schnell und wirksam ihren Nachprüfungsaufgaben nachzukommen, die Rechtsverletzung zu beseitigen oder gegebenenfalls noch größeren Schaden zu verhindern[1290]. Damit erfüllt sie den unionsrechtlichen Zweck einer raschen Nachprüfung, die auch im Interesse des Antragstellers liegt. Die umfassende Darlegungspflicht bedeutet auch keine Beschränkung des Nachprüfungsrechts. Der Antragsteller wird zum einen regelmäßig ohnehin über die erforderlichen Angaben und Unterlagen i.S.d. § 324 Kbt. verfügen. Zum anderen kommen ihm die Mängelbeseitigungsmöglichkeiten und die Pflicht der Schiedsstelle, den Antrag so auszulegen, dass sein Begehren möglichst weitgehend zum Tragen

---

[1290] *Monory*, Közérthető közbeszerzés közösségi keretek között, S. 307.

kommt, zugute. Gleichzeitig werden Antragsteller, die kein wirkliches Interesse an einer Nachprüfung haben, durch den erforderlichen Aufwand abgehalten und unnötige Verfahren vermieden. Der Einklang mit den effektiven Rechtsschutzvorgaben des Unionsrechts ist damit gegeben.

Zur Erhebung von Gebühren für das Nachprüfungsverfahren äußern sich die Richtlinien nicht. Der EuGH hat aber auf primärrechtlicher Grundlage entschieden, dass die Erhebung von Gebühren einem effektiven Rechtsschutz grundsätzlich nicht im Wege steht, solange die Grundsätze der Äquivalenz und Effektivität gewahrt sind[1291]. Da das Kbt. nicht (mehr) unterscheidet, ob eine Vorschrift auf umgesetztem Unionsrecht beruht oder rein nationalen Charakter hat, besteht der Einklang mit dem Äquivalenzgrundsatz. Der wirksamen Geltendmachung subjektiver Rechte vor der Schiedsstelle steht die Gebührenpflicht auch deshalb nicht im Wege, weil sich die Höhe der Gebühren prozentual am Vergabewert orientiert, gedeckelt und damit verhältnismäßig ist. Auch findet § 159 Ket. ergänzende Anwendung, der in Härtefällen die Möglichkeit vorsieht, von der Auferlegung der Verfahrenskosten abzusehen. Hervorzuheben ist, dass § 341 Abs. 4 Kbt. die Kosten eines von Amts wegen angeregten Verfahrens dem Staat auferlegt, wenn eine Rechtsverletzung nicht festgestellt werden konnte.

Die Vorschriften zur Verfahrenseinleitung begegnen keinen verfassungsrechtlichen Bedenken. Lediglich das Grundrecht auf Zugang zu Gericht i.S.d. § 57 Abs. 1 Alk. könnte durch die Erstzuständigkeit der Schiedsstelle beschränkt sein. Das Verfassungsgericht hat in diesem Zusammenhang aber festgestellt, dass die Einrichtung eines Vorschaltverfahrens vor der Inanspruchnahme des Gerichts keine verfassungswidrige Einschränkung des Grundrechts darstellt[1292]. Ebenso wenig stellt die Verpflichtung zur Zahlung der erforderlichen Gerichtskosten eine unverhältnismäßige Beschränkung dar[1293]. Die Zuständigkeit und die Antragsvoraussetzungen sind so konkret bestimmt, dass der Einklang mit dem Rechtsstaatsprinzip außer Frage steht,

Die Vorschriften des Kbt. zur Einleitung des Nachprüfungsverfahrens bewegen sich damit im unionsrechtlichen wie verfassungsrechtlichen Rahmen.

[1291] EuGH, Rs. C-63/01, *Samuel Sidney Evans*, Slg. 2003, I-14447, Rn. 76.
[1292] *Holló in:* Holló/Balogh, Az értelmezett alkotmány, S. 735, 745; AB Beschluss 71/2002 (XII.17.), ABH 2002, 417, 423 f.; vgl. hierzu die Ausführungen zu § 57 Abs. 5 Alk. im 2. *Kapitel, III.4.b)bb) Die Grundrechte und Grundsätze des § 57 Abs. 5 Alk.*
[1293] AB Beschluss 64/1991 (XII.17.), ABH 1991, 297, 302; AB Beschluss 902/B/2006; AB Közlöny 2008, 1430; AB Beschluss 181/B/1993, ABH 1994, 588, 589; AB Beschluss 1074/B/1994, ABH 1996, 452, 453 f.

V. Auswirkungen der Verfahrenseinleitung auf das laufende Vergabeverfahren und den Vertragsschluss

Bei der Einleitung des Nachprüfungsverfahrens ist zwischen dem Suspensiveffekt auf das laufende Vergabeverfahren und auf den Vertragsschluss im Speziellen zu unterscheiden.

1. Suspensiveffekt auf das Vergabeverfahren

Der ungarische Gesetzgeber hat an die Einleitung des Nachprüfungsverfahrens vor der Schiedsstelle keine allgemeine automatische aufschiebende Wirkung auf das Vergabeverfahren bestimmt. Dies steht allerdings nicht im Widerspruch zum Effektivitätsgebot. Denn auch die Art. 2 Abs. 4 RL 89/665/EWG bzw. Art. 2 Abs. 3a RL 92/13/EWG gehen davon aus, dass die Nachprüfungsverfahren nicht notwendigerweise einen Suspensiveffekt auslösen müssen.

Allerdings wird der öffentliche Auftraggeber ermächtigt, sein laufendes Vergabeverfahren gemäß § 330 Abs. 3 Kbt. auszusetzen, wenn das Nachprüfungsverfahren vor der Schiedsstelle eingeleitet worden ist[1294]. Nach früherer Rechtslage durfte er sogar darüber entscheiden, ob der Abschluss des vergaberechtlichen Vertrags aufgeschoben werden soll oder nicht. Letztere Möglichkeit musste gestrichen werden, da das Vertragsschlussmoratorium von der Bekanntgabe der Einleitung des Nachprüfungsverfahrens i.S.d. § 323 Abs. 5 Kbt. an nunmehr nicht vom Willen des Auftraggebers abhängig sein darf, sondern gesetzlich im § 99 Kbt. vorgeschrieben ist. Die laufenden Fristen werden automatisch um den Aussetzungszeitraum verlängert. Über seine Entscheidung hat der Auftraggeber die Schiedsstelle zu informieren. Mit dem Recht, sein Vergabeverfahren auszusetzen, gewährt das ungarische Kbt. dem Auftraggeber die Möglichkeit, weitere Rechtsverletzungen und zunehmende Schäden zu verhindern. Begeht der Auftraggeber bspw. bereits bei der Ausschreibung einen Fehler, wird sich dieser durch die gesamte Auftragsvergabe ziehen und dabei die Gefahr, seine „*Rückabwicklungs-*" bzw. Schadensersatzpflichten zu erweitern, erhöhen. Da bei der Neufassung des Gesetzestextes grundsätzlich an der alten Formulierung festgehalten wurde, hat sich der Streit, ob der Auftraggeber seine Entscheidung, das Vergabeverfahren auszusetzen, auch wieder zurückziehen und die Vergabe fortsetzen kann, nicht erledigt. Sinn und Zweck der Vorschrift ist zunächst, die Haftung des Auftraggebers einzugrenzen, indem eine Manifestierung der Rechtswidrigkeit und weitere Schadensverursachung verhindert wird. Da die Norm auf der einen

---

[1294] Die Verfahrensaussetzung und die automatische Verlängerung der Vergabeverfahrensfristen finden aber beim Aufsichtsverfahren der Wettbewerbsbehörde nicht, auch nicht analog statt. Dies hat die Schiedsstelle ausdrücklich in der Entscheidung D. 664/10/204 festgestellt.

Seite ein Recht des Auftraggebers formuliert, muss es ihm auf der anderen Seite auch unbenommen bleiben, seine Entscheidung wieder zurückzunehmen, wenn er bspw. im Laufe des Nachprüfungsverfahrens zu dem Schluss kommt, dass es vermutlich zu seinen Gunsten ausgehen wird. Dieses Recht des Auftraggebers umfasst gleichzeitig auch seine Pflicht, die Schiedsstelle von der Verfahrensaussetzung zu informieren. Dies dient nicht nur dem Schutze der Bieter und Bewerber, sondern zählt auch zu den maßgeblichen Sachverhaltsangaben, auf deren Grundlage die Schiedsstelle eine richtige Entscheidung in der Sache treffen kann. Dies muss entsprechend auch für die Rücknahme der Aussetzungsentscheidung gemäß § 330 Abs. 3 Kbt. gelten. Im Zweifel kann dieses Ergebnis auch § 6 Abs. 1 und 2 Ket. über die Verpflichtung der Verfahrenspartei zu Treu und Glauben bzw. dem Verbot der Irreführung und Verzögerung des behördlichen Verfahrens entnommen werden[1295]. Dem Recht aus Abs. 3 misst die Schiedsstelle genauso viel Bedeutung zu wie der gleichzeitigen Mitteilungsverpflichtung: Unter alter Rechtslage setzte ein Auftraggeber nicht nur das Verfahren aus, sondern schob auch den Vertragsschluss auf. Dieser an sich zu seinen Gunsten zu wertende Umstand gereichte ihm aber im Rahmen der Bemessung der auferlegten Geldbuße zu seinem Nachteil, da er die Schiedsstelle hierüber nicht rechtzeitig in Kenntnis setzte. Als eine der wichtigsten Bedingungen für einen effektiven Rechtsschutz erachtete die Schiedsstelle in ihrer Entscheidung die Benachrichtigungsverpflichtung, da sie auf den Gang und den Verfahrensabschluss inhaltliche wie zeitliche Auswirkungen habe. Dieser Wertung schloss sich auch das Hauptstädtische Gericht an[1296]. Zur Wahrung des Transparenzgebotes gehört auch die Sanktionierung der unterbliebenen Bereitstellung der für den effektiven Rechtsschutz notwendigen Informationen.

Die Rechtsmittelrichtlinien sind hinsichtlich der Verfahrensaussetzung lediglich auf eine Mindestharmonisierung ausgerichtet. Da die Verfahrensaussetzung der Rechtssicherheit aller Beteiligten und dem unionsrechtlichen Ziel, weitere Rechtsverstöße und Schäden zu vermeiden, dient, steht es mit dem europäischen Vergaberecht nicht in Widerspruch, wenn dem Auftraggeber dahingehend ein Ermessen eingeräumt wird, das weitere Verfahren auszusetzen. Macht er von dieser Möglichkeit nicht Gebrauch, kann das Verfahren zwar weiter laufen. Der automatische Suspensiveffekt verbietet dann aber zumindest, den Vertrag zu schließen. Diese umgesetzte Mindestanforderung wird durch die Ermächtigung des Auftraggebers nicht beeinträchtigt.

[1295] *Kozma* in: Patay, A Közbeszerzés Joga, S. 567.
[1296] Főv. Bír. 19 K. 35.147/2005/4, K.É. 2006/26, 51817.

Schließlich kann auch die Schiedsstelle im Rahmen ihrer Entscheidungsbefugnisse eine solche Suspensivwirkung auf das Vergabeverfahren anordnen[1297].

2. Suspensiveffekt auf den Vertragsschluss

Anders verhält es sich im Hinblick auf die Wirkungen auf den Vertragsschluss. Art. 2 Abs. 4 RL 89/665/EWG bzw. Art. 2 Abs. 3 lit. a) RL 92/13/EWG verweisen auf den vorangehenden Art. 2 Abs. 3 und Art. 1 Abs. 5, bei deren Vorliegen ein automatischer Suspensiveffekt auf das Vergabeverfahren in Form eines Vertragsschlussverbotes eintreten muss.

a) Vertragsschlussverbot gemäß § 323 Abs. 5 Kbt. (Art. 2 Abs. 3 RL 89/665/EWG bzw. RL 92/13/EWG)

Art. 2 Abs. 3 der Rechtsmittelrichtlinien gibt vor, dass die Mitgliedstaaten bei der Nachprüfung einer Zuschlagsentscheidung (die das Verfahren abschließende Entscheidung) dahingehend für eine aufschiebende Wirkung zu sorgen haben, dass der Auftraggeber den Vertrag nicht abschließen kann, bis eine einstweilige bzw. endgültige Entscheidung in der Hauptsache ergangen ist.

Hier geht das ungarische Kbt. sogar über die sekundärrechtliche Anforderung hinaus, indem es ein automatisches Vertragsschlussverbot nicht nur bei der Nachprüfung der Zuschlagsentscheidung des Auftraggebers, sondern bei allen und jeden mit dem Nachprüfungsantrag angegriffenen Entscheidungen (wie etwa einen Bieterausschluss oder eine Ausschreibungsänderung) anordnet. Das Vertragsschlussverbot beginnt gemäß § 323 Abs. 5 Kbt.[1298] von dem Zeitpunkt an, von dem an die Schiedsstelle den Nachprüfungsantrag (mit seinen Einzelheiten gemäß § 396 Abs. 1 f) Kbt.) auf der Homepage des Rates veröffentlicht hat. Dies hat unverzüglich nach dessen Eingang zu erfolgen. Ganz im Sinne der Richtlinien endet das Vertragsschlussverbot gemäß § 323 Abs. 5 S. 2 Kbt. grundsätzlich dann, wenn die Schiedsstelle einen Bescheid über eine einstweilige Anordnung i.S.d. § 332 Abs. 4 Kbt.[1299], einen Beschluss in der Hauptsache oder über die Beendigung des Vergabeverfahrens erlassen hat.

[1297] Vgl. hierzu die Ausführungen zu den *Entscheidungsbefugnissen der Schiedsstelle im 5. Kapitel, VII.*
[1298] Insoweit inhaltsgleich § 99 Abs. 4 Kbt.: „Sofern ein Nachprüfungsverfahren eingeleitet wird, kann der Vertrag in Abweichung vom Zeitpunkt, der in der Ausschreibung bestimmt wurde, bis zur Entscheidung der Schiedsstelle in der Sache oder bis zu dem die Vergabesache abschließenden Beschluss nicht geschlossen werden, es sei denn, die Schiedsstelle gestattet den Vertragsschluss gemäß § 332 Abs. 4 Kbt." [Übers. d. Verf.].
[1299] Zu der Frage, ob die Entscheidungskompetenz aus § 332 Abs. 4 Kbt. mit den unionsrechtlichen Vorgaben übereinstimmt, vgl. die Darstellung im *5. Kapitel, VII.4.b) Effektivität der einstweiligen Verfügung.*

301

Allerdings fordern die Art. 2 Abs. 3 beider Richtlinien, dass die Aussetzung des Vertragsschlusses nicht vor Ablauf der Stillhaltefristen nach Art. 2a Abs. 2 und Art. 2d Abs. 4 und 5 RL 89/665/EWG bzw. RL 92/13/EWG enden darf[1300]. Wie bereits unter *IV.1.b)ff)* gezeigt wurde, setzt § 99 Abs. 3 Kbt. den Anspruch des Art. 2a Abs. 2 der Rechtsmittelrichtlinien adäquat um und legt fest, dass der Zeitpunkt des Vertragsschlusses nicht vor dem zwölften Tag[1301] nach dem (elektronischen) Absende- bzw. Zugangs-/Übergabetag der schriftlichen Zusammenfassung i.S.d. § 93 Abs. 2 Kbt. liegen darf.

Diese Stillhaltezeit ist im ungarischen Recht aber nicht nur durch eine Mindestfrist, sondern auch durch eine Höchstfrist begrenzt. Demnach darf der Vertragsschluss auch nicht später als dreißig Tage (sechzig Tage bei Bauaufträgen) nach dem Absendungstag der Zusammenfassung erfolgen. Das Sekundärvergaberecht sieht eine Höchstfrist nicht vor und fordert im Erwägungsgrund Nr. 6 RL 2007/66/EG nur, dass dem Bieter ausreichend Zeit gegeben wird, seine Rechtsmittelmöglichkeiten zu prüfen. Die Bestimmung einer Höchstfrist schließt dieses Rechtsschutzziel aber nicht aus, sondern gesteht auf der einen Seite dem unterlegenen Bieter eine Möglichkeit zur Nachprüfung zu, auf der anderen Seite berücksichtigt sie die Interessen der Auftraggeber und der obsiegenden Bieter an einem raschen Vertragsabschluss und die anschließende Erfüllung. Die Höchstfrist gilt aber dann nicht, wenn ein Nachprüfungsverfahren eingeleitet wird. Dann darf der Vertrag gemäß Art. 2 Abs. 3 der Richtlinien nicht geschlossen werden, bevor die Schiedsstelle entschieden (§ 99 Abs. 4 Kbt.) oder den Vertragsschluss gemäß § 332 Abs. 4 Kbt. ausdrücklich gestattet hat. Der gesetzliche Aussetzungszeitraum setzt damit die Mindestvorgaben der Richtlinien zum Bieterschutz um und trägt mit der Höchstfrist von 30 bzw. 60 Tagen gleichzeitig dem Grundsatz der Dringlichkeit von Beschaffungen Rechnung. Er schafft Rechtssicherheit für alle Beteiligten und trägt zur Vermeidung der (noch) nicht erforderlichen Auftragsvergaben bei, die den öffentlichen Haushalt unnötig belasten. Denn die Beteiligten können sich auf den spätesten Zeitpunkt einrichten, zu dem der Vertragsabschluss und die gegenseitigen Erfüllungsansprüche entstehen.

Schließlich darf der Vertrag nicht vor dem Ablauf der Stillhaltefristen der Art. 2d Abs. 4 und 5 RL 89/665/EWG geschlossen werden. Das in Abs. 4 genannte zehntätige Vertragsschlussmoratorium wurde durch § 306/A Abs. 3 a) Kbt. umgesetzt: Falls der Auftraggeber der Meinung ist, er dürfe ein Verhandlungsverfahren ohne Veröffentlichung der Bekanntmachung

---

[1300] Diese Voraussetzung gilt nicht für die Sektorenaufträge.

[1301] Die Kürzung des zwanzigtägigen Moratoriums wird für alle Auftragsschwellenwerte ab 01.07.2010 auf zwölf Tage gekürzt (§ 111 Abs. 2 lit. d) Kbt.ÄndG).

durchführen, muss er seine Vertragsschlussabsicht im Amtsblatt der EU bekannt geben und darf bis zum Ablauf von zehn Tagen nach dem Veröffentlichungstag den betreffenden Vertrag nicht schließen.

Weiter darf der Vertragsschluss nicht vor Ablauf der Stillhaltefrist aus Art. 2d Abs. 5 der Richtlinien erfolgen. Hier hat der ungarische Gesetzgeber nicht von der ihm freistehenden Möglichkeit gemäß Art. 2b der Richtlinien (Ausnahmen von der Stillhaltefrist) i.V.m. Art. 2d Abs. 1 lit. c) Gebrauch gemacht, sodass diese Stillhaltefrist im Rahmen des ungarischen Vergaberechts nicht relevant wird.

Damit sind die sekundärrechtlichen Anforderungen an die Stillhaltefrist gemäß Art. 2d der Richtlinien erfüllt[1302].

b) Vertragsschlussverbot gemäß § 96/B Abs. 4 Kbt. (Art. 1 Abs. 5 RL 89/665/EWG bzw. RL 92/13/EWG)

Weiterhin müssen die Mitgliedstaaten gemäß Art. 2 Abs. 4 RL 89/665/EWG für die Aussetzung des Vertragsschlusses im Rahmen der vorherigen Streitbeilegung beim Auftraggeber sorgen.

Wie unter *IV. 1. c) dargestellt,* hat der ungarische Gesetzgeber die Möglichkeit dieser zusätzlichen Prüfung genutzt, weshalb auch der erforderliche Suspensiveffekt gemäß Art. 1 Abs. 5 der Rechtsmittelrichtlinien vom Kbt. gewährleistet werden musste. § 96/B Abs. 4 Kbt. setzt diese Vorgabe unionsrechtskonform um, indem er bestimmt, dass der Vertrag vom Antragseingang auf vorherige Streitbeilegung an bis zum zehnten Tag nach der Absendung der auftraggeberischen Stellungnahme hierauf nicht geschlossen werden darf.

3. Effektivität des Suspensiveffektes und der Stillhaltefristen

Das ungarische Kbt. knüpft an die Einreichung des Nachprüfungsantrages nicht automatisch eine aufschiebende Wirkung auf den weiteren Ablauf des Vergabeverfahrens. Eine solche kann jedoch von der Schiedsstelle angeordnet oder vom Auftraggeber durchgeführt werden. Letztgenannte Möglichkeit steht zu den unionsrechtlichen Mindestvorgaben nicht in Widerspruch. Durch die Verhinderung weiterer Schäden und Rechtsverletzungen ist diese Kompetenz

---

[1302] Eine von der Stillhaltefristanforderung unabhängige Problematik im Zusammenhang mit § 306/A Abs. 3 lit. a) Kbt. ist, dass der Gesetzgeber die Wirksamkeit des rechtswidrigen Vertrages auch dann gestattet, wenn er unter Außerachtlassung des Vergabeverfahrens als eine Vereinbarung i.S.d. § 2/A Kbt. geschlossen wurde, näher hierzu unter *5. Kapitel, VIII.2. Prüfungsumfang.*

des Auftraggebers ein zusätzlicher Bestandteil eines wirksamen Rechtsschutzes und trägt damit zu mehr Rechtssicherheit bei.

Die sekundärrechtlichen Anforderungen an den Suspensiveffekt des Nachprüfungsantrages auf den Vertragsschluss setzt das Kbt. nicht nur um, sondern erweitert ihn auf Nachprüfungsanträge gegen alle denkbaren Rechtsverletzungen. Da es sich um Mindestharmonisierungsvorgaben handelt und hierdurch verhindert wird, dass die Antragsteller — nur um den Suspensiveffekt zu erreichen — unbegründet auch die Zuschlagsentscheidung rügen, dient die Ausweitung einem schnellen und wirksamen Rechtsschutz. Der gesetzlich bestimmte Beginn und das Ende des Vertragsschlussverbotes stehen — wie von den Richtlinien angeordnet — im Einklang mit den Stillhaltefristen. Die Stillhaltefrist zwischen Zuschlag und Vertragsschluss beträgt 12 Tage. Sofern kein Nachprüfungsverfahren eingeleitet wurde, muss der Vertrag aber — abhängig von der Auftragsart — innerhalb von 30 bzw. 60 Tagen geschlossen werden. Da die erforderliche aufschiebende Wirkung durch die Höchstfristregelung nicht durchbrochen wird, hält diese der unionsrechtlichen Prüfung stand. Ebenfalls wurde die Stillhaltefrist, die es bei der gestatteten freihändigen Vergabe i.S.d. Art. 2d Abs. 4 der Rechtsmittelrichtlinien zu berücksichtigen gilt, übereinstimmend mit dem Suspensiveffekt umgesetzt. Schließlich normiert das Kbt. auch das erforderliche Vertragsschlussverbot vor Ablauf von zehn Tagen nach erfolgter Stellungnahme des Auftraggebers im Rahmen der vorherigen Streitbeilegung.

Im Rahmen der Bestimmung der Fristen für den Suspensiveffekt und die Stillhaltefristen orientierte sich der ungarische Gesetzgeber an der untersten Grenze der möglichen Mindestfristen, die die Richtlinien vorsehen. Zwar unterscheidet das Sekundärrecht zwischen der Art der Übermittlung von Bekanntgaben und Mitteilungen (einerseits elektronisch oder per Fax, andererseits sonstige, insb. postalische Übermittlung) und knüpft daran eine jeweilige Mindestfrist (10 bzw. 15 Tage). Da das ungarische Kbt. aber bis zum Ablauf der Umsetzungsfrist der RL 2007/66/EG zum Jahresende 2009 alle für den Suspensiveffekt und die Stillhaltefristen fristauslösenden Übermittlungen auf elektronische Weise vorschreibt, begegnet die Bestimmung einer zehn- bzw. zwölftägigen Frist keinen unionsrechtlichen Bedenken.

VI. Der Ablauf des Nachprüfungsverfahrens

Die Schiedsstelle für öffentliche Auftragsvergabe hat die Parteien bzw. die sonst an der Vergabesache Beteiligten über die Eröffnung des Nachprüfungsverfahrens zu informieren, vgl. § 330 Kbt. Dabei werden diese aufgefordert, innerhalb einer Frist von fünf Tagen ihre Stellungnahmen einzureichen. Zu diesem Zweck wird ihnen der Antrag bzw. die Anregung zugeschickt. Diese recht kurze Frist ist geboten, weil auch das Verfahren der Schiedsstelle einer Erledigungsfrist von 15 bzw. 30 Tagen[1303] unterliegt. Für die Form der Stellungnahme sieht das Gesetz keine Regelung vor, sie ist unter Anwendung der allgemeinen Vorschriften über die Erklärungen der Partei gemäß § 51 Ket.[1304] sowohl mündlich als auch schriftlich möglich. Die Zusendung erfolgt nicht nur an die sonstigen Beteiligten, die der Antragsteller gemäß § 324 Abs. 1 lit. g) Kbt. angeführt hat. Vielmehr muss bereits die Schiedsstelle anhand der Unterlagen, die ihr zur Verfügung stehen, all diejenigen benachrichtigen, die ihrer Meinung nach möglicherweise beteiligt sein könnten.

1. Der Prüfungsumfang der Schiedsstelle für öffentliche Auftragsvergabe

Der Umfang, in dem die Schiedsstelle die Vergabesachen prüft, setzt sich aus dem ausgelegten Antrags- bzw. Anregungsinhalt und dem Ergebnis der behördlichen Amtsermittlung zusammen. Dabei erstreckt sich die Prüfung ausschließlich auf eine objektive Rechtmäßigkeitskontrolle. Eine Rechts- oder Interessenverletzung muss nur im Rahmen der Antragsberechtigung behauptet werden. Das tatsächliche Vorliegen einer – wie um deutschen Recht bekannten – subjektiven Rechtsverletzung oder etwa das Vorliegen eines Schadens prüft die Schiedsstelle hingegen nicht mehr. Um den Prüfungsgegenstand festzulegen, muss die Schiedsstelle ggf. zunächst den Nachprüfungsantrag bzw. die Anregung auslegen und nach seinem Inhalt zu beurteilen[1305]. Nichts anderes fordert auch der Verfahrensgrundsatz des § 34 Abs. 5 Ket.

a) Keine Antragsbindung und Amtsermittlungsgrundsatz

Die Schiedsstelle für öffentliche Auftragsvergabe ist im Laufe des Verfahrens nicht an den Inhalt des Nachprüfungsantrags oder der Anregung gebunden. Dies ergibt sich aus § 334 Kbt.:

„(1)„Wenn der Schiedsstelle für öffentliche Auftragsvergabe im Laufe des Verfahrens eine über den Antrag bzw. die Anregung hinausgehende Rechtsverletzung bekannt wird, geht sie insoweit von Amts wegen bis zur Beschlussfassung in der Sache vor.

[1303] Siehe hierzu im Einzelnen im *5.Kapitel, VI.5. Die Erledigungs- bzw. Verfahrensfrist.*
[1304] *Paksi*, A közbeszerzési eljárások jogorvoslati rendszere, S.22.
[1305] Legf. Bír. Kf. I 28.513/1997.

(2) Die Schiedsstelle für öffentliche Auftragsvergabe setzt im Falle der Antragsrücknahme das Verfahren fort, wenn sie aufgrund der ihr zur Verfügung stehenden Angaben eine Rechtsverletzung vermutet[1306].

(3) Über die Anwendung der Absätze 1 und 2 entscheidet die Schiedsstelle mit einem Bescheid". [Übers. der Verf.]

Wird ihr also eine Rechtsverletzung bekannt, die über den (ausgelegten) Antrag bzw. die Anregung hinausgeht, kann sie dagegen von Amts wegen vorgehen und die Rechtmäßigkeit der Auftragsvergabe unabhängig von den Anträgen beurteilen. In beiden Fällen muss die Schiedsstelle gemäß § 3 Abs. 2 lit. b) Ket. von Amts wegen auch den Sachverhalt sowie Art und Umfang der Beweisführung festlegen.

Sie ist nicht an die Beweisanträge der Parteien gebunden, sondern wählt als Herrin des Beweisverfahrens gemäß § 50 Abs. 5 Ket. frei zwischen den Mitteln der Beweisführung i.S.d. § 50 Abs. 4 Ket. (Erklärungen der Parteien, Dokumente und Zeugenaussagen, Protokoll der Inaugenscheinnahme, Sachverständigengutachten, das bei der behördlichen Kontrolle aufgenommene Protokoll und die Sachbeweise), die keine abschließende Aufzählung darstellt.

Auch ist sie nicht an den Rechtsvortrag der Parteien, also an die im Antrag genannten vermeintlich verletzten Rechtsnormen (§ 324 Abs. 1 lit. d Kbt.) gebunden. Die Nennung der verletzten Rechtsvorschrift ist zwar Antragsvoraussetzung. Trotzdem geht es aber nicht zu Lasten des Antragsstellers, wenn er sich irrt oder der gerügte Sachverhalt nicht gegen die benannte, sondern gegen eine andere vergaberechtliche Vorschrift verstößt. Zu einer Unzulässigkeit kann es bereits deshalb nicht führen, weil sonst die Feststellung der Rechtsnormverletzung in die Zulässigkeit vorverlagert und dem Antragsteller eine größere juristische Urteilsfähigkeit abverlangt würde als der Schiedsstelle. Dies würde eine Beschränkung des Rechts auf Zugang zu einer Nachprüfung darstellen. Die Vorschrift bezweckt ferner, der Schiedsstelle die Prüfungsaufgabe dadurch zu erleichtern, dass das Rechtsschutzbegehren deutlich formuliert sein muss. Eine Prüfungsbegrenzung nur auf die angegeben Vorschrift hätte zur Folge, dass der Antragsteller wahllos alle verletzbaren Normen im Antrag nennt, was den Zweck der Entlastung ins Gegenteil

---

[1306] Diese eindeutige Regelung war deshalb notwendig, weil sowohl unter dem § 14 Áe. wie den aktuellen §§ 34 Abs. 4, 31 Abs. 1 Ziff. c) Ket. nur die Möglichkeit bestand/besteht, dass bei Rücknahme des Antrags nur dann ein Verfahren von Amts wegen fortgesetzt werden kann, wenn es auch von Amts wegen eingeleitet werden kann. Die Schiedsstelle selbst ist aber nicht berechtigt, das Verfahren von Amts wegen einzuleiten. Hierzu ist eine Anregung der in § 327 Kbt. genannten Behörden notwendig.

verkehren würde. Deshalb ist es auch ausreichend, wenn der Antragsteller sich nur auf den Verstoß gegen allgemeine Vergabegrundsätze beruft.

Die Begründung des Gesetzesvorschlages zum aktuellen Kbt. bestätigt, dass das Verfahren der öffentlichen Auftragsvergabe weiterhin sowohl auf der Ebene der gesetzlichen Grundsätze als auch innerhalb der einzelnen Vorschriften das Prinzip der Öffentlichkeit, die Sicherung der Chancengleichheit der Bieter und das Prinzip der Redlichkeit des Wettbewerbs gewährleisten soll. Die Einleitung eines Nachprüfungsverfahrens soll auch in Zukunft bei ausschließlicher Berufung auf die Verletzung dieser Grundsätze möglich sein[1307]. Wenn die Berufung auf die Gesetzesgrundsätze ausreichend sein kann, darf die Berufung auf einzelne Vorschriften keine Prüfungsbeschränkung nach sich ziehen. Den vergaberechtlichen Grundsätzen kommt damit die Funktion von Generalklauseln zu[1308]. Stellt die Schiedsstelle die Verletzung einer konkreten Rechtsvorschrift fest, überprüft sie den Verstoß gegen die Vergaberechtsgrundsätze nicht mehr bzw. stellt den Verstoß nur dann fest, wenn das Verhalten des Rechtsverletzenden gegen keine sonstigen Vorschriften des Kbt. verstößt. Damit sind die Grundsätze des Vergaberechts zwar zwingend und verbindlich, aber subsidiär[1309]. Nur wenn der Antragsteller gar keine verletzte Kbt.-Norm bzw. verletzten Grundsatz nennt, wird der Antrag nach fruchtloser Mängelbeseitigungsaufforderung als unzulässig abgewiesen.

Schließlich ist die Schiedsstelle auch nicht an die vorgetragenen Tatsachen gebunden. Zwar darf sich die Schiedsstelle nicht mit präkludierten Tatsachen befassen, aber sie kann hinsichtlich des unzulässigen Teils von Amts wegen vorgehen. Genauso verhält es sich, wenn der Antragsteller seinen Antrag zurücknimmt[1310], vgl. § 325 Abs. 5 Kbt.

Wie auch bei der Verfahrenseinleitung der in § 327 Abs. 1 Kbt. genannten Behörden muss aber die Schiedsstelle auch *im Zuge des bei ihr ablaufenden Verfahrens* Kenntnis von einer Rechtsverletzung erlangt haben, um dagegen von Amts wegen vorgehen zu können.

Der Grundsatz der Amtsermittlung ist nicht nur auf das allgemeine Interesse der Öffentlichkeit an der Rechtmäßigkeit der Auftragsvergabe zurückzuführen, sondern auch auf die kurze Erledigungsfrist, welche die Schiedsstelle im Verfahren einzuhalten hat. Ein weiterer Grund liegt wohl darin, dass der Antragsteller sich vor der Schiedsstelle nicht zwingend rechtlich vertreten lassen

---

[1307] Vgl. Kbt.-Entwurf, Allgemeine Begründung, Teil I. Ziff. 4, 5. Absatz
[1308] *Patay*, Útmutató a kedvezményezettek részére, S. 18.
[1309] *Paksi*, A közbeszerzési eljárások jogorvoslati rendszere, S. 14.
[1310] Vgl. *3. Kapitel, III.2.a)ee) Das Parteiverfahren und Verfahren von Amts wegen* mit Verweis auf *Egger*, Europäisches Vergaberecht, S. 344 f.

muss. Die Möglichkeit des Antragstellers, sich gegen die finanzielle Belastung einer Rechtsvertretung zu entscheiden, erleichtert ihm auf der einen Seite den Zugang zur Nachprüfungsinstanz. Das Kbt. kompensiert die damit einhergehenden Nachteile bzw. Risiken, die sich aufgrund der komplexen Rechtsmaterien für den Laien ergeben, indem es der Schiedsstelle die Möglichkeit gewährt, auch von Amts wegen zu ermitteln.

Die Formulierung, die Schiedsstelle „*könne*" von Amts wegen vorgehen, ergibt sich nicht zwingend aus dem Wortlaut des § 334 Kbt. Dieser ist weder ausdrücklich als Pflicht- noch als Ermessensvorschrift formuliert. Da die im deutschen Recht üblichen Begriffe „*kann*", „*muss*", „*soll*" im ungarischen Recht nicht konsequent verwendet werden, muss die Auslegung den Gerichten überlassen werden. Die Rechtsprechung war allerdings — wie auch die Gesetzgebung — eher schwankend. Nachdem vom Obersten Gericht zunächst eine Pflicht bejaht wurde[1311], schuf der Gesetzgeber 1999 im Kbt. a.F. erstmals eine ausdrückliche Ermessensvorschrift („*kann*"). Mit Inkrafttreten des aktuellen Kbt. in 2003 wurde im § 324 Kbt. das „*kann*" ersetzt durch „*geht von Amts wegen vor*". Das Hauptstädtische Tafelgericht[1312] sah in der gesetzgeberischen Umformulierung keine Verpflichtung der Schiedsstelle. Der Gesetzgeber habe sich ausdrücklich für einen Zwang zu entscheiden und müsse dies im Gesetz auch eindeutig zum Ausdruck bringen. Im Zweifel läge ein behördliches Ermessen vor, das sich aus § 3 Ket. ergibt. Da das KbtÄndG. hier keine Änderungen vorsieht, ist davon auszugehen, dass der Schiedsstelle nach wie vor ein Ermessen eingeräumt wird.

b) Keine Beschränkung des effektiven Rechtsschutzes

Die Rechtsmittelrichtlinien äußern sich nicht zu der Frage, ob die Nachprüfungsinstanzen von Amts wegen auf Rechtsverstöße eingehen können, die nicht von den Beteiligten vorgetragen wurden[1313]. Einzige verfahrensrechtliche Vorgabe in diesem Zusammenhang ist, dass im Nachprüfungsverfahren beide Seiten gehört werden müssen[1314]. Die

---

[1311] Die erste diesbezügliche Entscheidung des Obersten Gerichts Kf. L 28.513/1997 betraf das Kbt. a.F., das zum Amtsermittlungsgrundsatz überhaupt keine Aussage traf. Der subsidiäre § 7 Abs. 1 Áe. sah allerdings eine Verpflichtung zum Vorgehen von Amts wegen vor, sofern der Zuständigkeitsbereich einer Staatsverwaltungsbehörde eröffnet war.
[1312] Föv. Ítélőtábla 3. Kf. 27.195/2005/6, K.É. 2006/29, 10469.
[1313] EuGH. Rs. C-54/96, *Dorsch Consult*, Slg. 1997, I-4983, 4994, Rn. 31; EuGH, Rs. C-315/01, GAT, Slg. 2003, I-06351, Rn. 46.
[1314] Art. 2 Abs. 9 Ua. 2 RL 89/665/EWG bzw. RL 92/13/EWG. Durch Art. 1 RL 2007/66/EG wurde in Art. 2 Abs. 9 Ua. 2 RL 89/665/EWG das „*kontradiktorische*" Verfahren ersetzt durch ein Verfahren, „*in dem beide Seiten gehört werden*". Damit hat sich der Streit erledigt, ob unter einem kontradiktorisches Verfahren nur streitige Verfahren (so etwa *Pietzcker* in:

Rechtsmittelrichtlinien sehen nur eine Mindestharmonisierung vor und solange das unionsrechtliche Ziel, die mitgliedstaatliche Geltung der Vergabekoordinierungsrichtlinien zu sichern und zu verstärken[1315], wirksam erreicht wird, fällt die Einräumung einer solchen Befugnis der Nachprüfungsinstanz in die Verfahrensautonomie der Mitgliedstaaten. Dabei sind die primärrechtlichen Grundsätze für das Verwaltungsverfahren zu beachten.

Der effektive Rechtsschutz könnte dann durch eine unbeschränkte Amtsermittlung gefährdet sein, wenn die Schiedsstelle bei der Ausübung gegen den Gleichbehandlungsgrundsatz oder die rechtsstaatliche Unabhängigkeit des behördlichen Handelns verstoßen würde. Würde sie ohne jede Veranlassung einen Sachverhalt willkürlich bzw. zufällig prüfen, könnte von einem objektiven Rechtsschutz nicht mehr gesprochen werden[1316]. Dieser Gefahr schiebt aber § 334 Kbt. einen Riegel vor, indem die Schiedsstelle nur dann von Amts wegen — ähnlich wie im Anregungsverfahren i.S.d. § 327 Kbt. — gegen eine Rechtsverletzung vorgehen kann bzw. das Verfahren diesbezüglich fortsetzen kann, wenn sie *im Zuge des Nachprüfungsverfahrens* Kenntnis von der Rechtsverletzung erlangt hat.

Da der unionsrechtliche Vergaberechtsschutz nicht nur den Bieterschutz bezweckt, sondern auch die Durchsetzung der Rechtmäßigkeit der öffentlichen Auftragsvergabe[1317], darf die Schiedsstelle von Amts wegen auch solche Umstände berücksichtigen, die die Gegenseite entweder nicht geltend gemacht hat oder mit ihr präkludiert war, und diese zu Lasten des Antragsstellers werten.

Das Kbt. sieht für das Verfahren von Amts wegen die gleichen Verfahrensvorschriften (§§ 336, 337 Kbt.) vor, die auch im Antragsverfahren

---

Grabitz/Hilf/Hailbronner, Das Recht der Europäischen Union, B 18., Rn. 22) zu verstehen sind, die eine gleichberechtigte Teilnahme der Parteien gewährleistet, in denen sie neben der Anhörung auch Anträge stellen dürfen oder etwa auch neben der mündlichen Äußerung auch die Vorlage von Schriftsätzen gestattet werden muss, vgl. hierzu *Egger*, Europäisches Vergaberecht, S. 344.

[1315] Erwägungsgrund Nr. 1 und 2 RL 89/665/EWG bzw. RL 92/13/EWG.

[1316] So wurde bspw. die willkürliche Prüfung durch die Vergabekammer in Deutschland (ob zwingende Ausschlussgründe hinsichtlich des Angebots des Antragstellers vorlagen, um bei deren Vorliegen den Nachprüfungsantrag mangels Schadens als unzulässig abzuweisen) als unzulässig erachtet, da die Prüfung der Begründetheit (Vorliegen eines Schadens) in die Zulässigkeit vorverlagert wurde. Darin war deshalb eine Beschränkung des Rechtsschutzes gesehen worden, da die Zulässigkeit nur die Behauptung eines Schadens erforderte. So wurde dem Bieter bereits auf Zulässigkeitsebene die Überprüfung der Vergabesache verwehrt, vgl. hierzu *Dreher* in: Immenga/Mestmäcker, Wettbewerbsrecht: § 110 GWB, 4. Auflage 2007, Rn. 12 bzw. § 114 Rn. 12.

[1317] Erwägungsgrund Nr. 1 RL 89/665/EWG bzw. RL 92/13/EWG.

gelten. Den Parteien werden also vor der Entscheidung der Schiedsstelle auch dann dieselben Äußerungsrechte[1318] zugestanden, wenn diese anstatt der Parteien einen Rechtsverstoß aufdeckt und von Amts wegen überprüft[1319]. Damit widersprechen weder das Amtsverfahren selbst noch der Untersuchungsgrundsatz im Rahmen des Antragsverfahrens dem sekundärrechtlich bestimmten Ziel, die Einhaltung der Normen europäischer Auftragsvergabe durch wirksame und rasche Nachprüfungsverfahren zu sichern[1320]. Da die Schiedsstelle auch hier unparteiisch[1321] und unter Beachtung des Gleichbehandlungsgebotes gemäß § 335 Kbt. vorgehen muss, wurde den primärrechtlichen Grundsätzen rechtmäßigen Verwaltungshandelns Rechnung getragen. Ebenso liegt kein Verstoß gegen den Beschleunigungs- und Effektivitätsgrundsatz vor, denn auch im Verfahren von Amts wegen hat die Schiedsstelle kurze Verfahrensfristen zu beachten, sodass es vielmehr den Antragstellern dient, wenn die Nachprüfungsinstanz aus eigener Initiative gegen Vergaberechtsverletzungen vorgeht, ohne abzuwarten, ob und bis diese von einer der Parteien vorgetragen werden[1322].

2. Die Durchführung der Verhandlungen

§ 336 Kbt. äußert sich über den Ablauf der Verhandlung wie folgt:

„(1) Im Rahmen der von der Schiedsstelle für öffentliche Auftragsvergabe abgehaltenen Verhandlungen können außer den Parteien auch sonstige Beteiligte — persönlich oder durch ihre Vertreter — anwesend sein, sich zu der Sache äußern bzw. bis zum Ende der Verhandlung Beweise vorlegen.

(2) Die Verhandlung ist öffentlich. Die Schiedsstelle für öffentliche Auftragsvergabe kann auf Antrag oder von Amts wegen mit einem begründeten Bescheid die Öffentlichkeit von der Verhandlung oder einem Abschnitt davon ausschließen, sofern dies zur Wahrung von Staats-, Dienst-, Geschäfts- oder sonstigen Geheimnissen, die in einem anderen Gesetz bestimmt sind, unbedingt erforderlich ist." [Übers. d. Verf.]

[1318] Siehe hierzu unten im *5. Kapitel, VI.2. Die Durchführung der Verhandlungen.*
[1319] EuGH, Rs. C-315/01, GAT, Slg. 2003, I-06351, Rn. 49.
[1320] EuGH, Rs. C-315/01, GAT, Slg. 2003, I-06351, Rn. 48, 50.
[1321] § 400 Abs. 5 Kbt.
[1322] *Prieß*, Handbuch des Europäischen Vergaberechts, S. 314.

a) Verhandlung und rechtliches Gehör

Ohne weitere Begründung gehen Rechtslehre[1323] und Rechtsprechung[1324] in Ungarn davon aus, dass die Entscheidung über die Abhaltung oder den Verzicht auf eine mündliche Verhandlung in das Ermessen der Schiedsstelle für öffentliche Auftragsvergabe fällt. Durch das Einräumen des Ermessens würden eine größere Flexibilität der Schiedsstelle und eine raschere Erledigung der Rechtssache bewirkt. Denn in vielen Fällen sei die Sache aufgrund der eingereichten Dokumente entscheidungsreif und eine Verhandlung verzichtbar[1325]. Nur wenn die Abhaltung einer Verhandlung zur Feststellung des Sachverhaltes notwendig sei, müsse auch eine Verhandlung abgehalten werden[1326]. Vermutlich stützt sich diese Ansicht auf § 62 Abs. 1 Ket., gemäß dem die Behörde eine Verhandlung abhält, wenn dies eine Rechtsnorm vorschreibt oder die gemeinsame Anhörung zur Klärung des Sachverhalts bzw. zur Durchführung eines Vergleichsversuchs der am Verfahren beteiligten Personen erforderlich ist. Im Rahmen einer solchen Verhandlung ist gemäß § 336 Abs. 1 Kbt. die persönliche Anhörung der Parteien und sonstigen Beteiligten vorgesehen[1327].

Aber auch dann, wenn sich die Schiedsstelle gegen das Abhalten einer mündlichen Verhandlung entscheidet, wird bis zur Entscheidungsfindung in der Sache gewährleistet, dass i.S.d. § 51 Abs. 1 Ket. die Partei das Recht hat, im Verfahren schriftlich oder mündlich eine Erklärung abzugeben bzw. die Erklärungsabgabe zu verweigern. Ferner sichert § 335 Kbt. zu, dass die Parteien alle im Laufe des Verfahrens aufgeworfenen neuen Tatsachen, eingebrachten Anträge, Erklärungen sowie bei der Schiedsstelle eingereichten Dokumente zur Kenntnis nehmen und zu diesen Stellung beziehen können. Indem die Schiedsstelle gemäß § 330 Abs. 1 Kbt. den Antrag bzw. die Anregung und die beigelegten Dokumente an die Parteien und sonstigen Beteiligten weiterleitet, sie zur Stellungnahme auffordert und die Parteien sich im Laufe des Verfahrens zu neuen Tatsachen, Anträgen und Dokumenten äußern dürfen, ist die Bedingung des Art. 2 Abs. 9 Ua. 2 der Rechtsmittelrichtlinien erfüllt, denn diese fordern lediglich die beiderseitige Anhörung im Nachprüfungsverfahren. Wie die Anhörung zu erfolgen hat, mithin schriftlich oder mündlich, im Rahmen

---

[1323] Wie z.B. *Kozma* in: Patay, A Közbeszerzés Joga, S. 574; *Fribiczer* in: Fribiczer, Közbeszerzés, S. 378; Beide übernehmen ohne weitere Ausführungen den Wortlaut der Begründung des Gesetzesvorschlages zum aktuell geltenden Kbt., das die Vorschrift als Ermessensvorschrift qualifiziert, vgl. Einzelbegründung zu § 336 Absatz 1 des Kbt.-Vorschlags.
[1324] Wie bspw. D. 703/10/2004 oder D. 723/8/2006, K.É. 2007/2, 758.
[1325] *Bozzay* in: Fribiczer, Közbeszerzés, S. 378.
[1326] D. 703/10/2004.
[1327] *Paksi*, A közbeszerzési eljárások jogorvoslati rendszere, S. 22.

einer mündlichen Verhandlung oder auf sonstige Weise, schreiben weder die Richtlinien noch der EuGH konkret vor[1328]. Solange den Betroffenen alle Umstände bekannt gegeben werden, um sich entweder verteidigen oder Stellung beziehen zu können, unterliegt die Art und Weise der Gewährung rechtlichen Gehörs der Verfahrensfreiheit der Mitgliedstaaten[1329]. Die Anberaumung einer mündlichen Verhandlung ist zur wirksamen Wahrnehmung des Anhörungsrechts nicht erforderlich[1330].

b) Teilnahmerechte an der Verhandlung

Wird eine Verhandlung anberaumt, erstrecken sich die aktiven Teilnahmerechte gemäß § 336 Abs. 1 Kbt. auf die Parteien und die sonstigen Beteiligten. Parteien des Nachprüfungsverfahrens sind der Antragsteller i.S.d. § 323 Abs. 1 Kbt. bzw. die das Verfahren anregende Person und der Antragsgegner[1331]. Wer sonstiger Beteiligter des Nachprüfungsverfahrens sein kann, bestimmt das Kbt. nicht. § 172 lit. c) Ket. versteht hierunter Zeugen, Sachverständige, Dolmetscher, Besitzer der Gegenstände des Augenscheins bzw. Vertreter der Parteien und der behördliche Vermittler. Die Frage, wer über den Antragsteller und -gegner hinaus in einem laufenden Nachprüfungsverfahren — unabhängig ob als Partei oder nicht[1332] — teilnahmeberechtigt ist, beantwortet die Richtlinie nicht. Wird

---

[1328] *Kaiser*, Der EuGH und der Anspruch auf rechtliches Gehör, NZBau 2004, 139, S. 141.

[1329] Der EuGH hat sich bislang nicht dahingehend geäußert, dass unter dem Anhörungserfordernis des Art. 2 Abs. 9 Ua. 2 der Rechtsmittelrichtlinien eine Verpflichtung zur Abhaltung einer mündlichen Verhandlung zu verstehen ist. Einzig und allein könnte eine solche Forderung aus Art. 6 EMRK, der bei der Umsetzung der Rechtsmittelrichtlinien ebenfalls zu beachten ist (vgl. hierzu bspw. EuGH, Rs. C-305/05, *Ordre des barreaux francophones u.a.*, Slg. 2007, I-5305, Rn. 26, 29, 31; EuGH, verb. Rs. C-341/06 P und C-342/06 P, *Chronopost SA und La Poste*, Slg. 2008, I-4777, Rn. 44; EuGH, Rs. C-450/06, *Varec SA*, Slg. 2008, I-581, Rn. 44, 46; EuG, Rs. T-36/04, *Association de la presse internationale*, Slg. 2007, I-3201, Rn. 63 mit Bezug auf EuGH, Rs. C-341/04, *IFSC*, Slg. 2006, I-3813, Rn. 65; EuGH, Rs. C-411/04 P, *Salzgitter Mannesmann/Kommission*, Slg. 2007, I-959, Rn. 40 f.) unter Bezugnahme auf Art. 6 Abs. 2 EUV (vgl. Art. 6 EUV-Liss.) und der Rechtsprechung des EGMR, abgeleitet werden. Da die Schiedsstelle aber ein Verwaltungsorgan und kein Gericht ist, muss sie den Anforderungen des Art. 6 EMRK zur Abhaltung einer mündlichen Verhandlung nicht genügen (so auch EuGH, Rs. C-305/05, *Ordre des barreaux francophones u.a.*, Slg. 2007, I-5305, Rn. 35).

[1330] A.A. *Kaiser*, Der EuGH und der Anspruch auf rechtliches Gehör, NZBau 2004, 139, S. 141, der nur in absoluten Ausnahmefällen ein Absehen von einer mündlichen Verhandlung zur wirklichen Wahrung des Anspruchs auf rechtliches Gehör für möglich erachtet.

[1331] Das Kbt. definiert den Parteienbegriff nicht ausdrücklich, allerdings kann er aus der Definition des § 15 Abs. 1 Ket. („Eine Partei ist die natürliche oder juristische Person bzw. Organisation ohne Rechtspersönlichkeit, deren Recht, berechtigtes Interesse oder Rechtslage von der Sache berührt wird, (…)".) und aus der Formulierung des § 335 Kbt. geschlossen werden.

[1332] *Egger*, Europäisches Vergaberecht, S. 344.

ein Antrag zurückgewiesen, weil bereits ein Nachprüfungsverfahren anhängig ist, das denselben Vergabeakt zum Gegenstand hat, fordert der Effektivitätsgrundsatz, dass dem Antragsteller zumindest die Gelegenheit zur Teilnahme am Verfahren gewährleistet ist[1333]. Anders würde der weite Wortlaut der Art. 1 Abs. 3 der Rechtsmittelrichtlinien zur Antragsberechtigung leer laufen. Das ungarische Nachprüfungsverfahren schränkt die Antragsbefugnis und das damit verbundene Teilnahmerecht am Verfahren nicht ein, wenn der angegriffene Vergabeakt bereits anhängig gemacht wurde. Ein Teilnahmeantrag ist gemäß § 325 Abs. 3 lit. d) Kbt. nur dann unzulässig, wenn die Schiedsstelle bereits in einer Sache mit identischem Sachverhalt und gleichem Vorwurf des Rechtsverstoßes entschieden hat. Damit geht der Kreis der Personen, die an der Verhandlung persönlich oder vertreten anwesend sein dürfen sowie gehört werden und zu einem Beweisantrag berechtigt sind, über die Richtlinienvorgaben zum Antragsrecht hinaus.

Da die Effektivität des Verfahrens auch darunter leiden könnte, dass wegen ein und desselben Akts mehrere parallele Nachprüfungsverfahren anhängig sind, verbindet die Schiedsstelle gemäß § 331 Kbt. nach ihrem Ermessen bei ihr anhängige Verfahren zur gemeinsamen Erledigung, wenn die Nachprüfungsgegenstände miteinander zusammenhängen oder identisch sind[1334] bzw. es aus Zweckmäßigkeits-, Wirtschaftlichkeits- oder anderen Verfahrensgesichtspunkten begründet ist. Eine Verlängerung der Verfahrensfristen wird durch die Verbindung nicht ausgelöst[1335]. Zwar fehlt eine ausdrückliche Bestimmung im Kbt. für den Fall der Rücknahme eines Antrags im verbundenen Verfahren. Richtigerweise muss dann zur Wahrung des Effektivitätsgrundsatzes das Verfahren durch die Schiedsstelle fortgeführt werden.

c) Öffentlichkeitsgrundsatz

Eine andere Frage betrifft die Einhaltung des Öffentlichkeitsgrundsatzes. Hat die Schiedsstelle ihr Ermessen dahingehend ausgeübt, dass eine Verhandlung erforderlich ist und stattfinden soll, ist sie laut § 336 Abs. 2 Kbt. öffentlich. Das Gesetz ermöglicht aber der Schiedsstelle, die Öffentlichkeit von der Verhandlung oder einem Verhandlungsteil auszuschließen. Das kann sie sowohl von Amts wegen als auch auf Antrag hin tun. Als Ausschlussgründe kommt abschließend die unbedingt notwendige Wahrung von Staats-, Dienst- und

---

[1333] *Egger*, Europäisches Vergaberecht, S. 344.
[1334] Dies sieht § 331 Kbt. zwar nicht ausdrücklich vor, muss *a maiore ad minus* aber ebenso gelten.
[1335] *Kozma* in: Patay, A Közbeszerzés Joga, S. 568.

Geschäftsgeheimnissen[1336] sowie von in einem anderen Gesetz bestimmten Geheimnissen in Betracht. Der Öffentlichkeitsgrundsatz wird von den Rechtsmittelrichtlinien nicht erwähnt. Auch hat sich der EuGH in seiner Rechtsprechung nicht zur Erforderlichkeit eines öffentlichen Nachprüfungsverfahrens geäußert. Die ungarische Verfassung fordert in § 57 Abs. 1 die Einhaltung des Öffentlichkeitsgrundsatzes explizit nur von den Gerichten. Selbst wenn man mit Teilen des Schrifttums die Forderung auf das Verfahren der Schiedsstelle als — wenn auch quasi-gerichtliches — Verwaltungsorgan ausdehnt, so genügen die Verfahrensvorschriften des Kbt. den Verfassungsprinzipien. Denn das Verfassungsgericht gestattet die Beschränkung des Grundsatzes durch Gesetze u.a. zur Wahrung von Staatsgeheimnissen oder Dienstgeheimnissen oder auch aus moralischen oder Jugendschutzgründen[1337], sodass auch aus verfassungsrechtlicher Sicht keine Bedenken gegen ein faires und damit effektives Nachprüfungsverfahren bestehen.

d) Gleichbehandlung der Parteien

Den Grundsatz der Gleichbehandlung der Parteien hat die Schiedsstelle in jeder Verfahrensphase zu beachten. So hat sie gemäß § 335 Kbt. dafür Sorge zu tragen, dass sowohl auf Seiten des Antragstellers als auch auf Seiten des Gegners alle sich im Laufe des Verfahrens neu ergebenden Tatsachen, eingereichten Anträge oder Anregungen und Erklärungen sowie die bei der Schiedsstelle eingereichten Urkunden gleichermaßen zur Kenntnis nehmen und hierzu Stellung beziehen können. Den Parteien wird eine ausreichende, angemessene Möglichkeit zur Stellungnahme außerhalb (§ 330 Abs. 1 Kbt.) wie auch im Rahmen der Verhandlung (§ 336 Abs. 1 Kbt.) eingeräumt. Diese Möglichkeiten steht beiden Seiten sowohl im Antrags- als auch im Amtsverfahren gleichermaßen zu (§ 335 Kbt.). Da beiden Seiten alle zur Entscheidung maßgeblichen rechtlichen und tatsächlichen Verfahrensaspekte mitgeteilt werden, wird auch für alle Parteien das gleiche rechtliche Gehör gesichert. Bei neuen Vorträgen gewährt das Kbt. ein Recht, darauf zu entgegnen (§ 335 Kbt.) sowie entsprechende (Gegen-) Beweisanträge zu stellen. Vor dem Hintergrund des § 70/A Alk. bedeutet die Gleichbehandlung ferner, dass die

---

[1336] Geschäftsgeheimnisse sind gemäß § 4 Ziff. 37 Kbt. die in § 81 Abs. 2 Ptk. definierten Geheimnisse („*Zum Geschäftsgeheimnis zählen alle mit der Wirtschaftstätigkeit verbundenen Fakten, Informationen, Lösungen oder Daten, deren Veröffentlichung bzw. Erwerb oder Verwendung durch Unbefugte eine Verletzung oder die Gefährdung der berechtigten finanziellen, wirtschaftlichen oder marktspezifischen Interessen des Berechtigten verursachen würde und der Berechtigte zum Zwecke der Geheimhaltung die erforderlichen Maßnahmen getroffen hat.*") mit den in Abs. 3 bestimmten Ausnahmen.
[1337] Sári in: Balogh/Holló/Kukorelli/Sári, Az alkotmány magyarázata, S. 572.

Schiedsstelle die auf die vergaberechtlichen — materiellen wie formellen — Vorschriften in gleicher Weise gegenüber allen Parteien anwenden muss.

3. Das Recht auf Akteneinsicht

Als Teil des Anspruchs auf rechtliches Gehör regelt das Gesetz umfassend das Recht der Verfahrensparteien auf Akteneinsicht mit besonderer Berücksichtigung der Wahrung von Geschäftsgeheimnissen. Die erste Gelegenheit, Kenntnis vom Inhalt der Akten zu erhalten, ist die Zusenden des Antrags- bzw. Anregungsschriftsatzes an die Parteien (§ 330 Abs. 1 Kbt.). Darüber hinaus kann die Akteneinsicht jederzeit im Laufe des Nachprüfungsverfahrens erfolgen, ohne dass dies einer besonderen Genehmigung bedarf. Während der Einsichtnahme der Akten, unter denen alle im Laufe des Vergabe- oder Nachprüfungsverfahrens angefertigten Dokumente zu verstehen sind[1338], können diese kopiert und Notizen über deren Inhalt gemacht werden.

Der Kreis der Berechtigten ist weit und umfasst den Antrag- bzw. Anregungssteller, die Gegenparteien und deren Vertreter sowie die Mitglieder des Rates der öffentlichen Beschaffungen.

Das Recht auf Akteneinsicht kann aber durch das Recht der anderen Parteien bzw. anderer Verfahrensbeteiligten auf Wahrung von Geschäftsgeheimnissen beschränkt werden. Die Auftraggeber bzw. Bieter (Teilnahmebewerber) können sich hierzu auf ihr Recht auf Wahrung des Geschäftsgeheimnisses berufen und den Ausschluss bzw. die Beschränkung des Akteneinsichtsrechts beantragen[1339].

[1338] Unter der Anwendung des Kbt. a.F. wurde dem Antragsteller kein vollumfängliches Einsichtsrecht, sondern nur in die das Nachprüfungsverfahren betreffenden Akten gewährt (d.h. der Rechtsmittelantrag, die Stellungnahmen des Auftraggebers und der sonstigen Beteiligten und das Verhandlungsprotokoll), da dies für die Begründung der Antragstellerrechte und damit für seinen effektiven Rechtsschutz als ausreichend angesehen wurden (*Paksi*, A közbeszerzési eljárások jogorvoslati rendszere, S. 25). Nicht umfasst waren also die Dokumente des Vergabeverfahrens selbst, insbesondere nicht die einzelnen Angebote der Bieter (D. 429/11/2000, K.É. 2001/5.). Griff der Antragsteller beispielsweise die das Vergabeverfahren abschließende Entscheidung des Auftraggebers an, nicht aber die Gültigkeit des obsiegenden Angebots, so hatte der Antragsteller, selbst wenn er so wollte, kein Recht, dieses Angebot einzusehen (*Paksi*, A közbeszerzési eljárások jogorvoslati rendszere, S. 25.). Für einen effektiven Rechtsschutz müssen aber dem Antragsteller zu seiner Antragsbegründung alle, auch die während des Vergabeverfahrens erstellten Dokumente zur Verfügung stehen. Daher wurde in § 337 Kbt. ausdrücklich auch die Einsichtnahme in Akten des Vergabeverfahrens mit einbezogen. Neben dem effektiven Rechtsschutz dient dies auch dem dem Kbt. inne wohnenden Gebot der Transparenz.
[1339] Bspw. sind die vor dem Erlass eines Verwaltungsaktes entstandenen internen Daten (wie Sitzungsprotokolle oder einzelne Stellungnahmen von Beamten) nicht öffentlich, vgl. § 19 Abs. 5 des Gesetzes Nr. LXIII von 1992 über den Schutz persönlicher Daten und die

Um das Einsichtnahmerecht nicht auszuhöhlen, muss die Schiedsstelle die widerstreitenden Interessen sorgfältig gegeneinander abwägen. Gemäß § 337 Abs. 2 Kbt. hat sie hierbei zu berücksichtigen, ob es sich um Daten von öffentlichem Interesse handelt, ob die verweigerte Einsichtnahme die Ausübung des Rechts auf ein Rechtsmittel beschränkt und ob die Einsichtnahme die Geschäftsinteressen in unangemessen hohem Maße verletzen würde. So kann die Schiedsstelle im Zuge ihrer Verhältnismäßigkeitsprüfung trotz Antragsstattgabe den Antragsteller gleichzeitig verpflichten, eine derartige Fassung der Dokumente zu erstellen, die kein Geschäftsgeheimnis enthält[1340].

Aber auch Dritte mit einem rechtlichen Interesse an der Kenntnisnahme dürfen ohne besondere Genehmigung Einsicht in die Akten nehmen. Im Unterschied zur Akteneinsicht durch den Antragsteller bzw. Anregenden, die Gegenparteien und deren Vertreter sowie die Mitglieder des Rates der öffentlichen Beschaffungen prüft die Schiedsstelle bei Dritten etwaige Geheimhaltungsinteressen von Amts wegen[1341]. Liegen diese vor, muss eine förmliche Genehmigung durch die Schiedsstelle eingeholt werden (§ 337 Abs. 3 S. 2 Kbt.).

Das Kbt. bestimmt im Einklang mit dem Gesetz Nr. LXV von 1995 über die Staats- und Dienstgeheimnisse[1342] eine ausdrückliche Ausnahme, nach der das Protokoll über eine Verhandlung, die wegen der Wahrung von Staats- bzw. Dienstgeheimnissen unter Ausschluss der Öffentlichkeit abgehalten wurde, nicht kopiert werden darf und von denen auch keine Notizen gemacht werden dürfen. Die Einsichtnahme kann außer in den in diesem Gesetz festgelegten Fällen nur unter bestimmten, vom Vorsitzenden der Schiedsstelle bestimmten Bedingungen erfolgen, vgl. § 337 Abs. 5 Kbt.

Ob die Einsicht beschränkt oder verwehrt wird, entscheidet abschließend die Schiedsstelle. § 337 Kbt. ist nach Ansicht der Schiedsstelle nicht dahingehend zu verstehen, dass die Partei Akten, die ihrer Meinung nach vertraulich sind, der Schiedsstelle erst gar nicht zukommen lassen müsste[1343]. Wenn die Schiedsstelle gemäß § 330 Abs. 2 Kbt. den Auftraggeber zur Einreichung der Dokumente

---

Veröffentlichung von Daten im Allgemeininteresse, ung. *1992. évi LXIII. törvény a személyes adatok védelméről és a közérdekű adatok nyilvánosságáról*, Magyar Közlöny 1992/116 (XI.17.). Für die Beurteilung, ob die Angebotsbewertung durch die Behörde rechtmäßig vorgenommen wurde, ist die Akteneinsicht zu gewähren, D. 200/25/2005, K.É. 2005/63, 17329.
[1340] *Bozzay* in: Fibriczer, Közbeszerzés, S. 378.
[1341] D. 429/11/2000, K.É. 2001/5.
[1342] Ung. *1995. évi LXV. törvény az államtitokról és a szolgálati titokról*, Magyar Közlöny 1995/56 (VI.30.).
[1343] D. 202/9/1998.

auffordert, hat er diese vollumfänglich einzureichen. Auch dann, wenn sie vermeintliche Geschäfts- oder Staatsgeheimnisse enthalten[1344]. Kommt der Auftraggeber der Aufforderung nicht nach, kann ihm ein Ordnungsgeld gemäß § 338 Kbt. auferlegt werden. So kann die Schiedsstelle mit der Kenntnis von Angaben, die sie — ggf. aber nicht der Antragsteller — hat, von Amts wegen gegen Rechtsverletzungen vorgehen (§ 334 Abs. 1 Kbt.).

Gegen den Bescheid über die Akteneinsicht ist kein Rechtsmittel statthaft, vgl. § 345 Abs. 1 Kbt. Wird aber ein Rechtsmittelantrag gegen einen Sachbescheid i.S.d. § 340 Abs. 1 Kbt. i.V.m. § 346 Kbt. gestellt, kann in dessen Rahmen auch diese Entscheidung gerügt werden[1345].

Zusammenfassend lässt sich sagen, dass das Kbt. die Akteneinsicht in großzügigem Umfang gestattet. Damit stehen dem Betroffenen all diejenigen Angaben zur Verfügung, die zur wirksamen Ausübung seines Rechtsmittelrechtes erforderlich sind, um gemäß den primärrechtlichen Anforderungen die Möglichkeit einer sinnvollen Stellungnahme sicherzustellen.

4. Die Auferlegung von Ordnungsgeld

Gemäß § 338 Kbt. kann demjenigen ein Ordnungsgeld von fünfzigtausend (ca. EUR 200) bis fünfhunderttausend Forint (ca. EUR 2.000) auferlegt werden, der im Nachprüfungsverfahren Handlungen vornimmt, die auf die Verzögerung des Verfahrens oder die Vereitelung der Sachverhaltsaufklärung gerichtet sind bzw. diese zur Folge haben. Damit können sowohl vorsätzliches, fahrlässiges aber auch unabsichtliches Verhalten geahndet werden. Den Verschuldensgrad muss die Schiedsstelle aber im Rahmen ihrer Ermessensausübung berücksichtigen, um dem Verhältnismäßigkeitsgrundsatz zu entsprechen. So berücksichtigt die Schiedsstelle bei nicht zielgerichtetem Verhalten zumindest, ob der Betroffene die sich aus seinem Verhalten möglicherweise ergebenden Konsequenzen vorhersehen konnte[1346].

Auferlegt werden kann das Ordnungsgeld dem „Teilnehmer" an der Vergabesache, also über die Parteien und sonstigen Beteiligten hinaus jedem, der eine der mit Ordnungsgeld bewehrten Handlungen vornehmen bzw. unterlassen kann[1347]. Werden falsche Angaben gemacht oder aus Sicht der

---

[1344] So auch der Oberste Gerichtshof (bereits zur alten Rechtslage gemäß § 84 Kbt. a.F.) Legf. Bír. Kf. II. 28.757/1997.
[1345] *Bozzay*, in: Fribiczer, Közbeszerzés S. 378.
[1346] *Bozzay*, in: Fribiczer, Közbeszerzés S. 379.
[1347] Zwar wird der Begriff weder im Kbt. noch im Ket. definiert, in der Gesetzesbegründung zu § 56 Abs. 8 über den Augenschein werden als sonstige Verfahrensteilnehmer die Sachverständigen, Dolmetscher und amtliche Zeugen als Beispiele genannt. Daher ist m.E. davon auszugehen, dass der Kreis der Personen, die ein mit Ordnungsgeld bewehrtes Handeln

Sachbeurteilung wesentliche Angaben verschwiegen, wird keine oder keine fristgerechte Auskunft erteilt, wird offensichtlich unbegründet der Ausschluss eines Vergabebeauftragten angeregt bzw. im gleichen Verfahren gegen denselben Beauftragten erneut ein solcher unbegründeter Ausschluss beantragt, stehen die Auferlegung eines Ordnungsgeldes und dessen Höhe im Ermessen der Schiedsstelle. Wie bereits im Rahmen der Ausführungen zur Akteneinsicht erwähnt, kann auch derjenige mit einem Ordnungsgeld belegt werden, der die Akteneinsicht in Dokumente beschränkt bzw. verhindert, die in Zusammenhang mit seiner wirtschaftlichen, fachlichen oder der Auftragsvergabe verbundenen Tätigkeit stehen (§ 338 Abs. 1 lit. a) bis lit. d) Kbt.).

Ein Ordnungsgeld wird nicht auferlegt, wenn eine andere Rechtsvorschrift — bspw. das Aussageverweigerungsrecht in § 51 Abs. 5 Ket. — zu einem solchen Verhalten berechtigt, selbst wenn das Verfahren hierdurch verzögert wird oder sich der Sachverhalt schwerer aufklären lässt. Gegen den ein Ordnungsgeld verhängenden Bescheid ist ein gesondertes Rechtsmittel gemäß § 345 Kbt. zulässig, das in Bezug auf die Vollstreckung aufschiebende Wirkung hat. Das Hauptstädtische Gericht entscheidet hierüber in einem nichtstreitigen Verfahren außer der Reihe[1348].

Durch die gesetzliche Androhung von Ordnungsgeldern kann ein rasches und wirksames Verfahren vor der Schiedsstelle sichergestellt werden.

5. Die Erledigungs- bzw. Verfahrensfrist

Der Wert von Entscheidungen sinkt regelmäßig proportional zum Zeitablauf[1349], ganz besonders auf dem Gebiet der Auftragsvergabe. Daher schreibt das Kbt. für die Durchführung des Nachprüfungsverfahrens eine kurze Frist vor, innerhalb der das Verfahren abgeschlossen werden muss. Auch eine Aussetzung des Nachprüfungsverfahrens auf Antrag der Parteien ist nicht statthaft. Hier kommt ein wesentlicher Grundsatz des Kbt. zum Tragen: Das Beschleunigungsgebot. Es dient nicht nur der Rechtssicherheit der Beteiligten, sondern trägt der zeitsensiblen Auftragsvergabe Rechnung, indem eine Entscheidung in absehbarer und berechenbarer Zeit zu fällen ist. Zweck einer solchen Beschleunigung ist weiter, das mit der Einleitung des Nachprüfungsverfahrens verbundene Verbot des Vertragsschlusses möglichst kurz zu halten. Mit langen Verfahrenszeiten gingen sonst eine Investitionsgefahr und das Risiko zusätzlicher Kosten einher, die mit den meist kurzfristig geplanten Auftragsvergaben nicht in Einklang zu bringen wären.

---

vornehmen bzw. unterlassen können, nicht auf die Parteien und Beteiligten beschränkt werden soll.
[1348] Vgl. hierzu im 5. Kapitel, I.
[1349] *Kemper*, Wirksamer gerichtlicher Rechtsschutz als Frage der Zeit, NJ 2003, 393.

Sofern die Schiedsstelle für öffentliche Auftragsvergabe keine Verhandlung anberaumt, ist sie gemäß § 339 Abs. 1 Kbt. grundsätzlich verpflichtet, innerhalb von fünfzehn Tagen nach Verfahrenseröffnung den die Sache entscheidenden Beschluss zu fassen. Falls eine Verhandlung anberaumt wurde, beträgt die Frist bis zur Beschlussfassung dreißig Tage (§ 339 Abs. 2 Kbt.). Diese Fristen sind – einmalig und nur in begründeten Fällen höchstens um zehn Tage verlängerbar. Über das, was unter *„begründeten Fällen"* zu verstehen ist, verlieren weder das Gesetz oder dessen Begründung noch die Rechtsprechung ein Wort. Aus der Maßgabe, dass das Kbt. eine Verlängerungsoption mit einer Verhandlungsanberaumung verknüpft, kann abgeleitet werden, dass ein längeres Verfahren nur mit rechtlichen Schwierigkeiten gerechtfertigt werden kann[1350]. Vorstellbare Fälle der Begründetheit könnten sehr umfangreiche zu prüfende Dokumente, eine späte Einreichung durch eine Partei oder eine schwierige rechtliche Beurteilung sein[1351]. Die allgemeine Arbeitsüberlastung kann m.E. nicht ins Feld geführt werden, obwohl dies wohl in den meisten Fällen der eigentliche Grund für nicht fristgerechte Entscheidung ist. Zur Wahrung des Verhältnismäßigkeitsprinzips muss die Fristverlängerung in einem angemessen Verhältnis zum vorliegenden Grund stehen. Dem Unionsrecht sind Erledigungsfristen nicht fremd[1352]. Trotzdem sehen die Rechtsmittelrichtlinien zwar eine ganze Reihe von anderen Fristen, aber keine Entscheidungsfrist der Nachprüfungsinstanz vor. Trotz Verfahrensautonomie ist aus Sicht des effektiven Rechtsschutzes problematisch, dass die Schiedsstelle umfangreiche Nachforschungen in sehr kurzer Zeit anstellen muss und auch bei sehr schwieriger Sach- und Rechtslage keine weitere Möglichkeit hat, sich über die einmalige Fristverlängerung hinaus mit der Vergabesache zu beschäftigen. Damit geht die Gefahr einher, dass Beschlüsse gefällt werden, die nicht *„gerecht"* sind. Diese Gefahr wird aber dadurch gering gehalten, dass die Schiedsstelle aufgrund ihrer vergaberechtlichen Fachkenntnis und ihrer abschließenden Aufgabe, Vergabesachen zu entscheiden, in der Regel fachlich in der Lage ist, auch innerhalb kurzer Zeit gerechte Entscheidungen zu fällen. Erleichterung schaffen auch die umfangreichen Angaben im Antrag bzw. der Anregung und die Tatsache, dass den Parteien und Verfahrensbeteiligten bestimmte Mitwirkungspflichten ebenfalls unter sehr kurzer Fristsetzung

---

[1350] Gemäß § 62 Abs. 1 Ket. hält die Behörde u.a. dann eine Verhandlung ab, wenn es zur Klärung des Sachverhaltes erforderlich ist.

[1351] Der Zeitraum bis zur Klärung des Sachverhaltes bzw. der Erfüllung der Mängelbeseitigung wird nach § 33 Abs. 3 Ket. nicht in die Sachbearbeitungszeit der Behörde mit eingerechnet. Zwar gilt diese Berechnung nicht für das Kbt. Allerdings kann m.E. die dahinter stehende Wertung für eine Fristverlängerung in begründeten Fällen nach § 339 Kbt. herangezogen werden.

[1352] Vgl. z.B. Art. 10 VO 139/2004/EG, *Immenga/Körber* in: Immenga/Mestmäcker, Wettbewerbsrecht, Art. 10 EGV, Rn. 1 ff.

auferlegt und mit einer Geldbuße bewehrt werden können. Da das Sekundärrecht sogar nationale Rechtsausschlussfristen nicht ausschließt, können gegen Verfahrensfristen erst recht keine Einwände erhoben werden. Hinsichtlich der Länge kann auf die Maßstäbe zurückgegriffen werden, die sich aus den Rechtsmittelrichtlinien ergeben. Dort werden ebenfalls Fristen von wenigen Tagen, meist zehn bzw. fünfzehn Kalendertagen, anberaumt, sodass die Fristen des § 339 Abs. 1 Kbt. jedenfalls in größenmäßigem Einklang stehen.

Eine Ausnahme regelt § 339 Abs. 3 Kbt. für das Nachprüfungsverfahren, das wegen einer gegen das Kbt. verstoßenden Vertragsänderung bzw. Vertragserfüllung eingeleitet wurde. In diesem Fall ist die Frist zur Durchführung des Verfahrens sechzig Tage, die um dreißig Tage verlängerbar ist, § 339 Abs. 4 Kbt. Hier wird der Umstand berücksichtigt, dass hier der zeitsensible Abschnitt des Vergabeverfahrens bis zum Vertragsschluss beendet ist und der Schiedsstelle ein längerer Zeitraum zur Entscheidungsfindung zugestanden werden soll.

Die Erledigungsfristen beginnen am Tage der Einleitung des Verfahrens. Diese erfolgt gemäß § 325 Abs. 1 Kbt. am ersten Arbeitstag nach Eingang des Antrags bzw. der Anregung. Auf den Fristablauf hat weder die Aufforderung zur Mängelbeseitigung noch die Zustellung an die anderen Parteien bzw. Beteiligten einen Einfluss.

Entscheidet die Schiedsstelle allerdings in der kurzen Zeit nicht, sieht das Kbt. keine Rechtsfolge vor, wie etwa eine aus dem deutschen Vergaberecht (§ 116 Abs. 2 GWB) bekannte Fiktion der Antragsablehnung. Da die Schiedsstelle im Hinblick auf ihre Entscheidungsfindung völlig weisungsfrei ist und keinem übergeordneten Aufsichtsorgan untersteht, kann auch ein sonst wegen behördlicher Unterlassung statthaftes Aufsichtsverfahren gemäß §§ 115 ff. Ket. nicht eingeleitet werden. Allerdings sieht § 20 Abs. 6 Ket. vor, dass dann in einem solchen Fall das Hauptstädtische Gericht angerufen werden kann, das die Schiedsstelle zur Entscheidungsfällung verpflichtet. Denkbar ist darüber hinaus auch eine Sanktionierung der Fristüberschreitung durch den Betroffenen über staatshaftungsrechtliche Ansprüche.

6. Die Begründungspflicht

Das Kbt. schreibt keine Begründungspflicht für alle Entscheidungen der Schiedsstelle vor. Zum Inhalt und Umfang der Begründungspflicht muss deshalb auf die im Ket. für Verwaltungsorgane vorgesehenen Bestimmungen zur Begründungspflicht zurückgegriffen werden. Dort regelt § 71 Abs. 1 Ket., dass eine Entscheidung in der Sache als Beschluss und die im Verfahren sonst zu entscheidenden Fragen als Bescheid ergehen. Im Anschluss daran sieht § 72

Abs. 1 lit. e) Ket. nicht nur vor, dass der Beschluss eine Begründung enthalten muss, sondern regelt auch die darin anzuführenden Gesichtspunkte in allen Einzelheiten. Diese sind v.a. der zugrunde gelegte Sachverhalt[1353] und die jeweiligen Beweismittel, die nicht berücksichtigten Beweisangebote der Partei und die Gründe für deren Ablehnung, bei einer Ermessensentscheidung die abgewogenen Fakten und Gesichtspunkte sowie die der Entscheidung zugrunde gelegten und die für die Zuständigkeit geltenden Rechtsnormen[1354].

Zwar geht von der Begründung keine unmittelbare Rechtswirkung aus, sie dient aber dem Verständnis der Rechtsbeziehungen in der Sache. Besondere Bedeutung erlangt sie im gerichtlichen Rechtsmittelverfahren gegen die Schiedsstellenentscheidung, in dem die Einzelheiten der Begründung zu einer etwaigen Aufhebung bzw. Änderung des Beschlusses herangezogen werden können. Denn selbst eine rechtmäßige Entscheidung im Tenor kann durch eine falsche Begründung Rechte oder rechtliche Interessen der Partei oder sonstigen Beteiligten verletzen[1355]. Begründet werden muss im Einzelnen auch die Wahl der auferlegten Rechtsfolgen. Dabei ist zu berücksichtigen, dass die Schiedsstelle ein Ermessen im Hinblick auf deren Wahl hat. In manchen Fällen ergibt sich aus der Natur der Sache, dass eine bestimmte Rechtsfolge nicht angeordnet werden kann[1356], dann ist die Nichtanwendung dieser Rechtsfolge nicht zu begründen. Stehen der Schiedsstelle aber mehrere auferlegbare Rechtsfolgen zur Auswahl, muss sie ihre Wahl begründen, da sonst eine gerichtliche Überprüfung nicht möglich ist[1357]. So muss sie etwa die Umstände darlegen, die sie bei der Abwägung berücksichtigt hat, um die Höhe einer auferlegten Geldbuße zu bestimmen oder den Verzicht auf eine Geldbuße zu rechtfertigen[1358].

Hinsichtlich des Bescheides gibt § 72 Abs. 2. Ket. vor, dass er ebenfalls eine ausführliche Begründung enthalten muss, wobei nur die Nennung der Rechtsgrundlage und der Zuständigkeitsvorschriften ausdrücklich angeordnet wird. Grund für die unterschiedlichen Anforderungen an den Begründungsumfang ist, dass gegen einen Beschluss ein Rechtsmittel statthaft

---

[1353] Gemäß § 50 Abs. 1 Ket. muss die Verwaltungsbehörde den Sachverhalt, den sie der Entscheidung zugrunde legt, aufklären.
[1354] So auch der Oberste Gerichtshof in Legf. Bír. Kf. VI. 38.930/2000/8, vom 13.12.2001; Gesetzesbegründung zu § 71-74 Ket., Abs. 5.
[1355] *Kozma* in: Patay, A Közbeszerzés Joga, S. 582.
[1356] Beispielsweise den Entscheidungsprozess des Auftraggebers gemäß § 340 Abs. 3 lit. a) Kbt. an bestimmte Bedingungen zu knüpfen, wenn das Vergabeverfahren bereits abgeschlossen ist.
[1357] So der Oberste Gerichtshof in Legf. Bír. Kf. II. 28.183/1999/3.
[1358] Legf. Bír. Kf. VI. 38.930/2000/8, vom 13.12.2001

ist, gegen einen Bescheid hingegen grundsätzlich[1359] nicht. Die dem Bescheid zugrunde liegende Entscheidung kann jedoch im Rahmen der Berufung gegen den Beschluss angefochten werden[1360].

Das Ket. schreibt eine Begründung auch für die einstweilige Verfügung vor: Dort sind die Tatsachen und Umstände darzulegen, die zur Erforderlichkeit und Zweckmäßigkeit der Anordnung der einstweiligen Verfügung sowie zur Höhe der durch die Verfügung entstandenen und ggf. zu erstattenden Kosten geführt haben[1361].

Wohl nur aus Gründen der Klarstellung ordnet das Kbt. in zwei einzelnen Paragraphen an, dass die Schiedsstelle die dort erwähnte Entscheidung begründen muss: beim Ausschluss der Öffentlichkeit gemäß § 336 Abs. 2 Kbt. und bei der Festlegung der Nachprüfungskosten gemäß § 341 Abs. 7 Kbt.

Die Rechtsmittelrichtlinien sehen jeweils in Art. 2 Abs. 9 vor, dass die Nachprüfungsstellen, die kein Gericht sind, ihre Entscheidungen stets schriftlich begründen müssen. Hierauf nimmt auch die Gesetzesbegründung zu § 316 Kbt. ausdrücklich Bezug. Das Sekundärrecht unterscheidet hierbei nicht zwischen Verfahrens- und Sachentscheidung und lässt auch keine Ausnahmen („*stets*" bzw. ung. „*in jedem Fall*"[1362]) zu. Sinn und Zweck gehen aus dem Folgesatz des Artikels hervor, nach dem die Entscheidung zum Klagegegenstand vor einem Gericht gemacht werden kann. Da die Erfordernisse an die Ausgestaltung der Begründung aus den Richtlinien nicht zu entnehmen sind, ist der Umsetzungsspielraum der Mitgliedstaaten eröffnet, solange primärrechtliche Vorgaben eingehalten werden. Die Rechtsprechung des EuGH hierzu sieht jedenfalls vor, dass der Betroffene die Gründe, die zu einer Entscheidung geführt haben, erkennen können muss, um diese prüfen zu können[1363].

[1359] Eine selbständige Berufung gegen einen Bescheid kann ein anderes Gesetz zulassen. Das Ket. sieht selbst ausnahmsweise eine Berufung gegen Bescheide vor, die die Aussetzung des erstinstanzlichen Verfahrens anordnen, das Verfahren einstellen, den Antrag ohne sachliche Prüfung ablehnen, ein Verfahrensbußgeld auferlegen und die Fragen der Verfahrenskostenlast regeln, vgl. § 98 Abs. 2 und 3 Ket.
[1360] Gesetzesbegründung zu § 95-97 Ket., Abs. 3.
[1361] Zur Rechtseinheitlichkeitsentscheidung des Obersten Gerichts über das Begründungserfordernis einstweiliger Verfügungen durch die Schiedsstelle vgl. *5. Kapitel, VII.2.d) Die Ermessensentscheidung und ihre Überprüfbarkeit*.
[1362] Ung. *minden esetben*.
[1363] EuGH, Rs. C-222/86, *Heylens*, Slg. 1987, 4097, Rn. 15; EuGH, Rs. C-340/89, *Vlassopoulou*, Slg. 1991, I-2357, Rn. 22; EuGH, Rs. C-19/92, *Kraus*, Slg. 1993, I-1663, Rn. 40; EuGH, verb. Rs. C-189/02 P, C-202/02 P, C-205/02 P bis C-208/02 P und C-213/02 P, *Dansk Rørindustri u. a./Kommission*, Slg. 2005, I-5425, Rn. 462; EuGH, Rs. C-199/99 P,

Unter den Voraussetzungen des § 72 Abs. 1 Ket. sind alle für den Antragsteller maßgeblichen Aspekte, aus der die Schiedsstelle ihre Entscheidung gewonnen hat, ersichtlich. Eine allgemeingültige Begründung ist unter Einhaltung der Ket.-Anforderungen nicht möglich. Die gesetzlichen Vorgaben für den Bescheid sind zwar nicht detailliert ausgestaltet, doch muss die Begründung ausführlich sein und die bei der Prüfung der Zuständigkeit und der Sachentscheidung zugrunde gelegten Normen enthalten. Das bedeutet wohl aber nicht, dass die Verfahrensbescheide weniger sorgfältig zu begründen sind. Vielmehr beziehen sich die darüber hinausgehenden Anforderungen an die Beschlüsse auf Beweise und den Sachverhalt, die im Rahmen der Bescheidfassung aber noch gar nicht maßgeblich sind.

Die nach Art. 2 Abs. 9 der Richtlinien erforderliche Schriftform der Begründung ergibt sich aus § 72 Abs. 1 g) Ket., wonach die Unterschrift der die Ausfertigung der Entscheidung vornehmenden Person und der Stempel der Behörde sowohl auf dem Bescheid als auch auf dem Beschluss erforderlich ist. In der Praxis wird der Beschluss von allen drei Vergabebeauftragten unterschrieben[1364]. Auch eine in Zukunft mögliche Entscheidung in Form eines elektronischen Dokuments schließt die Schriftform ein.

7. Bekanntgabe und Veröffentlichung der Beschlüsse

Wie die Bekanntgabe und Veröffentlichung der Entscheidungen der Schiedsstelle zu erfolgen haben, geben die Rechtsmittelrichtlinien nicht vor. Gemäß Art. 81 RL 2004/18/EG bzw. Art. 72 Abs. 1 RL 2004/17/EG soll aber die Anwendung der Vergaberichtlinien durch wirksame, zugängliche und transparente Mechanismen erfolgen. Gerade letztgenannter Funktion wird durch die Bekanntgaberegelungen des Kbt. Ausdruck verliehen.

Der Sach- sowie der das Vergabeverfahren abschließende Beschluss müssen gemäß § 343 Abs. 1 Kbt. den Parteien und den sonstigen Beteiligten — ggf. auch der Organisation, die zur Realisierung der Auftragsvergabe Fördermittel zur Verfügung stellt — zugestellt werden. Die Zustellung erfolgt gemäß § 29 bzw. § 30 über die besonderen Vorschriften der Zustellung amtlicher Schriftstücke der Regierungsverordnung über die Ausführung der Postdienstleistungen und deren Qualitätsanforderungen[1365]. Bescheide werden gemäß § 343 Abs. 2 Kbt. den Parteien bzw. den anderen Verfahrensbeteiligten

---

Corus UK/Kommission, Slg. 2003, I-11177, Rn. 145; EuGH, verb. Rs. C-402/05 P und C-415/05 P, *Kadi u.a.*, Slg. 2008, I-6351, Rn. 336.
[1364] Noch zur Rechtslage vor dem Kbt.-Entwurf *Kozma* in: Patay, A Közbeszerzés Joga, S. 582.
[1365] Ung. *79/2004. (IV. 19.) Korm. rendelet a postai szolgáltatások ellátásáról és minőségi követelményeiről*, Magyar Közlöny 49/2004 (IV.19.).

mitgeteilt, wenn ihnen der Bescheid ein Recht oder eine Pflicht begründet bzw. die Rechtslage der Beteiligten unmittelbar berührt. Zur Beantwortung der Frage, was unter der Mitteilung zu verstehen ist, muss § 78 Abs. 5 Ket. herangezogen werden. Danach erfolgt die Entscheidung der Behörde per Post, persönlich schriftlich oder mündlich, in Form eines elektronischen Dokuments bzw. über ein Telekommunikationsmittel, durch Bekanntmachung, durch einen Zustellungsbevollmächtigten oder -pfleger oder durch den Zusteller der Behörde.

Zusätzlich müssen die das Vergabeverfahren abschließenden Beschlüsse und der den Vertragsschluss gestattende Bescheid auf der Homepage des Rates der öffentlichen Beschaffungen veröffentlicht werden. Dies gilt auch dann, wenn die Schiedsstelle die Öffentlichkeit von der Verhandlung ausgeschlossen hat (§ 334 Abs. 3 Kbt.) oder wenn gegen den Beschluss ein gerichtliches Revisionsverfahren eingeleitet worden ist (§ 343 Abs. 4 Kbt), wobei auf diese Tatsache gleichermaßen hinzuweisen ist. Ebenso ist der Nachprüfungsantrag mit den in § 396 Abs. 1 f) Kbt. bestimmten Angaben dort zu veröffentlichen. Tatsächlich verlangt die sich auf der Homepage des Rates unter *http://www.kozbeszerzes.hu* befindliche Suchfunktion für vergaberechtliche Entscheidungen der Schiedsstelle und der Gerichte dem Benutzer einiges an Geduld und Fachkenntnis ab, um ein entsprechendes Suchergebnis zu erreichen. Insbesondere ist die Eingabe von besonderen Kennwörtern, wie z.B. der Gegenstand der Auftragsvergabe einzugeben oder die genaue Bezeichnung von Antragsteller oder Kläger erforderlich, da der Kreis mit einer bestimmten Entscheidung verknüpfter Suchbegriffe sehr überschaubar ist. Wird dann die Entscheidung angezeigt, kann sie samt Tenor und Begründung als pdf.-Dokument heruntergeladen und eingesehen werden. Angezeigt werden allerdings nur Entscheidungen ab dem Jahr 2007[1366].

8. Vergleich mit dem Nachprüfungsverfahren vor den deutschen Vergabekammern

Anders als in Deutschland, wo sowohl auf Bundes- wie auch auf Länderebene Vergabekammern eingerichtet sind, gibt es in Ungarn ein einziges zentrales Organ: Die Schiedsstelle für öffentliche Auftragsvergabe. Die Arbeitsbelastung, die sich in Deutschland 30 Vergabekammern[1367] teilen, muss das ungarische Organ im Alleingang bewältigen. Verhältnismäßig geringer ist die Anzahl der eingereichten Nachprüfungsanträge dagegen nicht: Waren es in Deutschland im

---

[1366] Stand: 15.01.2009.
[1367] *Seidel* in: Dauses, EU-Wirtschaftsrecht, H. IV., Rn. 268.

Jahre 2007 1119, standen dem in Ungarn 751[1368] gegenüber, wobei in beiden Ländern die Zahlen rückläufig sind[1369]. Dies bedeutet zwar eine erhöhte Arbeitsbelastung, dafür aber eine einheitliche und konsequente Spruchpraxis[1370]. Die innere Organisation der Kammern ist in Deutschland ebenso als gerichtsähnliches Verwaltungsorgan ausgestaltet wie die Schiedsstelle, die Grundsätze der Unabhängigkeit und Weisungsfreiheit gelten auch für sie. Vergleichbar sind auch die Verfahrensgrundsätze der Beschleunigung, des Amtsermittlungsgrundsatzes und die damit verbundene fehlende Antragsbindung der Kammern. Allerdings sieht § 113 Abs. 1 S. 2 GWB für die Vergabekammer eine Entscheidungsfrist von 5 Wochen vor, wohingegen der Schiedsstelle hierfür 15 Tage eingeräumt werden. Anders als im deutschen Recht, das eine Ablehnungsfiktion nach § 116 Abs. 2 GWB vorsieht, wenn die Kammer innerhalb der Frist nicht entscheidet, kennt das Kbt. keine Rechtsfolge mit Außenwirkung. Auch gegenüber den Beteiligten im deutschen Nachprüfungsverfahren entfaltet das Beschleunigungsgebot Wirkung: Der Nachprüfungsantrag ist nur dann zulässig, wenn bereits zuvor erkannte bzw. erkennbare vergaberechtliche Verstöße gerügt worden sind (z.B. § 107 Abs. 2 S. 2 oder § 107 Abs. 3 S. 1 GWB). Ebenso wie der ungarische Auftraggeber gemäß § 330 Abs. 2 Kbt. muss der aufgeforderte deutsche Auftraggeber der Vergabekammer seine Dokumente gemäß § 110 Abs. 2 GWB sofort übermitteln. Als Ausfluss des Beschleunigungsgrundsatzes werden in beiden Verfahren auch die Beteiligten zur zügigen Verfahrensmitwirkung verpflichtet. Im Gegensatz zum deutschen Recht, das in § 113 Abs. 2 S. 2 GWB eine ausdrückliche Präklusion des Beteiligtenvorbringens festsetzt, geht eine solche Rechtsfolge nicht zwingend aus § 330 Abs. 1 Kbt. hervor. Zwar müssen die Beteiligten innerhalb von 5 Tagen Stellung nehmen und können bei Unterlassung mit einer Verfahrensgeldbuße belegt werden. Entscheidet die Schiedsstelle aber später oder führt sie gar eine mündliche Verhandlung durch, wird das Vorbringen der Beteiligten — solange dabei die Antragsfrist nicht umgangen wird — in die Entscheidung der Schiedsstelle einfließen. Es ist also das Risiko der Parteien bzw. Beteiligten, ob ihre verspätete Stellungnahme berücksichtigt wird oder nicht. Ebenso verhält es sich bei der Akteneinsichtnahme. Etwaige betriebliche Geheimhaltungsinteressen müssen

---

[1368] *Közbeszerzések Tanácsa*, J/6000. beszámoló, 2007, S. 12, das sind 21,8 Prozent aller Auftragsvergaben.
[1369] *Közbeszerzések Tanácsa*, J/6000. beszámoló, 2007, S. 71; Statistische Meldungen über Vergabenachprüfungsverfahren gem. § 22 VgV Vergabekammern bzw. Oberlandesgerichte, abrufbar unter http://www.bmwi.de/BMWi/Navigation/Wirtschaft/Wirtschaftspolitik/oeffentliche-auftraege.html, unter downloads [zuletzt abgerufen im Mai 2009].
[1370] Für die Einheitlichkeit der Rechtsprechung soll § 124 Abs. 2 GWB auf Ebene der Oberlandesgerichte sorgen.

von den Beteiligten geltend gemacht werden, wobei zunächst die vollumfängliche Übermittlung der Akten an die Nachprüfungsinstanz zu erfolgen hat (§ 111 Abs. 2 GWB).

Ein wesentlicher Unterschied zum Verfahren der Schiedsstelle ist der dem § 112 GWB innewohnende Mündlichkeitsgrundsatz. Nach ungarischem Recht entscheidet die Schiedsstelle grundsätzlich aufgrund der ihr zur Verfügung stehenden Unterlagen und beraumt nur dann eine mündliche Verhandlung an, wenn dies zur Aufklärung des Sachverhaltes erforderlich ist. Anders ist dies grundsätzlich bei den Vergabekammern der Länder, die ihre Entscheidung gerade aus dem in der Verhandlung gewonnenen Tatsachen zu treffen haben[1371]. Schriftliche Angaben sind zwar nicht ausgeschlossen, aber dürfen nur nachrangig verwertet werden[1372].

Bei Nichterscheinen von Beteiligten kann die Vergabekammer gemäß § 112 Abs. 2 GWB, § 102 Abs. 2 VwGO analog trotzdem eine Entscheidung fällen, ein Versäumnisurteil sieht das GWB allerdings nicht vor. Zu Rechtsfolgen des Nichterscheinens der Parteien äußert sich das Kbt. überhaupt nicht. Aus § 46 Abs. 2 Ket. kann zumindest entnommen werden, dass der Antragsteller nicht zum Erscheinen verpflichtet werden kann. Da im ungarischen Nachprüfungsverfahren der Unmittelbarkeitsgrundsatz nicht gilt, kann die Schiedsstelle aus den ihr zur Verfügung stehenden Sachverhaltsangaben ihre Erkenntnis schöpfen und eine Entscheidung treffen.

Ein weiterer Unterschied ist, dass die mündliche Verhandlung vor der Vergabekammer in nicht-öffentlichen Sitzungen stattfindet (§ 68 Abs. 1 S. 2 VwVfG), wohingegen bei der — dafür nur ausnahmsweise anberaumten — Verhandlung vor der Schiedsstelle grundsätzlich die Öffentlichkeit zugelassen ist.

Vor beiden Nachprüfungsorganen gilt der Amtsermittlungsgrundsatz, wenn auch in unterschiedlicher Ausgestaltung. Während der Untersuchungsgrundsatz des § 110 Abs. 1 GWB nur für das auf Antrag eingeleitete Nachprüfungsverfahren (§ 107 Abs. 1 GWB) gilt und vergleichbar mit dem Ermessen der Schiedsstelle ist, sieht das Kbt. darüber hinaus bereits für die Einleitung des Verfahrens die Berechtigung diverser öffentlicher Organe und die des Vorsitzenden der Schiedsstelle vor. An den Nachprüfungsantrag sind weder die Schiedsstelle noch die Vergabekammern gebunden.

[1371] *Dreher* in: Immenga/Mestmäcker, Wettbewerbsrecht, 4. A. 2007, § 112 GWB, Rn. 2.
[1372] *Maier*, Die prozessualen Grundsätze des Nachprüfungsverfahrens, NZBau 2004, 667, 669.

Für die Beurteilung der Sach- und Rechtslage ist für die Vergabekammern der Abschluss der mündlichen Verhandlung entscheidend. Dies gilt bei der Schiedsstelle dann nicht, wenn sie — wie in den meisten Fällen — aufgrund des schriftlichen Verfahrens entscheidet. Dann ist der Zeitpunkt der Entscheidung der gemäß § 72 Abs. 1 f) Ket. im Beschluss bzw. Bescheid zu bestimmende Zeitpunkt.

9. Effektivität des Ablaufs des Nachprüfungsverfahrens

Im Hinblick auf den Ablauf des erstinstanzlichen Nachprüfungsverfahrens vor der Schiedsstelle erfüllt das Kbt. den unions- sowie verfassungsrechtlichen Rahmen. Obwohl die Schiedsstelle nur als gerichtsähnliches Verwaltungsorgan zu betrachten ist, erfüllt sie auch die meisten rechtlichen Erwartungen, die an eine gerichtliche Nachprüfungsinstanz gestellt werden.

Die Schiedsstelle ist zu einer umfassenden Kontrolle aller mit dem Vergabeverfahren in Zusammenhang stehenden möglichen Rechtsverletzungen ermächtigt. Sie ist nicht auf eine reine Willkürprüfung beschränkt, sondern berechtigt, alle Handlungen am Maßstab des in das Kbt. umgesetzten Unionsrechts zu untersuchen und festzustellen. Dass sie eine objektive und keine subjektive Rechtmäßigkeitsprüfung vornimmt, steht in Einklang mit der Unionsrechtsprechung. Diese sieht es als nicht zwingend an, subjektiv-öffentliche Rechte zu Verleihen, um die Einhaltung materiellen Unionsrechts sicherzustellen[1373]. Der Streitgegenstand und damit der Prüfungsumfang der Schiedsstelle werden durch den Antrag bzw. die Anregung, die erhobenen Rügen und den geschilderten Sachverhalt bestimmt. In diesem Rahmen gilt der Untersuchungsgrundsatz, der die Schiedsstelle zur Aufklärung aller zur Entscheidung erforderlichen Umstände berechtigt. Unabhängig davon ist die Schiedsstelle befugt, nicht aber verpflichtet, weitere mögliche Rechtsverstöße einer Nachprüfung unterziehen, die ihr im Zuge ihrer Tätigkeit zur Kenntnis gelangen, so auch, wenn der Antragsteller seinen Antrag zurückgezogen hat[1374]. Zwar sehen die Rechtsmittelrichtlinien ein solches Vorgehen von Amts wegen nicht vor. Ein Verstoß gegen die Qualifikation als kontradiktorisches Verfahren kann hierin jedoch nicht gesehen werden, da dieses nur den Anspruch auf rechtliches Gehör sicherstellen will. Im Übrigen dient die Erweiterung des Prüfungsumfanges nicht nur dem Beschleunigungs-, sondern auch dem Wirksamkeitszweck der Rechtsmittelrichtlinien, der die Wahrung des materiellen Vergaberechts zum Ziel hat.

[1373] EuGH, Rs. C-433/93, *Kommission/Deutschland*, Slg. 1995, I-2303, Rn. 18.
[1374] Vgl. hierzu *3. Kapitel, III.2.a)ee) Das Parteiverfahren und Verfahren von Amts wegen.*

Die Entscheidung über die Abhaltung einer mündlichen Verhandlung stellt das Kbt. in das Ermessen der Schiedsstelle. Eine solche Lösung ist aus Sicht der Richtlinien wie auch aus Sicht der Verfassung nur dann problematisch, wenn es sich bei der Schiedsstelle um ein Gericht i.S.d. Rechtsmittelrichtlinien handeln würde. Eine als Gericht qualifizierte Eingangsinstanz hat aber nur den Anforderungen des Art. 2 Abs. IX UAbs. 2 der Rechtsmittelrichtlinien zu entsprechen, der eine beiderseitige Anhörung, nicht aber eine mündliche Verhandlung fordert. Denn die Erfüllung der Voraussetzungen i.s.d. Art. 234 EGV (vgl. Art. 267 AEUV) erwarten Art. 1 Abs. IX UAbs. 1 RL 89/665/EWG bzw. RL 92/13/EWG nur von der zweiten, nämlich gerichtlichen Nachprüfungsinstanz. Die gebotene Anhörung beider Seiten gewährt das Kbt. auch unabhängig von der Anberaumung einer mündlichen Verhandlung, indem die Beteiligten in einem kontradiktorischen Verfahren – schriftlich bzw. mündlich – gehört werden und die Möglichkeit haben, zugleich zu allen abgegebenen Erklärungen Stellung zu nehmen und sich zu äußern. Zu diesem Zweck bestimmt das Kbt., dass die maßgeblichen Unterlagen mit der Aufforderung zur Stellungnahme von Amts wegen zugeleitet werden. Selbst wenn man davon ausgeht, dass eine gerichtliche Eingangsinstanz den Ansprüchen des Art. 234 EGV (vgl. Art. 267 AEUV) genügen muss, ist zu beachten, dass nicht jedes Gericht i.S.d. Art. 234 EGV (vgl. Art. 267 AEUV) eine mündliche Verhandlung abzuhalten hat. Vielmehr ist es unter Berücksichtigung des Art. 6 Abs. 1 EMRK ausreichend, wenn unter der Gesamtbetrachtung des nationalen Rechtsmittelsystems sichergestellt wird, dass zumindest in einer Tatsacheninstanz die Abhaltung einer mündlichen Verhandlung ermöglicht wird. Übt also die Schiedsstelle ihr Ermessen dahingehend aus, keine mündliche Verhandlung anzuberaumen, so genügt es den durch Art. 6 Abs. 1 EMRK geprägten unions- sowie verfassungsrechtlichen Anforderungen, dass eine solche vor dem Rechtsmittelgericht (Hauptstädtisches Gericht Budapest) durch die Pp. gewährleistet wird[1375]. Die Ermessensvorschrift ist also aus allen Blickwinkeln (Einordnung der Schiedsstelle als Verwaltungsorgan oder Gericht, mündliche Verhandlung oder lediglich Anhörungserfordernis) unions- und verfassungsrechtskonform. Der Anspruch auf rechtliches Gehör und ein faires Verfahren werden in ausreichendem Maße sichergestellt.

Wird eine mündliche Verhandlung anberaumt, gestattet das Kbt. neben den Parteien auch einer Reihe von sonstigen Beteiligten, daran teilzunehmen. Vor dem Hintergrund der umfassenden Antragsberechtigung i.S.d. Rechtsmittelrichtlinien muss ein Antragsteller eines anderen

---

[1375] Siehe hierzu im Einzelnen im *6. Kapitel, II.1.a) Selbständige Revision von Verfahrensentscheidungen* und *II.2.b)dd) Verfahrensgrundsätze*.

Nachprüfungsverfahrens, das deshalb unzulässig ist, weil dieselbe Vergabesache bereits anhängig ist, in letztgenannter zumindest als Teilnehmer angehört werden. Alternativ sieht das Kbt. hier auch die Möglichkeit vor, beide Verfahren zu verbinden. Solange dem Betroffenen also rechtliches Gehör gewährt wird, ist sowohl die Gestattung der Teilnahme samt Anhörung in der bereits anhängigen Sache als auch die Verbindung beider Sachen unionsrechtskonform.

Die Verhandlungen vor der Schiedsstelle sind grundsätzlich öffentlich, wobei in gesetzlich festgelegten Fällen Ausnahmen möglich sind. Die Verkündung der Entscheidung der Schiedsstelle erfolgt allerdings stets öffentlich. Vor dem Hintergrund der EGMR- Rechtsprechung zu Art. 6 Abs. 1 EMRK fordern Unions- wie Verfassungsrecht die Öffentlichkeit der Verhandlung — allerdings nur bei gerichtlichen Nachprüfungsinstanzen. Da sich die Tatbestände, bei deren Vorliegen die Schiedsstelle von der Öffentlichkeit der Verhandlung absehen kann, mit Art. 6 Abs. 1 S. 2 EMRK decken, entsprechen die diesbezüglichen Kbt.-Vorschriften sogar dem unionsrechtlichen Öffentlichkeitsstandard, den in erster Linie ein Gericht bieten muss.

Das Kbt. erfüllt die unions- und verfassungsrechtlichen Erwartungen an die Wahrung des Gleichbehandlungsgebotes. Zum einen wird der primärrechtliche Äquivalenzgrundsatz gewahrt, indem die Vorschriften des Kbt.-Nachprüfungsverfahrens vor der Schiedsstelle für alle Aufträge sowohl für die mit Unionsschwellenwert als auch mit darunter liegendem Wert unterschiedslos anwendbar sind. Zum anderen verwirklicht das Kbt. den verfassungsrechtlich geforderten Grundsatz der Gleichbehandlung gemäß § 70/A Alk., indem es dessen Einhaltung von der Schiedsstelle in allen Verfahrensabschnitten fordert.

Das Verfahren der Schiedsstelle samt der Gewährung rechtlichen Gehörs, der Gleichbehandlung sowie des Akteneinsichtsrechts erfüllt die unions- und verfassungsrechtlichen Ansprüche an den Grundsatz der Waffengleichheit. Dieser ist sowohl aus Sicht des EuGH als auch des Verfassungsgerichts als Teil des fairen Verfahrens auch auf das Verwaltungsverfahren anzuwenden. Denn die Parteien werden gleichberechtigt zu Sache gehört, können alle Erklärungen und Unterlagen gleichermaßen einsehen und zu Kenntnis nehmen, dürfen bei Anberaumung einer Verhandlung persönlich und aktiv teilnehmen und zu jeder gegnerischern Erklärung Stellung beziehen. Hierzu leitet die Schiedsstelle die erforderlichen Unterlagen von Amts wegen weiter.

Die Auferlegung von Ordnungsgeld fällt in die Verfahrensautonomie der Mitgliedstaaten. Sie trägt vor allem zur Wahrung des Beschleunigungs- und effektiven Rechtsschutzgebots bei, indem die Vergabesachen wirksam und schnell aufgeklärt und innerhalb der kurzen Verfahrensfristen entschieden werden. Den Anspruch an die Bestimmtheit einer Rechtsnorm leitet das Verfassungsgericht aus dem Rechtsstaatsprinzip, der EuGH aus dem Grundsatz des effektiven Rechtsschutzes und aus der EGMR-Rechtsprechung zu Art. 13 EMRK her. Diesen Ansprüchen genügt das Kbt, das für diesen Fall einen eindeutigen Rahmen mit fester Ober- und Untergrenze des aufzuerlegenden Ordnungsgeldes bestimmt. Anhand dieses Maßstabes ist es dem Betroffenen auch möglich, die Entscheidung der Schiedsstelle über die Verhängung des Ordnungsgeldes einer wirksamen gerichtlichen Prüfung zu unterziehen. Zu diesem Zweck ordnet das Kbt. ausdrücklich an, die Verhängung des Ordnungsgeldes besonders zu begründen — so wie dies der EuGH und das Verfassungsgericht fordern.

Die Rechtsmittelrichtlinien äußern sich nicht zur Zulässigkeit von Erledigungs- bzw. Verfahrensfristen. Zwar ist hier die nationale Verfahrensautonomie eröffnet, der primärrechtliche Grundsatz des effektiven Rechtsschutzes könnte aber dadurch gefährdet sein, dass die Vergabesachen in dem für eine Entscheidung erforderlichen Umfang aufgeklärt werden müssen. Fehlt hierzu die Zeit, drohen falsche Entscheidungen. Dieser Gefahr begegnet das Kbt. aber mit umfangreichen und bußgeldbewehrten Mitwirkungspflichten der Beteiligten, wie etwa in Bezug auf den umfangreichen Inhalt des Nachprüfungsantrages. Die Länge der Verfahrensfristen stehen im Hinblick auf die sonstigen sekundärrechtlich bestimmten Fristen — wie z.B. die Stillhaltefristen – in einem ausgewogenen Verhältnis zum gesamten Vergabeverfahren. Sie dienen dem Beschleunigungs- und Effektivitätsgebot und tragen dafür Sorge, dass die Dauer des Nachprüfungsverfahrens für die Beteiligten absehbar ist, insbesondere was den Suspensiveffekt auf den Vertragsschluss betrifft. Schließlich wird auch der verfassungsrechtliche Anspruch, die Einhaltung der Verfahrensfrist zu sanktionieren, gewahrt.

Die Schiedsstelle wird sowohl durch das Kbt. als auch ergänzend durch das Ket. zur Begründung ihrer Entscheidungen verpflichtet. Davon sind alle Entscheidungsarten umfasst: einstweilige und Verfahrensbescheide sowie Beschlüsse in der Sache. Um reine Begründungsförmlichkeiten zu vermeiden, gibt das Ket. den Begründungsinhalt im Einzelnen vor. So muss die Schiedsstelle bspw. die Umstände anführen, die sie bei einer Ermessensentscheidung oder auch der Festlegung einer Sanktion berücksichtigt hat. Nur eine solche umfassende Begründungspflicht gewährt dem Betroffenen, die Möglichkeit, dass eine ihn belastende Maßnahme wirksam überprüft werden kann. Damit erfüllt die Vorschrift die Ansprüche eines effektiven Rechtsschutzes sowohl aus Sicht der Rechtsmittelrichtlinien als auch aus Sicht der Verfassung.

VII. Entscheidungsbefugnisse der Schiedsstelle

Die Rechtsmittelrichtlinien schreiben grundsätzlich einen wirksamen und schnellen Rechtsschutz vor, den die Nachprüfungsorgane sicherstellen sollen. Dabei sind in Art. 2 Abs. 1 bis 7 der Rechtsmittelrichtlinien einige Maßnahmen konkret vorgesehen, zu deren Anwendung der Gesetzgeber die Organe ermächtigen muss. Aufgrund von Art. 2 Abs. 1 der Rechtsmittelrichtlinien müssen den Nachprüfungsorganen zunächst die folgenden drei Befugnisse eingeräumt werden:

Erstens: Einstweiliger Rechtsschutz gemäß Art. 2 Abs. 1 a) im Zusammenhang mit der Möglichkeit, gemäß Art. 2 Abs. 5 RL 89/665/EWG bzw. Art. 2 Abs. 4 RL 92/13/EWG auch davon absehen zu können; zweitens: Die Aufhebung rechtswidriger Entscheidungen i.S.d. Art. 2 Abs. 1 b) der Richtlinien[1376] sowie drittens: Die Zuerkennung von Schadensersatz gemäß Art. 2 Abs. 1 c) RL 89/665/EWG bzw. Art. 2 Abs. 1 d) RL 92/13/EWG, wobei gemäß Art. 2 Abs. 6 RL 92/13/EWG bzw. Art. 2 Abs. 1 Ua. 2 RL 92/13/EWG die Möglichkeit besteht, den Anspruch auf Schadensersatz von der vorherigen Aufhebung der zugrunde liegenden rechtswidrigen Entscheidung abhängig zu machen. Die Mitgliedstaaten können unter den Bedingungen des Art. 2 Abs. 7 Ua. 2 RL 92/13/EWG bzw. Art. 2 Abs. 6 Ua. 2 RL 92/13/EWG nach Abschluss des Vertrages nur noch Schadensersatzansprüche zulassen und die ersten beiden Befugnisse (einstweiliger Rechtsschutz und Entscheidungsaufhebung) ausschließen.

Um die Effektivität der Befugnisse der Schiedsstelle beurteilen zu können, werden im Folgenden ihre einzelnen gesetzlichen Entscheidungsbefugnisse nach ungarischem Recht dargelegt und im Anschluss einer Prüfung unterzogen, ob sie mit dem vorgegebenen Rechtsrahmen im Einklang stehen.

Die Entscheidungsbefugnisse der Schiedsstelle erstrecken sich auf Verfahrensentscheidungen, auf Entscheidungen in der Sache sowie auf den einstweiligen Rechtsschutz.

Vor dem Hintergrund, dass das Verfahren der Schiedsstelle grundsätzlich nur 15 Tage dauert, wird dem Beschleunigungsgrundsatz nicht nur im Wege des einstweiligen Rechtsschutzes Rechnung getragen.

1. Die Verfahrensentscheidung

Die Befugnisse der Schiedsstelle, vor Einleitung bzw. im Laufe des Verfahrens Bescheide zu erlassen, sind im siebten Teil des Kbt. und im Ket. zu finden. Die Quote der den Antrag abweisende Entscheidungen ist seit Jahren zwischen 30 und 40 Prozent konstant geblieben[1377].

[1376] Alternativ zu Art. 2 Abs. 1 a) und b) RL 92/13/EWG kann bei Sektorenaufträgen kann auch zu anderen Maßnahmen gegriffen werden, insbesondere ein Zwangsgeld auferlegt werden (Art. 2 Abs. 1 c) RL 92/13/EWG).
[1377] *Közbeszerzések Tanácsa*, J/3359. beszámoló, 2006, S. 63: 37,04 Prozent in 2002 (*Közbeszerzések Tanácsa,* J/2607. beszámoló, S. 48) und 39,8 Prozent in 2005 (*Közbeszerzések Tanácsa* J/55. beszámoló, S. 40).

Obwohl das Kbt. im Zuge des letzten Änderungsgesetzes mit den Formulierungen des Ket. in Einklang gebracht und Entscheidungen in der Sache als Beschluss und Verfahrensentscheidungen als Bescheid bezeichnet worden sind, sieht § 325 Abs. 3 Kbt. nach der Gesetzesänderung vor, dass die Schiedsstelle ohne sachliche Prüfung den Antrag in den folgenden Fällen mit einem Beschluss ablehnt, was gleichzeitig zum Abschluss des Nachprüfungsverfahrens führt: Stellt die Schiedsstelle gemäß § 325 Abs. 3 Kbt. fest, dass

- keine ungarische Behörde für das Verfahren einen Gerichtsstand besitzt,

- sie nicht zuständig und eine Verweisung des Antrags nicht zulässig ist oder aber im Antrag die zur Verweisung des Antrags erforderlichen Angaben fehlen und diese auch von Amts wegen nicht bestimmt werden können,

- der Antrag verfristet ist,

- sie die Angelegenheit bereits sachgemäß entschieden hat und bei unverändertem Sachverhalt und unter Berufung auf dieselbe Rechtsverletzung erneut ein Antrag eingereicht wurde,

- der Antrag nicht vom hierzu Berechtigten stammt oder

- der Antragsteller der Aufforderung zur Mängelbeseitigung innerhalb der gesetzten Frist nicht nachgekommen ist oder den Antrag erneut mangelhaft eingereicht hat[1378],

weist sie den Antrag ohne sachliche Prüfung mit einem Beschluss ab[1379]. Ebenso ergeht ein solcher Beschluss gemäß § 325 Abs. 4 Kbt., wenn die Schiedsstelle erst im Laufe des Verfahrens vom Vorliegen der Voraussetzungen des Abs. 3 Kenntnis erlangt.

[1378] Hierunter fällt auch der Fall, in dem der Antragsteller ein Angebot im Verfahren abgegeben hat und die Möglichkeit der vorherigen Streitbeilegung gemäß § 96/B Kbt. nicht wahrgenommen hat. Dann kann er die erforderlichen Unterlagen über die Streitbeilegung nicht beilegen und einer Mängelbeseitigung nicht nachkommen. Der Kbt.-Entwurf sah die ausdrückliche Normierung dieses Abweisungsgrundes vor. Die durch das Kbt.ÄndG gewählte Formulierung umfasst indes nicht nur diesen, sondern auch alle anderen Mängelbeseitigungsfälle.
[1379] Obwohl im Zuge der letzten Kbt.-Änderung eine Anpassung an die Terminologie des Ket. erfolgte und Prozessentscheidungen einheitlich als Bescheid, Sachentscheidungen als Beschluss bezeichnet wurden, weicht der Kbt.-Entwurf davon ab. So kann sich als Folgeproblem die Frage stellen, ob zur Ergänzung die Ket.-Vorgaben zum Bescheid oder zum Beschluss heranzuziehen sind.

Gemäß § 327 Abs. 7 Kbt. gilt das auch für die Verfahrensanregung der genannten diversen öffentlichen Organe.

Ebenso ergeht ein die Vergabesache abschließender Beschluss ohne sachliche Prüfung in den gemäß § 31 Abs. 1 Ket. verbleibenden Fällen, wie z.b. infolge des Todes einer Partei.

In einem Verfahrensbescheid entscheidet die Schiedsstelle weiter über die Verhängung eines Verfahrensbußgeldes gemäß § 338 Abs. 3 Kbt. Auch der Ausschluss eines Vergabebeauftragten gemäß § 321 Abs. 4 Kbt. oder der Ausschluss der Öffentlichkeit erfolgen per Bescheid.

Auf gleiche Weise ergeht laut § 333 Abs. 1 Kbt. ein gesonderter Bescheid über die Entscheidung zur Einleitung eines Vorabentscheidungsverfahrens vor dem EuGH.

Für die meisten der oben genannten Verfahrensentscheidungen machen die Rechtsmittelrichtlinien keine Vorgaben. Insbesondere die Zuständigkeitsregelungen fallen in die nationale Gesetzgebungskompetenz. Die Antragsablehnung aufgrund der Verfristung ist die prozessuale Konsequenz der bereits dargelegten[1380] zulässigen Antragsbefristung. Gleiches gilt beim Verstoß gegen das Gebot der vorherigen Streitbeilegung, bei der Nichtberechtigung sowie wenn die Vergabesache bereits entschieden wurde.

2. Die Anordnung einer einstweiligen Verfügung

Die Anordnung einer einstweiligen Verfügung findet in keinem gesonderten Verfahren statt, sondern wird gleichzeitig mit dem ordentlichen Nachprüfungsbegehren beantragt, über den die Schiedsstelle in jedem Zeitpunkt des Verfahrens entscheiden kann. Sie ergeht ebenfalls in Form eines Bescheides, §§ 22 Abs. 4, 72 Abs. 3 Ket.

„Die Schiedsstelle kann in anhängigen Sachen auf Antrag oder von Amts wegen — bis zum Abschluss des Vertrages, der auf Grund eines Vergabeverfahrens (bzw. einer Beschaffung), das bzw. die Gegenstand des Nachprüfungsverfahrens ist, geschlossen wurde — mit Rücksicht auf sämtliche Umstände des Einzelfalls über die Anordnung einer einstweiligen Verfügung entscheiden, wenn eine Verletzung der Vorschriften bzw. Grundsätze der Rechtsnormen zur öffentlichen Auftragsvergabe sowie zum Vergabeverfahren angenommen werden kann oder eine Gefahr dafür besteht." (§ 332 Abs. 1 Kbt) [Übers. der Verf.]

[1380] Hierzu näher im 5. *Kapitel, IV.1.b) Die Antragsfrist bzw. IV.2.c) Die Anregungsfrist.*

Einstweilige Verfügungen dienen dem Zweck, mit schnellen und wirksamen Maßnahmen einen weitaus größeren Schaden zu verhindern. Diese Möglichkeit steht solange offen, bis der aufgrund des Vergabeverfahrens bzw. der Beschaffung zu schließende Vertrag — auch nach Genehmigung i.S.d. Abs. 4 — noch nicht geschlossen wurde. Dieser Zeitpunkt ist deshalb der letztmögliche, da Rechtsstreitigkeiten bezüglich eines bereits geschlossenen Vertrages nicht mehr in den Zuständigkeitsbereich der Schiedsstelle fallen, sondern in die des Gerichts[1381].

a) Antragsvoraussetzungen

Das Kbt. sieht die Anordnung einer einstweiligen Verfügung sowohl von Amts wegen als auch auf Antrag vor. Antragsberechtigt sind diejenigen, die auch im Hauptsacheverfahren berechtigt sind. Die Möglichkeit einstweiligen Rechtsschutzes steht demnach dem Auftraggeber, dem Bieter bzw. Teilnahmebewerber sowie den sonstigen Betroffenen i.S.d. § 323 Abs. 1 Kbt. offen. Im Einklang mit der EuGH-Entscheidung *Hospital Ingenieure*[1382] kann der Antragsteller nach ungarischem Recht gegen jede Entscheidung des Auftraggebers nicht nur einen Nachprüfungsantrag, sondern auch eine einstweilige Verfügung beantragen. Die Anhängigkeit des Nachprüfungsantrags bei der Schiedsstelle ist zwar nicht ausdrückliche Zulässigkeitsvoraussetzung für den Antrag, jedoch kann der Antrag auf einstweilige Verfügung nur zusammen mit dem Hauptantrag eingereicht werden. Dieser muss sich aber nicht zwingend auf die Aufhebung der betroffenen Auftraggeberentscheidung richten. Der EuGH hat in diesem Zusammenhang mehrfach zu Art. 2 Abs. 1 lit. a) der Richtlinien entschieden, dass Antragsvoraussetzung einer einstweiligen Verfügung nicht die Anhängigkeit der Klage sein darf[1383]. Dies stelle einen solchen prozessualen Aufwand dar, dass diese Voraussetzung einen effektiven Rechtsschutz übermäßig erschweren würde. Zu beachten ist aber, dass die angeführten Entscheidungen eine Anhängigkeit bei einer von der Nachprüfungsstelle unterschiedlichen Gerichtsinstitution[1384] voraussetzten. Im ungarischen Recht werden aber sowohl die Entscheidungen in der Hauptsache als auch die einstweiligen Verfügungen bei der Schiedsstelle mit ein und demselben Antrag beantragt. Dadurch ist auch nicht ausgeschlossen, dass im laufenden Nachprüfungsverfahren jederzeit ein solcher Antrag gestellt wird, der

---

[1381] *Kozma* in: Patay, A Közbeszerzés Joga, S. 566.
[1382] EuGH, Rs. C-92/00, *Hospital Ingenieure*, Slg. 2002, I-5553, 5595, Rn. 49.
[1383] EuGH, Rs. C-296/95, *Kommission/Griechenland*, Slg. 1996, I-4467, Rn. 11; EuGH, Rs. C-214/00, *Kommission/Spanien*, Slg. 2003, I-4467, Rn. 97 ff; *Egger*, Europäisches Vergaberecht, S. 1499; *Prieß*, Handbuch des Europäischen Vergaberechts, S. 315.
[1384] EuGH, Rs. C-236/95, *Kommission/Griechenland*, Slg. 1996, I-4459, Rn. 11; EuGH, Rs. C-214/00, Slg. 2003, I-4667, Rn. 99; EuGH, Rs. C-202/03, *DAC SpA*, ABlEU 2004, C 118, S. 31, Rn. 22.

dann auch nur hinsichtlich der einstweiligen Maßnahme zu begründen ist. Da es sich nicht um eine zusätzliche Zulässigkeitsvoraussetzung handelt (der Antragsteller muss keine zwei Anträge stellen) und die zuständige Behörde identisch ist, handelt es sich m.E. nicht um eine übermäßige Erschwerung i.S.d. Entscheidungen des EuGH und damit keine Beschränkung des effektiven Rechtsschutzes.

b) Interessenabwägung

In erster Linie erlässt die Schiedsstelle dann eine einstweilige Verfügung, wenn aus den ihr zur Verfügung stehenden Dokumenten unter Berücksichtigung aller Umstände des Einzelfalles anzunehmen ist, dass die Rechtsvorschriften einschließlich der Grundsätze der öffentlichen Auftragsvergabe bzw. des Vergabeverfahrens verletzt wurden oder eine Verletzungsgefahr besteht[1385]. Die Rechtsmittelrichtlinien gestatten es, die Anordnung von einer Interessenabwägung abhängig zu machen. Hierzu kann die Nachprüfungsstelle gemäß Art. 2 Abs. 5 RL 89/665/EWG bzw. Art. 2 Abs. 4 RL 92/13/EWG alle Folgen für die möglicherweise geschädigten Interessen und das Allgemeininteresse berücksichtigen. Das Kbt. macht von der Möglichkeit der Interessenabwägung selbst Gebrauch, macht der Schiedsstelle aber für ihre Abwägung keine Vorgaben, welche Interessen sie zu berücksichtigen hat und wie schwer diese jeweils zu gewichten sind, wie etwa die Berücksichtigung einer zügigen Auftragsvergabe (als öffentliches Interesse) oder das Individualinteresse des Bieters. Die Schiedsstelle ist daher in ihrer Ermessensentscheidung völlig frei, was im Hinblick auf die „können"-Formulierung des Art. 2 Abs. 4 bzw. 5 der Rechtsmittelrichtlinien in Einklang mit dem sekundärrechtlichen Vorgaben steht.

Obwohl das Kbt. dies nicht ausdrücklich gebietet, lässt die Schiedsstelle bei ihrer Entscheidung über die Anordnung auch einfließen, ob die Zielsetzung des Kbt., nämlich den vergaberechtswidrigen Zustand zu beenden und den Eintritt weiterer Rechtsverletzungen zu vermeiden, überhaupt durch die Anordnung erreicht werden kann[1386]. Dabei erwägt sie auch die Auswirkungen, die die einstweilige Maßnahme auf die Rechte bzw. rechtlichen Interessen der am Vergabeverfahren Beteiligten haben wird[1387].

Diese Formulierung erinnert zumindest stark an die unionsrechtliche Zielsetzung in Art. 2 Abs. 1 a) RL 89/665/EWG bzw. RL 92/13/EWG. Zweck

---

[1385] *Paksi*, A közbeszerzési eljárások jogorvoslati rendszere, S. 21.
[1386] *Közbeszerzések Tanácsa*, J/6000. beszámoló, 2007, S. 82; *Közbeszerzések Tanácsa*, J/3359. beszámoló, 2006, S. 64; *Közbeszerzések Tanácsa*, J/55. beszámoló, 2005, S. 42.
[1387] *Közbeszerzések Tanácsa*, J/6000. beszámoló, 2007, S. 82; *Közbeszerzések Tanácsa*, J/3359. beszámoló, 2006, S. 64; *Közbeszerzések Tanácsa*, J/55. beszámoló, 2005, S. 42.

des einstweiligen Rechtsschutzes ist, den behaupteten Rechtsverstoß zu beseitigen und weitere Schädigungen der betroffenen Interessen zu verhindern. Kann dieser Zweck in einem Fall nicht erreicht werden, müssen die Mitgliedstaaten keine einstweiligen Maßnahmen treffen. Diese Freiheit beansprucht die Schiedsstelle auch für sich.

Während die Schiedsstelle nach dem Gesetzeswortlaut für den Erlass einer einstweiligen Verfügung einen Rechtsverstoß gegen das nationale (bzw. unionsrechtliche) Vergaberecht oder die *Gefahr* einer solchen Verletzung *annehmen* oder *vermuten* muss, fordert das Sekundärrecht nur einen *behaupteten* Rechtsverstoß. Wann von einer solchen Gefahr ausgegangen werden muss, legen weder das Schrifttum noch Gesetze oder die Rechtsprechung fest; dies wird vielmehr von den Behörden in jedem Einzelfall beurteilt[1388]. Da die Schiedsstelle i.d.R. auf der Grundlage der Akten entscheidet, muss eine Gefahr zumindest dann angenommen werden, wenn die Angaben im Antrag — die Wahrheit der Tatsachen unterstellt — für einen Rechtsverstoß *geeignet* sind. Dies gebietet zumindest eine unionsrechtskonforme Auslegung im Hinblick auf den „*behaupteten Rechtsverstoß*".

Das Sekundärrecht sieht als Zweck der Anordnung von einstweiligen Maßnahmen außerdem vor, dass weitere Schädigungen betroffener Interessen durch sie verhindert werden. Diese beziehen sich in der Regel auf die betroffenen subjektiven Interessen am Vergabeverfahren[1389]. Laut § 332 Abs. 1 Kbt. genügt es, wenn durch die Maßnahme eine Verhinderung weiterer *objektiver Rechtsverletzungen*, die auch gar kein subjektives Interesse betreffen müssen, möglich ist oder der *objektive* rechtswidrige Zustand beendet werden kann. Insoweit liegen die gesetzlichen Anforderungen für den einstweiligen Rechtsschutz unter denen des Unionsrechts und erleichtern die Erlangung von effektivem Rechtsschutz.

Die Anordnung einstweiliger Maßnahmen unterbleibt dann, wenn eine der o.g. Voraussetzungen — unter dem Vorbehalt der Zulässigkeit des Antrags — nicht vorliegt. So kann die Schiedsstelle zwar eine Rechtverletzung bzw. die Gefahr einer solchen annehmen, einstweilige Maßnahmen aber trotzdem nicht anordnen, wenn durch sie der vergaberechtswidrige Zustand nicht beenden werden kann. Nach Art. 2 Abs. 5 RL 89/665/EWG bzw. Art. 2 Abs. 4 RL 92/13/EWG können die Mitgliedstaaten die Nachprüfungsstellen berechtigen, bereits dann von vorläufigen Maßnahmen abzusehen, wenn deren nachteilige Folgen die Vorteile überwiegen könnten. Zwar lässt die

---

[1388] *Közbeszerzések Tanácsa*, J/6000. beszámoló, 2007, S. 82; *Közbeszerzések Tanácsa*, J/3359. beszámoló, 2006, S. 64; *Közbeszerzések Tanácsa*, J/55. beszámoló, 2005, S. 42.
[1389] *Egger*, Europäisches Vergaberecht, S. 347.

Formulierung „*könnten*" darauf schließen, dass einstweiliger Rechtsschutz weitgehend, wenn auch nicht völlig, ausgeschlossen werden kann[1390]. Dennoch muss diese Möglichkeit stets vor dem Hintergrund des sekundärrechtlich verfolgten Ziels einstweiliger Maßnahmen (Beseitigung des Verstoßes und Verhinderung von Interessenverletzungen) beurteilt werden. Der ungarische Gesetzgeber hat von dieser Erleichterung keinen ausdrücklichen Gebrauch gemacht. Das Kbt. gewährt der Schiedsstelle nicht die Kompetenz, bereits bei überwiegenden Nachteilen einstweilige Maßnahmen zu verweigern. Die Befugnis der Schiedsstelle, von der Anordnung abzusehen, ergibt sich vielmehr dann, wenn die positiv normierten Voraussetzungen für eine solche Anordnung nicht vorliegen: So genügt es nach dem Kbt. nicht, ein Interessenübergewicht zugunsten der Anordnung festzustellen, sondern es muss die Beendigung bzw. Verhinderung weiterer Verstöße möglich sein. Vor dem Hintergrund, dass einstweiliger Rechtsschutz gemäß Art. 2 Abs. 1 a) der Rechtsmittelrichtlinien grundsätzlich gewährt werden soll und dass es sich bei Art. 2 Abs. 5 RL 89/665/EWG bzw. Art. 2 Abs. 4 RL 92/13/EWG um keine Zwangsvorschrift handelt, sind die Vorschriften über die Interessenabwägung bei einstweiligen Maßnahmen im Kbt. nicht zu beanstanden.

Die Richtlinien gestatten in Art. 2 Abs. 5 RL 89/665/EWG bzw. Art. 2 Abs. 4 RL 92/13/EWG bestimmte Abwägungskriterien, schreiben jedoch keine davon als zwingend vor. So stellt sich die Frage, ob hier die diesbezügliche Rechtsprechung des EuGH zu Art. 243 EGV (vgl. Art. 279 AEUV) ergänzend herangezogen werden muss[1391]. M.E. erstreckt sich der ausgeübte Gestaltungswille des Sekundärgesetzgebers auch auf die Abwägungskriterien. Denn er hat sie — wenn auch nicht zwingend — ausdrücklich in den Richtlinien benannt und damit zum Ausdruck gebracht, dass er sich im Hinblick auf die Abwägungskriterien auf diese Regelung beschränkt. Ab hier sollte dem Grundsatz der Verfahrensautonomie der Mitgliedstaaten Rechnung getragen werden, die durch die Heranziehung konkreter Anforderungen, die der EuGH (eigentlich nur) an sein eigenes vorläufiges Verfahren stellt, untergraben werden würde. So hat auch der EuGH die Art und Weise des Erlasses vorläufiger Maßnahmen in die mitgliedstaatliche Kompetenz verwiesen, solange der Sinn und Zweck der Rechtsmittelrichtlinie — die wirksame und möglichst rasche

---

[1390] Für eine strenge Auslegung *Pietzcker* in: Grabitz/Hilf/Hailbronner, Das Recht der Europäischen Union, B 18., Rn. 38; für eine weite Auslegung hingegen *Egger*, Europäisches Vergaberecht, S. 351
[1391] So *Prieß*, Handbuch des europäischen Vergaberechts, S. 315 f; Egger, Europäisches Vergaberecht, S. 350 f., der trotz Berufung (dort Fn. 3073) auf den Beschluss des EuGH, Rs. C-424/01, *CS Communications,* Slg. 2003, I-3249 ff. die Berücksichtigung der Abwägungskriterien des EuGH, v.a. Erfolgsaussicht der Hauptsache, der Dringlichkeit, die Möglichkeit von Schadensersatz fordert.

Nachprüfung vergaberechtswidriger Entscheidungen der Auftraggeber — sowie der Grundsatz der Effektivität und Äquivalenz gewährleistet werden[1392].

Schließlich schränkt eine etwaige Ablehnung ganz richtlinienkonform[1393] die Rechte des Antragsstellers im weiteren Verfahren nicht ein. Teilweise wird es zwar als ausreichend erachtet, dass nur die Rechte, die sich aus den Richtlinien ergeben (z.B. das Recht auf Aufhebung einer Entscheidung oder auf Schadensersatz), nicht beeinträchtigt werden dürfen[1394]. Das Kbt. geht aber in jedem Fall darüber hinaus, indem alle Entscheidungen der Schiedsstelle in der Hauptsache sowie der ordentlichen Gerichte völlig unabhängig von einer etwaigen Nichtanordnung einer einstweiligen Verfügung ergehen. Dies hat das Hauptstädtische Gericht in seiner Rechtseinheitlichkeitsentscheidung bestätigt[1395].

c) Begrenzung möglicher Verfügungen

Das Kbt. hat die Maßnahmen, die die Schiedsstelle einstweilen ergreifen kann, taxativ aufgezählt. Da die Einleitung des Nachprüfungsverfahrens vor der Schiedsstelle nicht automatisch eine aufschiebende Wirkung hat[1396], kann diese im Wege der einstweiligen Verfügung das Vergabeverfahren aussetzen (§ 332 Abs. 2 lit. a) Kbt.) und den Auftraggeber dazu auffordern, den Antragsteller in das laufende Vergabeverfahren einzubeziehen (§ 332 Abs. 2 lit. c) Kbt.). Bisher konnte die Schiedsstelle auch den Vertragsschluss einstweilen verbieten, von deren Möglichkeit sie gleichzeitig mit der Aussetzung des Vergabeverfahrens auch regelmäßig Gebrauch gemacht hat[1397]. Aufgrund des nunmehr automatisch geltenden Vertragsschlussmoratoriums konnte diese Befugnis gestrichen werden[1398].

Die Verfahrensaussetzung durch die Schiedsstelle wird wegen der Umsetzung der sekundärrechtlichen Mechanismen (Stillhaltefrist bzw. Suspensiveffekt) eine geringere Bedeutung haben. Das Kbt. verbietet bei der Anfechtung jedweder Entscheidung (nicht nur des Zuschlags) nur den Abschluss des Vertrages. Die bis zum Vertragsschluss ergehenden Entscheidungen des Auftraggebers darf er

---

[1392] EuGH, Rs. C-424/01, *CS Communications,* Slg. 2003, I-3249, Rn. 30 f.
[1393] Art. 2 Abs. 5 Ua. 2 RL 89/665/EWG bzw. Art. 2 Abs. 4 Ua. 2 RL 92/13/EWGW.
[1394] *Egger*, Europäisches Vergaberecht, S. 349.
[1395] Grundsatzentscheidung des Obersten Gerichts, EBH 2004.1091; *Kozma* in: Patay, A Közbeszerzés Joga, S. 569.
[1396] Dies muss es laut Art 2. Abs. 4 RL 89/665/EWG bzw. Art. 2 Abs. 3a RL 92/13/EWG außer in den dort genannten beiden Ausnahmen auch nicht haben. Zu der Umsetzung der beiden Ausnahmen im ungarischen Recht siehe näher im *5. Kapitel, V. Auswirkungen der Verfahrenseinleitung auf das laufende Verfahren.*
[1397] *Kozma* in: Patay, A Közbeszerzés Joga, S. 568.
[1398] § 92 Abs. 3 Kbt.-Entwurf.

daher trotz des laufenden Nachprüfungsverfahrens treffen. Erst hier kommt dann der Kompetenz der Schiedsstelle, das Vergabeverfahren zu einem früheren Zeitpunkt auszusetzen, Bedeutung zu. Setzt die Schiedsstelle das Vergabeverfahren aus, verlängern sich gemäß § 332 Abs. 3 Kbt. die in der Aufforderung zur Angebotsabgabe angegebenen und bereits laufenden Fristen. Sie laufen erst nach ergangener Entscheidung der Schiedsstelle in der Hauptsache weiter. Diese Vorschrift ist notwendig, um nach Entscheidung in der Hauptsache das Vergabeverfahren fortsetzen zu können. Bis zu diesem Zeitpunkt darf der Auftraggeber seine rechtswidrige Aufforderung zur Angebotsabgabe auch nicht korrigieren[1399].

Schließlich wurde im Hinblick auf das Vertragsschlussmoratorium Abs. 4 eingefügt. Er ermöglicht, dass die Schiedsstelle die Genehmigung des Vertragsschlusses auf Antrag einstweilig bescheiden kann, wenn der Schutz außergewöhnlich wichtiger Interessen die Aussetzung gebietet oder volkswirtschaftliche Gründe sie erfordern[1400].

Die Rechtsmittelrichtlinien nennen die Aussetzung des Vergabeverfahrens nur als ein mögliches Beispiel. Eine positive Aufzählung der Maßnahmen — wie im Kbt. — stellt gleichzeitig auch eine Beschränkung dar. Denn die Schiedsstelle darf über die drei genannten Maßnahmen hinaus keine weiteren ergreifen. In einer solchen taxativen Aufzählung könnte zwar unter Hinweis auf den Beschluss der Dreierkammer des EuGH eine Einschränkung der wirksamen Rechtsdurchsetzung gesehen werden[1401]. Da die Rechtsmittelrichtlinien zur Möglichkeit der positiven oder negativen Maßnahmenbeschränkung keine Aussage treffen, obliegt diese aber der Verfahrensautonomie der Mitgliedstaaten[1402], solange die Grundsätze der Effektivität und Äquivalenz gewahrt sind. Die Beschränkung auf die Befugnis zur Anordnung der Verfahrensaussetzungen allerdings widerspricht nach Ansicht des Gerichtshofes dem Sinn dieser weiten Formulierung[1403]. Aus der Entscheidung kann aber nicht geschlossen werden, in welchem Umfang der nationale Gesetzgeber die vorläufig anzuordnenden Maßnahmen vorsehen muss. Denn zum einen hat der Gerichtshof in diesem Fall die Richtlinienwidrigkeit auch deshalb angenommen, weil der Verfügungsantrag von der Anhängigkeit der Klage abhängig gemacht wurde. Zum anderen ist dieser Bereich vom Gestaltungswillen des Richtliniengesetzgebers ausdrücklich umfasst, der sich offensichtlich mit

---

[1399] *Paksi*, A közbeszerzési eljárások jogorvoslati rendszere, S.21.
[1400] Zu den einzelnen Problemen vgl. *5. Kapitel, VII.2.e) Die Gestattung des Vertragsschlusses im Wege der einstweiligen Verfügung*.
[1401] EuGH, Rs. C-202/03, *DAC SpA*, ABlEU 2004, C 118, S. 31, Rn. 22.
[1402] Ebenso *Egger*, Europäisches Vergaberecht, S. 348.
[1403] EuGH, Rs. C-236/95, *Kommission/Griechenland*, Slg. 1996, I-4459, Rn. 14.

einstweiligen Maßnahmen auseinander gesetzt (erneut im Wege der RL 2007/66/EG) und seinen Gesetzgebungswillen nur auf Vorschläge beschränkt hat. Die tatsächliche Ausgestaltung ist also den Mitgliedstaaten überlassen. Auch hierzu kann die vorgenannte Entscheidung des EuGH herangezogen werden, die — zwar auf die Frage der zu berücksichtigenden Interessen hin — sich dahingehend äußert, dass die Ausgestaltung der Art (und Weise) des Erlasses vorläufiger Maßnahmen zur Verfahrensautonomie der Mitgliedstaaten zählt[1404]. Gerade vor dem Hintergrund der Effektivität muss im Rahmen des einstweiligen Vergaberechtsschutzes bedacht werden, dass die Erledigungsfristen der Schiedsstelle bis zur Entscheidung in der Hauptsache fünfzehn Tage, bei Anberaumung einer mündlichen Verhandlung dreißig Tage betragen. Die Verfahren vor der Schiedsstelle dauern in der Hauptsache so lange wie das einstweilige Verfahren vor anderen Behörden, sodass Fälle, in denen nur eine einstweilige Maßnahme der Schiedsstelle im Gegensatz zur Hauptsacheentscheidung wirksamen Rechtsschutz gewährleisten kann, schwer vorstellbar sind. Ob effektiver Rechtsschutz nur durch die Anordnung einer ganz bestimmten Maßnahme, die die Schiedsstelle aber gerade nicht anordnen darf, gewährleistet werden könnte, ist eine Frage des Einzelfalls. Die Formulierung des Kbt. steht einem wirksamen einstweiligen Rechtsschutz grundsätzlich nicht entgegen.

d) Die Ermessensentscheidung und ihre Überprüfbarkeit

Das Kbt. formuliert die Anordnung der einstweiligen Verfügung als *„kann"*-Vorschrift zugunsten der Schiedsstelle. Eine Ermessensvorschrift steht jedoch nicht im Widerspruch zu den Art. 2 Abs. 1 lit. a) der Rechtsmittelrichtlinien, da diese lediglich fordern, die nationalen Nachprüfungsinstanzen mit den erforderlichen Befugnissen zu einer solchen Entscheidung auszustatten. Allerdings muss das ausgeübte Ermessen der Schiedsstelle gerichtlich überprüfbar sein.

Vor dem Hintergrund effektiven Rechtsschutzes ist folgende Grundsatzentscheidung des Obersten Gerichts[1405] problematisch. Über die genaue Ausgestaltung der einstweiligen Verfügung schweigt das Kbt. zwar, das Oberste Gericht stellte jedoch fest, dass die Anordnung bzw. Nichtanordnung einer einstweiligen Verfügung in die diskretionäre Befugnis der Schiedsstelle für öffentliche Auftragsvergabe fällt. Die Schiedsstelle müsse daher die Anordnung bzw. Nichtanordnung auch nicht gesondert begründen[1406].

[1404] EuGH, Rs. C-424/01, *CS Communications,* Slg. 2003, I-3249, Rn. 30.
[1405] Legf. Bír. Kf. III. 37.549/2002, 8. szám EBH 2004. 1091.
[1406] Legf. Bir. Kf. III. 37.549/2002, 8. szám, EBH 2004. 1091.

Demzufolge könne die unterlassene Anordnung an sich schon keinen Rechtsverstoß darstellen.

Grundsatzbeschlüsse dienen wie auch die Rechtseinheitlichkeitsentscheidungen der Harmonisierung der ungarischen Rechtsprechung, indem sie Gesetzesvorschriften auslegen und eine dementsprechende Anwendung für alle Gerichte verbindlich vorschreiben[1407]. So hat sich zuletzt auch das Hauptstädtische Gericht auf die Rechtseinheitlichkeitsentscheidung berufen[1408]. Unter entsprechender Heranziehung des § 72 Abs. 3 Ket. erlässt die Schiedsstelle einen Bescheid[1409]. Mangels ausdrücklicher Zuweisung (§ 345 Abs. 1 S. 2 Kbt.) ist gegen ihn kein Rechtsmittel, insbesondere keine Berufung[1410], zulässig.

Auch eine entsprechende Heranziehung des Ket. hinsichtlich der Anordnungs- und Begründungspflicht verbietet sich, da das Oberste Gericht die Kbt.-Rechtsnormen dahingehend ausgelegt hat, dass eine Regelungslücke und damit das Bedürfnis nach den Vorschriften des Ket. nicht mehr besteht.

Da gegen die Entscheidung der Schiedsstelle kein Rechtsmittel statthaft ist, könnte darin eine Beschränkung des effektiven Rechtsschutzes liegen. Denn die Rechtsmittelrichtlinien sehen beide in Art. 2 Abs. 9 vor, dass die Möglichkeit bestehen muss, dass die Entscheidung der Schiedsstelle als nichtgerichtliche Nachprüfungsinstanz zum Gegenstand einer Klage vor einem Gericht i.S.d. Art. 234 EGV (vgl. Art. 267 AEUV) gemacht wird. Eine Beschränkung auf bestimmte Entscheidungen, wie vorläufige oder endgültige Entscheidungen wurde ausdrücklich nicht vorgesehen. Genauso wenig unterscheidet der EuGH hat in seiner Rechtsprechung zum effektiven Rechtsschutz zwischen den Arten der Entscheidung. Auch eine den einzelnen belastende Verfahrensentscheidung muss überprüft werden können, auch wenn das nationale Verfahrensrecht eine isolierte Nachprüfung ausschließt[1411]. Daher hat es der ungarische Gesetzgeber versäumt, ein Rechtsmittel auch gegen die (unterlassene) einstweilige Verfügung zu gewähren. Zwar kann ein Verstoß gegen Verfahrensvorschriften im Rahmen des Rechtsmittels gegen eine in der Sache gefasste Entscheidung gerügt werden[1412]. Eine etwaige richtlinienkonforme Auslegung dahingehend, dass hierunter auch der Bescheid über die einstweilige Anordnung zu verstehen

---

[1407] S. hierzu auch im *2. Kapitel, I.3. Rechtsmittel und Instanzenzug.*
[1408] Föv. Bír. 13.K.30.170/2006.
[1409] CompLex Kommentar, § 22 Ket.
[1410] *Paksi*, A közbeszerzési eljárások jogorvoslati rendszere, S. 21; *Kozma* in: Patay, A Közbeszerzés Joga, S. 568.
[1411] *Röben*, Die Einwirkungen der Rechtsprechung des Europäischen Gerichtshofs, S.,218 f. mit Verweis auf EuGH, Rs. C-97/91, *Borelli*, Slg. 1992, I-6313, Rn. 10 ff, insb. 14 und 16;
[1412] *Bozzay* in: Fribrizcer, Közbeszerzés, S. 382.

ist, kann aufgrund der Rechtseinheitlichkeitsentscheidung aber nicht erfolgen. Um diese außer Kraft zu setzen, bedürfte es einer eindeutigen Neukodifikation des § 345 oder § 346 Kbt., wonach gegen die einstweilige Entscheidung der Schiedsstelle ein gesondertes Rechtsmittel oder eine gerichtliche Revision statthaft ist.

Zur effektiven Umsetzung des Art. 2 Abs. 9 der Rechtsmittelrichtlinien müsste der ungarische Gesetzgeber konsequenterweise auch die Pflicht der Schiedsstelle, ihre Entscheidung über die einstweilige Anordnung zu begründen, ausdrücklich normieren, um der Rechtseinheitlichkeitsentscheidung wirksam entgegen zu treten zu können.

Die derzeitige Anordnungspraxis der Schiedsstelle spiegelt den Mangel der derzeitigen Rechtslage wider. Obwohl die Antragsteller fast ausnahmslos in jedem Rechtsmittelantrag auch die Anordnung einer einstweiligen Verfügung beantragen, machte die Schiedsstelle in den vergangenen Jahren in nur ca. 25 Prozent[1413] aller Fälle von Ihrer Kompetenz Gebrauch. Die Quote nahm in den Berichtsjahren 2005 (15,6 Prozent[1414]), 2006 (10,4 Prozent[1415]) und 2007 (11,1 Prozent[1416]) sogar noch weiter ab. Bis zum heutigen Tage findet sich keine begründete Entscheidung der Schiedsstelle über die Anordnung oder Nichtanordnung der einstweiligen Verfügung. Bei Unterlassen der Anordnung gibt sie ausschließlich an, dass *„die gesetzlichen Voraussetzungen nicht vorlagen"*[1417], ein Anordnungsbeschluss enthält nur die Aussage über die getroffene einstweilige Maßnahme[1418].

e) Die Gestattung des Vertragsschlusses im Wege der einstweiligen Verfügung

Genau zu hinterfragen ist die neue Möglichkeit der Schiedsstelle, den Vertragsschluss gemäß § 332 Abs. 4 Kbt. Kbt. doch zu genehmigen:

[1413] *Közbeszerzések Tanácsa*, J/9477. beszámóló, 2003, S. 41.
[1414] *Közbeszerzések Tanácsa*, J/55. beszámóló, 2005, S. 43.
[1415] *Közbeszerzések Tanácsa*, J/3359. beszámóló, 2006, S. 65.
[1416] *Közbeszerzések Tanácsa*, J/6000. beszámóló, 2007, S. 82.
[1417] So bspw. aktuell D.122/11/2008, D.203/13/2007, D.161/6/2007, D.109/21/2007, D.531/9/2007, D.183/19/2007, D.216/5/2007, D.145/15/2008, D.122/11/2008, D.252/6/2008, D.589/8/2007, D.541/7/2007, D.502/12/2007, D.7/13/2007.
[1418] Wie bspw. aktuell D.141/13/2008, D.202/16/2008, D.510/8/2007, D.126/11/2007.

„*Wenn es der Schutz zwingender außergewöhnlich wichtiger Interessen bzw. des öffentlichen Interesses (darunter auch volkswirtschaftliche Gründe) begründet, kann die Schiedsstelle mittels Bescheid auf Antrag — unter Berücksichtigung aller gefährdeten Interessen — den Vertragsschluss genehmigen, wenn dessen Vorteile die Nachteile des Vertragsschlusses überwiegen. Im Antrag sind die nicht aufschiebbaren außergewöhnlich wichtigen Interessen oder das öffentliche Interesse (volkswirtschaftlicher Grund) anzugeben, wobei der Schiedsstelle gleichzeitig mit der Einreichung des Antrages die Dokumente zur Verfügung zu stellen sind, welche die begründenden Umstände (Gründe) beweisen. Die Schiedsstelle entscheidet innerhalb von fünf Tagen nach Eingang über den Antrag. Gegen den Bescheid ist kein Rechtsmittel statthaft.*" *[Übers. der Verf.].*

Anders als im deutschen Vergaberecht, das von der Möglichkeit des Art. 2 Abs. 5 RL 89/665/EWG bzw. Art. 2 Abs. 4 RL 92/13/EWG im Rahmen des § 115 Abs. 2 GWB Gebrauch gemacht hat und die *Zuschlagserteilung* unter bestimmten Voraussetzungen gestattet, ist die Schiedsstelle hier sogar befugt, den *Vertragsschluss* zu genehmigen.

Eine ausdrückliche Möglichkeit, die Nachprüfungsinstanzen mit einer solchen Kompetenz auszustatten, ist sekundärrechtlich nicht vorgesehen. Allerdings sehen Art. 2 Abs. 3 der Richtlinien wie auch der Erwägungsgrund 12 der RL 2007/66/EG vor, dass die Mitgliedstaaten festlegen können, dass die Stillhaltefrist auch dann enden kann — der Vertrag also geschlossen werden kann —, wenn über den Antrag auf einstweilige Maßnahmen entschieden worden ist[1419].

Es ist zumindest denkbar, dass die Gestattung des Vertragsschlusses als eine einstweilige Maßnahme i.S.d. Art. 2 Abs. 1 lit. a) der Rechtsmittelrichtlinien qualifiziert werden kann, da durch sie weitere Schädigungen der betroffenen Interessen auf Seiten des Auftraggebers verhindert werden können. Problematisch ist hier allerdings, dass das Sekundärrecht mit dieser Vorschrift gerade die Befugnis zur Aussetzung des weiteren Verfahrens verleihen wollte, um die Schaffung vollendeter Tatsachen zu verhindern. Die Gestattung des Vertragsschlusses schafft – im Gegensatz zum Zuschlag - aber gerade eine vollendete Tatsache, namentlich den Vertragsschluss. Deren Endgültigkeit manifestiert sich sogar in dem Umstand, dass kein Rechtsmittel gegen die einstweilige Entscheidung statthaft ist. Ein wirksamer Rechtsschutz des übergangenen Bieters wird hier nicht mehr gewährt.

[1419] Die Stillhaltefrist nach Art. 2a Abs. 2 und Art. 2d Abs. 4 und 5 der Richtlinien ist allerdings zu wahren.

Wenn die Richtlinienbestimmung das Beenden der Stillhaltefrist mit dem Erlass der einstweiligen Verfügung erlauben, dann setzen sie voraus, dass zumindest (zuvor oder zumindest gleichzeitig) geprüft wurde, ob der behauptete Verstoß durch die Maßnahme beseitigt oder weitere Schädigungen der betroffenen Interessen verhindert werden können. Diese Prüfung sieht das Kbt. nur im Rahmen des § 332 Abs. 2 Kbt. (Antrag des Bieters bzw. Bewerbers sowie von Amts wegen), nicht aber bei § 332 Abs. 4 Kbt. (Antrag des Auftraggebers[1420]) vor. Eine Berufung auf Art. 2 Abs. 5 RL 89/665/EWG bzw. Art. 2 Abs. 4 RL 92/13/EWG erscheint auf den ersten Blick eine Rechtfertigung hierfür zu sein. Denn das Sekundärrecht ermöglicht es, bei Überwiegen der Nachteile von der Anordnung einer einstweiligen Maßnahme abzusehen. Folge dieses Absehens ist, dass die Stillhaltefrist bis zur Entscheidung in der Hauptsache läuft und der Vertrag erst danach geschlossen werden kann. Dass die Schiedsstelle bei Überwiegen der Vorteile berechtigt ist, eine einstweilige Verfügung i.S.d. § 332 Abs. 2 Kbt. anzuordnen, deren automatische Rechtsfolge das Ende der Stillhaltefrist und die Erlaubnis des Vertragsschlusses ist, steht im Einklang mit Art. 2 Abs. 3 der Rechtsmittelrichtlinien. Davon zu unterscheiden ist, ob die Schiedsstelle bei Überwiegen der Vorteile auch eine einstweilige Verfügung i.S.d. § 332 Abs. 4 Kbt. erlassen kann. M.E. würde eine Bejahung der sekundärrechtlichen Systematik widersprechen. Denn das Ende der Stillhaltefrist und des Vertragsschlussverbotes sollen die Rechtsfolgen einer einstweiligen Verfügung sein und gerade nicht schon ihr Inhalt. Dagegen ist die Verfügung i.S.d. § 332 Abs. 4 Kbt. sowohl vorläufige Maßnahme als auch Rechtsfolge in einem. Einer Verfügung über die Gestattung des Vertragsschlusses müsste also aus Sicht der Richtlinien zwingend eine andere einstweilige Verfügung mit einer entsprechenden Interessenabwägung vorausgehen oder zumindest zeitgleich ergehen. Dann könnte innerhalb desselben Bescheides, der die einstweilige Verfügung zugunsten des unterlegenen Bieters ablehnt, auch der Vertragsschluss ausdrücklich gestattet werden. Da aber das Kbt. erlaubt, den Antrag des Auftraggebers, der nur auf die Gestattung des Vertragsschlusses abzielt, unabhängig von einem Antrag des Bieters bzw. Bewerbers zu prüfen und über ihn zu entscheiden, untergräbt § 332

[1420] Nach dem Willen des ungarischen Gesetzgebers dient § 332 Abs. 4 Kbt. den Interessen der Auftraggeber. Dies ergibt sich zwar nicht aus der Einzelbegründung zu § 73 des Kbt.-Vorschlags, jedoch u.a. aus den Änderungsvorschlägen Nr. T/5656/98 und T/5656/99 vom 09.06.2008 zum Kbt.-Vorschlag, abrufbar unter http://www.parlament.hu/internet/plsql/webpar.paramform?p_ckl=38&p_modul=IROM_LEK ERD&p_szulo=-3 [zuletzt abgerufen im November 2008].

Abs. 4 Kbt. m.E. das sekundärrechtliche System der Vertragsschlussaussetzung und ist in dieser Hinsicht nicht unionsrechtskonform[1421].

Mit der Kodifizierung dieser Kompetenz der Schiedsstelle wird auch nicht sichergestellt, dass die weiteren Voraussetzungen des Art. 2 Abs. 3 der Richtlinien gewährleistet werden. Der Vertragsschluss darf selbst bei Ergehen einer einstweiligen Verfügung nicht vor Ablauf der Stillhaltefristen i.S.d. Art. 2a Abs. 2 bzw. Art. 2d Abs. 4 der Richtlinien erfolgen, also auch nicht gestattet werden. Da das Kbt. nicht vorschreibt, dass die Schiedsstelle bei ihrer Entscheidung über die Vertragsschlussgestattung auch die genannten übrigen Stillhaltefristen berücksichtigen muss, steht § 332 Abs. 4 Kbt. nicht nur im Widerspruch zum Sekundärrecht, sondern auch zu § 99 Abs. 3 und § 306/A Abs. 3 Kbt., welche die Wahrung der Stillhaltefristen ins nationale Recht umsetzen. Diesem unionsrechtswidrigen Umstand kann aber durch eine unionsrechtskonforme Auslegung begegnet werden, indem die Schiedsstelle dem Antrag zeitlich nicht völlig frei stattgeben kann, sondern unter Beachtung der auch im Kbt. korrekt umgesetzten vorbezeichneten Stillhaltefristen.

Abschließend stellt sich auch hier die Frage, ob der Rechtsmittelausschluss die Wirksamkeit des Rechtsschutzes in diesem Fall beschränkt. Da es sich hierbei auch um eine Entscheidung i.S.d. Art. 2 Abs. 9 der Richtlinien handelt, muss sie einer Überprüfung vor einem Gericht zugänglich gemacht werden. Die Entscheidung *Hospital Ingenieure*[1422] zeigt, dass der EuGH von einem weiten Entscheidungsbegriff ausgeht, um einen möglichst breiten Rechtsschutz gewährleisten zu können. Daher gelten die Ausführungen zur Gefährdung des effektiven Rechtsschutzes auch für die Ausführungen unter diesem Punkt.

f) Der Zusammenhang zwischen einstweiligem und Hauptverfahren

Vor dem Hintergrund der Art. 2 Abs. 5 Ua. 2 RL 89/665/EWG bzw. Art. 2 Abs. 4 Ua. 2 RL 92/13/EWG stellt sich noch die Frage, ob es einen Zusammenhang zwischen der Entscheidung über die einstweilige Verfügung und dem Beschluss in der Sache der Schiedsstelle gibt. Zeitlich wirkt die Maßnahme der einstweiligen Verfügung bis zum Sachbeschluss der Schiedsstelle[1423]. Über die inhaltliche Wirkung gibt folgende Entscheidung des Hauptstädtischen Gerichts[1424] Auskunft: Der Kläger war der Ansicht, dass die Schiedsstelle

---

[1421] Ebenso sieht *Pietzcker* in: Grabitz/Hilf/Hailbronner, Das Recht der Europäischen Union, B 19., Rn. 48 m.w.N., die Gestattung des Vertragsschlusses vor dem Hintergrund des Unionsrechts als unvertretbar an.
[1422] EuGH, Rs. C-92/00, *Hospital Ingenieure*, Slg. 2002, I-5553, Rn. 49.
[1423] *Paksi*, A közbeszerzési eljárások jogorvoslati rendszere, S.21.
[1424] Főv. Bír. 13. K. 30.170/2006; K.É. 2006/134, 54672.

345

aufgrund ihrer Nichtanordnung der einstweiligen Verfügung auch im späteren Beschluss in der Sache die Rechtswidrigkeit nicht feststellen könne. Dieser Argumentation ist das Gericht nicht gefolgt. Aus der Tatsache, dass die Schiedsstelle im Zuge des Rechtsmittelverfahrens eine einstweilige Verfügung anordnet, könne nicht geschlossen werden, inwieweit sie den Rechtsmittelantrag beurteilen müsse. Daraus ist wiederum zu folgern, dass es nicht rechtswidrig sein kann, wenn die Beklagte gemäß dem Rechtsmittelantrag die Verletzung einer Rechtsnorm feststellt, obwohl sie im Laufe des Rechtsmittelverfahrens keine Maßnahme einer einstweiligen Verfügung ergriffen hat. Zwischen dem Sachbeschluss in der Rechtsmittelsache und der Anordnung der einstweiligen Verfügung bestünde kein Zusammenhang. Da mangels eines solchen Zusammenhangs keine Rechte des Antragstellers, insbesondere nicht das Recht auf die Aufhebung der Entscheidung oder Schadensersatz[1425], in der weiteren Entscheidung der Schiedsstelle beschränkt werden, entspricht das Kbt. hier den sekundärrechtlichen Anforderungen.

3. Der Beschluss der Schiedsstelle in der Sache

Das Kbt. sieht einen abschließend normierten Katalog von Maßnahmen vor, die die Schiedsstelle in ihrem Beschluss anordnen kann — je nach dem, zu welchem Ergebnis die Schiedsstelle bei der Überprüfung der Vergabesache gelangt ist. Die Beschlüsse, die die Schiedsstelle in der Sache fasst, regelt § 340 Kbt. Sie werden gemäß § 319 Abs. 1 Kbt. als einfacher Mehrheitsbeschluss gefasst. Wird keine Rechtsverletzung festgestellt, wird der unbegründete Antrag abgelehnt bzw. das von Amts wegen eingeleitete Verfahren eingestellt. Dabei bedeutet der Begriff der Rechtsverletzung (ung. *jogsértés*), den sowohl das Kbt. als auch die Schiedsstelle in ihrer Spruchpraxis verwenden nicht etwa die Verletzung des Rechts des Antragsstellers i.S.e. subjektiven Rechtsverletzung, sondern die Verletzung des objektiven Rechts, also des Gesetzes (insb. der Verstoß gegen Normen und Grundsätze des Kbt.[1426]). Es erfolgt demnach lediglich eine objektive Rechtmäßigkeitskontrolle.

Im Falle der Feststellung einer Rechtsverletzung schreibt das Kbt. bestimmte Rechtsfolgen vor, die auch gleichzeitig angewendet werden können[1427]. § 341

[1425] Darunter fallen nach *Egger*, Europäisches Vergaberecht, S. 349, nur die genannten sekundärrechtlich gesicherten Rechte.
[1426] D.501/11/2001.
[1427] Mangels Änderung der Formulierung im Vergleich zur alten Rechtslage, wird dies m.E. auch mit Inkrafttreten des Kbt.ÄndG gelten, soweit eine gleichzeitige Auferlegung sinnvoll ist. Vgl. hierzu *Kozma* in: Patay, A Közbeszerzés Joga, S. 582.

Kbt. bestimmt weitere Voraussetzungen, die zur Auferlegung einzelner Rechtsfolgen vorliegen müssen[1428].

a) Überblick über die einzelnen Rechtsfolgen

Seit Entstehung des Kbt. wurde in jeder Gesetzesänderung deren Rechtmäßigkeit und Zweckmäßigkeit zur Vermeidung von Rechtsverstößen heftig diskutiert[1429].

Auf der Grundlage des Kbt.ÄndG beschließt die Schiedsstelle im Namen des Rates der öffentlichen Beschaffungen gemäß § 340 Abs. 1 und 2 Kbt.:

- die Ablehnung eines unbegründeten Antrags (§ 340 Abs. 2 lit. a) Kbt[1430];

- die Feststellung des Fehlens einer Rechtsverletzung in einem von Amts wegen eingeleiteten Verfahren (§ 340 Abs. 2 lit. b) Kbt.);

- die Feststellung der Rechtsverletzung (§ 340 Abs. 2 lit. c) Kbt.);

- in den Fällen des Abs. 4 neben der Feststellung der Rechtsverletzung gleichzeitig die Auferlegung einer Geldbuße (§ 340 Abs. 2 lit. f) Kbt.);

- die Feststellung der Rechtsverletzung und das Verbot für den Bieter, in einem Zeitraum zwischen einem halben Jahr und drei Jahren an einer öffentlichen Auftragsvergabe teilzunehmen (§ 340 Abs. 2 lit. f) Kbt.);

- die Pflicht, die Verwaltungsleistungsgebühr zu zahlen und die Rechtsmittelkosten zu tragen (§ 340 Abs. 2 lit. g) Kbt.), wobei § 341 Abs. 4 und 5 Kbt. die Zusammensetzung der Kosten, deren Nachweise und den Kostenträger, im Einzelnen regeln und

- neben der Feststellung der Rechtsverletzung die Anordnung der in Abs. 3 aufgezählten Rechtsfolgen (§ 340 Abs. 2 lit. d) Kbt.). Danach kann die Schiedsstelle

---

[1428] Erstaunlicherweise sah der Kbt.-Entwurf keine Änderung des § 341 Kbt. vor, obwohl sich die darin enthaltenen Bestimmungen auf Vorschriften (insbesondere auf den zentralen § 340 Kbt.) bezogen, die mit dem Entwurf geändert werden sollen. Im Zuge der eingereichten Änderungsvorschläge (s. z.B. Änderungsvorschlag Nr. T/5656/194 vom 15.10.2008 zum Kbt.-Vorschlag, abrufbar unter http://www.parlament.hu/internet/plsql/ogy_irom.irom_madat?p_ckl=38&p_izon=5656&p_al sz=194 [zuletzt abgerufen im November 2008] zum Entwurf, wurde die Formulierung des § 341 Kbt. durch das Kbt.ÄndG in Einklang mit den übrigen Vorschriften gebracht.
[1429] *Monory*, Közérthető közbeszerzés közösségi keretek között, S. 309.
[1430] Im Berichtsjahr 2006 war die Quote der unzulässigen bzw. unbegründeten Anträge mit 44,3 Prozent gleichbleibend hoch, wobei häufigster Abweisungsgrund die Unbegründetheit war, vgl. *Közbeszerzések Tanácsa*, J/600. beszámoló, 2007, S. 80.

- o den Rechtsverletzenden vor Abschluss des Vergabeverfahrens zu einem mit dem Kbt. in Einklang stehenden Verfahren auffordern (§ 340 Abs. 3 lit. a) Kbt.) bzw. die Entscheidungsfindung des Auftraggebers gemäß § 340 Abs. 3 lit. b) Kbt. an Bedingungen knüpfen.

- o laut § 340 Abs. 3 lit. b) Kbt. jede Entscheidung des Auftraggebers für nichtig erklären, die er im Laufe des Vergabeverfahrens getroffen hat oder die das Verfahren abschließt, beides jedoch nur, so lange ein Vertrag aufgrund dieser Entscheidung noch nicht abgeschlossen worden ist.

- o bei Feststellung, dass der Bieter nicht (mehr) den Anforderungen entspricht, um im offiziellen Verzeichnis der zugelassenen Bieter zu stehen, ihn gemäß § 340 Abs. 3 lit. c) i.V.m. § 341 Abs. 1 Kbt. aus dem Verzeichnis (vgl. § 12 Kbt. i.V.m. § 386 bis § 391 Kbt.) löschen lassen;

- o dem Bieter für einen Zeitraum zwischen einem halben Jahr und drei Jahren die Teilnahme an einer öffentlichen Auftragsvergabe verbieten (§ 340 Abs. 3 lit. d) Kbt.);

- o eine Geldbuße gegenüber dem Organ (Person), das(die) gegen die Vorschriften dieses Gesetzes verstoßen hat, sowie gegen die Person, die für die Rechtsverletzung verantwortlich ist, bzw. gegenüber der mit der Organisation in einem Rechtsverhältnis stehenden und für die Rechtsverletzung verantwortlichen Person und Organisation verhängen (§ 340 Abs. 3 lit. e) Kbt.).

Der Kbt.-Entwurf sah eine völlig andere Systematik der Rechtsfolgen vor und unterschied gemäß § 75 Kbt.-Entwurf zunächst zwischen leichten und schweren Rechtsverletzungen[1431]. Dieser Vorschlag wurde in zahlreichen

---

[1431] Vermutlich wurde dem Kbt.-Entwurf der Gedanke des Erwägungsgrundes Nr. 18 RL 2007/66/EG zugrunde gelegt, der ebenfalls zwischen leichten und schweren Rechtsverletzungen unterscheidet. Im Zuge des Rechtsetzungsverfahrens der RL 2007/66/EG schlug das Europäische Parlament die Vertragsunwirksamkeit auch bei „schweren Verstößen" für angezeigt, (50. Änderungsantrag des Berichts des Ausschusses für Binnenmarkt und Verbraucherschutz vom 10. 5. 2007, A6-0172/2007). Eine Übernahme erfolgte aufgrund der Unbestimmtheit des Rechtsbegriffes nicht, vgl. hierzu *Costa-Zahn/Lutz*, Reform der Rechtsmittelrichtlinien, NZBau 2008, 22, 24. Dieser Umstand schließt allerdings nicht aus, dass das nationale Recht zwischen leichten und schweren Verstößen unterscheidet. Gerade aufgrund der unterlassenen unionsrechtlichen Regelung wurden die Art und Weise der Kategorisierung von Rechtsverletzungen und deren entsprechende Sanktionen in die Verfahrensautonomie der Mitgliedstaaten verweisen.

Änderungsvorschlägen im Rahmen des Gesetzgebungsverfahrens diskutiert und letztendlich nicht übernommen[1432]. Trotzdem scheint der nun gewählte Aufbau des § 340 Kbt. nicht ganz klar: Wie oben dargestellt, listen sowohl Abs. 2 und 3 Rechtsfolgen auf, wobei Abs. 3 die Feststellung einer Rechtsverletzung voraussetzt. Warum dann die Rechtsfolgen von Abs. 2 lit. d) und lit. f) nicht ebenfalls unter Abs. 3 eingereiht worden sind, die auch die Feststellung einer Rechtsverletzung verlangen, kann nicht nachvollzogen werden. Dass darunter nicht nur die Übersichtlichkeit leidet, sondern auch die Klarheit der rechtlichen Bestimmungen, sieht man daran, dass ein und dieselbe Rechtsfolge (Ausschluss des Bieters von zukünftigen Vergabeverfahren) an zwei inhaltlich übereinstimmende Vorschriften bzw. Tatbestände geknüpft worden ist (§ 340 Abs. 2 lit. f) Kbt. bzw. § 340 Abs. 3 lit. d) Kbt.). Rechtsstaatlichen Bedenken begegnet dieses gesetzgeberische Versehen jedoch nicht, da sich daraus keine unauflösbaren Widersprüche für den Rechtsanwender ergeben.

b) Auferlegung einer Geldbuße

Laut Erwägungsgrund Nr. 19 RL 2007/66/EG ist die Auferlegung von Geldbußen als mögliche Rechtsfolge grundsätzlich anerkannt. Mit Ausnahme des Art. 2e der Rechtsmittelrichtlinien stellt das Sekundärrecht keine weiteren Anforderungen an den nationalen Gesetzgeber. Den primärrechtlichen bzw. verfassungsrechtlichen Rahmen muss er dabei natürlich beachten.

Hinsichtlich der Auferlegung einer Geldbuße schwankte der ungarische Gesetzgeber im Laufe der Kbt.-Änderungsgesetze immer wieder zwischen einer diesbezüglichen Verpflichtung und einem Ermessen der Schiedsstelle. Das Kbt. a.F. sah in jedem Fall die Zahlung einer Geldbuße vor, selbst wenn der Schaden wiedergutzumachen und die rechtswidrige Handlung von nur geringem Gewicht waren (z.B. sich auf Entscheidungen nicht auswirkende Vergabeverfahrensfehler). Sogar wenn die geringste Geldbuße außer Verhältnis zur Schwere der Rechtsverletzung stand, war die Schiedsstelle zu ihrer Anordnung verpflichtet. Die bis zum Kbt.ÄndG geltende Variante stellte die Entscheidung über die Auferlegung — bis auf zwei Ausnahmen — in das freie Ermessen der Schiedsstelle[1433]. Der in diesem Zusammenhang nicht übernommene Vorschlag des Kbt.-Entwurfs wollte die Auferlegung einer Geldbuße auf die Fälle schwerer Rechtsverletzungen beschränken, wobei bei bestimmten schweren Rechtsverletzungen eine Zahlungsanordnung erfolgen

---

[1432] Obwohl der Gesetzestext hierzu keinerlei Hinweise gibt, soll nach der Begründung des Kbt.ÄnG zu § 84-85 innerhalb Absatz 3 doch zwischen leichten und schweren Rechtsverletzungen unterschieden werden. So sollen die Rechtsfolgen des Abs. 3 lit. a) bei leichten Rechtsverstößen angewendet werden, bei schweren hingegen die in Abs. 3 lit. b) bis d) Kbt.
[1433] *Kozma* in: *Patay*, A Közbeszerzés Joga, S. 582.

musste, bei den übrigen das Ermessen der Schiedsstelle eröffnet wurde. Das Kbt.ÄndG differenziert bei der Entscheidung, ob eine Geldbuße zu zahlen ist, nicht zwischen leichter und schwerer Verletzung. Wohl aber muss die Schiedsstelle diese Differenzierung bei Festlegung der Höhe beachten.

aa) Adressat der Geldbuße

Bei der Frage, wer mit der Geldbuße zu belegen ist, gibt § 341 Abs. 3 Kbt. eine eindeutige Antwort: Wenn die Schiedsstelle feststellt, dass die Bekanntmachung zur Einleitung der Auftragsvergabe rechtswidrig war und sie sich für die Anordnung einer Geldbuße entscheidet, so muss sie neben dem Auftraggeber auch diejenige (juristische) Person mit einer Geldbuße belegen, die für die Vorbereitung der die Auftragsvergabe einleitenden Aufforderung verantwortlich ist, wie z.b. private Unternehmen, die mit der Ausschreibung beauftragt worden sind[1434]. Darüber hinaus erfordert die Gesetzessystematik des Kbt. eine Differenzierung zwischen der Ermessens- und der Verpflichtungsentscheidung. Die Verpflichtungsentscheidung des § 340 Abs. 4 Kbt. listet in lit. a) bis e) eine Reihe von Rechtsverletzungen auf, die unter Berücksichtigung der dort genannten Verweisungsnormen nur durch jeweils ganz bestimmte Personen verwirklicht werden können. So kann bspw. nur der Auftraggeber seiner Verpflichtung zur Bekanntgabe auf seiner Homepage verstoßen (§ 340 Abs. 4 lit. d) Kbt.). Die Bestimmung des möglichen Adressaten einer solchen Geldbuße ergibt sich daher aus dem Tatbestand der verweisenden Norm (hier § 17/C Kbt.). Bei allen anderen, nicht unter § 340 Abs. 4 Kbt. aufgezählten Rechtsverletzungen, hat das Kbt. der Schiedsstelle bei ihrer Ermessensentscheidung die möglichen Adressaten einer Geldbuße vorgeschrieben: Sie kann daher der das Kbt. verletzenden juristischen Person/Organisation sowie der für die Verletzung verantwortlichen (natürlichen) Person bzw. der mit der (juristischen) Person/Organisation in einem Rechtsverhältnis stehenden natürlichen und juristischen Person/Organisation, die für die Verletzung verantwortlich ist, eine Geldbuße auferlegen. Umfasst sein können hiervon also sowohl die Auftraggeber- als auch die Bieterseite[1435].

Vor dem Hintergrund der bisherigen höchstrichterlichen Rechtsprechung stellt sich die Frage, ob dieser weite Adressatenkreis auch auf die Fälle anzuwenden ist, in denen die Schiedsstelle kein Ermessen mehr hat. Das Oberste

---

[1434] Einzelbegründung zu § 87 Kbt.ÄndG.
[1435] So erlegte die Schiedsstelle im Beschluss D. 157/11/2005 dem obsiegenden Bieter eine Geldbuße i.H.v. HUF 1 Mio. (ca. EUR 4.000), da sein Angebot falsche Angaben enthielt. Maßgeblich ist, wer die streitgegenständliche (n) Norm (en) verletzt hat. Daher kann es auch zu einer kumulativen (auf Auftraggeber- und Bieterseite) Bußgeldbewehrung kommen, vgl. *Kozma* in: Patay, A Közbeszerzés Joga, S. 586/1 unter Bezugnahme auf Legf. Bír. Kf. I. 28.042/1997 bereits zum Kbt. a.F.

Gericht hat bereits unter der alten Rechtslage unabhängig davon, ob es sich bei der Ermächtigungsnorm um eine zwingende oder um eine Ermessensvorschrift handelt, festgestellt, dass zur wirksamen Durchsetzung des Rechtsschutzbegehrens der Kreis derjenigen, die mit einem Bußgeld belegt werden, diejenigen umfassen soll, die grundsätzlich auch in § 340 Abs. 3 lit. e) Kbt. beschrieben sind[1436]. Eine solche Auslegung widerspricht aber der Systematik des Kbt.ÄndG. Der weite Adressatenkreis wird ausschließlich in Abs. 3 bei Ermessensentscheidungen normiert. Eine Bezugnahme zu Abs. 4 fehlt. Der eindeutige Wortlaut und die Tatsache, dass der Kbt.-Entwurf eine völlig andere Geldbußensystematik vorgeschlagen hatte, lassen nur den Schluss zu, dass der Gesetzgeber den weiten Adressatenkreis auch nur hinsichtlich der Ermessensentscheidung gelten lassen wollte.

bb) Geldbuße als Ermessensentscheidung

Bei der Entscheidung über das „*ob*" der Anordnung einer Geldbuße muss die Schiedsstelle gemäß § 341 Abs. 2 Kbt. alle Umstände berücksichtigen — insbesondere die Schwere der Rechtsverletzung, den Gegenstand und Wert der Auftragsvergabe, den Einfluss, den die Rechtsverletzung auf die das Vergabeverfahren abschließende Entscheidung genommen hat, den Nachweis eines wiederholten vergaberechtswidrigen Verhaltens des Rechtsverletzenden — und ob der Bieter das Verfahren durch Kooperation gefördert hat.

Uneinigkeit herrscht über die Frage, ob die Schiedsstelle in ihr Entschließungsermessen auch einfließen lassen darf bzw. muss, ob der Betroffene die Rechtsverletzung vorsätzlich herbeigeführt hat. Subsumiert man die vorsätzliche oder fahrlässige Rechtsverletzung unter das zulässige Abwägungsmoment „*Schwere der Rechtsverletzung*", könnte die Schiedsstelle dieses subjektive Kriterium erschwerend berücksichtigen. Gegen ein solches Verständnis spricht aber § 341 Abs. 2 S. 2 Kbt.

> „*Bei der Feststellung der Höhe der Geldbuße ist auch zur berücksichtigen, ob die Rechtsverletzung offensichtliche vorsätzlich begangen wurde*". *[Übers. der Verf.].*

[1436] Eine solche weite Auslegung forderte das Urteil Nr. des Obersten Gerichtes, das das erstinstanzliche Urteil Nr. 8.K 31.292/1996/10 des Hauptstädtischen Gerichtes aufhob und damit den Beschluss Nr. D. 597/107/1996 der Schiedsstelle, der sowohl den Auftraggeber wie auch den obsiegenden Bieter mit einer Geldbuße belastete, bestätigte: „Wenn der Auftraggeber eine andere Organisation oder eine außerhalb seines Angestelltenkreises stehende Person damit beauftragt, in seinem Namen vorzugehen, dann müssen der Auftraggeber, die beauftragte Organisation, sowie dessen für die Rechtsverletzung verantwortliche Angestellter bzw. die beauftragte natürliche Person gleichzeitig mit einer Geldbuße belegt werden, wenn allesamt verantwortlich sind." Das Kbt. a.F. sah nur gegenüber natürlichen Personen die Auferlegung von Geldbußen vor.

Aus dieser Formulierung lässt sich m.E. eindeutig ableiten, dass ein vorsätzliches Verhalten bei der Bestimmung der Höhe der Geldbuße in Betracht gezogen werden darf. Dagegen darf der Vorsatz bei der Entscheidung, ob eine Geldbuße auferlegt werden soll — genauso wenig wie bei der Feststellung einer Rechtsverletzung — keine Rolle spielen. Trotzdem haben die Schiedsstelle — zwar unter altem, aber gleichlautendem Gesetzestext — sowie die Rechtsliteratur für das Entschließungsermessen bei der Auferlegung einer Geldbuße die Berücksichtigung einer etwaigen Bösgläubigkeit des Betroffenen gefordert[1437]. Das Kbt.ÄndG hat in diesem Zusammenhang keine Modifizierung veranlasst, sodass trotz des eindeutigen Wortlautes Grund zu der Annahme besteht, dass die Rechtsauffassung aufrechterhalten bleibt. Die Frage, ob der effektive Rechtsschutz aufgrund der Auslegungs- und Anwendungspraxis der Schiedsstelle beeinträchtigt wird, hängt demzufolge von der Auslegung des Gesetzeswortlautes genauso ab wie von der künftigen Rechtsprechung[1438].

cc) Geldbuße ohne Ermessensentschließung

Dem gegenüber erfolgt in den Fällen des § 340 Abs. 2 lit. e) i.V.m. Abs. 4 Kbt. die Auferlegung der Geldbuße ohne jedes Ermessen, wenn

- die Schiedsstelle festgestellt hat, dass sich der Auftraggeber entgegen der Aufforderung des Rates gemäß § 18 Abs. 3 und 4 Kbt.[1439] nicht zur Aufnahme in das Auftraggeberregister gemeldet hat, obwohl er als Auftraggeber i.S.d. Kbt. zu qualifizieren ist (§ 340 Abs. 4 lit. a) Kbt.);

[1437] *Bozzay* in: Fribrizcer, Közbeszerzés, S. 380 f.

[1438] In Betracht käme hier eine Beeinträchtigung des effektiven Rechtsschutzes durch einen Verstoß gegen das verfassungsrechtliche Rechtsstaatsgebot in Form des Grundsatzes gesetzmäßiger Verwaltung. Dieses fordert, dass die Behörde ihre Entscheidungen nur im Rahmen ihrer materiell-rechtlichen Ermächtigung fällen darf. Kommt man bei der Auslegung des Gesetzestextes zu dem Schluss, dass die vorsätzliche Begehung der Rechtsverletzung nicht in die Abwägung eingestellt werden soll, würde die Schiedsstelle ihre Ermächtigungsgrundlage übertreten und gegen das Rechtsstaatsgebot verstoßen, vgl. auch die Ausführungen im 2. Kapitel unter III.4.a)bb)(2).

[1439] Der neue § 18 Abs. 1 bis 5 Kbt. sieht vor, dass die Auftraggeber, innerhalb 30 Tagen, nachdem sie vom Anwendungsbereich dieses Gesetzes erfasst worden sind, grundsätzlich verpflichtet sind, diesen Umstand dem Rat mitzuteilen. Der Rat veröffentlicht ein von ihm geführtes tagesaktuelles Register über die Auftraggeber i.S.d. Kbt. und macht erforderlichenfalls über sie Meldung bei der Europäischen Kommission Mitteilung. Neben dem Rat kann jeder auf die unterlassene Nichtregistrierung eines Auftraggebers hinweisen, woraufhin der Rat den Auftraggeber hierzu auffordert und nach fruchtlosem Verstreichen der Aufforderung ein Nachprüfungsverfahren vor der Schiedsstelle einleitet.

- gegen § 96/B Abs. 1, 3 oder 4, § 99 Abs. 3 oder 4 Kbt. verstoßen wurde, sofern die Voraussetzungen des § 306/A Abs. 2 lit. b) Kbt. nicht vorliegen[1440] (§ 340 Abs. 4 lit. b) Kbt.);
- das Vorliegen einer Rechtsverletzung gemäß § 328 Kbt. festgestellt wurde[1441](§ 340 Abs. 4 lit. c) Kbt.);
- der Auftraggeber seiner Veröffentlichungspflicht auf seiner Homepage gemäß § 17/C Kbt. nicht oder nicht genügend nachgekommen ist[1442] (§ 340 Abs. 4 lit. d) Kbt.) oder
- der Auftraggeber seine Verpflichtung aus § 132 Kbt. nicht erfüllt hat[1443] (§ 340 Abs. 4 lit. e) Kbt.).

dd) Höhe der Geldbuße

Hat die Schiedsstelle ihr Ermessen dahingehend ausgeübt, eine Geldbuße aufzuerlegen oder ist sie wegen § 340 Abs. 4 Kbt. dazu gezwungen, muss sie die genannten Abwägungsmomente des § 341 Abs. 2 Kbt. erneut bei der Festlegung

---

[1440] Hierzu näher im *5. Kapitel, VII. 4.c)aa) Effektivität der Vorschriften zur Auferlegung von Geldbußen.*
[1441] Von den möglichen Rechtsverletzungen des § 328 Kbt. sind erstens die vom Auftraggeber unterlassene Zusendung der statistischen Jahreszusammenfassung i.S.d. § 16 Abs. 3 Kbt., zweitens, wenn ein Auftraggeber seiner Pflicht zur Meldung gemäß § 18 Abs. 4 Kbt., dass er vom Auftraggeberbegriff und damit vom Anwendungsbereich des Kbt. umfasst wird, nicht nachgekommen ist sowie drittens, die entgegen §§ 303 bzw. 304 oder 305 Kbt. erfolgte Änderung bzw. Erfüllung von Verträgen zu verstehen.
[1442] Hier muss der Auftraggeber seiner Pflicht zur Veröffentlichung von den sehr umfangreich und detailliert vorgeschriebenen Vergabeinformationen gemäß § 17/C Kbt. (u.a. die Bekanntmachung des eingeleiteten Vergabeverfahrens, das Ergebnis bzw. die Ergebnislosigkeit, den Vertragsschluss, seine Änderungen bzw. Erfüllung sowie die Einzelheiten des eingeleiteten Nachprüfungsverfahrens, ergangene Beschlüsse und Bescheide, die statistische Jahreszusammenfassung, u.v.m.) nicht nachgekommen sein. Bereits vor dem Kbt.ÄndG entschied sich die Schiedsstelle in diesem Fall recht häufig für die Zahlung einer Geldbuße als erforderliche Sanktion (*Paksi, A közbeszerzési eljárások jogorvoslati rendszere*, S. 26.).
[1443] Teilt der Auftraggeber der Schiedsstelle nicht innerhalb von acht Tagen vor Beginn des Verhandlungsverfahrens ohne Veröffentlichung einer Bekanntgabe die genau bezeichneten diesbezüglichen Informationen i.S.d. § 132 Kbt. mit, ist ebenfalls eine Geldbuße zu zahlen. Zur Fristwahrung ist gemäß § 132 Abs. 2 Kbt. in den folgenden Fällen ausreichend, wenn der Auftraggeber die Schiedsstelle am Tag der Eröffnung des Verhandlungsverfahrens benachrichtigt: Im Falle nicht vorhersehbarer, außerordentlicher Dringlichkeit (§ 125 Abs. 2 c) Kbt.), bei der Auftragsvergabe über die Lieferung von Waren, die an der Warenbörse notiert und dort erworben worden sind (§ 125 Abs. 4 c) Kbt.) oder die wegen Verkaufs etwa im Rahmen eines Konkurs-, Liquidations- oder Zwangsvollstreckungsverfahren besonders günstig erworben werden können (§ 125 Abs. 4 d) Kbt.).

der Höhe berücksichtigen. Zusätzlich spielt eine Rolle, ob die Rechtsverletzung offensichtlich absichtlich erfolgt ist. Im Gegensatz zur alten Rechtslage nennt das Kbt. nunmehr überhaupt keine Mindest- oder Höchstbeträge oder etwa Prozentsätze des Auftragswertes, an denen sich die Schiedsstelle bei der Bestimmung der Höhe orientieren könnte. Dies erschwert den Erfolg einer gerichtlichen Überprüfung, auch wenn das Gericht ausdrücklich zur Änderung der Summe berechtigt wurde. Ob sich die Schiedsstelle zumindest summenmäßig an den bisher geltenden Grenzen orientieren wird, muss die Zukunft zeigen. Ohne gesetzliche Grundlage jedoch besteht trotz der Abwägungsverpflichtung die Gefahr unverhältnismäßiger Geldbußen, was sowohl die Ober- als auch die Untergrenze betrifft.

Zwar gestatten die Richtlinien der Auferlegung einer Geldbuße, die Entscheidung über deren Höhe überlassen sie aber dem nationalen Gesetzgeber, soweit sie sich im Rahmen des Unionsrechts halten. Der EuGH hat aus dem Grundsatz des effektiven Rechtsschutzes und der damit verbundenen Anforderung eines wirksamen Rechtsbehelfes abgeleitet, dass eine gerichtliche Kontrolle über eine reine Willkürkontrolle hinausgehen muss[1444]. Dies ist nur möglich, wenn die entscheidende (sowohl Verwaltungs- als auch Straf-)[1445] Behörde eine Rechtsgrundlage heranziehen kann, die dem Bestimmtheitsgebot entspricht[1446]. Hierzu müssen nicht nur die Tatbestandsvoraussetzungen genau festgelegt sein, bei deren Erfüllung die Sanktion verhängt werden kann, sondern auch der konkrete Umfang bzw. Rahmen der zu erwartenden Sanktion[1447]. Gleiches hat der EuGH bereits im Hinblick auf Unionsrechtsakte aus dem Grundsatz der Rechtssicherheit und dem Bestimmtheitsgebot abgeleitet[1448], an das sich auch die mitgliedstaatlichen Verwaltungsorgane zu halten haben[1449]. Besonders bei angedrohten fiskalischen Sanktionen muss der Betroffene vorhersehen können, im welchem Umfang er gegebenenfalls verpflichtet werden

---

[1444] EuGH, Rs. C-92/00, *Hospital Ingenieure*, Slg. 2002, I-5553, Rn. 61 ff.
[1445] EuGH, Rs. 117/83, *Könecke*, Slg. 1984, 3291, Rn. 11; EuGH, Rs. C-18/89, *Maizena*, Slg. 1987, 4603, Rn. 15; EuGH, verb. Rs. C-74/95 und C-129/95, *Strafverfahren gegen X*, Slg. 1996, I-6609, Rn. 25.
[1446] EuGH, Rs. C-352/92, *Milchwerke Köln/Wuppertal*, Slg. 1994, I-3385, Rn. 22.
[1447] EuGH, verb. Rs. C-74/95 und C-129/95, *Strafverfahren gegen X*, Slg. 1996, I-6609, Rn. 25. Ob § 340 Abs. 4 Kbt. strafrechtsähnlichen Charakter hat, kann offen bleiben, da auch nichtstrafrechtliche Normen dem Bestimmtheitsgebot genügen müssen, vgl. EuGH, Rs. 117/83, *Könecke*, Slg. 1984, 3291, Rn. 11; EuGH, Rs. C-18/89, *Maizena*, Slg. 1987, 4603, Rn. 15.
[1448] EuGH, Rs. 70/83, *Kloppenburg*, Slg. 1984, 1075, Rn. 11; EuGH, verb. Rs. 212/80 bis 217/80, *Salumi*, Slg. 1981, 2735, Rn. 10.
[1449] EuGH, Rs. C-158/07, *Förster*, Urt. v. 18.11.2008, Rn. 67 mit Verweis auf EuGH, Rs. C-143/93, *Van Es Douane Agenten*, Slg. 1996, I-431, Rn. 27; EuGH, Rs. C-347/06, *ASM Brescia SpA*, Urt. v. 17.07.2008, Rn. 69.

kann und mit welchen Konsequenzen er zu rechnen hat[1450]. Dieses Gebot fordert allerdings nicht, dass an jede einzelne Rechtsverletzung eine betragsmäßig genau bestimmte Sanktion geknüpft wird. Der Gesetzgeber muss auch der Vielgestaltigkeit des Lebens Rechnung tragen und deshalb unter Wahrung des Verhältnismäßigkeitsgrundsatzes ein Ermessen hinsichtlich der Höhe zulassen können. Je schwieriger die Einhaltung von Vorschriften — so auch bei der Fülle von vergaberechtlichen Normen und Formalia — und je größer die Gefahr von schweren Konsequenzen ist, umso mehr muss dem Bestimmtheitsgebot Rechnung getragen werden[1451]. Im Rahmen seiner Rechtsprechung bezieht sich der EuGH[1452] auch auf die gleichlautende Rechtsprechung des EGMR zur gesetzlichen Bestimmtheit von Tatbestand und Strafe i.S.d. Art. 7 Abs. 1 EMRK[1453]. Obwohl Art. 7 Abs. 1 EMRK inhaltlich mit § 57 Abs. 4 Alk. übereinstimmt, leitet das ungarische Verfassungsgericht die verfassungsrechtlichen Anforderungen an die Bestimmtheit von Rechtsvorschriften sowohl im Hinblick auf den Tatbestand als auch auf die Rechtsfolgen nicht aus § 57 Abs. 4 Alk., sondern aus dem Rechtsstaatsgebot i.S.d. § 2 Abs. 1 Alk. ab[1454]. Die Rechtsvorschriften müssen im Hinblick auf ihren Inhalt klar, verständlich und eindeutig sein, um mit dem der Rechtsstaatlichkeit entstammenden Rechtssicherheitsgebot im Einklang zu stehen[1455]: Im Zusammenhang mit Sanktionen mit Strafcharakter fordert § 2 Abs. 1 Alk., dass die bei einer verbotenen Handlung in Aussicht gestellte Sanktion bestimmt, klar eingegrenzt und verfasst sein muss. Die Angaben der Vorschrift müssen ein grenzenloses Ermessen des Rechtsanwenders verhindern. Ungenaue Gesetzestexte ermöglichen subjektive Entscheidungen und damit unterschiedliche Rechtsfolgen, die auch die Rechtsgleichheit i.S.d. § 70/A Alk.

[1450] EuGH, Rs. 30/89, *Kommission/Frankreich*, Slg. 1990, I-691, Rn. 23; EuGH, Rs. 325/85, *Irland/Kommission*, Slg. 1987, 5041, Rn. 18; EuGH, Rs. 326/85, *Niederlande/Kommission*, Slg. 1987, 5091, Rn. 24;EuGH, Rs. C-177/96, *Banque Indosuez*, Slg. 1997, I-5659, Rn. 27; EuGH, verb. Rs. 92/87 und 93/87, *Kommission/Frankreich, Vereinigtes Königreich, Nordirland*, Slg. 1989, 405, Rn. 22.
[1451] EuGH, Rs. 32/79, *Kommission/Vereinigtes Königreich*, Slg. 1980, 2403, Rn. 46; EuGH, Rs. 30/89, *Kommission/Frankreich*, Slg. 1990, I-691, Rn. 23.
[1452] EuGH, verb. Rs. C-189/02 P, C-202/02 P, C-205/02 P bis C-208/02 P und C-213/02 P, Dansk Rørindustri u.a., Slg. 2005, I-05425, Rn. 215.
[1453] EGMR, No. 20166/92, *S.W. v. United Kingdom*, Series A335-B, para. 34-36; EGMR, No. 20190/92, *C.R. v. United Kingdom*, Series A335-C, para. 32-34; EGMR, No. 17862/91, *Cantoni/France*, RJD 1996-V, para. 29 - 32; EGMR, Rs. 32492/96, 32547/96, 32548/96, 33209/96, 33210/96, *Coëme a.o. v. Belgium*, RJD 1996-VII, para. 145.
[1454] AB Beschluss 11/1992 (III.5.), ABH 1992, 77, 84, 86; AB Beschluss 26/1992 (IV.30.), ABH 1992, 135, 142.
[1455] AB Beschluss 1026/B/2000, ABH 2003, 1296, 1299 f.; AB Beschluss 58/1997 (XI.5.), ABH 1997, 348, 353.

beeinträchtigen[1456]. Deshalb sind Vorschriften verfassungswidrig, wenn ihre Auswirkungen für den Adressaten nicht berechenbar und im Voraus erkennbar sind[1457].

Das Kbt. sieht bei der Bestimmung der Höhe einer Geldbuße weder einen Rahmen noch eine Unter- oder Obergrenzen vor, es fehlt sogar eine betragsmäßige oder prozentuale Orientierungsgröße. So kann der Betroffene überhaupt nicht erkennen, mit welcher Sanktion er bei der Erfüllung des Tatbestandes zu rechnen hat. Gerade bei den umfangreichen Verpflichtungen im Rahmen der Auftragsvergabe hätte zumindest eine Rahmenregelung erfolgen müssen, innerhalb der die Schiedsstelle ihr Ermessen hätte ausüben können. In der derzeitigen Fassung ist es nicht der ungarische Gesetzgeber, der die genaue Rechtsfolge festlegt, sondern die Schiedsstelle. Auch durch die gerichtliche Revision der Entscheidung der Schiedsstelle — die ausdrücklich auch den Betrag der auferlegten Geldbuße einschließt — kann den Verstoß des Gesetzgebers gegen das Bestimmtheitsgebot nicht rechtfertigen. Zum einen kann von dem Betroffenen nicht erwartet werden, bei jeder Auferlegung einer Geldbuße eine zeit- und kostenintensive gerichtliche Revision einzulegen. Zum anderen kann das Hauptstädtische Gericht die Ermessensentscheidung der Schiedsstelle zwar überprüfen und abändern, es ist jedoch in seinem Umfang beschränkt[1458], da die Tatbestandsvoraussetzungen für die Geldbuße grundsätzlich nur vor der Schiedsstelle erörtert werden. Außerdem fehlt es dem Gericht selbst an einem gesetzlichen Rahmen, an dem er die Entscheidung über die Höhe der Geldbuße messen könnte. Dadurch wird der Betroffene nicht nur in nicht hinnehmbarem Maße beeinträchtigt, den Umfang der zu erwartenden Sanktion vorauszusehen, sondern auch ein wirksames Rechtsschutzmittel gegen die auferlegte Sanktion einzulegen. Hierdurch hat der Gesetzgeber weder die unionsrechtlichen noch die verfassungsrechtlichen Mindestanforderungen an die gesetzliche Vorausbestimmung der Höhe der Geldbuße erfüllt.

c) Ausschluss des Bieters von künftigen Vergabeverfahren

Gemäß § 340 Abs. 2 lit. f) Kbt. kann die Schiedsstelle nach ihrem Ermessen entscheiden, ob sie dem Bieter für einen Zeitraum von einem halben Jahr bis zu drei Jahren[1459] die zukünftige Teilnahme an einer öffentlichen Auftragsvergabe

---

[1456] AB Beschluss 1160/B/1992, ABH 1993, 607, 608; AB Beschluss 534/E/2001, ABH 2002, 1283, 1291.
[1457] AB Beschluss 42/1997 (VII.1.), ABH 1997, 299, 301.
[1458] Siehe näher im *6. Kapitel, II.2.b)ff) Prüfungsumfang.*
[1459] Das Kbt.ÄndG verkürzte die maximale Ausschlussdauer auf Vorschlag des Kbt.-Entwurfs von 5 auf 3 Jahre. Für den Bieter bestünde nach einer so langen Zeit (von 5 Jahren) keine reale Chance mehr, erfolgreich zurückzukehren, vgl. *Monory*, Közérthető közbeszerzés közösségi keretek között, S.314.

verbietet. Diese harte Sanktion ist allerdings nur in zwei Fällen möglich: Wenn der Bieter im Rahmen der Auftragsvergabe in Verbindung mit dem Vergabeverfahren falsche Angaben[1460] gemacht, eine falsche Erklärung abgegeben (§ 340 Abs. 2 lit. f) fa) Kbt.) oder die Schiedsstelle mindestens zweimal das rechtwidrige Verhalten des Bieters in einem rechtskräftigen Beschluss innerhalb von zwei Jahren festgestellt hat (§ 340 Abs. 2 lit. f) fa) Kbt.).

Zunächst ist nicht verständlich, weshalb § 340 Abs. 3 lit. d) Kbt. dieselbe Rechtsfolge wie der eben genannte § 340 Abs. 2 lit. f) Kbt. hat. Beide Vorschriften setzen eine Rechtsverletzung voraus und ermöglichen den Ausschluss des Bieters zwischen einem halben Jahr und drei Jahren. Problematisch macht diese offensichtlich versehentliche Doppelnormierung der Umstand, dass die weiteren Voraussetzungen für diese Rechtsfolge in beiden Absätzen wesentlich differieren. Wo Abs. 3 nur die Rechtsverletzung fordert, muss der Bieter laut Abs. 2 zusätzlich entweder falsche Angaben gemacht oder bereits wiederholt vergaberechtswidrig in Erscheinung getreten sein. Ein und dieselbe Rechtsfolge wird unter unterschiedlich strenge Voraussetzungen gestellt, ohne dass hierfür ein logischer Grund ersichtlich ist. Auch eine gesetzessystematische Lösung ist nicht ersichtlich. Abs. 2 kann nicht als allgemeiner Teil, also als Zusammenfassung der Abs. 3 und 4 als besondere Teile betrachtet werden. Denn die besonderen Voraussetzungen befinden sich in Abs. 2 lit. f) Kbt. — sozusagen im allgemeinen Teil. Da es sich hier um ein gesetzgeberisches Redaktionsversehen handeln muss und vermutlich § 340 Abs. 3 lit. d) Kbt. im Zuge des nächsten Änderungsgesetzes aufgehoben wird, kann nicht von einem Verstoß gegen den unions- und verfassungsrechtlichen Bestimmtheitsgrundsatz ausgegangen werden[1461].

d) Kein Ersatzverfahren bei Sektorenauftraggebern

Art. 2 Abs. 1 c) RL 92/13/EWG gewährt die Möglichkeit, statt des Verfahrens des einstweiligen Rechtsschutzes und der Aufhebung von Entscheidungen ein Ersatzverfahren zu schaffen, wobei eine Verpflichtung hierzu nicht besteht. Das Kbt. unterscheidet im Siebten Teil nicht zwischen der Art der Vergabeverfahren, ihren Schwellenwerten oder ob es sich um klassische oder Sektorenauftraggeber handelt. Daher wurde das Ersatz- bzw. auch Zwangsgeldverfahren nicht in das ungarische Vergaberechtsschutzsystem integriert. Da die Richtlinien eine

---

[1460] Falsch sind die Angaben nach § 4 Ziff. 9 Kbt., wenn sie der Wahrheit entsprechend bekannt sind, jedoch von der Wahrheit abweichend mitgeteilt werden; eine Aussage ist hingegen unwahr, wenn sie falsche Angaben enthält, vgl. Ziff. 9/A.
[1461] Zum verfassungsrechtlichen Bestimmtheitsgrundsatz, s. im *2. Kapitel, III.4.a)aa)(1)* bzw. *3. Kapitel, III.1.f)ff) Grundsatz der Rechtssicherheit*.

Umsetzung nicht zwingend vorschreiben, ist vom Einklang mit dem Unionsrecht auszugehen.

4. Effektivität der Entscheidungsbefugnisse

Die Effektivität der Vorschriften über die Entscheidungsbefugnisse der Schiedsstelle hängt in erster Linie davon ab, inwieweit sie im Einklang mit den unions- und verfassungsrechtlichen Vorgaben zum effektiven Rechtsschutz stehen.

a) Effektivität des Verfahrensbescheids

Die Vorschriften über die Verfahrensentscheidungen der Schiedsstelle, insbesondere über die Zulässigkeit des Antrags bzw. der Anregung, werden vom Sekundärrecht nicht reglementiert und unterliegen der Verfahrensautonomie der Mitgliedstaaten. Die Unzulässigkeit eines solchen Antrags aufgrund des Ablaufs der Antragsfrist ist unions- wie verfassungsrechtlich nicht bedenklich[1462]. Auch die Abweisung eines Antrages wegen Unzuständigkeit kann durch den allseits geforderten Grundsatz der Gesetzmäßigkeit der Verwaltung gerechtfertigt werden. Damit kann der Einklang mit dem rechtlichen Rahmen bejaht werden.

b) Effektivität der einstweiligen Verfügung

Die Schiedsstelle kann eine einstweilige Verfügung auf Antrag bzw. Anregung sowie von Amts wegen anordnen. Die Vorschriften zur Antragsberechtigung sind mit denen des Nachprüfungsantrages in der Hauptsache identisch und entsprechen der diesbezüglichen weiten unionsrechtlichen Auslegung der Berechtigung. Das Erfordernis, dass der Antrag bzw. die Anregung zusammen mit dem Hauptantrag auf Nachprüfung bei der Schiedsstelle einzureichen ist, beschränkt das Recht auf ein wirksames Rechtsmittel nicht. Das Verbot des EuGH, den Antrag auf einstweilige Maßnahmen von der Anhängigkeit einer Hauptsacheklage abhängig zu machen, greift hier nicht. Denn zum einen ist die Schiedsstelle das alleinige zuständige Organ sowohl für die Entscheidung der einstweiligen Angelegenheit wie auch der Hauptsache. Es muss also keine andere Institution angegangen werden, sodass die Rechtsmitteleinlegung nicht erschwert wird. Zum anderen wird der Antrag auf eine einstweilige Maßnahme im Rahmen des Nachprüfungsantrages gestellt mit der Folge, dass auch hier kein erwähnenswerter Mehraufwand erforderlich ist. Da sich im Übrigen die Rechtsmittelrichtlinien nicht zu den Antragsvoraussetzungen äußern, kann von einer Unionsrechtskonformität ausgegangen werden.

Voraussetzung für den Erlass einer einstweiligen Verfügung durch die Schiedsstelle ist die Gefahr oder das Vorliegen einer Rechtsverletzung. Die

---

[1462] Vgl. im 5. Kapitel, IV.1.b) Die Antragsfrist bzw. IV.2.c) Die Anregungsfrist.

Gefahr ist unter unionsrechtskonformer Auslegung dann zu bejahen, wenn die Angaben im Antrag geeignet sind, eine solche Gefahr zu begründen. Außerdem müssen durch die einstweilige Maßnahme weitere objektive Rechtsverletzungen verhindert werden. Hier gewährt das Kbt. unter leichteren Bedingungen einstweiligen Rechtsschutz als die Richtlinien, da diese die Verhinderung weiterer Schädigung subjektiver Interessen fordern. Gleichzeitig kann die Schiedsstelle nur dann von einer Anordnung absehen, wenn eine der beiden Voraussetzungen nicht vorliegt. Das Kbt. hat hier nicht von der Erleichterung in Art. 2 Abs. 4 bzw. 5 der Richtlinien Gebrauch gemacht, wonach es für das Absehen ausreichen kann, wenn die Nachteile der einstweiligen Maßnahme deren Vorteile überwiegen. Damit setzten die ungarischen Vergaberechtsvorschriften die Mindestvoraussetzungen für die Anordnung einstweiliger Maßnahmen nicht nur um, sondern gewähren Vergaberechtsschutz unter erleichterten Umständen bzw. stellen strengere Voraussetzungen für die Verweigerung des Rechtsschutzbegehrens.

Gegen die taxative Aufzählung der möglichen vorläufigen Maßnahmen bestehen keine konkreten unionsrechtlichen Bedenken. Ob Verstöße beseitigt bzw. Schäden nur durch Maßnahmen verhindert werden können, die nicht von der Aufzählung umfasst sind, ist eine Frage des jeweiligen Einzelfalls.

Aus Sicht der Rechtsmittelrichtlinien ist allerdings weitaus problematischer, dass die Ermessensentscheidung der Schiedsstelle über die Anordnung einer einstweiligen Verfügung keiner gerichtlichen Überprüfung zugänglich gemacht werden kann. Obwohl dies die Art. 2 Abs. 9 der Rechtsmittelrichtlinien ausdrücklich fordern, wurde im Wege der Rechtseinheitlichkeitsentscheidung des Obersten Gerichts der Republik Ungarn entschieden, dass die Anordnung einer einstweiligen Verfügung in die diskretionäre Befugnis der Schiedsstelle fällt und sie deshalb auch keine Begründung für ihre Entscheidung abgeben muss. Da die Schiedsstelle als gerichtsähnliches Verwaltungsorgan zu qualifizieren ist, muss sie ihre Entscheidungen ausnahmslos begründen, damit deren wirksame Überprüfung durch ein Gericht gewährleistet wird. Indem jede gerichtliche Geltendmachung aber durch das ungarische Prozessrecht, konkretisiert durch die Rechtseinheitlichkeitsentscheidung, vorweg ausgeschlossen wird, widerspricht dies dem unionsrechtlichen Rahmen und schränkt das Recht auf einen effektiven Rechtsschutz ein.

Zu dem gleichen Ergebnis führt die Beurteilung der Kompetenz der Schiedsstelle, den Vertragsschluss im Wege der einstweiligen Verfügung zu gestatten. Diese Befugnis ist aus mehreren Gesichtspunkten unionsrechtswidrig. Grundsätzlich ist Sinn und Zweck der vorläufigen Maßnahmen i.S.d. Sekundärrechts die Verhinderung von vollendeten Tatsachen und weiterer Schäden. Indem aber gerade der Vertragsschluss gestattet wird, werden vollendete Tatsachen geschaffen, die durch den Ausschluss eines diesbezüglichen Rechtsmittels zusätzlich manifestiert werden. Der Rechtsfolge in Form der Beendigung der Stillhaltefrist und des Vertragsschlussverbotes muss eine Entscheidung zulasten des Bieters bzw. Bewerbers zumindest im einstweiligen Verfahren vorausgehen. Das Kbt. ermöglicht jedoch, dass einem Antrag des Auftraggebers, der unmittelbar auf Gestattung des Vertragsschlusses gerichtet ist, stattgegeben wird, ohne dass (zuvor oder zumindest gleichzeitig) eine andere Entscheidung über eine vorläufige Maßnahme getroffen wird. Die Kompetenz der Schiedsstelle, den Vertragsschluss unter den oben bezeichneten Voraussetzungen zu gestatten, ist damit richtlinienwidrig.

Dass das Kbt. ein Rechtsmittel gegen die Entscheidung über die vorläufige Maßnahme ausschließt, verstößt zugleich gegen das Sekundärvergaberecht und damit gegen den Grundsatz wirksamen Rechtsschutzes.

c) Effektivität der Sachbeschlüsse

§ 340 Kbt. ermächtigt die Schiedsstelle zu einer Reihe von Entscheidungen. Neben der Auferlegung von Geldbußen (aa)) und der Aufhebung von Entscheidungen (bb)) ermöglicht es § 340 Abs. 3 lit. a) Kbt. der Schiedsstelle, noch vor dem Zuschlag des Auftraggebers das Vergabeverfahren präventiv in *„rechtmäßige Bahnen zu lenken"*. Hierzu kann sie das weitere Vergabeverhalten des Auftraggebers an bestimmte Bedingungen knüpfen und anordnen, wie dieser das Verfahren rechtmäßig zu Ende zu bringen hat. Hierdurch gewährt das Kbt. dem Bieter praktisch Leistungs- und Unterlassungsansprüche gegen den Auftraggeber. So kann der Auftraggeber auf Anweisung der Schiedsstelle bspw. verpflichtet werden, den Betroffenen am Verfahren teilnehmen zu lassen, die Ausschreibung zu widerrufen bzw. nicht rechtswidrig zu widerrufen oder dem Interessenten die Dokumentation zuzusenden. Da § 91 Abs. 1 Kbt. festlegt, welchem Bieter der Auftraggeber den Zuschlag erteilen muss, ist grundsätzlich auch eine Verpflichtung auf Zuschlagserteilung denkbar, solange das Verfahren nicht erfolglos i.S.d. § 91 Abs. 2 Kbt. ist[1463].

Dass das nationale Vergaberecht solche Leistungs- und Unterlassungsansprüche gegen den Auftraggeber sicherstellen muss, geht aus den Rechtsmittelrichtlinien nicht hervor. Diese verlangen aber ausdrücklich einen wirksamen und raschen Rechtsschutz, sodass bereits aus diesem Grundsatz eine Verpflichtung der Mitgliedstaaten zur Schaffung solcher Ansprüche abgeleitet werden könnte[1464]. Einer derartigen Verpflichtung kommt

---

[1463] Ob auch der EuGH diesen Anspruch auf Erteilung des Zuschlages fordert, vgl. die Fundstellen in *Egger*, Europäisches Vergaberecht, S. 374.
[1464] *Egger*, Europäisches Vergaberecht, S. 373 f., der ebenfalls an die Möglichkeit eines rechtmäßigen Widerrufs der Ausschreibung erinnert. Dieser ist im ungarischen Vergaberecht allerdings nur bis zum Ablauf der gesetzten Frist zur Angebots- bzw. Teilnahmeeinreichung möglich (so §§ 76 Abs. 2, 108 Abs. 2, 134 Abs. 5 oder 121 Abs. 7 Kbt.).

das Kbt. jedenfalls nach, da es die Schiedsstelle durch § 340 Abs. 3 lit. a) Kbt. ermächtigt, Leistungs- und Unterlassungsansprüchen statt zu geben.

aa) Effektivität der Vorschriften zur Auferlegung von Geldbußen

Die Entscheidung des ungarischen Gesetzgebers, in bestimmten Fällen Geldbußen aufzuerlegen, steht im Einklang mit den unionsrechtlichen Vergabevorschriften. Denn über die genannte Möglichkeit alternativer Sanktionen gemäß Art. 2e RL 89/665/EWG hinaus gewähren die Rechtsmittelrichtlinien die erforderliche Verfahrensautonomie der Mitgliedstaaten[1465] und stellen keine weiteren Anforderungen an die Befugnis der Nachprüfungsinstanzen und an die Wahl, an welche Rechtsverletzungen die Sanktionen zu knüpfen sind. Neben der raschen Beseitigung von Vergaberechtsverstößen ist weiteres Rechtsschutzziel des Sekundärrechts die Verhinderung weiterer solcher Verstöße (Art. 2 Abs. 1 a) RL 89/665/EWG). Die Richtlinien erkennen insoweit grundsätzlich auch Maßnahmen als wirksam an, die der Abschreckung dienen. Gegenüber demjenigen, dem diese Sanktion auferlegt wird, überwiegt der repressive Charakter. Gegenüber zukünftigen Auftragsvergaben hingegen haben fiskalische Sanktionen präventive Wirkung, wodurch weitere Schädigungen verhindert werden können.

Die Ermessensvorschriften, die die Schiedsstelle zur Verhängung von Geldbußen ermächtigen, begegnen keinen unionsrechtlichen bzw. verfassungsrechtlichen Bedenken im Hinblick auf die Vorhersehbarkeit der Sanktionsart. Das Entschließungsermessen der Schiedsstelle ist nicht unbegrenzt und frei, sondern auf die Fälle begrenzt, die nicht bereits von § 340 Abs. 4 Kbt. umfasst werden. Problematisch sind allerdings die fehlenden Ermessensvorgaben in Bezug auf den Umfang der festzusetzenden Geldbußen. Da das Kbt. hier weder eine Ober- oder Untergrenze noch eine prozentuale Orientierungsgröße vorgibt, ist die erforderliche Normenbestimmtheit auf der Rechtsfolgenseite nicht gegeben. Hier kann eine Übereinstimmung mit den unionsrechtlichen und verfassungsrechtlichen Anforderungen an einen effektiven Rechtsschutz nicht festgestellt werden.

Die Vorschriften über die Pflicht zur Verhängung einer Geldbuße i.S.d. § 340 Abs. 4 lit. a) bis lit. e) Kbt. stehen ebenfalls im Einklang mit den sekundärrechtlichen Vorgaben. Hervorzuheben ist hier die unionsrechtskonforme Umsetzung der Art. 2e der Rechtsmittelrichtlinien durch § 340 Abs. 4 lit. b) Kbt. Die Richtlinien gestatten in Art. 2e Abs. 1, statt der Unwirksamkeit des Vertrages alternative Sanktionen vorzusehen, wenn ein

---

[1465] Vgl. Erwägungsgrund Nr. 19 RL 2007/66/EG.

Vertrag trotz eines der drei Vertragsschlussverbote[1466] geschlossen wurde und gleichzeitig keine Unwirksamkeit gemäß Art. 2d Abs. 1 lit. b) gegeben ist. Genau diese Fälle greift § 340 Abs. 4 lit. b) Kbt. auf und verpflichtet die Schiedsstelle, bei Verstoß u.a. gegen eines der drei Vertragsschlussmoratorien (§ 96/B Abs. 1, 3 oder 4, § 99 Abs. 3 oder 4 Kbt.) eine Geldbuße zu verhängen, wenn der Vertrag nicht schon wegen § 306/A Abs. 2 lit. b) Kbt) nichtig ist[1467], wenn also der Bieter entweder ein Rechtsmittelverfahren vor Vertragsschluss einleiten konnte bzw. nicht in seinen Zuschlagsaussichten beeinträchtigt worden ist. Im Einzelnen umfasst § 340 Abs. 4 lit. b) Kbt. folgende mit einer Geldbuße bewehrte Rechtsverletzungen:

Zunächst wird die Nichteinhaltung der Vorschriften über die vorherige Streitbeilegung mit einer Geldbuße sanktioniert. Durch die Bezugnahme auf § 96/B Abs. 1, 3 oder 4 Kbt. wird aber nicht nur die Umgehung der Stillhaltefrist i.S.d. Art. 1 Abs. 5 RL 89/665/EWG bzw. Art. 1 Abs. 3 RL 92/13/EWG geahndet, sondern auch das Unterlassen des Auftraggebers, sich an den frist- und formgebundenen Ablauf der vorherigen Streitbeilegung zu halten. Nimmt der Auftraggeber bspw. zum Streitbeilegungsgesuch des Bieters gar nicht oder nicht in der Frist und Form des § 96/B Abs. 3 Kbt. Stellung, muss ihn die Schiedsstelle mit einer Geldbuße belegen. Dass nur der Auftraggeber im Rahmen der vorherigen Streitbeilegung eine bußgeldbewehrte Pflichtverletzung i.S.d. § 340 Abs. 4 lit. b) Kbt. begehen kann, ist daraus zu schließen, dass nur auf die Absätze 1 und 3 des § 96/B Kbt. verwiesen wird, die lediglich Pflichten des Auftraggebers formulieren. Die Verletzung der Pflicht des Bieters aus Absatz 2 des § 96/B Kbt. hingegen wird hier nicht geahndet. Er muss dann allerdings damit rechnen, dass sein Rechtsmittelantrag bei der Schiedsstelle abgewiesen wird, weil ein ordnungsgemäß durchgeführter Streitbeilegungsversuch Zulässigkeitsvoraussetzung i.S.d. § 325 Abs. 3 f) Kbt. ist. Art. 2e der Rechtsmittelrichtlinien steht es nicht entgegen, wenn das ungarische Kbt. auch weitere vergaberechtswidrige Handlungen mit einer Geldbuße bewehrt, da es sich hier nur um eine Mindestharmonisierung handelt

---

[1466] Gemeint sin die Vertragsschlussverbote während der vorherigen Streitbeilegung i.S.d. Art. 2 Abs. 5 RL 89/665/EWG bzw. Art. 2 Abs. 4 RL 92/13/EWG, während des Nachprüfungsverfahrens gemäß Art. 2 Abs. 3 der Rechtsmittelrichtlinien oder während des (hier) zehntätigen Moratoriums nach der Zuschlagsentscheidung.
[1467] Die Nichtigkeit tritt dann ein, wenn, die Vertragsparteien entgegen der Vertragsschlussmoratorien (§ 96/B Abs. 4, § 99 Abs. 3 und 4 Kbt.) den Vertrag geschlossen und damit den Bieter von der Einleitung eines Nachprüfungsverfahrens vor Vertragsschluss abgehalten und gleichzeitig die vergaberechtlichen Vorschriften so verletzt haben, dass die Aussichten des Bieter auf den Zuschlag beeinträchtigt worden sind.

und schärfere Sanktionen nach innerstaatlichem Recht ausdrücklich nicht ausgeschlossen werden (Erwägungsgrund Nr. 20 RL 2007/66/EG).

§ 99 Abs. 3 Kbt. setzt das Vertragsschlussverbot zwischen Zuschlag und zehntägiger Stillhaltefrist i.S.d. Art. 2a Abs. 2 der Rechtsmittelrichtlinien unionsrechtskonform um, § 99 Abs. 4 Kbt. hingegen das Verbot des Vertragsschlusses während des laufenden Nachprüfungsverfahren gemäß Art. 2 abs. 3 der Rechtsmittelrichtlinien.

Damit steht § 340 Abs. 4 lit. b) Kbt. im Einklang mit Art. 2e Abs. 1 der Richtlinien.

Da Art. 2e Abs. 2 der Richtlinien dem nationalen Gesetzgeber die Wahl überlässt, ob ein rechtswidriges Verhalten auf fiskalische Weise oder durch einen Eingriff in die Vertragslaufzeit sanktioniert wird, begegnet es keinen unionsrechtlichen Bedenken, dass das Kbt. nur die Geldbußenregelung, nicht aber die Verkürzung der Vertragslaufzeit übernommen hat.

Obwohl es die Richtlinien gestattet hätten, der Nachprüfungsinstanz von Fall zu Fall ein Auswahlermessen zwischen der Vertragsunwirksamkeit und der Geldbuße zuzuerkennen, hat der ungarische Gesetzgeber die Schiedsstelle zur Auferlegung einer Geldbuße verpflichtet. Dass der Schiedsstelle diese Pflicht auferlegt wurde, verwundert. Denn Art. 2e der Richtlinien gilt von dem Zeitpunkt an, zu dem der Vertrag abgeschlossen wurde. Nach der systematischen Trennung der Zuständigkeitsbereiche würde diese Verfügung dann nicht mehr in den Zuständigkeitsbereich der Schiedsstelle, sondern des Gerichts fallen. Dies mag ein dogmatischer Makel im Kbt. sein, der aber auf die unionsrechtliche Konformität keinen Einfluss hat. Denn die Entscheidung, welche Nachprüfungsinstanz über welche Rechtsfolge befinden soll, steht den Mitgliedstaaten frei. Demnach wurde auch Art. 2e Abs. 2 der Rechtsmittelrichtlinien konform umgesetzt.

Dass das Kbt. darüber hinaus auch an die übrigen Tatbestände gemäß § 340 Abs. 4 lit. a), c) bis e) Kbt. die Verpflichtung zur Verhängung von Geldbußen geknüpft hat, steht den sekundärrechtlichen Bestimmungen nicht im Wege. Denn zum einen handelt es sich bei Art. 2e der Rechtsmittelrichtlinien um Mindestharmonisierungsvorschriften, die durch die Anwendung weiterer und schärferer Sanktionen ergänzt werden dürfen[1468]. Zum anderen fordert das Sekundärrecht bei Vorliegen der Handlungen gemäß § 340 Abs. 4 lit. a), c) bis e) Kbt. keine konkreten Rechtsfolgen. Indem das Kbt. diese harte Sanktion bei Verstößen gegen Vorschriften vorschreibt, die in erster Linie die Umgehung der

---

[1468] Vgl. Erwägungsgrund Nr. 20 RL 2007/66/EG.

Bestimmungen über die öffentliche Auftragsvergabe verhindern sollen, trägt es über die sekundärrechtlichen Anforderungen hinaus zu einer besonders wirksamen Durchsetzung materiellen Vergaberechts bei.

Die Vorschriften über die Auferlegung der Geldbuße stehen — bis auf die fehlenden Angaben zur Bestimmung der Höhe — in Einklang mit dem rechtlichen Rahmen.

bb) Effektivität der Vorschriften zur Aufhebung von Entscheidungen

Vorrangiges Ziel der Nachprüfungsverfahren ist gemäß Art. 2 Abs. 1 lit. b) der Richtlinien die Aufhebung von rechtswidrigen Entscheidungen. Als Beispiel wird die Streichung diskriminierender technischer, wirtschaftlicher oder finanzieller Spezifikationen in Ausschreibungsdokumenten, in Verdingungsunterlagen oder in jedem sonstigen sich auf das betreffende Vergabeverfahren beziehenden Dokument genannt. Dabei ist es ausreichend, wenn lediglich die Aufhebung der rechtswidrigen Entscheidung erfolgt, eine weitergehende Verpflichtung oder bestimmte Entscheidung durch den Auftraggeber muss nicht angeordnet werden[1469].

Die Befugnis zur Streichung der Spezifikationen in den Ausschreibungsdokumenten wird im Kbt. nicht ausdrücklich erwähnt. § 340 Abs. 3 lit. b) Kbt.

„(3) Sofern die Schiedsstelle in ihrem Beschluss eine Rechtsverletzung feststellt,

(...)

b) kann sie die im Laufe des Vergabeverfahrens getroffene oder die das Vergabeverfahren abschließende Entscheidung des Auftraggebers aufheben." *[Übers. d. Verf.]*

könnte hierfür eine Ermächtigungsgrundlage bilden.

Diskriminierende Spezifikationen stehen insbesondere im Widerspruch zu § 58 Abs. 7 Kbt.[1470] sowie den allgemeinen Grundsätzen aus § 1 Abs. 3 Kbt.[1471]

[1469] Pietzcker in: Grabitz/Hilf/Hailbronner, Das Recht der Europäischen Union, B 18., Rn. 39.
[1470] *„Die technischen Spezifikationen dürfen vom öffentlichen Auftraggeber zwecks öffentlicher Auftragsvergabe nicht so festlegt werden, dass sie den Ausschluss einzelner Bieter bzw. Waren vom Verfahren oder auf andere Art und Weise die grundlose und negative oder positive Diskriminierung zur Folge hat."* *[Übers. d. Verf.].*
[1471] *„Den Bietern muss Chancengleichheit und Gleichbehandlung durch den öffentlichen Auftraggeber gesichert werden."* *[Übers. d. Verf.].*

bzw. § 49 Kbt.[1472] und stellen daher jedenfalls Rechtsverletzungen i.S.d. § 340 Abs. 2 lit. c) und Abs. 3 lit. b) bzw. Abs. 4 lit. a) Kbt. dar, die von der Schiedsstelle auf der Grundlage dieses Absatzes aufgehoben werden können. Dass das Kbt.ÄndG eine solche Aufhebung in das Ermessen der Schiedsstelle gestellt hat, steht im Einklang mit dem Sekundärrecht, das nur die Ermächtigung zur Befugnis einer Aufhebung fordert. So heißt es in den Art. 2 Abs. 1b) der Richtlinien:

> *„Die Mitgliedstaaten stellen sicher, dass (...) die erforderlichen Befugnisse vorgesehen werden, damit (...) die Aufhebung (...) rechtswidriger Entscheidungen, einschließlich der Streichung diskriminierender (...) Spezifikationen (...) vorgenommen oder veranlasst werden kann".*

Welche Entscheidungen des Auftraggebers darüber hinaus einer Nachprüfung zugänglich zu machen sind, muss mangels sekundärrechtlicher Auslegungsbestimmung (weder Art. 1 noch Art. 2 der Richtlinien äußern sich hierzu[1473]) der Rechtsprechung der Unionsgerichte entnommen werden. Diese schreibt im Hinblick auf alle Entscheidungen[1474] deren Nachprüfbarkeit vor[1475] und gestattet gerade keine Einschränkung auf bestimmte Entscheidungsarten oder -inhalte[1476]. Damit sind also nicht nur verfahrensabschließende, sondern alle denkbaren Teilentscheidungen gemeint, die über reine Marktbeobachtungen, bloße vorbereitende Handlungen oder interne Überlegungen hinausgehen[1477].

Damit steht trotz des zeitlichen Zusammenfallens von Zuschlagsentscheidung[1478] und Vertragsschluss in einigen Mitgliedstaaten[1479]

[1472] *„Die Bekanntmachung für die Aufforderung zur Angebotsabgabe muss (...) so erstellt werden, dass auf deren Grundlage die Bieter mit den gleichen Chancen ein entsprechendes Angebot abgeben können." [Übers. d. Verf.].*
[1473] EuGH, Rs. C-81/98, *Alcatel Austria*, Slg. 1999, I-7671, Rn. 32, 35.
[1474] A.A. *Egger*, Europäisches Vergaberecht, S. 352.
[1475] EuGH, Rs. C-249/01, *Hackermüller*, Slg. 2003, I-6319, Rn. 24 mit Verweis auf EuGH, Rs. C-92/00, *HI*, Slg. 2002, I-5553, Rn. 37; EuGH, Rs. C-57/01, *Makedoniko Metro und Michaniki*, Slg. 2003, I-1091, Rn. 68.
[1476] EuGH, Rs. C-249/01, *Hackermüller*, Slg. 2003, I-6319, Rn. 24 mit Verweis auf EuGH, Rs. C-71/98, *Alcatel Austria*, Slg. 1999, I-7673, 7680, Rn. 35; EuGH, Rs. C-92/00, *HI*, Slg. 2002, I-5553, Rn. 49.
[1477] EuGH, Rs. C-26/03, *Stadt Halle,* Slg. 2005, I-01, Rn. 33 ff.
[1478] Die Mitgliedstaaten können auch drei verschiedene Verfahrensabschnitte vorsehen: Zuschlagsentscheidung, Zuschlagserteilung (das Vergabeverfahren abschließende Entscheidung) und Vertragsschluss, vgl. *Egger*, Europäisches Vergaberecht, S. 353.
[1479] Wie bspw. in Deutschland und Österreich, *Pietzcker* in: Grabitz/Hilf/Hailbronner, Das Recht der Europäischen Union, B 18., Rn. 42.

fest, dass auch die Aufhebung der wichtigsten Entscheidung des Auftraggebers[1480], nämlich die Aufhebung des Zuschlags, vorzusehen ist.

Da im ungarischen Recht das Institut des Zuschlags als verfahrensabschließende Entscheidung von dem Abschluss des Vertrages getrennt betrachtet wird, wurde die Erforderlichkeit der Aufhebung der Zuschlagsentscheidung bisher kaum diskutiert[1481]. Das Kbt.ÄndG übernahm den Vorschlag des Kbt.-Entwurfs und sieht in § 340 Abs. 3 lit. b) Kbt. ausdrücklich die Kompetenz der Schiedsstelle vor, die das Vergabeverfahren abschließende Entscheidung des Auftraggebers aufzuheben. Diese Aufhebungsmöglichkeit steht ihr nur solange zu, bis der Vertrag geschlossen worden ist. Auch das Sekundärrecht verlangt nach Abschluss des Vertrages eine solche Befugnis nicht mehr, da ab diesem Zeitpunkt die Mitgliedstaaten die Befugnisse der Nachprüfungsinstanzen auf Gewährung von Schadensersatz beschränken können (Art. 2 Abs. 7 Ua. 2 RL 89/665/EWG bzw. Art. 2 Abs. 6 Ua.2 RL 92/13/EWG). Wenn der Mitgliedstaat allerdings vorsieht, dass für die Zuerkennung von Schadensersatz der Zuschlag aufgehoben werden muss, muss der Nachprüfungsbehörde auch nach Vertragsschluss eine solche Kompetenz zuerkannt werden. Da im ungarischen Recht ein für nichtig erklärter Zuschlag weder Voraussetzung für die Zulässigkeit noch für die Begründetheit im zivilrechtlichen Schadensersatzprozess ist, steht eine solche zeitliche Kompetenzbeschränkung der Schiedsstelle im Einklang mit dem unionlichen Rechtsrahmen. Das Kbt. (§ 350/D Kbt.) setzt für die Geltendmachung jedweder zivilrechtlicher Ansprüche lediglich voraus, dass in einem rechtskräftigen Beschluss der Schiedsstelle[1482] die Rechtswidrigkeit rechtskräftig festgestellt wurde, an die der zivilrechtliche Anspruch geknüpft werden soll. Hierzu wird die Schiedsstelle durch § 340 Abs. 2 lit. c) bis lit. f) Kbt. ermächtigt.

Für die Rechtsfolgen eines aufgehobenen Zuschlags ist § 342 Abs. 1 Kbt. heranzuziehen:

> "*W*enn die Schiedsstelle für öffentliche Auftragsvergaben die das Verfahren abschließende Entscheidung des Auftraggebers *aufhebt*, darf der Auftraggeber innerhalb von dreißig Tagen nach Vollstreckbarkeit des Beschlusses eine neue Entscheidung *treffen. Zuvor* hat er die Erklärungen *über die Aufrechterhaltung ihres Gebotes* aller *Personen, die* ein gültiges Angebot abge*geben haben, einzuholen" [Übers. d. Verf.].*

[1480] EuGH, Rs. C-81/98, *Alcatel Austria*, Slg. 1999, I-7671, Rn. 38.
[1481] So wurde dies bereits 1995 in § 88 Abs. 1 c) Kbt. a.F. vorgesehen und bisher (§ 340 Abs. 1 e) Kbt. in der Fassung vor dem Kbt.ÄndG) nicht geändert.
[1482] Bzw. in einer rechtskräftigen Entscheidung des Gerichts, sofern der Beschluss der Schiedsstelle einer gerichtlichen Revision unterzogen wurde.

Einem effektiven Rechtsschutz derjenigen Bieter, die ein gültiges Angebot abgegeben haben, steht diese Möglichkeit nicht im Wege, da sie sich dem Auftraggeber erst dann eröffnet, wenn die Betroffenen von ihrem Recht auf ein Rechtsmittel nicht Gebrauch gemacht hat. Ein Anspruch darauf, dass ein neues Verfahren durchgeführt und die Angebote erneut bewertet werden, besteht nicht, da § 342 Abs. 1 Kbt. ein Recht und keine Pflicht des Auftraggebers formuliert. Sowohl aus der Sicht der übrigen Bieter, die keine neuen Gebote zu kalkulieren und einzureichen haben, als auch aus Sicht des zur raschen öffentlichen Aufgabenerfüllung verpflichteten Auftragsgebers besticht diese Lösung vor allem durch ihren wirtschaftlichen Vorteil.

Fraglich ist aber der effektive Rechtsschutz desjenigen, dessen Angebot womöglich zu Unrecht als ungültig ausgeschlossen und nicht in die Beurteilung mit einbezogen wurde (§ 88 Kbt.). In diesem Fall sollte der betroffene Bieter bereits gegen die Ausschlussentscheidung, über die er gemäß § 93 Abs. 1 Kbt. innerhalb von fünf Tagen zu informieren ist, ein Rechtsmittel einlegen einschließlich eines Antrages auf einstweilige Verfahrensaussetzung. Die Schiedsstelle hat dann die Ausschlussentscheidung aufzuheben und den Auftraggeber anzuweisen, das Angebot als gültig zu betrachten und zu bewerten. Dies ist gemäß § 340 Abs. 3 Kbt. jedoch nur solange möglich, bis der Auftraggeber nicht die verfahrensabschließende Entscheidung getroffen hat. Da der Auftraggeber nach dem Ausschluss eines Angebotes „*in kürzester Zeit*" die Angebote beurteilen und das Ergebnis bekannt geben soll (§ 94 Abs. 1 Kbt.), ist nicht auszuschließen, dass der Auftraggeber seine Entscheidung bis zur (einstweiligen) Entscheidung der Schiedsstelle bereits getroffen hat. Dann muss die Schiedsstelle aber die das Verfahren abschließende Entscheidung des Auftraggebers aufheben, da diese wegen der unrechtmäßigen Ungültigkeitserklärung ebenfalls rechtswidrig ist. § 342 Abs. 1 Kbt. eröffnet dem Auftraggeber sodann die Möglichkeit, erneut eine Entscheidung zu fällen. Selbst wenn er sich zu einer solchen Neubeurteilung entschließen sollte, ist das für ungültig erklärte Angebot jedenfalls nicht davon umfasst. Denn § 342 Abs. 1 Kbt. gestattet nur die erneute Beurteilung von gültig abgegebenen Geboten. Die Schiedsstelle kann den Auftraggeber auch nicht anweisen, das betreffende Angebot in seine Beurteilung einzubeziehen. Dies widerspräche nicht nur dem Ermessenscharakter des § 342 Abs. 1 Kbt., sondern auch § 340 Abs. 3 Kbt., der der Schiedsstelle eine solche Befugnis nur bis zur Fassung der abschließenden Entscheidung durch den Auftraggeber einräumt. Die Entscheidung der Schiedsstelle ist in diesem Fall praktisch wirkungslos, weil die Kombination aus § 340 Abs. 3 und § 342 Abs. 1 Kbt. diejenige Rechtslage wiederherstellen könnte, die durch das Rechtsmittel eigentlich beseitigt werden soll: Nämlich die Beurteilung der Angebote unter Außerachtlassung des rechtswidrig für ungültig erklärten Angebotes.

Diese Problematik deutet die Schiedsstelle bereits unter der Geltung des Kbt. a.F. in ihrer Entscheidung D.200/11/2000 an. Auch das Kbt.ÄndG hat hierfür keine Lösung vorgesehen. Hier muss der ungarische Gesetzgeber nachbessern. Denn die Art. 2 Abs. 8 der Rechtsmittelrichtlinien fordern, dass die Aufhebung rechtswidriger Entscheidungen wirksam durchgesetzt wird. Dies ist jedenfalls dann nicht der Fall, wenn ein Auftraggeber nach seinem Belieben dieselbe Entscheidung wiederholt treffen darf. In diesem Zusammenhang genügt das Kbt. daher nicht den Anforderungen an einen effektiven Rechtsschutz.

Die Feststellung der Vertragsunwirksamkeit als Rechtsfolge i.S.d. Art. 2d Abs. 1 b) i.V.m. Art. 1 Abs. 5, Art. 2 Abs. 3, Art. 2a — 2f der Richtlinien wird nicht von der Schiedsstelle getroffen. Die Richtlinien gestatten in Art. 2 Abs. 2 den Mitgliedstaaten, bestimmte Befugnisse — so auch zur Feststellung der Rechtswidrigkeit — getrennt auf mehrere Stellen zu verteilen. Damit steht die ungarische Vorschrift des § 350/A Abs. 1 Kbt., nach der diese Befugnis aus dem Kompetenzbereich der Schiedsstelle genommen und in den der ordentlichen Gerichte zugewiesen worden ist, im Einklang mit den unionsrechtlichen Vorgaben[1483].

Um die Anfechtbarkeit der das Vergabeverfahren abschließenden Entscheidung wirksam gewährleisten zu können, müssen die potentiell betroffenen Bieter gemäß Art. 2c der Richtlinien rechtzeitig hierüber benachrichtigt werden. Nach dem ungarischen Vergaberecht wird das Vergabeverfahren mit der Veröffentlichung der Ergebnisbekanntmachung abgeschlossen (§ 98 Abs. 4 Kbt.). Die das Vergabeverfahren abschließende Entscheidung ist demnach die Bekanntgabe des Ergebnisses[1484] i.S.d. §§ 94 ff. Kbt. Die Benachrichtigung der betroffenen Bieter wird dort in allen Einzelheiten geregelt. Die Zustellungsform ist davon abhängig, ob sie bei der Bekanntgabe persönlichen anwesend waren und wer der Empfänger ist. An diese Alternativen knüpft entsprechend auch die Nachprüfungsfrist des § 323 Abs. 2 Kbt. an[1485] und trägt der jeweiligen Kenntnisnahme Rechnung. Da die Veröffentlichung durch die Schiedsstelle im Vergabeanzeiger erfolgt und dieser gemäß § 98 Abs. 2 Kbt. spätestens am 5. Tag nach der Ergebnisbekanntgabe i.S.d. § 94 Abs. 1 Kbt. abzusenden ist, beginnt auch für etwaige Antragsbefugte, die überhaupt nicht benachrichtigt worden sind, eine fünfzehntägige Antragsfrist ab dieser Veröffentlichung zu laufen. Damit ordnet das Kbt. die erforderliche Transparenz hinsichtlich der Kenntnisnahme der Zuschlagsgründe an und sorgt für die Wahrung des Gleichheitsgebotes, indem es flexible Fristberechnungen an die jeweilige Kenntnisnahme potentieller Antragsberechtigter knüpft. Daneben

---

[1483] Vgl. hierzu im Einzelnen im *5. Kapitel, VIII. Die Verpflichtung zur Veranlassung des Feststellungsverfahrens*.
[1484] Im Einzelnen, die Bekanntgabe des Siegers gemäß § 91 Kbt. bzw. der Erfolglosigkeit des Vergabeverfahrens gemäß 92 Kbt.
[1485] S. hierzu bereits oben, *5. Kapitel, IV.1.c) Die Antragsfrist*.

dienen auch das Schriftformerfordernis und der Umfang der Zuschlagsbegründung i.S.d. § 93 Abs. 2 Kbt. einer effektiven Anfechtungsmöglichkeit der letzten und wichtigsten Entscheidung des Auftraggebers.

cc) Effektivität der Vorschriften zum Schadensersatz

Die dritte Anforderung an die Befugnisse der Nachprüfungsorgane ist gemäß Art. 2 Abs. 1 c) der Rechtsmittelrichtlinien die Zuerkennung von Schadensersatz. Das Kbt. ermächtigt die Schiedsstelle allerdings nicht zur Beurteilung der Begründetheit einer Schadensersatzforderung, sondern verweist dies in den Zuständigkeitsbereich der ordentlichen Gerichte (§ 316 Abs. 2 Kbt.). Da nach Art. 2 Abs. 2 der Richtlinien die Aufteilung der Kompetenzen an unterschiedliche Nachprüfungsstellen übertragen werden kann, wird auf die Ausführungen im 8. Kapitel verwiesen.

d) Gesamtzusammenfassung der Effektivität der Entscheidungsbefugnisse

Mit einigen Ausnahmen kann davon ausgegangen werden, dass die Vorschriften des Kbt. über die Entscheidungsbefugnisse der Schiedsstelle als eine unionsrechtskonforme Umsetzung der Richtlinien zu qualifizieren sind.

Im Rahmen der einstweiligen Verfügung ist unionsrechtlich bedenklich, dass die Entscheidung nicht begründet werden muss und keiner gerichtlichen Überprüfung zugänglich gemacht werden kann. Die Kompetenz zur Gestattung des Vertragsschlusses im vorläufigen Verfahren ist aus zweierlei Gesichtspunkten problematisch: Zum einen widerspricht ihre endgültige Rechtsfolge dem Sinn und Zweck des einstweiligen Rechtsschutzes. Zum anderen stellt die Kompetenz eine nicht als solche bezweckte Vermischung der sekundärrechtlichen Voraussetzung für eine einstweilige Verfügung und der Rechtsfolge einer einstweiligen Verfügung dar.

Das Kbt. bevollmächtigt die Schiedsstelle nicht nur zur Aufhebung von Spezifikationen und der Zuschlagsentscheidung — wie es die Rechtsmittelrichtlinien zur Mindestharmonisierung vorschreiben. Vielmehr ist sie zur Aufhebung aller denkbaren Teilentscheidungen berechtigt, die über reine Marktbeobachtungen, bloße vorbereitende Handlungen oder interne Überlegungen hinausgehen. Grundsätzlich kann hier also von einem Einklang mit den sekundärrechtlichen Anforderungen gesprochen werden. Das dem Auftraggeber zustehende Recht, nach der Aufhebung seiner Zuschlagsentscheidung die gültigen Angebote erneut zu bewerten, begegnet nur in einem Fall Bedenken: Wendet sich der Antragsteller gegen die Ungültigkeitserklärung seines Gebotes, kann die Schiedsstelle den Auftraggeber nur bis zu seiner Zuschlagsentscheidung zur Einbeziehung des betreffenden Gebotes verpflichten. Hat der Auftraggeber aber bis zu einer solchen Verpflichtung bereits den Zuschlag erteilt — etwa weil eine einstweilige

Aussetzung des Vergabeverfahrens nicht oder zu spät erfolgt ist — und wird dieser aufgehoben, muss der Auftraggeber das vermeintlich ungültige Angebot des Bieters nicht einbeziehen, da sich § 342 Abs. 1 Kbt. nur auf gültige Angebote erstreckt. In diesem Punkt muss eine Konformität verneint werden, da das Recht des ausgeschlossenen Bieters nicht wirksam durchzusetzen ist.

VIII. Die Verpflichtung zur Veranlassung des Feststellungsverfahrens

Um die sekundärrechtlichen Vorgaben hinsichtlich der Unwirksamkeitsfeststellung von de-facto-Verträgen wirksam zu erfüllen, bediente sich der ungarischer Gesetzgeber eines der Schiedsstelle bereits gesetzlich zustehenden Rechts: Schon unter der alten Rechtslage konnte die Schiedsstelle zur Feststellung der Nichtigkeit des Vertrages einen zivilrechtlichen Prozess anstrengen. Auch vor dem Hintergrund, dass die Schiedsstelle seit ihrem Bestehen nie davon Gebrauch gemacht hat[1486], musste die Berechtigung zu einer Verpflichtung gemäß § 340/A Kbt. umstrukturiert werden:

> *„(1) Wenn die Schiedsstelle in ihrem Beschluss in der Sache eine Rechtsverletzung i.S.d. § 306/A Abs. 2 feststellt, strengt sie ein Verfahren, gerichtet auf die Feststellung der Unwirksamkeit des Vertrages und auf die Anordnung der Rechtsfolge der Unwirksamkeit, an." [Übers. d. Verf.]*

Obwohl § 306/A Kbt. mehrere Nichtigkeitsgründe vorsieht, sind im Feststellungsverfahren nur die in Abs. 2 relevant. Ein Vertrag ist nach § 306/A Abs. 2 Kbt. nichtig, wenn die Rechtsverletzung durch eine rechtswidrige Umgehung des Vergabeverfahrens erfolgt ist (§ 306/A Abs. 2 a) Kbt.) oder wenn die Parteien unter Verletzung der Vorschriften des Vertragsmoratoriums (§ 96/B Abs. 4, § 99 Abs. 3 und 4 Kbt.) den Vertrag geschlossen haben und dadurch die Parteien dem Bieter die Möglichkeit genommen haben, vor Abschluss des Vertrages die Einleitung eines Rechtsmittelverfahrens zu beantragen, und damit gleichzeitig die vergaberechtlichen Vorschriften dergestalt verletzt haben, dass dies die Aussichten des Bieters auf die Zuschlagserteilung beeinträchtigt hat (§ 306/A Abs. 2b) Kbt.).

Ganz offensichtlich erfolgte hier die fast wörtliche Umsetzung der Unwirksamkeitsgründe bei de-facto-Vergaben gemäß Art. 2d Abs. 1 lit. a) und lit. b) der Richtlinien. Von der Möglichkeit gemäß Art. 2b lit. c) der Richtlinien, die Geltung der Stillhaltefrist für Aufträge, die auf dynamischen Beschaffungssystemen i.S.d. jeweiligen Richtlinie beruhen bzw. denen eine Rahmenvereinbarung i.S.d. Art. 32 RL 2004/18/EG zugrunde liegt,

---

[1486] *Kozma* in: Patay, A Közbeszerzés Joga, S. 583.

auszunehmen, hat der ungarische Gesetzgeber nicht Gebrauch gemacht. Von der Forderung des Art. 2b Abs. 1 c) der Richtlinien konnte daher zulässig abgesehen werden.

Dass die Schiedsstelle hierüber selbst entscheiden müsste, verlangt die Richtlinie hingegen nicht. Möglich ist vielmehr, dass die Schiedsstelle die Unwirksamkeit feststellt oder dass sich die Unwirksamkeit aus ihrer Entscheidung ergibt. Die Zuständigkeitsbereiche des ungarischen Nachprüfungssystems sind gemäß § 316 Abs. 2 Kbt. mit einer Ausnahme strikt getrennt[1487]. Bis zum Zeitpunkt des Vertragsschlusses ist die ausschließliche Zuständigkeit der Schiedsstelle eröffnet. Das bedeutet, dass sie zwar die Voraussetzungen der Vertragsunwirksamkeit feststellen kann, aber zur Erklärung der Unwirksamkeit einer de-facto-Vergabe bspw. selbst nicht mehr befugt ist. Denn ab dem Zeitpunkt des Vertragsschlusses ist die Zuständigkeit der ordentlichen Gerichtsbarkeit eröffnet. Diese Systematik steht damit im Einklang mit der zweiten Alternative in Art. 2 Abs. 2 der Rechtsmittelrichtlinien.

1. Einzelne Sachentscheidungsvoraussetzungen

Welches Gericht für den Feststellungsantrag zuständig ist, beantworten weder der Gesetzesentwurf noch das neue Gesetz eindeutig. In Betracht kommt allerdings nur das Hauptstädtische Gericht. Dies lässt sich aus dem neu eingefügten § 350/A Abs. 1 Kbt. entnehmen. Dieser bestimmt die örtliche und sachliche Zuständigkeit des Hauptstädtischen Gerichts für das *sog. Einheitsverfahren*, auf das im Folgenden noch näher eingegangen wird[1488]. Das Einheitsverfahren ermöglicht dem Antragsteller, das Berufungsverfahren gegen den Sachbeschluss der Schiedsstelle mit dem Feststellungsverfahren, gerichtet auf die Vertragsunwirksamkeit zu verbinden. Damit hat sich der Gesetzgeber dafür entschieden, dass die Unwirksamkeitsfeststellung i.S.d. Art. 2 Abs. 1 der Richtlinien durch das Hauptstädtische Gericht erfolgt. Obwohl die Zuständigkeit aus dem Gesamtzusammenhang geschlossen werden kann, hätte der Gesetzgeber hier eine eindeutige und ausdrückliche Regelung schaffen müssen.

[1487] Näher hierzu siehe *5. Kapitel, III.1. Zuständigkeit der Schiedsstelle für öffentliche Auftragsvergabe.*
[1488] Zum Einheitsverfahren vgl. *7. Kapitel.*

Das fordern das Gebot der Rechtssicherheit aus unionsrechtlicher[1489] wie auch aus verfassungsrechtlicher Sicht[1490].

Hinsichtlich der Ausgestaltung des Feststellungsverfahrens gilt wiederum die mitgliedstaatliche Verfahrensautonomie. Auch hier ist, sofern das Kbt. keine abweichenden Regelungen trifft, die Pp. maßgeblich. Diese regelt in § 123 Pp. das Feststellungsverfahren. Abweichend bestimmt § 340/A Abs. 2 Kbt. eine 30-tägige Einleitungsfrist ab dem Ergehen des Beschlusses. Zur Wahrung des Transparenzgebotes muss sie umfassende Angaben über das Feststellungsverfahren auf der Homepage des Rates veröffentlichen (§ 340/A Abs. 3 Kbt).

Maßgebliche Sachentscheidungsvoraussetzung für das Feststellungsverfahren ist die Feststellung der o.g. Nichtigkeitsgründe[1491]. Verneint die Schiedsstelle das Vorliegen dieser Nichtigkeitsgründe oder bejaht sie nur andere Rechtsverletzungen, führt die bisherige Gesetzessystematik dazu, dass eine Unwirksamkeitsfeststellung des Vertrages nicht möglich ist. Wäre nur die Schiedsstelle einleitungsberechtigt, würde ein Revisionsverfahren in den Fällen, in denen das Revisionsgericht eine eigene Sachentscheidung trifft anstatt zurückzuverweisen, nicht den gleichen Rechtsschutzumfang erreichen. Daher hat der ungarische Gesetzgeber das Einheitsverfahren[1492] oder auch *kombinierte Verfahren*[1493] im Rahmen der §§ 350 — § 350/B Kbt. eingeführt. Hier kann der Antragsteller gegen den Sachbeschluss der Schiedsstelle Revision einlegen und gleichzeitig die Unwirksamkeitsfeststellung des geschlossenen Vertrages sowie die Auferlegung der Rechtsfolgen begehren.

2. Prüfungsumfang

Die Aufgabe des Hauptstädtischen Gerichts ist die Erklärung der Unwirksamkeit des Vertrages. Hierfür müssen die Nichtigkeitsgründe des § 306/A Abs. 2 Kbt. vorliegen und gleichzeitig keine der Ausnahmeregelungen des Abs. 3 Kbt. einschlägig sein. Die Voraussetzungen des § 306/A Abs. 2 Kbt. ergeben sich aus

---

[1489] EuGH, Rs. C-361/88, *Kommission/Deutschland*, Slg. 1991, I-2567, Rn. 15 f; EuGH, Rs. 169/80, *Gondrand Frères*, Slg. 1981, 1931, Rn. 17.

[1490] § 57 Abs. 1 Alk., vgl. AB Beschluss 11/1992 (III.5.), ABH 1992, 77, 84; AB Beschluss 26/1992 (IV.30.), ABH 1992, 135, 142 sowie aktuell AB Beschluss 993/B/2008, AB Közlöny 2008/3, 342, 343.

[1491] Die weiteren Voraussetzungen des § 123 Pp. müssen in den Fällen nicht vorliegen, in denen ein Gesetz (hier das Kbt.) die Möglichkeit eines Feststellungsverfahrens eröffnet, vgl. *Kiss/Sándor*, A szerződések érvénytelensége, S. 428.

[1492] Ung. *A Közbeszerzési Döntőbizottság határozatának felülvizsgálata és a szerződés közbeszerzési jogsértés miatti érvénytelenségének megállapítása iránti egységes per* (§§ 350 bis 350/B Kbt.), im Einzelnen siehe die Darstellungen im *7. Kapitel.*

[1493] Einzelbegründung zu § 76 des Kbt.-Entwurfs, Absatz 3.

dem Sachbeschluss der Schiedsstelle und unterliegen nicht dem Prüfungsumfang des Gerichts. Die Ausnahmeregelungen i.S.d. § 306/A Abs. 3 Kbt. hingegen werden durch das Hauptstädtische Gericht geprüft[1494]. Dort heißt es

> „(3) In Abweichung von Absatz (2) ist der Vertrag nicht unwirksam, wenn
>
> a) der Auftraggeber ein Vergabeverfahren ohne vorherige Bekanntmachung eingeleitet hat bzw. eine Vereinbarung unter Nichtanwendung des Vergabeverfahrens, da er der Ansicht war, dass dieses Gesetz die Auftragsvergabe ohne vorherige Veröffentlichung der Bekanntmachung zulässt bzw. den Abschluss einer Vereinbarung i. S. d § 2/A Kbt. ohne Anwendung des Vergabeverfahrens gestattet hat sowie seine Absicht zum Vertragsabschluss in der in einer gesonderten Rechtsnorm vorgeschriebenen Form bekannt gemacht hat und ferner den Vertrag (die Vereinbarung) nicht vor Ablauf einer Frist von zehn Tagen ab dem Tag nach der Veröffentlichung der Bekanntmachung;
>
> b) außergewöhnlich wichtige Gründe des Allgemeininteresses an die Vertragserfüllung geknüpft sind.
>
> (4) Wirtschaftliche Interessen, die in unmittelbarem Zusammenhang mit dem Vertrag stehen (so insbesondere Kosten, die aufgrund der verspäteten Erfüllung, der erneuten Durchführung des Vergabeverfahrens, einem etwaigen Wechsels der Vertragspartei entstanden sind, oder die Kosten, die durch die Verpflichtungen aufgrund der Unwirksamkeit verursacht wurden) sind nicht als außergewöhnlich wichtige Gründe des Allgemeininteresses zu verstehen, andere wirtschaftliche Interessen an der Wirksamkeit des Vertrags dürfen ausschließlich dann als außergewöhnlich wichtige Gründe angesehen werden, wenn die Unwirksamkeit des Vertrages unverhältnismäßige Folgen nach sich ziehen würde." [Übers. d. Verf.]

Diese Ausnahmeregelungen wurden offensichtlich auf der Grundlage des Art. 2d Abs. 3 und 4 der Rechtsmittelrichtlinien formuliert.

§ 306/A Abs. 3 a) Kbt. ist an Art. 2d Abs. 4 der Richtlinien zu messen. Hier verlangt das Sekundärrecht für die Bejahung einer Ausnahme, dass eine Auftragsvergabe ohne vorherige Veröffentlichung einer Bekanntmachung im Amtsblatt der Europäischen Union gemäß der Richtlinie 2004/18/EG bzw. 2004/17/EG zulässig ist. Davon sind nur die Verhandlungsverfahren des Art. 31

[1494] Die Prüfungskompetenz kann nur aus § 350/C Abs. 2 Kbt. geschlossen werden, der dem Gericht die Auferlegung einer Geldbuße bei Vorliegen der Ausnahmegründe des § 306/A Abs. 3 Kbt. vorschreibt.

der RL 2004/18/EG umfasst. Eine Ausdehnung auf andere Vergabeverfahren verbietet sich nach der Rechtsprechung des EuGH[1495]. Dabei müssen die Ausnahmetatbestände restriktiv ausgelegt werden und alle Voraussetzungen kumulativ vorliegen[1496]. § 306/A Abs. 3 a) Kbt. lässt es hingegen genügen, wenn eine solche Unterlassung der Bekanntgabe nach dem Kbt. zulässig ist. Den vermeintlichen Widerspruch löst der neu formulierte § 252 Abs. 1 Kbt. auf, der mit dem Wortlaut des Art. 31 Abs. 1 der Richtlinie übereinstimmt.

§ 306/A Abs. 3 a) Kbt. gestattet ferner dann eine Unwirksamkeitsausnahme, wenn der Auftraggeber deshalb ein Vergabeverfahren ohne vorherige Bekanntmachung durchgeführt bzw. eine Vereinbarung i.s.d. § 2/A Kbt. ohne Durchführung eines Vergabeverfahrens geschlossen hat, weil er davon ausgegangen ist, dass das Kbt. eine solche Auftragsvergabe bzw. den Abschluss einer solchen Vereinbarung/eines solchen Vertrages gestattet. Weiter muss er seine Absicht zum Vertragsabschluss (auf eine in einer anderen Rechtsnorm hierfür bestimmten Weise) veröffentlicht und den Vertrag bzw. die Vereinbarung nicht vor Ablauf von 10 Tagen nach dieser Veröffentlichung geschlossen haben. Da dieser Ausnahmetatbestand mit Art. 2d Abs. 4 der Rechtsmittelrichtlinien, dem er offensichtlich nachgebildet ist, bis auf ein Tatbestandsmerkmal in Einklang steht, ist dieses genauer zu untersuchen: Das Kbt. sieht über die Richtlinienvorgabe hinaus auch dann eine Ausnahme zur Vertragsunwirksamkeit vor, wenn zu Unrecht davon ausgegangen wurde, es handele um eine Vereinbarungen i.s.d. § 2/A Kbt. Hierunter sind die sog. *In-House-Verträge* zu verstehen, denen überhaupt kein Vergabeverfahren i.S.d. Kbt. vorauszugehen hat[1497]. Da sich der ungarische In-House-Begriff mit dem

---

[1495] EuGH, Rs. C-71/92, *Kommission/Spanien*, Slg. 1993, I-5923, Rn. 10.
[1496] EuGH, Rs. C 24/91, *Universität Madrid*, Slg. 1992, I-1989, Rn. 13; EuGH, Rs. 199/85, *Müllverwertung Mailand*, Slg. 1987, 1039, Rn. 14.
[1497] *§ 2/A (1) Kbt.: „ Nicht als Vertrag i.s.d. § 2 Abs. 1 sind diejenigen Vereinbarung zu betrachten,*
a) die der öffentliche Auftraggeber i.S.d. § 22 Abs. 1 mit einer Wirtschaftsorganisation abschließt, die zu einem solchen Prozentsatz in seinem Eigentum steht, dass der öffentliche Auftraggeber — gemäß seiner auf einer Rechtsvorschrift beruhenden Verantwortung für die Erfüllung einer öffentlichen Aufgabe bzw. einer öffentlichen Dienstleistung oder die Abwicklung ihrer Erfüllung — über umfassende strategische sowie geschäftsführende Leitungs- und Kontrollrechte bei der Aufgabenerfüllung verfügt, vorausgesetzt, dass
b) mindestens neunzig Prozent der vertragsgemäßen Jahresnettoumsätze der Wirtschaftsorganisation aus der Erfüllung des mit dem alleinigen Gesellschafter (Aktionär) als öffentlicher Auftraggeber abzuschließenden Vertrags resultieren. Aus der Erfüllung des Vertrags stammt auch derjenige Gegenwert, der auf Grund des Vertrags zu Gunsten von Dritten erfüllten öffentlichen Dienstleistung gezahlt wird, ungeachtet dessen, ob der Gegenwert durch den öffentlichen Auftraggeber oder durch die die öffentliche Dienstleistung

des Unionsrechts deckt[1498], ist die Kbt.-Unabhängigkeit von In-House-Verträgen unionsrechtlich nicht zu beanstanden. Problematisch ist vielmehr, dass bereits die fälschliche Annahme, es handele sich um eine In-House-Vergabe, – neben den weiteren Voraussetzungen der Veröffentlichung und Stillhaltefrist – ebenfalls die Vertragswirksamkeit zur Folge haben kann. Aufgrund des Ausnahmecharakters des Art. 2d Abs. 4 der Rechtsmittelrichtlinien ist davon auszugehen, dass der Unionsgesetzgeber nur in diesem Fall die Wirksamkeit des rechtswidrig geschlossenen Vergabevertrags vorsehen wollte. Eine beliebige Erweiterung durch die Mitgliedstaaten würde den Grundsatz der Unwirksamkeit unterwandern. Die Regelung des § 306/A Abs. 3 lit. a) Kbt. widerspricht daher insoweit dem Vergabeunionsrecht, als sie die Vertragswirksamkeit auch bei fälschlicher Annahme einer In-House-Vergabe gestattet.

Darüber hinaus sind Verträge gemäß § 306/A Abs. 3 lit. b) Kbt. dann nicht unwirksam, wenn außergewöhnlich wichtige Interessen an die Vertragserfüllung geknüpft sind. Hier erfolgte die Umsetzung des Art. 2d Abs. 3 Ua. 1 der Richtlinien. Ebenfalls im Einklang mit Ua. 2 und 3 steht § 306/A Abs. 4 Kbt., der wirtschaftliche Interessen an der Wirksamkeit ausschließt und die in der Richtlinie aufgeführten nicht abschließend formulierten Beispiele als solche wortgetreu — mit vernachlässigbaren sprachlichen Abweichungen — übernimmt. Erfolgt die Unwirksamkeitsfeststellung durch das Hauptstädtische

---

in Anspruch nehmende Person bezahlt wird." [Übers. d. Verf.]. Dabei erlaubt § 2 Abs. 3 Kbt. grundsätzlich nur eine Vertragsdauer von 3 Jahren.
[1498] Art. 1 Abs. 2 a) der Richtlinien definiert den Begriff des öffentlichen Auftrags als entgeltlichen schriftlichen Vertrag zwischen einem oder mehreren Auftraggebern und einem oder mehreren Wirtschaftsteilnehmern über die Ausführung von Bauleistungen, die Lieferung von Waren oder die Erbringung von Dienstleistungen. Bezieht ein Auftraggeber die Leistung ohne die Einbeziehung einer weiteren Rechtsperson mit eigenen Mitteln, unterstehen diese Verträge nicht den Vergaberichtlinien. Ergänzend ist die Rechtsprechung des EuGH heranzuziehen (EuGH, Rs. C-107/98, *Teckal*, Slg. 1999, I-8121, Rn. 50 f.; näher hierzu *Dreher* in: Immenga/Mestmäcker, Wettbewerbsrecht, § 99 GWB, Rn. 18 f.; *Mestmäcker/Schweitzer*, Europäisches Wettbewerbsrecht, § 39, Rn. 10 ff.), der die Ausnahme der In-House-Vergabe unter zwei Bedingungen stellt: Zum einen eine bestimmte Form der Kontrolle durch den Auftraggeber über die Erbringung der Vertragsleistung und zum anderen, dass die Tätigkeit „*im Wesentlichen*" für den Auftraggeber erfolgt (Vgl. *Egger*, Europäisches Vergaberecht, S. 162.). Maßgeblich für das Vorliegen des Kontrollkriteriums ist das Maß des ausschlaggebenden Einflusses auf strategische Ziele und wichtige Entscheidungen des kontrollierten Unternehmens (EuGH, Rs. C-458/03, *Parking Brixen*, Slg. 2005, I-8585, Rn. 65; EuGH, Rs. C-340/04, *Carbotermo*, Slg. 2006, I-4137, Rn. 36.). Dieses Kriterium wird durch § 2/A Abs. 1 lit. a) Kbt. aufgegriffen. Für das Merkmal der wesentlichen Tätigkeit ließ der EuGH 90 Prozent des Umsatzes genügen (EuGH, Rs. C-295/05, *Asemfo*, Slg. 2007, I-02999, Rn. 63; EuGH, Rs. C-340/04, *Carbotermo*, Slg. 2006, I-4137, Rn. 63), das ebenfalls in § 2/A Abs. 1 lit. b) Kbt. seinen Niederschlag gefunden hat. Die Fälle des Art. 2/A Kbt. sind daher als In-House-Verträge zu qualifizieren.

Gericht, verhängt es gemäß § 350/C Abs. 2 Kbt. eine Geldbuße, deren Höhe sich auf zehn Prozent des Vertragswertes beläuft. Damit wird auch die Forderung aus Art. 2d Abs. 2 UAbs. 1 der Richtlinien nach alternativen Sanktionen erfüllt.

3. Mögliche Rechtsfolgen

Die Art. 2d Abs. 2 der Richtlinien überlassen den Mitgliedstaaten die Wahl, welche Rechtsfolgen die Unwirksamkeit des Vertrages nach sich ziehen soll. UAbs. 2 gestattet eine ex-tunc- oder eine ex-nunc-Wirkung, wobei bei letzterer zusätzlich alternative Sanktionen ergriffen werden müssen. Nach dem Erwägungsgrund Nr. 21 RL 2007/66/EG soll durch die Unwirksamkeit erreicht werden, dass die Vertragsparteien die vertraglichen Rechte und Pflichten nicht durchsetzen können.

Soweit das Kbt. keine anderweitigen Regelungen trifft, findet gemäß § 306/A Abs. 6 Kbt. auf die Vergabeverträge das Ptk. Anwendung.[1499] Im Falle des Feststellungsverfahrens ordnet § 350/C Abs. 1 Kbt. aber selbst die Rechtsfolge der Unwirksamkeit aufgrund der Nichtigkeitsgründe des § 306/A Abs. 2 Kbt. an: Der Vertrag ist rückwirkend ab dem Zeitpunkt seines Abschlusses als unwirksam zu betrachten, wobei die Lage vor Vertragsabschluss wieder herzustellen ist. Die gleichlautende Vorschrift findet sich in § 237 Abs. 1 Ptk. Nach Aussage des Obersten Gerichts[1500] zu § 237 Abs. 1 Ptk. muss die Situation wieder hergestellt werden, die bestehen würde, wenn die Parteien den unwirksamen Vertrag nicht geschlossen hätten. Dies schließt die Zahlung von Verzugszinsen und Nutzungsentschädigung mit ein[1501]. Die Rückabwicklung vollzieht sich nach den Grundsätzen der ungerechtfertigten Bereicherung gemäß §§ 361 ff. Ptk. Kann eine Leistung nicht zurückgewährt werden, so bspw. bei einer bereits erbrachten Dienstleistung oder bei Zweckfortfall[1502], so hat das Oberste Gericht eine Naturalrestitution durch finanzielle Restitution anerkannt[1503]. Damit hat der Gesetzgeber von der ex-tunc-Alternative des Art. 2d Abs. 2 Ua. 2 der Richtlinien Gebrauch gemacht.

Schließlich ist noch auf die Möglichkeit des § 350/C Abs. 2 Kbt. einzugehen. Demnach kann das Gericht die Wirksamkeit des Vertrages erklären, wenn es die Teilunwirksamkeit[1504] oder das Nichtvorliegen der Unwirksamkeit auf der

---

[1499] § 340/A Abs. 4 Kbt. schließt die Anwendbarkeit des § 200 Abs. 2 Ptk. für die Feststellung der Nichtigkeit aus, wenn Rechtsfolgen i.S.d. Kbt. zur Anwendung kommen.
[1500] PK 32. számú állásfoglalás.
[1501] Legf. Bír. Gfv. IV. 31.238/1998/8.
[1502] *Kiss/Sándor*, A zerződések érvénytelensége, S. 376.
[1503] Legf. Bír. PK 836. sz. és PK 32. sz. állásfoglalása, Legf. Bír. Pfv. X. 20.800/2003/6, EBH 2005,1225, BH 2005/11/400.
[1504] § 239 Ptk.

Grundlage des § 306/A Abs. 3 Kbt. feststellt. In beiden Fällen muss das Hauptstädtische Gericht zusätzlich eine Geldbuße in Höhe von zehn Prozent des Auftragswertes auferlegen. Diese Bestimmung entspricht den Vorgaben des Art. 2d Abs. 3 und 4 sowie Art. 2e Abs. 2 der Richtlinien.

Andere Rechtsfolgen, wie die Zahlung von Schadensersatz, darf das Gericht in diesem Verfahren nicht aussprechen (§ 340/A Abs. 4 Kbt.).

4. Das Verhältnis zwischen Revisions- und Feststellungsverfahren

Das Kbt. hat den Fall, dass die Schiedsstelle das Vorliegen der Nichtigkeitsgründe bejaht hat, der Auftraggeber innerhalb der ihm offen stehenden Frist von 15 Tagen die gerichtliche Revision beantragt und schließlich auch die Schiedsstelle innerhalb der Frist von 30 Tagen das Feststellungsverfahren einleitet, nicht ausdrücklich geregelt.

Zwar muss der Revisionsantrag bei der Schiedsstelle eingereicht werden, die diesen an das Revisionsgericht weiterzuleiten hat. Fraglich ist, ob sie in dieser Situation auch ein Feststellungsverfahren einleiten soll. Es besteht keine Pflicht der Schiedsstelle, die Einleitung des Feststellungsverfahrens im Falle einer beantragten Revision zu unterlassen. Ebenso wenig wird das Revisionsrecht des Betroffenen durch ein eingeleitetes Feststellungsverfahren beeinträchtigt. So kann es zu dem widersprüchlichen Ergebnis kommen, dass im Rahmen des Feststellungsverfahrens die Unwirksamkeit des Vertrages durch die Schiedsstelle festgestellt wird und das Revisionsgericht gleichzeitig das Vorliegen der Unwirksamkeitsgründe verneint und selbst eine neue Entscheidung fällt (§ 348/A Abs. 3 Kbt.) bzw. eine Neuverbescheidung anordnet (§ 348/A Abs. 4 Kbt.). Zwar ist sowohl für das Feststellungs- wie auch für das Revisionsverfahren das Hauptstädtische Gericht zuständig. Eine gesetzliche Verbindungspflicht der beiden Verfahren ist aber nicht vorgesehen.

Der Auftraggeber sieht sich in vorliegenden Fall einer Revisionsentscheidung, die den Beschluss der Schiedsstelle aufhebt, sowie einem Feststellungsbeschluss gegenüber, der zu Unrecht die Unwirksamkeit des Vertrages festgestellt hat. Da das Kbt. für einen solchen Fall keine Vorschrift enthält, aufgrund der der Feststellungsbeschluss zu ändern wäre, ist der Auftraggeber zur Erlangung der erforderlichen Rechtssicherheit gezwungen, auch gegen den Feststellungsbeschluss vorzugehen, um dessen Rechtswirkung aus der Welt zu schaffen.

Daraus ergibt sich zunächst folgendes Problem:

Es ist nicht eindeutig, ob ein Rechtsmittel nur gegen den Feststellungsbeschluss statthaft ist. Der Gesetzgeber hat für die Fälle der Revisionsentscheidung (§ 349 Abs. 1 Kbt.) und der Entscheidung im Einheitsverfahren (§350/B Abs. 3 Kbt.) ausdrücklich festgestellt, dass eine Berufung gegen diese Entscheidungen eingelegt werden kann und dass

Abschnitt XX. der Pp. auf die Verfahren anzuwenden sind (§ 350 Abs. 4 Kbt.). Aus dem Umstand, dass eine solche Regelung hinsichtlich des Feststellungsbeschlusses unterblieben ist, könnte geschlossen werden, dass gegen diesen gerade kein Rechtsmittel statthaft sein soll. Allerdings hat der Gesetzgeber sich lediglich in einer einzigen Vorschrift (§ 350/C Kbt.) zum Feststellungsverfahren geäußert. Daher liegt die Vermutung nahe, dass die Vorschriften über das Einheitsverfahren mit der Abweichung in § 350/C Kbt. auch auf das Feststellungsverfahren Anwendung finden sollten. Dafür spricht auch, dass diese einzige Vorschrift über das Feststellungsverfahren sich unmittelbar an die des Einheitsverfahrens (§ 350 bis § 350/B Kbt.) anschließt und der gleichen Abschnittsüberschrift („*Sonstige mit dem Vergabeverfahren zusammenhängende Gerichtsverfahren*"[1505] [Übers. d. Verf.]) unterordnet wurde. Maßgebliches Argument für die — zumindest analoge — Anwendung der Verfahrensregeln zum Einheitsverfahren ist, dass das Einheitsverfahren schlichtweg eine zur Verfahrensverkürzung geschaffene Kombination aus Revisions- und Feststellungsverfahren ist. Vor diesem Hintergrund kann also eine Berufung gegen die Feststellungsentscheidung auf § 350/B Abs. 3 Kbt. analog gestützt werden. Dieses Ergebnis erfüllt zwar den verfassungsrechtlichen Anspruch aus § 57 Abs. 5 Alk. auf ein Rechtsmittel gegen Gerichtsbeschlüsse, der Gesetzgeber hätte hier aber aus Gründen der Rechtssicherheit besser eine eindeutige Kodifizierung vorgenommen.

Vor dem Hintergrund des Grundsatzes der Verfahrensbeschleunigung ist dem Auftraggeber das Abwarten des Berufungsverfahrens gegen den Feststellungsbeschluss, in dem das Berufungsgericht den Feststellungsbeschluss aufhebt und zur erneuten Entscheidung an das Hauptstädtische Gericht zurückverweist, kaum zumutbar. Doch bleibt ihm und seinem Vertragspartner keine andere Wahl, wenn er hinsichtlich seiner vertraglichen Pflichten Rechtssicherheit möchte. Das Verfahren vor der Berufungsinstanz könnte durch eine Verbindungsverpflichtung des Revisionsverfahrens gegen den Schiedsstellenbeschluss und des Feststellungsverfahrens nach dem Vorbild des Einheitsverfahrens erfolgen. Im Hinblick auf das Einheitsverfahren hat der Gesetzgeber die Notwendigkeit der Verfahrensvereinfachung erkannt und die erforderlichen Vorschriften geschaffen. Weshalb dies nur für den Fall erfolgt ist, dass die Schiedsstelle das Vorliegen der Unwirksamkeitsgründe zu Unrecht abgelehnt hat, und nicht auch für den Fall, dass das Vorliegen der Unwirksamkeitsgründe zu Unrecht bejaht wurde, ergibt sich weder aus dem Kbt.ÄndG noch aus der Gesetzesbegründung.

[1505] Ung. A *közbeszerzésekkel kapcsolatos egyéb perek*.

Ein effektiver Rechtsschutz wird durch das Prozess- und Verzögerungsrisiko des Auftraggebers aufgrund von zwei erforderlichen Anfechtungen (die Anfechtung der Schiedsstellenentscheidung und der Feststellungsentscheidung) stark eingeschränkt. Der ungarische Gesetzgeber kommt diesem Anspruch im Falle des Feststellungsverfahrens nicht konsequent nach. Es fehlen Bestimmungen, die etwa dahin gehen, dass bei Einlegung der Revision durch den Auftraggeber das Verfahren auf Feststellung der Vertragsunwirksamkeit — oder zumindest die vorläufige Vollstreckbarkeit — ausgesetzt wird, bis eine Revisionsentscheidung ergangen ist. Noch einfacher hätte der Gesetzgeber zur Vermeidung der vorliegenden Konstellation lediglich den Eintritt der Rechtskraft des Sachbeschlusses als Zulässigkeitsvoraussetzung für das Feststellungsverfahren normieren müssen. Als eine andere Alternative könnte — ähnlich wie im Einheitsverfahren gemäß § 350/B Abs. 1 Kbt. — bei positiver Revisionsentscheidung die automatische Beendigung des Feststellungsverfahrens normiert werden. Für den Auftraggeber widerspricht das Rechtsschutzsystem aus Revisions- und Feststellungsverfahren im vorbezeichneten Fall zwar keinen ausdrücklichen sekundärrechtlichen Vorgaben. Den Grundsätzen eines wirksamen und schnellen Rechtsschutzes könnte aber auf einfache Weise besser Rechnung getragen werden.

5. Effektivität der Einleitungspflicht und des Feststellungsverfahrens

Die Richtlinien sehen in Art. 2d Abs. 1 vor, dass der Vertrag in den dort aufgeführten Fällen (wie etwa bei de-facto-Vergaben) für unwirksam erklärt werden muss. Hierzu dient das Feststellungsverfahren, das durch die Schiedsstelle vor dem Hauptstädtischen Gericht eingeleitet wird.

Da die Art. 1 Abs. 2 der Rechtsmittelrichtlinien gestatten, die jeweiligen Rechtsfolgen getrennt unterschiedlichen Nachprüfungsorganen zu übertragen, ist die strikte Trennung gemäß § 316 Abs. 2 Kbt. zwischen den Zuständigkeiten von Schiedsstelle (bis zum Zeitpunkt des Vertragsschlusses) und ordentlichen Gerichten (ab dem Zeitpunkt des Vertragsschlusses) unionsrechtskonform.

Durch die Aufteilung des Prüfungsumfanges zwischen Schiedsstelle und dem ordentlichen Gericht wird sichergestellt, dass die sekundärrechtlich erforderliche Unwirksamkeitserklärung in den Fällen des Art. 2d Abs. 1 ausgesprochen wird. Hierzu stellt die Schiedsstelle das Vorliegen einer Umgehung des Vergabeverfahrens i.S.d. Art. 2d Abs. 1 lit. a) der Richtlinien (konform umgesetzt durch § 306/A Abs. 2 lit. a) Kbt.) sowie eines Verstoßes gegen ein Vertragsschlussmoratorium i.S.d Art. 2d Abs. 1 lit. b der Richtlinien (konform umgesetzt in § 306/A Abs. 2 lit. b), § 96/B Abs. 4, § 99 Abs. 3 und 4 Kbt.) fest. Das ordentliche Gericht prüft dann im Rahmen des Feststellungsverfahrens zum einen die übrigen Voraussetzungen des Art. 2d Abs. 1 lit. b) der Richtlinien, namentlich ob der Verstoß dazu geführt hat, dass der Bieter vor Abschluss des Vertrages keinen Rechtsschutz mehr erwirken konnte und dadurch seine

Zuschlagschancen beeinträchtigt worden sind (ebenso konform umgesetzt in § 306/A Abs. 2 lit. b); zum anderen, ob der Vertrag nicht aus zwingenden Gründen des Allgemeininteresses als wirksam qualifiziert werden kann. Die Möglichkeit, den Vertrag dann für wirksam zu erklären, wenn zu Unrecht von einer In-House-Vergabe ausgegangen wurde, steht allerdings im Widerspruch zum abschließenden Ausnahmecharakter des Art. 2d Abs. 4 der Richtlinien.

Die Umsetzung der sekundärrechtlich eröffneten Möglichkeit aus Art. 2 Abs. 3 RL 89/665/EWG bzw. RL 92/13/EWG, aus zwingenden Gründen eines Allgemeininteresses einem an sich unwirksamen Vertrag doch Wirksamkeit zuzusprechen, erfolgte inhaltlich übereinstimmend in § 306/A Abs. 3 lit. b) und Abs. 4 Kbt. Erklärt das Hauptstädtische Gericht den Vertrag unter den Voraussetzungen des § 306/A Abs. 3 lit. b) und Abs. 4 Kbt. doch für wirksam, verhängt es in Übereinstimmung mit der Forderung aus Art. 2d Abs. 2 UAbs. 1 der Richtlinien nach alternativen Sanktionen eine Geldbuße i.H.v. zehn Prozent des Vertragswertes (§ 350/C Abs. 2 Kbt.).

Nach dem Wortlaut der Art. 2d Abs. 1 der Richtlinien genügt es nicht, wenn die Mitgliedstaaten die Nachprüfungsinstanzen lediglich dazu ermächtigen, die Unwirksamkeit festzustellen. Vielmehr gebietet die Formulierung, dass die Unwirksamkeit erklärt werden bzw. sich ergeben muss. Hierzu dient die Verpflichtung der Schiedsstelle, unabhängig vom Parteiwillen ein Feststellungsverfahren einzuleiten, wenn es die entsprechenden Rechtsverletzungen im Beschluss festgestellt hat. Für die Fälle, in denen eine solche Rechtsverletzung verneint wurde, wird dem unterlegenen Antragsteller im Rahmen des Einheitsverfahrens gestattet, nicht nur gegen die Entscheidung der Schiedsstelle vorzugehen, sondern auch die Unwirksamkeit feststellen zu lassen. Damit wird der diesbezüglichen Erwartung aus Art. 2d Abs. 1 der Richtlinien Genüge getan.

Im Hinblick auf die Rechtsfolgen der Unwirksamkeitsfeststellung hat sich der ungarische Gesetzgeber dafür entschieden, dass der Vertrag rückwirkend ab dem Zeitpunkt seines Abschlusses als unwirksam zu betrachten ist. Dies steht im Einklang mit den Vorgaben der Richtlinien, die den Mitgliedstaaten insoweit die Wahl zwischen der ex-nunc- und ex-tunc-Wirkung überlassen haben. Da sich auch die weiteren Rechtsfolgen der Unwirksamkeit nach einzelstaatlichem Recht richten (Art. 2d Abs. 2 UAbs. 1 der Richtlinien), ist die Vorschrift, nach der die Lage vor Vertragsabschluss wieder herzustellen ist, unionsrechtskonform.

Aus Sicht eines effektiven Rechtsschutzes ist es problematisch, dass das Ergebnis einer vom Auftraggeber beantragten Revisionsentscheidung gegen den Beschluss der Schiedsstelle vom Ergebnis des Feststellungsbeschlusses abweichen kann, obwohl für beide Verfahren das Hauptstädtische Gericht zuständig ist. Um eine homogene Entscheidung zu erlangen, muss der Auftraggeber zusätzlich eine zeitintensive und kostenriskante Berufung gegen den Feststellungsbeschluss einlegen. Dies hätte der Gesetzgeber — so wie es etwa auch durch die Einrichtung des Einheitsverfahrens erfolgt ist — vermeiden können, indem er entweder eine Verbindung des Revisions- und Feststellungsverfahrens angeordnet oder die Rechtskraft des Schiedsstellenbeschlusses als Zulässigkeitsvoraussetzung normiert oder bei Einlegung der Revision das Verfahren auf Feststellung der Vertragsunwirksamkeit — oder zumindest die vorläufige Vollstreckbarkeit — ausgesetzt hätte.

Ein unmittelbarer Verstoß gegen sekundärrechtliche Bestimmungen kann hier nicht verzeichnet werden, sodass das Kbt. einen effektiven Rechtsschutz gewährt — wenngleich er auf einfache Weise effizienter sein könnte.

IX. Wirksame Durchsetzbarkeit der Entscheidungen

Da sich das Kbt. überhaupt nicht über die Durchsetzbarkeit der Entscheidungen der Schiedsstelle äußert, muss auf die allgemeinen Vollstreckungsvorschriften des Ket. zurückgegriffen werden (§ 317 Abs. 1 Kbt.).

Diese gelten sowohl für die Beschlüsse als auch für die als Bescheid ergangenen Entscheidungen. Die Person des Verpflichteten wird in § 124 Ket. nicht eingeschränkt, sodass gegen die Vollstreckung gegenüber einer öffentlichen Beschaffungsstelle keine gesetzlichen Hindernisse bestehen. Hebt die Schiedsstelle eine Entscheidung des Auftraggebers auf oder stellt sie eine Rechtsverletzung fest, muss diese mangels Vollstreckungsfähigkeit nicht mehr vollstreckt werden. Einer Vollstreckung zugänglich sind gemäß § 127 Abs. 1 a) Ket. aber die Zahlungen von Geldbußen — als die in Ungarn am meisten vollstreckungsbedürftige Entscheidung[1506] — sowie die Anordnungen einer Handlungs- (z.B. Einbeziehung eines Bieters in das Vergabeverfahren) oder einer Unterlassungspflicht (z.B. der Teilnahme an künftigen Auftragsvergaben).

Das in Abschnitt VIII des Ket. geregelte Vollstreckungsverfahren findet vor der Schiedsstelle statt und ist ein vom Nachprüfungsverfahren gesondertes Verfahren. Es ist entweder vom Bieter oder von der Behörde, die das Verfahren vor der Schiedsstelle von Amts wegen angeregt hat, zu beantragen. Die Entscheidung der Schiedsstelle ergeht i.S.d. § 130 Abs. 1 Ket. innerhalb von 5 Tagen nach Anhängigkeit des Antrages bzw. nach Ablauf der gesetzten Frist in Form eines Bescheides.

Laut § 127 Ket. sind Entscheidungen vollstreckbar, wenn sie rechtskräftig sind oder wenn die in der Entscheidung angeordnete Erfüllungsfrist fruchtlos verstrichen ist. Daher müssen Beschlüsse und Bescheide, die die Vornahme

---

[1506] CompLex Kommentar, § 132 Ket.

einer Handlung anordnen, eine Frist genau festsetzen — selbst dann, wenn ein Gesetz die Frist eindeutig vorschreibt (§ 74 Abs. 1 Ket.). Die Rechtskraft tritt bei Entscheidungen der Schiedsstelle ab der Zustellung bzw. Bekanntgabe ein, da gegen sie keine Berufung statthaft ist (§§ 128 Abs. 1 lit. c), 100 Abs. 1 Ket, § 346 Abs. 1 Kbt.). Natürlich kann der Betroffene gegen die Entscheidung der Schiedsstelle eine gerichtliche Revision einlegen und in diesem Rahmen gemäß § 338 Abs. 2 Kbt. beantragen, dass die aufschiebende Wirkung der Revision angeordnet werden soll. Darüber hat dann das Gericht innerhalb von drei Tagen nach Anhängigkeit einen Beschluss zu fassen.

Auch bei der Wahl der Vollstreckungsmittel wird nicht unterschieden, ob der Schuldner der Bieter oder gar der öffentliche Auftraggeber, also eine Behörde ist. Als Vollstreckungsmittel kommen bei einer Zahlungspflicht die sofortige Einziehung (§§ 132 ff. Ket.) bzw. Pfändung von (un-)beweglichen Vermögensgegenständen (§ 136 Ket.) in Betracht. Zusätzlich können Verzugszuschläge erhoben werden (§§ 138 f. Ket). Bei der Pflicht zur Vornahme einer Handlung ist die Ersatzvornahme durch oder die Verpflichtung zur Zahlung des Geldwertes der Leistung (§ 139 Abs. 1 Ket.) eine der anwendbaren Vollstreckungsmittel. Zur Vornahme einer Handlung sieht § 139 Abs. 1 lit. e) Ket. allerdings auch die Anwendung unmittelbaren polizeilichen Zwangs vor. Obgleich für diese Form der Vollstreckung gegen einen öffentlichen Auftraggeber kaum Anwendungsfälle vorstellbar sind, ist sie doch nicht gesetzlich ausgeschlossen. Ein ausdrückliches, dem deutschen Recht (§ 17 VwVG[1507]) vergleichbares gesetzliches Verbot des Zwangmitteleinsatzes gegen Behörden sieht das ungarische Recht nicht vor.

Lediglich § 124 Abs. 2 Ket. bestimmt, dass bei der Vollstreckung eine finanzielle Belastung vorrangig vor unmittelbarem Zwang erfolgen muss. Darüber hinaus ordnet die Schiedsstelle diejenige Maßnahme an, die die Erfüllung der Pflicht am effizientesten sichert. Schließlich kann zur Vollstreckung einer Handlung auch die Auferlegung eines Verfahrensbußgeldes — auch wiederholt (§ 141 Ket.) — , erfolgen, sofern dem Verpflichteten die Nichtvornahme bzw. die Vornahme trotz Unterlassungsgebots angelastet werden kann. Hinsichtlich der Höhe gilt gemäß § 61 Abs. 2 Ket. grundsätzlich eine Spanne zwischen HUF 5.000 (ca. EUR 20) und HUF 500.000 (ca. EUR 2.000) bei natürlichen bzw. HUF 1.000.000 (ca. EUR 4.000) bei juristischen Personen. Bei der Bemessung der Höhe muss die Schiedsstelle die Umstände des Einzelfalls, die Schwere der Verletzung und die finanzielle Situation des Verpflichteten berücksichtigen. Weigert sich ein Auftraggeber allerdings nachdrücklich, seiner Verpflichtung nachzukommen — was bei dem geringen

---

[1507] Verwaltungsvollstreckungsgesetz vom 27.04.1953 (BGBl. I S. 157).

Limit des Verfahrensbußgeldes durchaus denkbar ist —, könnte der wirtschaftliche Druck zur Durchsetzung nicht ausreichend sein. Daher hat die Schiedsstelle gemäß § 142 Abs. 1 Ket. bei der Ausübung ihres Ermessens zu berücksichtigen, welche Maßnahme im Einzelfall die Erfüllung der Pflicht am effizientesten sicherstellt. So kann die Schiedsstelle das Verfahrensbußgeld auch wiederholt festsetzen, aber auch auf Kosten und Gefahr des Verpflichteten die Handlung durchführen lassen.

Die Vollstreckungsregeln des Ket. dienen einer raschen und konsequenten Durchsetzung der Entscheidungen der Schiedsstelle. Insbesondere stellt sich im ungarischen Recht nicht die Problematik der Wahrung des Gleichheitsprinzips[1508], da für alle Auftragsvergaben i.s.d. Kbt. dieselben Vollstreckungsvorschriften gelten. Das Ket. genügt den sekundärrechtlichen Anforderungen der Art. 2 Abs. 8 der Rechtsmittelrichtlinien, die das Vollstreckungsverfahren in die Verfahrensautonomie der Mitgliedstaaten verweisen, solange diese eine wirksame Durchsetzung gewährleisten. Da der Auftraggeber als öffentliche Stelle nicht nur eine Anweisung von der Schiedsstelle erhält, sondern die Entscheidung genauso wie gegenüber jeder nichtöffentlichen Person vollstreckt werden kann, wurde den diesbezüglichen unionsrechtlichen und verfassungsrechtlichen[1509] Erfordernissen genüge getan.

X. Vergleich mit den Entscheidungsbefugnissen der Vergabekammern

Abgesehen vom automatischen Eintritt des Vertragsschlussmoratoriums bei Einreichung des Nachprüfungsantrages erfolgt die ausdrückliche Aussetzung des Vergabeverfahrens (also auch das Zuschlagsverbot) nach ungarischem Recht im Wege der einstweiligen Verfügung der Schiedsstelle. Das Verbot des Zuschlags i.S.d. § 115 Abs. 1 GWB tritt automatisch ein, wenn die Vergabekammer den öffentlichen Auftraggeber schriftlich über den Antrag auf Nachprüfung informiert hat und gilt so lange, bis die Vergabekammer entschieden hat und die Frist zur Beschwerde gemäß § 117 Abs. 1 GWB nicht abgelaufen ist. So bedeutet in Deutschland die Umsetzung der Unionsanforderung an das Vertragsschlussmoratorium bereits ein Zuschlagsverbot, wohingegen in Ungarn nur der Vertragsschluss automatisch verboten wird. Soll das Vergabeverfahren zu einem früheren Zeitpunkt ausgesetzt, also bspw. der Zuschlag verboten werden, so kann dies nur auf

---

[1508] Siehe zu den unterschiedlichen Vollstreckungsverfahren auf Bundes- und Landesebene in Deutschland z.B. *Byok*, Die Vollstreckung von Entscheidungen der Vergabekammern, NJW 2003, 2642, 2644; *Dreher* in: Immenga/Mestmäcker, Wettbewerbsrecht, § 114 GWB, Rn. 70 f.
[1509] Vgl. *2. Kapitel, III.4.a)aa (5) Rechtsstaatsprinzip und Vollstreckbarkeit* bzw. *3. Kapitel, III.2.a)hh) Die Entscheidungen der Nachprüfungsinstanzen*.

Antrag einer einstweiligen Verfügung geschehen. Im Rahmen der Entscheidung über das einstweilige Zuschlagsverbot nimmt die Schiedsstelle auch eine Interessenabwägung vor, die in Deutschland zu Recht nur dann zum Tragen kommt, wenn ein Beteiligter einen Antrag auf Zuschlagsgestattung gestellt hat. Im Gegensatz zu § 332 Kbt., der nur drei mögliche Verfügungen (Aussetzung, Aufforderung zur Einbeziehung des Bieters, Gestattung des Vertragsschlusses) kennt, kann die deutsche Nachprüfungsinstanz über die Gestattung des Zuschlages i.S.d. § 115 Abs. 2 GWB hinaus gemäß § 115 Abs. 3 S. 1 GWB weitere vorläufige Maßnahmen ergreifen, die im Umfang mit denen der § 123 VwGO bzw. §§ 935, 940 ZPO verglichen werden können[1510]. Die einstweilige Gestattung des Zuschlages kann laut § 115 Abs. 2 S. 3 GWB vor dem Beschwerdegericht angegriffen werden. Gegen alle übrigen Anordnungen wird wie im ungarischen Recht das Recht auf ein Rechtsmittel versagt.

Ganz anders als das Kbt., das die auferlegbaren Rechtsfolgemöglichkeiten durch taxative Aufzählung regelt, ermächtigt § 114 Abs. 1 GWB die Vergabekammer dazu, selbst die geeigneten Maßnahmen zu wählen und zu treffen, um die Rechtsverletzung zu beseitigen bzw. eine Interessenschädigung zu verhindern. Ausdrücklich wird die Auferlegung von Geldbußen nicht vorgesehen. Auf das laufende Vergabeverfahren darf sie aber einwirken, wobei ihr Ermessen nicht wie das der Schiedsstelle auf bestimmte Einwirkungsmaßnahmen begrenzt ist. Wie auch die Schiedsstelle ist die Vergabekammer nicht an die Anträge gebunden. In Deutschland kann ein erteilter Zuschlag nicht durch die Kammer aufgehoben werden. § 13 VgV sieht hier allerdings einen gewissen Kompromiss vor, indem eine Vorabinformation über den beabsichtigten Zuschlag herauszugeben ist, mit der eine Stillhaltefrist beginnt. Ein entgegen der Stillhaltefrist geschlossener Vertrag ist dann nichtig. Die Schiedsstelle hingegen ist zur Aufhebung der das Verfahren abschließenden Entscheidung befugt.

XI. Effektivität des erstinstanzlichen Primärrechtsschutzes gegen vergaberechtliche Entscheidungen

Für die Nachprüfung vergaberechtlicher Entscheidungen hat sich der ungarische Gesetzgeber für die Einrichtung einer landesweit zuständigen Nachprüfungsinstanz entschieden. Die Schiedsstelle für öffentliche Auftragsvergabe ist als gerichtsähnliches Verwaltungsorgan zu qualifizieren, das im Hinblick auf seine Zusammensetzung und Verfahrensgrundsätze fast alle Anforderungen der Art. 2 Abs. 9 der Rechtsmittelrichtlinien erfüllt, die auch an eine gerichtliche Nachprüfungsinstanz gestellt werden.

[1510] *Pietzcker* in: Grabitz/Hilf/Hailbronner, Das Recht der Europäischen Union, B 19., Rn. 35.

Über die sekundärrechtlichen Ansprüche hinaus gestattet das Kbt. nicht nur dem (übergangenen) Bieter bzw. Bewerber, sondern darüber hinaus auch dem Auftraggeber und einer Reihe von Behörden, ein Nachprüfungsverfahren einzuleiten. Diese Erweiterung fördert den Unionszweck, wirksam gegen rechtswidriges Vergabeverhalten vorzugehen, und steht in Einklang mit den Rechtsmittelrichtlinien, die (lediglich) auf eine Mindestharmonisierung ausgerichtet sind.

Die Nachprüfungsverfahren wurden unter Einhaltung der Richtlinienvorgaben (Art. 2c) an eine Antragsfrist geknüpft. Diese beträgt bis zum 31.12.2009 15 Tage und steht mit der zum 20.12.2009 umzusetzenden RL 2007/66/EG in Einklang. Danach werden die Formvorschriften für die fristauslösenden Bekanntgabe- und Mitteilungspflichten schrittweise geändert: So müssen alle Bekanntgaben und Mitteilungen im Bezug auf Vergaben mit Unionsschwellenwert ab dem 01.01.2010 elektronisch erfolgen. Gleichzeitig verkürzen sich auch die an diese Bekanntgaben und Mitteilungen geknüpften Fristen von 15 auf zehn Tage. Bis zum 30.06.2010 können die Bekanntgaben und Mitteilungen bezüglich Vergaben unter dem Unionsschwellenwert sowohl elektronisch als auch per Fax oder postalisch erfolgen; dementsprechend ist hier entweder die Frist von zehn oder von 15 Tagen maßgeblich. Ab dem 01.07.2010 gelten für alle Vergaben unabhängig vom Schwellenwert die Verpflichtung zur elektronischen Bekanntgabe bzw. Mitteilung und dementsprechend auch die Frist von zehn Tagen.

Das Kbt. hat die sekundärrechtlich gewährte Möglichkeit aus Art. 1 Abs. 4 bzw. 5 der Richtlinien wahrgenommen und dem Antragsteller sowohl die Pflicht auferlegt, den Auftraggeber über den behaupteten Verstoß und die Absicht, ein Nachprüfungsverfahren einzuleiten, zu informieren als auch eine vorherige Streitbeilegung mit dem Auftraggeber zu versuchen. Beide Institute wurden so in das übrige Rechtsschutzsystem des Kbt. implementiert, dass sie die Antragsfrist sowie die Moratorien unberührt lassen.

Im Rahmen der mitgliedstaatlichen Verfahrensfreiheit wurden die Nachprüfungsverfahren vor der Schiedsstelle an sehr kurze Verfahrens- bzw. Erledigungsfristen gebunden, die in Verbindung mit Mitwirkungspflichten der Beteiligten (wie bspw. umfangreiche Sachverhaltsangaben bereits im Rahmen des Antrags) dem Unionsgrundsatz der Verfahrensbeschleunigung und des wirksamen Rechtsschutzes dienen.

Übereinstimmend mit Art. 2 Abs. 5 RL 89/665/EWG bzw. Art. 2 Abs. 4 RL 92/13/EWG löst die Einleitung des Nachprüfungsverfahrens vor der Schiedsstelle keinen Suspensiveffekt auf das Vergabeverfahren aus. Diesen Suspensiveffekt kann aber die Schiedsstelle im Wege einer einstweiligen Verfügung ausdrücklich anordnen (Art. 2 Abs. 1 lit. a) der Richtlinien, konform umgesetzt in § 332 Abs. 2 lit. a) Kbt.), sowie der Auftraggeber durch eine eigene freiwillige Entscheidung. Durch diese weitere Möglichkeit des Auftraggebers, einen Suspensiveffekt auszulösen, können ein wirksamer Rechtsschutz verstärkt und weitere Rechtsverletzungen sowie Schäden der Betroffenen vermieden werden. Eine Unionsrechtskonformität kann bedenkenlos bejaht werden.

Das eingeleitete Nachprüfungsverfahren hat allerdings einen Suspensiveffekt (nicht auf das Vergabeverfahren, sondern) auf den Vertragsschluss. Bis zur einstweiligen bzw. Hauptsacheentscheidung darf der Vertrag nicht geschlossen werden. Obwohl diese Rechtsfolge gemäß Art. 2 Abs. 4 RL 89/665/EWG bzw. Art. 2 Abs. 3 lit. a) RL 92/13/EWG nur bei Nachprüfung der Zuschlagsentscheidung eintreten muss, geht § 99 Abs. 4 Kbt. darüber hinaus und löst das Vertragsschlussmoratorium bei allen Nachprüfungsanträgen aus. Gleichfalls wurden das Moratorium bei der vorherigen Streitbeilegung richtlinienkonform (Art. 1 Abs. 5 der Richtlinien, umgesetzt in § 96/B Abs. 4 Kbt.) sowie die Stillhaltefrist nach Erfolgen der Zuschlagsentscheidung (Art. 2a Abs. 2 der Richtlinien, umgesetzt in § 99 Abs. 3 Kbt.) implementiert.

Dass der ungarische Gesetzgeber zum Vertragsschluss auch Höchstfristen, gerechnet ab dem Zeitpunkt des Zuschlages und der Übersendung der schriftlichen Zusammenfassung, vorgesehen hat, steht nicht in Widerspruch zu einem wirksamen Rechtsschutzverfahren, da diese Höchstfristen nur unter dem Vorbehalt einzuhalten sind, dass die Stillhaltefristen bzw. Vertragsmoratorien hiervon nicht berührt werden (§ 96/B Abs. 4 Kbt.).

Um einen wirksamen Rechtsschutz zu gewährleisten, erstreckt sich die Kontrolldichte der Schiedsstelle nicht nur darauf, ob der Auftraggeber willkürlich gehandelt hat oder nicht. Vielmehr ist sie zu einer umfassenden Kontrolle aller mit dem Vergabeverfahren in Zusammenhang stehenden möglichen Rechtsverletzungen zuständig und auch berechtigt, alle Handlungen am Maßstab des in das Kbt. umgesetzten Unionsrechts zu messen und verbindlich festzustellen. Die tatsächliche Entscheidungsgewalt wird in der Durchsetzung gegenüber den Betroffenen einschließlich der öffentlichen Auftraggeber deutlich (Art. 2 Abs. 8 der Rechtsmittelrichtlinien). Hierzu werden die Vollstreckungsmaßnahmen des Ket. herangezogen.

Dass das Abhalten einer mündlichen Verhandlung in das Ermessen der Schiedsstelle gestellt wurde, begegnet aus dem Grund, dass sie nicht als Gericht, sondern als Verwaltungsorgan einzuordnen ist, keinen unionsrechtlichen Bedenken. Beraumt die Schiedsstelle eine Verhandlung an, erfüllt sie sogar die unions- wie verfassungsrechtlichen Ansprüche an die Öffentlichkeit einer Verhandlung, die i.S.d. Art. 6 EMRK nur an ein Gericht gestellt werden. Ebenso verhält es sich bei der Wahrung des Grundsatzes der Waffengleichheit. Das Kbt. erfüllt durch das Gleichbehandlungsgebot und die Sicherstellung der Rechte zur Verhandlungsteilnahme, des Rechts auf Akteneinsicht und des Rechts auf Stellungnahme auch die Voraussetzungen, die der Grundsatz des fairen Verfahrens von den Verwaltungsbehörden fordert.

Die an die Nachprüfungsinstanzen zu übertragenden Entscheidungsbefugnisse erstrecken sich auf die Anordnung einstweiliger Verfügungen, die Aufhebung rechtswidriger Entscheidungen, die Zuerkennung von Schadensersatz sowie die Feststellung der Unwirksamkeit von Verträgen.

In Übereinstimmung mit der Möglichkeit aus Art. 2 Abs. 2 der Rechtsmittelrichtlinien, die genannten Befugnisse getrennt an mehrere Stellen zu übertragen, erfolgt durch § 316 Abs. 2 Kbt. eine grundsätzliche Trennung der Zuständigkeit zwischen Schiedsstelle (bis zum Vertragsschluss) und der ordentlichen Gerichtsbarkeit (ab dem Zeitpunkt des Vertragsschlusses).

Die Schiedsstelle ist dabei zur Anordnung einstweiliger Maßnahmen i.S.d. Art. 2 Abs. 1 lit. a) und zur Aufhebung von Entscheidungen i.S.d. Art. 2 Abs. 1 lit. b) befugt. Im Rahmen der einstweiligen Anordnung ist die Kompetenz zur Gestattung des Vertragsschlusses als richtlinienwidrig zu bewerten. Sie widerspricht der sekundärrechtlich vorgegebenen Systematik und kann zu inkonsequenten Ergebnissen bei der Feststellung der Vertragsunwirksamkeit führen. Auch stehen das mangelnde Begründungserfordernis sowie der Ausschlusses eines Rechtsmittels gegen die einstweilige Anordnung bzw. deren Ablehnung im Widerspruch zu Art. 2 Abs. 9 der Rechtsmittelrichtlinien. Hinsichtlich der Aufhebungskompetenz von Entscheidungen geht das Kbt. über die Mindestharmonisierungsvorschrift hinaus, indem die Schiedsstelle nicht nur diskriminierende Spezifikationen sowie die Zuschlagsentscheidung aufheben darf, sondern jede als vergaberechtswidrig qualifizierte Handlung. Darüber hinaus ist sie befugt, bei Vorliegen bestimmter Rechtsverletzungen Geldbußen aufzuerlegen. Hier erfolgt nicht nur die richtlinienkonforme Umsetzung i.S.d. Art. 2e der Rechtsmittelrichtlinien (alternative Sanktionen zur Vertragsunwirksamkeit). Der ungarische Gesetzgeber knüpfte die fiskalische Sanktionierung auch noch an weitere Rechtsverstöße, die eine besondere Gefahr für die Transparenz der öffentlichen Auftragsvergabe und eine Umgehung des Vergabeverfahrens begünstigen können. Durch die abschreckende Wirkung trägt diese verschärfte Sanktionierung, die der Erwägungsgrund Nr. 20 RL 2007/66/EG den Mitgliedstaaten anheim stellt, wesentlich zu einem wirksamen Rechtsschutz bei. Zu dem gleichen Ergebnis der Richtlinienkonformität kommt man bei der Kompetenz der Schiedsstelle, den Bieter befristet von zukünftigen Auftragsvergaben auszuschließen.

Von der Möglichkeit des Art. 2 Abs. 1 c) RL 92/13/EWG, statt des Verfahrens des einstweiligen Rechtsschutzes und der Aufhebung von Entscheidungen ein Ersatzverfahren zu schaffen, wurde im Kbt. kein Gebrauch gemacht, da das Nachprüfungsverfahren nicht zwischen der Art der Vergabeverfahren, ihren Schwellenwerten oder der Art der Auftraggeber unterscheidet.

Die Entscheidung über die Zuerkennung von Schadensersatz trifft dagegen die ordentliche Gerichtsbarkeit; als Eingangsinstanz sind dies die

Komitatsgerichte[1511]. Die Unwirksamkeitsfeststellung einschließlich der Prüfung, ob der Vertrag nicht doch als wirksam qualifiziert werden kann, obliegt dem ordentlichen Hauptstädtischen Gericht Budapest. Die Prüfungskompetenz deckt sich hier mit den Vorgaben aus den Art. 2d Abs. 1 lit. b), Abs. 2 und 3 der Rechtsmittelrichtlinien.

Um ein einheitliches Rechtssystem zwischen den Entscheidungsbefugnissen der Schiedsstelle und der ordentlichen Gerichtsbarkeit herzustellen, hat das Kbt.ÄndG die Verpflichtung der Schiedsstelle normiert, ein Feststellungsverfahren einzuleiten. Bejaht die Schiedsstelle das Vorliegen eines Unwirksamkeitsgrundes, leitet sie das Verfahren vor dem Hauptstädtischen Gericht, das auf die Feststellung der Vertragsunwirksamkeit gerichtet ist, ein. Verneint sie aber das Vorliegen eines Unwirksamkeitsgrundes, kann der Antragsteller des Schiedsstellenverfahrens ein Einheitsverfahren einleiten, das nicht nur die Revision des Beschlusses der Schiedsstelle umfasst, sondern gleichzeitig auch auf die Feststellung der Vertragsunwirksamkeit gerichtet ist. Mit diesen Rechtsschutzkombinationen erfüllt das Kbt. die Anforderungen aus Art. 2d der Rechtsmittelrichtlinien[1512]. Dass im umgekehrten Fall (die Schiedsstelle bejaht vermeintlich zu Unrecht das Vorliegen der Unwirksamkeitsgründe, es ergeht ein entsprechender Feststellungsbeschluss und der Auftraggeber hat zwischenzeitlich eine den Beschluss der Schiedsstelle aufhebende Revisionsentscheidung erwirkt) keine Verbindung oder gegenseitige Abstimmung von Revisions- und Feststellungsverfahren gesetzlich normiert wurde, ist zwar nicht als richtlinienwidrig zu beurteilen, jedoch könnte hier auf einfache Weise ein effektiver Rechtsschutz optimiert werden.

Dem Erfordernis i.S.d. Art. 2 Abs. 9 der Rechtsmittelrichtlinien, dass alle Entscheidungen der Schiedsstelle zwecks gerichtlicher Überprüfbarkeit begründet werden müssen, wird das Kbt. nicht voll gerecht: Aufgrund einer Rechtseinheitlichkeitsentscheidung des Obersten Gerichts der Republik Ungarn muss die Schiedsstelle ihre diesbezügliche Entscheidung nicht begründen. Dies stellt einen eindeutigen Verstoß gegen das Sekundärvergaberecht dar.

Zusammenfassend lässt sich also feststellen, dass mit einigen — wenn auch zum Teil schwerwiegenden — Ausnahmen dem sekundärrechtlichen Primärrechtsschutz im ungarischen Kbt. Geltung verschafft wird und zumindest insoweit die Effektivität des Primärrechtsschutzes zu bejahen ist.

[1511] Vgl. hierzu die Ausführungen im 8. *Kapitel, I. Der Instanzenzug im Sekundärrechtsschutz.*
[1512] Die Erklärung der Vertragswirksamkeit bei fälschlicher Annahme der Voraussetzung einer In-House-Vereinbarung ist nicht als unionsrechtskonform zu beurteilen, vgl. im *5. Kapitel, VIII. 3. Mögliche Rechtsfolgen.*

6. Kapitel: Rechtsmittel gegen die Entscheidung der Schiedsstelle und gegen die Revisions- bzw. Berufungsentscheidung

Die Rechtsmittelrichtlinien überlassen es dem Mitgliedstaat, die Nachprüfungsinstanz ein- oder mindestens zweistufig auszugestalten. Der ungarische Gesetzgeber hat sich für eine mehrinstanzliche Einrichtung des Vergaberechtsschutzes entschieden. Da die Schiedsstelle als erste Nachprüfungsinstanz ein Verwaltungsorgan und — wenn auch gerichtsähnlich — kein Gericht ist[1513], muss gegen die Entscheidungen der Schiedsstelle gemäß Art. 2 Abs. 9 der Rechtsmittelrichtlinien in zweiter Instanz ein Gericht angerufen werden können. Dieses hat sekundärrechtlichen Anforderungen zu genügen, die über die Anforderungen an ein Verwaltungsorgan bzw. ein „*Nicht-Gericht*" hinausgehen, wenn es für die Überprüfung der erstinstanzlichen Nachprüfungsentscheidung zuständig sein soll[1514]. Im Folgenden wird daher zunächst geprüft, ob das Revisionsgericht dem unionsrechtlichen Maßstab eines Gerichtes entspricht (I.). Im Anschluss daran sollen die dem Gericht vorlegbaren Rechtsmittelgegenstände (II.1. und II.2.) und die jeweils anzuwendenden Verfahrensvorschriften (II.1.a) und b), II.2.b)) dargestellt werden, um die Effektivität des Revisionsverfahrens im ungarischen Rechtsschutzsystem beurteilen zu können (III.).

I. Gerichtsqualität des Hauptstädtischen Gerichts Budapest i.S.d. Rechtsmittelrichtlinien

Sowohl die Rechtsmittelrichtlinien als auch das ergänzend heranzuziehende Primärrecht stellen institutionelle Bedingungen, die zur Qualifikation als Gericht zu erfüllen sind.

Die Rechtsmittelrichtlinien sehen in Art. 2 Abs. 9 vor, dass die zweite Instanz ein Gericht i.S.d. Art. 234 EGV (vgl. Art. 267 AEUV) sein muss. Dabei ist der institutionelle Gerichtsbegriff einheitlich, d.h. aus unionsrechtlicher Sicht

---

[1513] Siehe *hierzu 5. Kapitel, III. Die Schiedsstelle für öffentliche Auftragsvergabe als Nachprüfungsstelle im Sinne der Rechtsmittelrichtlinien.*
[1514] Der Begriff „*Grundinstanz*" in der alten Fassung des Art. 2 Abs. 8 RL 89/665/EWG wurde durch die RL 2007/66/EG in „*Nachprüfungsinstanz*" geändert und steht damit im Einklang mit der Terminologie des Art. 2 Abs. 9 RL 92/13/EWG. Im Gegensatz zur ungarischen Fassung, die in beiden Rechtsmittelrichtlinien von „*gerichtlicher Nachprüfung*" (ung. „ (…) *igazságszolgáltatási jogorvoslat vagy egy olyan más testület által nyújtott jogorvoslat tárgyává lehet tenni (…)*") spricht, wurden die Begriffe „*Klage*" bzw. „*gerichtliche Nachprüfung*" in den deutschen Fassungen uneinheitlich verwendet.

festzulegen[1515]. Zu diesem Ergebnis führt auch die Rechtsprechung des EuGH zum primärrechtlich garantierten effektiven Rechtsschutz[1516].

Der EuGH hat hierzu institutionelle Kriterien entwickelt, an denen der Spruchkörper zu messen ist. In institutioneller Hinsicht muss er unabhängig und ständig eingerichtet, zur Entscheidung des Rechtsstreits berufen und auf einer Gesetzesgrundlage beruhen[1517]. Seine Zuständigkeit muss objektiv bzw. obligatorisch festgelegt sein, d.h. nicht von der Wahl der Parteien (wie dies bspw. bei privatrechtlich vereinbarten Schiedsgerichten der Fall ist[1518]) abhängen, seine Entscheidungen müssen verbindlich sein und auf der Grundlage von Rechtsvorschriften in einem möglichst[1519] kontradiktorischen Verfahren gefällt werden[1520]. Weiter muss das Gericht staatlich, d.h. eng mit der öffentlichen Gewalt des Mitgliedstaates verbunden sein und mit deren Zustimmung seine Aufgaben erfüllen[1521]. Jedes *„Organ, das in völliger Unabhängigkeit im Rahmen eines Verfahrens zu entscheiden hat, das auf eine Entscheidung mit Rechtsprechungscharakter abzielt"*[1522], ist nach Meinung des Gerichtshofes ein mitgliedstaatliches Gericht.

Das Hauptstädtische Gericht hat seine Rechtsgrundlage in § 45 Abs. 1 Alk. und § 16 c) Bsz. Danach wird die Rechtsprechung in der Republik Ungarn u.a. durch das Hauptstädtische Gericht ausgeübt. Die Bildung und Auflösung der

---

[1515] EuGH, Rs. 61/65, *Witwe G. Vaassen-Göbbels*, Slg. 1966, 583, 601 f.; EuGH, Rs. C-24/92, *Corbiau*, Slg. 1993, I-1277, Rn. 15; EuGH, verb. Rs. C-9/97 und C-118/97, *Jokela*, Slg. 1998, I-6267, 6298, Rn. 18.

[1516] Vgl. zu den institutionellen Anforderungen im Einzelnen das *5. Kapitel, III.6.a) Die Qualifikation der Schiedsstelle i.S.d. Unionsrechts*.

[1517] EuGH, Rs. C-103/97, *Köllensperger und Atzwanger*, Slg. 1999, I-566, 574, Rn. 17; EuGH, Rs. C-195/98, *Österreichischer Gewerkschaftsbund*, Slg. 2000, I-10497, Rn. 24; EuGH, verb. Rs. C-69/96 bis 79/96, *Garofalo*, Slg. 1997, I-5603, Rn. 19; EuGH, Rs. 61/65, *Witwe G. Vaassen-Göbbels*, Slg. 1966, 583, 602.

[1518] EuGH, Rs. C-126/97, *Eco Swiss China*, Slg. 1990, I-3055, Rn. 41; Ist ein Schiedsgericht unabhängig vom Parteiwillen zuständig, also gesetzliche vorgegeben, ist dieses dem Mitgliedstaat zuzurechnen und damit unter Art. 234 EGV (vgl. Art. 267 AEUV) zu subsumieren, vgl. EuGH, Rs. 109/88, *Danfoss*, Slg. 1989, 3199, Rn. 7 f.

[1519] Liegt das Kriterium des kontradiktorischen Verfahrens nicht vor, ist das nach EuGH, Rs. C-54/96, *Dorsch Consult*, Slg. 1997, I-4961, Rn. 31 kein absoluter Ausschlussgrund für die Qualifizierung als Gericht.

[1520] *Gaitanides* in: von der Groeben/Schwarze, Kommentar zum EU-/EG-Vertrag, Art. 234, Rn. 42 mit Verweis auf EuGH, Rs. C-195/98, *Österreichischer Gewerkschaftsbund*, Slg. 2000, I-10497, Rn. 24; EuGH, verb. Rs. C-69/96 bis 79/96, *Garofalo*, Slg. 1997, I-5603, Rn. 19.

[1521] EuGH, Rs. 102/81, Slg. 1982, *Nordsee Deutsche Hochseefischerei*, Slg. 1982, 1095, Rn. 10 ff.; EuGH, Rs. C-393/92, *Gemeente Almelo*, Slg. 1994, I-1477, 1515, Rn. 24.

[1522] EuGH, verb. Rs. C-9/97 und C-118/97, *Jokela*, Slg. 1998, I-6267, 6298, Rn. 18

Gerichte sowie ihre Zuständigkeitsbereiche regelt gemäß § 45 Abs. 2 Alk. und § 17 Abs. 1 Bsz. ein Gesetz. § 3 Bsz. bestätigt die an die Gerichtsqualität gestellten Anforderungen hinsichtlich der Rechtsbindung des Gerichts:

> *„Die Richter sind unabhängig und entscheiden nach ihrer Überzeugung auf der Grundlage der Rechtsvorschriften, sie dürfen im Zusammenhang mit ihrer Gerichtstätigkeit weder beeinflusst noch angewiesen werden."* [Übers. d. Verf.]

Die Unabhängigkeit des Hauptstädtischen Gerichts von den anderen öffentlichen Gewalten — so auch gegenüber dem öffentlichen Auftraggeber i.S.d. Art. 2 Abs. 9 UAbs. 1 der Richtlinien — wird im Hinblick auf seine gerichtliche Entscheidungsfindung in § 50 Abs. 3 Alk. ausdrücklich festgestellt.

Die obligatorische Gerichtsbarkeit ist in § 2 bzw. 7 Bsz. niedergelegt, wonach die Gerichte endgültig in einem gesetzlich geregelten Verfahren über das streitige oder verletzte Recht entscheiden und die Entscheidung für alle rechtsverbindlich ist. Die örtliche und sachliche Zuständigkeit des Hauptstädtischen Gerichts ist vom Parteiwillen unabhängig gesetzlich festgelegt. Es ist gemäß § 326 Abs. 7 Pp. ausschließlich zuständig, wenn es sich um die Entscheidung einer landesweit zuständigen Behörde — wie die der Schiedsstelle — handelt. Im Laufe des Verfahrens hat es sich an die allgemeinen gesetzlichen Verfahrensvorschriften, v.a. an die Pp., zu halten. Diese stellen insbesondere die zu beachtenden Verfahrensgrundsätze wie die Gewährung rechtlichen Gehörs[1523], die Mehrheitsentscheidung (§ 214 Abs. 1 Pp.) sowie das Begründungserfordernis (§220 Abs. 1 lit. d) Pp.) sicher[1524]. Grundsätzlich unschädlich[1525] für die Qualifikation als Gericht i.S.d. Art. 234 EGV (vgl. Art. 267 AEUV) ist das Vorgehen in einem nichtstreitigen Verfahren, da der EuGH das Kriterium des kontradiktorischen Verfahrens nicht als absolut zwingend voraussetzt[1526]. Die Erforderlichkeit der Wahrung dieser Verfahrensgrundsätze wird durch das Recht gemäß § 114 Pp., während des Verfahrens einen sog. *Einspruch gegen die Rechtswidrigkeit des Verfahrens* zu erheben, betont. Die Rechtsverbindlichkeit der Entscheidungen des Hauptstädtischen Gerichtes wird durch die Vollstreckungsvorschriften in §§ 231 ff. und §§ 366 ff. Pp. sowie das Gesetz Nr. LIII von 1994 über die gerichtliche Vollstreckung[1527] gewährleistet.

[1523] Dem Grundsatz des rechtlichen Gehörs wird durch zahlreiche Vorschriften der Pp. (z.B. § 99/A Abs. 5 oder § 112 Pp.) entsprochen.
[1524] An die einzuhaltenden Verfahrensnormen stellt der EuGH nicht allzu hohe Anforderungen, vgl. EuGH, Rs. C-54/96, *Dorsch Consult*, Slg. 1997, I-4961, Rn. 33.
[1525] EuGH, Rs. 32/74, *Haaga*, Slg. 1974, 1201, Rn. 2;
[1526] EuGH, Rs. C-54/96, *Dorsch Consult*, Slg. 1997, I-4961, Rn. 31.
[1527] Ung. *1994. évi LIII. törvény a bírósági végrehajtásról*, Magyar Közlöny 1994/1784 (V.11.).

Einzelheiten über die Funktion der Richter als Teil der ungarischen Rechtspflege, die Garantie der richterlichen Unabhängigkeit[1528], die fachliche Qualifikation, die Ernennung sowie Anfang und Ende der Amtszeit[1529] finden sich im Bjt., ergänzend im Gesetz Nr. XXIII von 1992 über die Rechtsstellung der Beamten[1530] und im Gesetz Nr. LXVIII von 1997 über das dienstliche Rechtsverhältnis der Justizangestellten[1531].

Das Hauptstädtische Gericht entspricht damit den Voraussetzungen, die der EuGH an die Qualifikation an ein Gericht i.S.d. Art.234 EGV (vgl. Art. 267 AEUV) stellt. Es ist daher eine sowohl dem Primärrecht als auch eine dem Art. 2 Abs. 9 UAbs. 1 der Rechtsmittelrichtlinien entsprechende gerichtliche Nachprüfungsstelle zweiter Instanz. Dass dem Hauptstädtischen Gericht die Schiedsstelle vorgeschaltet ist, schadet insoweit nicht[1532].

II. Rechtsmittelgegenstände

Weiter erfordert Art. 2 Abs. 9 der Richtlinien, dass das Hauptstädtische Gericht über eine Klage entscheiden kann, deren Gegenstand eine behauptete rechtswidrige Entscheidung der Schiedsstelle oder ein Verstoß gegen ihre Befugnisse ist. Der Betroffene muss also sowohl die im Verfahren gefassten Bescheide als auch die in der Sache getroffenen Beschlüsse der Schiedsstelle gerichtlich angreifen können.

1. Rechtsmittel gegen Verfahrensentscheidungen der Schiedsstelle

a) Selbständige Revision von Verfahrensentscheidungen

Gemäß § 345 Abs. 1 Kbt. ist gegen eine im Rechtsmittelverfahren gefasste Entscheidung nur dann ein Rechtsmittel statthaft, wenn dies das Kbt. ausdrücklich gestattet.

Davon umfasst sind der ein Ordnungsgeld auferlegende Bescheid gemäß § 338 Kbt., der Bescheid in einem Vorabentscheidungsverfahren gemäß § 333

[1528] Durch die Unabhängigkeitsbestimmungen der §§ 21 ff. Bjt. von Politik, Parteien, Parlament und den Verfahrensparteien wird auch die Unabhängigkeit des Gerichts von öffentlichen Auftraggebern und der Schiedsstelle sichergestellt (Art. 2 Abs. 9 UAbs.1 der Richtlinien).
[1529] Vgl. Abschnitt IV. des Bjt.
[1530] Ung. *a köztisztviselők jogállásáról szóló 1992. évi XXIII. törvény*, Magyar Közlöny 1992/46 (V. 5.).
[1531] Ung. 1997. *évi LXVIII. törvény az igazságügyi alkalmazottak szolgálati jogviszonyáról*, Magyar Közlöny 1997/66 (VII. 23.).
[1532] EuGH, Rs. C-63/01, *Samuel Sidney Evans*, Slg. 2003, I-14447, Rn. 47 ff; Vgl. hierzu 5. Kapitel, III.6a) Die Qualifikation i.S.d. Unionsrechts.

Abs. 2 Kbt. sowie der Beschluss[1533] über die Einstellung des Rechtsmittelverfahrens i.S.d. § 325 Abs. 3 Kbt.

In diesem Zusammenhang erwähnenswert ist schließlich die Möglichkeit, gemäß § 20 Abs. 5 und 6 Ket. selbständig gegen eine Untätigkeit der Schiedsstelle als Verfahrensverstoß vorzugehen. Das Hauptstädtische Gericht verpflichtet in diesem Fall die Schiedsstelle zur Durchführung des Nachprüfungsverfahrens. § 3 des Gesetzes Nr. XVII von 2005 über die Änderungen des Gesetzes Nr. III von 2005 über die Zivilprozessordnung und anwendbare Vorschriften in einzelnen verwaltungsrechtlichen nichtstreitigen Verfahren[1534] bestimmt die Anwendbarkeit der Verfahrensvorschriften, die auch im Revisionsverfahren gegen Verfahrensentscheidungen gelten. Hier wird den verfassungsmäßigen Forderungen zur Entscheidungsfindung Geltung verschafft[1535].

Das Hauptstädtische Gericht entscheidet in einem sog. *nichtstreitigen Verfahren außer der Reihe* über den Revisionsantrag. *Außer der Reihe* bedeutet, dass die Verfahren gemäß § 333 Pp. nicht in der zeitlichen Reihenfolge ihrer Anhängigkeit, sondern gesondert und unter stark verkürzten Verfahrensfristen durchgeführt werden[1536]. Ein *nichtstreitiges* Verfahren im Rahmen eines verwaltungsgerichtlichen Verfahrens ist durch drei Aspekte gekennzeichnet[1537]: Erstens wird das Verfahren nicht mit einer Klage, sondern mit einem Antrag eingeleitet; zweitens wird das Verfahren grundsätzlich ohne die Abhaltung einer mündlichen Verhandlung durchgeführt; drittens entscheidet das Gericht das nichtstreitige Verfahren nicht in Form eines Urteils, sondern eines Bescheids. Da das Kbt. zum Verfahrensablauf vor dem Hauptstädtischen Gericht nur wenige Vorgaben enthält, ist gemäß § 345 Abs. 4 Kbt. auf Abschnitt XX. der Pp. zurückzugreifen, sofern sich aus dem Kbt. und den Besonderheiten des nichtstreitigen Verfahrens nichts anderes ergibt. Fraglich ist hier allein, ob die Wahl der nichtstreitigen Verfahrensart im Einklang mit dem Unionsrecht steht.

Die Art. 2 Abs. 9 UAbs. 2 der Richtlinien fordern, dass beide Seiten im Rahmen des Überprüfungsverfahrens vor Gericht gehört werden. § 13 Abs. 3

[1533] Zur nunmehr uneinheitlichen Terminologie siehe im *5. Kapitel, IV.1.f) Verfahrenseröffnung.*
[1534] Ung. 2005. évi XVII. törvény a Polgári perrendtartásról szóló 1952. évi III. törvény módosításáról és az egyes közigazgatási nemperes eljárásokban alkalmazandó szabályokról, Magyar Közlöny 2005/54 (IV. 25.), im Folgenden: Knpt.
[1535] Vgl. *2. Kapitel, III.4.a)bb)(1) Die Verpflichtung zur Entscheidungsfindung.*
[1536] Trotz des Zwecks, das Verfahren zu beschleunigen, kann nach *Paksi*, A közbeszerzési eljárások jogorvoslati rendszere, S.28, die Verfahrensdauer bei ein bis zwei Jahren liegen, wenn beide gerichtlichen Instanzen in der Sache angerufen werden.
[1537] *Petrik* in: Petrik, Polgári eljárásjog, S. 744/8.

der Verordnung des Ministerrates Nr. 105/1952 (XII.28.)[1538] schreibt die Anwendung der Pp. vor, sofern sich aus den Vorschriften, die sich auf das nichtstreitige Verfahren beziehen, nichts anderes ergibt. Solche Vorschriften sind im Knpt. zu finden. Problematisch ist, dass § 3 Abs. 2 Knpt. die Anhörung der Parteien in das Ermessen des Gerichts stellt. Dieses entscheidet, ob eine Anhörung i.S.d. § 3 Abs. 2 Knpt. „*erforderlich*" ist oder nicht. Eine Anhörung beider Parteien wird daher gesetzlich nicht sichergestellt. Das Revisionsverfahren über Verfahrensbescheide i.S.d. § 338, § 333 Abs. 2 sowie § 325 Abs. 3 Kbt. steht daher nur dann mit Art. 2 Abs. 9 UABs. 2 im Einklang, wenn das Gericht sein Ermessen dahingehend ausübt, dass eine Anhörung im Falle der § 338, § 333 Abs. 2 sowie § 325 Abs. 3 Kbt. stets erforderlich ist. Da das Hauptstädtische Gericht hier im Anwendungsbereich des Vergabeunionsrechts handelt, ist es gemäß Art. 10 EGV (im Wesentlichen ersetzt durch Art. 4 Abs 3 EUV-Liss.) sogar zu einer solchen Auslegung verpflichtet.

Zu unterscheiden von der beiderseitigen Anhörungspflicht, ist das Erfordernis einer öffentlichen mündlichen Verhandlung. Dieses ergibt sich nicht aus Art. 2 Abs. 9 UAbs. 1 der Richtlinien, sondern wird vom Unionsgrundrecht auf einen effektiven Rechtsschutz sowie dem verfassungsrechtlichen Grundrecht auf ein faires Verfahren[1539] gefordert. Sowohl aus Sicht des EuGH als auch des Verfassungsgerichts wird zur näheren Bestimmung auf die Rechtsprechung des EGMR zu Art. 6 Abs. 1 EMRK zurückgegriffen. Dieser garantiert zumindest in einer Tatsacheninstanz[1540] jedem einen Anspruch darauf, dass seine Sache öffentlich gehört wird. Da gegen den Bescheid des Hauptstädtischen Gerichts aber weder eine Berufung noch eine Revision statthaft ist (§ 345 Abs. 3 Kbt.), ist die Abhaltung einer mündlichen Verhandlung im vorliegenden Revisionsverfahren zwingend geboten. Wie soeben dargelegt, hat das nichtstreitige Verfahren aber zum Grundsatz, dass gerade keine mündliche Verhandlung abgehalten wird[1541]. Dies wird durch § 1 Abs. 2 Knpt. untermauert, der in diesem Verfahren nur Urkundenbeweise zulässt. Da das Gesetz dem Revisionsgericht kein Ermessen hinsichtlich der Anberaumung einer öffentlichen Verhandlung einräumt, kommt eine mit dem Unionsrecht bzw. der Konvention konforme Auslegung nicht in Betracht. Das Hauptstädtische Gericht

---

[1538] 105/1952. (XII. 28.) MT rendelet a polgári perrendtartásról szóló 1952. évi III. törvény (Pp.) hatálybaléptetése folytán szükséges rendelkezések tárgyában, Magyar Közlöny 1952/86 (XII. 28.).
[1539] Vgl. *1. Kapitel III.4.b)aa)(7) Der Grundsatz der öffentlichen Verhandlung*.
[1540] *Roth*, Anspruch auf eine öffentliche Verhandlung im verwaltungsgerichtlichen Verfahren, EuGRZ 1998, 505.
[1541] *Petrik* in: Petrik, Polgári eljárásjog, S. 744/8; Kaszainé Mezey in: Petrik, Polgári eljárásjog, S. 930.

muss — auch i.S.d. Art. 10 EGV (im Wesentlichen ersetzt durch Art. 4 Abs 3 EUV-Liss.) — die diesbezüglichen nationalen Vorschriften der Pp., Knpt. und des Kbt. unangewendet lassen und eine mündliche Verhandlung anberaumen, sofern die Parteien keinen ausdrücklichen Verzicht erklärt haben[1542]. Im Rahmen der Untätigkeitsrüge ist eine Anberaumung allerdings nicht zwingend, da dieses Rechtsinstitut mangels unionsrechtlicher Vorgaben ausschließlich in die mitgliedstaatliche Verfahrensautonomie fällt.

Die verfassungsrechtliche Sicht gelangt hier zum gleichen Ergebnis, da sich das Verfassungsgericht im Rahmen seiner Auslegung des § 57 Abs. 5 Alk. regelmäßig auf die Rechtsprechung des EGMR stützt[1543].

b) Nachprüfung im Rahmen der Revision von Sachentscheidungen

Über die genannten Verfahrensentscheidungen der Schiedsstelle hinaus sind keine Rechtsmittel zulässig. Möglich ist es allerdings, im Rahmen des Rechtsmittels gegen den Beschluss in der Sache auch die Verfahrensfehler anzugreifen, die der Schiedsstelle im Laufe ihres Nachprüfungsverfahrens unterlaufen sind[1544]. Dies ist zur effektiven Durchsetzung der Verfahrensrechte ausreichend, solange ein wirksamer Rechtsschutz bei Beschlüssen in der Sache gesichert ist[1545]. Dann müssen aber allein die Verfahrensmängel eine Revision des Beschlusses begründen können.

Eine solche Möglichkeit bieten § 109 Ket. und § 274 Pp.: Hiernach hat das Revisionsgericht den überprüften Beschluss aufrechtzuerhalten, wenn er mit den Rechtsvorschriften übereinstimmt oder unter solchen Verfahrensmängeln erlassen wurde, die sich nicht wesentlich auf die Sachentscheidung ausgewirkt

---

[1542] EGMR, No. 13800/88, 01.07.1991, *K. v. Sweden*; EGMR, No. 23196/94, *Rolf Gustafson v. Sweden*, Reports 1997-IV, para. 45; EGMR, No. 7984/77, *Pretto and others v. Italy*, Series A 71, para. 21; EGMR, No. 18160/91, *Diennet v. France*, Series A 325-A, para. 33.

[1543] Die Entscheidungen AB Beschluss 5/2006 (XI.15.), ABH 2006, 153, 170; AB Beschluss 8/2003 (III.14.), ABH 2003, 74, 81 ff. dürfen nicht dahingehend missverstanden werden, dass das Verfassungsgericht den Einklang der mangelnde Anhörungspflicht bzw. Verhandlungsanberaumung mit §§ 57 Abs. 5 und 50 Abs. 2 Alk. in diesen Fällen statuiert hat. Es hat lediglich festgestellt, dass ein einstufiges Gerichtsverfahren gegen Entscheidungen von Verwaltungsbehörden nicht gegen das Recht auf Rechtsschutz gegen gerichtliche Entscheidungen i.S.d. § 57 Abs. 5 Alk. verstoßen, da hiervon nicht Gerichtsentscheidungen umfasst sind, die im Zuge eines Rechtsmittels ergangen sind. Ebenso wenig sei § 50 Abs. 2 Alk. verletzt, da der Überprüfungspflicht von Verwaltungsbeschlüssen durch eine eininstanzliche gerichtliche Kontrolle genüge getan wird.

[1544] *Bozzay* in: Fribiczer, Közbeszerzés, S. 382.

[1545] So für das deutsche VwVfG *Dörr/Lenz*, Europäischer Verwaltungsrechtsschutz, Rn. 434.

haben[1546]. Nach ungarischem Verfahrensrecht können die Verfahrensmängel nur dann eine Revision begründen, wenn die Verletzung der Verfahrensvorschrift wesentlich ist, sich auf die Sachentscheidung auswirkt und im Zuge des gerichtlichen Verfahrens nicht geheilt werden kann[1547]. Welche Verfahrensverletzung als wesentlich zu qualifizieren ist, entscheidet das Gericht im jeweiligen Einzelfall. Ein schwerer Verfahrensverstoß liegt bspw. dann vor, wenn die Schiedsstelle den Sachverhalt nicht im erforderlichen Umfang aufgeklärt, über die im Antrag aufgeworfenen Fragen nicht entschieden oder den Beschluss nicht begründet hat, sodass die Gesetzmäßigkeit des Beschlusses nicht überprüft werden konnte[1548]. So hat das Revisionsgericht eine Entscheidung in der Sache außer Kraft gesetzt und die Verwaltungsbehörde angewiesen, das Verfahren erneut durchzuführen, da es der Begründung die zugrunde gelegten Tatsachen nicht entnehmen konnte[1549]. Hierdurch wird der Erwartung des § 50 Abs. 2 Alk. entsprochen, die eine wirksame Rechtmäßigkeitsprüfung von Verwaltungsentscheidungen durch das Gericht fordert.

Um auch den Ansprüchen des EuGH an einen wirksamen Rechtsschutz zu genügen, muss eine unionsrechtskonforme Auslegung des Begriffes *„wesentlicher Verfahrensfehler"* zwingend dazu führen, dass er sich jedenfalls auf die Verletzung unionsrechtlich garantierter subjektiver Verfahrensrechte[1550] erstreckt.

Problematisch ist hier weiterhin, dass eine Revision wegen Verfahrensfehlern dann nicht erfolgreich ist, wenn sich der Verfahrensfehler nach Abschluss des Verwaltungsverfahrens im Zuge des gerichtlichen Verfahrens heilen lässt. Um einen effektiven Rechtsschutz i.S.d. Unionsrechts gewährleisten zu können, müssen die Verfahrensfehler, insbesondere die Begründung der Entscheidung sowie die Anhörung der Parteien, spätestens bis zum Abschluss des Verwaltungsverfahrens, geheilt werden[1551]. Könnte die Behörde oder das

---

[1546] Legf. Bír. Kfv. I. 35.077/2004, KGD 2007/28; Legf. Bír. KK 31. sz. állasfoglalás; *Kiss* in: Németh/Kiss, A polgári perrendtartás magyarázata, S. 1361.
[1547] *Petrik* in: Petrik, Polgári eljárásjog, S. 692/6; Legf. Bír. KK 31. sz. állasfoglalás; Főv. Bír. 13.K.30.959/2006/7.
[1548] *Kozma* in: Patay, A Közbeszerzés Joga, S. 589.
[1549] Főv. Ítélőtábla, 3. Kf. 27.026/2005.
[1550] So bspw. das Recht auf Akteneinsicht (umgesetzt in § 337 Kbt.), im Einzelnen im *3. Kapitel, III.1. Der primärrechtliche Rahmen für den Vergaberechtsschutz.*
[1551] So für das deutsche VwVfG *Dörr/Lenz*, Europäischer Verwaltungsrechtsschutz, Rn. 438 mit Verweis auf EuGH, verbundene Rs. C-329/93, C-62/95 und C-63/95, *Deutschland u.a./Kommission*, Slg. I 1996, 5151, Rn. 48; EuG, Rs. T-30/91, *Solvay*, Slg. 1995, II-1775, Rn. 98, 103; EuG, Rs. T-32/91, *Solvay*, Slg. 1995, II-1825, Rn. 53; EuG, Rs. T-36/91, *ICI*, Slg. 1995, II-1847, Rn. 108, 113; EuG, Rs. T-16/91 RV, *Rendo*, Slg. 1996, II-1827, Rn. 45.

Gericht diese Verfahrenshandlungen nach Abschluss des Verwaltungsverfahrens rechtmäßig nachholen, würden diese (auch unionsrechtlich gesicherten) Rechte mangels Sanktionierung leer laufen.

Das ungarische Verwaltungsverfahrensrecht sieht eine solche weit reichende Heilungsmöglichkeit nicht vor. Nur in wenigen Ausnahmefällen, wie etwa bei Schreibfehlern, die jedenfalls nicht im Zusammenhang mit der Sachentscheidung stehen, kann eine unwirksame Entscheidung geheilt werden[1552]. Wesentliche Fehler haben grundsätzlich die Unwirksamkeit der Entscheidung zur Folge[1553]. Nicht heilbare Entscheidungen müssen für nichtig erklärt werden[1554].

Um einen effektiven Unionsrechtsschutz zu gewährleisten, ist das Revisionsgericht gemäß Art. 10 EGV (im Wesentlichen ersetzt durch Art. 4 Abs 3 EUV-Liss.) verpflichtet, im Wege unionsrechtkonformer Auslegung die Verletzungen von subjektiven Unionsverfahrensrechten[1555] nicht als unwesentliche oder heilbare Verletzung i.S.d. Ket. bzw. der Pp. zu qualifizieren. Sonst wäre ein solcher Unionsrechtsverstoß nicht sanktionierbar[1556]. Vielmehr muss ein solcher Verstoß als wesentlicher Verfahrensverstoß gewertet werden, der die Nichtigkeitserklärung der betroffenen Entscheidung zur Folge hat.

In diesem Zusammenhang ist der Bescheid über die Anordnung der einstweiligen Verfügung durch die Schiedsstelle erneut zu erwähnen. Gegen ihn ist aufgrund der Rechtseinheitlichkeitsentscheidung[1557] kein Rechtsmittel statthaft, weder gemäß § 345 Kbt. noch gemäß § 346 Kbt.[1558]. Dieser Umstand steht ebenfalls im Widerspruch zu den Artikeln 2 Abs. 9 der Richtlinien.

[1552] Die Heilung erfolgt gemäß § 3 Abs. 2 Ket. von Amts wegen. § 122 und § 123 Ket. gestatten lediglich das Austauschen, Ausbessern und Ergänzen von Entscheidungen, wie etwa bei Schreibfehlern. Bei erfolgter Heilung ist die Entscheidung wiederum wirksam, *Berényi, Magyar közigazgatási jog*, S. 321.
[1553] *Berényi, Magyar közigazgatási jog*, S. 321.
[1554] Das Ket. sieht — im Gegensatz zum Ptk. — keine automatische Nichtigkeit von Entscheidungen vor, der Wortlaut des § 121 Ket. ist eindeutig: „(...) *die Entscheidung ist für nichtig zu erklären (...)*", ung. „*(...) a döntést meg kell semmisíteni (...)*". A.A. *Berényi, Magyar közigazgatási jog*, S. 321.
[1555] So bspw. das Recht auf Akteneinsicht (umgesetzt in § 337 Kbt.), näher im *3. Kapitel, III.1. Der primärrechtliche Rahmen für den Vergaberechtsschutz.*
[1556] Zur Auseinandersetzung mit dem deutschen Verwaltungsprozessrecht, vgl. *Dörr/Lenz, Europäischer Verwaltungsrechtsschutz*, Rn. 435.
[1557] Legf. Bír. Kf. III. 37.549/2002. Die Entscheidung bezog sich zwar auf das § 85 Abs. 1 und 2 Kbt. a.F., jedoch hat sich in diesem Zusammenhang nichts im aktuellen Kbt. geändert.
[1558] Vgl. hierzu 5. Kapitel, VII.2. Die Anordnung der einstweiligen Verfügung.

2. Rechtsmittel gegen Sachentscheidungen der Schiedsstelle

Da das Sekundärrecht auch ein einstufiges Nachprüfungsverfahren gestattet, äußert es sich nur sehr knapp zu den Voraussetzungen des zweitinstanzlichen Verfahrens. Darüber hinaus sind die Voraussetzungen Sache des nationalen Verfahrensrechts, solange sie mit den unionsrechtlichen Grundsätzen in Einklang stehen.

a) Entscheidungen in der Sache

Gegen den Beschluss der Schiedsstelle in der Sache ist gemäß § 346 Abs. 1 Kbt. zum Zwecke der Verfahrensbeschleunigung auf verwaltungsrechtlichem Rechtsweg keine Berufung gemäß §§ 98 ff. Ket., keine Wiederaufnahme gemäß § 112 Ket. und auch kein Billigkeitsverfahren gemäß § 113 Ket. statthaft. Das einzige Rechtsmittel, das gegen den in der Sache gefassten Beschluss zur Verfügung steht, ist die Revision[1559]. Umfasst sind alle Entscheidungen der Schiedsstelle, die sie im Rahmen des § 340 Kbt. treffen kann, wie bspw. die Anweisung eines Auftraggebers zu einem rechtmäßigen Vergabeverfahren, den Ausschluss eines Bieters von zukünftigen Auftragsvergaben, die Feststellung einer Vergaberechtswidrigkeit samt der für das Feststellungsverfahren erforderlichen Nichtigkeitsgründe oder die Verhängung einer Geldbuße.

b) Ablauf des Rechtsmittelverfahrens

Anders als im Revisionsverfahren, das bei der selbständigen Nachprüfung einer Verfahrensentscheidung anzuwenden ist, gelten im vorliegenden Verfahren nicht die Besonderheiten des nichtstreitigen Verfahrens.

aa) Klagebefugnis

Klagebefugt sind die Parteien des Nachprüfungsverfahrens der Schiedsstelle. Auch steht der natürlichen bzw. juristischen Person, die gemäß § 346 Abs. 3 Kbt. i.V.m. § 327 Abs. 1 Kbt. zur Verfahrensanregung von Amts wegen berechtigt ist, das Recht zu, einen Revisionsantrag zu stellen. Gemäß § 346 Abs. 1 Kbt. kann darüber hinaus auch ein sonstiger am Vergabeverfahren Interessierter einen Revisionsantrag stellen, der nicht Partei des Nachprüfungsverfahrens war, dessen „*Recht oder rechtliches Interesse*"[1560]

[1559] Bis 1992 waren fünf Instanzen, nämlich zwei behördliche und drei gerichtliche Instanzen, für die Kontrolle verwaltungsrechtlicher Entscheidungen vorgesehen. Zum Zwecke der Verkürzung des im Ganzen unverhältnismäßig langen Rechtsschutzverfahrens und der Funktionsfähigkeit der Verwaltung erfolgte die Streichung der Berufung als grundsätzlich erste gerichtlichen Rechtsmittelinstanz, *Kiss* in: Németh/Kiss, A polgári perrendtartás magyarázata, S. 1449.
[1560] Zu den Begrifflichkeiten vgl. näher unter *5. Kapitel, IV.1.a) Antragsberechtigung*.

durch den Schiedsstellenbeschluss in der Sache verletzt wird[1561]. Die Formulierung enthält damit sowohl eine Aussage zur Klagebefugnis im Rahmen der Zulässigkeit[1562] als auch das für die Begründetheit relevante (subjektive[1563]) Recht, diesen Anspruch geltend zu machen[1564]. Die Befugnis zur Klageerhebung betrifft auch im ungarischen Recht die prozessuale Berechtigung des Klägers, die Entscheidung der Schiedsstelle einer Revision unterziehen zu lassen[1565]. Fehlt es an der Klagebefugnis, so wird sie gemäß § 130 Abs. 1 lit. g.) Pp. als unzulässig abgewiesen.

Wie auch für die Zulässigkeit des Nachprüfungsantrags bei der Schiedsstelle, so muss auch für die Zulässigkeit des Revisionsbegehrens das tatsächliche Vorliegen der Verletzung des Rechts bzw. des rechtlichen Interesses nur dargelegt werden. Dies folgt aus § 346 Abs. 3 Kbt., der für das Revisionsverfahren die Vorschriften der Pp., insb. diejenigen des XX. Abschnitts für anwendbar erklärt. § 330 Abs. 1 i.V.m. § 121 Abs. 1 c) Pp. lassen es genügen, wenn der Kläger in der Klageschrift das Recht, das er geltend machen möchte, und die Tatsachen, die dieses Recht begründen können, darlegt sowie ggf. Beweise hierfür vorlegt. Mängelbeseitigungsmöglichkeiten sind hinsichtlich dieser und der sonst erforderlichen Angaben in der Klageschrift in § 348 Abs. 5 Kbt. vorgesehen. Da eine endgültige Prüfung erst im Rahmen der Begründetheit erfolgt, genügt also die Behauptung der möglichen Rechts- bzw. Interessenverletzung[1566].

Die Art. 2 Abs. 9 der Richtlinien lassen ebenso die Behauptung des Rechtsverstoßes für die Zulässigkeit der Klage ausreichen. Daher bestehen keine sekundärrechtlichen Bedenken gegen eine wirksame Rechtsschutzmöglichkeit.

[1561] *Kozma* in: Patay, A Közbeszerzés Joga, S. 586/8.
[1562] Ung. *perindítási jogosultság*.
[1563] Den Begriff „*subjektiv-öffentliches Recht*", wie er aus dem deutschen Recht bekannt ist, existiert in Ungarn nicht. Zwar wird von den Rechtsvorschriften, auf die sich der Betroffene berufen kann, kein sog. Schutznormcharakter verlangt. Sie müssen aber Rechte und Pflichten formulieren, auf die sich gerade der Betroffene berufen kann. Aufgrund dieser subjektiven Bezugnahme kann also durchaus von einem „*subjektiven*" Recht gesprochen werden.
[1564] Ung. *kereshetőségi jog*, hierzu auch unter *2.b)ff) Prüfungsumfang*.
[1565] *Kozma* in: Patay, A Közbeszerzés Joga, S. 586/8.
[1566] *Kozma* in: Patay, A Közbeszerzés Joga, S. 586/8; *Kiss* in: Németh/Kiss, A polgári perrendtartás magyarázata, S. 1449 mit Verweis auf AB Beschluss 22/1995 (III.31.).

bb) Klagefrist

Der Revisionsantrag bzw. die Klageschrift[1567] ist innerhalb von fünfzehn Tagen nach Zugang des Beschlusses der Schiedsstelle einzureichen, wobei der Zeitpunkt der Absendung als fristwahrend angesehen wird[1568]. Klageänderungen oder -erweiterungen sind nur innerhalb dieser Klagefrist möglich. Adressat ist das Hauptstädtische Gericht, obgleich die Klageschrift bei der Schiedsstelle für öffentliche Auftragsvergabe einzureichen ist, § 346 Abs. 2 Kbt. Die Schiedsstelle leitet die Klageschrift mitsamt ihrer eigenen Stellungnahme und den bisher gewechselten Schriftsätzen zum Streitgegenstand innerhalb von drei Werktagen nach Eingang der Klage an das Gericht weiter. Aus unions- bzw. verfassungsrechtlicher Sicht bestehen gegen diese Ausübung der nationalen Verfahrensautonomie keine Bedenken[1569]. Da gerade bei der öffentlichen Auftragsvergabe der Beschleunigungsgrundsatz geboten ist, ist eine Verkürzung der sonst 30-tägigen Klagefrist (§ 330 Abs. 2 Pp.) auf 15 Tage angemessen.

cc) Beschleunigungsgrundsatz

Das Revisionsverfahren unterliegt sehr kurzen Verfahrensfristen. So muss das Gericht die Klageschrift samt der gesetzmäßigen Stellungnahme der Schiedsstelle innerhalb von 5 Tagen[1570] überprüfen und dem Kläger zustellen. Über einen Antrag auf Aussetzung der Beschlussvollstreckung hat das Hauptstädtische Gericht sogar innerhalb von drei Werktagen mittels Beschlusses zu entscheiden und diesen den Parteien unverzüglich bekannt zu geben (§ 348 Abs. 2 Kbt.). Zum Zwecke der Verfahrensbeschleunigung werden auch dem Kläger Fristen gesetzt. Neben der Klagefrist kann dem Kläger zur Beseitigung von Mängeln seiner Klageschrift eine Frist von 8 Tagen auferlegt werden, die nur einmalig um weitere 8 Tage verlängert werden kann (§ 348 Abs. 5 Kbt.). Ein Ruhen des Revisionsverfahrens schließt § 348 Abs. 6 Kbt. aus. Die im Folgenden *im 6. Kapitel* begutachtete Möglichkeit, ohne Verhandlung über die Revision zu entscheiden, dient ebenfalls einem raschen Abschluss der Streitsache. Wenn eine mündliche Verhandlung anberaumt wird, muss diese gemäß § 348/A Abs. 2 Kbt. innerhalb von 30 Tagen abgehalten werden. Ohne mündliche Verhandlung muss die Revisionsentscheidung ebenfalls innerhalb

---

[1567] § 346 Kbt. spricht vom Revisionsantrag (ung. „...*kérheti a bíróságtól annak felülvizsgálatát*"), § 346 Kbt. von der Klageschrift (ung. *keresetlevél*).
[1568] *Kozma* in: Patay, A Közbeszerzés Joga, S. 586/1; Auch die Antragseinreichung wird ab dem 01.01.2010 bzgl. Vergaben mit Unionsschwellenwert, ab dem 01.07.2010 bzgl. aller Vergaben nur noch elektronisch möglich sein.
[1569] Siehe ebenso die Ausführungen im *5. Kapitel, IV.1.b). Die Antragsfrist.*
[1570] Dies gilt nach Ablauf des letzten Übergangszeitraumes des Kbt.ÄndG, vgl. § 111 Abs. 2 h) Kbt.ÄndG.

von 30 Tagen getroffen werden. Der gerichtliche Beschluss ist den Parteien innerhalb von 8 Tagen zuzustellen.

Die vorstehend genannten Fristen sind angemessen. Sie verwirklichen den Beschleunigungsgrundsatz und sorgen für einen unionsrechtlich gebotenen effektiven Rechtsschutz. Die normierten Verfahrensfristen und das in § 114/A und § 114/B Pp. bestimmte Einspruchsrecht wegen Verfahrensverzögerung, dienen dem verfassungs- wie auch dem konventionsrechtlichen Anspruch auf eine Gerichtsentscheidung in angemessener Zeit.

dd) Verfahrensgrundsätze

Grundsätzlich beschließt das Hauptstädtische Gericht ohne mündliche Verhandlung über den Revisionsantrag (§ 348/A Abs. 1 Kbt.). Obgleich sich die Rechtsmittelrichtlinien hierzu nicht weiter äußern, verlangt Art. 6 EMRK — und damit gleichzeitig der unions- und verfassungsrechtliche Rahmen —, dass zumindest in einer gerichtlichen Tatsacheninstanz mündlich über die rechtlichen und sachlichen Aspekte verhandelt wird[1571]. Da Art. 6 EMRK einen Anspruch auf das „*public hearing*" gewährt, kann mit Zustimmung der Parteien auch in Verfahren erster Instanz von der Anberaumung der Verhandlung abgesehen werden[1572]. § 348/A Abs. 1 Kbt. sieht daher vor, dass beim Antrag einer oder beider Parteien die mündliche Verhandlung abgehalten muss. Ebenso hat das Gericht auch ohne jeden Antrag in bestimmten Fällen eine mündliche Verhandlung abzuhalten, so wenn z.B. die Erhebung von Beweisen erforderlich ist (§ 348/A Abs. 1 Kbt. i.V.m. § 338 Abs. 3, Abs. 5 und Abs. 6 Pp.).

Zusätzlich ist die Öffentlichkeit der Verhandlung sicherzustellen. Diese Forderung, die nicht nur das Verfassungsgericht mit Bezug auf das faire Verfahren i.S.d. § 57 Abs. 1 Alk., sondern auch das Unions- bzw. Konventionsrecht stellt, wird durch § 5 Abs. 1 Pp. erfüllt. Die in Art. 6 Abs. 1 S. 2 EMRK vorgesehenen Ausnahmen von der Öffentlichkeit stimmen mit § 5 Abs. 2 Pp. überein. Ebenfalls sieht das ungarische Zivilprozessrecht vor, dass unabhängig von der Öffentlichkeit der Verhandlung jedenfalls die Entscheidungsverkündung öffentlich erfolgt (§§ 5 Abs. 3, 218 Pp.).

Von der Abhaltung der mündlichen Verhandlung ist die Gewährung rechtlichen Gehörs zu unterscheiden, die sowohl das Primärrecht wie auch die Verfassung in § 57 Abs. 1 unter Wahrung des Gleichbehandlungsgebotes fordern. § 347 Abs. 2 bzw. § 348 Abs. 1 Kbt. ermöglichen die erste Stellungnahme beider Parteien im Nachprüfungsverfahren. Ergänzend verpflichtet § 3 Abs. 6 Pp. das Gericht, dafür Sorge zu tragen, dass beide

---

[1571] Siehe hierzu insb. im *2. Kapitel, III.4.b) aa)(7) Grundsatz der öffentlichen Verhandlung*.
[1572] *Dörr/Lenz*, Europäischer Verwaltungsrechtsschutz, Rn. 648.

Parteien jeden vorgebrachten Antrag, jede Rechtserklärung sowie jedes bei Gericht eingereichte Dokument zur Kenntnis erhalten und darauf in gesetzlich vorgegebener Frist — nicht zwingend mündlich — Stellung nehmen können[1573]. Um den Grundsätzen der Waffengleichheit und des rechtlichen Gehörs zu entsprechen, muss das Gericht der Partei auf Antrag — ähnlich der Hinweispflicht gemäß § 139 ZPO — in den gesetzlich vorgesehenen Fällen die Inanspruchnahme ihrer prozessualen Rechte ermöglichen (§ 7 Abs. 1 Pp.). Diese Pflicht besteht bereits vor Verfahrensbeginn und setzt damit auch den unionsrechtlichen Anspruch auf einen tatsächlichen Zugang zum Gericht durch[1574]. Das Recht auf Akteneinsicht, das sowohl nach Auffassung des EuGH wie auch des ungarischen Verfassungsgerichts Teil des Grundsatzes der Waffengleichheit ist, wird durch §§ 3 Abs. 6, 119 Pp. im erforderlichen Umfang sichergestellt. Jede Partei ist berechtigt, zum jeweils gegnerischen Vortrag Stellung zu nehmen, die vorgelegten Beweismittel einzusehen und zur Kenntnis zu nehmen, wobei sich dieses Recht auf die Einsichtnahme, Kopien aller Dokumente, die einer Partei zur Verfügung stehen, erstreckt. Die Verpflichtung des Gerichts, seine Entscheidung zu begründen, ergibt sich für das Hauptstädtische Gericht aus § 220 Abs. 1 lit. b) Pp.

ee) Keine automatische aufschiebende Wirkung

Der Revisionsantrag entfaltet aus Beschleunigungs- und Effektivitätsgründen gegenüber der Vollstreckung des Beschlusses der Schiedsstelle nicht automatisch eine aufschiebende Wirkung. Die Aussetzungsmöglichkeit von Amts wegen wurde durch die Neukodifikation des § 347 Kbt. gestrichen, sodass das Gericht nunmehr nur noch auf Antrag die Aussetzung verfügen darf. Dabei hat es die Gesichtspunkte des § 332 Abs. 3 Pp. bei der Interessenabwägung, nämlich ob eine Naturalrestitution trotz Vollstreckung möglich sein wird oder die Vollstreckungsaussetzung im Vergleich zur Vollstreckung nicht einen größeren Schaden verursachen würde, zu berücksichtigen. Dies hat es im entsprechenden Beschluss genau zu begründen, um eine Aufhebung durch die nächste Instanz zu vermeiden[1575]. Da auch die Richtlinien im Grundsatz eine automatische aufschiebende Wirkung von Nachprüfungsverfahren nicht einmal im erstinstanzlichen Verfahren vorschreiben (Art. 2 Abs. 4 RL 89/665/EWG bzw. Art 2 Abs. 3a RL 92/13/EWG), ist die Einräumung eines Antragsrechts zur effektiven Durchsetzung der unionsrechtlich begründeter Rechte ausreichend.

[1573] *Gáspárdy* in: Petrik, Polgári Eljárásjog, S. 30.
[1574] *Gáspárdy* in: Petrik, Polgári Eljárásjog, S. 31.
[1575] Legf. Bír. Kpkf. VI. 37.082/2003.

ff) Prüfungsumfang

Im Gegensatz zum Prüfungsumfang der Schiedsstelle ist das Hauptstädtische Gericht mangels anderweitiger vergaberechtlicher oder verwaltungsgerichtlicher Bestimmungen des XX. Abschnitts der Pp. gemäß § 4 und § 215 Pp. an den Inhalt des Klageantrages bzw. Gegenantrages gebunden[1576]. Es darf nur die vom Kläger behaupteten Rechtsverstöße der Schiedsstelle überprüfen, die objektive Rechtmäßigkeit des Vergabeverfahrens hingegen nicht[1577]. Im Gegensatz zum Prüfungsumfang der Schiedsstelle findet vor Gericht eine subjektive Rechtmäßigkeitskontrolle statt. Nur wenn der Klagebefugte auch in seinen im Rahmen der Klagebefugnis dargelegten Rechten, die sich aus den jeweiligen Kbt.-Vorschriften ergeben bzw. dargelegten rechtlichen Interessen, die aufgrund des Schiedsstellenbeschlusses entstanden sind, tatsächlich verletzt ist, gibt das Gericht dem Klageantrag statt[1578].

Wie bereits in den Ausführungen zum Prüfungsumfang der Schiedsstelle dargelegt, wird der Prüfungsumfang aber nicht durch die Nichtbenennung oder die Falschbezeichnung der verletzten Rechtsnorm beschränkt. Denn gemäß § 3 Abs. 1 Pp. ist der Klageantrag auszulegen, um das tatsächliche Klageziel festzustellen.

Der Prüfungsumfang erstreckt sich auch auf die Nachprüfung der Ermessensentscheidung der Schiedsstelle. Gemäß § 339/B Pp. kann das Ermessen der Schiedsstelle als rechtmäßig beurteilt werden, wenn sie den Sachverhalt in erforderlichem Umfang aufgeklärt, die Verfahrensvorschriften eingehalten, die abgewogenen Aspekte erkennbar sind und die Beweiswürdigung in der Beschlussbegründung logisch nachvollziehbar sind[1579]. Um die Anforderungen an § 57 und § 50 Abs. 2 Alk. an eine wirksame Gesetzmäßigkeitskontrolle zu erfüllen, ist das Revisionsgericht auch nicht an die Tatsachenfeststellung der Schiedsstelle gebunden[1580]. Die Kontrolldichte des Gerichts ist damit zwar begrenzt, sie geht aber über eine bloße Willkürkontrolle hinaus, weshalb kein Widerspruch zu einem effektiven Rechtsschutz erkennbar ist[1581].

[1576] Legf. Bír. Kf. 25.203/1993, KGD 1993/246; Legf. Bír. Közigazgatási Kollégiuma 34. sz. állasfoglalás; *Petrik* in: Petrik, Polgári eljárásjog, S. 736/7.
[1577] *Kozma* in: Patay, A Közbeszerzés Joga, S. 591.
[1578] *Kozma* in: Patay, A Közbeszerzés Joga, S. 586/8 f.
[1579] AB Beschluss 39/1997 (VII.1.), ABH 1997, 263, 271 f; *Holló* in: Balogh/Holló/Kukorelli/Sári, Az alkotmány magyarázata, S. 510.
[1580] AB Beschluss 33/2002 (VII.4.), ABH 2002, 173.
[1581] EuGH, Rs. C-92/00, *Hospital Ingenieure*, Slg. 2002, I-5553, Rn. 61 ff.

Maßgeblicher Zeitpunkt für die Beurteilung des Revisionsantrages ist die Sach- und Rechtslage im Zeitpunkt der Beschlussfassung durch die Schiedsstelle (§ 339/A Pp.). Nachträglich gewonnene Feststellungen werden nicht berücksichtigt. Unionsrechtliche Bedenken bestehen hier nicht, da der EuGH nur in Ausnahmefällen auf den Zeitpunkt der Gerichtsentscheidung abstellen will[1582].

Gemäß § 350 Kbt. beschäftigt sich das Verwaltungsgericht auch nicht mit zivilrechtlichen Fragen, wie z.B., ob der Vertrag unwirksam ist oder ob Schadensersatz beansprucht werden kann. Zur Beantwortung dieser Fragen kann ein gesondertes Verfahren angestrengt werden, welches voraussetzt, dass die Schiedsstelle für öffentliche Auftragsvergabe bzw. das Gericht im Rahmen der Revision des Beschlusses der Schiedsstelle die Rechtsverletzung rechtskräftig festgestellt hat.

gg) Mögliche Rechtsfolgen

§ 348 /A Abs. 4 Kbt. ermächtigt das Hauptstädtische Gericht den Beschluss in der Sache bei Rechtswidrigkeit aufzuheben und ein erneutes Nachprüfungsverfahren durch die Schiedsstelle anzuordnen.

Dabei ist das Gericht nicht an den Antrag, eine bestimmte Rechtsfolge aufzuerlegen, gebunden.

Stellt das Hauptstädtische Gericht fest, dass die Schiedsstelle gegen eine wichtige Verfahrensvorschrift verstoßen hat, die im gerichtlichen Verfahren nicht geheilt werden kann, hat es den Beschluss der Schiedsstelle außer Kraft zu setzen und sie zur Neuverbescheidung zu verpflichten. Um den Einklang mit der unionsrechtlichen Forderung eines wirksamen Rechtsschutzes herzustellen, muss auch hier die Auslegung des Revisionsgerichts dahin gehen, dass jedenfalls der Verstoß gegen unionsrechtlich begründete Verfahrensgrundsätze, wie die Begründungs- oder die Anhörungspflicht, als wesentlicher, im Gerichtsverfahren nicht heilbarer Verfahrensverstoß i.S.d. Pp. anzusehen ist[1583]. Ein solcher Revisionsbeschluss muss dann die im weiteren Verfahren zu beachtenden Anweisungen enthalten (§ 348/A Abs. 4 Kbt.).

Ansonsten ist das Revisionsgericht berechtigt, den Beschluss aufzuheben und nach eigenem Ermessen abzuändern (§ 348/A Abs. 3 Kbt., § 339 Abs. 2 lit. a) Pp.). Dabei dürfen auch der Betrag der auferlegten Geldbuße modifiziert

---

[1582] Die Rechtssachen EuGH, Rs. C-136/03, *Dörr und Ünal*, Slg. 2005, I-4759, Rn. 64 und EuGH, Rs. C-467/02, *Cetinkaya*, Slg. 2005, I-10895, Rn. 47 bezogen sich auf Fragen der Freizügigkeit in Fällen der Ausweisung.
[1583] Vgl. *6. Kapitel, II.1.b) Nachprüfung im Rahmen der Revision von Sachentscheidungen.*

werden[1584] und unabhängig davon, ob und welche Rechtsfolgen die Schiedsstelle auferlegt hat, nach eigenem Ermessen der Bieter gemäß § 340 Abs. 2 f) Kbt. von der Teilnahme künftiger Auftragsvergaben befristet ausgeschlossen sowie alle übrigen Rechtsfolgen des § 340 Abs. 3 und 4 Kbt.[1585] angeordnet werden.

Die von den Richtlinien in Art. 2 Abs. 9 UAbs. 2 geforderte Rechtsverbindlichkeit der Revisionsentscheidungen wird durch die Anwendbarkeit des Gesetzes Nr. LIII von 1994 über das gerichtliche Vollstreckungsverfahren[1586] gewährleistet.

III. Effektivität der Rechtsmittel gegen die Entscheidung der Schiedsstelle

Bei der Beurteilung der Effektivität der Revision gegen die Entscheidungen der Schiedsstelle kommt man zu einem zweigeteilten Ergebnis.

Zunächst ist festzustellen, dass es sich beim Hauptstädtischen Gericht um ein Gericht i.S.d. Art. 234 EGV (vgl. Art. 267 AEUV) handelt, weshalb ein Einklang mit den Ansprüchen an eine gerichtliche Nachprüfungsinstanz im Sinne sowohl des Primärrechts als auch der Art. 2 Abs. 9 UAbs. 1 der Rechtsmittelrichtlinien bestätigt werden kann.

Handelt es sich um Verfahrensentscheidungen, die selbständig mit einem Rechtsmittel angefochten werden können, genügt das hier anzuwendende nichtstreitige Verfahren i.S.d. Kbt. und des Knpt. nicht den Erfordernissen von Art. 2 Abs. 9 UAbs. 2 der Richtlinien, die eine beiderseitige Anhörung — ohne jedes Ermessen des Gerichts — fordern. Zum anderen widerspricht das Knpt. auch dem Grundsatz der Öffentlichkeit und der mündlichen Verhandlung, da dies im Rahmen des nichtstreitigen Verfahrens gesetzlich ausgeschlossen wird.

Richtlinienwidrig ist auch der Ausschluss eines Rechtsmittels gegen den Bescheid über die vorläufigen Maßnahmen.

Alle übrigen Verfahrensentscheidungen können im Rahmen der Revision gegen die Sachentscheidung gerügt werden. Um aber den Rechtsschutz als effektiv beurteilen zu können, hat das Revisionsgericht gemäß Art. 10 EGV (im Wesentlichen ersetzt durch Art. 4 Abs 3 EUV-Liss.) die Pflicht, die

---

[1584] Das Oberste Gericht hatte diese Kompetenz bereits unter Geltung des Kbt.a.F. anerkannt, Legf. Bír. Kf. III. 35.485/1999.
[1585] Siehe zu den Rechtsfolgen, *5. Kapitel, VII.3. Der Beschluss der Schiedsstelle in der Sache.*
[1586] Ung. *1994. évi LIII. törvény a bírósági végrehajtásról*, Magyar Közlöny 1994/1783 (V.11.), im Folgenden: Vht.

Verletzungen von subjektiven Unionsverfahrensrechten[1587] als wesentlichen und nicht heilbaren Verfahrensverstoß i.S.d. Ket. bzw. der Pp. zu qualifizieren. Denn nur wesentliche Verfahrensverstöße können allein zu einer Aufhebung der Sachentscheidung führen.

Im Hinblick auf die Revision von Sachentscheidungen der Schiedsstelle kann der Einklang mit dem Rechtsrahmen des Unionsrechts und der ungarischen Verfassung festgestellt werden. Für eine Antragsberechtigung genügt bereits die Behauptung einer Rechtsverletzung i.S.d. Art. 2 Abs. 9 der Richtlinien. Der Beschleunigungsgrundsatz, mit dem sehr kurze Antrags- und Verfahrensfristen sowie Mitwirkungspflichten einhergehen, dient dem Zweck der Richtlinien, ein möglichst wirksames und rasches Nachprüfungssystem zu schaffen. Die Verfahrensgrundsätze der Pp., an welche das Hauptstädtische Gericht im Rahmen des Revisionsverfahrens gebunden ist, verwirklichen den Grundsatz der Waffengleichheit, das damit verbundene Akteneinsichtsrecht, das Begründungserfordernis sowie den Öffentlichkeitsgrundsatz. Dem Recht auf eine mündliche Verhandlung wird durch § 348/A Abs. 1 Kbt. genüge getan, indem eine solche anberaumt und abgehalten wird, wenn eine der Parteien dies wünscht. Ebenso gewährt die Pp. bzw. das Vht. die beiderseitige Anhörung bzw. die Rechtsverbindlichkeit der Entscheidung aus Art. 2 Abs. 9 der Richtlinien. Schließlich bestehen auch aus verfassungsrechtlicher Sicht keine Bedenken gegen die Übereinstimmung mit den Anforderungen aus § 50 Abs. 2 bzw. 57 Abs. 1 und 5 Alk.

[1587] So bspw. das Recht auf Akteneinsicht (umgesetzt in § 337 Kbt.), näher im *3. Kapitel, III.1. Der primärrechtliche Rahmen für den Vergaberechtsschutz.*

IV. Rechtsmittel gegen die Revisions- und Berufungsentscheidung

Die Richtlinien erfordern nicht, dass die gerichtliche Entscheidung erneut überprüft werden können muss. Genauso wenig verlangt das Primärrecht oder die EMRK ein Rechtsmittel gegen Gerichtsentscheidungen[1588]. Eröffnet das nationale Prozessrecht aber eine solche Möglichkeit, muss der Verfahrensablauf den unionsrechtlichen Anforderungen genügen. Die ungarische Verfassung hingegen gewährt einen Rechtsmittelanspruch gegen gerichtliche Entscheidungen in der Sache[1589]. Eine Einschränkung des Zugangs, der Kontrollintensität und die verfahrensrechtlichen Besonderheiten durch Gesetz sind möglich (§ 57 Abs. 5 Alk.).

1. Rechtsmittel gegen die Revisionsentscheidung

Im Einklang mit den verfassungsrechtlichen Bestimmungen gewährt § 349 Abs. 1 Kbt. gegen den Beschluss des Hauptstädtischen Gerichts das Rechtsmittel der Berufung[1590]. Die Berufung muss gemäß § 349 Abs. 1 Kbt. innerhalb von 8 Tagen nach Zustellung des Beschlusses eingelegt werden. Zuständig ist hierfür ausschließlich das Hauptstädtische Tafelgericht.

Wie im Revisionsverfahren des Hauptstädtischen Gerichts findet laut § 340 Abs. 5 Pp. eine mündliche Verhandlung nur dann statt, wenn eine Partei oder beide Parteien die Anberaumung beantragen. Im Gegensatz zum Hauptstädtischen Gericht, das auch entgegen den parteilichen Wünschen eine Verhandlung von Amts wegen anberaumen kann, ist das Berufungsgericht hierzu nicht berechtigt, selbst wenn seiner Ansicht nach neue Beweise erhoben werden müssten[1591]. Die Entscheidung muss dann auf der Grundlage der vorhandenen Schriftstücke erfolgen. Wenn auf deren Grundlage keine Entscheidung in der Sache möglich ist, muss das Hauptstädtische Tafelgericht die Schiedsstelle unter Anordnung der durchzuführenden Beweisaufnahme zur Neuverbescheidung anweisen[1592]. Gleiches gilt, wenn das Revisionsgericht nicht ordnungsgemäß zusammengesetzt war (§ 252 Abs. 1 Pp.). Stellt das Berufungsgericht fest, dass das Revisionsverfahren unter wesentlichen Verfahrensfehlern durchgeführt wurde, kann es gemäß § 252 Abs. 2 Pp.

[1588] Grundlegend hierzu *Dörr/Lenz*, Europäischer Verwaltungsrechtsschutz, Rn. 464 bzw. 642.
[1589] *Kiss* in: Németh/Kiss, A polgári perrendtartás magyarázata, S. 1449.
[1590] § 340 Abs. 1 Pp. gestattet grundsätzlich kein Rechtsmittel gegen verwaltungsgerichtliche Revisionsentscheidung. Wenn sich aber — wie im Fall der Schiedsstelle (§ 318 Abs. 4 Kbt.) — die Zuständigkeit der Ausgangsbehörde auf das gesamte Gebiet der Republik Ungarn erstreckt und das angerufene Gericht zur Beschlussänderung ermächtigt ist (§ 348/A Abs. 3 Kbt.), kann das Gesetz eine Berufung zulassen.
[1591] *Kozma* in: Patay, A Közbeszerzés Joga, S. 589.
[1592] *Kozma* in: Patay, A Közbeszerzés Joga, S. 589.

ebenfalls eine Zurückverweisung anordnen. In allen sonstigen Fällen ist das Gericht an den Antrag gebunden und kann die Revisionsentscheidung (teilweise) abändern und selbst eine neue Entscheidung treffen, vgl. §§ 252 Abs. 3, 253 Pp.

Aus § 252 Abs. 4 Pp. lässt sich die Bindung des Revisionsgerichts an die Entscheidungsgründe und Anweisungen des zweitinstanzlichen Berufungsgerichts ableiten. Diese Bindungspflicht des Revisionsgerichtes darf aber nicht dazu führen, dass dieses seine unionsrechtlich garantierte Berechtigung zur Vorlage vor den EuGH verliert[1593].

Obwohl weder das Unions- noch das Konventionsrecht einen Anspruch auf ein Rechtsmittel gegen Gerichtsentscheidungen begründen, muss eine solche Instanz grundsätzlich die Anforderungen aus Art. 6 Abs. 1 EMRK erfüllen. Diese können im Hinblick auf den Zugang und die einzelnen Elemente des wirksamen Verfahrens geschmälert werden, wenn dies unter Berücksichtigung der Rolle der zweiten Gerichtsinstanz im gesamten Rechtsschutzverfahren gerechtfertigt ist[1594]. Die ungarische Verfassung gewährt in § 57 Abs. 1 Alk. ein Rechtsmittel gegen gerichtliche Entscheidungen in der Sache — wenn also keine Zurückverweisung an das Revisionsgericht erfolgt oder die Entscheidung bestätigt wird. Die Garantien des Art. 6 EMRK, die in § 57 Abs. 1 Alk. ihren Niederschlag gefunden haben, müssen dann auch in diesem Verfahren ihre Wirkung entfalten. Da die erforderlichen Verfahrensgrundsätze, insbesondere die Waffengleichheit (§ 3 Abs. 6, § 7 Abs. 1 Pp.), der Mündlichkeits- und Öffentlichkeitsgrundsatz (§ 5 Abs. 1-3 Pp.), die Begründungspflicht und Rechtsverbindlichkeit der Entscheidung (§ 252 Abs. 4 Pp.) durch die Vorschriften der Pp., die gemäß § 324 und § 239 Pp. auch auf das verwaltungsgerichtliche Berufungsverfahren Anwendung finden, gewährleistet werden, begegnet das verwaltungsgerichtliche Berufungsverfahren keinen rahmenrechtlichen Bedenken.

2. Rechtmittel gegen die Berufungsentscheidung

Eine dritte gerichtliche Instanz wird auch nicht von der ungarischen Verfassung gefordert. Zwar garantiert § 57 Abs. 5 Alk. ein Rechtsmittel gegen gerichtliche Entscheidungen, nicht aber gegen solche, die bereits im Zuge eines Rechtsmittelverfahrens ergangen sind[1595].

[1593] EuGH, Rs. 146/73, *Rheinmühlen*, Slg. 1974, 139, Rn. 3.
[1594] *Dörr/Lenz*, Europäischer Verwaltungsrechtsschutz, Rn. 642.
[1595] AB Beschluss 1437/B/1990, ABH 1992, 453, 454 f.; AB Beschluss 8/2003 (III.14.), ABH 2003, 74, 81 ff.

Die Pp. eröffnet aber Im verwaltungsgerichtlichen Verfahren die — wenn auch eingeschränkte — Revision von Berufungsentscheidungen durch das Hauptstädtische Tafelgericht. Hierfür ist das Oberste Gericht der Republik Ungarn nach Abschnitt XIV der Pp.[1596] zuständig. Nur wenn diese Berufungsentscheidung (zweiter Instanz) die Entscheidung des Revisionsgerichts (erster Instanz) bestätigt oder die Zurückverweisung anordnet, ist gemäß § 270 Abs. 3 Pp. eine Revision des Obersten Gerichts ausgeschlossen.

Zur Vorlage eines Revisionsgegenantrags setzt das Oberste Gericht eine Höchstfrist von 15 Tagen fest (§ 349 Abs. 3 Kbt.). Für sonstige Verfahrensfragen bestehen keine von der Pp. abweichenden Regelungen. In diesem drittinstanzlichen Verfahren ist das Gericht streng an den Antrag gebunden, eine Beweisaufnahme findet nicht mehr statt, vgl. § 275 Abs. 1 und 2 Pp. Auch vor dem Obersten Gericht findet nur dann eine mündliche Verhandlung statt, wenn die Parteien dies ausdrücklich wünschen.

Obgleich das Unionsrecht die Verfahrensfreiheit der Mitgliedstaaten hinsichtlich des Instanzenzuges eröffnet, darf doch das Rechtsmittelverfahren im Ganzen nicht in Widerspruch zum Grundsatz des effektiven und schnellen Rechtsschutzes, zu dem auch der Anspruch zu einer Entscheidung in angemessener Zeit zu zählen ist, stehen. Bei zu vielen Rechtsmittelinstanzen besteht die Gefahr, dass sich die endgültige Entscheidung hinauszögert und über einen langen Zeitraum Rechtsunsicherheit herrscht. Gerade auf dem schnelllebigen Rechtsgebiet der öffentlichen Beschaffungen gilt es, dies zu vermeiden. Bei der Beurteilung der Angemessenheit im Einzelfall spielen aber die Komplexität des Falles, die Mitwirkung der Beteiligten und das Verhalten der Behörden eine entscheidende Rolle. Deshalb müssen die Rechtsmittelordnungen so eingerichtet werden, dass die Gewährleistung eines angemessen langen Verfahrens möglich ist[1597]. Das Kbt. sorgt in Verbindung mit der Pp. aber trotz der Tatsache, dass bis zu vier (Verwaltungs- bzw. Gerichts-)Instanzen über ein und dieselbe Vergabesache befinden, durch strenge Antrags- und Verfahrensfristen für die rasche Durchsetzung des Rechtsanspruchs. So müssen etwa die Schiedsstelle innerhalb von 5 bzw. 15 Tagen oder das Hauptstädtische Gericht innerhalb von 30 Tagen eine Entscheidung über die Vergabesache getroffen haben Der Beschleunigung dient ferner, dass eine mündliche Verhandlung vor jeder einzelnen Instanz nur auf Antrag anberaumt wird. Vervollständigt wird die Sicherstellung des Anspruchs auf eine angemessene Verfahrensdauer durch die möglichen Rügen gegen die Untätigkeit der Schiedsstelle sowie der Gerichte, die umfangreichen Mitwirkungspflichten

---

[1596] *Kozma* in: Patay, A Közbeszerzés Joga, S. 589, 592.
[1597] *Dörr/Lenz*, Europäischer Verwaltungsrechtsschutz, Rn. 656.

sowie das Verfahren außer der Reihe. Daher erfüllen die gesetzlichen Bestimmungen den Anspruch, vergaberechtliche Nachprüfungen in angemessener Zeit zu gewährleisten.

7. Kapitel: Das Einheitsverfahren gemäß § 350 Abs. 1 Kbt.

Das ungarische Vergaberechtsschutzsystem vor den ordentlichen Gerichten wurde durch das Kbt.ÄndG. grundlegend geändert und erweitert. Bisher sah das Kbt. vor, dass die Schiedsstelle die ordentliche Gerichtsbarkeit nach ihrem Ermessen zur Feststellung der Vertragsunwirksamkeit anrufen konnte. Zwar wurde das Feststellungsverfahren unter dem neuen System beibehalten. Jedoch ist die Schiedsstelle nunmehr ohne jedes Ermessen verpflichtet, ein solches Verfahren einzuleiten. Darüber hinaus konnten die Betroffenen das Gericht nur dann bei zivilrechtlichen Ansprüchen anrufen, wenn die Schiedsstelle bzw. das Revisionsgericht die Rechtsverletzung rechtskräftig festgestellt hatte. Nun hat der Gesetzgeber eine dritte Verfahrensvariante des Rechtsschutzes eingeführt, die als sog. *Einheitsverfahren* bezeichnet wird. Zum näheren Verständnis der Rolle des Einheitsverfahrens im Vergaberechtsschutz muss eine Abgrenzung zum Feststellungsverfahren erfolgen (I.), anschließend werden der Ablauf (II.) sowie die möglichen Rechtsfolgen des Einheitsverfahrens (III.) dargelegt, um seinen Beitrag zu einem wirksamen und raschen Vergaberechtsschutz beurteilen zu können (IV.).

I. Abgrenzung zum Feststellungsverfahren i.S.d. § 340/A Kbt.

Das Feststellungsverfahren[1598] und das Einheitsverfahren dienen dem gleichen Ziel: Das Hauptstädtische Gericht soll die Unwirksamkeit des Vertrags feststellen und die an diese Feststellung geknüpften Rechtsfolgen anordnen.

Das Feststellungsverfahren setzt voraus, dass die Schiedsstelle in ihrem Sachbeschluss das Vorliegen der Nichtigkeitsgründe aufgrund der Verletzung des § 306/A Abs. 2 Kbt. feststellt, also dass

- der Vertrag unter rechtswidriger Umgehung des Vergabeverfahrens geschlossen wurde oder

- der Vertrag unter Verstoß gegen das Vertragsmoratorium (§ 96/B Abs. 4, § 99 Abs. 3 und 4 Kbt.) geschlossen wurde und dadurch die Parteien dem Bieter die Möglichkeit genommen haben, vor Abschluss des Vertrags die Einleitung eines Rechtsmittels zu beantragen, und damit gleichzeitig die vergaberechtlichen Vorschriften dergestalt verletzt haben, dass die Aussichten des Bieters auf die Zuschlagserteilung beeinträchtigt wurden.

In diesen Fällen ist die Schiedsstelle verpflichtet, das Feststellungsverfahren einzuleiten. [Übers. d. Verf.]

[1598] Einzelheiten siehe im *5. Kapitel, VIII. Die Verpflichtung zur Veranlassung des Feststellungsverfahrens.*

Um das Einheitsverfahren einleiten zu können, muss ebenfalls ein Sachbeschluss der Schiedsstelle vorliegen. Dieser darf jedoch gerade nicht die o.g. Feststellung der Verletzung des § 306/A Abs. 2 Kbt. enthalten, da sonst die Schiedsstelle zur Einleitung des Feststellungsverfahrens verpflichtet wäre. Denkbar sind hier alle sonstigen Entscheidungen und die Anordnung von Rechtsfolgen, zu denen die Schiedsstelle ermächtigt ist. Der Wortlaut des § 350 Abs. 1 Kbt. ist insoweit offen und verlangt schlichtweg einen Beschluss in der Sache, den der Bieter als Antragsteller einer gerichtlichen Revision unterziehen kann[1599].

Weiterhin muss der Bieter jedoch darlegen, dass die Schiedsstelle eine Verletzung des § 306/A Abs. 2 Kbt. zu Unrecht abgelehnt hat. Denn gemäß § 350 Abs. 1 Kbt. muss sich sein Rechtsschutzbegehren darauf richten, dass das Hauptstädtische Gericht die Unwirksamkeit des Vertrages aufgrund der Verletzung der vorgenannten Vorschrift feststellt und die entsprechenden Rechtsfolgen anordnet.

Der Bieter ist nicht berechtigt, im Einheitsverfahren weitere zivilrechtliche Ansprüche geltend zu machen oder die Feststellung der Unwirksamkeit aus anderen Gründen als den in § 306/A Abs. 2 Kbt. genannten zu beantragen (§ 350 Abs. 3 Kbt.).

II. Ablauf des Einheitsverfahrens

Auch im Einheitsverfahren sind die Prozessvorschriften des XX. Abschnitts des Pp. maßgebend, soweit das Kbt. keine anderen Regelungen trifft. Die in § 350/A Abs. 1 Kbt. erfassten Abweichungen stimmen im Grundsatz mit denjenigen überein, die auch für das Revisionsverfahren gegen den Schiedsstellenbeschluss gelten. Sie zielen in erster Linie auf die Verfahrensbeschleunigung und die Herstellung rascher Rechtssicherheit ab.

So sieht das Kbt. für das Einheitsverfahren abweichend von der Pp. ebenfalls eine verkürzte Klagefrist von 15 Tagen ab Zustellung des Beschlusses vor. Die Klage ist bei der Schiedsstelle einzureichen. Hierdurch werden unnötige zeit- und kostenaufwendige Versandwege vermieden, denn die Schiedsstelle leitet die Klage einschließlich der ihr zur Verfügung stehenden streitgegenständlichen Unterlagen sowie ihrer eigenen Stellungnahme hierzu innerhalb von drei Tagen an das Hauptstädtische Gericht weiter. Änderungen oder Erweiterungen der Klage sind nur innerhalb der 15tägigen Klagefrist möglich. Ein Ruhen des Verfahrens ist ausgeschlossen.

[1599] Die Einzelbegründung zu § 76 des Kbt.-Entwurfs stellt in Absatz 3 klar, dass unter Antragsteller nur der Bieter zu verstehen ist.

III. Mögliche Rechtsfolgen

Stellt das Gericht die Rechtswidrigkeit des Sachbeschlusses in seiner Revisionsentscheidung fest, hat es im Weiteren zwei Möglichkeiten: Entweder hebt es den Beschluss auf und weist ihn zur Neuentscheidung zurück. Außerdem stellt es gemäß § 350/B Abs. 1 Kbt. gleichzeitig das Verfahren auf Feststellung der Vertragsunwirksamkeit ein. Hierbei gelten die Ausführungen zum Revisionsverfahren, insbesondere, dass Verfahrensmängel dann als wesentlich zu qualifizieren sind und zu einer Aufhebung der Entscheidung der Schiedsstelle führen müssen, wenn sie auf einem Verstoß gegen subjektives Unionsverfahrensrecht basieren[1600].

In allen anderen Fällen kann das Hauptstädtische Gericht den Beschluss der Schiedsstelle abändern und das für die Vertragsunwirksamkeit erforderliche Vorliegen der Unwirksamkeitsgründe i.S.d. § 306/A Abs. 2 Kbt. feststellen. Daneben ist das Gericht befugt, den Beschluss der Schiedsstelle einschließlich des Betrages der auferlegten Geldbuße abzuändern und die unter § 340 Abs. 2 f), Abs. 3 sowie 4 Kbt. geregelten Rechtsfolgen anzuordnen (§ 350/B Abs. 1 S. 1 Kbt.). Dies sind vor allem der Ausschluss des Bieters von zukünftigen Vergabeverfahren bzw. seine Löschung im Bieterverzeichnis sowie die Verhängung von Geldbußen. Gleichzeitig erfolgt die Feststellung, ob der Vertrag unwirksam ist oder nicht. Um die Unwirksamkeit des Vertrages schließlich feststellen zu können, muss das Gericht gemäß § 350/B Abs. 2 Kbt. aber auch die Ausnahmetatbestände des § 306/A Abs. 3 und 4 Kbt. prüfen. Nur wenn der Vertrag nicht aus zwingenden Gründen des Allgemeininteresses doch als wirksam qualifiziert werden muss, kann die Feststellung der Vertragsunwirksamkeit erfolgen.

Kommt das Gericht zu dem Schluss, dass nur Teile des Vertrages unwirksam sind, hat es gemäß § 239 Ptk. nur dann die Unwirksamkeit des gesamten Vertrages anzunehmen, wenn die Parteien den Vertrag ohne den unwirksamen Teil nicht geschlossen hätten. Die Wirksamkeit des Vertrages haben die Vertragsparteien dann mit einer zwingenden Geldbuße von zehn Prozent des Auftragswertes *„zu bezahlen"*.

Ist die Feststellung der Unwirksamkeit des gesamten Vertrages erfolgt, hat das Gericht auch die gesetzlichen Rechtsfolgen auszusprechen. Diese richten sich mangels abweichender Regelung[1601] nach den Ptk.-Vorschriften: Hier

---

[1600] Vgl. hierzu die Anmerkungen im 6. *Kapitel, III. Effektivität der Rechtsmittel gegen die Entscheidung der Schiedsstelle.*
[1601] Für das Feststellungsverfahren, welches die Schiedsstelle einleitet, hat der Gesetzgeber die Rechtsfolgen in § 350/C Kbt. bestimmt. Eine fehlende entsprechende Normierung im

ordnet § 237 Abs. 1 Ptk. grundsätzlich die Wiederherstellung des ursprünglichen Zustandes ab dem Zeitpunkt des Vertragsschlusses an. Die vertraglichen Verpflichtungen werden rückwirkend aufgehoben, vgl. §§ 361 ff. Ptk. Im Einklang mit den Voraussetzungen des Art. 2e Abs. 1 der Richtlinien verhängt das Gericht alternative Sanktionen in Form einer Geldbuße i.H.v. zehn Prozent, wenn der Vertrag aus zwingenden Gründen des Allgemeininteresses oder trotz teilweiser Unwirksamkeit (§ 239 Ptk.) als wirksam erklärt worden ist, § 350/B Abs. 2 Kbt.

IV. Effektivität des Einheitsverfahrens

Durch die Schaffung des Einheitsverfahrens stellt der ungarische Gesetzgeber sicher, dass die Unwirksamkeit eines Vertrages i.S.d. Art. 2d der Richtlinien auch dann möglichst rasch erklärt wird, wenn sich das Vorliegen der Unwirksamkeitsgründe erst in zweiter Instanz herausstellt. Das Rechtsinstitut des Einheitsverfahrens setzt damit die Erfordernisse, die die Rechtsmittelrichtlinien an die zu erklärende Unwirksamkeit vergaberechtswidrig geschlossener Verträge stellt, unionsrechtskonform um. Das Gericht stellt dann anstelle der Schiedsstelle das Vorliegen der Unwirksamkeitsgründe i.S.d. § 306/A Abs. 2 Kbt. (Art. 2d Abs. 1 lit. a) und lit. b) der Richtlinien) fest. Da das Kbt. von den Ausnahmemöglichkeiten in Art. 2d Abs. 3 der Richtlinien Gebrauch gemacht hat, werden die Voraussetzungen, die wörtlich in die § 306/A Abs. 3 lit. b) und Abs. 4 Kbt. umgesetzt worden sind, auch im Einheitsverfahren durch das Hauptstädtische Gericht geprüft. Die Festlegung der Rechtsfolgen, die sich nach ungarischem Recht nach dem Ptk. richten, verweist Art. 2d Abs. 2 der Richtlinien ausdrücklich in die nationale Verfahrensautonomie. Weil das Kbt. sowie das Ptk. eine ex-tunc-Unwirksamkeit des Vertrages anordnen, müssen — im Einklang mit Art. 2d Abs. 2 UAbs. 2 der Richtlinien — keine alternativen Sanktionen vorgesehen werden.

Auch im Hinblick auf die Verfahrensgrundsätze bestehen keine Widersprüche zum unions- oder verfassungsrechtlichen Rahmen, da die Pp. diesem in allen Verfahrensabschnitten Geltung verschafft.

Die Zusammenfassung der beiden Rechtsschutzziele (Revisions- und Feststellungsbegehren gegenüber dem Gericht) zu einem Prozess bedeutet auf der einen Seite eine rasche Rechtssicherheit für die Beteiligten und eine Entlastung der Gerichte, die sich so nicht mehrfach mit demselben Streitgegenstand befassen müssen. Auf der anderen Seite kann der Betroffene kein Feststellungsverfahren mehr einleiten, wenn er (zulässigerweise) zunächst

---

Rahmen des Einheitsverfahrens lässt einen Rückschluss auf die subsidiäre Anwendung des Ptk. zu.

nur die gerichtliche Revision des Sachbeschlusses beantragt. Das Hauptstädtische Gericht ist an einen solchen Antrag gebunden und kann die Vertragsunwirksamkeit nicht von Amts wegen feststellen. Wurde nur eine Revision eingelegt und endet diese mit einem stattgebenden Beschluss (der den o.g. rechtswidrigen Vertragsschluss bestätigt), kann das Hauptstädtische Gericht zwar die Rechtsfolgen der §§ 340 Abs. 2 lit. f), Abs. 3 oder 4 Kbt., nicht aber die Rechtsfolgen, die an die Vertragsunwirksamkeit anknüpfen (insb. die Naturalrestitution) anordnen. Der Betroffene muss dann die Einleitung des Feststellungsverfahrens durch die Schiedsstelle abwarten.

Ob unter Art. 2d Abs. 1 der Richtlinien eine unbedingte Pflicht zur Feststellung der Unwirksamkeit durch die Nachprüfungsstelle unabhängig von der Geltendmachung des Bieterinteresses besteht[1602], kann im vorliegenden Fall offen bleiben. Das Kbt. stellt durch die Kombination von Feststellungs- und Einheitsverfahren sicher, dass jedenfalls bei Vorliegen der Fälle des Art. 2d der Richtlinien die Unwirksamkeit unionsrechtskonform festgestellt wird.

[1602] Diese Pflicht ergibt sich m.E. nicht aus der Formulierung „für unwirksam erklärt wird oder (…) sich (…) aus der Entscheidung (…) ergibt.". Dafür spricht auch, dass der Erwägungsgrund Nr. 27 „ (…) die Geltendmachung der Unwirksamkeit eines Vertrags auf einen bestimmten Zeitraum beschränkt". Von dieser unbedingten Pflicht geht wohl *Byok*, Die Entwicklung des Vergaberechts seit 2006, NJW 2008, 559, 565, aus; a.A. *Costa-Zahn/Lutz*, Die Reform der Rechtsmittelrichtlinien, NZBau 2008, 22, 24, wonach die Feststellung der Unwirksamkeit nur bei deren Geltendmachung erforderlich ist.

8. Kapitel: Sekundärrechtsschutz und Rücktritt bei vergaberechtlichen Verstößen

Art. 2 Abs. 7 Ua. 2 RL 89/665/EWG bzw. Art. 2 Abs. 6 Ua. 2 RL 92/13/EWG gestatten, dass aus Gründen des Vertrauensschutzes der Vertragspartner vergaberechtswidrig geschlossene Verträge — bis auf die genannten Ausnahmen — grundsätzlich wirksam bleiben[1603]. In diesen Fällen bleibt dem Betroffenen mit dem Ausschluss des Primärrechtsschutzes zur wirksamen Durchsetzung seiner Rechte nur noch der Anspruch auf Schadensersatz. Daher wird als dritte Rechtsfolgenvariante der Nachprüfungsverfahren von Art. 2 Abs. 1 lit. c) RL 89/665/EWG bzw. Art. 2 Abs. 1 lit. d) RL 92/13/EWG die Zuerkennung von Schadensersatz gefordert.

Abgedeckt wird diese Anspruchsgewährung spezialgesetzlich durch die Regelung des Kbt. sowie durch die Schadensregelungen des Ptk. Die RL 89/665/EWG enthält zwar Möglichkeiten (Art. 2 Abs. 4, Abs. 7 UAbs. 2), jedoch keine zwingenden Vorgaben, unter welchen Voraussetzungen ein Schaden im Einzelnen ersetzt werden muss. Damit kann grundsätzlich davon ausgegangen werden, dass den Mitgliedstaaten ein großer Umsetzungsspielraum zugestanden werden soll.

Im Gegensatz dazu äußert sich die RL 92/13/EWG detaillierter über die Anspruchsvoraussetzungen für den Schadensersatz. Ob die Anforderungen dieser Richtlinie grundsätzlich auch auf Rechtsmittel gegen Auftragsvergaben klassischer Auftraggeber konkretisierend heranzuziehen sind, ist streitig[1604]. Im Falle Ungarns ist die Heranziehung jedoch Pflicht: Denn das Kbt. macht im Hinblick auf das Rechtsschutzsystem keinen Unterschied zwischen Aufträgen von klassischen und Sektorenauftraggebern. So müssen die Voraussetzungen der RL 92/13/EWG für alle Schadensersatzansprüche gelten — unabhängig davon, unter welche der beiden Rechtsmittelrichtlinien der Anspruchsgegner fällt.

[1603] EuGH, Rs. C-81/98, *Alcatel Austria*, Slg. 1999, I-7671, Rn. 37.
[1604] Dafür *Prieß*, Handbuch des europäischen Vergaberechts, S. 413 unter Verweis auf *Jebens*, Schadensersatzansprüche bei Vergabeverstößen, DB 1999, 1742; A.A. wohl *Egger*, Europäisches Vergaberecht, S. 372; *Sterner*, Rechtsbindung und Rechtsschutz bei der Vergabe öffentlicher Aufträge, S. 119.

I. Der Instanzenzug im Sekundärrechtsschutz

Voraussetzung für die Geltendmachung von Ansprüchen, die auf der Verletzung vergaberechtlicher Bestimmungen[1605] basieren, ist dass die Schiedsstelle — bzw. das Revisionsgericht — die Rechtsverletzung festgestellt hat.

Die gerichtliche Eingangsinstanz für alle zivilrechtlichen Schadensersatzansprüche i.S.d. § 350/D Kbt. sind gemäß §§ 19 Abs. 1, § 23 Abs. 2 lit. m) Pp. die Komitatsgerichte, wobei sich die örtliche Zuständigkeit grundsätzlich danach richtet, in welchem Komitat der Beklagte seinen Sitz (§ 30 Abs. 1 Pp.) bzw. Wohnsitz (§ 29 Abs. 1 Pp.) hat. Gegen die Entscheidung des Komitatsgerichts ist eine Berufung statthaft, über die von den Tafelgerichten (§ 10 Abs. 2 lit. b), § 223 Abs. 1 Pp.) entschieden wird. Das Oberste Gericht beurteilt schließlich die Revision gegen die Entscheidung der Tafelgerichte (§§ 10 Abs. 3, 270 Pp.). Die bereits oben erläuterten Verfahrensvorschriften der Pp. und des Vht. finden — mit Ausnahme der dort dargelegten verwaltungsgerichtlichen Ausnahmen — gleichermaßen Anwendung.

II. Schadensersatzanspruch des Bieters auf Ersatz seiner Kosten für die Angebotsanfertigung und die Teilnahme am Vergabeverfahren

Das Ptk. gewährt keinen Ersatz von Aufwendungen, wie für Kosten, die für die Vorbereitung des Angebots entstanden sind. Sie stellen keinen kausalen Schaden i.S.d. § 339 Ptk. dar, da sie auch dann entstanden wären, wenn der Geschädigte die Auftragsvergabe gewonnen hätte[1606]. Da Art. 2 Abs. 7 RL 92/13/EWG aber gerade diesen Aufwendungsersatz fordert, wurde dieser in § 351 Kbt. — fast wortwörtlich — umgesetzt:

„Fordert der Bieter vom Auftraggeber als Schadensersatz ausschließlich die Erstattung seiner Kosten, die ihm in Verbindung mit der Anfertigung des Angebots und der Teilnahme am Vergabeverfahren entstanden sind, genügt für die Geltendmachung dieses Schadenersatzanspruchs der Nachweis, dass

a) der Auftraggeber eine Bestimmung der Rechtsnormen zur öffentlichen Auftragsvergabe bzw. zum Vergabeverfahren verletzt hat und

---

[1605] Gemeint sind das Kbt., die Durchführungsverordnungen und sonstige Gesetze oder Verordnungen, die auf die Anwendung des Kbt. verweisen.

[1606] *Bozzay* in: Fribiczer, Közbeszerzés, S. 385; der Begriff „Gewinn der Auftragsvergabe" ist sehr allgemein gehalten und kann weder eindeutig nur auf die Zuschlagserteilung noch den Vertragsschluss zurückgeführt werden; vgl. auch die folgende Fn.

b) der Bieter eine reale Chance hatte, den Vertrag zu gewinnen[1607], bzw.

c) die Rechtsverletzung seine Chancen, den Vertrag zu gewinnen, nachteilig beeinflusst hat." [Übers. d. Verf.]

Der Bieter kann daher Schadensersatz für die Kosten der Anfertigung seines Angebots und für die Teilnahme am Vergabeverfahren fordern, wenn er das Vorliegen aller drei Voraussetzungen nachweisen kann.

Den Nachweis der Rechtsverletzung kann der Betroffene nur dadurch erbringen, dass er einen diesbezüglichen rechtskräftigen Beschluss der Schiedsstelle bzw. des Gerichts vorlegt. § 350/D. Kbt. fordert als Sachentscheidungsvoraussetzung, dass zur Geltendmachung jeglicher zivilrechtlicher Ansprüche (ausgenommen sind die Fälle des Feststellungsverfahrens der Schiedsstelle gemäß § 340/A Kbt. und des Einheitsverfahrens gemäß § 350 Abs. 1 Kbt.) die Schiedsstelle bzw. bei eingelegter Revision das Gericht die Rechtsverletzung rechtskräftig festgestellt hat. Das bedeutet auf der einen Seite eine Beweiserleichterung, auf der anderen Seite aber auch eine Beschränkung, da der Geschädigte zunächst gezwungen ist, ein Rechtsmittelverfahren vor der Schiedsstelle einzuleiten bzw. davon abhängig ist, ob ein anderer Betroffener ein solches Verfahren durchführt. Art. 2 Abs. 6 RL 89/665/EWG gestattet sogar, dass die rechtswidrige Entscheidung, auf welcher der Schadensersatzanspruch basiert, zunächst von einer befugten Nachprüfungsstelle aufgehoben werden muss. Sie geht daher davon aus, dass der Schadensersatzzuerkennung ein (anderes) Nachprüfungsverfahren vorgeschaltet werden darf. Ermöglicht das Sekundärrecht sogar, eine Aufhebung vorauszusetzen, so ist eine Feststellung der Rechtswidrigkeit erst recht als richtlinienrechtskonform zu beurteilen. Von einer Feststellung geht schließlich auch Art. 2 Abs. 1 lit. d) UAbs. 2 RL 92/13/EWG aus.

Weiter muss der Bieter nachweisen, dass er eine echte Chance auf den Gewinn des Vertrages, also das Obsiegen seines Angebotes hatte. Zwar fehlt auch hier eine unionsrechtliche Definition[1608], jedoch muss bei einer autonomen Auslegung berücksichtigt werden, dass die Richtlinie eine Beweiserleichterung

---

[1607] Die wörtliche Übersetzung meint tatsächlich den Gewinn des Vertrages und nicht des Zuschlages. Da aber gemäß § 99/A Abs. 1 Kbt. der Auftraggeber verpflichtet ist, mit dem obsiegenden Bieter als Zuschlagsempfänger den Vertrag zu schließen, ist die Unterscheidung zwischen der Chance auf den Zuschlag und der Chance auf den Vertragsschluss von inhaltlich geringer Bedeutung.

[1608] EuGH, Rs. C-111/97, *EvoBus Austria GmbH*, Slg. 1998, I-5411 hat auch laut *Prieß*, Handbuch des europäischen Vergaberechts, S. 414 keine inhaltliche Auslegungsbestimmung getroffen.

für einen effektiven Rechtsschutz des Bieters schaffen wollte[1609]. Voraussetzung hierfür — wenn auch nicht ausreichend für die endgültige Bejahung einer „echten Chance"[1610] — ist, dass das Angebot im Wettbewerb eingereicht wurde und nicht wegen Formfehlern, fehlender Eignung oder unwirtschaftlicher Entgelte zwingend hätte ausgeschlossen werden müssen[1611]. Dagegen darf auch keine restriktive Auslegung dahingehend erfolgen, dass nur derjenige Bieter eine echte Chance hat, dessen Angebot unter objektiver Neuerteilung zu den Bestplatzierten zu zählen bzw. in die engere Auswahl gekommen ist oder zumindest hätte kommen müssen[1612]. Die ungarische Rechtsprechungspraxis ist bei der Bejahung des Antragsrechts sehr großzügig und ersetzt sogar denjenigen Bietern die Kosten für die Teilnahme, die auf der Grundlage ihres eingereichten Angebotes das Vergabeverfahren niemals gewonnen hätten[1613].

Für den Bieter stellt eine weitere Beweiserleichterung dar, nur nachweisen zu müssen, dass seine Chance auf den Vertragsschluss durch den Verstoß beeinträchtigt worden ist. Die zwischen dem Vergaberechtsverstoß und dem zu ersetzenden Schaden bestehende Kausalität hat er nicht darzulegen[1614]. Die Beeinträchtigung der Chance darf jedoch nicht darauf zurückzuführen sein, dass der Bieter nicht geeignet war und der Ausschluss zu Recht erfolgte, weil er den Eignungskriterien nicht entsprach oder etwa gar nicht aufgefordert wurde, ein Angebot abzugeben. Er muss zumindest an dem Verfahrensabschnitt teilgenommen haben, in dem die Rechtsverletzung begangen wurde[1615].

Im Einklang mit dem Umstand, dass die sekundärrechtlichen Vorgaben abschließend sind, fordert § 351 Kbt. im Gegensatz zum allgemeinen zivilrechtlichen Schadensersatzanspruch kein Verschulden des Auftraggebers[1616].

[1609] *Prieß*, Handbuch des europäischen Vergaberechts, S. 414
[1610] *Marx* in: Motzke/Pietzcker/Prieß, Beck'scher VOB-Kommentar, § 126, Rn. 5; für ausreichend hält dies *Prieß*, Handbuch des europäischen Vergaberechts, S. 415; vgl. zum Meinungsstreit *Pietzcker* in: Grabitz/Hilf/Hailbronner, Das Recht der Europäischen Union, B 19., Rn. 61.
[1611] *Horn/Graef*, Vergaberechtliche Sekundäransprüche, NZBau 2005, 506, m.w.N.
[1612] *Horn/Graef*, Vergaberechtliche Sekundäransprüche, NZBau 2005, 506; für die enge Auslegung vgl. *Stockmann* in: Immenga/Mestmäcker, § 126 GWB, Rn. 14.
[1613] *Kiss*, A Közbeszerzés polgári jogi kérdései, Gazdaság és Jog 2005/2, 3, 9.
[1614] Die Aufwendungen für die Angebotserstellung und die Teilnahme am Vergabeverfahren werden in der Regel nicht durch den Vergaberechtsverstoß, der erst nach Tätigung der Aufwendungen begangen wird, verursacht; So auch *Prieß*, Handbuch des europäischen Vergaberechts, S. 415.
[1615] *Egger*, Europäisches Vergaberecht, S. 373.
[1616] *Egger*, Europäisches Vergaberecht, S. 372.

Im Rahmen des Schadensersatzrechts steht es Ungarn — wie allen anderen Mitgliedstaaten auch — zu, die Organisations- und Verfahrensvorschriften zur Geltendmachung zu bestimmen. Doch setzen hier die Grundsätze der Wirksamkeit, der Äquivalenz und der Beschleunigung Grenzen. Da die Pp. für das Schadensersatzverfahren die maßgeblichen Vorschriften enthält, kann auf den bereits dargestellten Einklang mit dem europäischen wie dem verfassungsrechtlichen Rahmen verwiesen werden. Die Feststellung der Rechtswidrigkeit durch die Schiedsstelle bzw. durch das Rechtsmittelgericht unterliegt sehr kurzen Antrags- und Verfahrensfristen. So kann die dreijährige Verjährungsfrist des Schadensersatzanspruchs nicht unterlaufen werden[1617]. Ein wirksamer Rechtsschutz ist nicht gefährdet. Dem Grundsatz der Äquivalenz wird dadurch Rechnung getragen, dass die Verfahrensvorschriften zum Ersatz der Angebotskosten bei allen Auftragsvergaben — also sowohl mit Unions- als auch nationalem Schwellenwert und sowohl für klassische wie auch Sektorenauftraggeber — in gleicher Weise anzuwenden sind.

III. Vergaberechtlicher Schadensersatzanspruch im ungarischen Zivilrecht

Die spezielle Schadensersatzbestimmung des § 351 Kbt. schließt die Geltendmachung weiterer Sekundäransprüche aufgrund vergaberechtlicher Verletzungen nicht aus. § 306/A Abs. 6 Kbt. erklärt das Ptk. bei Verträgen für anwendbar, die aufgrund des Vergabeverfahrens geschlossen worden sind. Eine Begründung hierfür sucht man in der ungarischen Rechtsliteratur vergebens. Aus der Rechtsprechung lässt sich aber entnehmen, dass für vergaberechtlichen Schadensersatz grundsätzlich folgende Rechtsgrundlagen in der Praxis herangezogen werden.

1. Schadensersatzanspruch aufgrund vorvertraglicher Pflichtverletzung

Die zentrale Schadensersatznorm im ungarischen Zivilrecht ist § 339 Abs. 1 Ptk.:

> *„Wer einem anderen rechtswidrig einen Schaden verursacht, hat diesen zu erstatten. Er wird dann von der Haftung befreit, wenn er nachweisen kann, dass er so vorgegangen ist, wie es in der gegebenen Situation allgemein erwartet werden kann." [Übers. d. Verf.]*

[1617] § 345 Abs. 4 Ptk.; bei vorsätzlichem Verhalten gemäß § 360 Abs. 4 Ptk. verjährt der Anspruch in fünf Jahren.

regelt unmittelbar die Haftung für Schäden, die außerhalb des eigentlichen vertraglichen Rechtsverhältnisses verursacht worden sind[1618]. Darunter fallen sowohl vorvertragliche[1619] als auch Schadensersatztatbestände, die bspw. aufgrund verwirklichter Straftaten erfüllt worden sind. Darüber hinaus wird an einigen Stellen im Ptk., bspw. auch im Rahmen der ungerechtfertigten Bereicherung, die mittelbare Anwendbarkeit §§ 339 ff. Ptk. bestimmt.

Demzufolge unterscheidet das ungarische Zivilrecht — so wie das deutsche auch — grundsätzlich zwischen Schadensersatz aufgrund (vor-) vertraglicher Pflichtverletzung und deliktischem Schadensersatz. Der wesentliche systematische Unterschied zu § 823 BGB besteht jedoch darin, dass § 339 Abs. 1 Ptk. jedes Tun und Unterlassen umfasst und nicht auf den Schutz ganz bestimmter Rechtsgüter oder Schutznormen beschränkt ist[1620].

Wird also eine vorvertragliche Pflichtverletzung oder die Erfüllung eines Straftatbestandes festgestellt, so ist bei beiden die Schadensersatznorm des § 339 Abs. 1 Ptk. die heranzuziehende Rechtsgrundlage — vorausgesetzt, die übrigen Anspruchsvoraussetzungen sind gegeben[1621]. Diese werden von den Gerichten stets vor dem Hintergrund der vergaberechtlichen Besonderheiten ausgelegt, sodass keine absolute Rechtsgrund- oder Rechtsfolgenverweisung vorliegt[1622].

a) Entstehung und Verletzung einer vorvertraglicher Pflicht

Rechtsgrundlage für die Pflichten aus einem vorvertraglichen Schuldverhältnis ist § 205 Abs. 3 und 4 i.V.m. § 4 Abs. 1 Ptk.[1623]. Gemäß § 205 Abs. 1 Ptk. kommt ein Vertrag mit übereinstimmenden Willenserklärungen der Parteien zustande. Hierzu ist eine Vereinbarung über die — objektiv wie subjektiv — wesentlichen Fragen erforderlich (§ 205 Abs. 2 Ptk.). Die Ausschreibung als Aufforderung zur Angebotsabgabe und die daraufhin erfolgende Angebotsabgabe können noch nicht als übereinstimmende Willenserklärungen

---

[1618] §§ 339 ff. Ptk. sind von Titel II. „Haftung für außervertraglich verursachte Schäden und unrechtmäßige Bereicherung", ung. *felelőség szerződésen kívül okozott kárkért és jogalap nélküli gazdagodásért*.
[1619] Die vertraglichen Schadensersatzansprüche, wie Schadensersatz wegen Unwirksamkeit (§ 238 Ptk.), Verzug (§ 299 Abs. 1, 301 Abs. 4 Ptk.), wegen Vertragsverletzung (§ 318 Ptk.) oder Sachmangel (§ 310 Ptk.) bestimmen grundsätzlich selbst die Anspruchsvoraussetzungen für den jeweiligen Schadensersatz und ziehen die §§ 339 ff. Ptk. nur ergänzend (etwa für die Haftung und den Schadensersatzumfang) heran. Für vorvertragliche Pflichtverletzungen ist §§ 339 ff. Ptk. unmittelbare Anspruchsgrundlage.
[1620] *Kemenes* in: Benedek/Kemenes/Szilágyi, A polgári törvénykönyv magyarázata, S. 1232.
[1621] *Benedek* in: Benedek/Kemenes/Szilágyi, A polgári törvénykönyv magyarázata, S. 758.
[1622] So bspw. Főv. Ítélőtábla 3. Kf. 27.253/2003., BH 2005/2/87.
[1623] *Bacsa*, A polgári jogi felelősség alapelveinek, S. 24.

gewertet werden, die unmittelbar einen Vertragsabschluss zur Rechtsfolge haben könnten[1624]. Ebenso wenig wird an die Bekanntgabe eine vertragliche Verpflichtung geknüpft[1625]. Rein vertragliche Schadensersatzansprüche sind demnach ausgeschlossen.

Beteiligt sich ein Bieter aber an der Vergabe eines öffentlichen Auftrages, wird spätestens mit Abgabe des Angebots[1626] ein Vertrauensverhältnis zum öffentlichen Auftraggeber begründet[1627]. Der Bieter erwartet, dass das Vergabeverfahren rechtmäßig durchgeführt und abgeschlossen wird.

Dieses vorvertragliche Vertrauensverhältnis regelt § 205 Abs. 3 und 4 Ptk.:

„(3) Die Parteien müssen bei Vertragsabschluss kooperieren und die rechtlichen Interessen des jeweils anderen berücksichtigen. Auch vor Vertragsabschluss haben sie sich gegenseitig über alle den abzuschließenden Vertrag betreffenden wesentlichen Umstände zu informieren.

(4) Weichen bei einer Verpflichtung zum Vertragsabschluss die Vertragserklärungen voneinander ab, müssen die Parteien versuchen, ihre Standpunkte miteinander abzustimmen." [Übers. d. Verf.]

in Verbindung mit § 4 Abs. 1 Kbt.

„Bei der Ausübung der bürgerlichen Rechte und bei der Erfüllung der Pflichten müssen die Parteien gemäß dem Gebot von Treu und Glauben vorgehen und miteinander kooperieren". [Übers. d. Verf.]

werden im Rahmen dieses Vertrauensverhältnisses für beide Seiten — jeweils vom beabsichtigten Vertrag abhängige — Aufklärungs- bzw. Mitteilungspflichten begründet[1628]. Die sonst auch im ungarischen Recht

---

[1624] *Benedek* in: Benedek/Kemenes/Szilágyi, A polgári törvénykönyv magyarázata, S. 751, wonach es an der wesentlichen Vereinbarung über die Person des Vertragspartners und die Höhe des Entgeltes mangelt; Főv. Ítélőtábla 6. Pf. 20.882/2005/8., ÍH 2006/1/24. *Vékás* in: Benedek/Kemenes/Szilágyi, A polgári törvénykönyv magyarázata, S. 40.
[1625] Főv. Ítélőtábla 6. Pf. 20.882/2005/8., ÍH 2006/1/24.
[1626] Findet ein Verhandlungs- oder ein nichtoffenes Verfahren statt, wird das Vertrauensverhältnis mit dem Bewerber durch seinen Antrag auf Teilnahme begründet; findet eine Verhandlungsverfahren ohne vorherige Bekanntmachung statt, schafft bereits die Einladung durch den Auftraggeber einen Vertrauenstatbestand; so zumindest im deutschen Vergaberechtsschutz, vgl. *Boesen*, Vergaberecht, 2000, § 126 GWB, Rn. 44; *Stockmann* in: Immenga/Mestmäcker, Wettbewerbsrecht, § 126 GWB, Rn. 21.
[1627] Főv. Ítélőtábla 6. Pf. 20.882/2005/8., ÍH 2006/1/24.
[1628] Zu den jeweils einschlägigen Verpflichtungen vgl. *Benedek* in: Benedek/Kemenes/Szilágyi, A polgári törvénykönyv magyarázata, S. 754-759.

erforderliche[1629] haftungsbegründende Kausalität wird im Falle vorvertraglicher Pflichtverletzung nicht weiter geprüft.

b) Rechtswidrigkeit

Als Voraussetzung für die Zuerkennung von Schadensersatz nennen die Rechtsmittelrichtlinien neben dem Vorliegen eines Schadens lediglich die Rechtswidrigkeit[1630].

Das Vorliegen der Rechtswidrigkeit wird auch von § 339 Ptk. gefordert. Diese wird objektiv als jede Handlung (Tun sowie Unterlassen) oder auch jeder Zustand definiert, die gegen eine Rechtsvorschrift verstößt[1631]. Die Rechtsprechung geht zumindest bei jedem Schaden verursachenden Tun davon aus, dass dieses rechtswidrig erfolgt ist, sofern keine Rechtfertigungsgründe[1632] ersichtlich sind[1633]. Damit wird eine Rechtswidrigkeit dann vermutet, wenn entweder der Auftraggeber oder der Auftragnehmer eine seiner o.g. vorvertraglichen Pflichten verletzt hat, indem er die vergaberechtlichen Pflichten, die das Kbt. bis zum Abschluss des Vertrages bestimmt, nicht eingehalten haben. Aufgrund des weiten Wortlauts des § 339 Abs. 1 Ptk. erfolgt keine Beschränkung auf Verstöße gegen Vorschriften, die Schutzpflichten gegenüber (potentiellen) Bietern begründen. Indem die Schiedsstelle dazu ermächtigt wurde, alle Verletzungen von vergaberechtlichen Vorschriften — seien sie bieterschützend oder nicht — festzustellen, wurde sichergestellt, dass die Zulässigkeitsvoraussetzung des § 350/D Kbt. die Anspruchsgrundlagen für einen Schadensersatzanspruch nicht eingeschränkt.

c) Schadensbegriff

Neben der Verletzung der vorvertraglichen Pflichten muss dem Schadensersatzgläubiger ein Schaden entstanden sein. Da der Unionsgesetzgeber im Hinblick auf die Vielgestaltigkeit der mitgliedstaatlichen

---

[1629] Zur Unterscheidung zwischen haftungsbegründender und -ausfüllender Kausalität im ungarischen Zivilrecht, vgl. *Fuglinszky*, Mangelfolgeschäden im deutschen und ungarischen Recht, S. 17.

[1630] Art. 2 Abs. 1 lit. b) bzw. c), Abs. 6 RL 89/665/EWG sowie Art. 2 Abs. 1 lit. b) bzw. c) und d) Ua. 2 RL 92/13/EWG.

[1631] *Kemenes* in: Benedek/Kemenes/Szilágyi, A polgári törvénykönyv magyarázata, S. 1231.

[1632] In Betracht kommen die Rechtfertigung aufgrund rechtswidrigen Angriffs (§ 343 Ptk.), einer Notlage (§ 107 Ptk.), des Einverständnisses des Geschädigten (§ 342 Abs. 1 Ptk.) oder rechtmäßiger Rechtsausübung, wie bspw. Gebrauchsrechte; vgl. hierzu *Újváriné Antal*, Felelősségtan, S. 46-52.

[1633] *Kemenes* in Benedek/Kemenes/Szilágyi, A polgári törvénykönyv magyarázata, S. 1232; so auch die h.M. im deutschen Recht zur „Lehre vom Erfolgsunrecht" bzw. der „indizierten Rechtswidrigkeit", vgl. *Teichmann* in: Jauernig, Kommentar zum BGB, § 823, Rn. 50.

Schadensersatzordnungen bewusst von einer Harmonisierung abgesehen hat[1634], geben die beiden Rechtsmittelrichtlinien nicht vor, was unter dem Begriff des Schadens verstanden werden muss. § 355 Abs. 4 Ptk. unterscheidet hier zwischen dem tatsächlichen Vermögensverlust, dem ausgebliebenen Vermögensvorteil (entgangener Gewinn), dem Nichtvermögensschaden und dem zur Verminderung oder zur Beseitigung des Vermögensnachteils erforderlichen Aufwand[1635].

d) Kausalität

Der ungarische § 339 Abs. 1 Ptk. fordert eine Kausalität zwischen Rechtsverletzung und Schaden. So muss der Geschädigte bspw. beweisen, dass die Rechtsverletzung des Auftraggebers zu seinem Unterliegen geführt hat bzw. dass er ohne die begangene Rechtsverletzung im Vergabeverfahren obsiegt hätte[1636]. Aus dieser Formulierung ist zu entnehmen, dass — wie im deutschen Recht auch[1637] — der Schaden dann nicht auf dem rechtswidrigen Handeln des Auftraggebers beruht, wenn der Geschädigte auch bei rechtmäßiger Auftragsvergabe keinen Anspruch auf den Vertragsschluss gehabt hätte.

Die Rechtsmittelrichtlinien äußern sich nicht darüber, ob ein Kausalzusammenhang zwischen der Pflichtverletzung und dem Schaden gefordert werden kann. Ebenso wenig hat der EuGH — obwohl er in seiner Rechtsprechung zur Staatshaftung einen unmittelbaren Kausalzusammenhang anerkennt — eine Kausalitätsprüfung systematisiert[1638]. Demzufolge kann davon ausgegangen werden, dass die Ausgestaltung des Kausalitätsmerkmals im Einzelnen den Mitgliedstaaten überlassen bleibt[1639], solange dem Bieter hierdurch nicht die Durchsetzung seines unionsrechtlichen Schadensersatzanspruchs übermäßig erschwert wird. Der Einwand eines sog. *rechtmäßigen Alternativverhaltens des Auftraggebers* stellt keinen Widerspruch zum Grundsatz effektiven Rechtsschutzes dar. Der Rechtsprechung des

---

[1634] *Egger*, Europäisches Vergaberecht, S. 366, mit Verweis auf die Vorschlagsbegründung der Kommission zur RL 92/13/EWG, KOM(1990) 297 endg., ABlEG 1990, C 216, S. 8.
[1635] *Kemenes* in: Benedek/Kemenes/Szilágyi, A polgári törvénykönyv magyarázata, S. 1361.
[1636] *Bozzay* in: Fribiczer, Közbeszerzés, S. 385.
[1637] *Egger*, Europäisches Vergaberecht, S. 367; *Prieß*, Handbuch des europäischen Vergaberechts, S. 419.
[1638] EuGH, verb. Rs. C-6/90 und C-9/90, *Francovich, u.a.*, Slg. 1991, I-5357, Rn. 38 ff; EuGH, Rs. C-46/93 und C-48/93, *Brasserie du Pêcheur*, Slg. 1996, I-1029,Rn. 74.
[1639] Da hier der Staat, wenn auch in der Eigenschaft als öffentlicher Auftraggeber, gegenüber dem privaten Unternehmen auftritt, müssen auch die Rechtsschutzstandards des unionsrechtlichen Staatshaftungsrechts für die Auftraggeber gelten; So *Egger*, Europäisches Vergaberecht, S. 326; Zur Anwendbarkeit der Staatshaftungsrechtsprechung des EuGH auf das vergaberechtliche Schadensersatzrecht vgl. oben im *3. Kapitel, I.1. Die unmittelbare Wirkung des Unionsrechts.*

EuGH[1640] kann m.E. auch keine diesbezügliche Einschränkung entnommen werden[1641]: Der als unionsrechtswidrig beurteilte Ausschluss des Schadensersatzes erfolgte hier nicht aufgrund des Einwandes *rechtmäßigen* Alternativverhaltens, sondern vielmehr aufgrund des Einwandes *rechtswidrigen* Alternativverhaltens[1642].

e) Verschulden

Im ungarischen Recht ergibt sich das Verschuldenserfordernis aus § 339 Abs. 1 S. 2 Ptk.

Ob die Mitgliedstaaten für die Zuerkennung von Schadensersatz das Vorliegen einer schuldhaften Pflichtverletzung verlangen dürfen oder nicht, geht aus keiner der beiden Rechtsmittelrichtlinien hervor. Da auch im Zuge der RL 2007/66/EG keine diesbezügliche Konkretisierung stattgefunden hat, kann m.E. grundsätzlich davon ausgegangen werden, dass der nationale Gesetzgeber hier selbst entscheiden kann, ob er ein Verschuldenserfordernis gesetzlich bestimmt. Eine Beschränkung kann sich nur durch Art. 1 Abs. 1 beider Richtlinien ergeben, die eine rasche Wirksamkeit des Rechtsmittels auf Schadensersatz sicherstellen wollen. Gegen eine solche Umsetzungsfreiheit wird z.T. die Rechtsprechung des EuGH zur Staatshaftung[1643] und zur Gleichbehandlungsrichtlinie RL 76/207/EWG[1644] angeführt, die die Verschuldensvoraussetzung als unionsrechtswidrig beurteilt[1645]. Ob diese Rechtsprechung auf den vergaberechtlichen Schadensersatzanspruch übertragen werden kann, ist streitig[1646]. In der zitierten Rechtsprechung verfolgte der EuGH

[1640] EuGH, Rs. C-31/01, *GAT*, Slg. 2003, I-6351, Rn. 54, 56.
[1641] A.A. *Prieß*, Handbuch des europäischen Vergaberechts, S. 419 f.
[1642] Der Einwand erstreckte sich auf die Argumentation, dass der Schaden beim Bieter auch ohne die von ihm behauptete Rechtswidrigkeit eingetreten wäre, weil das Vergabeverfahren ohnehin (aus anderen Gründen) rechtswidrig gewesen wäre, vgl. EuGH, Rs. C-31/01, *GAT*, Slg. 2003, I-6351, Rn. 54, 56.
[1643] EuGH, Rs. C-46/93 und C-48/93, *Brasserie du Pêcheur*, Slg. 1996, I-1029, Rn. 79; EuGH, verb. Rs. C-178/94 und C-179/94 und C-188/94 bis C-190/94, *Dillenkofer u.a.*, Slg. 1996, I-4845, Rn. 28.
[1644] Richtlinie 76/207/EWG des Rates vom 9.02.1976 zur Verwirklichung des Grundsatzes der Gleichbehandlung von Männern und Frauen hinsichtlich des Zugangs zur Beschäftigung, zur Berufsbildung und zum beruflichen Aufstieg sowie in Bezug auf die Arbeitsbedingungen, ABlEG 1976, L 039, S. 40 -42.
[1645] EuGH, Rs. C-177/88, *Dekker*, Slg. 1990, I-3941, Rn. 24; s.a. *Egger*, Europäisches Vergaberecht, S. 367 f., wobei das von ihm zusätzlich angeführte Urteil des EuGH, Rs. 14/83, *Colson und Kamann*, Slg. 1985, 1891, Rn. 28 m.E. keine explizite Aussage zum Verschuldensmerkmal enthält.
[1646] *Mestmäcker/Schweitzer*, Europäisches Wettbewerbsrecht, § 41 EGWbR, Rn. 21; für eine Übertragbarkeit: *Öhler*, Matthias, Rechtsschutz bei der Vergabe öffentlicher Aufträge, S. 202; *Egger*, Europäisches Vergaberecht, S. 367 f.; *Streinz*, Staatshaftung, EuZW, 1993, 604;

— auch für das vergaberechtliche Schadensrecht — die Wahrung der Grundsätze der Effektivität und der Äquivalenz des Rechtsschutzes[1647]. Dem Bieter würde die Geltendmachung seiner Rechte erschwert werden, wenn er das Verschulden oder die Arglist nachweisen müsse.

Das Verschuldenserfordernis aus § 339 Abs. 1 Ptk. kann aber dieser Argumentation zufolge keine Beschränkung des Rechtsschutzes darstellen. Denn das Vorliegen eines Verschuldens ist nicht durch den Anspruchsteller zu beweisen. Nach der gesetzlichen Beweislastumkehr wird das Verschulden so lange vermutet, wie sich der Schädiger nicht exkulpieren kann[1648].

Das Hauptstädtische Tafelgericht geht noch darüber hinaus: Es hat in diesem Zusammenhang festgestellt, dass im ungarischen Vergaberecht eine vergaberechtswidrige Handlung auch ohne jedes Verschulden möglich sei; das Kbt. kenne weder den Begriff der fahrlässigen noch den der vorsätzlichen Begehung[1649]. Die Tatbestandsmerkmale des § 339 Abs. 1 Ptk. müssen demzufolge im Lichte vergaberechtlicher Besonderheiten vorliegen und geprüft werden.

Jedenfalls stehen nicht nur die verschuldensunabhängige, sondern auch die verschuldensabhängige Schadensersatzgewährung — wegen ihrer Beweislastumkehr — im Einklang mit den unionsrechtlichen Rahmenbedingungen[1650] und beschränken den Bieter nicht in der wirksamen Geltendmachung von Schadensersatz.

f) Umfang des zu ersetzenden Schadens

Die Art und Weise sowie der Umfang des zu ersetzenden Schadens werden im Einzelnen in den §§ 355 ff. Ptk. geregelt. Vom zivilrechtlichen Schadensersatz sind grundsätzlich drei Arten von Schäden umfasst: Die Vermögenseinbuße, der

---

dagegen spricht, dass das Verbot des Verschuldensnachweises im Rahmen der Gleichberechtigungsrichtlinie schon deshalb nicht übertragbar ist, da die Richtlinie an sich schon kein Verschulden gestattet, so *Ackermann*, Die Haftung des Auftraggebers bei Vergabeverstößen, ZHR 2000, 407.
[1647] EuGH, Rs. C-275/03, *Kommission/Portugiesische Republik*, AblEU 2004, C 300, S.21, Rn. 29, 31, mit Verweis auf EuGH, Rs. C-81/98, *Alcatel Austria*, Slg. 1999, I-7671, Rn. 33 f.
[1648] *Újváriné Antal*, Felelősségtan, S. *61 f.*
[1649] Főv. Ítélőtábla 3. Kf. 27.253/2003., BH 2005/2/87.
[1650] Darüber hinaus bestimmt § 339 Abs. 1 S. 2 Ptk. eine Beweislastumkehr, die einen etwaigen Verschuldensnachweis nämlich nicht dem Anspruchsteller auferlegt, sondern das Verschulden des Schädigers vermuten lässt (*Kemenes* in: Benedek/Kemenes/Szilágyi, A polgári törvénykönyv magyarázata, S. 1235.). Damit würde auch ein Verschuldenserfordernis den Bieter nicht in seiner wirksamen Einlegung des Rechtsmittels auf Schadensersatz beschränken.

entgangene Gewinn und die Kosten, die für eine Minderung oder Vermeidung eines Vermögens- oder Nichtvermögensschadens aufgewendet worden sind[1651].

Der Schadensersatz aufgrund vorvertraglicher Pflichtverletzung beschränkt sich in Ungarn auf den Ersatz des negativen Interesses[1652], also auf die Aufwendungen zur Angebotsaufstellung und zur folgenden Teilnahme am Vergabeverfahren[1653]. Darüber hinaus werden auch diejenigen Kosten ersetzt, die sich nur für den Fall amortisiert hätten, wenn der Bieter die Auftragsvergabe auch gewonnen hätte[1654]. In Anlehnung an die Rechtsprechung des EuGH zu Unionsvergaben müssten Organisationskosten sowie Kosten und Ausgaben, die aufgrund der Überzeugung, den Auftrag zu erhalten, getätigt wurden, ersatzfähig sein[1655].

Den Anspruch auf Ersatz des Erfüllungsinteresses schließt das Gesetz grundsätzlich nicht aus (§ 355 Ptk.). Die bisherige Rechtsprechung ist allerdings bei der Zuerkennung entgangenen Gewinns nicht eindeutig[1656]. Das Urteil des Hauptstädtischen Tafelgerichts, das noch zum Kbt. a.F. erging[1657], könnte jedoch auf die Ersatzfähigkeit auch des Erfüllungsschadens schließen lassen:

> *„Der Ersatz des positiven Vertragsinteresses und die davon umfassten Schäden können nur im Falle eines gültigen Vertrages von denjenigen Vertragspartnern beansprucht werden, die gegen vertragliche Pflichten verstoßen haben. Verhandeln die Vertragsparteien miteinander und legt eine der Parteien ein Verhalten an den Tag, aufgrund dessen der andere Teil begründet auf den Vertragsschluss vertraut und deshalb entweder Maßnahmen trifft, die mit Aufwendungen verbunden sind, oder die Möglichkeit, mit Dritten günstige Verträge zu schließen, nicht wahrnimmt, ist der Geschädigte (nur) zum Ersatz des daraus entstehenden Vertrauensschadens berechtigt." [Übers. d. Verf.]*

[1651] *Dósa* in: Czucszai/Dósa/Kapa/Méhes/Sárközy/Ujlaki, A Polgári törvénykönyv magyarázata, S. 813.
[1652] Zum Ersatz des Vertrauensinteresses vgl. EuG, Rs. T-203/96, *Embassy Limousines*, Slg. 1998, II-4239, Rn. 104.
[1653] Főv. Ítélőtábla 6. Pf. 20.882/2005/8., ÍH 2006/1/24.
[1654] Főv. Ítélőtábla 6. Pf. 20.324/2004/3., ÍH 2006/1/25.
[1655] EuG, Rs. T-203/96, *Embassy Limousines,* Slg. 1998, II-2439 , Rn. 89, 104.
[1656] *Kiss*, A Közbeszerzés polgári jogi kérdései, Gazdaság és Jog 2005/2, 3, 4.
[1657] Főv. Ítélőtábla 6. Pf. 20.880/2003/3., BDT 2004/7-8/77.

Das Gericht begründete die Schlussfolgerung mit der Formulierung des § 59 Kbt. a.F.[1658]. Der Norm könne keine vertragliche Pflicht des Auftraggebers entnommen werden, mit dem Sieger des Vergabeverfahrens einen Vertrag abzuschließen[1659]. Demnach könne der obsiegende Bieter den Vertragsschluss nicht einmal gerichtlich erzwingen. Ein berechtigtes Vertrauen in die Erfüllung des Vertrags sei daher kaum vorstellbar[1660]. Der Gesetzgeber wollte in einem solchen Fall, in dem der Auftraggeber von seinen Vertragsabschlussabsichten Abstand nimmt, diesen über den Vertrauensschaden hinaus nicht mit dem zusätzlichen Ersatz des ausgebliebenen Gewinns belasten.

Mit dem Inkrafttreten des geltenden Kbt. wurde der Vertragsabschluss mit dem obsiegenden Bieter zu einer Verpflichtung des Auftraggeber erhoben (§ 99 Abs. 1 Kbt.). Da den Auftraggeber nunmehr eine Vertragsabschlusspflicht trifft und diese Pflicht auch gerichtlich durchgesetzt werden kann[1661], kann ein berechtigtes Vertrauen des Bieters in die Vertragserfüllung zumindest aufgrund obiger Argumentation nicht mehr abgelehnt werden. Im Umkehrschluss wäre m.E. der Ersatz des Erfüllungsinteresses desjenigen Bieters zu bejahen, der darlegen kann, dass er bei rechtmäßigem Verhalten des Auftraggebers den Zuschlag und damit den Anspruch auf Vertragsschluss erhalten hätte.

Aus den Rechtsmittelrichtlinien ist nicht ersichtlich, ob neben dem negativen auch das positive Interesse zu ersetzen ist. Eine entsprechende Anwendung der Rechtsprechung des EuGH zur Gleichbehandlungsrichtlinie, zur Staatshaftung und zum Arbeitsrecht auf das Vergaberecht ist umstritten[1662]. Der Ausschluss des Ersatzes entgangenen Gewinns ipso iure wäre im Hinblick auf einen wirksamen Rechtsschutz bedenklich[1663]. Denn der Schadensersatz muss betragsmäßig angemessen[1664] und nicht nur symbolischer Natur sein[1665], um einen gewissen Abschreckungseffekt[1666] zu erzielen. Im ungarischen Rechtsschutzsystem ist der Erfüllungsschaden dagegen nicht ausgeschlossen.

[1658] § 59 Abs. 1 Kbt. a.F. regelte im Grundsatz, dass der Auftraggeber nur mit dem Sieger den Vertrag schließen dürfe. Eine ausdrückliche Verpflichtung enthielt die Bestimmung jedoch nicht.
[1659] So auch *Kiss*, A Közbeszerzés polgári jogi kérdései, Gazdaság és Jog 2005/2, 3, 9, die ebenfalls in der mangelnden Verpflichtung den Grund für die Ablehnung des Erfüllungsschadens sieht.
[1660] *Kiss*, A Közbeszerzés polgári jogi kérdései, Gazdaság és Jog 2005/2, 3, 9.
[1661] *Kardkovács* in: Fribiczer, Közbeszerzés, S. 359.
[1662] Zur Heranziehungsmöglichkeit vgl. *Egger*, Europäisches Vergaberecht, S. 369 f. mit den dort aufgeführten Fundstellen.
[1663] Vgl. *3. Kapitel, III.2.a)hh)(5) Der Schadensersatz*.
[1664] EuGH, Rs. C-46/93 und C-48/93, *Brasserie du Pêcheur*, Slg. 1996, I-1029, Rn. 82.
[1665] EuGH, Rs. 79/83, *Dorit Harz*, Slg. 1984, 1921, Rn. 25.
[1666] EuGH, Rs. C-180/95, *Draehmpaehl*, Slg. 1997, I-2195, Rn. 33 f.

Ergänzend kann auch § 359 Abs. 1 Ptk. herangezogen werden, der einen Ersatzanspruch gewährt, welcher auch bei mangelnder Berechenbarkeit zur tatsächlichen Entschädigung des Bieters geeignet ist. Die Rechtsprechung zum geltenden Kbt. bleibt abzuwarten.

Gleiches gilt für den Ersatz immaterieller Schäden. Die gesetzlichen Voraussetzungen sind im Rahmen der §§ 355, 84 Abs. 2 Ptk. sichergestellt. Auch hierzu gibt es noch keine vergaberechtliche Spruchpraxis der Gerichte.

Da der Schadensersatz ab Eintritt des Verletzungserfolgs fällig wird, gewährt das ungarische Schadensrecht gemäß § 360 Abs. 1 und 2 Ptk. auch die entsprechenden Verzugszinsen.

Schließlich ist das Hauptstädtische (Tafel-) Gericht bei der Auferlegung von Schadensersatz weder an Pauschalbeträge noch an bestimmte Prozentsätze gebunden, sodass die gesetzlichen Voraussetzungen für einen effektiven Sekundärrechtsschutz gegeben sind.

2. Deliktischer Schadensersatz

Wie bereits dargelegt, ist die § 339 Ptk. sehr weit gefasst, sodass dem Geschädigten auch bei der Verwirklichung von Straftatbeständen oder Ordnungswidrigkeiten Schadensersatz gewährt werden kann. Hier sei insbesondere der kürzlich eingeführte Tatbestand des § 296/B des ungarischen Strafgesetzbuches[1667] erwähnt, der den Abschluss einer wettbewerbsbeschränkenden Vereinbarung in vergabe- und konzessionsrechtlichen Verfahren unter Strafe stellt. Neben dem verwirklichten Straftatbestand müssen die übrigen Anspruchsvoraussetzungen des § 339 Ptk. einschließlich des Verschuldens vorliegen, wobei § 360 Abs. 4 Ptk. die Verjährungsfrist auf mindestens fünf Jahre verlängert. Bisher wurde bei der gerichtlichen Prüfung des vergaberechtlichen Schadensersatzanspruchs allerdings nur die vorvertragliche Pflichtverletzung zu Grunde gelegt.

IV. Rücktritt vom Vergabevertrag

Obwohl das Sekundärrecht nur in Ausnahmefällen die Vertragsunwirksamkeit fordert, ermöglicht das Kbt. durch das normierte Rücktrittsrecht auch in anderen Fällen die Durchbrechung vertraglicher Bestandskraft.

Zur Ausübung des Rücktrittsrechts muss allerdings das Rechtsmittelverfahren vor der Schiedsstelle durchgeführt und ein Verstoß gegen vergaberechtliche Vorschriften festgestellt worden sein. Dann steht entweder dem Auftraggeber

---

[1667] Ung. *1978. évi IV. törvény a Büntető Törvénykönyvről*, Magyar Közlöny 1978/92 (XII.31.).

oder dem Bieter — je nach dem, welche der Vertragsparteien die Verletzung begangen hat — das Recht zu, vom Vertrag zurückzutreten:

„ *Wenn die Schiedsstelle für öffentliche Auftragsvergabe in ihrem Beschluss gemäß § 340 eine Verletzung der Vorschriften zur öffentlichen Auftragsvergabe bzw. zum Vergabeverfahren feststellt, kann der Auftraggeber bzw. Bieter als Vertragspartei — innerhalb von dreißig Tagen nach Zustellung des Beschlusses der Schiedsstelle — vom Vertrag, der auf Grund des betreffenden Vergabeverfahrens abgeschlossen wurde, zurücktreten, wenn die Rechtsverletzung die das Vergabeverfahren abschließende Entscheidung beeinflusst hat." [Übers. d. Verf.]*

Dieses Rücktrittsrecht musste im Kbt. ausdrücklich normiert werden, weil das Ptk. nur in gesetzlich bestimmten Fällen bzw. aufgrund parteilicher Vereinbarung einen Rücktritt von einem bereits geschlossenen Vertrag gestattet. Grund dafür ist, dass an den Rücktritt weit reichende Rechtsfolgen geknüpft werden, zu deren Eintritt lediglich eine einseitige Willenserklärung notwendig ist[1668].

Voraussetzung ist zunächst, dass sich die durch die Schiedsstelle festgestellte Rechtsverletzung auf die Entscheidung, wem der Zuschlag zu gewähren ist, auswirken muss. Unter welchen Umständen eine Auswirkung auf die abschließende Entscheidung angenommen werden kann, lassen sowohl die Rechtsliteratur, die Gesetzesbegründungen zu § 342 Abs. 2 Kbt. als auch die bisherige Rechtsprechung offen. Jedenfalls wird der Beweis der Ursächlichkeit nicht so einfach wie in § 351 Kbt. zu führen sein. Denn § 342 Abs. 2 Kbt. fordert die Auswirkung auf den Zuschlag und nicht nur auf die Zuschlagschance. Im Umkehrschluss bedeutet dies m.E., dass der Bieter gerade wegen der Rechtsverletzung den Zuschlag erhalten haben muss — sei es aufgrund einer Rechtsverletzung des Auftraggebers oder des siegenden Bieters. Hätte der Bieter auch ohne den Rechtsverstoß den Zuschlag erhalten, ist das Rücktrittsrecht trotz Rechtsverletzung dem Wortlaut nach ausgeschlossen.

Da § 342 Abs. 2 Kbt. keinen Bezug auf bestimmte Rücktrittsnormen nimmt, sind hier die allgemeinen Rücktrittsregeln des § 320 Ptk. heranzuziehen. Hierzu darf der Vertrag noch nicht endgültig erfüllt sein, da sonst keine Rechtsbeziehung existieren würde, von der zurückgetreten werden könnte[1669]. Durch den Rücktritt wird der Vertrag mit ex-tunc-Wirkung aufgehoben[1670]. Für die folgende Rückabwicklung finden die Regelungen über die Unwirksamkeit

---

[1668] *Kozma* in: Patay, A Közbeszerzés Joga, S. 586/5.
[1669] *Gellért*, CompLex Nagykommentár, § 320 Ptk., Ziff. 1.
[1670] *Gellért*, CompLex Nagykommentár, § 320 Ptk., Ziff. 1

von Verträgen sowie die Stellungnahme des Zivilrechtskollegiums des Obersten Gerichts PK 32[1671] über unwirksame Verträge[1672] Anwendung[1673]. Das Oberste Gericht versteht unter Rückabwicklung, dass derjenige Zustand wieder hergestellt werden muss, der ohne den Vertragsschluss bestanden hätte. Beide Vertragsparteien haben das herauszugeben, was sie aufgrund des Vertrages erlangt haben. Das Erlangte umfasst alle erhaltenen Leistungen und Vermögensvorteile. Diese müssen *in natura* oder wertmäßig erstattet werden[1674]. Laut Stellungnahme des Zivilrechtskollegiums[1675] hat neben der Rückgewähr von Geldleistungen auch die Zahlung von Zinsen zu erfolgen, da der Zahlungsempfänger mit der Rückzahlung ab Erhalt der Geldleistung in Verzug ist.

V. Schadensersatz bei Rechtsmissbrauch

Ein Pendant zum deutschen Sekundärrechtsschutz gemäß §§ 20 i.V.m. 33 GWB bzw. § 125 GWB gibt es nicht. Macht aber ein Beteiligter falsche Angaben, kann ihn die Schiedsstelle gemäß § 338 Abs. 1 lit. a) Kbt. mit einem Ordnungsgeld von bis zu HUF 500.000 (ca. EUR 2.000) belegen. Eine Missbrauchsabsicht ist hierzu nicht erforderlich. Erleidet der Verfahrensgegner hierdurch einen kausalen Schaden, muss dieser gemäß § 339 Ptk. ersatzfähig sein. Aus Gründen der Effektivität des Rechtsschutzes muss hierfür der das Ordnungsgeld auferlegende Bescheid ausreichend für die Sachurteilsvoraussetzung des § 350/D Kbt. sein.

VI. Effektivität des Sekundärrechtsschutzes — auch im Vergleich zum deutschen Recht

Die Erteilung eines bestimmten Auftrages kann das wirtschaftliche Überleben eines Unternehmens sichern und gleichzeitig eine Referenz auf dem (Vergabe-)Markt bedeuten[1676]. Einige Nachteile versagten Primärrechtsschutzes können aber durch die Zahlung von Schadensersatz aufgewogen werden, über die wirksam und rasch entschieden werden muss.

Der ungarische Vergaberechtsschutz ist grundsätzlich zweigeteilt und bietet vor Abschluss des Vertrages Primärrechtsschutz durch die Schiedsstelle. Nach dem Vertragsschluss kann nur noch die ordentliche Gerichtsbarkeit angerufen werden. Sekundärrechtsschutz ist zwar nur bei den ordentlichen Gerichten

---

[1671] *Polgári Egységi Határozatok*, S. 126.
[1672] *Gellért*, CompLex Nagykommentár, § 319, Ziff. 2.
[1673] *Gellért*, CompLex Nagykommentár, § 319, Ziff. 2; BH 1995/154.
[1674] Damit gestattet das Oberste Gericht auch eine wertmäßige Restitution, vgl. auch BH 1984/491; BH 1977/144; BH 1979/373.
[1675] *Polgári Egységi Határozatok*, S. 126.
[1676] *Egger*, Europäisches Vergaberecht, S. 346.

geltend zu machen, er setzt aber instanzenübergreifend voraus, dass die Schiedsstelle die Rechtswidrigkeit der anspruchsbegründenden Handlung festgestellt hat. Dies steht im Einklang mit der Möglichkeit aus Art. 2 Abs. 5 RL 89/665/EWG bzw. Art. 2 Abs. 1 lit. d) UAbs. 2 RL 92/13/EWG, eine solche Zulässigkeitsvoraussetzung zu normieren.

Was insoweit für das Nachprüfungsverfahren der Schiedsstelle gilt, kann ebenso auf den Sekundärrechtsschutz übertragen werden: Er gilt für alle Vergabearten in gleicher Weise und unterscheidet nicht zwischen klassischen und Sektorenauftraggebern.

Zusammenfassend lässt sich zum Ersatz der Angebotskosten gemäß § 351 Kbt. sagen, dass die unionsrechtlichen Mindestanforderungen erfüllt und in einigen Punkten sogar überschritten werden. Denn das sekundäre Unionsrecht sieht den Anspruch auf Schadensersatz nur im Sektorenbereich i.S.d. RL 92/13/EWG vor. Das Kbt. gewährt diesen Ersatzanspruch aber auch gegenüber den klassischen Auftraggebern i.S.d. RL 89/665/EWG. Das Antragsrecht wird durch die Rechtsprechung ebenfalls großzügiger ausgelegt, als die Richtlinie dies erwartet, sodass einem größeren Kreis an Bietern bzw. Bewerbern ein Aufwendungsersatz zugestanden werden kann. Im Einklang mit dem Rechtsrahmen muss der Antragsteller die Kausalität zwischen Vergabeverstoß und Schaden nicht beweisen. Das sonst in der Ptk. übliche Verschulden des Auftraggebers ist im Vergaberecht keine Anspruchsvoraussetzung.

Der Anspruch auf Zuerkennung von Schadensersatz gemäß Art. 2 Abs. 1 lit. c) RL 89/665/EWG bzw. Art. 2 Abs. 1 lit. d UAbs. 1 RL 92/13/EWG wird durch den Schadensersatzanspruch gemäß §§ 205 Abs. 3 und 4 Abs. 1, 339 Abs. 1 Ptk, der mit dem deutschen Anspruch aus § 311 Abs. 2 BGB aufgrund der Haftung für Verschulden bei Vertragsschluss vergleichbar ist, erfüllt. Da die Richtlinien nur Vorgaben in Bezug auf die Rechtswidrigkeit und den Schaden geben, sind die Mitgliedstaaten hinsichtlich der weiteren Anspruchsvoraussetzung frei, solange der Anspruch auch wirksam und rasch durchgesetzt werden kann.

Anspruchsauslösend kann jeder vergaberechtliche Verstoß sein, eine Einschränkung nur auf bestimmte, z.B. bieterschützende Rechtsvorschriften, besteht nicht. Hier liegt der Unterschied zum deutschen Vergaberechtsschutz. Dort ist es gemäß § 126 GWB nicht ausreichend, wenn das Unternehmen die Verletzung irgendeiner Vergaberechtsvorschrift nachweist. Vielmehr wird verlangt, dass diese Vorschrift gerade den Schutz von Unternehmern bezweckt. Die Sachurteilsvoraussetzungen des Kbt. sind daher großzügiger und verzichten auf den drittschützenden Normcharakter.

Die Feststellung der Rechtswidrigkeit erfolgt im ungarischen Recht durch die Schiedsstelle. Das von ihr durchgeführte Nachprüfungsverfahren ist damit Zulässigkeitsvoraussetzung. In Deutschland besteht zwar keine Pflicht zur

Anrufung der Vergabekammer. Jedoch kann sich dies auf Rechtsfolgenseite auf die Höhe des Schadensersatzes auswirken, wenn dem Kläger insoweit ein Mitverschulden zuzurechnen ist[1677]. § 311 Abs. 2 BGB fordert eine schuldhafte Rechtsverletzung, die es nach Ansicht des Hauptstädtischen Tafelgerichtes auf dem Gebiet der ungarischen Auftragsvergaben nicht geben kann. Die hierdurch erleichterte Beweisführung steht jedenfalls im Einklang mit einem wirksamen und raschen Sekundärrechtsschutz.

Als Rechtsfolge sehen beide Anspruchsgrundlagen vor, dass der Bieter so zu stellen ist, wie er stehen würde, wenn er an der Auftragsvergabe gar nicht teilgenommen hätte. Sie ersetzen den Vertrauensschaden, also die Aufwendungen, die der Bieter im Vertrauen auf das rechtmäßige Verhalten des Auftraggebers getätigt hat. Der Anspruch auf Ersatz des Vertrauensschadens steht nicht nur dem bestplatzierten Bietern zu, sondern auch denjenigen, deren Angebot wohl nicht gewonnen hätte[1678]. In Deutschland wird darüber hinaus der Erfüllungsschaden ersetzt, wenn dem Bieter der Nachweis gelingt, dass er den Zuschlag erhalten hätte, wenn der Auftraggeber die Rechtsverletzung nicht begangen hätte[1679]. Nach ungarischer Rechtslage ist dies grundsätzlich auch möglich. Jedoch haben die Gerichte den Ersatz des Erfüllungsinteresses bei der aktuellen Rechtslage bisher nicht angeordnet. Die Unionsrechtskonformität der gesetzlichen Regelung kann unabhängig davon aber festgestellt werden.

Ein Rücktrittsrecht, wie es in § 342 Abs. 2 Kbt. kodifiziert wurde, findet sich im deutschen Verwaltungsprivatrecht nicht[1680]. Die Art. 2 Abs. 7 UAbs. 2 RL 89/665/EWG bzw. Art. 2 Abs. 6 RL 92/13/EWG gestatten sogar, dass der nationale Gesetzgeber nach Vertragsschluss den Rechtsschutz — mit Ausnahme der Unwirksamkeitsrechtsfolgen — auf Schadensersatz beschränken kann. Ein weiter gehender Rechtsschutz, namentlich das Recht auf Rücktritt, ist aus Bieterschutzgesichtspunkten jedenfalls nicht zu beanstanden. Verletzt der obsiegende Bieter die Rechtsvorschriften über die Auftragsvergabe, so muss er mangels schutzwürdigen Interesses auch damit rechnen, dass der Vertrag keinen Bestand haben wird[1681]. Dieses Recht auf Rücktritt wird zwar in das Ermessen der von der Rechtsverletzung betroffenen Partei gestellt. Jedoch ist die Gefahr, dass das Recht bei Vorliegen der Voraussetzungen ausgeübt wird, wohl eine der wirksamsten Methoden zur Vermeidung vergaberechtswidrigen Verhaltens.

[1677] *Gröning* in: Motzke/Pietzcker/Prieß, Beck'scher VOB-Kommentar, § 124, Rn. 9.
[1678] *Kiss*, A Közbeszerzés polgári jogi kérdései, Gazdaság és Jog 2005/2, 3, 9.
[1679] *Seidel* in: Dauses, Handbuch des EU-Wirtschaftsrechts, H 13., Rn. 287.
[1680] Zu den Vertragsauflösungsrechten statt der Vertragsnichtigkeit siehe bereits *Stelkens*, Primärrechtsschutz trotz Zuschlagserteilung, NZBau 2003, 661.
[1681] Zur Bestandskraft von vergaberechtswidrig geschlossenen Verträgen vgl. EuGH, Rs. C-503/04, *Abfallentsorgung Braunschweig*, Slg. 2007, I-6153, Rn. 36.

Denn die Unwirksamkeit eines Vertrages, die aus diesem Rücktritt folgt, ist auch aus Sicht des Unionsrechts eine wirksame, abschreckende und verhältnismäßige Sanktion[1682] und das beste Mittel, den Wettbewerb wieder herzustellen[1683]. Das Rücktrittsrecht erweitert damit den unionsrechtlichen Mindeststandard und trägt damit zusätzlich zu einem effektiven Rechtsschutz bei.

[1682] Erwägungsgrund Nr. 13 RL 2007/66/EG.
[1683] Erwägungsgrund Nr. 14 RL 2007/66/EG.

9. Kapitel: Der Rat der öffentlichen Beschaffungen

Im Rahmen der vorangehenden Darstellung wurde mehrfach auf die Institution des Rates der öffentlichen Beschaffungen[1684] (im Weiteren auch nur: Rat) Bezug genommen. Daher soll im Folgenden ein kurzer Überblick über seine Rechtsstellung (I.), seine Zusammensetzung (II.) sowie seine Kompetenzen (III.) gegeben werden, um seinen Beitrag zu einem effektiven Rechtsschutz beurteilen zu können (IV.).

I. Rechtsstellung und Zweck des Rates

Die Einsetzung des Instituts des Rates, die der ungarische Gesetzgeber vor dem Hintergrund internationaler Anforderungen für unumgänglich hielt[1685], geschah bereits mit dem ersten ungarischen Vergabegesetz im Jahre 1995. Seither ist es die Aufgabe des Rates, die Verwirklichung der im Kbt. bestimmten Ziele, so auch den effektiven Rechtsschutz, sicherzustellen. Gemäß § 379 Abs. 1 Kbt. soll er unter Berücksichtigung des Interesses der Öffentlichkeit, der Auftraggeber und der Bieter effektiv auf die Entwicklung der Vergabepolitik, auf die Verbreitung rechtmäßigen Vergabeverhaltens sowie auf die offene und transparente Verwendung öffentlicher Gelder hinwirken.

Der Rat ist ein selbständig wirtschaftendes zentrales Haushaltsorgan[1686] mit Sitz in Budapest. Um einen Einfluss der Regierung auszuschließen, unterstellte der Gesetzgeber den Rat ausschließlich der parlamentarischen Aufsicht[1687]. Seine Aufgaben und Kompetenzen ergeben sich abschließend aus dem Kbt.,

---

[1684] So die in Ziff. 1.1 der Gründungsurkunde gewählte deutsche Übersetzung (Ung. *Közbeszerzések Tanácsa*).
[1685] *Monory*, Közérthető közbeszerzés közösségi keretek között, S. 336.
[1686] Die zentralen Haushaltsorgane regelt das Gesetz Nr. CV von 2008 über die Rechtsstellung und Wirtschaft der Haushaltsorgane (ung. *a költségvetési szervek jogállásáról és gazdálkodásáról szóló 2008. évi CV. törvény*, Magyar Közlöny 2008/187 (XII.22.). Sie sind demnach juristische Personen (§ 36 Abs. 1 Ptk.), die aufgrund und im Rahmen von Rechtsvorschriften bestimmte grundlegende Tätigkeiten im Allgemeininteresse ohne Gewinnerzielungsabsicht verrichten und dies aus dem jährlichen Staatshaushalt finanzieren. Unter den zentralen Organen der öffentlichen Verwaltung der Republik Ungarns werden Staatsverwaltungsorgane verstanden, die allesamt ihren Sitz in Budapest haben und deren Zuständigkeit sich auf das ganze Gebiet der Republik erstreckt. Diese sind wie folgt hierarchisch geordnet: Die Regierung, die Ministerien und die Organe mit landesweiter Zuständigkeit. Die Organe mit landesweiter Kompetenz werden zumeist aus politischen Gründen von der Regierung eingerichtet, unterstehen zwar dem jeweiligen Minister, werden aber von sog. Präsidenten oder Kommandanten geleitet, wie bspw. auch die Schiedsstelle für öffentliche Auftragsvergabe. Die dezentralen Organe unterstehen einem zentralen Organ als dessen territoriale „Niederlassung" und sind bzw. werden mit denselben Aufgaben betraut.
[1687] *Fazekas*, Az autonóm jogállású államigazgatási szervek, S. 26.

sodass weder die Regierung noch das Parlament zu einer etwaigen Aufgabendelegation berechtigt sind (§ 374 Abs. 2 Kbt.).

Das Budget des Rates wird im zentralen Haushaltsetat gesondert veranschlagt und ausgewiesen. Den größten Anteil seines Budgets schöpft der Rat aus eigenen Einnahmen, die ihm z.b. aus der Verhängung von Geldbußen durch die Schiedsstelle zufließen. Eine Überprüfung seiner Haushaltung erfolgt ausschließlich durch den Rechnungshof.

Das Verhältnis zwischen dem Rat und der Schiedsstelle für öffentliche Auftragsvergabe anbelangt, so ist diese auf eine starke Unabhängigkeit gerichtet. Trotzdem gibt es zahlreiche institutionelle Verflechtungen. Dies ist bereits aus der Formulierung des § 395 Abs. 1 Kbt. zu entnehmen, wonach die Schiedsstelle *beim* (ung. *mellett*) Rat tätig ist. So leitet der Vorsitzende des Rates die Arbeit der Schiedsstelle und vertritt diese auch nach außen. In wirtschaftlicher Hinsicht sind die beiden Institutionen ebenfalls miteinander verknüpft: § 395 Abs. 2 Kbt. sieht vor, dass die effektive Tätigkeit der Schiedsstelle aus dem Haushalt des Rates zu finanzieren ist. Der Rat legt ferner die Anzahl der Vergabebeauftragten fest und übernimmt deren Ernennung und Entlassung. Sie stehen zum Rat in einem öffentlichen Dienstverhältnis, wobei das ungarische Beamtenrecht mit den im Kbt. erwähnten Ausnahmen Anwendung findet, vgl. § 398 Kbt. i.V.m. Ktv. Um wiederum den Grundsatz der Unabhängigkeit der Schiedsstelle zu wahren, weicht das Kbt. von § 38 Abs. 1 Ktv., der den Staatsbeamten verpflichtet, den Weisungen seines Vorgesetzten Folge zu leisten, ab: § 400 Abs. 6 Kbt. erklärt die Weisungsfreiheit der Vergabebeauftragten in Bezug auf das Rechtsmittelverfahren bzw. auf die dort gefassten Entscheidungen. Diese Freiheit gilt aufgrund der offenen Formulierung nicht nur gegenüber dem Rat, sondern gegenüber allen anderen gesetzlichen Weisungsberechtigten. Gleichwohl verkündet die Schiedsstelle ihre unabhängig gefällten Entscheidungen gemäß § 340 Abs. 1 Kbt. im Namen des Rates der öffentlichen Beschaffungen.

II. Zusammensetzung des Rates

Der Rat setzt sich aus einem Vorsitzenden und 18 weiteren Mitgliedern zusammen. Der Gesetzgeber wollte eine Institution schaffen, die aus unabhängigen Vertretern aller durch die öffentliche Auftragsvergabe betroffenen Organe besteht. So kommen im Rat sowohl die Interessen der Auftraggeber, der Bieter als auch die der einzelnen öffentlichen Organe zum Ausdruck[1688].

[1688] *Patay* in: Patay, A Közbeszerzés Joga, S. 613.

Daher stellen sowohl bestimmte Organe des öffentlichen Interesses[1689], Organe der Auftraggeberinteressen[1690] als auch Organe, welche die Interessen der Bieter repräsentieren[1691], jeweils sechs Vertreter, sodass alle drei Seiten in diesem Gremium zahlenmäßig mit gleicher Stärke teilnehmen.

III. Kompetenzbereich des Rates

Die Aufgaben des Rates wurden im Laufe der zahlreichen Gesetzesänderungen — so auch durch das Kbt.ÄndG. — konstant erweitert. So finden sich im Kompetenzkatalog des § 379 Abs. 2 Kbt., in den §§ 380 ff. bzw. §§ 386 ff. Kbt. sowie an vereinzelten Stellen im Gesetz die verschiedensten Rechte und Verpflichtungen rund um das öffentliche Beschaffungswesen:

Eine bedeutende, wenn auch aufwendige Beratungsaufgabe ist die Formulierung von Gesetzesänderungen oder Neuregelungen. Zu diesem Zweck ist der Rat zur ständigen Beobachtung der vergaberechtlichen Gesetzgebung sowie deren Durchführung verpflichtet.

Weiter registriert der Rat alle öffentlichen Beschaffungen und sorgt für die Herausgabe des Vergabeanzeigers — das Amtsblatt des Rates der öffentlichen Beschaffungen (ung. *A Közbeszerzési Értesítő — a Közbeszerzések Tanácsa hivatalos lapja*).

Im Zusammenhang mit den gesetzlichen Veröffentlichungspflichten wurde der Rat damit beauftragt, auf seiner Homepage jeweils tagesaktuell die Liste der Auftraggeber, die unter den Anwendungsbereich des Kbt. fallen, die Liste der qualifizierten sowie ausgeschlossenen Bieter und der offiziellen Berater für öffentliche Auftragsvergaben bekannt zu geben. Darüber hinaus obliegt ihm auch die Veröffentlichung zahlreicher anderer vergaberelevanter Angaben und

---

[1689] Ratsmitglieder stellen der Generalstaatsanwalt, der Präsident der Wettbewerbsaufsicht, der für die Verwendung von EU-Geldern zuständige Minister sowie der Wirtschafts-, Umwelt- und Justizminister. Seit 2003 wird überlegt, ob nicht auch der Zentrale Rechnungshof ein Ratsmitglied stellen sollte. Der Vorsitzende des Zentralen Rechnung lehnte dieses Ansinnen ab und argumentierte, dass eine solche Konstruktion unvereinbar wäre mit dem alleinigen Recht des Zentralen Rechnungshofes, den Haushalt des Rates zu überprüfen. Das Kbt.ÄndG hat hier keine Änderung vorgesehen.
[1690] Entsendet werden Vertreter durch den leitenden Minister des Ministerpräsidentenamtes, die leitende Aufsichtsperson über die Sozialversicherungsorgane, gemeinsam durch die Landesverbände der kommunalen Selbstverwaltungen und durch den für das Bauwesen zuständige Minister. Die Landeswirtschaftskammern, die Landesbranchenkammern und die ungarische Wissenschaftsakademie berufen gemeinsam zwei Personen, von denen einer die Interessen der Sektorenauftraggeber im Rat vertreten wird.
[1691] Die Vertretung der Interessen der Bieter übernehmen ebenfalls sechs Berufene, die von den Landesinteressenverbänden der Arbeitgeber und den Landeswirtschaftskammern gestellt werden.

Informationen auf seiner Homepage bzw. im Vergabeanzeiger, wie bspw. die Bekanntgabe einzelner Planausschreibungsverfahren sowie deren Überprüfung. Auch bei der Einleitung eines Rechtsmittelverfahrens muss der Rat u.a. für die Bekanntgabe der genauen Angaben i.S.d. § 396 Abs. 1 lit. f) Kbt., der ergangenen Entscheidung der Schiedsstelle und ggf. des Revisions- bzw. Berufungsgerichts Sorge tragen.

Mit der Pflicht des Rates, eine öffentlich zugängliche Rechtsmitteldatenbank zu entwickeln und zu unterhalten, die mit Hilfe einer Stichwortsuche ein vollumfängliches kostenfreies elektronisches Abrufen von Entscheidungen der Schiedsstelle sowie der Gerichte für jeden sicherstellt[1692], kam der Gesetzgeber auch diesbezüglichen Forderungen im ungarischen Schrifttum[1693] nach.

Von besonderer praktischer Bedeutung ist die Aufgabe des Rates, auf der Grundlage ergangener Entscheidungen der Schiedsstelle sog. *nützliche Ratschläge für die Anwendung von Vergaberechtsvorschriften* und *praktische Hinweise* im Zusammenhang mit der öffentlichen Auftragsvergabe[1694] zu formulieren. Die Ratschläge und Hinweise sind im Vergabeanzeiger zu veröffentlichen. Zwar sind sie nicht rechtsverbindlich, können aber den öffentlichen Auftraggebern und Bietern eine bedeutende Hilfestellung zu einem vergaberechtskonformen Verhalten geben.

Darüber hinaus werden ihm allgemeine Pflichten, wie die Förderung der Bekanntgabe von vergaberelevanten Informationen, der Entwicklung der Datenbanknutzung und der elektronischen Verfahren sowie die Unterstützung, Koordination und Überwachung der Schulung und Weiterbildung aller Beteiligten des Vergabeverfahrens, auferlegt. Schließlich ist es Aufgabe des Rates, den Kontakt mit internationalen Organen (so auch zur Europäischen Kommission) und Vergaberechtsorganen anderer Länder zu pflegen.

[1692] Derzeit findet diese Suchmaschine nur die jüngsten Entscheidungen. Ein vollumfängliches Abrufen einschließlich der Entscheidungsgründe ist auch nicht bei allen gefundenen Entscheidungen möglich. Zwar ist die Datenbank auf der Homepage unbeschränkt zugänglich, um aber überhaupt Suchergebnisse zu erhalten, ist die Eingabe sehr spezieller Stichwörter erforderlich, sodass die Datenbank für einen Rechtslaien m.E. (noch) begrenzt brauchbar ist. Die Anwenderfreundlichkeit leidet schließlich auch unter dem Umstand, dass bspw. die Eingabe von Aktenzeichen nur bei einer ganz bestimmten Schreibweise und Interpunktion, die für den Erstanwender nicht ersichtlich ist, zu einem Ergebnis führen kann. Einfache Suchmaschinen im Internet liefern bis heute auch auf nicht standardisierte Suchbegriffe hin bessere Ergebnisse. Diese verweisen allerdings meist nicht zurück auf die Datenbank des Rates, sondern auf private Beratungsportale für öffentliche Beschaffungen.

[1693] *Paksi*, A közbeszerzési eljárások jogorvoslati rendszere, S. 31.

[1694] Ung. § 379 Abs. 2 lit. k) Kbt.: *„(...) elősegítendő útmutató (...), valamint a közbeszerzésekkel kapcsolatos gyakorlati tudnivalókról (...)"*.

Eine der umfangreichsten Aufgaben bestimmt § 379 Abs. 3 Kbt. Der Rat hat einen Jahresbericht über seine Tätigkeiten, seine Erfahrungen hinsichtlich der Transparenz und Lauterkeit der öffentlichen Beschaffungen sowie über die Nachprüfungsgegenstände anzufertigen. Hier legt das Gesetz auch genau fest, welche statistischen Angaben (z.b. die Entwicklung der Auftragswerte) der Bericht enthalten muss. Das Parlament muss diesen Bericht genehmigen, den der Rat — allerdings nur informationshalber — auch an den Rechnungshof weiterleiten muss.

Schließlich fällt nicht nur die erwähnte Veröffentlichung, sondern auch die Beaufsichtigung und Führung des Verzeichnisses über die offiziell zugelassenen Berater für öffentliche Beschaffungen[1695] in den Aufgabenbereich des Rates. Davon umfasst ist natürlich auch die Prüfung der Voraussetzungen, die ein solcher Berater erfüllen muss (§ 381 Kbt.), um antragsgemäß (§ 382 Kbt.) in das Verzeichnis aufgenommen oder bei fehlender Eignung wieder gelöscht zu werden. Außerdem wird vom Rat auch das amtliche Verzeichnis der zugelassenen Bieter i.S.d. Art. 52 RL 2004/18/EG (§§ 386 ff. Kbt.) und der vom Anwendungsbereich des Kbt. erfassten öffentlichen Auftraggeber (§ 18 Kbt.) geführt.

IV. Effektiver Rechtsschutz durch das Institut des Rates

Der Rat wurde mit einem umfangreichen Aufgabenkreis betraut[1696]. Ein Grund für seine Bedeutsamkeit ist seine Schlüsselfunktion — sowohl zwischen den einzelnen Vergabebeteiligten als auch zu den EU-Behörden. Die meisten der für die öffentliche Auftragsvergabe relevanten und gesetzlich vorgeschriebenen Informationen, Bekanntgaben und Erklärungen werden an ihn übermittelt und durch ihn in vielfältiger Weise „*verwertet*". So können sie auch relativ einfach in einem Rechtsmittelverfahren zu Beweiszwecken herangezogen werden. Durch die Pflicht zur Veröffentlichung bestimmter Daten trägt er auch den (umgesetzten) unionsrechtlichen Anforderungen an einen effektiven Rechtsschutz Rechnung: Indem er es bspw. nicht dem Auftraggeber überlässt, die Anträge auf Durchführung eines Rechtsmittelverfahrens zu veröffentlichen (§ 17/C Abs. 1 lit. i) Kbt.), sondern diese Information im Vergabeanzeiger und auch auf seiner Homepage unverzüglich bekannt gibt, wird nicht nur der obsiegende Bieter vor künftigen Rechtsstreitigkeiten (z.B. wegen Verstoßes

---

[1695] Gemäß § 9 Kbt. ist die Einbeziehung der Berater bei Vergabeverfahren ist oberhalb der Unionsschwellenwerte verbindlich. Vgl. im Einzelnen hierzu die Regierungsverordnung 29/2004 (IX.08.) über die Vorschriften bezüglich der für die offizielle Vergabeberatertätigkeit vorausgesetzte Vergabepraxis und deren Nachweise, ung. *29/2004. (IX. 8.) IM rendelet a hivatalos közbeszerzési tanácsadói tevékenység feltételét képező közbeszerzési gyakorlatra és annak igazolására vonatkozó szabályokról*, Magyar Közlöny 2004/126 (IX.08.).
[1696] *Monory*, Közérthető közbeszerzés közösségi keretek között, S. 336.

gegen das Vertragsmoratorium) bewahrt, sondern auch das Vorgehen des Auftraggebers öffentlich bekannt gemacht. Der hierdurch erzeugte Druck kann bewirken, dass der Auftraggeber angehalten wird, sich in Zukunft um eine gesetzmäßige Auftragsvergabe zu bemühen.

Diese zentrale Bündelung hat den Vorteil, dass der Rat die Zusammenhänge leicht überblicken und überprüfen kann und seine gewonnenen Erfahrungen sowohl für den Gesetzgeber als auch für die Rechtsanwender fruchtbar gemacht werden können. Indem der Rat seine Erkenntnisse aus der Verfolgung der Vergabesachen in öffentliche Ratschläge und Hinweise einfließen lässt, wird ihm auch eine Beratungsfunktion zuteil. So können nicht nur ex post, sondern bereits frühzeitig rechtswidrige Verhaltensweisen bei der Auftragsvergabe erkannt und damit etwaige Rechtsstreitigkeiten vermieden werden; erst recht, wenn den Beteiligten nicht nur der Zugang zu Rechtsprechungstexten gewährt wird, sondern diese auch zusammengefasst und aufbearbeitet zur Verfügung gestellt werden. Die Information über bereits auferlegte Sanktionen, wie die Löschung aus dem offiziellen Bieterverzeichnis, kann die Vergabebeteiligten dazu veranlassen, sich bereits im Vorfeld rechtstreu zu verhalten[1697].

Auch wenn im ungarischen Schrifttum kritisiert wird, dass der Aufgabenkreis im Verhältnis zur personellen Besetzung des Rates viel zu groß und mannigfaltig sei — was auf die überhastete Schaffung des Kbt. zurückzuführen sei[1698]—, trägt der Rat durch seine zentrale Beratungs-, Veröffentlichungs- und Informationsfunktion maßgeblich zu einem effektiven Rechtsschutz bei. Wird bereits die Entstehung eines Rechtsschutzbegehrens durch die rechtzeitige Verhinderung rechtswidrigen und die gleichzeitige Förderung rechtmäßigen Vergabeverhaltens vermieden, so ist dies die effektivste Art der Durchsetzung verliehener Rechte.

[1697] *Monory*, Közérthető közbeszerzés közösségi keretek között, S. 341.
[1698] *Monory*, Közérthető közbeszerzés közösségi keretek között, S. 336.

10. Kapitel: Rechtsschutz unterhalb der Schwellenwerte

Im vorliegenden Kapitel erfolgt die Darstellung des ungarischen Vergaberechtsschutzes bei Aufträgen unter den Unionsschwellenwerten (III.). Ob das Rechtsschutzsystem als effektiv zu werten ist (IV.), hängt in erster Linie von den diesbezüglichen primärrechtlichen Vorgaben des EuGH (II.) und des Verfassungsgerichtes (III.2.) ab, da die Bestimmungen der Rechtsmittelrichtlinien nur in Bezug auf Aufträge, deren Wert die Unionsschwellen erreichen bzw. überschreiten, maßgeblich sind (I.).

I. Die grundsätzliche Problematik des Rechtsschutzes im Unterschwellenbereich

Die Vergaberichtlinien 2004/18/EG und 2004/17 EG sowie die mit ihnen in Zusammenhang stehenden Rechtsmittelrichtlinien 92/13/EWG und 89/665/EWG gelten nicht für alle, insbesondere nicht für die unterhalb der Schwellenwerte liegenden öffentlichen Aufträge[1699]. Dies trifft auch auf die neue Richtlinie 2007/66/EG über die Änderung der Rechtsmittelrichtlinien zu, die die Mitgliedstaaten bis spätestens 20.12.2009 in innerstaatliches Recht umgesetzt haben müssen. Grund dafür ist, dass der Rat gemäß Art. 95 EGV (vgl. Art. 114 AEUV) nur die Kompetenz für den Erlass von Maßnahmen hat, die das Funktionieren des Binnenmarktes zum Gegenstand haben. Von Binnenmarktrelevanz bzw. von grenzüberschreitender Bedeutung sind daher im Zweifel nur Aufträge, die den Schwellenwert erreichen oder übersteigen. Nach Ansicht des EuGH bedeutet aber diese Tatsache, dass der Unionsgesetzgeber für Aufträge, die nicht von den Richtlinien erfasst werden, keine vergleichsweise strenge Regelung vorgesehen hat, nicht, dass diese Aufträge nicht auch in den Anwendungsbereich des Unionsrechts fallen[1700] und damit binnenmarktrelevant sein können[1701]. Die Grundregeln des EG-Vertrages[1702] sind dann zu beachten,

---

[1699] *Frenz*, Beihilfe- und Vergaberecht, Rn. 3295. Ebenfalls sind Dienstleistungskonzessionen (Art. 17 RL 2004/18/EG) nicht vom Anwendungsbereich umfasst, bestimmte Dienstleistungsaufträge, die gemäß Art. 21 im Anhang II Teil B der RL 2004/18/EG benannt sind, sind nur beschränkt erfasst.
[1700] EuGH, Rs. C-264/03, *Kommission/Frankreich*, AB1EU 2005, C 315, S. 2f., Rn. 33; EuGH, Rs. C-59/00, *Vestergaard*, Slg. 2001, I-9505, Rn *19;* EuGH, Rs. C-231/03, *Coname*, Slg. 2005, I-7287, Rn. 16.
[1701] EuGH, Rs. C-50703, *An Post*, Slg. 2007, I-9777, Rn. 29.
[1702] EuGH, Rs. C-573/07, *Comune di Ponte Nossa*, Rn. 38, abrufbar unter http://eur-lex.europa.eu/LexUriServ/LexUriServ.do?uri=CELEX:62007J0573:DE:HTML [zuletzt abgerufen im Oktober 2009]; EuGH, Rs. C-147/06, *SECAP*, Slg. 2008, I-3565, Rn. 20f; EuGH, Rs. C-324/98, *Teleaustria*, Slg. 2000, I-10745, Rn. 60; EuGH, Rs. C-59/00, *Vestergaard*, Slg. 2001, I-9505, Rn. 20; EuGH, Rs. C-231/03, *Coname*, Slg. 2005, I-7287, Rn. 16.

die sich natürlich auch auf den Rechtsschutz erstrecken[1703]. Die *„interpretative"*[1704] Mitteilung der Kommission vom 23.06.2006, der keine unmittelbare Rechtswirkung zuzuschreiben ist, hat die Grundsätze der EuGH-Rechtsprechung hierzu zusammengefasst[1705].

II. Die Grundsätze des EuGH

Der Europäische Gerichtshof hat in diversen Fällen zu den unionsrechtlichen Anforderungen und damit zur Rechtmäßigkeit von Vergaben im Unterschwellenbereich Stellung genommen[1706]. Auch diese Vergaben unterliegen den Grundsätzen des EG-Vertrages[1707]. Zum Zwecke der Marktöffnung sind dabei insbesondere die Grundfreiheiten, der Grundsatz der Gleichbehandlung[1708], das Verbot der offenen und versteckten Diskriminierung aus Gründen der Staatsangehörigkeit[1709] und die daraus folgende Transparenzpflicht zu einem gewissen Maß an Öffentlichkeit zu beachten[1710].

Sie wirken sich auf die Anforderungen an den zu beschaffenden Auftragsgegenstand[1711], an seine Beschreibung[1712], an die Zulassungskriterien

---

[1703] *Bitterich*, Rechtsschutz bei Verletzung abgeleiteter „Grundanforderungen", NVwZ 2007, 892.

[1704] *Wollenschläger*, Das EU-Vergaberegime für Aufträge unterhalb der Schwellenwerte, NVwZ 2007, 389.

[1705] Kommissionsmitteilung , S.2; *Prieß*, Handbuch des europäischen Vergaberechts, S. 328.

[1706] Vgl. zuletzt EuGH, Rs. C-50703, *An Post*, Slg. 2007 I-9777; EuGH, Rs. C-147/06, *SECAP*, Slg. 2008, I-3565.

[1707] EuGH, Rs. C-50703, *An Post*, Slg. 2007, I-9777, Rn. 26 mit Verweis auf EuGH, Rs. C-92/00, *HI*, Slg. 2002, I-5553, Rn. 42.

[1708] In EuGH, Rs. C-458/03, *Parking Brixen*, Slg. 2005, I-8585, Rn. 48 hat der EuGH erstmals den Grundsatz der Gleichbehandlung aller Bieter unabhängig von ihrer Staatsangehörigkeit postuliert (vgl. auch EuGH, Rs. C-410/04, *Anav*, Slg. 2006, I-3303, Rn. 20.); Zur Problematik, darin ein selbständiges Gebot der Chancengleichheit zu sehen, vgl. *Wollenschläger*, Das EU-Vergaberegime für Aufträge unterhalb der Schwellenwerte, NVwZ 2007, 393 ff.

[1709] Hierzu näher *Wollenschläger*, Das EU-Vergaberegime für Aufträge unterhalb der Schwellenwerte, NVwZ 2007, 391 f.

[1710] EuGH, Rs. C-50703, *An Post*, Slg. 2007 I-9777, Rn. 30; EuGH, Rs. C-573/07, *Comune di Ponte Nossa*, Rn. 39, abrufbar unter http://eur-lex.europa.eu/LexUriServ/LexUriServ.do?uri=CELEX:62007J0573:DE:HTML [zuletzt abgerufen im Oktober 2009]; EuGH, Rs. C-347/06, *ASM Brascia SpA*, Rn. 58, abrufbar unter http://lexetius.com/2008,1768 [zuletzt abgerufen im Oktober 2009] mit Verweis auf EuGH, Rs. C-324/98, *Teleaustria*, Slg. 2000, I-10745, Rn. 60; EuGH, Rs. C-231/03, *Coname*, Slg. 2005, I-7287, Rn. 16; EuGH, Rs. C- 458/03, *Parking Brixen*, Slg. 2005, I-8585, Rn. 46 und EuGH, Rs. C-410/04, *Anav*, Slg. 2006, I-3303, Rn. 18.

[1711] *Wollenschläger*, Das EU-Vergaberegime für Aufträge unterhalb der Schwellenwerte, NVwZ 2007, 391 mit Verweis auf EuGH, Rs. C-21/88, *du Pont de Nemours*, Slg. 1990, I-889, Rn. 10 ff; EuGH, Rs. C-263/85, *Kommission/Italien*, Slg. 1991, I-2457; EuGH, Rs.

der (ausländischen) Bieter[1713] und an das Vergabeverfahren, wie etwa der am Grad der Binnenmarktrelevanz orientierte Umfang der Bekanntmachungspflicht[1714] aus. Die Grundfreiheiten und die unionsrechtlichen Grundsätze bilden damit die Grundlage für konkrete Regelungen der Unterschwellenvergaben, auch wenn diese nicht von einer solchen Dichte sind wie die des Sekundärrechts[1715].

Voraussetzung für die unmittelbare Anwendung des Primärrechts ist aber, dass die Auftragsvergaben binnenmarktrelevant sind[1716], also ein hinreichender Zusammenhang mit der Marktfunktion besteht[1717]. In anderen Worten: Die Grundsätze des EG-Vertrages haben nur bei binnenmarktrelevanten Beschaffungen Bedeutung. Nicht maßgeblich ist, dass sich Wirtschaftsteilnehmer anderer Mitgliedstaaten tatsächlich für die konkrete Vergabe interessieren. Dies zeigt die Tatsache, dass der EuGH etliche Verfahren nur unter Beteiligung inländischer Wirtschaftsteilnehmer entschieden hat[1718]. Ausreichend ist vielmehr, dass an einem bestimmten Auftrag wegen seiner Merkmale ein eindeutiges grenzüberschreitendes Interesse bestehen kann und dadurch Wirtschaftsteilnehmer aus anderen Mitgliedstaaten als potentielle Bieter angezogen werden können[1719].

Solche Merkmale sind der Gegenstand des Auftrages (z.B. Bauleistungen, mobile Dienstleistungen oder Lieferungen mit hohen Kosten für den Transport), der geschätzte Auftragswert, Sektorengegebenheiten (wie die Situation auf dem Markt, seine Größe und Struktur oder wirtschaftliche Gepflogenheiten, usw.) und der Ort, an dem die Dienstleistung erbracht wird (z.B. in Grenznähe). Je näher beispielsweise die Leistungserbringung an der Staatsgrenze liegt oder je

---

45/87, *Kommission/Irland*, Slg. 1988, 4929, Rn. 18 ff; EuGH, Rs. 359/93, *UNIX*, Slg. 1995, I-157; EuGH, Rs. C-59/00, *Vestergaard*, Slg. 2001, I-9505, Rn. 22.
[1712] *Bitterich*, Rechtsschutz bei Verletzung abgeleiteter „Grundanforderungen", NVwZ 2007, 891.
[1713] EuGH, Rs. C-225/98, *Kommission/Frankreich*, Slg, 2000, I-7445, Rn. 76 ff; EuGH, Rs. 76/81, *SA Transporoute*, Slg. 1982, 417, Rn. 14; EuGH, Rs. C-234/03, *Contse*, Slg. 2005, I-9315, Rn. 28 ff., 35 ff.
[1714] *Wollenschläger*, Das EU-Vergaberegime für Aufträge unterhalb der Schwellenwerte, NVwZ 2007, 392 f. m.w.N.; *Bitterich*, Rechtsschutz bei Verletzung abgeleiteter „Grundanforderungen", NVwZ 2007, 891 f.
[1715] *Frenz*, Beihilfe- und Vergaberecht, Rn. 3424.
[1716] EuGH, Rs. C-147/06, *SECAP*, Slg. 2008, I-3565, Rn. 21.
[1717] A.A. *Braun/Hauswaldt*, Vergaberechtliche Wirkung der Grundfreiheiten und das Ende der Inländerdiskriminierung?, EuZW 2006, 177.
[1718] So bspw. EuGH, Rs. C-324/98, *Teleaustria*, Slg. 2000, I-10745; EuGH, Rs. C-231/03, *Coname*, Slg. 2005, I-7287.
[1719] EuGH, Rs. C-147/06, *SECAP*, Slg. 2008, I-3565, Rn. 24.

höher der Auftragswert ist, umso höhere Anforderungen sind an die Transparenzpflicht zu stellen[1720]. Die Kriterien des finanziellen und zeitlichen Aufwandes des Vergabeverfahrens werden laut Mitteilung nicht in die Abwägung einbezogen, obwohl ihre Berücksichtigung unter Beachtung der Grundsätze der Verhältnismäßigkeit und der Subsidiarität nahe liegen würde[1721].

Eine Ausschreibungspflicht entfällt dann, wenn wegen besonderer Umstände, wie bspw. einer sehr geringfügigen wirtschaftlichen Bedeutung vernünftigerweise angenommen werden kann, dass ein Unternehmen eines anderen Mitgliedstaats kein Interesse an dem Auftrag haben und die Wirkung auf seine Grundfreiheiten nur mittelbar und zufällig wären, als dass auf eine Verletzung geschlossen werden könnte[1722]. Diese vage Definition kann vom nationalen Gesetzgeber anhand objektiver Kriterien, die für ein eindeutiges grenzüberschreitendes Interesse sprechen, konkretisiert werden[1723]. Beim Fehlen gesetzlicher Regelungen muss der Auftraggeber nach der Rechtsprechung des Unionsgerichts[1724] selbst von Fall zu Fall entscheiden, ob die erforderliche Binnenmarktrelevanz vorliegt.

Zur Sicherstellung der Einhaltung dieser Vergabegrundsätze muss die Möglichkeit des nationalen Rechtsschutzes gewährleistet werden, wenn gegen sie verstoßen wird[1725]. Zwar gelten im Unterschwellenbereich nicht die Anforderungen der Rechtsmittelrichtlinien. Die Mitgliedstaaten haben aber nach der Rechtsprechung des Gerichtshofes den Regelungsauftrag[1726], dem Betroffenen die Inanspruchnahme eines angemessenen Nachprüfungssystems zu sichern[1727], sofern die Verletzung seiner ihm unionsrechtlich eingeräumten Rechte im Raum steht. Da allen Mitgliedstaaten der verfassungsrechtliche Grundsatz des effektiven Rechtsschutzes gemein ist, ist er auch zum Schutz der

---

[1720] Kommissionsmitteilung, S. 3.
[1721] Schlussanträge GA *Sharpston*, Rs. C-195/04, *Kommission/Finnland*, Rn. 88; *Lutz*, Vergaberegime außerhalb des Vergaberechts, WuW 2006, 890, 893.
[1722] EuGH, Rs. C-231/03, *Coname*, Slg. 2005, I-7257, Rn. 20; EuGH, Rs. C-59/00, *Vestergaard*, Slg. 2001, I-9505, Rn. 20 f.
[1723] EuGH, Rs. C-147/06, *SECAP*, Slg. 2008, I-3565, Rn. 31.
[1724] EuGH, Rs. C-147/06, *SECAP*, Slg. 2008, I-3565, Rn. 30; EuGH, Rs. C-69/88, *Krantz*, Slg. 1990, I-583, Rn. 11; EuGH, Rs. C-134/03, *Viacom Outdoor slr*, Slg. 2005, I-1167, Rn. 27.
[1725] *Wollenschläger*, Das EU-Vergaberegime für Aufträge unterhalb der Schwellenwerte, NVwZ 2007, 395; *Dreher*, Vergaberechtsschutz unterhalb der Schwellenwerte, NZBau 2002, 419, 423; EuGH, Rs. C-324/98, *Teleaustria*, Slg. 2000, I-10745, Rn. 7, der hier die Möglichkeit zur Kontrolle der Unparteilichkeit des Vergabeverfahrens fordert.
[1726] EuGH, Rs. C-222/86, *Heylens*, Slg. 1987, 4097, Rn. 14; EuGH, Rs. C-50/00, *Unión de Pequeños Agricultores*, Slg. 2002, I-6677, Rn. 39.
[1727] Mitteilung der Kommission, C 179/6.

Unionsrechte heranzuziehen. Mindestvoraussetzung ist laut EuGH, dass *„Entscheidungen mit ungünstigen Auswirkungen für Personen, die ein Interesse am Erhalt des Auftrages haben oder hatten"*[1728], dahingehend überprüft werden können, ob sie mit den Grundanforderungen des Primärrechts konform sind. Dazu hat der Gerichtshof ausgeführt:

> *„(...) die Gewährleistung eines effektiven Rechtsschutzes hängt wesentlich davon ab, dass Entscheidungen einer innerstaatlichen Behörde, durch die die Gewährung dieses Rechts verweigert wird, vor Gericht angefochten werden können. Dieses Erfordernis stellt einen allgemeinen Rechtsgrundsatz des Gemeinschaftsrechts dar, der sich aus den gemeinsamen Verfassungstraditionen der Mitgliedstaaten ergibt und in den Artikeln 6 und 13 der Europäischen Menschenrechtskonvention verankert ist (...)*[1729]*".*

Die Inanspruchnahme des Rechtsschutzes darf i.S.d. Effektivitätsgebotes[1730] nicht übermäßig erschwert oder gar praktisch unmöglich sein. Das Äquivalenzprinzip[1731] fordert weiterhin, dass ein Rechtsbehelf, der Rechtsschutz in Bezug auf Unionsrecht bietet, zumindest genauso effektiv sein muss wie der Rechtsschutz von mitgliedstaatlichen Rechten. Schließlich setzt eine wirksame Überprüfung der Entscheidung des Auftraggebers voraus, dass er diese auch begründet. Diesem Transparenzerfordernis kann in der Entscheidung oder auf Antrag gesondert entsprochen werden[1732]. Alle drei Anforderungen — Effektivität, Äquivalenz und Transparenz — haben die Mitgliedstaaten also bei der Gewährleistung des Rechtsschutzes im Unterschwellenbereich, sofern die Aufträge binnenmarktrelevant sind, zu erfüllen. Die Umsetzung effektiven Rechtsschutzes im Unterschwellenbereich ist daher *„nicht nur rechtlich erforderlich, sondern auch sachlich geboten"*[1733].

Denkbar sind grundsätzlich drei Möglichkeiten: Die Mitgliedstaaten dehnen entweder den Anwendungsbereich des Rechtsschutzes für Oberschwellenaufträge auf Aufträge im Unterschwellenbereich aus, sie modifizieren den Rechtsschutz im Oberschwellenbereich für Fälle unterhalb der

---

[1728] Mitteilung der Kommission, C 179/7.
[1729] EuGH, Rs. C-222/86, *Heylens*, Slg. 1987, 4097, Rn. 15.
[1730] EuGH, Rs. C-147/01, *Weber's Wine World*, Slg. 2003, I-11365, Rn. 103, 118; EuGH, Rs. C-46/93 und C-48/93, *Brasserie du Pêcheur*, Slg. 1996, I-1029, Rn. 83; EuGH, Rs. C-222/86, *Heylens*, Slg. 1987, 4097, Rn. 14.
[1731] EuGH, Rs. C-30/02, *Recheio- Cash & Carry SA*, Slg. 2004, I-6051, Rn. 17; EuGH, Rs. C-147/01, *Weber's Wine World*, Slg. 2003, I-11365, Rn. 118.
[1732] Kommissionsmitteilung, S. 7.
[1733] *Dreher*, Baurecht, S. 5.

Schwellenwerte oder aber sie formulieren den Unterschwellenrechtsschutz völlig neu.

III. Umsetzung unionsrechtlicher Vorgaben im ungarischen Recht

Im Gegensatz zum deutschen Recht umfasst das Kbt. nicht nur die Vergaben oberhalb der durch die Union vorgegebenen Schwellenwerte. Der dritte Teil des Kbt. enthält all jene Bestimmungen für Aufträge, deren Wert zwischen den nationalen und dem Unionsschwellenwerten liegen, d.h. deren Wert zwar die nationalen, nicht aber die Unionsschwellenwerte erreichen oder übersteigen.

1. Rechtsschutz über den nationalen Schwellenwerten

Das Kbt.ÄndG hat für dieses Verfahren den Begriff des sog. *einfachen Vergabeverfahrens* vorgesehen. Umfasst sind nicht nur Liefer-, Bau- und Dienstleistungsverträge sowie Planausschreibungen, sondern für klassische Auftraggeber auch Bau- und Dienstleistungskonzessionen i.S.d. § 242 Abs. 1 Kbt. Die maßgeblichen nationalen Schwellenwerte werden jährlich im Haushaltsgesetz festgelegt (§ 244 Abs. 1 Kbt, § 28 Áht.) und betragen gemäß § 86 des Gesetzes CII von 2008 über den Haushalt der Republik Ungarn für das Jahr 2009[1734] bei Lieferverträgen HUF 8 Mio. (ca. EUR 32.000), bei Bauaufträgen HUF 15 Mio.(ca. EUR 60.000), bei Baukonzessionen HUF 100 Mio. (ca. EUR 400.000), bei Dienstleistungen HUF 8 Mio. (ca. EUR 32.000) und bei Dienstleistungskonzessionen HUF 25 Mio. (ca. EUR 100.000).

Damit geht der ungarische Gesetzgeber über die unionsrechtlichen Mindestanforderungen hinaus, die an den Unterschwellenrechtsschutz gestellt werden. Denn Aufträge mit nationalem Schwellenwert sind ohne Einschränkung oder sonstige Vereinfachungen in den allgemeinen Vergaberechtsschutz miteinbezogen und unterliegen damit der gleichen Kontrolldichte wie die Unionsvergaben. Dies gilt sowohl für den Primär- als auch für den Sekundärrechtsanspruch.

Für Aufträge, die zwischen den Unions- und nationalen Schwellenwerten liegen, hat der ungarische Gesetzgeber damit die Effektivität des Rechtsschutzes jedenfalls in dem Maße sichergestellt, in dem er auch für Unionsvergaben besteht. Dem primärrechtlichen Grundsatz des äquivalenten Rechtsschutzes wird dadurch entsprochen. Fragen einer etwaigen Inländerdiskriminierung können sich hier nicht mehr stellen[1735].

[1734] Ung. *2008. évi CII. törvény a Magyar Köztársaság 2009. évi költségvetéséről*, Magyar Közlöny 168/2008.
[1735] Österreichischer VfGH, Erkenntnis G 110/99 vom 30. 11. 2000, VfSlg. 16.027/2000; Österreichischer VerfGH, Erkenntnis G 43/00 vom 26.2. 2001, VfSlg. 16.073/2001.

2. Kein Rechtsschutz unter den nationalen Schwellenwerten

Beschaffungen, deren Wert unter den nationalen Schwellenwerten liegen, sind nicht vom Anwendungsbereich des Kbt. umfasst. Sie werden von den öffentlichen Behörden selbst geregelt und durchgeführt. Einen Rechtsschutz für übergangene Anbieter sieht die ungarische Rechtsordnung nicht vor. Mit der Problematik der Regelungsdichte von Beschaffungen unter den Schwellenwerten befassen sich aber leider weder das ungarische Rechtsschrifttum[1736] noch die Rechtsprechung. Gründe dafür könnten der relativ weite Anwendungsbereich des Kbt. auch unter den Unionsschwellenwerten sein, das mangelnde Interesse ausländischer Bieter an Aufträgen im Unterschwellenbereich bzw. das überwiegende Interesse an einer möglichst raschen Durchführung solcher öffentlichen Aufträge.

Für Beschaffungen, die vom Kbt. nicht umfasst sind, steht den öffentlichen Auftraggebern die Möglichkeit offen, sich freiwillig den Bestimmungen des Kbt. zu unterwerfen. In einem solchen Fall sieht § 2 Abs. 4 Kbt. aus Gründen der Rechtssicherheit vor, dass dann ausnahmslos alle Kbt.-Vorschriften — so auch die Bestimmungen über den Rechtsschutz und die Zuständigkeit der Schiedsstelle — beim Beschaffungsvorgang eingehalten werden müssen[1737].

Die öffentliche Auftragsvergabe unter den Schwellenwerten liegt aber nicht im rechtsfreien Raum. Die Anzahl der Gesetze und Rechtsverordnungen, welche ebenfalls Regeln für öffentliche Beschaffung festlegen, ist groß[1738]. In erster Linie ist das Áht. zu nennen, das u.a. die Geldversorgung, die Haushaltung, die Rechnungs- und Offenlegung der Haushaltsorgane festlegt. Es erstreckt sich auf die Organe, die gemäß dem Áht. Teil des Haushaltes sind, wie das Parlament, die Staatsanwaltschaft, die Gerichte und Ministerien, die Regierungsämter, die

---

[1736] Im Gegensatz zur Auseinandersetzung in Deutschland, vgl. hierzu bspw. *Dreher*, Vergaberechtsschutz unterhalb der Schwellenwerte, NZBau 2002, 419; *Kallerhoff*, Zur Begründetheit von Rechtsschutzbegehren unterhalb der vergaberechtlichen Schwellenwerte, NZBau 2008, 97; *Köster*, Primärrechtsschutzschwellen und Rechtswirrwarr, NZBau 2006, 540; *Burgi*, Rechtsschutz ohne Vergabeverfahren, NZBau 2003, 16.
[1737] So auch das Verfassungsgericht im Beschluss 41/2001. (X.19.), ABH 2001, 703, 706, in dem es die von der Selbstverwaltungsbehörde erlassene Rechtsvorschrift aus Gründen der Rechtssicherheit und Rechtsstaatlichkeit aufhob, da sie einige Kbt.-Regelungen für anwendbar, einige für unanwendbar erklärte. Ebenso die Beschlüsse 34/2001 (VII.11.), ABH 2001, 658; 10/1999 (IV.28.) ABH 1999, 392 und 30/1997 (IV.29.), ABH 1997, 130.
[1738] Bspw. das Gesetz Nr. XVI von 1991 über die Konzessionen (ung. *1991. évi XVI. törvény a koncesszióról (=Konctv.)*, Magyar Közlöny 1991/57 (V.30.)), das Gesetz Nr. CVI von 2007 über das Staatsvermögen (ung. *2007. évi CVI. törvény az állami vagyonról*, Magyar Közlöny 2007/121 (IX. 17.)) oder auch das Gesetz Nr. CXXXII von 2006 über die Förderung der Gesundheitsversorgung. (ung. *az egészségügyi ellátórendszer fejlesztéséről szóló 2006. évi CXXXII. törvény*, Magyar Közlöny 2006/160 (XII. 22.).

zentralen Behörden und die örtlichen Vertretungen der Staatsverwaltung, die örtlichen Selbstverwaltungen und die Bürgermeisterämter, usw. sowie auf Einrichtungen, auf die sie als Eigentümer und leitungsrechtlich Einfluss nehmen, wie Universitäten, Grund- und Mittelstufenschulen, Krankenhäuser oder Sozialheime[1739]. Ebenfalls sind Organe umfasst, die staatliche Aufgaben zum Teil oder vollständig durch Haushaltsorgane erbringen oder bei denen die Erbringung staatlicher Aufgaben finanziell unmittelbar oder mittelbar durch Staatshaushaltsorgane gewährleistet wird. Detaillierte Regelungen hierzu finden sich in weiteren Regierungsverordnungen, wie bspw. der Verordnung 217/1998 (XII.30.) über die Durchführung der Staatshaushaltsordnung[1740] oder der Verordnung 249/2000 (XII.24.) über die besonderen Rechnungslegungs- und Buchführungspflichten der Haushaltsorgane[1741] oder im Gesetz Nr. LXV von 1990 über die örtlichen Selbstverwaltungen[1742].

Sie binden jedoch nur die von der jeweiligen Rechtsvorschrift adressierte Behörde und formulieren weder subjektive Rechte noch sehen sie eine Rechtsgrundlage für ein Rechtsschutzbegehren vor. Die Einhaltung der Vorschriften unterliegt zwar internen und externen Kontrollen. Diese können aber ebenso wenig vom unterlegenen Bieter beansprucht werden, sondern sind hinsichtlich Kontrollzuständigkeit und -kompetenzen gesetzlich festgelegt. So übernimmt der Staatliche Rechnungshof gemäß § 120/A Abs. 1 Áht., § 92 Abs. 1 Ötv. jährlich (§ 17 Abs. 1 Áht.) die sog. *externe Finanzkontrolle* der Haushaltsorgane. In diesem Rahmen muss er auch die aus Haushaltsmitteln finanzierten Beschaffungen (§ 2 Abs. 9 des Gesetz Nr. XXXVII von 1989 über den Staatlichen Rechnungshof) überprüfen.

Die interne (Gesetzlichkeits-)Kontrolle übernehmen das Regierungskontrollamt[1743] und die regionalen Staatsverwaltungsbehörden[1744]. Die örtlichen Selbstverwaltungen werden gemäß § 92 Abs. 3 — 5 Ötv. auch durch den sog. *Gemeinde- bzw. Kreisnotär* intern überwacht. Darüber hinaus wird die Einhaltung der Gesetze entweder durch die im jeweiligen Gesetz

---

[1739] *Bende-Szabó* in: Szakács, Közigazgatási szakvizsga általános közigazgatási ismeretek, S. 205 f.
[1740] Ung. *217/1998. (XII. 30.) Korm. rendelet az államháztartás működési rendjéről*, Magyar Közlöny 1998/121 (XII.30.).
[1741] Ung. *249/2000. (XII. 24.) Korm. rendelet az államháztartás szervezetei beszámolási és könyvvezetési kötelezettségének sajátosságairól*, Magyar Közlöny 2000/130 (XII.24.).
[1742] Ung. *1990. évi LXV. törvény. a helyi önkormányzatokról*, Magyar Közlöny 1990/80 (VIII.14.), im Folgenden auch Ötv.
[1743] Ung. *A Kormányzati Ellenőrzési Hivatalról (KEHI) szóló 312/2006. (XII.23.) Korm. rendelet*, Magyar Közlöny 2006/161 (XII.12.).
[1744] Ung. *318/2008. (XII. 23.) Korm. rendelet a Kormány általános hatáskörű területi államigazgatási szervéről*, Magyar Közlöny 2008/189 (XII.23.).

bestimmten Überprüfungsorgane (z.B. die Überprüfungskommission nach § 12 Konctv.) oder bei fehlender spezialgesetzlicher Bestimmung durch die allgemeinen für die Überprüfung zuständigen übergeordneten Aufsichtsorgane überwacht[1745].

Ob aus europäischer Sicht auch unterhalb der nationalen Schwellenwerte ein dem Unionsrecht entsprechender Rechtsschutz gewährt werden muss, hängt von der Frage ab, ob solche Auftragswerte überhaupt in einem hinreichenden Zusammenhang mit dem Funktionieren des Binnenmarktes stehen. Die Binnenmarktrelevanz lässt sich kaum eindeutig definieren. Laut EuGH-Rechtsprechung spielen hierbei der Auftragswert, der Gegenstand des Auftrags, die Größe und Struktur des Marktes, die wirtschaftlichen Gepflogenheiten und der geographische Ort der Leistungserbringung eine Rolle[1746]. Zulässig ist, dass der nationale Gesetzgeber diese objektiven Kriterien, so auch den Auftragswert, konkretisiert[1747]. Insoweit sind abstrakte de-minimis-Schwellen, wie sie im ungarischen Recht vorgesehen sind, grundsätzlich denkbar und auch geeignet, die Binnenmarktrelevanz von Aufträgen einzugrenzen und für Rechtssicherheit zu sorgen. Gegen sie könnte allerdings vorgebracht werden, dass der nationale Gesetzgeber damit den Anwendungsbereich des Primärrechts praktisch festlegt. Zwar ist auch dem Unionsgesetzgeber die Bestimmung von solchen absoluten Wertgrenzen, unter denen erfahrungsgemäß kein Einfluss auf den Binnenmarkt vorliegen kann, nicht unbekannt[1748]. Der EuGH fordert hier aber stets eine Einzelfallbetrachtung. Solchen de-minimis-Werten darf keine absolute Wirkung, sondern nur eine Indizfunktion zukommen. Denn für die Verneinung der Binnenmarktrelevanz genügt es dem Unionsgericht ausdrücklich nicht, dass ein Auftrag nur sehr geringe wirtschaftliche Bedeutung hat[1749]. Auch die übrigen Gegebenheiten des Einzelfalls, wie der Ort der Leistungserbringung[1750], sind zur Feststellung des Interesses eingehend zu würdigen und können wiederum zur

---

[1745] *Bende-Szabó* in: Szakács, Közigazgatási szakvizsga általános közigazgatási ismeretek, S. 260.
[1746] Kommissionsmitteilung, S. 3.
[1747] EuGH, Rs. C-147/06, *SECAP*, Slg. 2008, I-3565, Rn. 31.
[1748] So etwa Verordnung (EG) Nr. 1998/2006 der Kommission vom 15.12.2006 über die Anwendung der Artikel 87 und 88 EG-Vertrag auf „De-minimis"-Beihilfen, AblEU 2006, L 379, S. 5 ff.
[1749] EuGH, Rs. C-147/06, *SECAP*, Slg. 2008, I-3565, Rn. 31 mit Verweis auf EuGH, Rs. C-231/03, *Coname*, Slg. 2005, I-7287, Rn. 20.
[1750] In EuGH, Rs. C-147/06, *SECAP*, Slg. 2008, I-3565, Rn. 31, argumentierte der EuGH, dass selbst bei einem geringen Auftragswert zu beachten sei, dass *„die Grenzen manchmal durch Ballungsräume verlaufen, die sich über das Gebiet verschiedener Mitgliedstaaten erstrecken, so dass unter solchen Umständen selbst an Aufträgen mit einem niedrigen Auftragswert ein eindeutiges grenzüberschreitendes Interesse bestehen kann."*.

Bejahung der Binnenmarktrelevanz führen[1751]. Damit kann die ungarische Regelung der de-minimis-Grenzen nur dann als unionsrechtskonform beurteilt werden, wenn sie einen Ausnahmevorbehalt vorsehen würde, der in den Fällen, in denen trotz geringen Auftragswerts das binnenmarktbezogene Interesse am Auftrag zu bejahen ist, die Anwendung des Vergabeprimärrechts bestimmt.

Darüber hinaus würde es dem Verhältnismäßigkeitsgrundsatz eher entsprechen, die de-minimis-Werte stufenweise festzulegen und den öffentlichen Auftraggeber um so weniger streng an materielle Vergaberechtsvorschriften zu binden, je geringer der Auftragswert festgesetzt wird. Ein Ausnahmevorbehalt wäre aber auch dann bis zum geringsten Auftragswert vorzusehen. Auch wenn sich der ungarische Gesetzgeber für die pauschale Festsetzung nur relativ geringer Werte entschieden hat[1752], widersprechen diese absolut formulierten nationalen de-minimis-Schwellen mangels Ausnahmevorbehalt den unionsrechtlichen Vorgaben.Ob aus verfassungsrechtlicher Sicht ein Anspruch auf Rechtsschutz bei Auftragsvergaben unter den nationalen Schwellenwerten gewährt werden muss, wird genauso wenig von der ungarischen Rechtsliteratur oder Rechtsprechung diskutiert. Da aber davon auszugehen ist[1753], dass § 57 Abs. 5 Alk. nicht auf die Entscheidungen des öffentlichen Auftraggebers Anwendung findet, haben die Verwaltungsorgane bei den durchzuführenden Beschaffungen nur haushaltsrechtliche Vorschriften zu wahren. Das Haushaltsrecht begründet nur Rechte und Pflichten gegenüber den dort genannten behördlichen Organen, sodass nur ihnen subjektive Rechte zustehen können[1754].

IV. Effektiver Rechtsschutz unterhalb der Schwellenwerte

Der ungarische Beschaffungsrechtsschutz ist unterhalb der Schwellenwerte der Union zweigeteilt. Bei Aufträgen, die die nationalen Schwellenwerte erreichen bzw. überschreiten, wird der unbeschränkte Rechtsschutz gewährt, der auch bei Unionsvergaben erteilt wird. Aufträge, die unter den nationalen Bagatellgrenzen liegen, werden hingegen jedem Rechtsschutz entzogen. Aus unionsrechtlicher Sicht bestehen hier Bedenken. Denn auch Aufträge von geringem Auftragswert können bei Beachtung aller Umstände des Einzelfalls binnenmarktrelevant sein. Der ungarische Gesetzgeber ist hier aufgerufen, im Rahmen des zweistufigen Regimes des Kbt. einen Ausnahmevorbehalt vorzusehen: In Fällen, die zwar unter den nationalen Auftragswertgrenzen liegen, eine Binnenmarktrelevanz

---

[1751] EuGH, Rs. C-147/06, *SECAP*, Slg. 2008, I-3565, Rn. 31, 34.
[1752] So beträgt bspw. der nationale Schwellenwert für Liefer- und Dienstleistungen ca. 24 Prozent, bei Bauleistungen sogar weniger als 1,2 Prozent des Unionsschwellenwertes.
[1753] Vgl. hierzu die Ausführungen im *2. Kapitel, III.4.e) Die verfassungsrechtlichen Anforderungen an das Kbt.*

aber zu bejahen ist, muss das Vergabeprimärrecht Anwendung finden – sei es durch die Anwendbarkeitserklärung der Bestimmungen für Auftragsvergaben mit nationalen Schwellenwerten oder durch die Ausarbeitung neuer vereinfachter Verfahrens- und Rechtsschutzbestimmungen, die den Grundsätzen des Primärrechts ausreichend Rechnung tragen. Da für alle Vergabeverfahren des Kbt. auch das gleiche Rechtsschutzsystem sichergestellt ist, wäre ein solcher Vorbehalt völlig ausreichend, um dem Anspruch an einen effektiven Rechtsschutz auch unter den Unionsschwellenwerten zu genügen

11. Kapitel: Übersicht über die gefundenen Ergebnisse und Effektivität des ungarischen Vergaberechtsschutzes aus rechtspolitischer Sicht

Im letzten Kapitel werden die Ergebnisse der vorangegangenen Untersuchungen zusammengefasst (I.). Außerdem wird abseits von juristischen Erwägungen die rechtspolitische Effektivität des Vergaberechtsschutzes in Ungarn angesprochen (II.).

I. Einklang des ungarischen Vergaberechtsschutzes mit dem rechtlichen Rahmen

Ziel der vorliegenden Untersuchung war es, die Effektivität des ungarischen Vergaberechtsschutzes insbesondere am Maßstab des europäischen Sekundärrechts zu messen. Den rechtlichen Rahmen vervollständigen das Primärrecht sowie die ungarische Verfassung. Nachfolgend werden die dargestellten Voraussetzungen und die gefundenen Ergebnisse zusammengefasst:

1. Die ungarische Verfassung

- § 57 Abs. 5 Alk. selbst gewährt — im Gegensatz zu Art. 6 EMRK — praktisch das Recht auf einen Instanzenzug. Gegen gerichtliche Entscheidungen in der Sache ist demzufolge ein Rechtsmittel statthaft. Gleiches gilt für sog. *behördliche Sachentscheidungen in behördlichen Sachen*.

- § 50 Abs. 2 Alk. in Verbindung mit § 57 Abs. 5 Alk. enthält das Grundrecht, Verwaltungsentscheidungen in der Sache einer gerichtlichen Revision zu unterziehen. In diesem Verfahren sind ebenfalls die Verfahrensgrundsätze aus § 57 Abs. 1 Alk. zu gewährleisten.

- Die Grundrechte können durch den Verfassungstext, andere Grundrechte und verfassungsrechtliche Grundsätze eingeschränkt werden. Die Grenze der Einschränkung liegt im Wesensgehalt des jeweiligen Grundrechts. Zur Überprüfung hat das Verfassungsgericht Tests entwickelt, mittels denen es insbesondere die Erforderlichkeit und Verhältnismäßigkeit der Grundrechtsbeschränkung überprüft.

- Ausgenommen von der Beschränkbarkeit ist das Grundrecht auf ein faires Verfahren, das sich aus einzelnen Grundrechten und Grundsätzen zusammensetzt und selbst Ergebnis einer Abwägung ist.

2. Das Verhältnis zwischen der ungarischen Verfassung und dem Unionsrecht

- Die für die unmittelbare Wirkung und den Vorrang des Unionsrechts auf ungarischem Rechtsgebiet — aus nationaler Sicht — erforderliche Rechtsgrundlage ist § 2/A Abs. 1 Alk., die sog. *Integrationsklausel*. Mit ihr können Kompetenzen an die Union übertragen werden, deren Grenze die Erforderlichkeit ist.

- Das Verfassungsgericht hat in seiner bisherigen Rechtsprechung das Unionsrecht weder als Prüfungsgegenstand noch als Prüfungsmaßstab herangezogen. Eine klare Aussage zum konkreten Verhältnis zwischen primären bzw. sekundären Unionsrecht und nationalem, insbesondere Verfassungsrecht wurde bisher nicht getroffen.

- Die ungarische Verfassung verfügt nicht über einen integrationsfesten Verfassungskern. Eine inhaltliche Auslegung des § 2/A Abs. 1 Alk., insbesondere des Merkmals des erforderlichen Maßes, ist bisher nicht erfolgt. Eine Integrationsgrenze wurde nicht gezogen.

3. Primärrechtlicher Vergaberechtsschutz

- Im Hinblick auf allgemeine Rechtsgrundsätze und Verfahrensgarantien schöpfen der EuGH und das Verfassungsgericht aus einer gemeinsamen Rechtsquelle: Der Rechtsprechung des EGMR zu Art. 6 EMRK. Die Ansprüche beider Rechtsordnungen an ein wirksames Rechtsmittelverfahren sind demzufolge vergleichbar.

- Neben dem Recht auf Zugang zu Gericht und den Grundsätzen der Äquivalenz und der Effektivität hat der EuGH auch speziell an die Verwaltung primärrechtliche Anforderungen gestellt. Diese erstrecken sich insbesondere auf die Pflicht zur Begründung und Bekanntgabe der Entscheidungen zur Gewährung der Waffengleichheit sowie zur Einhaltung des Ermessensrahmens und der Verhältnismäßigkeit.

4. Sekundärrechtlicher Vergaberechtsschutz

- Die Rechtsmittelrichtlinien 89/665/EWG und 92/13/EWG bilden den Schwerpunkt des Rechtsrahmens, an dem der ungarische Vergaberechtsschutz gemessen werden soll. Ihre Novellierung durch die RL 2007/66/EG enthält weitere Rechtsschutzanforderungen, denen die Mitgliedstaaten bis zum 20.12.2009 entsprechen müssen.

- Den Vorgaben der Richtlinien sowie der primärrechtlichen Rechtsprechung zum effektiven Rechtsschutz zufolge muss die Eingangsinstanz kein Gericht sein, wenn die zweite Instanz i.S.d. Art. 234 EGV (vgl. Art. 267 AEUV) als solches zu qualifizieren ist. Zur Einleitung eines

Nachprüfungsverfahrens muss die Behauptung einer Rechtsverletzung genügen. Die Festsetzung von (Ausschluss-) Fristen ist möglich, solange sie mit den Stillhaltefristen und Vertragsmoratorien in Einklang stehen. Nach Erteilung des Zuschlags muss der Auftraggeber eine Mindestfrist abwarten, bis er den Vertrag schließen darf. Ein Vertragsschluss ist auch verboten, wenn ein Nachprüfungsverfahren eingeleitet und eine (vorläufige) Entscheidung noch nicht ergangen ist.

- Ein unter Verstoß gegen die einzuhaltenden Fristen geschlossener Vertrag muss für unwirksam erklärt werden. Neben dieser Kompetenz muss der nationale Gesetzgeber die Nachprüfungsinstanzen dazu ermächtigen, rechtswidrige Entscheidungen, wie Spezifikationen und den Zuschlag, aufheben, vorläufige Maßnahmen treffen und Schadensersatz zusprechen zu können.

- Ein Rückgriff auf das Primärrecht findet dann statt, wenn es um öffentliche Auftragsvergabe außerhalb des Anwendungsbereiches der Richtlinien geht oder wenn deren ergänzende Auslegung dies erfordert.

5. Das Gesetz über die öffentliche Auftragsvergabe (Kbt.)

- Für die öffentliche Auftragsvergabe in Ungarn enthält das Kbt. fast abschließend alle maßgeblichen Vorschriften. Sowohl die Vorgaben der materiellen Koordinierungsrichtlinien als auch die der Rechtsmittelrichtlinien werden innerhalb eines Gesetzestextes umgesetzt. Das seit April 2009 geltende Kbt.ÄndG dient der Umsetzung der RL 2007/66/EG.

- Das Kbt. sieht zwei Vergaberegime vor. Die strengsten Regelungen erstrecken sich auf die Vergabe von Aufträgen, die den Unionsschwellenwert erreichen oder überschreiten. Hier wurden die materiellen Vergabekoordinierungsrichtlinien implementiert. Weniger strenge Vorschriften regeln die Vergabe von Aufträgen, deren Wert unter den Unionsschwellen liegt, aber gleichzeitig einen bestimmten Auftragswert, den sog. *nationalen* Schwellenwert, nicht unterschreiten. Aufträge unter dem nationalen Schwellenwert werden vom Kbt. nicht reglementiert.

- Der Vergaberechtsschutz, den das Kbt. gewährt, ist wiederum unabhängig vom jeweiligen Schwellenwert des Auftrags. Er umfasst daher sowohl Unionsvergaben wie auch nationale Auftragsvergaben. Genauso wenig wird im Rahmen des Rechtsschutzes[1755] zwischen Auftraggebern unterschieden, sodass die Aufträge der Sektoren- wie auch der klassischen Auftraggeber —

[1755] Unterschiede bestehen jedoch zwischen den Kbt.-bestimmungen über die Vergabeverfahren von klassischen und Sektorenauftraggebern, vgl. hierzu 4. *Kapitel, II.1. Der systematische Aufbau des Kbt.*

unabhängig von deren mitgliedstaatlichen Zugehörigkeit — innerhalb des Nachprüfungsverfahrens gleich behandelt werden. Der primärrechtliche Grundsatz der Äquivalenz, der auch in Art. 1 Abs. 2 der Rechtsmittelrichtlinien seinen Niederschlag gefunden hat, ist gewahrt.

6. Der Primärrechtsschutz

- Als Nachprüfungsorgan hat sich der ungarische Gesetzgeber für die Schaffung der Schiedsstelle für öffentliche Auftragsvergabe festgelegt. Unter unionsrechtlichen Gesichtspunkten kann es als ein Gericht qualifiziert werden. Vor dem Hintergrund der ungarischen Rechtsordnung ist sie als gerichtsähnliches Verwaltungsorgan einzuordnen. Zur Bestimmung der unionsrechtlichen Anforderungen, denen sie entsprechen muss, ist die ungarische Definition maßgeblich. Den sekundärrechtlichen Bedingungen zufolge wurde das Hauptstädtische Gericht, das als Gericht i.S.d. Art. 234 EGV (vgl. Art. 267 AEUV) zu qualifizieren ist, als zweite Instanz eingerichtet.

- Die Schiedsstelle erfüllt die Anforderungen an die Unabhängigkeit und Unparteilichkeit, indem sie im Hinblick auf ihre Zusammensetzung und die einzuhaltenden Verfahrensvorschriften an feste gesetzliche Vorgaben gebunden ist.

- Den Kreis der zur Antragsstellung Berechtigten zieht das Kbt. sogar weiter als sie der Richtlinienrahmen vorgibt und schließt damit auch den Auftraggeber und bestimmten Behörden mit ein.

- Dem sekundärrechtlichen Gebot, das Nachprüfungsverfahren möglichst rasch und wirksam zu gestalten, kommt das Kbt. durch die Festlegung von kurzen Antrags- und Entscheidungsfristen nach. Aus unionsrechtlicher Sicht ist es daher unbedenklich, dass den Beteiligten bereits bei Antragseinreichung und während des Verfahrens bußgeldbewehrte Mitwirkungspflichten auferlegt werden.

- Die sekundärrechtlichen Vorgaben hinsichtlich der Stillhaltefristen und Vertragsmoratorien wurden konform in das nationale Vergaberecht umgesetzt.

- Das Kbt.ÄndG tritt schrittweise in Kraft und lässt als Übermittlungsform von fristauslösenden Mitteilungen und Bekanntmachungen ab dem 01.07.2010 nur noch die elektronische Weise zu. Daher kann ab diesem Zeitpunkt zu Recht auf die — nach Maßgabe der Richtlinien — kürzest möglichen Fristen abgestellt werden.

- Die Kontrolldichte der Schiedsstelle ist im Einklang mit dem primär- und verfassungsrechtlichen Rahmen umfassend und nicht auf eine Willkürkontrolle beschränkt. Ihre Entscheidungsbefugnisse gehen über die sekundärrechtlichen Anforderungen hinaus. Sie ist nicht nur berechtigt, Spezifikationen und Zuschlagsentscheidungen, sondern darüber hinaus alle ergangenen rechtswidrigen Entscheidungen aufzuheben und den Auftraggeber mit bestimmten Anweisungen zu einer rechtmäßigen Fortführung der Auftragsvergabe zu veranlassen. Damit werden dem Bieter praktisch Leistungs- und Unterlassungsansprüche eingeräumt, die weit über die ausdrücklichen Mindestanforderungen der Richtlinien hinausgehen. Darüber hinaus sind wirksame Sanktionen wie der Ausschluss des Bieters von künftigen Vergabeverfahren und die Verhängung von Geldbußen möglich. Die Anordnung vorläufiger Maßnahmen wurde ins Ermessen der Schiedsstelle gestellt. Unionsrechtlichen Bedenken begegnet dies nicht, da die Richtlinien nur die Kompetenzschaffung anordnen.

- Unions- und verfassungswidrig sind die fehlenden gesetzlichen Ober- und Untergrenzen, in deren Rahmen die Schiedsstelle die Höhe der Geldbuße festzulegen hat. Genauso wenig ist die Befugnis, den Vertragsschluss im einstweiligen Verfahren zu gestatten, von der Richtlinienermächtigung gedeckt, weil der Vertragsschluss vollendete Tatsachen schafft.

- Die Feststellung der Vertragsunwirksamkeit selbst erfolgt durch das Hauptstädtische Gericht. Die Schiedsstelle ist verpflichtet, hierzu ein Feststellungsverfahren einzuleiten. Das Gericht prüft lediglich, ob nicht etwaige Ausschlussgründe für die Feststellung der Vertragsunwirksamkeit vorliegen. Hier hat der ungarische Gesetzgeber seine Verfahrensautonomie überschritten, indem er das Gericht zur Feststellung der Vertragswirksamkeit auch in den Fällen befugt, in denen das Vorliegen einer In-House-Vereinbarung zu Unrecht vermutet wurde. Lehnt die Schiedsstelle das Vorliegen von Unwirksamkeitsgründen ab, kann der Antragsteller gleichzeitig die Revision der Entscheidung der Schiedsstelle und die Feststellung der Vertragsunwirksamkeit im Rahmen des Einheitsverfahrens beantragen. Die Einrichtung beider Verfahren verhilft den sekundärrechtlichen Forderungen nach der ausdrücklichen Unwirksamkeitserklärung zur Geltung und trägt zu einem raschen und wirksamen Rechtsschutz bei.

- Die Rechtsfolgen der Vertragsunwirksamkeit richten sich nach dem allgemeinen ungarischen Zivilrecht. Das Hauptstädtische Gericht erklärt den Vertrag für von Anfang an unwirksam und ordnet die Rückgewähr des jeweils Erlangten an. Die Auferlegung alternativer Sanktionen müssen den sekundärrechtlichen Bestimmungen zufolge nicht mehr vorgesehen werden.

7. Die Rechtsmittel gegen die Nachprüfungsentscheidung

Über die unionsrechtlichen Ansprüche hinaus erfüllt das Kbt. das verfassungsrechtlich garantierte Recht auf ein Rechtsmittel gegen gerichtliche Entscheidungen in der Sache. Daher kann gegen die Entscheidung des Hauptstädtischen Gerichts eine Berufung vor dem Hauptstädtischen Tafelgericht eingelegt werden. Gegen dessen Entstehung wiederum kann eine Revision vor dem Obersten Gericht zulässig sein.

8. Der Sekundärrechtsschutz und Rücktritt
- Mit Ausnahme der vorgenannten Unwirksamkeitsgründe steht dem Betroffenen nach Vertragsschluss nur noch die Möglichkeit offen, Ersatz des erlittenen Schadens zu beanspruchen oder vom Vertrag zurückzutreten. Diese Rechtsschutzbegrenzung gestatten die Richtlinien ausdrücklich.

- Den Ersatz der für die Angebotsabgabe entstanden Kosten kann der Geschädigte unter den Beweiserleichterungen der Sektorenrechtsmittelrichtlinie erhalten. Die Umsetzung erfolgte durch das Kbt. sowohl zugunsten der klassischen als auch der Sektorenauftraggeber.

- Weiter gehender Schadensersatz kann über die allgemeine Schadensersatznorm beantragt werden. Mangels eines bestimmten Rechtsgüterschutzes ist sie sowohl bei vorvertraglichen Pflichtverletzungen als auch bei der Erfüllung von Straftatbeständen anwendbar. Die Rechtsprechung erlässt zumindest bei der vorvertraglichen Pflichtverletzung das Verschuldenserfordernis, was ganz im Sinne der allgemeinen Schadensersatzrechtsprechung des EuGH ist. Ersetzt wird das negative Interesse. Das Gesetz schließt zwar die Zuerkennung von entgangenem Gewinn und immateriellen Schadensersatz nicht aus, die Rechtsprechung hat bisher aber keinen Gebrauch von dieser Möglichkeit gemacht.

- Stellt die Schiedsstelle die Verletzung einer Vergabevorschrift fest, die sich auf die Zuschlagsentscheidung ausgewirkt hat, so ist entweder der Bieter oder der Auftraggeber zum Rücktritt berechtigt. Die Rechtsfolgen sind die des unwirksamen Vertrages.

9. Der Rat der öffentlichen Beschaffungen
Der Rat der öffentlichen Beschaffungen ist ein autonomes Organ mit umfassender Schaltstellenfunktion. Er ist Informationsquelle und Beratungsstelle sowohl für alle Vergabebeteiligten als auch für den Gesetzgeber, er überwacht die Vergabeverfahren von der ersten Ausschreibung an bis weit nach Vertragsschluss, gibt *Ratschläge* und *praktische Hinweise* heraus und sorgt für die Veröffentlichung vergaberechtsrelevanter Angaben. Hierzu sind ihm zentral alle maßgeblichen Mitteilungen und Bekanntgaben durch die Beteiligten zuzuleiten. Dadurch verfügt er über die erforderlichen Voraussetzungen, Transparenz zu schaffen und Vergaberechtsverstöße im Vorfeld zu verhindern. Prävention ist ein wichtiger Bestandteil effektiven Rechtsschutzes.

10. Rechtsschutz unterhalb der Schwellenwerte
- Der Vergaberechtsschutz des Kbt. erstreckt sich auf Aufträge sowohl mit Unionsschwellenwert als auch mit nationalem Schwellenwert. Der hohe unionsrechtliche Rechtsschutzstandard wird damit auf die Auftragsvergaben mit einem Wert weit unter dem Unionsschwellenwert ausgedehnt. Insoweit erfüllt

das Kbt. die Erwartungen, die der EuGH an Unterschwellenwertaufträge stellt und die in der Mitteilung der Kommission enthalten sind.

- Die unter den nationalen Schwellen liegenden Aufträge sind allerdings von jedem Rechtsschutz ausgenommen und werden nur staatsinternen Überprüfungen unterzogen. Hierauf hat der Einzelne keinen Anspruch. Die Festlegung solcher de-minimis-Schwellen an sich wird vom EuGH als zulässig erachtet. Sie darf jedoch nicht das einzige Kriterium zur Konkretisierung der erforderlichen Binnenmarktrelevanz sein. Der ungarische Gesetzgeber müsste für Aufträge, die zwar unter den nationalen Schwellenwerten liegen, aber als binnenmarktrelevant einzustufen sind, die Verwirklichung des Vergabeprimärrechts und einen dementsprechend effektiven Rechtsschutz sicherstellen. Dies könnte schlichtweg dadurch geschehen, dass er den Anwendungsbereich der Bestimmungen für Aufträge mit nationalem Schwellenwerten auch auf eben diese Ausnahmefälle erstreckt. Dann wäre automatisch auch ein effektives Rechtsschutzsystem vorhanden, da dieses auf alle Auftragsvergaben des Kbt. unterschiedslos Anwendung findet.

II. Effektivität aus rechtspolitischer Sicht

Zur Prüfung, ob der ungarische Vergaberechtsschutz im Einklang mit dem rechtlichen Rahmen steht, muss auch untersucht werden, ob der normierte Rechtsschutz auch geeignet ist, die grundsätzlichen Ziele der Rechtsmittelrichtlinie zu erreichen. Diese streben die Verstärkung der Transparenz und Nichtdiskriminierung bei der öffentlichen Auftragsvergabe an[1756], nicht zuletzt um sicherzustellen, dass die Mitgliedstaaten mit den anvertrauten Steuermitteln wirtschaftlich und verantwortungsvoll umgehen.

Der Korruptionsindex von *Transparency International*[1757] vom 23.09.2008 zeigt, dass das Transformationsland Ungarn im internationalen Vergleich einer der Staaten ist, in denen die Korruption am stärksten wahrgenommen wird[1758]. Seit acht Jahren ist das öffentliche Auftreten gegen Korruption praktisch unverändert, im vergangenen Jahr wurde Ungarn sogar im Ranking von acht anderen TI-Mitgliedsländern überholt. Seine Position hat sich im vergangenen Jahr punktemäßig[1759] sogar noch verschlechtert. Ihre Wurzeln hat die ungarische Korruptionsgeneigtheit wohl in der Knappheit bzw. ungleichen Verteilung der Mittel und Waren aus der Zeit des Sozialismus und der Planwirtschaft sowie in

---

[1756] Vgl. Erwägungsgrund Nr. 3 der RL 2007/66/EG.
[1757] Vgl. hierzu die Homepage von „*Transparency International*" (TI), http://www.transparency.org [zuletzt abgerufen im Mai 2009].
[1758] *Beyer*, in Lütz, Governance in der politischen Ökonomie, S. 140.
[1759] Dem jährlich erscheinenden Korruptionsindex liegt ein System von 1- 10 Punkten zugrunde.

der Überbürokratisierung des öffentlichen Rechts- und Verwaltungsapparates und nicht zuletzt im bereits ausgebauten „*Netz gegenseitiger Gefälligkeiten*"[1760].

Die Gefahr der Korruption und die damit einhergehende Marktbeschränkung durch unlautere Bevorzugungen erstrecken sich sowohl auf den staatlichen als auch den privaten Sektor. Aus wirtschaftlicher Sicht verteuern sich Abläufe[1761], öffentliche Gelder werden für minderwertige Waren und Leistungen verschwendet, was wiederum eine Verzerrung des Wettbewerbs und die Erhöhung der Entgelte für öffentliche Leistungen zulasten des Bürgers zum Ergebnis hat[1762]. Die Zerstörung des öffentlichen Vertrauens in staatliche Einrichtungen und die Unterwanderung der Moral in der Bevölkerung sind nur zwei der zahlreichen gesellschaftlichen Folgen, die zu einer Gefährdung demokratischer Strukturen führen können[1763].

Die Korruption in Ungarn ist in erster Linie administrativer Art und erscheint vor allem dann, wenn politische und wirtschaftliche Interessen aufeinander treffen[1764]. Betroffen sind deshalb neben dem Gebiet der Privatisierung, der Parteienfinanzierung und der staatlichen Beihilfe in besonderem Maße[1765] die Beschaffungen mit öffentlichen Geldern[1766]. Die ungarische Beschaffungskorruption vollzieht sich dabei auf zweierlei Weise: Einerseits durch materielle Rechtsverletzungen wie den Abschluss von Auftragsvereinbarungen unter Umgehung der Kbt.-Vorschriften und andererseits durch die vermeintlich formale Einhaltung rechtlicher Vorschriften (vorwiegend, indem nach Aufforderung zur Angebotsabgabe ein tatsächliches und zwei fiktive Angebote eingereicht werden)[1767]. Schätzungen zufolge werden in Ungarn etwa die Hälfte aller Aufträge im Zusammenhang mit Bestechungen

---

[1760] *Kránitz*, Korrupció in: Gönczöl/Korinek/Lévay, Kriminológiai ismeretek, S. 172 f.
[1761] Laut *Makki*, Kenőpénz és visszosztás in: Korrupció magyarországon 2008, verursacht die Korruption eine Verteuerung von 20-25 Prozent aufgrund Anschaffungen von Waren und Leistungen mit minderwertiger Qualität.
[1762] *Schwegler*, Moralische Handeln von Unternehmen, S. 308.
[1763] Vgl. hierzu *Krüger*, Rede für das Fachforum des 6. deutschen Verwaltungskongresses "Integere Verwaltung – Vorbeugen, Wahrnehmen, Regieren Im Rahmen des Kongresses "Effizienter Staat" vom 03.06.2003, abrufbar unter http://www.bpb.de/presse/YPCJRH.html [zuletzt abgerufen im Mai 2009].
[1764] *Kósa/Alexa*, Korrupciós kockázatok Magyarországon, S.
[1765] *Török/Győrffy/Hernádi*, Közbeszerzés, piacműködés és az állami pénzügyi érdekek védelme, Pénzügyi szemle 2007/1, S. 14.
[1766] *Kőhalmi*, A korrupció egyes különösen veszélyes alakzatai, S. 22; *Dessewffy*, A Közbeszerzés és a korrupció összefüggései, S. 69; *Berényi*, A korrupció kérdése a közbeszerzésekben, S. 23.
[1767] *Dessewffy*, A Közbeszerzés és a korrupció összefüggései, S. 71; *Kőhalmi*, László, A korrupció egyes különösen veszélyes alakzatai, S. 22.

und Kollusion vergeben, vierzig Prozent verlaufen aus Gründen der Unkenntnis rechtsfehlerhaft, sodass lediglich zehn Prozent aller Beschaffungen rechtmäßig abgewickelt werden[1768]. Es stellt sich daher die Frage, ob die Vorschriften des Kbt., insbesondere des Kbt.ÄndG, aus rechtspolitischer Sicht zur Korruptionsbekämpfung geeignet und angemessen sind und die Transparenz der Auftragsvergabe sicherstellen können.

Um einen wirksamen Beitrag zur Schaffung von Transparenz und zur Eindämmung korrupten Verhaltens leisten zu können, dürfen zum einen die gesetzlichen Vorschriften über das Vergabeverfahren nicht zu komplex sein, um die Auftraggeber nicht zu überfordern. Zum anderen muss auch die Überprüfung der Auftragsvergabe schnell und effektiv sein, um Rechtswidrigkeiten bei der Auftragsvergabe möglichst früh aufzudecken und sanktionieren zu können.

Der ungarische Gesetzgeber hat hierfür die beiden Institutionen, den Rat der öffentlichen Beschaffungen und die Schiedsstelle für öffentliche Auftragsvergabe eingerichtet. Sie verfahren unabhängig und sind nur dem Gesetz unterstellt. Zahlreiche und kurz bemessene Antrags- und Verfahrensfristen bewirken, dass das Verfahren vor der Schiedsstelle einschließlich etwaiger Instanzenzüge im Vergleich zu anderen EU-Mitgliedstaaten bereits in seiner ursprünglichen Form als rasch zu bezeichnen ist[1769]. Der Durchsetzung der gesetzgeberischen Ziele, die auch den Kampf gegen die Korruption umfassen[1770], dient in gleicher Weise das gesetzlich geregelte Anregungsrecht von Behörden, die im Zuge ihrer Amtstätigkeit auf vergaberechtswidriges Verhalten stoßen können. Hierzu zählen insbesondere der Staatliche Rechnungshof und das Regierungskontrollamt. Indem es nicht nur dem unterlegenen Bieter — der oftmals von einer korruptionsbedingten Umgehung gesetzlicher Vorschriften nichts erfährt — überlassen wird, eine Nachprüfung zu veranlassen, wird eine zusätzliche Möglichkeit zur Kontrolle der Auftragsvergaben gewährleistet. So wurden im Jahr 2007 16 Prozent der Verfahren von Amts wegen eingeleitet[1771].

Die Wirksamkeit des Schiedsstellenverfahrens zeigt sich in der jährlich zu beurteilenden Anzahl von Vergabesachen: So hatte die Schiedsstelle in den

---

[1768] *Török/Győrffy/Hernádi*, Közbeszerzés, piacműködés és az állami pénzügyi érdekek védelme, Pénzügyi szemle 2007/1, S. 14, wobei *Várday György* davon ausgeht, dass gerade zehn Prozent der Vergaben korruptions- und kartellfrei ablaufen würden („*Sie haben den Gewinner zufällig ausgeschlossen*", Interview mit Vergaberechtsexperten *Várday*, HVG 2005/44 vom 05.11.2005; ung. „*Véletlenül ki tetszett zárni a nyertest.*", Interjú Várday György közbeszerzési szakértővel, HVG, 2005/44. szám, 2005, nov.05).
[1769] *Berényi*, A korrupció kérdése a közbeszerzésekben, S. 28.
[1770] Begründung zum Kbt.ÄndG, Ziff. 1.3.1.
[1771] *Közbeszerzések Tanácsa*, J/600. beszámoló, 2007, Tabelle Nr. 14/c.

letzten Jahren 858 (in 2006), 751 (in 2007) bzw. 636 Anträge bzw. Anregungen in 2008 zu prüfen[1772]. In über 34[1773] bzw. über 39[1774] Prozent der Fälle wurde eine Rechtsverletzung festgestellt

Dass die nachträgliche Sanktionierung korrupten Vergabeverhaltens nur zu bescheidenen Teilerfolgen führen kann[1775], hat der Gesetzgeber erkannt und daher versucht, das Problem bereits im Keim zu ersticken. Dieser liegt in erster Linie in der moralischen Akzeptanz der Korruption durch die ungarische Bevölkerung. Mit der Aufgabe des Rates, Schulungen und Fortbildungen auf dem Gebiet der Auftragsvergabe zu organisieren und zu fördern, trägt er nicht nur zur Verbreitung von Sachverstand bei. Durch die kompetente Beratung und Hilfe bei der Einhaltung der komplexen Vorschriften kann er auch ein erhöhtes Maß an Anwendungsbereitschaft erzeugen. Im Zusammenhang mit der Prävention ist auch die gesetzlich normierte Pflicht zu erwähnen, offizielle Vergabeberater bei der Vergabe von Aufträgen, deren Wert über den Unionsschwellenwerten liegen, heranzuziehen. Leider hat das Kbt.ÄndG. hier keine Konkretisierung des viel zu weit und allgemein formulierten Aufgabenkreises der Vergabeberater gebracht. Ihre Beratungstätigkeit unterliegt nach wie vor keiner fachlichen Kontrolle, was ihren Beitrag zu einem transparenten Vergabeverfahren wiederum in Frage stellt.

Ein weiterer Faktor, der zur Umgehung des gesetzlichen Vergabeverfahrens verleiten kann, sind hohe administrative Kosten, die durch den rechtmäßigen Ablauf des Vergabeverfahrens entstehen. Dem begegnet das Kbt.ÄndG bspw. damit, dass nicht mehr alle Bieter bereits bei Einreichung ihrer Angebote die Beweise dafür beifügen müssen, dass die gesetzlichen Ausschlussgründe bei ihnen nicht vorliegen. Die Darlegungspflicht wird auf den obsiegenden Bieter beschränkt, der Darlegungsumfang auf diejenigen Beweise reduziert, auf die der Auftraggeber nicht selbst elektronisch zugreifen kann. Um den Auftraggeber hierdurch nicht finanziell zu belasten, wird der kostenlose Zugang zu öffentlichen Datenbanken erweitert[1776]. Aus dem gleichen Grund müssen ab 2010 die Veröffentlichungen sowie auch der Ablauf des Vergabeverfahrens fast ausschließlich elektronisch erfolgen. Der Transparenz und Lauterkeit des Wettbewerbs dient ferner die neu geschaffene Verpflichtung der Auftraggeber und obsiegenden Bieter, auch die Einzelheiten über zulässige In-House-Vergaben (§ 2/A Kbt.) auf ihren Homepages zu veröffentlichen. Erstmalig sieht

---

[1772] *Közbeszerzések Tanácsa* J/600. beszámoló, 2007,Tabelle 13; Közbeszerzések Tanácsa, Tájékoztató 2008, S. 3 f.
[1773] *Közbeszerzések Tanácsa*, J/600. beszámoló, 2007, Tabelle 21/c.
[1774] *Közbeszerzések* Tanácsa, Tájékoztató 2008, S. 4.
[1775] *Berényi*, A korrupció kérdése a közbeszerzésekben, S. 29.
[1776] Begründung zum Kbt.ÄndG, Ziff. 1.2.1.

das Kbt.ÄndG auch die Möglichkeit vor, eine sog. *transparente Vereinbarung* (ung. *átláthatósági megállapodás*) abzuschließen. Mit ihr verpflichten sich der Auftraggeber und die Bieter, einen unabhängigen Vergabeberater zur Betreuung des Vergabeverfahrens beizuziehen. Dieser soll jeden Schritt der Auftragsvergabe überwachen und bei etwaigen Fehlern Hinweise geben, zu deren Beachtung sich die Parteien verpflichten. Das Institut der transparenten Vereinbarung kann zumindest dann zu einem rechtmäßigen Vergabeverfahren beitragen, wenn die Vergabeberater selbst keine Korruptionsbereitschaft zeigen und sich die Beteiligten darüber einig sind, sich bei der Vergabe des Auftrages an die gesetzlichen Bestimmungen halten zu wollen. Ein bereits korruptionsbereiter Auftraggeber oder Auftragnehmer wird sich einer solchen weitgehenden Verpflichtung gerade nicht freiwillig unterwerfen. Auf der anderen Seite könnte aber in Zukunft derjenige, der eine solche Vereinbarung ablehnt, in der Öffentlichkeit in Verruf geraten, sich nicht strikt an die gesetzlichen Vorgaben halten zu wollen. Ob also das Institut bei den Beteiligten als positives Kriterium für eine korrekte Auftragsvergabe anerkannt oder als negatives Kriterium für übersteigerte Gesetzestreue verkannt wird, ist wiederum von der Einstellung der Gesellschaft zu gesetzmäßigem Verhalten abhängig und wird sich in der zukünftigen Praxis zeigen.

Um gegen Korruption vorzugehen, die in der Form geschieht, dass der Auftraggeber die Bedingungen so vorformuliert, dass sie allein von dem zu Bevorzugenden erfüllt werden können, sieht das Kbt.ÄndG ebenfalls eine Neuerung vor: Sofern in einem aus zwei Abschnitten bestehenden Verfahren im ersten Abschnitt nur ein gültiges Angebot eingereicht wird, ist die Vergabe als ergebnislos zu betrachten. Wiederholt der Auftraggeber dann das Verfahren und geht erneut nur ein gültiges Angebot ein, gilt diese Rechtsfolge leider nicht mehr. Eine Umgehung der Vergabevorschriften wird so zwar erschwert bzw. verzögert, nicht aber wirksam vermieden.

Vor dem Hintergrund, dass das Kbt.ÄndG nur wenige auf die Eindämmung der Korruption gerichtete materiell-rechtliche Modifikationen eingeführt hat, ist eine Änderung des gefälligkeitsgeprägten Vergabeverhaltens kaum zu erwarten.

Aber auch in formeller Hinsicht kann das Kbt. seinen selbst gesetzten Anforderungen kaum genügen. Das Kbt.ÄndG sollte nach Ansicht des Gesetzgebers in erster Linie mittels Vereinfachung für mehr Transparenz im Vergabewesen sorgen[1777]. Insoweit ist die Verkürzung des bisherigen dreistufigen auf ein zweistufiges Vergaberegime ein Schritt in die richtige Richtung. In der Gesamtbetrachtung ändert das neue Gesetz allerdings nichts am

---

[1777] Begründung zum Kbt.ÄndG, Ziff. 1.1.1.

Übermaß der viel zu umfangreichen und einzelfallorientierten Vergabekodifikation.

Zwischen 2004 und 2009 wurde das Kbt. insgesamt 23 Mal geändert. Das bedeutet, dass der Rechtsanwender seitdem durchschnittlich fünfmal im Jahr mit einer Reform konfrontiert wurde. Das derzeitige Kbt.ÄndG ändert über einhundert Paragraphen. Hinzu kommen fünf weitere Paragraphen, bestehend aus über einhundert Einzelbestimmungen, die versuchen, das Inkrafttreten, Außerkrafttreten und teilweise Wiederinkrafttreten von zahlreichen Paragraphen und Paragraphenfragmenten über vier aufeinander folgende Umsetzungszeiträume hinweg zu regeln. Zu diesem unübersichtlichen Normengefüge treten noch weitere 23 Durchführungsverordnungen, die ebenfalls von regem Überarbeitungseifer geprägt sind.

Angesichts der zahlreichen Modifikationen und Übergangsvorschriften ist die Aufrechterhaltung der Gesetzeskohärenz praktisch kaum möglich. Eine gefestigte Rechtsprechung kann sich so nicht etablieren. Das gilt insbesondere bei der Anwendung von neuen Vorschriften, die im Vergleich zu ihrer Vorgängervorschrift eine entgegengesetzte Regelung zum Inhalt haben. Aber selbst noch so gut durchdachte Bestimmungen sorgen bei einer solchen Anwenderunfreundlichkeit für Rechtsunsicherheit, so insbesondere die Ungewissheit, welche Norm in welchem Zeitraum anzuwenden ist. Damit kann von der Verwirklichung der Gesetzesziele, Transparenz und Vereinfachung im Vergabeverfahren zu schaffen, schwerlich gesprochen werden. Vielmehr führt eine solche normative Intransparenz die Beteiligten in Versuchung, die Vergabe nicht unter Beachtung des Kbt., sondern *"auf andere, einfache Weise"* zu entscheiden.

Das Kbt. hat bei der Korruptionsbekämpfung eine Schlüsselposition, der es nur bedingt gerecht wird. Es fehlt an der Übersichtlichkeit und Anwenderfreundlichkeit und eröffnet Regelungslücken, die zu seiner Umgehung verleiten. Möglicherweise würde der ungarische Gesetzgeber besser daran tun, das gesamte Regelungswerk von Grund auf zu erneuern, um es nicht ständig punktuell und damit wieder nur für kurze Zeit verbessern zu müssen.

Der disserta Verlag bietet die kostenlose Publikation
Ihrer Dissertation als hochwertige
Hardcover- oder Paperback-Ausgabe.

Fachautoren bietet der disserta Verlag
die kostenlose Veröffentlichung professioneller Fachbücher.

Der disserta Verlag ist Partner für die Veröffentlichung
von Schriftenreihen aus Hochschule und Wissenschaft.

Weitere Informationen auf www.disserta-verlag.de